THE ESSENCE OF PRIVATE EQUITY FUND PRACTICE

私募基金实务精要 3

刘乃进　主编

法律出版社 LAW PRESS·CHINA

目　录

监管与筹备设立

私募登记备案常见反馈意见汇总详解

陆　雅　刘几任　朱小芳
上海以恒律师事务所

根据中国证券投资基金业协会（以下简称“基金业协会”）信息公示系统数据统计，2018 年共有 2592 家私募基金管理人在基金业协会完成登记，相较于 2017 年的 5534 家，数量呈现断崖式下跌。其中 2018 年 10 月，仅有 63 家私募基金管理人在基金业协会完成登记。

在基金产品备案方面，根据基金业协会 2018 年的反馈意见，投资项目底层标的真实性、合格投资者证明及资金来源、基金产品托管情况成为基金业协会关注的重点。这也体现基金业协会坚持优化登记备案规则，做好行业自律，防止“病从口入”，精准严控基金产品备案的决心。

本文将围绕私募基金管理人登记、重大事项变更及产品备案反馈意见的重点反馈，提出补正及整改方案。

一、私募基金管理人登记

结合 2018 年的反馈意见来看，基金业协会对私募基金管理人登记的关注重点为申请机构股东信息披露、关联方展业情况、高管及普通员工资历、律师现场核查等。

（一）股东信息披露

1. 基金业协会针对管理人股东的要求

（1）根据基金业协会 2018 年 12 月 7 日发布的《私募基金管理人登记须知》（以下简称《登记须知》），管理人股东需要符合如下几点要求：

①【严禁股权代持】股东的出资形式为货币出资，来源真实合法不受制于第三方，无代持行为。

②【出资能力】股东需要具备与认缴资本相匹配的出资能力。

③【股权架构要求】机构股权结构应当简明，严禁出现层级过多、循环出资、交叉持股等情形。

④【股权稳定性要求】申请登记前一年内发生的股权变更，申请机构应详细说明变更原因。

⑤【主体限制】申请机构的出资人不得为资产管理产品。

(2)根据《私募基金管理人登记法律意见书指引》的规定，律师应该了解“申请机构股东的股权结构情况。申请机构是否有直接或间接控股或参股的境外股东，若有，请说明穿透后其境外股东是否符合现行法律法规的要求和中国基金业协会的规定”。

根据基金业协会反馈意见来看，协会在逐步加强对新申请机构的股东出资能力的核查。出于对投资人利益的保护，申请机构股东的出资能力在一定程度上亦能反映申请机构未来应对风险的能力。以往有大量私募机构通过引入过桥资金的方式，完成基金业协会要求的最低实缴资本缴纳后申请私募基金管理人，私募基金管理人的资质与能力参差不齐。

对此，基金业协会亦从源头对申请机构予以监管，明确要求“申请机构股东出具出资能力证明，出资能力证明应详细说明股东的合计出资能力如何与申请机构的认缴资金相匹配”，要求律师在法律意见书中“对各项收入来源合并计算并论述，其中银行存款需要半年以上流水并说明对应的收入来源；如涉及企业资产，应说明该企业的资产负债情况以及申请机构从该企业获得的资本来源”，并且需上传相关证明资料。

2. 常见反馈意见汇总

(1)请在补充法律意见书中说明申请机构自然人股东的工作经历、学习经历、当前的就业情况以及设立私募证券类机构的原因及考虑。

(2)请申请机构与出资人共同提供承诺函，承诺在未来业务开展中，不与法人股东发生内幕交易及利益输送，并与法律意见书一起上传。

(3)贵机构发生股权转让，请上传股权转让协议，银行回单与验资报告打包至实缴出资证明处。

(4)请申请机构股东出具出资能力证明，出资能力证明应详细说明股东的合计出资能力如何与申请机构的认缴资金相匹配，法律意见书中应对此发表结论性意见[已出资部分及未出资的部分均请提供【资金来源的构成说明及来源相关证明材料】,包括但不限于:个人或配偶工资收入出具银行流水或个税缴纳凭证;投资收益出具对账单;不动产投资收益提供买入和卖出合同及银行转账流水;不动产应说明是否存在抵押贷款等情况(请勿仅上传银行存款证明或者汇款记录等);如为父母赠与,请提供无偿赠与协议,并提供父母的出资能力证明]。

3. 反馈意见整改建议

严打代持行为、防范内部交易和利益输送一直为基金业协会工作重点。从反馈意见来看,基金业协会对于申请机构股东信息披露的要求不再仅仅停留于基本身份信息层面。律师在对自然人股东信息进行披露时,除基本身份信息、工作学习信息外,建议围绕股东个人投资能力、投资经验等方面进行详细说明。同时,针对法人股东进行披露时,除公司基本信息、公司展业情况外,建议对申请机构同法人股东间业务往来情况进行详细说明并提供相应承诺函文件。

(二)关联方展业情况

1. 基金业协会对于关联方披露的基本要求

(1)根据《登记须知》的规定,基金业协会对申请机构关联方披露有如下几点要求:

第一,【关联方同业竞争】严格防范关联方同业竞争,关联机构中有私募基金管理人的,应当于其实际展业并完成首只基金备案后,再申请提交。

第二,【关联方为投资公司】关联方存在已经实际从事私募基金业务的,应当先办理该关联方的登记。

第三,【严禁规避关联方】严查为规避关联方的特殊股权设计,对此协会将根据实质重于形式原则,审慎核查。

第四,【同质化要求】对于同一实际控制人下存在多家私募基金管理人的情形,基金业协会较为审慎,主要体现在:

①同一实际控制人下再有新申请机构的,应当说明设置多个私募基金管理人的目的与合理性、业务方向区别、如何避免同业竞争等问题。

②实际控制人及其控制的已登记关联私募基金管理人需书面承诺,在新申请机构展业中出现违法违规情形时,应当承担相应的合规连带责任和自律处分后果。

③同一实际控制人项下再有新申请机构的,申请机构的第一大股东及实际控制人应当书面承诺在完成私募基金管理人登记后,继续持有申请机构股权或实际控制不少于3年。

(2)根据《私募基金管理人登记法律意见书指引》规定,律师应详细披露“申请机构是否存在子公司(持股5%以上的金融企业、上市公司及持股20%以上的其他企业)、分支机构和其他关联方(受同一控股股东/实际控制人控制的金融企业、资产管理机构或相关服务机构)。若有,请说明情况及其子公司、关联方是否已登记为私募基金管理人”。

根据基金业协会资产管理业务综合报送平台显示,目前协会对于关联方披露的范围早已实施扩大审查,并且针对不同类型的关联方,将给予不同程度的关注。

(3)根据《登记须知》并结合基金业协会资产管理业务综合报送平台“机构持牌及关联方信息”一栏注释,目前协会对于关联方认定如下:

①子公司:指持股5%以上的金融企业、上市公司及持股20%以上的其他企业。

②分支机构:指企业投资设立的、有固定经营场所、以自己名义直接对外从事经营活动、不具有法人资格,其民事责任由隶属企业承担的经济组织。

③关联方:受同一控股股东/实际控制人控制的金融机构、私募基金管理人、资产管理企业、冲突类业务企业[详见《私募投资基金登记备案的问题解答(七)》]、投资咨询及金融服务企业等。

2. 常见反馈意见汇总

(1)贵机构所属集团公司已有登记成功的私募股权基金管理人,请核实并说明集团公司下设多家同类型私募基金管理人的目的、合理及必要性,各自投资方向有何不同,如何避免同类型私募基金管理人之间的利益输送及同业竞争。建议集团内统筹规划开展私募业务,如贵机构为特殊目的主体(spv)则无须申请登记私募基金管理人。

(2)关联方多家已登记私募股权投资管理人,已电话沟通,退回。

(3)已作为或拟作为基金产品的合伙企业,无须填报为关联方。

(4)请从事小额贷款、融资租赁、商业保理等冲突业务的关联方提供相关部门许可文件或备案信息。

(5)请律师通过现场走访、互联网查询等方式核实关联方××××金融信息服务有限公司的展业情况,并论证是否符合法律法规的相关规定。

(6)请贵机构实际控制人及其控制的已登记关联私募基金管理人出具书面承诺函,承诺若申请机构展业中出现违法违规情况时,应当承担相应的合规连带责任和自律处分后果。

(7)请申请机构的第一大股东和实际控制人出具书面承诺函,承诺申请机构完成私募基金管理人登记后,继续持有申请机构股权或实际控制人不少于3年。

3. 反馈意见整改建议

受 P2P 行业爆雷及部分私募机构失联跑路的影响，基金业协会对于同一实际控制人控制的其他同类别私募基金管理人的申请多反馈为不再受理。建议申请机构在进行登记工作前，先对本机构实际控制人控制的关联方情况进行核查，如已有多家同类型私募基金管理人，建议在法律意见书中详细说明新申请私募基金管理人的合理性及必要性。

对于从事与私募投资基金属性相冲突业务的关联方，除通过现场走访、电话沟通等方式详细了解其展业情况外，仍需核查该关联方网络舆情情况，并将详细内容在法律意见书中进行披露。同时，除法律意见书及实际控制人、关联方按照《登记须知》的要求出具承诺函外，建议补充上传冲突业务关联方相关部门许可文件和备案信息，如当地政府部门、金融办设立的政府文件、经营许可文件等。

（三）高管及普通员工资历

1. 基金业协会针对高管及从业人员的基本要求

（1）根据《登记须知》，基金业协会对于申请机构的高管及从业人员要求如下：

①不得在非关联的私募机构及与私募业务相冲突的机构兼职。

②除法定代表人外，其他高管原则上不应兼职，存在兼职情形的，应当提供兼职合理性相关证明材料。

③兼职高管人数不应高于总高管人数的 1/2。

④员工总人数不应低于 5 人，一般员工不得兼职。

（2）根据《证券投资基金法》第 9 条及《私募投资基金登记备案问题解答（七）》的规定，从事私募证券投资基金业务的从业人员应当具有基金从业资格。根据《私募基金登记备案相关问题解答（九）》，高级管理人员通过基金业协会资格认定委员会认定的基金从业资格，仅适用于私募股权投资基金管理人（含创业投资基金管理人）。

（3）根据《关于进一步规范私募基金管理人登记若干事项的公告》的规定，"从事私募证券投资基金业务的各类私募基金管理人，其高管人员[包括法定代表人/执行事务合伙人（委派代表）、总经理、副总经理、合规/风控负责人等]均应当取得基金从业资格。从事非私募证券投资基金业务的各类私募基金管理人，至少 2 名高管人员应当取得基金从业资格，其法定代表人/执行事务合伙人（委派代表）、合规/风控负责人应当取得基金从业资格。各类私募基金管理人的合规/风控负责人不得从事投资业务"。

（4）根据《私募投资基金管理人内部控制指引》规定，“私募基金管理人应当建立有效的人力资源管理制度，健全激励约束机制，确保工作人员具备与岗位要求相适应的职业操守和专业胜任能力”。“负责合规/风控的高级管理人员，应当独立地履行对内部控制监督、检查、评价、报告和建议的职能”。

根据基金业协会反馈意见来看，以上仅为基金业协会对于高管要求的入门门槛。

2. 常见反馈意见汇总

（1）参照行业一般运营实践，除法定代表人外其他从事私募基金管理业务相关高管原则上不应兼职，建议整改。

（2）高管在非关联方兼职，与法律意见书和履历填报不同，请说明填报资料是否属实，是否存在挂靠，并让兼职私募机构出具相关证明材料并加盖公章和法人签字，说明高管是否曾任职。

（3）我们参照行业一般运营实践情况，认为贵机构高级管理人员大部分没有基金管理行业相关从业经验，应当补充描述机构投资人员如何正常展开证券类基金的运营。请上传第三方机构出具的公开可追溯业绩证明（如相关管理规模、历史业绩、从业经验等）。

（4）根据《私募投资基金管理人内部控制指引》第11条的规定，从事私募基金管理业务相关投资人员应具备与岗位要求相适应的职业操守和专业胜任能力。请申请机构提供高管或投资人员近3年内连续6个月以上可追溯的投资业绩证明材料（包括但不限于管理证券类产品的证明材料或股票、期货等交易记录，不含模拟盘），并请律师在补充法律意见书中对其真实性发表结论性意见。

3. 反馈意见整改建议

根据部分申请机构收到的反馈意见来看，高管及普通员工的社保缴纳问题再次成为基金业协会关注的重点。2018年10月18日，基金业协会特别通报一家申请机构，对其作不予登记处理，不予登记原因为“申请机构员工社保缴纳单位为××资本投资管理有限公司，与申请机构名称不一致，且工商公示系统显示并无此机构，与深圳社保局核实也并无相关人员的社保记录。与法人电话沟通，核实法人系挂靠，并不实质履行法人职责”。此种挂靠行为，严重违反了《私募投资基金管理人登记和基金备案办法（试行）》，属于“在私募基金管理人登记、基金备案及其他信息报送中提供虚假材料和信息”的行为，本次通报，体现了基金业协会对于挂靠行为的零容忍。

高管人员是私募基金管理人机构中的核心,也是主要的自律监管对象和服务对象。私募基金行业高管人员的专业能力、职业操守和诚信记录决定了私募行业是否可以健康规范发展。合理安排高管和投资人员人选是公司稳步发展、扎实运营的前提。根据以上反馈意见,针对高管而言,选拔兼具管理能力和工作能力的人才方为王道。建议在法律意见书中针对高管人员进行披露的同时,申请机构准备如下材料以证明高管的个人能力。

(1)管理能力方面,可上传公开可追溯业绩证明。

参考基金业协会相关反馈意见,申请机构应上传公司高管人员过往任职单位开具的工作证明、曾参与的项目说明、曾署名的合同文件或相关网站登载的新闻、通告等,以证明高管个人运营管理能力。

(2)工作能力方面,可根据基金业协会的要求上传相关文件。

对于股权类申请机构,建议上传高管或投资人员股权(含创投)项目成功退出证明(包括但不限于管理产品的证明材料、退出材料等)或者3年及以上在申请机构拟投资行业的从业经验证明材料(包括但不限于在职证明、工作经历情况说明等);

对于证券类申请机构,建议上传高管或投资人员近3年内连续6个月以上可追溯的投资业绩证明材料(包括但不限于管理证券类产品的证明材料或股票、期货等交易记录,不含模拟盘)。

(四)律师现场核查

1. 基金业协会对于律师尽职调查的要求

律师在尽职调查并撰写法律意见书时,应按照《私募基金管理人登记法律意见书指引》对申请机构的登记申请材料、工商登记情况、专业化经营情况、股权结构、实际控制人、关联方及分支机构情况、运营基本设施和条件、风险管理制度和内部控制制度、外包情况、合法合规情况、高管人员资质情况等逐项发表结论性意见。

执业律师及律师事务所应当勤勉尽责,根据相关法律法规、《律师事务所从事证券法律业务管理办法》、《律师事务所证券法律业务执业规则(试行)》及基金业协会的相关规定,在尽职调查的基础上对《私募基金管理人登记法律意见书指引》规定的内容发表明确的法律意见,制作工作底稿并留存,独立、客观、公正地出具法律意见书,保证法律意见书不存在虚假记载、误导性陈述及重大遗漏。法律意见书内容应当包含完整的尽职调查过程描述,对有关事实、法律问题作出认定和判断的适当证据和理由。

2. 常见反馈意见汇总

(1)请律所继续核实申请机构是否与其他机构共用前台及办公地址,如存在此情况,请说明二者的关系,以及如何保证办公场所、人员及业务的独立性。请上传相关租赁合同,产权所有人是否知晓且同意该情况发生。

(2)重新上传前台照片,建议多角度拍摄反映办公场所。

(3)请上传出具第一次法律意见书前,签字律师前往福州的交通凭证。

3. 反馈意见整改建议

尽职调查是律师开展法律服务工作的基础。律师通常以现场核查、高管访谈、审查书面材料等方式获取申请机构相关信息,了解机构具体情况。因此,律师在披露申请机构各项信息时,应当以事实为依据,对申请机构办公场所、人员安排、历史沿革、诚信情况等内容进行如实披露。例如在对办公场所进行披露时,应仔细核查场所租赁合同、房产证复印件等材料,如存在转租情况,应核查原房东是否已知晓相关事宜。

实践中存在部分租赁房屋产权地址不明,同楼栋或者同楼层存在诸多金融服务企业。为避免被认定为和冲突行业运营主体混业经营,建议在核查租赁房屋时,可先通过企查查等工商查询系统检索租赁房屋信息,确认该独立地址上不存在其他公司使用租赁房屋作为注册地址或办公地址的情况。

(五)新版《登记须知》后的常规反馈

自《登记须知》发布之后,基金业协会对部分正在办理私募基金管理人登记的申请机构出具如下反馈意见:

"请机构根据2018年12月更新的《登记须知》相关要求,核查自身实际和合规情况,确认符合相关要求后再行提交私募基金管理人登记申请。同时,请律所就申请机构是否符合更新版《登记须知》相关出具补正法律意见书,对于仍存在两项及以上'中止办理'情形的,协会对该私募管理人申请中止办理6个月。"

针对这一笼统性反馈意见,建议申请机构按照《登记须知》中各项内容再次进行逐一核查,做到"有则改之,无则加勉"。

二、私募基金管理人重大变更

(一)基金业协会对于重大事项变更的基本要求

根据《登记须知》规定,基金业协会对于重大事项变更的基本要求如下:

1.【重大事项法律意见书】已登记的私募基金管理人申请变更控股股东、变更实际控制人、变更法定代表人/执行事务合伙人(委派代表)等重大事项或协会审慎认定的其他重大事项的,应提交私募基金管理人重大事项变更专项法律意见书,对私募基金管理人重大事项变更的相关事项逐项明确发表结论性意见,还应当提供相关证明材料,充分说明变更事项缘由及合理性。

2.【期限及整改次数要求】申请机构重大事项变更需要在6个月内办理通过,且补正次数不超过5次的,否则协会将暂停申请机构新增产品备案直至办理通过。

3.【发生实质性变化】已登记私募基金管理人1年内法定代表人/执行事务合伙人(委派代表)、主要出资人、实际控制人均发生变化的,应重新提交法律意见书,逐项发表法律意见,该等情形视为新申请登记机构进行核查。

4.【后继高管】原高管人员离职后,私募基金管理人应在3个月内完成聘任具备与岗位要求相适应的专业胜任能力的高管人员。

同时,基金管理人应按基金合同、基金公司章程或者合伙协议的相关约定,履行基金份额持有人大会、股东大会或合伙人会议的相关表决程序;按照《私募投资基金信息披露管理办法》相关规定和基金合同、基金公司章程或者合伙协议的相关约定,向私募基金投资者及时、准确、完整地进行了信息披露。

(二)常见反馈意见汇总

1.贵机构法定代表人、控股股东、实际控制人均发生变化,经内部讨论,请根据《私募基金管理人登记法律意见书指引》第1~14条,对贵机构整体情况逐项发表意见,并将变化缘由据实写入法律意见书。

2.本次法人/执行事务合伙人/委派代表发生变更,合规也变了,是否有兼职?如有兼职是否符合要求?

3.上传的一致行动协议未体现A股东就有关公司经营发展的重大事项向股东行使提案权和在股东会行使表决权时与B股东保持一致,请律师据此审慎出具相关意见,并详细说明实际控制人认定依据及如何对机构起到实际支配作用。

4.请上传法定代表人变更的股东会决议。

5.贵机构法定代表人发生变更,请将对投资者的披露内容及回执等文件一并上传,并请律师在法律意见书中就披露情况是否符合自律规则及合同约定发表结论性意见:私募基金管理人是否已按要求在私募基金信息披露备份系统上传“重大事项临时报告”;私募基金的信息披露是否符合《私募投资基金信息披露管理办法》和基金合同的相关约定。(私募基金信息披露备份系统的截图文件请一并上传)

6.请申请机构股东出具出资能力证明,出资能力证明应详细说明股东的出资能力如何与申请机构的认缴资金相匹配，法律意见书中应对此发表结论性意见（需要说明对应的收入来源，并提供相关证明材料）。对于机构出资人，请提供最新的财务报告。机构出资人净资产不能与认缴金额匹配的，请向上追述至二级股东出具出资能力证明。

（三）反馈意见整改建议

根据基金业协会反馈意见，当基金管理人股东、实际控制人、法定代表人均发生变化时，机构将收到协会要求比照登记的标准重新出具法律意见书的反馈意见。诸多举措体现了协会严打倒壳行为、维护投资者知情权的决心。

对此，建议基金管理人在进行重大事项变更前，应先进行全面自查。律师在出具法律意见书时，应结合公司实际经营状况及协会反馈意见，在法律意见书中进行逐项详细说明。同时，如存在正在运作的基金产品，应当对投资人做好充分的信息披露及公告工作，并在私募基金信息披露备份系统提交重大事项临时报告。

三、私募基金产品备案

产品备案反馈意见集中在底层标的核查、合格投资者核查、托管方核查等方面。

（一）底层标的核查

1. 基金业协会对于底层标的的要求

(1)根据基金业协会2018年1月12日发布的《私募投资基金备案须知》，协会针对如下类型的底层标的将不予备案：

①底层标的为民间借贷、小额贷款、保理资产等《私募基金登记备案相关问题解答（七）》所提及的属于借贷性质的资产或其收（受）益权；

②通过委托贷款、信托贷款等方式直接或间接从事借贷活动的；

③通过特殊目的载体、投资类企业等方式变相从事上述活动的。

(2)2017年5月24日，基金业协会在深圳线下培训会问答中提出，基金产品首期募集规模若只是优先级完成实缴，该产品不能通过备案，结构化产品每一层级最少一个投资者已实缴。

(3)根据中国人民银行等多部委于2018年4月27日发布的《关于规范金融机构资产管理业务的指导意见》（以下简称《资管新规》）规定，权益类产品投资于股票、未上市企业股权等权益类资产的比例不低于80%，权益类产品的分级比例不得超过1:1。同时，对于多层嵌套资产管理产品，向上识别产品的最终投资者，向下识别产品的底层资产(公募证券投资基金除外)。由此可知,基金业协会对于底层标的审查将会成为今后产品备案的工作重点。

2. 常见反馈意见汇总

(1)本基金涉及股债混投,请管理人说明股债混投比例。

(2)请管理人核实本基金是否涉及关联交易,如是关联交易,请管理人提交经全体投资者签章签字确认的如下材料:①底层资产全面尽职调查材料,并确定底层资产的真实性及履约可能性;②投资标的的估值材料;③有效实施的关联交易风险控制制度;④所进行的关联交易不存在任何损害投资者合法权益的承诺函;⑤产品完整架构图、所涉及的全部关联方的名称、股权机构及实际控制人。

(3)如不涉密,请提供拟投定增标的的定增公告及证监会定增受理函。

(4)投资方向中涉及的 FOF 类产品(包括资管计划、信托、私募基金、合伙企业 LP 份额、QDII 等),请在"管理人(投顾)认为需要说明的其他问题"一栏中明确穿透后的底层投资标的是否为股权类。

(5)本产品是否有明确投资标的?请进一步明确。

(6)请说明拟投标的的主营业务、估值情况、后续如何使用基金投资款、基金如何退出等。

3. 反馈意见背景及整改建议

基金业协会对于管理人申请产品备案时,明确要求管理人应对被投企业的具体情况进行详细说明。结合如上反馈意见,管理人可提前准备关于底层项目端的相关材料,如尽调报告、被投企业基本情况介绍、投资框架协议等。建议管理人提供书面材料时,详细说明被投企业的主要业务、估值情况、基金款项使用及后续退出等问题。如基金产品投向为单一标的或涉及关联交易,则应在风险揭示书中添加相应提示条款以对投资者进行提示。

(二)合格投资者核查

1. 基金业协会对于合格投资者的要求

根据《私募投资基金监督管理暂行办法》规定,合格投资者是指具备相应风险识别能力和风险承担能力,投资于单只私募基金的金额不低于 100 万元且符合下列相关标准的单位和个人:

(1)净资产不低于 1000 万元的单位;

(2)金融资产不低于 300 万元或者最近 3 年个人年均收入不低于 50 万元的个人。

前款所称金融资产包括银行存款、股票、债券、基金份额、资产管理计划、银行理财产品、信托计划、保险产品、期货权益等。社会保障基金、企业年金等养老基金、慈善基金等社会公益基金及依法设立并在基金业协会备案的投资计划、投资于所管理私募基金的私募基金管理人及其从业人员可视为合格投资者。

同时,以合伙企业、契约等非法人形式,通过汇集多数投资者的资金直接或者间接投资于私募基金的,私募基金管理人或者私募基金销售机构应当穿透核查最终投资者是否为合格投资者,并合并计算投资者人数。而符合特殊合格投资者投资私募基金的,不再穿透核查最终投资者是否为合格投资者亦不再合并计算投资者人数。

不过,2018 年 10 月 22 日最新发布的《证券期货经营机构私募资产管理计划运作管理规定》中,针对自然人的合格投资者的门槛有所降低,具体要求仍有待基金业协会进一步规定。

2. 常见反馈意见汇总

(1)上传合格投资者证明材料(金融资产规模证明文件或收入水平证明):如证明收入情况,需提供最近 3 年银行流水明细,加盖银行公章。机构证明有净资产情况请提供有关审计报告。

(2)请上传合伙企业审计报告。同时请上传穿透后二级投资者的合格投资者证明(请上传金融资产证明或者工资流水证明),及对应投资款的出资能力证明。

(3)根据《资管新规》,投资者出资只能是自有出资,不能通过发债等方式募集资金用于投资资管产品,电话跟管理人沟通,请补充提供工资流水等材料,或账户明细,或该账户持续一年每月末存量账户情况等。

(4)请管理人说明所有机构投资者的资金来源,是否为自有资金。

3. 反馈意见背景及整改建议

从近期多家私募基金管理人收到的反馈意见来看,基金业协会要求管理人上传合格投资者的相关证明已成为常态化反馈意见。

(1)针对自然人投资者

针对自然人投资者而言,如提供近 3 年收入证明材料,建议准备 3 年银行流水明细、劳动合同等;如提供金融净资产证明材料,建议提供股票、债权、基金份额、资管计划等相关合同、交易信息等材料。

(2)针对机构投资者

针对机构投资者而言,需将公司型投资者及合伙企业型投资者区分对待。对于公司型机构投资者，建议提供公司审计报告等材料；对于合伙企业型投资者，应当进行穿透核查，并提供穿透后合伙人的合格投资者证明材料。

(三)托管方核查

1. 基金业协会对于托管的要求

根据《私募投资基金管理人内部控制指引》第21条的规定，除基金合同另有约定外，私募基金应当由基金托管人托管，私募基金管理人应建立健全私募基金托管人遴选制度，切实保障资金安全。基金合同约定私募基金不进行托管的，私募基金管理人应建立保障私募基金财产安全的制度措施和纠纷解决机制。

基金托管人由依法设立的商业银行或者其他金融机构担任。其中，商业银行担任基金托管人的，由国务院证券监督管理机构会同国务院银行业监督管理机构核准；其他金融机构担任基金托管人的，由国务院证券监督管理机构核准。

2018年下半年，协会重点关注对申请备案的基金的托管问题。协会要求申请备案的契约型私募基金应当确保由获得托管资格的基金托管人独立托管。契约型基金产品的强制托管目前已成为行业的共识，并成为基金业协会的强制性要求。但是，在托管机构职责之争后，大部分托管机构纷纷表示不接受私募股权类契约型产品的托管。

2. 常见反馈意见汇总

(1)根据审慎管理原则，请托管机构对本基金投资范围、产品结构、收益分配、底层投资协议(如有)等的合规性和真实性、基金后续募集安排、基金拟投资进度安排、工商确权安排等进行核实并发表意见，托管机构签章确认。

(2)考虑到基金投资为单一标的，针对投资标的合规性，请托管方发表意见。

(3)契约型私募基金应当由具有托管资格的基金托管人进行托管。

3. 反馈意见整改建议

2018年7月13日，基金业协会钟蓉萨副会长在招商银行托管大数据平台发布会上发言，强调独立第三方托管机制是防范金融风险、保护投资者权益的重要措施。建议管理人在收到以上反馈意见时，应及时同托管方进行沟通，根据基金业协会反馈意见准备相关材料。

(四)其他产品备案反馈意见

除以上反馈意见外，部分基金管理人收到如下反馈意见供各位参考。

1. 基金管理人应与普通合伙人存在关联关系，并要求上传普通合伙人与管理人存在关联关系的证明文件。

2. 如基金产品涉及关联交易,基金业协会反馈需补充提交以下材料:

(1)底层资产全面尽职调查材料,并确定底层资产的真实性及履约可能性;

(2)投资标的的估值材料;

(3)有效实施的关联交易风险控制制度;

(4)所进行的关联交易不存在任何损害投资者合法权益的承诺函;

(5)产品完整架构图、所涉及的全部关联方的名称、股权结构及实际控制人。

3. 说明设置双管理人的原因,并说明双管理人的权责划分情况和纠纷解决机制。

4. 部分其他类私募基金管理人在协会备案收益权类私募基金产品时,收到如下反馈意见:

"收益权类私募基金的投资目的是获取稳定现金。私募基金所投收益权标的应符合法律法规相关要求、权属明确,具有可追溯的、稳定的现金流且可特定化,投向收益权类基金存续期不得低于12个月。请管理人就上述意见进行自核,并上传如下证明文件:

(1)证明底层标的权属清晰、明确的文件;

(2)证明基础股权是未上市企业的股权的文件;

(3)证明股权收益权具有可追溯的独立、稳定现金流且可特定化的文件;

(4)证明收益权与原始权益人能够实现有效风险隔离的文件。"

5. 如GP本身不担任管理人而委托其他有资质的机构担任管理人,则要求GP与管理人之间存在关联关系,并上传存在关联关系的证明文件。

6. 原系统支持填写两个管理人,现在已改为不支持。建议以系统为准,不再设置双管理人的产品。

基金业协会对于管理人登记审核从严,对于基金产品和投资者全方位穿透核查,正是其坚持从行业本质出发,明确登记备案和风险监测标准,防范利益冲突,防止刚性兑付、资金池产品甚至非法集资活动渗透到私募基金领域的体现。私募基金的本质在于管理人忠实履行投资者的受托义务。打铁还需自身硬,申请机构只有不断提升自身的专业水平,基金管理人坚持勤勉、尽责、审慎、公正地履行受托义务,始终将投资者利益置于首位,才能保证整个私募基金行业的蓬勃发展。

禁止借贷与其他类私募的投资范围

余　娉
中海晟融(北京)资本管理有限公司

2018 年 1 月 12 日,中国证券投资基金业协会(以下简称"基金业协会")在"资产管理业务综合报送平台"("AMBERS 系统")发布《私募投资基金备案须知》,重申了私募基金备案总体性要求,明确划定"不属于私募基金范围的情形",并提出了涉及特殊风险的私募基金备案要求。其中,重磅的举措当属明确列出的几种"不属于私募基金范围的情形",总结起来就是私募基金禁止投资于借贷性质的资产及其收(受)益权。

一、私募基金的投资不应是借贷活动

基金业协会首先定义了私募基金的性质,"私募投资基金是一种由基金和投资者承担风险,并通过主动风险管理,获取风险性投资收益的投资活动。私募基金财产债务由私募基金财产本身承担,投资者以其出资为限,分享投资收益和承担风险。私募基金的投资不应是借贷活动"。

紧接着指出,"下列不符合'投资'本质的经营活动不属于私募基金范围:

1. 底层标的为民间借贷、小额贷款、保理资产等《私募基金登记备案相关问题解答(七)》所提及的属于借贷性质的资产或其收(受)益权;

2. 通过委托贷款、信托贷款等方式直接或间接从事借贷活动的;

3. 通过特殊目的载体、投资类企业等方式变相从事上述活动的。

协会将于 2 月 12 日起,不再办理不属于私募投资基金范围的产品的新增申请和在审申请"。

结合《私募基金登记备案相关问题解答(七)》,其明确指出,"对于兼营民间借贷、民间融资、配资业务、小额理财、小额借贷、P2P/P2B、众筹、保理、担保、房地产开发、交易平台等业务的申请机构,这些业务与私募基金的属性相冲突,容易误导投资者……”私募基金的底层标的不得是前述业务中借贷性质的资产或其收(受)益权。

基金业协会采用“底层标的”这个用语,对私募基金管理人施加了“穿透审查”的义务,并且明令禁止了通过委托贷款、信托贷款、特殊目的载体、投资类企业等方式变相从事借贷活动。结合上下文来看,“借贷活动”包含了投资于借贷性质的资产及其收(受)益权,未来可能强化向下穿透核查的力度。

二、其他类私募基金原来的可投资范围

在此之前,私募基金管理人可以通过“其他类私募基金”进行债权性质的投资。根据“资产管理业务综合报送平台—产品备案—产品季度更新”路径下“产品运行监测报表”中的分类,境内债权类投资包含了银行委托贷款、信托贷款、应收账款、各类收(受)益权、票据(承兑汇票等)投资、其他债权投资等。银行委托贷款、信托贷款在此次《私募投资基金备案须知》中被明令禁止,至此退出其他类基金投资“白名单”。

对此监管禁令不应感到惊讶。往前追溯,最直接的监管动态是 2018 年 1 月 5 日发布的《商业银行委托贷款管理办法》,其中第 10 条规定“商业银行不得接受委托人下述资金发放委托贷款:(一)受托管理的他人资金……”至此,私募基金通过商业银行发放委托贷款被禁止。基金业协会明令禁止私募基金从事借贷活动,只是监管部门统一口径而已。

禁止私募基金从事借贷活动,原因可能出于以下几种:

1. 在中国现行法律和金融监管逻辑下,借贷业务属于持牌金融机构的特许经营业务。私募基金管理人并非“金融机构”,私募基金进行借贷类业务投资的合法性本来就存在问题。

2. 非标债权类投资极易形成对投资者保底保收益、刚性兑付等与资产管理行业基本逻辑相违背的交易安排。

3. 此类投资极易形成以期限错配、分离定价为特征的“资金池”业务。

4. 私募基金的非标债权投资,容易演变成为特殊主体的融资通道(详见微信公众号“PE 实务”2017 年 10 月 30 日文章:《10 月份其他类管理人登记数量为 0,背景深度分析》)。

三、其他类基金管理人受到严格监管

与此相关的动向是,2018 年 1 月 16 日,基金业协会在 AMBERS 系统里对申请重大事项变更的其他类私募基金管理人做了如下反馈:

“为促进私募投资基金回归投资本源,按照相关监管精神,暂不办理其他类私募投资基金管理人(除 QDLP 等试点机构)的实际控制人、控股股东和法定代表人的重大事项变更申请。”

由此可见,基金业协会不仅禁止私募基金从事借贷业务,甚至对其他类私募基金管理人的动向都持极为谨慎的态度。

事实上,2017 年 6 月以来,在基金业协会登记为其他类私募基金管理人的数量增长极其缓慢。根据基金业协会发布的《2017 年私募基金登记备案综述及 12 月私募基金登记备案月报》,截至 2017 年 12 月底,其他类基金管理人为 779 家,管理正在运作的基金 5737 只,管理基金规模 1.72 万亿元。笔者对基金业协会每月发布的《私募基金管理人登记及私募基金产品备案月报》进行统计分析,2017 年 5 月至 2017 年 12 月,其他类基金管理人的数量变化见表 1(月报数据与公示系统可查询到的数据有少量出入):

表 1 其他类基金管理人数量变化统计(2017 年 5 月至 2017 年 12 月)

时间	其他类基金管理人数量(家)
2017 年 5 月底	668
2017 年 6 月底	722
2017 年 7 月底	743
2017 年 8 月底	759
2017 年 9 月底	774
2017 年 10 月底	777
2017 年 11 月底	778
2017 年 12 月底	779

从 2017 年 9 月以来,其他类私募基金管理人数量以个位数增长,2017 年 11 月、12 月每月仅新增 1 家。有业内人士写文章对 2017 年 9 月通过基金业协会备案登记的其他类私募基金管理人的股东背景进行了分析,其股东绝大多数具有国资背景,不具备国资背景的股东也为知名金融界人士(参见微信公众号“积募”

2017年10月13日文章:《9家其他类私募基金管理人通过备案,国资背景抢眼》)。

由此可见,2017年其他类私募基金管理人增量受到严格控制,到了2018年年初针对存量的其他类管理人监管也更加严格了。其他类基金管理人在严监管的态势下成了稀缺资源。

四、其他类私募基金现行可投资范围探讨

若债权类投资统统禁止,那么其他类基金只有投资于"收藏品、艺术品、红酒"等另类资产了。虽然高大上,但不接地气啊!

2018年1月15日在《私募投资基金备案须知》发布后的第一个工作日,笔者就"其他类私募基金可否投资于股权收益权、股票收益权"向基金业协会进行了邮件咨询及微信咨询,当天收到咨询邮箱的邮件回复"暂不明确,已登记到后台,等待反馈"。1月22日,笔者收到"私募基金咨询热线"邮箱(pfinfo@ amac. org. cn,署名为"工作人员咨询回复专用邮箱")的回复:"其他类投资基金不涉及《私募投资基金备案须知》中'不属于私募基金'范围的可以投资。"

由此可以得出以下推论:《私募投资基金备案须知》禁止的是借贷性质的产品,包括借贷性质的资产或其收(受)益权;基金业协会对此不进行扩大化解释和适用,没有明令禁止的即为可行,因此,股权收益权、股票收益权、有限合伙企业份额收益权等标的资产暂不在本次《私募投资基金备案须知》禁止的范围之内;具有真实交易基础的应收账款或其收(受)益权目前也不受影响,但是基础交易为借贷性质的应收账款应当在禁止范围内。

至于AMBERS系统产品运行监测报表中所列属于债权投资性质的"票据(承兑汇票等)投资",笔者由于经验及业务范围所限无法对此进行探讨。欢迎有实务经验的业内人士对其他类基金可行的投资范围或前景展望交流看法。毕竟,自2018年2月12日起,基金业协会不再办理不属于私募投资基金范围的产品的新增申请和再审申请,恐怕一大波其他类基金管理人在不久的将来都会面临"保壳"的强烈需求。

总体来看,种种迹象表明监管部门对其他类基金及其他类管理人持从严监管/限制态度。值得注意的是,2017年8月30日发布的《私募投资基金管理暂行条例(征求意见稿)》第2条第3款规定,"私募基金财产的投资包括证券及其衍生品种、有限责任公司股权、基金份额,以及国务院证券监督管理机构规定的其他投资品

种”,其他类基金的地位极为模糊,属于“国务院证券监督管理机构规定的其他投资品种”。以目前的监管态势来看,其他类基金的投资范围或许正处于监管部门的斟酌、调整之中,在明晰其确切定位之前,其他类基金管理人大概也会相应地处于“冷冻期”。

基金托管安排解析

董立阳
竞天公诚律师事务所

私募基金进行托管,由私募基金托管人承担资产保管、交易监督、信息披露、资金清算与会计核算等责任,私募基金托管人代表基金持有人的利益,受托于基金发起人或基金管理人,对各项基金财产进行保管,并监督基金管理人运营基金财产。

一、基金是否必须托管

(一)一般情况下,法律法规要求可以不托管

《中华人民共和国证券投资基金法》(2015 年修订,以下简称《基金法》)第 88 条规定,除基金合同另有约定外,非公开募集基金应当由基金托管人托管。《私募投资基金监督管理暂行办法(中国证券监督管理委员会令第 105 号)》(以下简称"105 号文")第 21 条规定,除基金合同另有约定外,私募基金应当由基金托管人托管。基金合同约定私募基金不进行托管的,应当在基金合同中明确保障私募基金财产安全的制度措施和纠纷解决机制。

《私募投资基金合同指引 1 号——契约型私募投资基金合同内容与格式指引》第 6 条明确,私募基金进行托管的,私募基金管理人、基金托管人以及投资者三方应当根据本指引要求共同签订基金合同;基金合同明确约定不托管的,应当根据本指引要求在基金合同中明确保障私募基金财产安全的制度措施、保管机制和纠纷解决机制。《私募投资基金合同指引 2 号》与《私募投资基金合同指引 3 号》均有类似指引约定。

因此,如在基金合同中另行约定,私募基金可以不予安排托管。但不安排托管的一般需要明确保障私募基金财产安全的制度措施、保管机制和纠纷解决机制。

(二)例外情形

《政府出资产业投资基金管理暂行办法》第21条明确规定了政府出资产业投资基金应当托管,基金应将基金资产委托给在中国境内设立的商业银行进行托管。基金与托管人签订托管协议,托管人按照协议约定对基金托管专户进行管理。

根据基金业协会于2018年7月的系统反馈,要求在契约型基金进行备案时必须安排托管,如为存量产品重大事项变更也需要补充安排托管。当然,这一要求仅为窗口指导,与现行法律法规的规定存在一定冲突,但恐怕在实践中这一实际指导会长期存在且拟进行基金备案的管理人需遵照执行。

二、实践中关于私募基金托管相关的处罚情况

实践中,因私募基金托管安排可能导致处罚的原因如下:基金合同中未明确是否托管或虽明确托管,但实际未托管;以及基金合同中明确不托管,但未明确相应的基金财产安全的制度措施及纠纷解决机制。

(一)基金合同未予明确是否托管,实际未托管

例如,中国证券监督管理委员会江苏监管局在2016年7月27日出具的《关于对中植资本管理有限公司采取责令改正措施的决定》说明,"基金的托管不符合《私募投资基金监督管理暂行办法》第21条第1款的规定。一是公司子公司管理的常州京江永毅投资中心(有限合伙)、常州京江永晖投资中心(有限合伙)、常州京江博翔投资中心(有限合伙)、常州京江美智投资中心(有限合伙)、常州翔嘉中舟投资中心(有限合伙)等基金的合伙协议中均未对私募基金的托管进行约定,公司实际未对上述基金进行托管。二是公司子公司管理的江阴中南文化产业股权投资合伙企业(有限合伙)的合伙协议规定应对合伙企业账户内的全部现金实施托管,公司实际未进行托管"。

(二)基金合同约定应当予以托管,实际未托管

例如,中国证券监督管理委员会广东监管局在2016年11月1日发出的《中国证券监督管理委员会广东监管局行政处罚决定书〔2016〕11号》中说明,"云系投资存在以下违规事实:……云联惠基金募集说明书和入伙协议均明确约定募集资金必须委托经中国银监会认可的商业银行进行托管或监管,但云联惠基金自成立以来,云系投资一直未办理托管手续"。

(三)基金合同中约定不安排托管,但未明确相关措施

例如,中国证券监督管理委员会宁夏监管局2017年7月12日发出的《宁夏证

监局关于对恒天金石投资管理有限公司采取责令改正监管措施的决定》,“你公司管理的宁夏恒天丝路产业投资基金合伙企业(有限合伙),其基金合同中约定该基金不进行托管,但未明确保障私募基金财产安全的制度措施及纠纷解决机制……我局决定对你公司采取责令改正的行政监管措施”。

三、托管与否的不同安排

(一)如进行托管安排

如对于私募基金进行托管安排,需要开展下述事项:(1)寻找具有托管资质的托管人;(2)基金内部通过安排托管的程序要求;(3)与托管机构签订托管协议及进行托管。

《基金法》第32条规定,“基金托管人由依法设立的商业银行或者其他金融机构担任。商业银行担任基金托管人的,由国务院证券监督管理机构会同国务院银行业监督管理机构核准;其他金融机构担任基金托管人的,由国务院证券监督管理机构核准”。根据证监会证券基金机构部部函《关于做好私募证券投资基金综合托管业务资格及客户资金支付消费服务监管工作的函》(基金机构部〔2014〕1172号),证监会以行政委托方式将私募基金综合托管业务资格的行政许可审批事项委托给中国证券投资者保护基金有限责任公司(以下简称“投保公司”)行使。2014年9月9日,投保公司向各证券公司发出“证保发〔2014〕95号”文件,明确由其行使私募基金综合托管行政许可的受理、评估、核准。

《私募投资基金服务业务管理办法(试行)》规定,基金外包服务业务内容主要包括基金募集、投资顾问、份额登记、估值核算、信息技术系统等。开展外包服务业务的机构应当在基金业协会登记并成为协会会员。

因而,如成为私募投资基金的托管机构,需要取得投保公司的核准,并在基金业协会登记成为会员,截至2018年8月,已经在基金业协会登记的托管机构包括商业银行及其他金融机构等42家单位。

《基金法》第3条规定,基金管理人、基金托管人依照本法和基金合同的约定,履行受托职责。

因《私募投资基金合同指引》中明确了私募基金进行托管的,私募基金管理人、基金托管人以及投资者三方应当根据本指引要求共同签订基金合同。在基金内部,一般需要在基金主协议中明确是否安排托管,并由托管人共同签署基金合同并另行签订托管协议。

托管协议中一般包括如下条款：双方的权利义务；基金财产的管理与运用；划款指令的发送、确认与执行；托管报告内容与格式；费用；基金终止、清算、延期及托管终止；其他一般条款如保密、违约、争议解决等。

（二）如不进行托管安排

基金合同中如列明不予托管，需要就不托管的相关措施在基金合同或全体投资人共同签署的同意函中予以说明，且一并提交备案。

因105号文、《私募投资基金合同指引》等均列明了基金不托管时的基本相应措施要求，一般情况下，不安排托管时列明的相应措施包括：账户监督、投资运作行为监督、财产审计、信息披露、清算安排、纠纷解决措施。

四、关于托管争议原因

基金业协会2018年7月13日发布《关于上海意隆等4家私募基金管理人风险事件的公告》，上海意隆财富投资管理有限公司等4家私募基金管理人的实际控制人失联以来，相关私募基金管理人经营中断，严重扰乱了私募基金行业秩序，给投资者合法权益造成重大影响，并附上了托管行联系方式，要求“托管银行要按照《基金法》和基金合同的约定，切实履行共同受托职责，通过召集基金份额持有人会议和保全基金财产等措施，尽最大可能维护投资者权益”。中国银行业协会于2018年7月23日夜在其官网首页发表其首席法律顾问的署名文章《银行托管私募基金权责清晰，依法依约不承担共同受托责任》，当晚稍后发表其首席经济学家的署名文章《合理界定托管机构的职责范围，促进资产管理业务链的良好合作》。两家自律监管组织对于托管行的职责要求及是否为共同受托人的口径区别很大，这也被视为基金业协会对于托管任的职责要求趋高的信号。

托管人的职责法律在相关法规中具有明确规定。《基金法》第36条规定：“基金托管人应当履行下列职责：（一）安全保管基金财产；（二）按照规定开设基金财产的资金账户和证券账户；（三）对所托管的不同基金财产分别设置账户，确保基金财产的完整与独立；（四）保存基金托管业务活动的记录、账册、报表和其他相关资料；（五）按照基金合同的约定，根据基金管理人的投资指令，及时办理清算、交割事宜；（六）办理与基金托管业务活动有关的信息披露事项；（七）对基金财务会计报告、中期和年度基金报告出具意见；（八）复核、审查基金管理人计算的基金资产净值和基金份额申购、赎回价格；（九）按照规定召集基金份额持有人大会；（十）按照规定监督基金管理人的投资运作；（十一）国务院证券监督管理机构规定的其他职责。”《基金法》并未要求托管人承担共同受托责任。

五、现行托管标准

在基金业协会对于契约型基金强制要求托管及对于托管人的义务责任要求趋高的情况下，目前一些商业银行已经明确不接受契约型产品的托管安排。而市场上仍然开展契约型产品托管的托管人对于产品的要求也大幅提高了标准及相应费用。

以本人近期接触的托管机构的标准为例，要求的托管准入标准为“管理人股东为持牌金融机构、国企或主板上市公司；募集资金中有持牌金融机构、国企或政府出资；募集资金中机构出资比例100%且资金投向明确”，且部分机构明确要求“基金管理人首发产品不接；有明确的退出机制及风险防范措施”；也有部分机构对于产品规模限定在3000万元人民币以上。

六、对于私募基金备案的后续影响

由于托管机构现行的标准对于准入规模甚至基金管理人资质具有一定要求，客观上导致纯粹民资且无上市公司背景的基金管理人更难完成基金产品托管的安排，因而在产品选择时契约型基金可能不能成为优先选择，也一定程度上限制了其产品安排的灵活性。

因私募基金管理人在登记完成后的6个月内必须完成首款产品备案，否则将丧失管理人资格，而部分机构对于首发产品的谨慎态度对于该类新设立的管理人来说也成为契约型产品备案的障碍，实践中原有的为争抢时间以不需要另行设立实体的契约型产品首发以满足该产品备案时间要求的可行性大为降低。

因而，新设管理人以及拟发行契约型产品的管理人都需要提前与托管机构联络沟通，以确保发行的产品可以满足托管准入要求，并应当在基金合同中明确该部分托管费用由基金承担，毕竟托管费用已经也水涨船高了，如此路不通，则需提前计算好时间设立主体并以有限合伙型或公司型产品完成备案。

此外，根据客户反馈，近期基金业协会会议中也存在关于未来是否将合伙型基金纳入必须强制托管的范畴中，目前虽未在监管中反馈出来，但未来也存在这种可能性。建议现在不安排托管的合伙型基金产品可以在合同中保留“如未来监管机构明确要求，可以另行安排托管或补充托管安排”。

境外私募股权投资基金设立

杨帆律师团队
西盟斯律师事务所

一、基金设立地和相关方

对于希望在境外设立私募股权基金的资产管理人(asset manager)来说,选择在哪里设立私募股权基金,以什么组织形式设立该基金,涉及商业性以及基金监管、税务方面综合的考量。

目前来说,绝大多数亚洲的私募股权基金都会选择以豁免有限合伙企业的形式在开曼群岛设立私募股权基金,其考量主要是出于开曼群岛《豁免有限合伙法》所赋予合伙制基金的灵活性、开曼当地法院以及基金外包服务提供机构对于基金极高的认知度和成熟度以及过去三四十年来市场积累的结果。其他一些离岸地区,如 BVI 等,虽然在近几年也在努力赶超开曼,但是由于过高的法律成本以及过于繁冗的登记制度,一直没有成为资管行业的主流。

(一)豁免有限合伙企业

实践中,在开曼群岛设立私募股权类基金("PE 基金")最常见的形式为豁免有限合伙企业(exempted limited partnership,"开曼 ELP")。这是由于与公司制的组织形式相比,有限合伙企业的形式更加适合 PE 基金的特点。其最主要原因体现在有限合伙这种企业组织形式,最大限度地实现了专业分工和资源的有效配置。在有限合伙的结构下,普通合伙人作为基金的发起人同时是基金的管理者,他们并不出资(或承担部分出资)但掌握管理和投资等各项决策权,同时承担无限责任;有限合伙人作为基金的投资者,只承担以其出资额为限的有限责任。

这使得在该结构下,基金能够采取一种更加灵活的分配方式,既提供了可以把经济利益和控制权分开的灵活性,也避免了双重征税的弊端。此外,另一个重要的考量点在于,尽管多数境外的公司制基金允许发行不同类别的股份(classshare),以适应不同投资者的诉求，但对于同一类别股份下的投资者来说，其享有的权利义务是相同的。而在有限合伙制项下，对于不同类别的投资者来说，可通过附属协议（side letter）的方式对有限合伙协议进行修改，以满足不同投资者的需求。

目前，开曼 ELP 的设立依据为《豁免有限合伙法》。通常而言，设立开曼 ELP 至少需要：

一名或一名以上普通合伙人（general partner，GP），普通合伙人对合伙企业债务承担无限责任，当开曼 ELP 的资产资不抵债时，普通合伙人将对开曼 ELP 的所有债务和义务承担责任；以及

一名或一名以上有限合伙人（limited partner，LP），有限合伙人以其对开曼 ELP 的认缴出资额为限承担有限责任，除非有限合伙协议另行约定或《豁免有限合伙法》中特别明确的事项，有限合伙人不需要对超出其认缴出资额限额部分的债务和义务承担责任。

（二）普通合伙人

值得注意的是，尽管开曼法律对豁免有限合伙企业的人数上限、最低出资额、合伙人的国籍以及组织形式均不存在限制，但其中至少一名普通合伙人需要满足以下要求：

1. 如果系自然人，须为开曼群岛居民；

2. 如系公司，须为根据《开曼公司法》注册的公司或已根据《开曼公司法》的规定注册的外国公司；

3. 如系合伙企业，须为根据开曼群岛《豁免有限合伙法》注册的合伙企业；

4. 如系在开曼群岛以外的法域注册的有限合伙企业或有限责任合伙企业，须已根据《豁免有限合伙法》注册为外国有限合伙企业。

实践中比较常见的做法是注册成立一间开曼豁免公司作为 PE 基金的普通合伙人。理想的状态下，该公司旗下并无其他基金在管，从而做到责任和义务的隔离。

（三）有限合伙的运营

由于开曼 ELP 并不具备独立的法人资格，因此依据《豁免有限合伙法》将由普通合伙人负责合伙企业的管理和业务运营，普通合伙人可代表 ELP 对外签署相关合同及协议。

有限合伙人的角色则与普通合伙人有所不同。在该结构下，有限合伙人往往是作为被动投资者的角色，并且通常不得参与合伙企业的管理事务和运营，否则可

能失去其有限责任的地位，进而对合伙企业的债务和义务承担责任。

税收优势也是目前境外基金选择在开曼群岛设立的一项主要原因。在开曼法律框架下，合伙企业被视为一个“导管”（conduit），因而不会被征收相关税款。根据现行开曼群岛法律，对于PE基金的收入或收益，或处置股权或合伙企业权益产生的收益，均不征收开曼群岛税款。同时PE基金的分配也无须预扣所得税。

（四）基金管理人

尽管前面说到，开曼ELP主要由普通合伙人负责其自身的管理和业务运营。但大多数时候，普通合伙人会考虑单独聘请基金管理人或其他投资顾问团队。这主要取决于基金设立时的结构设计和运营团队构成等考虑因素。

简言之，同一个管理团队管理多家基金时，既可以通过同一家管理人实体（manager），也可以通过同一普通合伙人实体（GP）进行管理。

当采用第一种方式（同一manager管理）时，每一只基金都有自己单独的GP，但是主要管理职能由管理人承担。这种方式有利于管理人的品牌的发展和延续以及管理人技术秘密的留存，且不会受到基金GP的无限责任的影响；同时考虑到在境外（如开曼）设立和维护GP的成本较低，因此为每一只基金单独设立一家GP也不会有高额费用产生。

采用第二种方式（同一GP管理），同一个GP实体会成为不同的基金的普通合伙人实体，管理基金事务。待基金存续期满清算时，GP可以继续保留。不过理论上存在不同基金带来的无限连带责任不能隔离的风险。

从利益冲突的角度来看，一般来说基金的招募说明书（private placement memorandum，PPM）里都会对相关利益冲突的情形进行披露，如基金的管理团队同时也会为其他类似的基金提供管理服务，并且管理团队没有义务把交易机会提供其管理的其他基金等。

（五）基金的其他服务提供方

私募股权投资基金也会根据需求聘请独立的外包（fund administrator）提供年报、估值、FATCA/CRS等服务，也可能会聘请独立的复核托管等。在开曼法下，一只封闭式的私募股权投资基金并无强制要求委派独立的服务提供方。

(六)开曼 PE 基金常见结构示意图

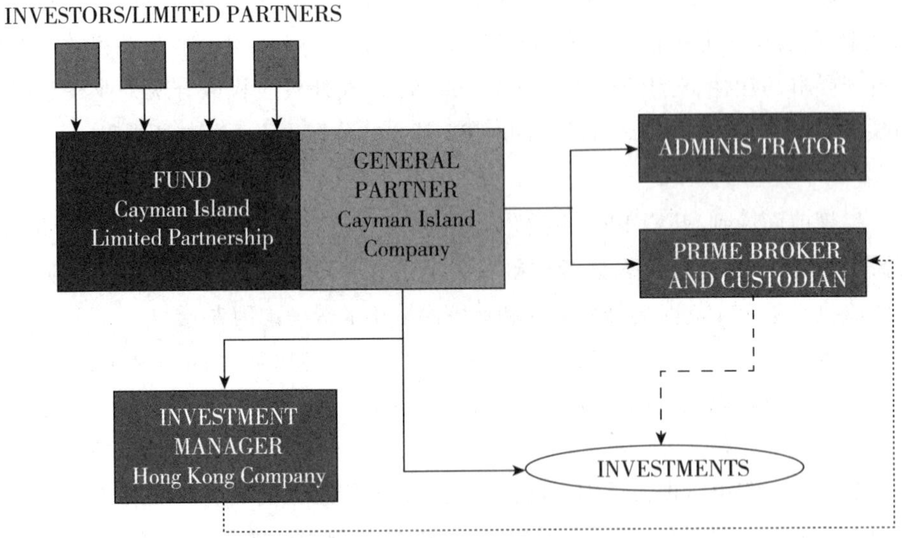

图1 开曼 PE 基金常见结构示意图

二、开曼登记注册程序

(一)设立流程

整体而言,设立合伙制的开曼 PE 基金监管流程相对不复杂。设立登记和注册流程大概如下:

首先,由一名普通合伙人以及一名初始有限合伙人(initial limited partner)签署有限合伙协议。

其次,向开曼群岛豁免有限合伙企业注册处提交一份由普通合伙人签署的 Section 9 注册声明(Section 9 声明)。Section 9 声明应载有以下信息:(1)ELP 名称;(2)ELP 的业务性质;(3)ELP 位于开曼群岛的注册地址;(4)合伙企业的存续期限;(5)各普通合伙人的名称和地址等信息;(6)一项关于非因开展开曼群岛外业务所必需而不得向开曼群岛公众开展业务的承诺。

最后,在支付必要的政府费用并提交完整的注册文件后,有限合伙企业注册处将签发一份注册证书(certificate of registration),这是关于开曼 ELP 的设立和注册并确保该其已经符合《豁免有限合伙法》所有要求的证明文件。

另外,在基金设立前,也可以通过开曼律师进行名称查询并在缴付一定费用后保留希望使用的基金名称。以开曼 ELP 形式设立的基金名称必须以 L. P. 或 LP 或 Limited Partnership 结尾。

(二)所需时间

一般来说,整个设立过程包含 KYC 在内一般在两周左右。

在募资完成并确定新的 LP 之后,普通合伙人和新的 LP 会修改原协议并签署新的有限合伙协议(restated and amended LPA)。值得注意的是,在 Initial LP 退出后,后面的这个过程主要是由商业因素决定的,比如什么时候 LP 可以锁定、对于 restated and amended LPA 什么时候可以达成一致意见、是否存在附属协议的安排等。

此外有限合伙协议本身不需要到开曼豁免有限合伙企业注册处备案,但是需要按照有限合伙协议的核心条款填写一个表格,以便开曼豁免有限合伙企业注册处进行报备。

(三)持续义务

在完成登记和注册后,为持续开展运营,开曼 ELP 还需要满足一定的持续义务(ongoing obligations),这些义务包括:(1)在开曼维持一个注册办公室(registered office);以及(2)在每年 1 月 31 日或之前向开曼群岛豁免有限合伙企业注册处提交年度申报表,并支付申报费用,目前申报费用约为 2500 美元。

(四)GP 设立

通常来说,基金的普通合伙人(GP)会采用豁免公司(exempted company)或有限责任公司(limited liability company)的形式设立,其设立程序与 ELP 基金基本类似,可以同步进行。

三、封闭式基金 vs. 开放式基金—豁免式登记/管理人牌照要求

(一)基金

开曼的法律将私募基金划分为开放式和封闭式两大类别。

对于 PE 基金(封闭式基金)本身来说,由于其并不作为开曼群岛《共同基金法》(Mutual Funds Law)下的共同基金因此不会受到开曼群岛金融管理局(cayman islands monetary authority,CIMA)的监管。

因此相对于开放式基金来说,对于私募股权基金此类封闭式基金监管并不是很严格,基金本身以及 GP 都不需要到开曼金融监管局进行登记或者申请许可。

(二)普通合伙人

根据《证券投资业务法》(2015 年修订)(Securities Investment Business Law

2015 Revision，SIBL）的规定，除法律规定的“豁免人士”（excluded person）外，任何人士在开曼开展“证券投资交易”业务，必须事先取得CIMA颁发的牌照（license）。

法律框架下，普通合伙人可根据SIBL作为“豁免人士”获得持牌豁免。

获得持牌豁免需满足以下几个条件：

除作为以该等身份行事而获得的任何报酬外，不因对于从事构成该类证券投资业务的任何活动而单独获得报酬；且

除以该等身份履行职能所必须或附带外，不得对外以提供证券投资交易服务示人；或

系作为取得牌照或豁免的公司、合伙或信托之代表而从事证券投资交易活动。

（三）管理人

如果需要在GP之外设立额外的开曼基金管理人（investment manager），该基金管理人需要到开曼金融监管局拿一个为开曼证券投资法下的豁免登记（SIBL exclusion registration）即可。豁免登记每年需要缴纳大约6100美元的年费即可。

开曼法下没有强制要求，即便在香港运营也可能可以依赖相应的豁免制度。一些投资管理人也会选择考虑在香港等地设立投资管理人。

我们会在下面对于香港管理人牌照申请做简要的阐述。

在香港从事证券期货相关受规管的业务需要遵从香港《证券及期货条例》中的有关规定，需要申请相应的牌照（除非符合少量的豁免要求）。但是对于不在香港从事该等业务的公司，没有强制持牌要求。其中，有三类最为相关的牌照。

1号牌（证券交易牌照）——购买和出售“证券”或诱使另一方签订协议以购买/出售证券。

9号牌（资产管理牌照）——房地产投资计划管理或证券或期货合约管理。重要的是，为另一个人提供管理证券组合的服务。

4号牌（就证券提供咨询）——提供建议或发布有关购买或处置证券的时间或条件的报告。

作为一家私募基金管理人，第4类牌照就证券提供意见和第9类牌照资产管理往往是基金管理人最常见的牌照。第4类强调的是对于投资给出建议但是不进行投资决策，第9类强调的是做出投资决策的行为。香港证监会允许在特定情况下，根据豁免情形某些管理人可以不拿牌照。例如，在管理私募股权基金时，香港公司作为开曼GP的子公司设立，就基金的股权投资提供意见，则可以享受集团内部豁免（group exemption），不一定需要申请4号牌或9号牌。

从目前全球化的趋势来看,对资产管理业务在一个在岸地运营一家持牌公司,其设立以及运营合规都是属于从严监管的势态,因此基金管理公司的合规成本也处于逐年增长的过程中(类比国内私募基金业监管趋势)。在香港设立一家4号或者9号牌持牌公司的话,流动资金的考虑尚可,主要是两位负责人员(RO)的聘任;如果两位RO有一位不到位,则持牌公司会被暂停业务,因此对于负责人员的雇佣聘任和留任的劳动成本是设立持牌公司之初首先需要考虑的事项。此外,如设立公司,则必须需要有和经营场所相适应和匹配的地址,虽然证监会并没有对办公地址的面积等做具体要求,但是虚拟地址是不允许的,大多数香港的资管公司都设立在中环或者湾仔等比较中心的写字楼内,租金成本也是需要考虑的。

在公司设立之后,持牌公司需要严格遵守香港证监会发布的关于职业操守、员工准则、反贿赂、员工内部交易、公司记录留存、政治献金、保密和员工跟投计划等一系列规定;因此通常来说持牌公司两名RO中的一名也往往是侧重合规和运营的专业人员,也往往需要长期聘请律所合规团队进行常年合规咨询。

(四)实际操作的难点之一——银行开户

如上所述,尽管开曼方面对于基金管理人并没有强制的持牌要求,香港方面对于向GP提供投资建议的投资管理人可能也能豁免牌照要求,现实中还是有一些管理公司考虑在香港申请4号和/或9号牌照。主要是考虑到香港作为世界几大金融中心之一受到世界范围的投资人认可比较高,而且也没有外汇限制。基金在设立以后则面临银行开户、投资人尽调等过程中,一般来说如果有一个在岸地(如香港)的牌照公司,获得银行或者投资人的认可度比较高。

基金也可以考虑聘请在国内的私募基金管理人担任投资顾问,目前国内的基金监管法律对于跨境提供私募股权基金投资建议并没有强制限制或者牌照规定。但是在吸引投资人或者说服银行开户的过程中,认可度没有香港牌照公司那么高。

外商投资企业设立与变更备案流程指引

刘锦璇
陕西稼轩律师事务所

一、备案管理的适用主体

根据2016年10月商务部发布《外商投资企业设立及变更备案管理暂行办法》（以下简称《办法》），全国人大常委会修订的《外资企业法》《中外合资经营企业法》《中外合作经营企业法》，不涉及国家规定实施准入特别管理措施的外商投资企业设立及变更事项，由审批改为备案管理。

适用备案管理的外商投资企业包括：中外合资经营企业、中外合作经营企业、外资企业以及外商投资的股份有限公司、投资类外商投资企业（包括投资性公司、创业投资企业）。此外，根据《办法》第33条规定，港澳台地区投资者投资不涉及国家规定实施准入特别管理措施的，参照适用备案管理。

二、备案管理的适用范围

根据《关于外商投资企业设立及变更备案管理有关事项的公告》（商务部公告2017年第37号），国家规定实施准入特别管理措施的范围有两种：一是自由贸易试验区内，自2017年7月10日起，依照《自由贸易试验区外商投资准入特别管理措施（负面清单）（2017年版）》中限制类和禁止类，以及鼓励类中有股权要求、高管要求的有关规定执行；二是自由贸易试验区外，自2017年7月28日起，依照《外商投资产业指导目录（2017年修订）》中《外商投资准入特别管理措施（外商投资准入负面清单）》的规定执行。也就是说，如果一外商投资企业设立及变更不在上述特别管理措施范围内，则不再需要审批机关的批准，仅需备案即可。

三、备案时间

（一）设立

商务部于2018年6月29日将《办法》第5条修改为："设立外商投资企业，属于本办法规定的备案范围的，全体投资者（或外商投资股份有限公司董事会）指定的代表或共同委托的代理人在向工商和市场监督管理部门办理设立登记时，应一并在线报送外商投资企业设立备案信息。

由于并购、吸收合并等方式，非外商投资企业转变为外商投资企业，属于本办法规定的备案范围的，在向工商和市场监督管理部门办理变更登记时，应一并在线报送外商投资企业设立备案信息。

备案机构自取得工商和市场监督管理部门推送的备案信息时，开始办理备案手续，并应同时告知投资者。"

因此，自2018年6月30日起，全国推行外商投资企业设立商务备案与工商登记"一口办理"，企业在向工商和市场监督管理部门办理设立登记时，应一并在线报送外商投资企业设立备案信息。

如在2018年6月29日前已在工商和市场监督管理部门办理设立登记，应继续登录外商投资综合管理应用填写设立备案信息，申报办理设立商务备案。

（二）变更

《办法》第6条规定，外商投资企业变更备案，可在变更事项发生后30日内通过备案系统在线填报和提交备案申报材料，办理备案手续。

根据商务部条约法律司负责人就《办法》的解读，与行政许可不同，《办法》规定的备案管理属于告知性备案，不是企业办理其他手续的前置条件。外商投资企业或其投资者以承诺书形式对填报信息的真实性、准确性和完整性负责，备案机构在备案阶段仅对填报信息进行形式审查，领取备案回执也不是强制性要求。

四、备案管理的申报范围

外商投资企业变更适用备案管理的，应按照《办法》第6条、第7条的规定，通过外商投资综合管理系统（http://wzzxbs.mofcom.gov.cn）在线填报《外商投资企业变更备案申报表》（以下简称《变更申报表》）。

发生以下变更事项的，应由外商投资企业指定的代表或委托的代理人在变更事项发生后30日内通过综合管理系统在线填报和提交《变更申报表》及相关文件，办理变更备案手续：

1. 外商投资企业基本信息变更，包括名称、注册地址、企业类型、经营期限、投资行业、业务类型、经营范围、是否属于国家规定的进口设备减免税范围、注册资本、投资总额、组织机构构成、法定代表人、外商投资企业最终实际控制人信息、联系人及联系方式变更；

2. 外商投资企业投资者基本信息变更，包括姓名(名称)、国籍/地区/地址(注册地或注册地址)、证照类型及号码、认缴出资额、出资方式、出资期限、资金来源地、投资者类型变更；

3. 并购设立外商投资企业交易基本信息变更；

4. 股权(股份)、合作权益变更；

5. 合并、分立、终止；

6. 外资企业财产权益对外抵押转让；

7. 中外合作企业外国合作者先行回收投资；

8. 中外合作企业委托经营管理。

五、外商投资企业变更备案在线申报材料

1. 外商投资企业营业执照；

2. 外商投资企业法定代表人或其授权代表签署的《外商投资企业变更备案申报承诺书》；

3. 外商投资企业指定代表或者委托代理人的证明，包括授权委托书及被委托人的身份证明；

4. 法定代表人委托他人签署相关文件的证明，包括授权委托书及被委托人的身份证明(未委托他人签署相关文件的，无须提供)；

5. 投资者的主体资格证明或自然人身份证明(变更事项不涉及投资者基本信息变更的，无须提供)；

6. 法定代表人的自然人身份证明(变更事项不涉及法定代表人变更的，无须提供)；

7. 外商投资企业最终实际控制人股权架构图(变更事项不涉及外商投资企业最终实际控制人变更的，无须提供)；

8. 获得符合规定的境外公司股权的境内企业的《企业境外投资证书》(变更事项涉及外国投资者以境外公司股权作为支付手段的，需提供)。

前述文件原件为外文的，应同时上传提交中文翻译件，外商投资企业或其投资者应确保中文翻译件内容与外文原件内容保持一致。

《办法》第11条规定，备案机构对外商投资企业或其投资者提交的备案信息和相关文件形式上的完整性和准确性进行核对，对申报事项是否属于备案范围进行甄别。属于备案范围的，在3个工作日内完成备案。《办法》第12条规定，备案完成后，外商投资企业或其投资者可凭外商投资企业营业执照（复印件）向备案机构领取备案回执。

六、外商投资企业变更登记流程

1.《外资公司登记（备案）申请书》/《非公司外资企业登记（备案）申请书》。

2.《指定代表或者共同委托代理人授权委托书》。

3. 依法作出的决议或决定。指根据《中外合资经营企业法》《中外合作经营企业法》《外资企业法》规定以及企业章程作出的决议或决定，决议或决定的内容与所申请的事项应当一致。对于外商投资的公司，还应当符合《公司法》的有关规定。

4. 法定代表人签署的章程修正案或修改后的章程（非公司的外商投资企业应提交合同、章程的修改协议）。

5. 变更事项相关证明文件：

（1）增加注册资本的，应提交审批机关的批准文件（批复和批准证书副本，仅限涉及国家外商投资准入特别管理措施范围的企业提供）。股份有限公司以公开发行新股方式或者上市公司以非公开发行新股方式增加注册资本的，还应当提交国务院证券监督管理机构的核准文件。

（2）变更股东的，应提交审批机关的批准文件（批复和批准证书副本，仅限涉及国家外商投资准入特别管理措施范围的企业提供）、股权转让协议、依法经其他投资方同意转让的声明、股权受让方的主体资格证明以及外商投资企业法律文件送达授权委托书。如经人民法院依法裁定划转股权的，应当提交人民法院的裁定书。

其中，中方投资者应提交由本单位加盖公章的营业执照/事业单位法人登记证书/社会团体法人登记证/民办非企业单位证书复印件作为主体资格证明；外国投资者的主体资格证明或身份证明应经其本国主管机关公证后送我国驻该国使（领）馆认证。如其本国与我国没有外交关系，则应当经与我国有外交关系的第三国驻该国使（领）馆认证，再由我国驻该第三国使（领）馆认证。某些国家的海外属地出具的文书，应先在该属地办妥公证，再经该国外交机构认证，最后由我国驻该国使

(领)馆认证。我国香港、澳门和台湾地区投资者的主体资格证明或身份证明应当按照专项规定或协议依法提供当地公证机构的公证文件。

(3)变更投资者名称或姓名的,应提交法定登记机关出具的准予投资者名称变更的证明文件。外方投资者的名称变更证明文件应经其本国主管机关公证送我国驻该国使(领)馆认证。如其本国与我国没有外交关系,则应当经与我国有外交关系的第三国驻该国使(领)馆认证,再由我国驻该第三国使(领)馆认证。某些国家的海外属地出具的文书,应先在该属地办妥公证,再经该国外交机构认证,最后由我国驻该国使(领)馆认证。我国香港、澳门和台湾地区投资者的名称变更应当按照专项规定或协议依法提供当地公证机构的公证文件。

6. 其他有关文件。

7. 营业执照复印件。

根据笔者向西安市商务局与工商行政管理部门的咨询,外商投资企业增资、股转等变更事项先提交上述材料办理工商变更登记,然后在外商投资综合管理系统办理变更备案,在线完成申报后带企业营业执照副本在工商行政管理部门完成变更登记备案流程。

纾困基金的设立及运作模式

周蒙俊　盛璐璟
国浩律师(上海)事务所

一、纾困基金的背景

顾名思义,纾困基金的推出首先有其特别的市场背景和政策背景。从历史上来看,纾困基金最早源于欧债危机期间欧盟联合国际货币基金组织设立的用于对希腊、西班牙等欧元区国家进行救助的基金,其后亦广泛应用于各类政府机关和国际组织发起设立的救援基金。相应地,就目前市场所热议的纾困基金,我们理解其也有如下特定的市场和政策背景:

从市场背景来看,自 2018 年年初以来,随着宏观经济情况及外部贸易环境引起的股市大幅波动,国内 A 股市盈率已经逼近历史新低。另据不完全统计,目前 A 股上市公司中 90% 以上均存在大股东股票质押的情况,其中,逾千家上市公司大股东的股票质押比例在 50% 以上。而根据上市公司信息披露,因股价大幅下跌,自 2018 年 9 月开始后的两个月内,已有包括兴源环境、华谊嘉信、华录百纳、东方日升、未名医药、摩恩电气等 14 只股票的实际控制人、控股股东或高管被强制平仓或已经触及平仓线。国内上市公司及其大股东的流动性风险和股票质押风险以及亟须外部救助的迫切性已经显露无遗。

从政策背景来看,自 2018 年 9 月起,中央多次表态要支持引导非公有制经济和民营企业健康发展。与此对应的,2018 年 10 月 20 日至 10 月 26 日期间,“一行二会”分别颁布相关政策,拟通过各项措施并举的方式纾解民营企业融资困境和股权质押风险。北京、深圳、上海、浙江、四川及广东等多地也都纷纷出台纾困举措。救助民营上市公司、支持非公有制经济和民营企业发展的重要举措。

二、纾困基金的类型及设立情况

(一)纾困基金的类型

在我国,纾困基金尚未有明确的法定概念。我们理解,本次纾困基金应是包含专项银行贷款、专项债券、信用保护工具等在内的特定纾困工具中的一种,具体而言,是指以帮助民营上市公司及其大股东化解流动性风险和股票质押风险为目的而设立的专项投资载体。综合目前市场中对纾困基金的运用,我们又可将其分为两类:广义上,纾困基金包括金融机构设立的资产管理产品以及非金融机构设立的私募投资基金;狭义上,纾困基金仅指主要以纾困民营上市公司为目的的私募投资基金。

(二)以资产管理产品形式设立的纾困基金

据我们统计,截至目前,以金融机构资产管理产品形式设立的纾困基金主要为证券公司资产管理计划和保险资产管理公司专项产品两类,其中:

1. 证券业协会于2018年10月31日组织召开“证券行业支持民营企业发展系列资产管理计划”发起人会议,会议中共有11家证券公司作为联合发起人签署《发起人协议》,约定于2018年11月30日前共同发起总计规模为255亿元(部分公司在此前约定基础上追加了出资)的支持民企发展系列资产管理计划。我们注意到,截至2018年11月22日,已有13家证券公司设立的13只证券行业支持民企发展系列资产管理计划完成备案,成立规模总计268.41亿元。

表1　证券行业支持民营企业发展系列资产管理计划统计

管理机构	产品名称	设立日期	产品类型	投资类型	成立规模(万元)
天风证券	证券行业支持民企发展系列之天风证券1号集合资产管理计划	2018.11.2	集合	混合类	105,002
国泰君安	证券行业支持民企发展系列之国君资管1号资产管理计划	2018.11.5	单一	混合类	250,000
国信证券	证券行业支持民企发展系列之国信证券1号集合资产管理计划	2018.11.5	集合	固收类	200,100
广发证券	证券行业支持民企发展系列之广发资管FOF单一资产管理计划	2018.11.5	单一	混合类	100,000

续表

管理机构	产品名称	设立日期	产品类型	投资类型	成立规模（万元）
海通证券	证券行业支持民企发展系列之海通证券资管1号FOF单一资产管理计划	2018.11.7	单一	混合类	500,000
申万宏源	证券行业支持民企发展系列之申万宏源FOF单一资产管理计划	2018.11.7	单一	混合类	200,000
中信证券	证券行业支持民企发展系列之中信证券2号单一资产管理计划	2018.11.8	单一	混合类	250,000
招商证券	证券行业支持民企发展系列之招商证券资管1号FOF集合资产管理计划	2018.11.8	集合	混合类	201,000
银河金汇	证券行业支持民营企业发展之银河1号FOF集合资产管理计划	2018.11.9	集合	混合类	201,000
中信建投	证券行业支持民企发展系列之中信建投1号单一资产管理计划	2018.11.9	单一	混合类	200,000
东兴证券	证券行业支持民企发展系列之东兴证券1号单一资产管理计划	2018.11.12	单一	固收类	75,000
兴证证券	证券行业支持民企发展系列之兴业证券1号FOF集合资产管理计划	2018.11.16	集合	混合类	201,000
安信证券	证券行业支持民企发展系列之安信证券1号集合资产管理计划	2018.11.20	集合	混合类	201,000
合计					2,684,102

2. 银保监会于2018年10月24日发布《关于保险资产管理公司设立专项产品有关事项的通知》，允许保险资产管理公司设立专项产品参与化解上市公司股票质押流动性风险，为优质上市公司和民营企业提供长期融资支持。截至2018年11月中旬，已有5家保险资产管理公司根据前述通知设立5只专项产品，其具体信息如表2所示：

表2 保险资产管理公司支持优质上市公司和民营企业发展专项产品统计

<table>
<tr><th>发起人</th><th>产品名称</th><th>产品规模（万元）</th><th>投资标的</th></tr>
<tr><td>国寿资产</td><td>凤凰系列专项产品</td><td>2,000,000</td><td rowspan="2">有前景、有市场、有技术优势但受到资本市场波动或股权质押的影响，暂时出现流动性困难的优质上市公司和其股东</td></tr>
<tr><td>人保资产</td><td>安稳投资系列专项产品</td><td>3,000,000</td></tr>
<tr><td>太平资产</td><td>共赢系列专项产品</td><td>800,000</td><td rowspan="3">有前景、有市场、技术有优势但暂时出现流动性困难的优质上市公司和民营企业</td></tr>
<tr><td>阳光资产</td><td>阳光稳健专项产品</td><td>1,000,000</td></tr>
<tr><td>新华资产</td><td>景星系列专项产品</td><td>1,000,000</td></tr>
</table>

此外，据我们了解，部分公募基金管理公司已收到监管部门下发的《关于支持辖区证券基金经营机构积极参与化解上市公司股票质押风险、支持民营企业发展的通知》，要求公募基金管理公司以自有资金或多渠道募集社会资金，通过成立资产管理计划等形式，参与化解民营上市公司流动性风险；同时，提出了以财务投资为主并综合运用债转股、协议转让、股权重组、债务重组等市场化方式进行投资的要求。鉴于公募基金投资范围和投资方式的限制，我们认为公募基金管理公司未来将参考证券公司，通过专户产品或子公司资产管理计划等形式设立专项纾困产品。

而就另一重要资金来源的商业银行而言，目前主要通过加大信贷投放力度等方式参与救市。但考虑《关于规范金融机构资产管理业务的指导意见》（以下简称《资管新规》）和《商业银行理财业务监督管理办法》（以下简称《理财细则》）已放开私募理财产品投资于标准和非标准化股权并允许公募理财产品通过公募基金间接参与股票二级市场投资，《商业银行理财子公司管理办法（征求意见稿）》进一步允许理财子公司发行公募理财产品直接投资股票，不排除商业银行自行或通过其理财子公司（待《商业银行理财子公司管理办法》正式颁布后）以理财产品的形式参与或设立纾困基金的可能。此外，2018 年 11 月 6 日，中国人民银行行长易纲在接受新华社记者采访时提到，目前人民银行正推动由符合规定的私募基金管理人、证券公司、商业银行金融资产投资公司等机构，发起设立民营企业股权融资支持工具，由人民银行提供初始引导资金，带动金融机构、社会资本共同参与，按照市场化、法治化原则，为出现资金困难的民营企业提供阶段性的股权融资支持。后续，随着相关具体政策的出台，商业银行金融资产投资公司亦可能参与或设立纾困基金。

（三）以私募基金形式设立的纾困基金

根据相关报道，除设立资产管理产品外，亦有部分证券公司已表态将通过私募投资子公司设立专项纾困基金，例如：银河证券拟牵头，联合央企、地方国企、金融投资机构、大型民营企业集团等共同发起设立总规模达人民币600亿元的银河发展基金（母基金），母基金的管理人拟为银河证券全资子公司银河创新资本管理有限公司或其设立的私募基金管理平台担任，投向主要为：一是符合证券行业母计划要求的民营上市公司。二是符合银河证券自身发展战略的投资标的。银河证券现有及潜在的战略客户的投融资、并购重组等资本运作。三是具备参与上市公司并购重组等资本运作条件的特定行业，包括：科技创新能力突出并掌握核心技术、市场认可度高的战略性新兴产业；具备转型升级前景的传统支柱产业；关系国计民生的水力、电力、能源等基础性产业。四是与银河证券形成战略合作关系的区域投资，包括国家级、省级经济技术开发区的上市公司和拟上市公司。五是具备后续资本运作条件的区域股权市场挂牌企业。

西部证券拟以全资私募基金子公司西部优势资本投资有限公司为主体，联合浦发银行、长安信托等机构，发起设立总规模为100亿元人民币的"民营企业扶助发展暨并购重组专项基金"。根据相关报道，该基金将综合运用定向增发、协议转让、大宗交易、定向可转债、并购基金等资本市场工具，深度介入目标公司并购重组进程，提升目标公司价值。对于帮扶标的企业，将以陕西区域内的上市及非上市公司为主，同时不排除其他区域内优质的民营企业。基金按照市场化方式来运作，不会对在西部证券有股权质押业务的上市公司优先考虑，所有帮扶标的均按照三家基石投资者制定出的标准严格筛选。

此外，我们注意到，本次纾困基金的另一"主力"，是地方政府牵头设立的私募投资基金。2018年10月19日，基金业协会在回答中国证券报记者的提问时重申，私募股权投资基金可以通过开立证券账户参与非公开发行、协议转让、大宗交易等方式，购买已上市公司股票，参与上市公司并购重组。其后，基金业协会在其官方微信公众号进一步发布通知称，将对参与上市公司并购重组纾解股权质押问题的私募基金提供备案"绿色通道"服务。以上表态被理解为基金业协会对私募基金参与救市的支持。

据不完全统计，截至目前，各地方政府组织或牵头发起设立的纾困基金（包括拟设立的基金）规模已逾千亿元，其中，已披露相关信息如表3所示：

表3　各地方政府组织或牵头发起设立的纾困基金统计

基金名称	投资方式	投资标的
北京海国东兴支持优质科技企业发展投资管理中心（有限合伙）	受让上市公司股权（参股）	辖区内民营科技上市公司
北京新动力优质企业发展基金	受让上市公司股权、可转债	实体经营、业绩良好、出现暂时流动性危机的优质民营上市公司
上海国盛海通股权投资基金	/	符合经济结构优化升级方向、有前景、有市场、有技术优势的区域（上海及长三角）内民营企业
深圳优质上市公司股权投资专项基金	受让上市公司股权（参股）	在深圳市工商登记注册的实体经济领域优质A股上市公司
东莞市上市莞企发展投资合伙企业（有限合伙）	股+债	东莞市民营上市公司
河北省上市公司新动力纾困基金	股+债	河北省内及非河北但有明确意向迁址到河北的上市公司，同时兼顾已在河北省有重大投资项目的非河北上市公司
成都市上市帮扶基金	股+债	辖区内困境上市公司
浙江省新兴动力基金	受让上市公司股权（参股）、参与定向增发	省内民营困境上市公司
珠海市粤港澳国家战略新兴产业驰援母基金	/	珠海新材料、新能源、金融科技、高端制造、生命科学等战略性新兴产业有潜力的优秀项目
山东国惠中泰上市公司纾困基金	股+债	省内民营困境上市公司
汕头市共济发展基金	/	有发展前景的汕头本地上市企业

（四）纾困基金的主要特征

根据现有纾困基金的投资及运作安排，并对比前期政府救市的措施，我们将目前纾困基金的主要特征列式如下：

1. 政府机关（包括其下设平台公司）及金融机构发起，市场化运作；
2. 纯国资以及“国资引导、社会参与”的两类模式为主；
3. 股权投资及股债结合为主，纯债投资较少；
4. 分散投资为主，单个股票占比较低；
5. 财务投资为主，不谋求控制权；
6. 投资标的以合作企业及辖区内企业为主。

三、纾困基金的投资和退出

（一）标的选择

关于纾困基金选择投资标的的标准，各监管部门及各只产品均有不同表述，但综合而言均可归纳为“救急不救穷”的原则，也即突出“急”和“不穷”两点。我们认为：

所谓“急”的标准，系指上市公司或其大股东已经或者即将发生明显的流动性困难，且该等流动性困难将对该上市公司的运作乃至生存构成威胁。但须注意的是，前述流动性困难的发生应当是一时的，不是长期存在的流动性问题，也不应是长期经营和管理不善而引起的流动性困难。

所谓“不穷”的标准，系指上市公司应有前景、市场和技术优势。我们理解须从其所处行业、经营情况、产品情况、管理能力等多个维度进行综合判断，并可被总结为：稳健经营、风险可控、具有核心竞争力、具有市场前景与发展潜力、企业内部管理规范、财务清晰透明、企业信用记录良好等几大要素。

（二）投资模式

鉴于纾困基金普遍设立时间较短，市场中暂未见大量公开的投资案例。但结合各类纾困基金对于其投资方式的描述，并结合前期其他纾困工具（包括地方政府平台公司等）的投资安排，我们认为，纾困基金的投资模式将包括协议受让上市公司股权、参与上市公司定向增发、重组上市公司控股股东、向上市公司/控股股东提供借款或受让债权等。为便于了解，我们将近期已有纾困工具介入的几个代表性案例进行简单梳理。

1. 协议受让上市公司股权——代表案例：普路通（002769）

2018 年 11 月 19 日，上市公司普路通发布公告，披露其实际控制人陈书智、大股东张云与广东省绿色金融投资控股集团有限公司（“广东绿色金控”）签署了《股份转让协议书》，由陈书智将其持有的普路通20,066,931股股份（占公司股份总数的5.37%）转让给广东绿色金控；陈书智和张云将其持有的深圳市聚智通信息技术有限公司100%股权转让给广东绿色金控，从而实现广东绿色金控直接和间接持有上市公司39,810,538股股份（合计占公司股份总数的10.66%），转让价格为8.66元/股。

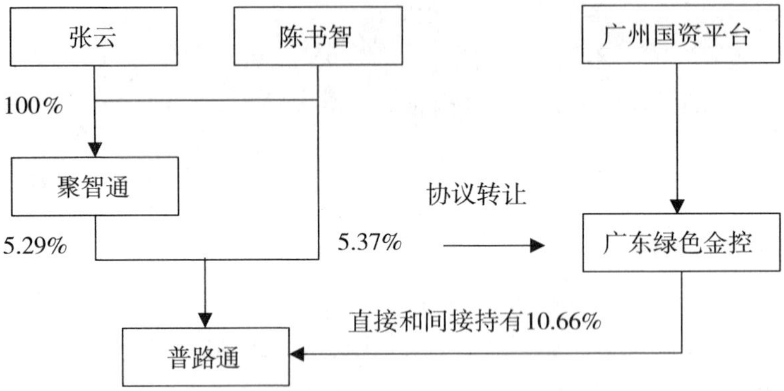

图1　普路通协议受让上市公司股权模式

2. 参与上市公司定向增发——代表案例：英唐智控（300131）

2018年10月9日，赛格集团（实际控制人为深圳市国资委）与上市公司英唐智控签署《附条件生效的股份认购协议》，赛格集团拟以现金全额认购上市公司非公开发行股份21,000万股（最终认购数量以中国证监会核准文件为准）。同日，上市公司大股东胡庆周与赛格集团签署《附条件生效的股份转让框架协议》，胡庆周拟向赛格集团协议转让5400万股股票。

上述权益变动完成后，赛格集团将合计持有英唐智控的股份占英唐智控发行后总股本的20.63%，届时将成为公司控股股东，公司实际控制人将变更为深圳市国资委。英唐智控控制权将变更。该等交易既有赛格集团加强在半导体产业的布局措施，亦缓解控股股东股份高比例质押可能导致公司平仓的风险。

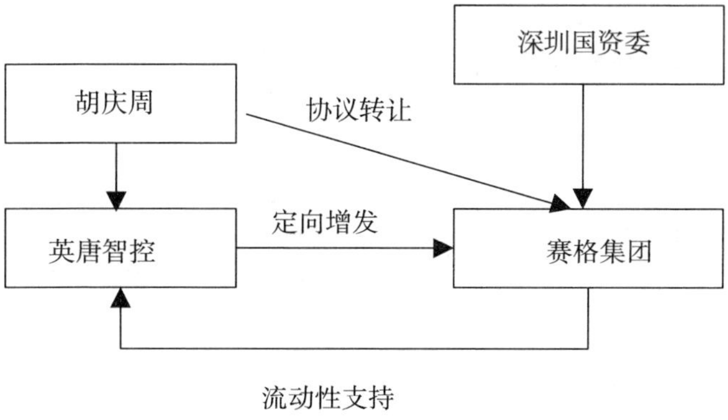

图 2　英唐智控参与上市公司定向增发模式

3. 重组上市公司控股股东——代表案例:永泰能源(600157)

2018 年 8 月 23 日,上市公司永泰能源的控股股东永泰集团与京能集团签署《战略重组合作意向协议》,京能集团将通过股权转让、资产重组、资产注入等多种形式,实现对永泰集团的绝对控股,并对永泰集团注入流动性。

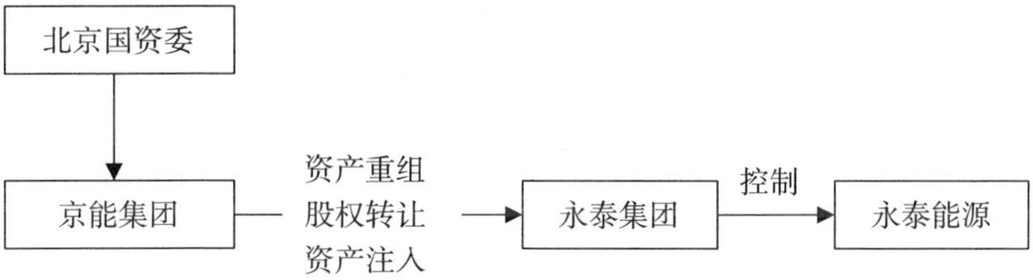

图 3　永泰能源重组上市公司控股股东模式

4. 协议转让并向上市公司/控股股东提供借款或受让债权——代表案例:中天能源(600856)

上市公司中天能源于 2018 年 9 月 20 日发布公告,披露中天能源控股股东中天资产的实际控制人邓天洲、黄博与隶属于湖南省国资委的湘投控股签署《股权收购及融资合作意向协议书》,中天控股将其持有的中天能源全部股票协议转让给湘投控股,湘投控股为中天资产实控人提供融资借款。

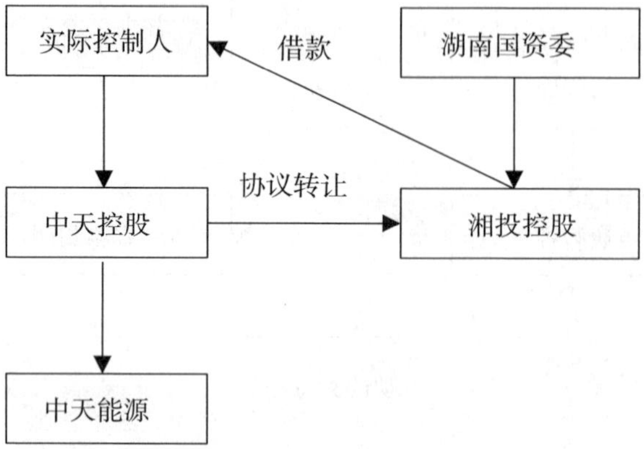

图4　中天能源协议转让并向控股股东提供借款模式

5. 其他投资方式

除前述主要模式外，现有的纾困工具介入案例中也可见可转债投资、应收账款转让、场内质押式回购转场外质押式回购等。

四、纾困基金募集设立过程中需特别关注的问题

（一）纾困基金中的国有成分问题

从现有纾困基金案例看，国有资金出资比例通常较高。但我们注意到，国有出资部分基本通过地方政府平台公司或金融机构完成，较少涉及政府直接出资等财政性资金，因此，一般理解不适用《政府投资基金暂行管理办法》和《政府出资产业投资基金管理暂行办法》等规定中的限制性要求。但因纾困基金中存在大量国有企业和国有资金成分，且部分基金的管理人亦为国有企业，基金投资和退出可能被认定为国有产权交易行为，应遵循国有产权交易相关规定。

（二）基金类型及投资方式的问题

纾困基金主要对上市公司或其控股股东/实际控制人进行投资，但根据基金业协会的通知，以私募投资基金形式设立的纾困基金应备案为私募股权投资基金，且需要在附件上传页面中上传《立项报告》《尽调报告》《投资意向书》等业务支持文件，其后，方适用“绿色通道”的安排。基于此，私募基金形式的纾困基金虽投资于上市公司或其控股股东/实际控制人，但一般不得以竞价交易方式直接从事二级市场的股票买卖。另外，部分纾困基金如拟仅对上市公司股东进行重组不对上市公司进行重组的，则可能因未涉及上市公司的并购重组工作，不符合基金业协会的

"绿色通道"准入要求。

此外,部分纾困基金可能采取"股+债"模式开展投资。但受限于《私募基金登记备案相关问题解答(十三)》的专业化经营要求以及2018年1月12日更新的《私募投资基金备案须知》,基金的债权投资方式及比例可能受到限制。

(三)基金杠杆比例问题

鉴于纾困基金普遍规模较大且存在撬动社会资本的需求,因此,其分级安排可能将较为常见。尽管目前基金业协会对私募基金适用《资管新规》未有明确意见,但我们理解,在现有规定下,以私募基金形式设立的纾困基金并不完全豁免适用《资管新规》及相关细则。考虑以私募基金形式设立的纾困基金多为权益类产品,我们建议杠杆比例不宜超过1:1,也即其资本撬动的功能将受到一定限制。

(四)资金来源问题

根据2018年9月26日颁布的《商业银行理财业务监督管理办法》,商业银行理财产品投资于一般私募基金(区别于金融资产投资公司附属机构下设私募股权投资基金)已被明确禁止。鉴于此,我们认为,就以私募基金形式设立的纾困基金而言(也即就大部分地方政府出资的纾困基金而言),在商业银行理财子公司成立之前,银行表外理财资金难以成为其出资来源。

合伙企业的"先分后税"规则

汪　澍
紫荆资本

一、引言

关于创投税收政策问题，在 2018 年 9 月国内有一次轰轰烈烈的大讨论，最终，国务院常务会议提出了"创投税赋总体不增"的原则要求，并指出"保持地方已实施的创投基金税收支持政策稳定，由有关部门结合修订个人所得税法实施条例，按照不溯及既往、确保总体税负不增的原则，抓紧完善并进一步支持创投基金发展的税收政策"。

2018 年 12 月 12 日，国务院常务会议决定实施所得税优惠促进创业投资发展，加大对创业创新支持力度。部署加快推进农业机械化和农机装备产业升级，助力乡村振兴"三农"发展。会议决定，在已对创投企业投向种子期、初创期科技型企业实行按投资额 70% 抵扣应纳税所得额的优惠政策基础上，从明年 1 月 1 日起，对依法备案的创投企业，可选择按单一投资基金核算，其个人合伙人从该基金取得的股权转让和股息红利所得，按 20% 税率缴纳个人所得税；或选择按创投企业年度所得整体核算其个人合伙人从企业所得，按 5% ~35% 超额累进税率计算个人所得税。政策实施期限暂定 5 年。

国务院常务会议日前发布的关于创投税收优惠政策连续得到了市场的广泛讨论和认可，虽然相应的政策文件还未正式出台，但市场已经有了"望梅止渴"的效果，算是给整个"寒冬"添了一丝暖意。

不过笔者细细读相关税收优惠政策后，对其中有一点深感疑虑，那就是合伙企业知名的"先分后税"规则，受限于这一规则的影响，很可能会大大减损目前推出的创投税收优惠政策的效果。具体原因，试听笔者分析如下：

为讨论的便利性，下文的"合伙企业"如无特别说明，均限指"有限合伙企业"。

二、合伙企业的征税模式

目前,国际上对合伙企业(或类似合伙企业的其他法律形式)主要有三种不同的征税模式:

(一)实体课税模式

代表国家为比利时、西班牙等国。在该种模式下,合伙企业类似于公司法人,被当作独立于合伙人的实体,因此企业本身便是纳税主体,履行纳税义务。企业层面"课税",采取"先税后分(利润)"。采用该模式的主要理由为:(1)合伙企业虽非法人实体,不具备独立的法人资格,但其财产独立,其中的有限合伙人承担的是有限责任,因此具备比照公司按照独立实体纳税的基础;(2)对公司、合伙企业等不同性质的企业均可使用同一套课税制度,所得税税制衔接会较为紧密,计算方法也简单明了,便于市场熟悉,也便于税收征管。反对理由则主要是:(1)不具备法人资格,和古典税制理论有矛盾;(2)存在双重征税的问题。

(二)非实体课税模式

代表国家为英国、法国、德国,认为合伙企业只是通过契约关系组成的一个集合体,企业本身并不是纳税主体,不在合伙企业层面进行任何收入和成本的计算,而是将各项收入和成本"原封不动"地按约定分配到合伙人手中,再由合伙人分别缴税。企业层面"不课税",因此采取"先分(成本收入)后税"。采用该模式的主要理由为:(1)合伙企业不是法人实体,不具备独立纳税的条件;(2)避免双重征税导致税负过重。但这一课税模式也有弊端:(1)由合伙人自行进行纳税计算和申报,对合伙人的核算能力和税务征管部门征管能力要求均比较高,征管难度往往较大;(2)避税空间大,容易产生不合理避税的情况,譬如合伙企业层面不进行任何分配,合伙人没收到任何分配即不会产生纳税义务,但合伙人的个人消费往往通过合伙企业去完成以达到避税目的。

(三)准实体课税模式

代表国家为美国、加拿大以及我国。它折中地认为虽然企业本身不是纳税主体,但要求在企业层面计算收入和成本,按一定标准将计算所得的应纳税所得额分配给各个合伙人,再由各个合伙人就其分配到的税基缴纳相应的所得税种。企业层面"不课税",先行在企业层面计算出税基,将税基"分配"到各合伙人名下,由各合伙人自行纳税。这就是我国实行的标准的"先分后税",完整的说法可能叫"先分(税基)后(交)税"。采用这一课税模式的主要理由为:(1)认可合伙企业的"投资管道”的性质(或美国税法上所谓的“流经原则”)而将其作为“税务透明体”,不对其按照实体进行纳税,避免双重征税,降低税负;(2)避免出现非实体课税模式下的不合理避税情形。

三、我国合伙企业的征税规则沿革

(一)2000年以前,实体课税模式,对合伙企业征收企业所得税

合伙企业在中国诞生于1997年,标志性事件为《合伙企业法》的颁布实施。彼时的合伙企业税收征管的依据为1993年12月13日颁布、1994年1月1日生效的《企业所得税暂行条例》。在《企业所得税暂行条例》中,合伙企业一般归类为“私营企业”,征收33%的企业所得税,可见我国最初对合伙企业实行的是实体课税模式。

(二)2000年以后,鼓励个人投资办企业,合伙企业免征企业所得税,采用准实体课税模式

标志性事件为《关于个人独资企业和合伙企业投资者征收个人所得税的规定》(财税〔2000〕91号)的发布。

国务院在相关通知中开宗明义,国务院通知对个人独资企业和合伙企业停征企业所得税,只对其投资者的经营所得征收个人所得税,是我国鼓励个人投资、公平税负和完善所得税制度的一次重大政策调整,既为个人独资企业和合伙企业的发展创造了条件,有利于国民经济持续、稳定、健康地发展,又是规范所得税制度的一项重要措施,有利于进一步加强所得税的征收管理。

实际上就是为了鼓励个人投资和再就业,降低双重征税导致的过重税负,拟修改实体课税模式。财税〔2000〕91号第4条规定,个人独资企业和合伙企业(以下简称企业)每一纳税年度的收入总额减除成本、费用以及损失后的余额,作为投资者个人的生产经营所得,比照个人所得税法的“个体工商户的生产经营所得”应税项目,适用5% ~35%的五级超额累进税率,计算征收个人所得税。第5条规定,前款所称生产经营所得,包括企业分配给投资者个人的所得和企业当年留存的所得(利润)。可知,我国选择采用的是先分(税基)后(交)税的准实体课税模式。

(三)2006年修订《合伙企业法》,有限合伙企业问世;2008年,159号文颁布,再次重申准实体课税模式

《合伙企业法》在2006年修订,2007年正式生效,意味着中国开始出现了有限合伙企业。不过有趣的是,按照财税〔2000〕91号第2条的规定,个人独资企业和合伙企业是指:

“(一)依照《中华人民共和国个人独资企业法》和《中华人民共和国合伙企业法》登记成立的个人独资企业、合伙企业;

……

(四)经政府有关部门依照法律法规批准成立的负无限责任和无限连带责任的其他个人独资、个人合伙性质的机构或组织。”

根据第4项的描述我们不难看出有一个隐喻,当时课税标准的依据之一,是合伙企业的投资者为负无限责任和无限连带责任的普通合伙人。那么2007年有限合伙企业问世后,对承担有限责任的有限合伙人,究竟应该如何适用课税标准,实践中产生了巨大的争议。

国家税务总局在2008年颁发了159号文,再次坚定地选择了准实体课税模式,其第3条强调,合伙企业生产经营所得和其他所得采取“先分后税”的原则……前款所称生产经营所得和其他所得,包括合伙企业分配给所有合伙人的所得和企业当年留存的所得(利润)。

至此,我国坚定施行准实体课税模式至今。

四、先分后税规则

前文铺垫了这么多,终于说到了今天的主角——“先分后税”。

按照最新《关于合伙企业合伙人所得税问题的通知》(财税〔2008〕159号)的有关精神,我们可以梳理出“先分后税”规则在中国税法项下的操作:

1. 合伙企业并非纳税主体,合伙人为纳税主体。合伙企业以每一个合伙人为纳税义务人。合伙企业合伙人是自然人的,缴纳个人所得税;合伙人是法人和其他组织的,缴纳企业所得税。

2. 合伙企业按纳税年度核定应纳税所得额。具体应纳税所得额的计算按照《关于个人独资企业和合伙企业投资者征收个人所得税的规定》(财税〔2000〕91号)及《财政部　国家税务总局关于调整个体工商户个人独资企业和合伙企业个人所得税税前扣除标准有关问题的通知》(财税〔2008〕65号)的有关规定执行。前款所称生产经营所得和其他所得,包括合伙企业分配给所有合伙人的所得和企业当年留存的所得(利润),既包括分配给合伙人的所得(合伙人拿到手的),还包括企业当年留存的(合伙人没拿到手的)。纳税年度为自然年年度。

3. 合伙企业将应纳税所得额“分配”给各合伙人。分配规则按照159号文第4条,大致可以理解优先次序为“合伙协议约定的分配比例—合伙人协商决定的分配比例—合伙人实缴出资比例—合伙人数量平均计算”,并同时合伙协议不得约定将全部利润分配给部分合伙人。

4. 合伙人按照“分配”得到的应纳税所得额进行纳税。合伙人是自然人的,缴纳个人所得税;合伙人是法人和其他组织的,缴纳企业所得税。

五、先分后税规则和创投税收优惠的矛盾

国务院在最新的政策中提到,“从明年1月1日起,对依法备案的创投企业,可选择按单一投资基金核算,其个人合伙人从该基金取得的股权转让和股息红利所得,按20%税率缴纳个人所得税”。具体去理解“按照单一投资基金核算”时就和先行先分后税规则产生了一些矛盾:

1. “按照单一投资基金核算”,应纳税所得额的计算是否有核算周期。按照“先分后税”规则,核算周期应该是“纳税年度”也就是1月1日至12月31日。但“单一投资基金核算”几字中看不出核算周期。

2. 如果将“按照单一投资基金核算”理解成按照单一投资基金(完整的生命周期)核算,那么意味着核算周期将非常长,在核算应纳税所得额上跨越的纳税周期将动辄长达5年以上。好处是,对创投而言,可以将整个生命周期的收益、亏损情况进行整体决算后,再来衡量纳税义务,看起来是很合理的。但坏处是,因为创投并不是在基金完整周期结束清算后才向投资人分配,如果前期已经进行了多次分配,但却因为“纳税周期”未结束而无法核算应纳税所得额导致无法课税,那么相对于非创投的其他合伙企业而言,纳税义务将是天壤之别,对税收中性原则有比较大的挑战。且纳税周期过长,纳税义务人的避税措施将更加难以监管,可能进一步加剧税收不公平的现象。

3. 如果将“按照单一投资基金核算”纳入整个“先分后税”的体系中,也就是说,在单一纳税年度内来核算应纳税所得额,实际上就和现行政策无太大变化。优惠政策就变成了仅仅是将“股权转让所得”可以按照20%征收个人所得税(股息部分在国税函〔2001〕84号中早已明确),税收优惠政策就显得很单薄了。

国税未来将如何进一步阐释“按照单一投资基金核算”,将会是一个非常考验智慧的过程,笔者如履薄冰。

创投税收优惠新政要点、难点解析

汪 澍
紫荆资本

相关法律法规

1.《关于创业投资企业和天使投资个人有关税收政策的通知》(财税〔2018〕55号)

2.《关于创业投资企业和天使投资个人有关税收试点政策》

财政部、国家税务总局于2018年5月14日发布了《关于创业投资企业和天使投资个人有关税收政策的通知》(财税〔2018〕55号,以下简称"55号文"),该文正式取代了2017年4月发布的《关于创业投资企业和天使投资个人有关税收试点政策》,成为一份全国性的税收优惠政策,极大地体现了国家财政、税收层面对双创事业的支持。

本次55号文,较之2017年的试点政策而言,在内容方面几乎没有什么实质性变化,仅是将试点政策实施的八个地区扩展为全国。经过一年左右的试点,相信税务总局方面已经采集了不少市场数据,在此基础上将此办法向全国推行,未做任何实质性的更改,应当算是比较有自信了。

不过实际当中可能还有一些概念认知上可能存在的偏差,以及进行税收核定程序方面,部分程序可能在55号文中也并没有完全体现,笔者试撰写本文,供各位实践中前行的读者鉴阅、斧正。

内容概要

法律地位:属于财政部、国家税务总局联合发布的税收规范性文件

适用范围:创业投资基金及天使投资人投资初创科技型企业

适用主体:符合条件的创业投资基金及天使投资人

减持政策:【抵扣应纳税所得】对初创科技型企业投资满24个月,纳税主体可按照对初创科技型企业投资额的70%抵扣应纳税所得额

生效时间:2018年1月1日(天使投资人政策部分生效于2018年7月1日)

难点解析

一、享受优惠政策的主体

(一)主体

1. 公司型创业投资基金。

2. 合伙型创业投资基金的法人合伙人及个人合伙人。

3. 天使投资人(天使投资人的部分逻辑基本一致,下文为表述方面,不再单独描述。天使投资人其实是没有主体资格要求的,没有任何一个部门在做“天使投资人”的资质,换句话说,从事初创科技型企业投资的个人,都可以是“天使投资人”,但考虑到利益冲突的情况,创始人投资自己的公司,或者创始人的亲属、关联方投资创始人的公司,恐难以认定为“天使投资”)。

(二)主体必要条件

上述主体还需满足特定必要条件:

1. 在中国境内(不含港、澳、台地区)注册成立、实行查账征收的居民企业或合伙创投企业,且不属于被投资初创科技型企业的发起人。

评析:在国内注册成立、实行查账征收,相对比较好理解。实行查账征收,将一部分地区按照核定征收来给部分投资机构定制的一些税收优惠政策(大部分违反现行税法规则)给拒之门外。不属于被投资初创科技型企业的发起人,大概能想到的原因是,税收优惠不及于“自己的公司”。

不过“发起人”的概念在55号文中并没有进行明确定义。从《公司法》的角度来说,仅股份有限公司有“发起人”的概念,但绝大部分初创科技型企业,初始都不会采用股份有限公司的组织形式。那么就存在两个问题:(1)创业投资基金投资了初创企业(有限公司),有限公司改制为股份有限公司时,创业投资基金成为初创企业(股份公司)的发起人,是否属于此处的定义。笔者认为从政策的语境来看,应该并不属于。(2)创业投资基金与创始人共同新设初创企业,成为初创企业(有限公司)的创始股东,是否属于此处的定义。笔者认为,从政策的语境来看,可能应该

属于。

准确来说,此处的“发起人”可能是“创始股东”更为合适一些。具体的概念的区间,可能需要在实践中与主管税务部门协商。

2. 符合《创业投资企业管理暂行办法》(发展改革委等10部门令第39号,以下简称《创投管理办法》)规定或者《私募投资基金监督管理暂行办法》(证监会令第105号,以下简称《私募管理办法》)关于创业投资基金的特别规定,按照上述规定完成备案且规范运作。

评析:发改委的《创投管理办法》仍在生效,且有相当比例的早期创投基金,均按照《创投管理办法》的要求在各地金融局备案,这也是不容忽视的一只创投力量。依照《私募监管办法》在基金业协会登记备案的“创业投资基金”,也属于本次享受税收优惠政策的序列。但“按照上述规定完成备案且规范运作”是一个很有趣的事情。程序上,想要证明达到这一要求无非有二:(1)自证,即由申请人自行向税务机关证明其达标,如此看来,这个标准相对是比较宽松的,笔者所想,能够提供目前在金融局或者基金业协会备案的系统截图之类的东西即可;(2)旁证,或有权机构证明,这是目前笔者听闻的最有可能的程序,即由金融局或基金业协会给申请机构出具一份“合规函”,用以提交给税务机关,而如何拿到这份“合规函”,就要看发改委系统和基金业协会如何配套相关政策。

3. 投资后2年内,创业投资企业及其关联方持有被投资初创科技型企业的股权比例合计应低于50%。

评析:大意可能还是税收优惠不及于“自己的公司”这个理念。但这与实际可能会有一些出入,现在由于多轮融资或者投资机构出资较早的问题,越来越多的早期创业投资企业出现了投资人 take over 的情况,50%虽然可能使得创投机构达到了控股地位,但公司本质上仍然是一个初创科技型的创业企业,单独把这一块刨掉,其实挺可惜的。

二、享受政策的客观条件

1. 形式要件:采取股权投资方式直接投资于初创科技型企业。也就是说,必须是“股权直接投资”,通过可转债、过桥贷款、企业债券等方式,不算在内。

2. 时间要件:投资满24个月。

三、税收政策

满足上述主体条件和客观条件,主体可以向其所在主管税务机构申请相关税收政策,即以其对初创科技型企业投资额的70%,抵扣其应纳税所得额;不足抵扣的,可以在以后纳税年度结转抵扣。

举例:

1. A公司投资初创企业甲人民币1000万元,投资满24个月后,A公司处置持有的甲的全部股权,获得2000万元。在税收优惠政策前,A的应纳税额粗略为(2000万-1000万)×25%=250万元;在政策后,A的应纳税额可减少为(2000万-1000万-1000万×70%)×25%=75万元。由此可见优惠力度还是比较明显的。

2. B合伙企业投资初创企业甲人民币1000万元,投资满24个月后,B处置持有的甲的全部股权,获得2000万元。B的法人合伙人,基本可按照上述A公司的逻辑去申请企业所得税优惠;B的个人合伙人,可参考上述A公司的逻辑,去申请个人所得税优惠。

关于合伙企业,值得一提的是,55号文第3条第3款中提到,合伙创投企业的合伙人对初创科技型企业的投资额,按照合伙创投企业对初创科技型企业的实缴投资额和合伙协议约定的合伙人占合伙创投企业的出资比例计算确定。实践中,部分合伙企业的投资存在每一合伙人在单独项目中的权益,和其持有的合伙企业的权益并不一致的情况,譬如合伙企业B有甲、乙两个合伙人,各占50%。B投资有C(初创)、D(非初创)两家公司。甲、乙约定,甲享有B投资C公司的全部收益,乙享有B投资D公司的全部收益。如果只能从字面意思来理解,那么未来B在处置C公司后,甲按照政策可以去申请税收优惠,但却仅能按照50%来核定投资额。

四、初创科技型企业的认定

(一)实体要件

初创科技型企业,即种子期、初创期科技型企业,在55号文中给了明确的定义,需要同时满足以下条件:

1. 在中国境内(不包括港、澳、台地区)注册成立、实行查账征收的居民企业。

2. 接受投资时,从业人数不超过200人,其中具有大学本科以上学历的从业人数不低于30%;资产总额和年销售收入均不超过3000万元。

评析:(1)接受投资时,应指企业接受创投基金投资的当时。但如果存在多笔投资,多笔投资时点是分别核定,还是以最早投资时核定,是以签协议为准,还是以实际到账为准,没有明确。(2)从业人数,是指包括与企业建立劳动关系的职工人员及企业接受的劳务派遣人员。从业人数和资产总额指标,按照企业接受投资前连续12个月的平均数计算,不足12个月的,按实际月数平均计算。

3. 接受投资时设立时间不超过5年(60个月)。

评析:同样也存在接受投资时,如存在多笔投资应该如何核定的问题。

4. 接受投资时以及接受投资后2年内未在境内外证券交易所上市。

评析:有非上市且2年内不得上市的要求、一般情况下真正的初创企业也无法实现2年内上市,此处应主要排除的是Pre-IPO的有关投资,鼓励早期投资。

5. 接受投资当年及下一纳税年度,研发费用总额占成本费用支出的比例不低于20%。

评析:成本费用,包括主营业务成本、其他业务成本、销售费用、管理费用、财务费用。而研发费用口径,按照《财政部　国家税务总局　科技部关于完善研究开发费用税前加计扣除政策的通知》(财税〔2015〕119号)等规定执行。

(二)程序要件

初创科技型企业,同样也存在认定是"自证"还是"旁证"的问题。在这一点上,55号文第3条第6款有一定交代,"享受本通知规定的税收政策的纳税人,其主管税务机关对被投资企业是否符合初创科技型企业条件有异议的,可以转请被投资企业主管税务机关提供相关材料"。从字面理解,程序上应该是,首先由申请人"自证",然后如果其主管税务机关对此有怀疑,可以请企业所在的主管税务机关进行"旁证"。

五、注意事项

建议创投机构,及创投机构的法人合伙人、自然人合伙人们,密切注意收集相关的资料信息,以便用于申请相关税收优惠政策。

笔者试罗列如下,欢迎读者根据实际情况进行补充:

(一)创投基金相关

1. 创业投资基金主体资格证明(营业执照等,核定注册地等);

2. 创业投资基金基金备案证明(金融局或基金业协会);

3. 创业投资基金合规运作证明(自行提供,或由金融局、基金业协会协助提供);

4. 创业投资基金的实缴出资证明(用于核定合伙人的实缴出资,进而核定投资额)。

(二)被投企业相关

1. 被投资企业的主体资格证明(营业执照等,核定注册地等);

2. 被投资企业接受投资时的投资协议(核定投资额、核定投资时点);

3. 被投资企业接受投资时的财务报表(体现研发费用占比等);

4. 被投资企业接受投资时的从业人员数量证明(当地劳动部门提供,核定从业人员数量)。

六、遗留问题

从目前来看,合伙型创业投资基金,直接投资于初创科技型企业的,其第一层,最直接的法人合伙人和个人合伙人,应该可以畅通无阻地申请相关税收优惠政策。但如果合伙型创投基金的合伙人,还是一个合伙企业的,这个合伙企业的合伙人,能否穿透享受税收优惠政策,在55号文中仍未明确。从之前的咨询结果来看,目前倾向于不能享受。但考虑到目前大多数创投基金,背后都是合伙型的FOFs在支持,这部分机构应也可以参照适用55号文,希望在实践中能够对此予以明确。

创投税收优惠新政的个税迷思

汪　澍
紫荆资本

一、引言

2018年12月22日，修改后的《个人所得税法实施条例》（以下简称《个税实施条例》）正式发布。2018年度紧锣密鼓开展的个税改革的成果性文件全面推出，引发了市场的广泛讨论和热烈欢迎。

2018年8月31日，第十三届全国人大常委会第五次会议通过了新修改的《个人所得税法》。此次个人所得税法修改，建立了综合与分类相结合的个人所得税制，对部分劳动性所得实行综合征税，优化调整了税率结构，提高了综合所得基本减除费用标准，设立了专项附加扣除项目，并相应健全了个人所得税征管制度。

本次修改《个税实施条例》，意在配合保障新个税法的顺利实施，在吸引境外人才、鼓励自主创业、明确抵扣政策等多方面进行了释明，体现了国家目前减税降费的大的方针政策，确是一剂强心剂。

不过，笔者留意到新《个税实施条例》第6条、第17条（原第22条）的有关规定，结合12月中旬国务院常务会议发布的创投税收优惠新政，笔者忽然陷入了一些疑虑当中。

“魔鬼总隐藏在细节当中”，这句谚语时刻警醒着我们这群法律工作者，这一次也不例外。《个税实施条例》某个特定条款是否真的会给创投税收优惠新政带来影响？这其中的冲突究竟在哪里？笔者反复问自己这个问题，也试着从研究的角度来回答自己的问题。

在合伙企业的“先分后税”规则中，笔者首次提到了合伙企业先分后税规则和国务院常务会议创投税收优惠新政之间或有一定冲突的问题。

本次新《个税实施条例》正式颁布，其第17条再次强调财产转让所得的税基计算方式，可能将进一步放大创投税收优惠新政与现行个税征管制度之间的或有冲突。笔者本文将对此进行进一步展开。

要展开这一问题，本文将按照以下几个方面，逐层进行分析，以供各位读者研究、讨论：

1. 我国目前的个税征管体制——什么是综合和分类相结合的个人所得税制；

2. 我国目前的合伙企业（含创投）的个税征管制度是什么；

3. 现行合伙企业个税税制和地方政府优惠政策的矛盾冲突是什么；

4. 现行合伙企业个税税制和国务院常务会议创投税收优惠新政的矛盾冲突是什么。

二、分类，还是综合

（一）分类所得税制

分类所得税制，是指国家针对公民不同种类的收入，按照不同的税率分别征税。例如，对公民的劳动收入征收较轻的税，对公民的投资性收入征收较重的税。起源于最早开征个人所得税的英国。英国税法认为收入源泉（the origin of income）是收入赖以产生的基础，因此区分来源是衡量应税所得的重要依据。这一税制体现的是定性区别对待原则，主要指既然收入来源的性质不同，其享受的政府福利及社会成本也不同，因此所负担的税负也应该不同。

（二）综合所得税制

综合所得税制，是指国家将公民的合法收入进行加总，减去国家规定的减免税额，对剩下的部分按照累计税率征收税款。例如，不对公民的劳动收入或资本收入进行区分，而进行简单加总，扣除如家庭年度教育、医疗支出等法定的减免税额后，对剩下部分按照累计税率进行征税。综合所得税制的理论基础是“净资产增加说”，该说将应税所得定义为三部分：（1）在一定时期内从他人获取的收入总额；（2）在该时期内本人享受的消费活动的价值；（3）在该时期内所拥有的财产的增值。纳税人在一定时期内因任何原因所造成的个人所持资产的净增额都应该作为应税所得。这一税制体现的是定量区别对待原则，也就是认为按照综合收入的高低来衡量其享受的政府福利及社会成本的高低，因此所负担的税负也应该不同。

（三）分类综合所得税制

分类综合所得税制又称二元课税模式，是对分类所得税制和综合所得税制的有机结合。主要是对资本所得按较低的比例税率征税,而对劳动所得按照累进税率征税。我国目前所采用和积极推进的就是这一个人所得税制。对于大部分个人所得项目,归类为劳动所得或资本所得是相对容易的。比如,资本收入包括股息、利息、特许权使用费、版税、租金收入以及实际资本和财产获得的资本利得。劳动收入包括工资、薪金、劳务、实物福利、养老金和社会保障转移支付等。然而,对于个体经营者、私营业主(业主经营、合伙经营等)的经营收入,则往往兼有资本所得和劳动所得的成分。

我国在1994年前后实施了个税制度的重大调整,1993年年底大修《个人所得税法》,正式在中国稳步推行分类综合所得税制。对个人的工资、薪金所得按照综合所得税制,以5%～45%超额累进税率课税。对稿酬、劳务报酬、特许权使用费、利息股息红利、财产租赁、财产转让、偶然和其他所得一般按照分类所得税制,适用比例税率20%课税。而对比较复杂的个体工商户的生产、经营所得和对企事业单位的承包经营、承租经营所得,因难以区分究竟是劳动所得还是资本所得,最后适用了综合所得税制,同时为了结合当时鼓励下岗再就业、鼓励民间投资办企业的大背景,降低了累进税率的最高限,形成了目前看到的5%～35%的超额累进税率。

而2018年这次个税改革,最突出的成就也就是将部分劳动性收入(稿酬、劳务报酬和特许权使用费)从原有的分类所得税制,纳入综合所得税制当中,进行综合纳税。这标志着我国二元课税模式的进一步完善。

(四)不同税制的不同税率确定方式

按照我国《个人所得税法》,我国对个人的各类所得,主要适用两类基本税率:

1.对“工薪所得”和“生产经营所得”,一方面为经常性所得,发生频率较高且较为稳定,易观察。法定扣除事项明确,“生产经营所得”更是可以“以每一纳税年度的收入总额减除成本、费用以及损失后的余额”作为税基,扣除后税基普遍有所下降;另一方面与个人贫富的关联性较大,需要考虑税收对收入的再调节作用,故采取综合纳税模式,适用5%～45(35)%的累进税率。

2.对稿酬、劳务、股息、红利,财产转让所得,偶然所得和其他所得,由于都具有偶然性,很难扣除个人从事该类活动的各种成本、亏损,更难考虑个人和家庭的生活费用,因而只好有一笔收入就要缴一次税,税基相对较高,税率也就自然较低。由于这些偶然所得和类似偶然所得与个人贫富没有必然关系,如采取分类纳税,较难考虑税收对收入的再调节作用,因此适用单一比例税率,税率为20%。

三、合伙企业个人合伙人的个税征管规则

(一)2000年,财税91号文发布,鼓励个人投资办企业,合伙企业免征企业所得税,对个人按照生产经营所得开征个人所得税

标志性事件为《关于个人独资企业和合伙企业投资者征收个人所得税的规定》(财税〔2000〕91号)的发布。其第4条规定:“个人独资企业和合伙企业(以下简称企业)每一纳税年度的收入总额减除成本、费用以及损失后的余额,作为投资者个人的生产经营所得,比照个人所得税法的‘个体工商户的生产经营所得’应税项目,适用5% ~35%的五级超额累进税率,计算征收个人所得税。”

国家财税部门在制定2000年91号文时,基于当时合伙企业的人合特点,对合伙企业的经营所得,采取比照“个体工商户的经营所得”,适用5% ~35%的超额累进税率。应该说,这在当时体现出的更应该是一种政策优惠。因为合伙企业作为企业,与个体工商户相比,享受了更多的法律保护和行政管理服务,理应承担比“个体工商户”这种“准个人”更多的纳税义务。但参照国际惯例,最终还是将“合伙企业”视为税务透明体,按照准实体课税模式进行征税,避免因征收企业所得税而存在双重税负,对此笔者在上一篇文章中已有详细说明。

(二)2001年,拆出“股息、红利所得”,进行穿透式征税

国家税务总局于2001年发布的《关于91号文执行口径的通知》(国税函〔2001〕84号)中规定“二、个人独资企业和合伙企业对外投资分回的利息或者股息、红利,不并入企业的收入,而应单独作为投资者个人取得的利息、股息、红利所得,按‘利息、股息、红利所得’应税项目计算缴纳个人所得税。以合伙企业名义对外投资分回利息或者股息、红利的,应按《通知》所附规定的第五条精神确定各个投资者的利息、股息、红利所得,分别按‘利息、股息、红利所得’应税项目计算缴纳个人所得税。”在不改变按“生产经营所得”进行综合纳税的大结构的前提下,将(自然人)投资者从合伙企业取得的股息、红利所得不并入“生产经营所得”进行综合纳税,而是单独作为个税分类所得中的“股息、红利所得”,单独纳税。

(三)2006年修订《合伙企业法》,有限合伙企业问世。2008年,159号文颁布,再次重申准实体课税模式

《合伙企业法》在2006年修订,2007年正式生效,意味着中国开始出现了有限合伙企业。不过有趣的是,按照财税〔2000〕91号第2条规定:“本规定所称个人独资企业和合伙企业是指:(一)依照《中华人民共和国个人独资企业法》和《中华人民

共和国合伙企业法》登记成立的个人独资企业、合伙企业;……(四)经政府有关部门依照法律法规批准成立的负无限责任和无限连带责任的其他个人独资、个人合伙性质的机构或组织。”

根据第4项的描述我们不难看出有一个隐喻,当时课税标准的依据之一,是合伙企业的投资者为负无限责任和无限连带责任的普通合伙人。那么有限合伙企业问世后,对承担有限责任的有限合伙人,究竟应该如何适用课税标准,是继续适用综合所得税制,按照生产经营所得的超额累进税率,还是依照分类所得税制,对所得源泉进行穿透,适用单一比例税率,实践中产生了巨大的争议。这也为后来地方推行所谓的“税收优惠政策”埋下了伏笔。

159号文再次重申了对有限合伙企业也采用准实体课税模式,承认有限合伙企业的税务透明体地位,而对其个人合伙人从合伙企业的股息红利所得,按照个人取得股息红利所得纳税;其他所得,继续按照生产经营所得进行综合纳税。

(四)新个税法及其实施条例修订,上位法明确个人合伙人从合伙企业的生产经营所得为“经营所得”

2018年8月修订的新个税法,将“个体工商户所得”和“个人与企事业单位承包经营、承租经营所得”合并为“经营所得”,按照5%~35%进行综合纳税。

2018年12月22日修订的新《个税法实施条例》第6条规定,“个人所得税法规定的各项个人所得的范围:……(五)经营所得,是指:1.个体工商户从事生产、经营活动取得的所得,个人独资企业投资人、合伙企业的个人合伙人来源于境内注册的个人独资企业、合伙企业生产、经营的所得”。

四、个税税制和地方合伙税收优惠的矛盾

在了解了我国的个税税制和不同税制形成的税率差异的原因后,我们可以试图来分析其中和地方创投税收优惠的矛盾。

过往市场上最难理解的矛盾就在于,有限合伙企业的有限合伙人,只是一个投资人,并不参与合伙企业的经营业务,为何其从合伙企业获得的收入需要按照“生产经营所得”征收5%~35%超额累进税率,而不能按照股息红利、财产转让等“投资性所得”征收单一比例税率20%。造成这种误解和矛盾,笔者认为主要有以下几个过程:

有限合伙企业问世后,继续维持合伙企业中个税征管体系的稳定,并未为有限合伙企业单独创设新模式。关于这一点,在本文三(一)“个体工商户生产经营所

得"开征个人所得税的部分已经进行了一些释明。合伙企业比照个体工商户来进行征税，在2000年当时具有非常积极的意义，主要是明确了合伙企业（当时只有普通合伙企业）的准纳税实体地位，避免重复征税。而在2008年为有限合伙企业配套修订相关税则时，继续采用了过往的惯例，并没有为有限合伙人另行推出一套全新的个税征管体系。

地方税收优惠政策过激，导致税制混乱。之后，各地方推出的"税收优惠政策"集中在"有限合伙人从合伙企业获得的收益按照20%征税"上，等于是单独给有限合伙人开辟了一条其从合伙企业获取的所得（多数是税法上的"生产经营所得"）适用单一比例税率20%（分类所得税制）的通路，却保留了其作为"生产经营所得"综合纳税时可以进行多项税额扣除的特征。这与国税函〔2001〕84号文将"股息、红利所得"进行穿透，按照个人直接取得"股息、红利"进行征税，通过穿透方式将个人取得的"股息、红利所得"统一为分类所得税制，有着显著的差异。

税制混乱导致税收不公，税务部门征管压力极大。地方政策强行对"生产经营所得"适用分类所得税制这一做法，引发了两种税制对同一个行为适用的冲突。举例说明，一个自然人直接投资股权，其转让该股权后所得按照财产转让所得征税，所得几乎无任何扣除项（其个人投资的其他项目的亏损并不能用于抵扣），单次按照20%征税。而他如果通过一个合伙企业间接投资股权，合伙企业转让该股权后，所得可以比照《个体工商户个人所得税计税办法》第7条个体工商户的生产、经营所得，以每一纳税年度的收入总额，减除成本、费用、税金、损失、其他支出以及允许弥补的以前年度亏损后的余额，为应纳税所得额，进行相应的抵扣，但仍然适用20%的单一比例征税，明明享受了更多的政府服务（企业登记注册等），明明税基有所降低，但征税比例却和直接投资一致，税收中性原则和税收公平原则可谓荡然无存了。

不过，笔者也认为对有限合伙人征收5%～35%的累进税率可能也有失公平，也确实是需要对如何向有限合伙人进行征税提供一个新思路、新办法，有关这一点，国务院常务会议最新的创投优惠新政提供了一个看起来不错的解决方案，笔者称之为"双轨制"。

五、国务院常务会议创投税收优惠新政

国务院在最新的政策中提到，从2019年1月1日起，对依法备案的创投企业，可选择按单一投资基金核算，其个人合伙人从该基金取得的股权转让和股息红利

所得,按 20% 税率缴纳个人所得税;或选择按创投企业年度所得整体核算其个人合伙人从企业所得,按 5% ~35% 超额累进税率计算个人所得税”。

结合前文,笔者就两种模式进一步解释如下:

模式一:沿用现行政策,按创投企业年度所得整体核算个人合伙人从企业所得,按 5% ~35% 超额累进税率计算个人所得税。选择这种方案,即是选择自 2000 年 91 号文至今推出的系列合伙企业征税方案,将个人从合伙企业中获得的所得统一归为“生产经营所得”(股息、红利所得是否继续排除在外需等新政进一步明确)进行综合纳税(可以进行税前扣除)。

模式二:借鉴国税函 84 号文的经验,依照穿透原则,根据所得泉源来适用分类所得税制,即按照个人从合伙企业中获得的“股权转让所得”和“股息红利所得”适用单一 20% 的税率。“股权转让”和“股息红利”是个人从合伙企业获得收入的主要来源。税法上对“股息、红利所得”有直接定义,对“股权转让”并无直接定义,但应可归类在“财产转让所得”当中。正是在此刻,新《个税实施条例》第 17 条,突然间生出了其“细节魔鬼”的效力。

六、个税税制和创投税收优惠新政的矛盾

按照新《个人所得税法》第 6 条“(五)财产转让所得,以转让财产的收入额减除财产原值和合理费用后的余额,为应纳税所得额”;新《个税实施条例》第 17 条(旧第 22 条)“财产转让所得,按照一次转让财产的收入额减除财产原值和合理费用后的余额计算纳税”;第 16 条第 3 款“个人所得税法第六条第一款第五项所称合理费用,是指卖出财产时按照规定支付的有关税费”。可知,对个人获得的“财产转让所得”征税有以下几个特点:

1. 按次征税;

2. “财产转让所得”的税基计算方式为:应纳税所得额 = 收入额 - 财产原值 - 合理费用;

3. 合理费用仅包括卖出财产时按照规定支付的有关税费,如印花税。

而这一特点中的“按次征税”和创投税收优惠新政中的“按单一投资基金核算”相对比,就出现了笔者最大的困惑——究竟什么叫“按单一投资基金核算”。

市场有人将“按单一投资基金核算”理解为按照基金完整生命周期来核算。确立这种核算方式的主要目的是,因基金往往投资了多个项目,并支出了管理费、业绩报酬、合伙费用等多项成本、费用开支,在基金完整生命周期结束前,基金真实的

盈亏情况其实并不准确。因此,按照过往合伙企业"先分后税"的习惯,可能出现早期退出项目交了税,但后期退不出的项目实际成了亏损却无法抵扣,造成"交税交多了"的感觉。

这确实是合伙企业"先分后税"规则中对纳税人不利的一面,但仅因为此就将"按照单一投资基金核算"解释为"按照基金完整生命周期"来核算,并称之为国际惯例,笔者对此是持一定怀疑态度的。

首先,基金按照完整生命周期来核算纳税,并非国际惯例。以美国为例,美国的个人投资者投资 PE 基金,根据"流经原则"(pass through),在 PE 基金层面不征税,在 PE 基金将收益分配给投资人时,对投资人征收资本利得税。不过,PE 基金需要每年就收益分配和亏损分担情况填具 K－1(Form 1065)表格,用来列举每一个投资人所分配到的每一项收入和减项。这些数字需要报到投资人个人的税表上,以便投资人进行年度的资本利得税纳税申报工作。

其次,基金按照完整生命周期来核算纳税,和现行个税征管制度不符。按我国目前的个税征管制度,要么是按照"劳动所得"或"经营所得"实行综合所得税制,也就是按纳税年度进行综合纳税;要么是按照"分类所得"如"财产转让所得""股息、红利所得""偶然所得"等,按次进行单一比例 20% 进行纳税。没有出现过按照某个主体完整生命周期来核算纳税人的应纳税额的先例。

再次,基金按照完整生命周期来核算纳税,与税收公平原则及税收中性原则不符。在创投税收优惠新政的"基金模式"下,投资人已经可以实现将"股权转让所得"穿透,按照"财产转让所得"适用分类所得税制下 20% 的单一比例税率,如果仍然可以按照综合所得税制下,在基金完整生命周期内进行投资亏损、基金费用的税额抵扣,那么和个人直接从事股权投资相比,就有了天然的制度优势。同样地,明明基金享受了更多的政府服务和社会成本,但却有更有利的税务优势,损害了税收公平和税收中性原则。

最后,基金按照完整生命周期来核算纳税,可能会造成恶意避税。假如基金按照完整生命周期核算纳税,那么基金将具备非常强的避税优势,如在生命周期内猛增成本、费用,如无限期延长其生命周期,如将退出后的收益不进行分配而进行循环投资等,都将可能产生零纳税的结果。这样,一方面会导致财税部门对基金的征税非常乏力;另一方面也会恶意引导其他行业的资金为了避税而进入这个领域中,破坏行业的正常生态发展。

当然,这里的基金在目前看来仅限"创投基金",但并不影响前述四个问题的存在。

所以，笔者目前倾向于认为将“按照单一投资基金核算”等同于“按照基金完整生命周期核算”是不够准确的。

另一种理解是，“按照单一投资基金核算”其实是“按照单一投资基金（所投资的单一项目）核算”，或者说，此处的“基金”应该理解为“项目”才说得通（见投中网报道《国务院雪中送炭，创投基金个人LP税率确定为20%，5年不变》）。这种理解方式笔者认为是具有可操作性的。这等于是完全借鉴了国税函84号文的经验，将“股权转让所得”也和“股息、红利所得”一样作为特殊的所得，进行穿透核算，适用分类所得税制的20%单一税率。也就意味着：

1. 按次征收。“次”，目前也可有两种理解：(1)在个人从合伙企业获得该笔“股权转让所得”时（基金分配时）；(2)按照先分后税规则，在合伙企业获得该笔“股权转让所得”后，按照“合伙协议约定—合伙人协商约定—实缴出资额比例—按合伙人数量平均”的收益/亏损分配规则“分配”给投资人时。以上两种情况下，即产生纳税义务。

2. 核定应纳税所得额。为股权转让所得收入－股权原值－合理费用。

3. 税率为20%。

笔者倾向于这种理解，和目前的税制最为契合，未来也容易在此基础上推出长期投资的优惠税率，比如将长期投资的税率降到10%以下，鼓励创投基金从事长期资本投资。

究竟这一次创投税收优惠新政，关于按照个人投资人的税收优惠如何落地实施，按照单一基金核算究竟作何理解，财税部门不知会如何处理。笔者静待正式文件推出后作进一步分析。

创投新政寒风送暖，一词之误得不酬失

——兼评创投税收优惠新政

汪　澍
紫荆资本

一、引言

2018 年 12 月 12 日，国务院常务会议决定实施所得税优惠促进创业投资发展，加大对创业创新支持力度。会议决定，在已对创投企业投向种子期、初创期科技型企业实行按投资额 70% 抵扣应纳税所得额的优惠政策基础上，从 2019 年 1 月 1 日起，对依法备案的创投企业，可选择按单一投资基金核算，其个人合伙人从该基金取得的股权转让和股息红利所得，按 20% 税率缴纳个人所得税；或选择按创投企业年度所得整体核算其个人合伙人从企业所得，按 5% ~35% 超额累进税率计算个人所得税。政策实施期限暂定 5 年。

新政的发布给 2018 年处于寒风萧瑟中的创投行业带来了一些暖意，总理一句“确保创投基金税负总体不增”的承诺如冬日暖阳，春风送爽。部分从业者此前因税收政策不明朗，长期处于担心被按照最高额 35% 征税，甚至需要对往年所得进行追缴的不安状态，如今也终于放下心来。一时间，创投圈里纷纷叫好，喜迎新政，期待新政落地的心情迫不及待。

终于，在经过一个月的讨论后，经财政部、税务总局、发改委、证监会四部委联合发布《关于创业投资企业个人合伙人所得税政策问题的通知》（财税〔2019〕8 号），创投税收优惠新政于 2019 年新春前正式落地。

细看新政内容，笔者在激动之余，心情还颇有些复杂。新闻通稿中的一词之误，终究还是对最后政策的落地产生了一定的影响。从现在看来，这种影响最后究竟会如何还不得而知。但其中的隐忧，笔者犹豫再三，还是觉得应该再啰唆几句，以期和业内更多贤达多一些互动交流。

二、单一基金还是单一项目

在新闻发布后，笔者迅速写过两篇关于合伙企业现行征税规则的文章，从先分后税规则和个税征管规则两个方面剖析新政中"按单一基金核算"应该怎么理解，最后得出了"按单一基金核算"可能理解为"按照单一投资基金（所投资的单一项目）核算"，也就是"按照单一项目核算"，更加合理的结论。

笔者的这一观点和市场中一些机构的看法是相左的，甚至有人认为说，如果"按照单一基金核算"不是指"按照基金完整生命周期核算"，这个优惠新政实施的效果就远不如预期。

笔者认为，这主要基于行业一直以来的一个现实情况：好的项目往往很快能实现退出，不好的项目往往要拖到比较后面，GP会倾向于不进行任何减值工作，基金的最终收益情况很难判断。按照过往的合伙企业先分后税的规则，合伙企业当年已分配和留存的所得（来源于好项目的退出）均已纳税。然而之后退不出的项目虽然最后计亏损可以之后结转，但也可能遇上之后没有任何退出项目（没有所得），而实际无法结转的尴尬。最后导致出现创投企业钱最终没赚多少，税却交了挺多的情况。如果将"按照单一投资基金核算"理解为将基金生命周期里的全部盈亏情况相抵后，最后来核算基金整体的应纳税所得额，并在此基础上征税，则能够很好地缓和这一尴尬局面。

不过，如果将"按照单一基金核算"就这样简单理解为"按照基金完整生命周期核算"，虽然看起来美好，但实际施行的过程中会遇到很多困难，甚至可能会收获相反的效果。主要有以下几个方面的原因：

"项目"变"基金"，对现行个税征管规则造成冲击。依照现行个税法，个税的缴纳只有两种基本的模式：一种叫综合所得税制，是按一个纳税年度将纳税人的劳动性收入（工资、劳务、稿酬等）和生产经营所得按照综合所得税制施行综合纳税，可以进行各项抵扣和扣除，并适用超额累进税率；另一种叫分类所得税制，则是对收入来源进行特定分类（如股息红利所得、财产转让所得）进行单次征税，抵扣和扣除很少，税基偏高，按照单一比例税率20%征税。如果按照基金完整生命周期进行个税征收，既不像综合所得税制限定在一个纳税年度，也不像分类所得税制不允许高额抵扣及扣除，无异于自行创造出一种全新的个税征收规则，突破了上位法的现有规定，对现行的个税征管规则造成较大冲击。而如果理解为"项目"，则仅仅是将个人从创投企业中获取的主要收入来源"股息红利"和"股权转让收入"进行税务穿透

(类似国税函〔2001〕84 号文),按照个税法上的“股息红利所得”和“财产转让所得”进行征税,则不会对现行个税征管规则造成实质性影响。

“项目”变“基金”,可能违背税收中性和税收公平。按照基金完整生命周期来核算个税,会直接导致创投基金相较于其他形式的基金(如私募股权投资基金)和其他市场主体而言,拥有极其巨大的税收优势。在同等市场条件下,给予创投基金如此大的“优惠”,是对税收中性原则和公平原则的一个挑战。财税部门势必要在政策实施过程中横加诸多约束条件,来维护这两个原则。在这个增加约束条件“补漏洞”的过程中,最后就可能出现与政策预期相反的结果。

“项目”变“基金”,可能会引发恶意避税和行业乱象。按照基金完整生命周期来核算个税,等于是说在基金的生命走到尽头前,无法核算出其应纳税所得额,因此就无相应纳税义务。那么,只要人为不断延长基金的生命周期,或者将所获收益不断进行循环投资,理论上讲就不会有任何税负。而在此期间,只要通过虚增费用、虚造损失等多种途径,最终可以实现恶意避税。有了这样的“税收洼地”,更是会鼓励热钱积极流入这个行业中,原本不是“创投”的热钱纷纷进场,将搅乱整个行业的正常发展。也会将税务征管部门的视角,永远放在了如何防止行业恶意避税上,忽视了真正支持这个行业发展的政策的推行。

“项目”变“基金”,可能导致长期投资优惠推行无门。为鼓励长期资本在中国的形成,在适当时机下推行长期投资税收优惠是必由之路。以美国为例,美国对个人的投资收入开征资本利得税。资本利得税又分长期资本利得和短期资本利得。短期资本利得的税率最高可达 39.6%,而长期资本利得的税率可为 20%,大约是短期的一半。如果本次能够落实按照单一项目穿透规则,按单次财产转让所得来进行个税征收,那么在这个基础上推行长期投资优惠政策只是个顺水推舟的事情。但如果选择的是按基金完整生命周期来进行个税征收,财税部门的主要关注点就成了如何防范恶意避税,无心推行长期投资优惠。并且,缺乏按穿透规则核算单次财产转让所得这一基础,无法准确定性“长期投资所得”,长期投资优惠就也成了无本之木,孤魂野鬼,推行无门了。缺乏对长期投资的精准支持,何以真正促进长期资本在中国的形成呢?

“项目”变“基金”,可能阻碍优惠政策的进一步推广施行。目前的优惠主要还针对的是合伙型的“创投企业”和“创投基金”,暂不涉及股权投资基金等其他类型的基金,也不涉及公司型、契约型等其他组织形式的基金。如果按照基金完整生命周期核算,财税部门恐担心税收不公和助推行业乱象,就无任何动力将该政策进一步推广到其他类型的基金上，这反倒阻碍了这一优惠政策的进一步推广施行。而如果按单一项目穿透规则，不仅合伙型创投基金可以适用，甚至可以展望未来在公司型、契约型创投基金上适用，进而推广到其他基金类型，真正成为一个支持全行业发展的优惠政策。

正是基于上述原因，本次新政的落地实施细则中，我们看到了在定性、定量地理解“按照单一投资基金核算”的准确含义时，更多的是“限制”而不是“鼓励”，主要是围绕现行个税征管规则，从“纳税周期”和“抵扣范围”两个层面进行限制。

三、创投税收优惠新政解读

（一）征税对象

投资于适格的合伙制创投企业（基金）的个人合伙人。其来源于创投企业的所得按照本规定计算个人所得税应纳税额。

（二）适格主体

1. 符合《创业投资企业管理暂行办法》，按其规定完成备案且规范运作的合伙制创业投资企业；

2. 符合《私募投资基金监督管理暂行办法》，按其规定完成备案且规范运作的合伙制创业投资基金。

（三）征税方式——二选一

1. 按照单一投资基金核算

总体原则：个人合伙人从该基金应分得的股权转让所得和股息红利所得，按照20%税率计算缴纳个税（体现了按照穿透原则，适用分类所得税制的单一比例税率）。

具体实施：

（1）股息红利所得。股息红利所得是指来源于所投资项目分配的股息、红利收入及其他固定收益类证券等收入。

计算方式为：全额计入应纳税额×20%，按次征收，创投企业代扣代缴。

举例：2018 年度，创投企业 A 向个人合伙人 B 在 3 月、5 月分别分配了股息红利 100 万元和 200 万元。则创投企业应为 B 在 3 月、5 月分配时代扣代缴个税 20 万元及 40 万元。

（2）股权转让所得。股权转让所得是指创投企业投资的单个投资项目的股权转让所得。

计算方式为:(年度股权转让收入 - 对应股权转让原值及转让环节合理费用)×20%,按年计算,创投企业代扣代缴。

年度股权转让收入(所得)指按一个纳税年度内不同投资项目的所得和损失相互抵减后的余额计算(笔者按:纳税周期被限制为一个纳税年度)。余额大于或等于0的,即为年度所得。余额小于0的,计为0,不跨年结转。

股权转让原值及转让环节合理费用。按照新《个人所得税法》第6条、《个人所得税法实施条例》第17条、第16条第3款"个人所得税法第六条第一款第五项所称合理费用,指卖出财产时按照规定支付的有关税费"等规定执行。同时明确排除了管理费和业绩报酬等基金支出(笔者按:抵扣范围被严格限制)。

举例:2017年度,创投企业A退出项目3个,分别为100万元、200万元、-400万元。2018年,创投企业A退出项目3个,分别为100万元、200万元、-100万元。转让费用设为每年10万元。则2017年股权转让所得为100+200-400=-100万元,计为0,2017年度无须纳税。2018年股权转让所得为100+200-100=200万元,计为200万元。设转让合理费用为10万元,管理费10万元,应纳税额最后应为200-10-0(管理费不得扣除)=190万元。个税最后为38万元。

同时,股权转让所得如果符合财税〔2018〕55号文的有关规定的,还能够按被转让项目对应投资额的70%抵扣应纳税额。如上例中,A企业2018年的年度股权转让所得计为200万元,对应3个投资项目的对应投资额200万元,则可以进行相应抵扣,200-(200×70%)=60万元。但如果当期不足抵扣的,不得向以后年度结转,如上例,对应3个投资项目的对应投资额为300万元,则抵扣后应纳税额为-10万元,这里的-10万元部分不得在2019年继续进行抵扣。

2.按照创投企业年度所得整体核算

总体原则:将创投企业以每一纳税年度的收入总额减除成本、费用以及损失后,计算应分配给个人合伙人的所得。并按照"经营所得"项目适用5%~35%的超额累进税率。(体现了适用综合所得税制的超额累进税率)

具体实施:

(年度收入总额 - 成本、费用及损失)×(5%~35%)

年度收入总额指创投企业的年度收入;成本、费用及损失指创投企业年度整体的成本(这里的成本不是投资成本的概念,是财务上的成本概念)、费用(应当包含管理费、业绩报酬等)及损失。按照《关于个人独资企业和合伙企业投资者征收个人所得税的规定》第14条的规定,企业的年度亏损,允许用本企业下一年度的生产经营所得弥补。下一年所得不足弥补的,允许逐年延续弥补,但最长不超过5年。也就是说,创投企业的年度亏损可以在5年内结转,继续扣除。

没有综合所得的个人,还可以依法减除基本减除费用、专项扣除、专项附加扣除以及国务院规定的其他扣除。从多处取得经营所得的,应该汇总计算,只减除一次前述各项扣除。具体暂不展开讲述。

(四)征税方案的选择

1. 备案对象:二选一,向主管税务机关进行核算方式备案。

2. 备案限制:一经备案,3年不变。未备案的,视同选择按照创投企业年度所得整体核算。

3. 备案时间:完成创投企业(基金)备案后的30日内,2019年1月1日前已备案的,应在2019年3月1日前完成备案。3年期满需要调整的,于期满的次年1月31日前重新备案。

(五)执行期限

2019年1月1日至2023年12月31日,共5年时间。

四、政策亮点及展望

诚如笔者开篇所提到的各种原因,这份创投税收优惠新政并不如预期那么开放,对单一投资基金核算的方式进行了诸多限制,使得优惠的效果确实有所折扣。不过总体来讲,放在目前"减税降费"的大环境中相比较,也还算是一份不错的直接性降低税负的优惠政策,体现了国家对双创事业和创投行业的坚定鼓励和大力支持。

此外,或许本次创投税收优惠新政原本就是"按单一投资项目核算"的逻辑进行政策设计的,所以我们在最终方案中能看到"按照财产所得性质穿透"这一比较适应基金特点的原则得以一部分保留,使得这份受到诸多限制的优惠政策,仍然有几分夺目的亮色:

其一,私募基金"流经原则"受重视。首次在税务文件中开始把投资(基金)类企业和一般工商企业有一定程度的区分。这个类似美国税法上的"流经原则",把合伙型基金当成是"投资管道",征税方式并非针对工商企业,而是按照收入来源的性质进行穿透征税。正因按照所得性质穿透进行征税,从而把最高税率从综合所得税制的超额累进税率税负最高35%降到了分类所得税制的单一比例税率最高20%,从直观上看是一个比较大的税负降低的表现(当然具体是否降低以及降低多少可能需要根据退出状况而定）。而这一“流经原则”经创投检验后，如果能够更广泛地适用于公司型基金和契约型基金等其他组织形式的基金，也将极大地改善公司型基金的税负劣势的情况，同时也能够弥补契约型基金的税收空白。

其二，推出这个政策有利于维护国家税收法定原则的权威。新政是一份全国性的税收政策文件，真正从国家立法的层面去疏通合伙型基金的征税规则，破除一些地方为了刺激本地投资而推出的较为激进的，和现行国家税法相悖的“税收优惠”。目前按照地方出台的“税收优惠”，合伙型基金的自然人合伙人可以将其按照“生产经营所得”分得的基金收益，按照分类所得税制的单一比例税率20%进行纳税，这与目前我国的个税征管规则有极大差异。但为了维护地方政策和地方经济发展的稳定，过往对此可说是颇有些无可奈何。相信如果这次这一政策的实施效果达到预期，地方上出台的一些超出国家税法规定的“税收优惠”存在的合理空间就相对比较狭窄了，接受整顿清理的难度也变得相应较低。

其三，阶段性维持两套税制，暂时给了GP和LP多一种选择，税筹方案更具灵活性。这会刺激GP和LP之间有意识地真正去把握自身的退出节奏，然后选择合适的税筹方案。比如选择按照单一投资基金核算的GP，从税筹方案的角度考虑，应当及时为一些“僵尸项目”做亏损减值工作，来在纳税年度内进行投资亏损的抵扣。另外，多一个选择也可以多看看究竟哪条道路更加适合目前的国情，至少从目前的政策设定来看，我们有5年过渡期，过渡期结束以后可以根据实际情况再进行相应的调整。

“税收无小事”，征税规则对一个行业的影响可谓深远而厚重，本次创投税收优惠新政虽有一些得不酬失的缺憾，但总体来讲，对行业而言仍然是一个比较振奋人心的信号。笔者也期待在政策后续落地实施的过程中，能够切实地为行业“减负”，鼓励国家创投事业的发展，让创业投资为中国经济的新旧动能转型升级与高质量发展添砖增瓦，贡献力量！

内部管理

私募股权基金的利益冲突

中伦律师事务所 译
中国证券投资基金业协会法律部邓寰乐、窦静 校

【译者按】

吸取国际金融危机的教训，全球主要资本市场都将私募基金纳入证券监管范围。根据G20和金融稳定理事会（FSB）的要求，国际证监会组织加强了对私募基金的研究，制定了一系列关于私募基金的监管标准。作为私募基金行业的重要一员，私募股权基金概莫能外。2010年10月，国际证监会组织发布了《私募股权基金的利益冲突》的最终报告，对我们正确认识私募股权基金，推动私募股权基金回归本源，做好私募股权基金监管工作具有重要的指导意义。

报告第三章开宗明义："私募股权基金是通过非公开方式募集形成的权益性资本（equity）"，并随后扼要总结了私募股权基金的核心特征。第一，私募股权基金是权益性资本。私募股权基金处于资产负债表的权益位置，在对外募集时不得以基金名义对外承诺收益，否则就会成为债务性资本，成为资产负债表上的债务。第二，私募股权基金是通过非公开方式面向合格投资者募集形成的资本。合格投资者具有高风险承受能力和识别能力，采用非公开方式募集则免除了公开信息披露义务。第三，私募股权基金是长期性资本。私募股权基金"是典型的封闭式基金"，基金存续周期一般是10年。第四，私募股权基金是专业管理的组合投资。报告指出，私募股权基金区别于其他大型投资的界限就在于，私募股权基金是基于专业投资管理的组合投资，而其他大型投资是往往是基于单一项目的针对性融资。第五，私募股权基金的投资范围没有限制。传统的私募股权基金主要为公司不同发展阶段提供融资，投资策略包括早期/创业投资、成长期资本和后期/杠杆收购。随着市场的发展，越来越多的私募股权基金将投资领域拓展到不良债权、基金设施建设和上市公司股票。

与国际标准相比，国内有观点认为私募股权基金是投资有限责任公司股权的私募基金，把“股权”的判断标准从基金本身转移到投资标的，属于典型的郢书燕说。这个误读最早有可能源于翻译，但恰好将错就错地被部门利益纷争利用，从而使异化的概念不断得到强化，不仅使私募股权基金自身的发展走入误区，而且演化出种种金融乱象，危害实体经济。一些私募股权基金盲目扩大规模，引入大量保本保收益的银行资金，实际上是“债务性资本”，成为影子银行加杠杆的重要渠道；一些私募股权基金定期开放，实际是变相经营资金池，有滑向庞氏骗局的风险；还有一些私募股权基金成为单一项目的融资载体，失去了专业化投资管理的功能，不仅没有提高市场配置资源效率，反而干扰了市场秩序。治理乱象，真正形成私募股权基金，发挥私募股权基金服务实体经济的有益作用，必须摒弃部门利益，推动私募股权基金回归本源。

在正本清源的基础上，私募股权基金的监管要义在于防范利益冲突风险。由于私募股权基金的长期性、非公开性和投资策略灵活等基本特征，从而使得基金管理人面临更多的利益冲突场景，加大了利益冲突的风险。2015 年，美国证监会查处了知名私募股权基金管理人 KKR 和黑石，两家公司分别缴纳了 3000 万美元和 3900 万美元的和解金，凸显了监管的必要性和重要作用。在这两个案例中，美国证监会认为基金管理人在面临利益冲突时，违背了受托责任（fiduciary duty，也有译为信义义务），没有将基金投资者的利益置于自身的利益之上。需要指出，美国是普通法系国家，美国证监会执法所依据的受托责任标准并未见诸其监管规则的条款，而是来自司法判例和不言而喻的法理。如果保持同一监管水准，成文法系国家关于私募股权基金的监管条文和管制程度势必多于普通法系国家。法国就明确规定，成立类似我国私募契约型基金的 FCPR 必须由基金管理人和托管人共同发起，并报经法国金融市场监管局（AMF）批准。美国的严格执法和法国的事前审批，是基于各自法律背景和发展阶段的不同选择，但目的都是防范利益冲突风险，维护基金投资者的合法权益。在学习借鉴国际经验时，不仅需要知其然，更需要知其所以然，从而结合国情，更好地制定我国的私募股权基金监管制度。

私募股权基金的利益冲突

总结报告

国际证监会组织

2010 年 11 月

摘录

顾名思义,私募股权指通过非公开方式募集的权益性资本。私募股权行业涵盖了诸多此类公司等实体,它们募集资金投入多元化的投资策略基金之中。这一行业主要致力于将中长期资本匹配给需要资金成长的公司,以使潜在股东回报最大化。

私募股权公司明显区别于其他持有公司控股权的投资者(如个体大型投资者或者家族企业),原因在于私募股权公司通常定期连续性融资而不是临时或者根据个别交易按需进行融资,并根据共同投资目的将资金投资于多家公司。

在其地理和行业部门的专业范畴内,私募股权公司的投资策略是根据其打算投资的投资组合公司的发展阶段和资金需求来确定的。尽管越来越多的私募股权公司正在筹集资金从事基础设施、不良债务和上市股票投资,这些投资策略通常被定义为早期/创业资本、成长期资本和后期/杠杆收购。

创业投资基金显著不同于杠杆收购基金的原因在于杠杆收购基金寻求收购一家成熟公司的控股股权。

私募股权基金是典型的封闭式基金,通常具有 10 年的生命周期。大多数基金在募集时存在延长其生命周期的可能性,根据投资者协议通常最多可以延长 3 年(三个一年期)。

FCPR(The Fonds Commun de Placementà Risques)是一种法国特有的共同投资计划形式。不具有独立法人资格,不能签订合同,其所有合同均需由基金管理公司签订。FCPR 的创始人有两方,基金管理公司(société de gestion de portefeuille)和保管人(dépositaire)。管理公司注册地必须为法国,且经法国金融市场监管局 AMF(Autorité des Marchés Financiers)批准。在公开报价前,FCPR 需经 AMF 批准,成为被批准的 FCPR(FCPR agréés)。

第一章 背　景

2008 年 5 月,国际证监会组织针对私募股权行业的潜在风险发布报告,概述国际证监会组织对此类风险的防范化解措施。私募股权交易中各方当事人之间的潜在实质利益冲突是该报告所指出的核心风险之一。[1] 据此,报告建议应在后续工

---

〔1〕 私募股权报告——最终报告,国际证监会组织技术委员会报告,载 http://www.iosco.org/library/pubdocs/pdf/IOSCOPD274.pdf,最后访问日期:2010 年 11 月 30 日。

作中全面识别私募股权所特有的利益冲突风险,并探究缓解此类风险的适当方法。

本报告讨论的范围是私募股权公司、私募股权基金中的利益冲突(尤其是私募基金管理人可能面临的潜在利益冲突)给基金投资者、金融市场有效运营带来的风险。总的来说,本报告不就以下事项发表意见:非典型私募股权行业的利益冲突、由业务紧张引起的冲突,或不属于证券监管机构工作范围的冲突,例如由董事(基金选任、在被投公司任职)应对被投公司承担的义务所引发的问题。

国际证监会组织的工作小组由行业参与者与监管机构共同组成。依其认定结果,本报告阐述了由一个多元基金、多元策略公司运作的典型私募股权基金,在其生命周期中面临的利益冲突风险。在各项风险下均列举了缓解这些潜在利益冲突的一般可行方法。缓解方法通常采取的形式为:通过激励机制、信息披露以及法律协议结成正当利益联盟。

最后,依据工作小组所确认的适当缓解措施,本报告列出一系列调整私募股权利益冲突的原则。这些原则旨在适用于一切形式的私募股权公司,无论其在何地设立、经营,选择何种投资策略、基金架构或进行其他投资业务。然而,国际证监会组织认识到私募股权公司的规模、结构和复杂性具有显著差异,对某特定公司的业务而言,这可能会影响某一(些)原则的适用。

第二章　报告内容与范围

2008 年报告同时指出,私募股权行业显现的一些潜在利益冲突并非该行业的特有现象,因此并非私募股权专项工作的讨论范围。这些风险已经或将在国际证监会组织的其他系列工作中予以讨论。尤其是,鉴于技术委员会市场中介机构监管常务委员会(TCSC3)的工作已实质上涵盖了证券发行(包括私募股权公司上市)过程中的潜在利益冲突,后续工作将不会以此为重点。[1] 此外,报告应只关注大规模私募股权活动,因为散户直接参与私募股权公司的情形极为有限。同时,散户通过投资基金和金融载体参与的情形已经是国际证监会组织近期工作的重点。

为形成本次报告,技术委员会投资监管常务委员会(TCSC5)组建了一个由全球监管机构和私募股权行业专家代表组成的工作小组,负责全面调查研究该行业的潜在利益冲突,并确定缓解此类冲突危机的最佳实务操作。

---

〔1〕 市场中介机构对证券发行冲突的监管——最终报告,国际证监会组织技术委员会报告,载 http://www.iosco.org/library/pubdocs/pdf/IOSCOPD257.pdf,最后访问日期:2010 年 11 月 30 日。

遵循前述国际证监会组织私募股权行业风险报告提出的建议，本报告的范围限于识别、提出缓解私募股权行业特有的利益冲突的最佳实务操作，国际证监会组织在其他工作中并未对此进行阐述。本次工作集中于投资者保护以及金融市场的公平有效运转所面临的风险。

鉴于此，本报告旨在识别对投资者有着潜在威胁的利益冲突，可能是特定私募股权基金中管理人与第三方投资者之间的冲突，抑或由私募股权公司对多支基金所负义务引起的利益冲突。依本文语境以及为保护第三方投资者而设计的原则，这些保护措施旨在保护独立于私募股权公司的投资者。有关联关系的投资者包括（但不限于）资本附带收益计划中的投资者，这是该行业普遍存在的、用于激励私募股权公司及其他有关团体员工的一种形式。这些都是金融监管者主要关注的冲突。本报告不就公司与其他利益相关者（如被投公司或其雇员）间产生的风险进行评价，因为此类事项由当地公司法或劳动法进行规范调整，并不在证券监管者的职责范围内。同时，本报告不讨论与私募股权公司无直接联系的投资者，如投资者通过连接基金或母基金对私募股权基金进行投资。

本报告旨在处理监管类问题，而非一般性业务竞争问题。例如，俱乐部交易（许多基金一致行动投资单一公司）导致的业务机构竞争，或者同一基金所投资的两家相似公司之间的竞争（如某一基金在同一行业领域投资两个以上企业）并不在本报告范围内。此类问题并非私募股权的特有问题，并且反映的是不同交易当事人的偏好间存在的更为普遍的业务竞争。

如下一章所明确的，“私募基金”一词是对一行业的概述，涵盖了一系列本质不同的活动，基金可以有不同的投资策略和法律架构。需要指出的是，私募股权公司和基金架构的特征的确因监管力度的不同，而在不同的成员国和地区各有不同。具体来说，由于可能要求依据一般或特殊法律、法规，或是仅依据惯例、通说缓解冲突，不同成员国和地区对私募股权公司利益冲突缓解的调整程度可能差异很大。工作小组达成共识，本报告中的利益冲突指普遍存在于私募股权架构中的冲突，以多元基金、多元策略的私募股权公司为参考（参见第三章“一般性行业结构”一节）。

本报告旨在列出缓解原则以及行业与监管部门依据这些原则衡量私募股权公司缓解利益冲突的程度。一般来说，这些原则一定程度上反映了监管部门与行业从业者目前认可的一般方法和实践指导。此外，由于当地条件、需求与环境各不相同，不同成员国和地区对此类原则的实施可能会不同。

第三章 私募股权市场概述

介 绍

顾名思义,私募股权指通过非公开的方式募集的权益性资本。私募股权行业涵盖了诸多此类公司等实体,它们募集资金投入多元化的投资策略基金之中。这一行业主要致力于将中长期资本匹配给需要资金来成长的公司,以使潜在股东回报最大化。资金通常是在一个基金架构中募集的,其来源多种多样,包括养老基金、机构投资者、经验丰富的高净值人群。通常通过基金文件约定许多基金管理人对基金投资者所负有的明确的责任,这些基金文件是基金和其投资者谈判的主题。从传统上来说,被投公司资本结构中的借款由银行提供,债务部分或全部地重新分配给其他银行和机构债务市场参与者。私募股权公司明显区别于其他持有公司控股权的投资者(如个体大型投资者或者家族企业),因为私募股权公司通常定期连续性融资而不是临时或者根据个别交易按需进行融资,并根据共同投资目的将资金投资于多家公司。

在其行业部门的专业范畴内,私募股权公司的投资策略是根据其打算投资的投资组合公司的发展阶段和资金需求来确定的。尽管越来越多的私募股权公司正在筹集资金从事基础设施、不良债务和上市股票投资,这些投资策略通常被定义为早期/创业资本、成长期资本和后期/杠杆收购。公司的投资策略和其投资人员的专业能力将是决定其基金的最佳规模,其投资组合公司的公司价值,以及投资性质的一个主要因素。例如,一般早期/创业投资基金专注于通过收购成长期或新兴公司的少数股权来向该公司提供种子资金。创业投资基金显著不同于杠杆收购基金的原因在于杠杆收购基金寻求收购一家成熟公司的控股股权。

由私募股权公司设立的基金允许由诸多投资者投资汇集成资金集合去购买典型的私人公司的股权或股权相关的证券。因此,基金的个人投资者拥有基金的一定比例作为一个集合投资工具,如股票、单位或有限合伙人份额。尽管散户可以通过特定的结构——散户集合基金(pool retail funds)来实现私募股权投资,大多数的私募股权投资者是机构投资者和经验丰富的市场参与者。

行业规模

私募股权行业大量存在于国际市场尤其是较为高端的资本市场之中。鉴于其运作成功需要对当地的法律法规有详细的了解，私募股权公司倾向专注于他们已经进入且具有高水平专业经验的领域。因私募股权投资者在较不成熟、未成型的市场寻到了发展机会，近年来私募股权公司募集的资金表现得越发具有全球流动性。

2009年8月，一份伦敦国际金融服务公司（IFSL）的报告[1]估算2008年私募股权投资的金额为1890亿美元，较2007年的数据下降了40%。私募股权投资水平大幅下降，这是对全球金融危机作出的反应，扭转了过去几年的强劲增长，尤其是收购占总投资的比例显著地由2007年的89%下降到2008年的41%。欧洲和美国的收购交易总额分别下降了70%和80%。尽管投资下降，基金募集保持相对强劲，2007年下降了8%，数据下降至4500亿美元。虽然有迹象表明基金募集的下降率已经加速。受管理的基金总额大约为2.5万亿美元，在2007年增加了15%。这一增长部分归因于强势启动的基金募集和在恶劣的经济形势下，私募股权公司选择不退出交易。

到目前为止，北美地区是全球最大的私募股权市场，根据IFSL的报告，该地区占全球私募股权投资的26%，且该地区占2008年全球基金募集金额的64%。欧洲的投资占全球投资活动的40%，欧洲的基金募集金额占全球基金募集总额的25%。自2000年以来，亚太地区和新兴市场作为投资目的地的重要性提高，尤其是中国、新加坡、韩国和印度。目前亚太地区基金募集金额占全球的9%，但全球29%的私募股权投资发生在这一地区。自2007年以来的重大变化是投资从北美市场转移到欧洲和亚太地区（北美地区投资份额下降了8%，而欧洲和亚太地区自2007年来分别增长了6%和2%）。

一般性行业结构

如上所述，私募股权公司结构的实质性内容可以有很大的不同，并且这些公司设立的私募股权基金的实际架构可以是非常复杂的。一些国家的私募股权业务中会存在相同的架构，而在其他国家基金架构将随情况而变化。然而，为在报告后半部分清晰地论述可能发生的潜在冲突，我们有必要先概括一些私募股权公司和私募股权基金的共同特点并定义私募股权公司和私募股权基金的术语。因此，下面的叙述采用一个多元基金、多元策略的私募股权公司作为参考标准。

---

〔1〕 私募股权2009，伦敦国际金融服务公司，载 http://www.ifsl.org.uk/upload/PrivateEquity2009.pdf，最后访问日期：2009年8月30日。

基金的架构

私募股权基金一般被设计成有限合伙制或类似的法律架构，各国情况互不相同。一些国家的典型架构的总结在附录3中可以找到。该种合伙制是由投资者作为有限合伙人，私募股权公司作为普通合伙人构成的。私募股权公司在任何时候都可能有一定数量的活跃基金，每个基金形成一个具有独立普通合伙人的独立法律实体。私募股权公司和/或其员工通常会同时将自己的资金和基金的资金一同投资（该投资金额通常可能占基金投资总额的2%～5%，尽管在规模较大的基金中这个比例可以更高）。

基金的生命周期

私募股权基金是典型的封闭式基金，通常具有10年的生命周期。大多数基金在募集时存在延长其生命周期的可能性，根据投资者协议通常最多可以延长3年（三个1年期）。在双方同意的情况下，这种规定理论上可以出现无限延长期限的基金，但这会极大地损害基金管理人的声誉。除基金的其他一些关键特征外，其生命周期由最终投资前普通合伙与基金投资者签订的合同［如有限合伙协议（LPA）］正式确定。投资者常常与基金管理人签订补充协议，约定某些附加条款和条件，例如加强报告，或是对某一投资人单独适用的税务或监管条件的条款。大多数情况下，投资者通常会受益于其他投资者在其补充协议中达成的条款（最惠国待遇原则）。从这个意义上来说，许多情况下，一个投资者可享受的最惠国待遇限于与其投资数额相当或比其投资数额小的投资者，私募股权基金的小型投资者有时会受益于大型投资者的商业成熟度和议价能力。关于投资时间，并非投资协议一经达成，基金管理人即将投资人的资金用于投资，而是在整个基金生命周期中选择可行的投资时机对外进行投资。

私募股权基金管理人遵循的投资和资产处置策略可以反映出基金的生命周期。鉴于一个基金通常的生命周期为10年，一个典型的基金的生命周期将涉及大约5年的投资初始阶段。在此阶段中，基金经理确定合适的投资机会，在剩余的基金生命周期里，该投资预计将产生适当的投资回报。随着资本的注入，在基金到期之前，基金经理将越来越多地专注于投资的变化和处置。如果基金经理认为退出将最大限度地提高投资者的整体价值，那么他们会在基金生命周期结束之前退出投资。这意味着基金对一家公司投资的实际时间一般低于10年，通常为3～5年。

考虑到募集设立一个新基金的时间长度和基金在最大生命周期之前就已经被全部使用的事实，私募股权公司通常的做法是在大约每5年开始筹集后续的基金。有多个共同基金的私募股权公司通常会寻求更有规律地募集设立基金。私募股权公司将寻求通过各种渠道募集设立新的基金，尽管最重要的资源往往是其以前或目前活跃的基金投资者。

在评估一个投资机会时，私募股权公司会考虑可能的退出策略。有许多可用的退出投资的方法，常见的方法包括在投资组合公司首次公开发行时公开抛售其股票，将投资的股权卖给对被投资公司有兴趣并希望通过收购被投资公司来补充其现有业务的公司，将投资的股权卖给被投资公司的管理团队、优先股还款或将投资的股权卖给另一家私募股权公司。退出途径的选择取决于很多因素，是一个复杂的决定。可能考虑的因素包括基金是希望部分退出或是全部退出，投资组合公司的剩余成长潜力，通过其他策略退出的相关成本和可行性（包括当前市场环境的评估）。

投资者承诺

一旦投资者签订了协议，他们将在整个基金生命周期内提供协议约定的资金，尽管只有在投资阶段基金经理才被允许使用资金投资新的投资项目。在投资期间，资金需求通常是以经费支出、管理费、后续投资和被允许债务的偿还为目的。随着基金的成熟，剩余可使用的资金数额将会下降，这是因为资金已经被基金管理人用于投资和支付费用，部分资金在资产销售后返还给了投资者。鉴于投资者的承诺在基金生命周期里是具有约束力的，且资金在返还给投资者之前投资于投资组合公司通常时间较长，因此私募股权投资被认为十分缺乏流动性。

投资决策流程

一旦私募股权公司确定了一个潜在的投资项目，他们通常会向由公司高级管理人员组成的投资委员会提交一份投资建议书。该委员会将决定是否应作出投资，并为公司设定竞标的参数。投资委员会将在广泛考虑各种因素的基础上作出决定，特别需要考虑与基金投资策略的兼容性以及在基金剩余的生命周期内该投资的中长期增长潜力。内部员工和外部咨询/顾问机构通常都会在投资最终完成前对该交易进行尽职调查。

费用

作为对常见收费结构的简单概括,一旦投资者认购了一个基金,他们需要支付管理费(通常为每年1% ~2%)。在投资期间,费用一般按基金总额的百分比计算。在投资完成后,费用一般按投资资金(投资于未出售资产的资金)的百分比计算。费用是按时间段支付的,通常是按季度支付。私募股权公司作为普通合伙人也将获得收益,该收益为事先约定的一定水平的现金回报率(最低预期回报率)以上的基金收益的比率(大约为20%)。

第四章 私募股权利益冲突的风险及缓解方法

下一章节列举了该工作小组工作范围内,私募股权行业所特有的核心利益冲突风险。以典型的私募股权基金生命周期为顺序,对上述风险进行阐述。

本报告中,典型的私募股权基金的生命周期分为四个阶段,分别为:

- 基金募集阶段;
- 投资阶段;
- 管理阶段;以及
- 退出阶段。

私募股权行业中良好实践的特征

已经针对各项风险分别列举了有效措施,以缓解其潜在利益冲突。工作小组总结出四项关键缓解因素,以最大限度地减少私募股权公司与其基金投资者之间的利益冲突,它们分别为:

- 补偿安排

大部分私募股权公司(及其雇员)仅按已实现的盈利收取依绩效计算的报酬,并且是在基金投资人已收回其全部投资收益和资金成本之后,包括所有基金成本和费用。

- 合同协议

私募股权基金是通过私募股权公司与基金拟投资者分别通过一系列合同谈判和协商而创立的。此类基金依据经协商的合同设立,除一般性条款,这些合同还约定基金的实质性条款,通常包括:基金架构、投资策略、费用与成本的分配、投资机会的配置、联合投资安排、利润分配、投资者报告披露的内容与发布频率、关键人与服务期限条款，以及争端解决机制。尽管在多数情况中，投资者所享有的最惠国待遇权利仅限于与其相当或承诺出资金额更少的投资者签订的条款，但某些时候，私募股权基金遵循最惠国待遇原则，使小型投资者能受益于大型投资者签订的更加有利的条款，从而在全部投资者间形成一致性。

• 信息披露

基金设立过程中，投资者代表基金主动与私募股权公司商议信息披露条款及披露频率。即便在极富经验的机构投资者之中，相较于小型投资者，大型投资者通常会要求、并更容易与基金管理人获得联系。基金管理人会采取策略缓解由信息披露不一致引起的潜在冲突，如禁止披露当前基金持股。

而应当地要求以及个人投资者的需求，在发达的私募股权市场中，核心投资者报告要求的条款和内容已经确立。[1] 投资者报告主要包括，定期基金评估报告以及交易报告（季报、半年报、年报），以供投资者在不同程度上了解所有最新投资/撤资活动，基金收支和损益的明细，详细回顾各投资组合资产的表现。[2] 应保证对所有投资者信息披露清晰、公正且不具有误导性。

• 与投资人委员会协商

作为定期基金报告的一部分，对于引起可预见或实际利益冲突的情形，实践中私募股权公司通常会向基金投资者提供该情形的具体信息。然而，在较发达的私募股权市场中，基金的设立通常符合这样一项合同约定，即要求基金设立一个投资者咨询委员会，由一小部分基金投资者组成（通常为该基金中的最大投资者）。委员会的主要功能是在公司采取任何系列行动前，审查公司用于解决与基金有关的利益冲突的方法（该平台旨在冲突管理，而非作出投资决定）。

上述是缓解利益冲突的主要类型，但并未穷尽列举，其他缓解方法可能包括适当地在潜在冲突行业部门间设置稳固有效的信息壁垒。

A. 基金募集阶段

投资顾问

在基金募集和管理过程中，私募股权公司通常会聘请第三方提供咨询服务。

---

〔1〕 普遍认为，私募股权基金管理人和基金投资者之间已形成良好的信息交流。然而，当下公众讨论的主题是私募股权公司进行更大范围的股东披露的透明性和充分性。

〔2〕 在发达市场中，细化实现普通合伙人与基金投资者之间的信息披露的行业标准已司空见惯。但对这种披露的充分性仍存有疑虑，尤其是在欠发达的市场中。

例如，在募资阶段，私募股权公司通过外部承销商向更多机构投资者出售基金。然而，私募股权公司与基金的承销商之间所产生的费用一旦不被披露，就会与基金投资者之间产生实质利益冲突。另外，就投资某一(些)基金的优劣的投资条款，投资顾问可能没有向潜在投资者披露其与募集基金的私募股权公司之间存在的奖励措施和关联关系。

缓解因素：如第三方顾问费由基金承担，通常会和投资者在有限合伙章程中事先约定该项费用的基本数量，向投资者适当披露所有实际产生的费用。引进承销商所产生的费用一般由私募股权公司承担(直接支付或者由基金垫付并从基金管理费中相应抵扣)。在某些情况下，基金和投资者分担此类费用，同时/或者承担在特定限度之上的全部责任。此外，有必要向潜在投资者预披露基金管理人向承销商支付报酬的基准。

基金规模——对有限合伙收益的影响

基金的最终规模一般通过募资过程中私募股权公司与拟投资者之间的合同谈判确定。评估基金的最佳规模需要考量很多因素，例如市场环境、投资者兴趣、基金的拟投资策略、目标交易的规模以及杠杆收购的可行性等。然而，私募股权公司与投资者之间却存在一个潜在利益冲突，私募股权公司希望不断募集大型基金以维持其市场地位，而投资者需要确保，在预期的投资期间内，无论募资结果如何都可以有效的配置到适当的投资机会中。

基金管理人年度管理费的计算方法可以很好地体现这一冲突。基金投资期间，管理人通常按年收取基金管理费，占投资人总承诺投资的1%~2%，在交割日后收取。视情况而定，大型基金可能会满足管理人的利益，但不会增加基金对投资者的吸引力。通常是在投资阶段支付管理费，但是可能持续至基金的整个生命周期。尽管在投资阶段之后，管理费普遍会下降，但在特别大型的基金中，管理费可能会破坏按绩效计算报酬的适当激励，如附带收益。这就是募资总额高于可以理性投资总额的情形。

缓解因素：为了彰显其与投资者的共同利益，并取得投资者信任，私募股权公司通常会采用的方法是，根据投资者的承诺出资总额，私募股权公司和/或其职员承诺按一定比例共同投资该基金。这一做法的主要动机在于私募股权公司希望维护其声誉并和投资者保持良好关系，以促进未来的资金筹措。

然而，针对该冲突的主要缓解机制是，资金募集过程受管理人与投资人之间具有约束力的合同的调整。投资者可以在合同中约定硬上线(hard cap)，以确保基金在交割时不超过最大规模。协商中,投资者也可以商议管理人的绩效工资和管理费的标准和分配。此外,多数情况下,当基金超过一定规模,投资人会主张降低管理费占承诺出资额的比例。

B. 投资阶段

交易费用—利益联盟

私募股权公司可能会向潜在的被投公司收取一定费用,以完成基金交易。这些费用包括但不限于,承销费和手续费。尽管并不直接向基金收取,但是私募股权公司收取的此类费用会对被投公司的财务造成不利影响,进而降低基金投资的经济效益。通常,在基金设立时,投资人和公司已经就公司收取交易费用的性质和基础的条款达成共识。然而,由于此时相关交易并未完成,因此不可能预先知道此类费用的总量。

缓解因素:一种有效的缓解方法依赖于基金投资者的协商能力,即通过协商达成合同条款,使私募股权公司以此为基础收取交易费。通过要求公司提供基金的业绩报告,投资者可以加强此方法所带来的效果。此外,通常投资者可以和基金管理人在不同程度上约定,用收取的交易费部分或全部抵销管理费。然而,事实上这一缓解方法缺乏实效性,尤其对于那些很难改变基金条款的小型投资者。

矛盾的投资策略

在私募股权行业中,较为普遍的存在投资战略重叠或相互冲突的多元策略公司。同时经营私募股权基金和债务基金的公司尤其容易出现这种冲突。此时,投资机会呈现为同一公司运作的多元资金集合被用于投资同一目标公司,可能是在资本结构的各级采取这一做法。典型表现为,一项私募股权基金投资某一公司的股权,同时有一项债权基金投资于该公司的债务。只要被投公司的绩效为正,私募股权公司就能平衡两组基金投资者的利益。然而,一旦被投公司出现财务危机,处于不同的资本结构的投资者产生利益分歧,这种利益联盟就可能被打破。

缓解因素:该项风险强调了一项需求,即那些运作可能相互冲突的投资计划的私募股权公司,应通过释义明确的投资决策程序,保持界限清晰的基金投资策略。在此基础上,一项重要的缓解措施是在潜在冲突、矛盾的业务部门间设立稳固且有效的信息壁垒。当此类冲突出现时,主要的缓解方法是通过相应的基金投资者咨询委员会,公司能够披露,同时投资者愿意接受公司对该项交易的拟处理方式。

投资分配

在典型的私募股权行业模型中,在先私募基金未将其一定数量的(一般为75%~

90%)承诺资本用于投资之前,私募股权公司不能以相同或相似的策略募集/投资一项新基金。这有利于保护在先基金的投资人,同时在基金募集过程中,仍让公司能获取足够的资金来完成管道投资机会(pipeline investment opportunities)。然而,该方法会导致一个现象,即在先基金未全部投资完毕之前的一段时间内,私募股权公司可能会有自由裁量权,决定如何在两项基金之间分配投资机会。同样地,公司以重叠的投资策略运作两个以上基金时,也可能会出现利益冲突。解决这一冲突的最普遍的方式是私募股权公司将所有可能合适的投资机会都优先配置给在先基金。然而,通过与投资者协商,其他基金条款可能规定按比例在相应的基金间分配投资机会,或约定将大型投资全部投资于后继基金,以避免牵涉共有权的问题。基金的内在暴露水平(地理、行业、币种等)也会影响这一决定进程。

另一潜在利益冲突领域是当被投公司要求后续或救济融资时,由同一私募股权公司运作的另一支基金向其提供。这种情况一般发生在一支基金已经没有投资资本或者已经临近其生命周期的尾声。此类交易中,基金管理人需要注意的关键问题包括:(1)按照提供股权时设定价格;(2)确保新基金中的资产并不仅仅是为了支援在先基金,而因此浪费了其他优质的投资机会。此类情况中,私募股权公司通常从独立第三方获得估价(或者第三方预计据以支付的估值点)。

缓解因素:基金管理人和投资者以基金的策略和投资标准为主题进行协商,期间会考量管理人目前持有的,或未来可能募集的,投资策略重叠的基金。完成此类基金募资后,基金管理人一般会通过两组投资人各自的投资者咨询委员会,向其分别进行预披露,包括基金管理人运作的基金拟进行的所有交易,及这些交易可能引发的可预见的或实际的利益冲突。当私募股权公司将所有的合适投资机会都配置给在先基金时,则应该在新基金的拟投资者投资之前向其披露。此外,有时基金协议会明确限制一个基金管理人运作的数只基金可投资的数量。

值得注意的是,缓解与后续融资或救济融资相关的冲突风险时,公司必须首先进行适当的投资者披露(通过各自基金投资者咨询委员会),尤其在后继基金投资者首轮融资之前,以及此后附加的每轮融资之前。

普通合伙人的共同投资

私募股权公司(或其关联公司)对基金进行共同投资被视为一项积极因素,因其使公司/其雇员与基金投资者形成一致利益。然而,如果允许私募股权公司以单笔交易的形式进行投资,并且/或者依据与基金投资者签订的不同条款进行投资,就会出现利益冲突。例如,根据特定交易的性质改变总投资额[所谓选出最佳项目

(cherry picking)],或者给管理人或其关联公司提供投资优惠条款,如劳动股权或贷款。

缓解因素:通常,私募股权基金的合同条款会约定,基金管理人和/或其雇员应共同投资该项基金。一般情况下,此类条款会要求公司在所有交易中与基金投资者按同一比例(2%~5%)参与投资。发达的私募股权市场已经在很大程度上排除了优先共同投资条款的适用,但对于存在发展中私募股权的新兴市场来说,这仍然是一个问题。

基金投资者共同投资协议

为了使基金能够参与较大型的交易(不至于大出基金的应有规模或者损害其对投资多样化的限制),私募股权公司可能会让基金投资者与基金共同直投于某一特定交易。这种安排有其积极的一面,普通合伙人无须与其他私募股权公司签署联合协议,这有利于保持其投资控制权。同时,投资者有机会增加其投资而无须支付管理费,并只需支付较小的(或者不收取)附带收益。尽管所有有限合伙人都有机会参与共同投资,但是私募股权公司一般会在基金设立时,区分投资者对该项共同投资的倾向程度。尽管这些机会的性质决定了不可能预先知道其相应的可行性。

完成私募股权交易的实际性意味着,只有有能力迅速承诺的投资者才有可能获得特殊的共同投资机会。私募股权公司主张这样做保护了基金投资者的整体利益。然而,尽管可以理解,但是这种方式确实会带来风险,即私募股权公司会更倾向于一部分投资者,并为其提供更多获取投资机会的途径,这样就损害了其他投资者,而这些投资者也有同样的意愿和能力去参与该项投资。鉴于普通合伙人可能会将分配共同投资协议作为一种收取费用的手段,如果因此项共同投资机会而向有限合伙人收取管理费,就会带来潜在冲突。

缓解因素:为保证所有投资者都能认识到共同投资邀请本质上的任意性,在允许的范围内,私募股权公司通常会通知投资者,一经确认,共同投资机会完全依公司的自由裁量分配给适当的投资者。作为投资者报告的一部分,管理人应按照法律、法规以及保密义务的要求,向其他基金投资者披露投资者参与共同投资交易的依据。某些时候,这就是私募股权公司放弃收取共同投资管理费的情形。

C. 管理阶段

基金管理人收取的其他费用

一旦交易完成,管理人可能继续定期向被投公司收取其他费用,如董事酬金、监督费以及咨询费。然而，基金管理人与被投公司之间直接或间接产生的任何费用都可能不够透明，并因此与管理人对基金投资者负有的义务形成了潜在利益冲突。就这一点而言，一般的信托法（不同的成员国和地区可能会有不同要求）会要求基金管理人向其基金投资者适当披露其可能收取的任何费用的性质，以获得投资人对此类费用的知情同意。

缓解因素：投资者可以通过预先授权，明确管理人能够从被投公司收取费用的限度来维护其利益。通过在基金合同文件中明确约定费用结构可以有效缓解冲突。一旦经第三方核实，向管理人支付的费用在一定程度上抵充了基金管理费，以及在收取实际费用的情形下，应定期具体地向基金投资者披露。

管理人关联方获取的费用

与基金管理人从被投公司收取费用所呈现出的冲突风险相同，管理人可能会指定关联方向基金和/或被投公司提供收费服务，而这一授权并不是基于公平竞争。

缓解因素：为了保护其自身利益，投资者可以事先与基金管理人沟通确定，基金管理人可能会授权关联方提供的服务的性质。同时确保每一笔相关费用都经过第三方核实，并作为连续基金报告的一部分向投资人披露。采用招标形式也是一种有效的缓解方式，如此可以向基金投资者披露第三方的投标情况。

股东——对投资组合公司管理者职位的任命

私募股权公司（代表基金）要求任命其雇员在被投公司董事会任职，以监督工作、提升业绩的做法在业界十分常见。这一双重身份要求被任命人分别考虑两方的需求，并保证不向一方不适当的共享从另一方获得的消息。尽管普遍认为基金投资者和被投公司对公司利益有一致的追求，但在某些情况下这种利益同盟很可能被瓦解，例如，受极端金融危机的影响时，被投公司可能会引入其他基金。而在这种情况下，私募股权公司通常会指派公司的其他雇员（或独立第三方）代表基金，监督被投公司，以使董事会代表履行其对被投公司应尽的义务。公司法已对该问题进行规定，通常明确要求作为董事的个人优先对被投公司履行其义务。

此外，当被投公司通过 IPO 退出时，只要基金持有大量股权，私募股权公司通常会在新上市的被投公司中保留其董事会席位。然而，这就会导致作为被投公司董事会成员，其向私募股权公司披露信息受到限制。同时制约了私募股权公司出让其所持的该上市公司的剩余投资基金份额的能力。

缓解因素：主要的缓解方式是董事会成员对被投公司承担责任。通过披露条款细化应如何向私募股权公司的其他成员披露该被投公司董事获取的信息，私募股权公司可以通过确保所有被任命为被投公司董事的人员（及外聘独立第三方）都明确认识其法律义务，来加强这一缓解方式的效果。

为了使基金能够不因内部信息限制，出售其所持上市公司股份，公司可能会通过使基金减持而达到辞去董事会任职的目的，尽管实践中会权衡这种投资的退出策略和私募股权公司对现有股东承诺的重要性。

私募股权公司的管理资源配置

有观点认为，私募股权公司更倾向于投资表现强劲的基金，而可能会减少或者彻底不配置人员去监管差强人意的基金所投资的公司，尤其是不可能给私募股权公司或其雇员带来附带利益的基金。

缓解因素：主要缓解方法是制定明确的条款来保护投资者利益，如无过错离婚条款，投资者无须说明原因即可有效终止私募股权公司的投资指令；以及关键人条款，要求私募股权公司确保由特定人持续运作基金。从这点来看，最初的基金文件，例如私募说明书，向投资者高度曝光了公司的可利用资源。此外，私募股权公司想要维持其声誉，并与投资者保持良好关系以保证未来基金募集都被视为重要的促进因素。

违约补救措施的执行

绝大多数基金协议都规定了投资者迟延或不履行出资请求的救济方法。这些救济方法包括没收该投资者所持基金的大部分份额（25%～75%）。然而，一些情况由基金管理人自由裁量救济的实际执行。这样会导致的潜在冲突是，此时基金管理人需要平衡适当履行的投资者的最大利益和其与违约投资者间的持续性联系。然而，鉴于该投资者已经多次违约，很可能没有持续性联系存在。

缓解因素：为了保护其自身利益，投资者可以通过事前协商，约定适用哪种违约救济。投资人可以针对超过一定期间仍未履行的情形适用特定救济方法。此外，投资者可以通过协商，要求基金管理人即时向投资者咨询委员会披露投资者违约及救济方法的适用情况。

救助融资

受当前金融危机的影响，许多被投公司都需要更多的资金投入，以资助其运营和/或进行债务再融资。因此，许多私募股权基金都没有足够的剩余承诺资金和储备金去全面资助被投公司的经营方案。为了引入其他基金，一些基金管理人开始以优惠条款获取现有或第三方投资者的其他承诺资金，而没有参与其中的投资者可能会面临其投资被严重稀释的困境。此类救助融资呈现出明显的冲突，因其可能破坏投资者动机的一致性，有机会参与提供资金的投资者和没有机会参与投资的投资者之间会出现利益冲突。

缓解因素：实践中的主要缓解方法是让投资者对此类救济融资特别设置绝对多数决，要求任何对救济融资的投资机会，都优先由现有基金投资者按比例享有。

D. 退出阶段

延长基金生命

如前所述，大多数私募股权基金以合同为基础设立，生命周期为10年，通常可以经投资者同意延长3年（三个一年期）。延长基金生命周期的目的在于，让基金管理人有额外的时间出让有剩余资产的基金，否则可能会以低价出售资产或按规定分配基金的剩余资产（通常并非投资者的意愿）。然而，如果基金管理人以此获取个人利益，延长生命周期可能会造成潜在利益冲突，如为了收取额外管理费用而延长基金生命周期的情形。

缓解因素：通常通过协商投资者可以约定某些或全部期间延伸均需通过投资者咨询委员会的同意。在基金设立初始，便对基金延长期间的管理费进行约定。此外，管理人一旦延长期间，一般会与基金咨询委员会重新协商费用。该种情况下，投资者通常会规定管理人无权额外收取管理费。

市价费用的产生

在成熟市场中，一般不会根据基金或其投资标的市价确定管理人应收取的费用，尤其是传统的有限合伙模式。尽管如此，仍可能会依市价收费而设立基金。某些情形中，逐日结算数据可能会很有必要，如通过私募股权基金的基金，使管理人在开展资金募集之前展示基金的表现。然而，这种情况可能出现的利益冲突是，基金管理人会高估基金价值，例如为了获取更多的管理费或者向潜在投资人展示过往业绩。

缓解因素：市场实践中认可的做法是，基金管理人在基金投资阶段根据基金募集完毕后的承诺投资总额收取其管理费（依据经认证的行业估值原则及指导方针，例如《国际私募股权及创业投资估值指引》）。投资阶段之后的阶段，根据仍被投资的资本总额计算管理费，按成本计费（或者适当情况下，按折旧后的资产价值）。同时，依据经认可的估值标准确定是否应将投入资本折旧计算。

对于与市价费用有关的风险，最有效的缓解方法是让投资者通过合同事前约定基金管理人的收费基础,并且确保管理人定期详细披露所有费用,以上均应经独立第三方核实。同时建议建立并披露估值政策和程序。有人指出,采用外部基金审计人员已然成为行业惯例。此外,投资人通常协商同意(直接或者通过投资者咨询委员会)基金的估值方法。

由多元基金持有的资产的撤资时机

基金管理人在决定退出被投公司的最佳时机时所依据的基础会导致利益冲突,尤其是在由同一管理人运作的两个以上基金共同投资的情形中。尽管知道联合控股的基金很可能处于生命周期的不同阶段,但通常基金管理人更倾向于以基金投资同时退出为前提进行此类交易。退出的时机通常以最先进行投资的基金为参考,或者以先到达其生命终结的基金作为参考。然而,这种方法同样可能带来利益冲突,在确定是否退出时,是选择在基金生命结束时退出投资,还是选择依赖较早期的基金获取更大收益的潜力而继续投资。

缓解因素:基金管理人及其投资者可以采取许多有效的缓解机制去处理冲突风险,包括合同谈判、披露基金协议中的退出标准(例如,由投资者咨询委员会批准不按照比例的退出),向各基金的投资者咨询委员会分别披露拟退出理由。通过持续的基金财务报告向投资者披露实际退出情况,以及基金管理人能够在延长阶段使投资收益最大化的能力。由同一管理人运作的基金之间的交易,一种有效的缓解措施是让投资者对价格进行确认。

基金保留少数股权

可能有此类情形,即基金管理人向第三方出售其所持有的大部分投资份额,但鉴于被投公司的可预见的成长潜力,基金管理人会保留其所持有的被投公司的小部分股权,让渡给该基金公司运作的其他基金进行投资。这种情形多见于创业投资中,风投基金的规模难以满足被投公司后续的投资需求。例如,在估值较低的融资中,被投公司正处于财务困境中,在估值较高的融资中,需要更多的资金以实现持续增长和扩张。鉴于实际上该交易的双方都是该基金管理人(代表着两组基金投资者的利益),这就在交易价格方面产生了潜在的利益冲突。

缓解因素:鉴于此类交易中明显的潜在冲突风险,实践中基金管理人通常会在进行交易前向投资者咨询委员会递交其拟处理方法。进一步说,遵循良好行业惯例的普通合伙人通常会在基金设立时即向投资者确定并披露其在 IPO 过程中倾向的退出策略。然而,主要的缓解因素是第三方出于其自身的商业考虑,以诱人的价格购买被投公司。

二次销售市场出售基金份额

在基金的整个生命周期中,投资者可能想在二次出售市场出售其所持有的基金份额。通常,基金合同中会有格式条款,要求任何向第三方的所有权转移都要由基金管理人签字同意,有时依据管理人的自由裁量,通常附带约定不得不合理拒绝签字。然而,采取这种方式也会带来潜在的利益冲突,即投资者基于其最优利益选择的交易对方是基金管理人认为的不适当买家,如一家有竞争关系的私募股权公司。当普通合伙人和/或私募股权公司在二次出售市场积极参与对有限合伙人基金的投资,则会加剧这一冲突。

缓解因素:通过向投资者披露可以部分缓解这一冲突出现的可能性;合同中的格式条款通常声明基金投资是流动资产,同时约定基金管理人可以依自由裁量权,限制任何其认为不适当的二次销售。评估投资者享有基金利益时,可能会出现冲突,因此管理人不应参与此类交易的磋商。

第五章　有效缓解私募股权公司利益冲突的原则

这些原则以多元基金,多元策略的私募股权公司为参考而发展成型,但这些原则可适用于一切私募股权公司。同时,国际证监会组织认识到,各私募股权公司在规模、结构和运作方面都有不同,因此各私募股权公司的管理层及其投资者应在选择适用这些原则时,充分考虑该公司自身性质。

缓解私募股权公司利益冲突的原则以加粗斜体字列出。每项原则后均附有说明,且每项原则需结合本文件前述章节加以理解。

1. 私募股权公司应以符合其管理基金最大利益的方式来处理利益冲突,并由此符合基金投资者的最大利益。

私募股权公司的客户是其管理的基金(该基金既可以是一个独立的法人基金,也可是由一致行动的投资者构成的基金)。虽然私募股权投资业务运作模式需要基金管理人与一系列关联方和非关联方建立合同关系,但私募股权公司主要职责仍是服务于它所管理的基金。涉及的各方包括基础投资者、投资公司、金融服务机构、附属公司以及私募股权公司负责人和员工等。这些关系中的一部分存在与基金管理人对其所管理基金和第三方投资者所负义务发生利益冲突的可能性。

对于私募股权公司而言,以有效管理所有相关利益冲突的方式来构建其业务十分重要。同时,私募股权公司应该将其所负有的对其管理基金的义务给予最大程度重视。私募股权公司应以符合其管理基金最大利益的方式来处理利益冲突，并由此符合基金投资者最大利益。

2. 私募股权公司应当建立并执行书面文本的规章制度和程序，以识别、监控和适当缓解公司全部业务范围中所产生的利益冲突。

这些规章制度和程序应当明确规定公司的管理方法，其中包括制定规章制度的流程和参与执行这些规章制度和程序的各方角色及职责。这些规章制度和程序也应该与该公司运营所处的成员国和地区内的法律法规保持一致，并完全适用于公司运营范围，包括业务、管理的基金以及所处地区。

这些规章制度和程序应适合于私募股权公司的规模和结构，且应涵盖公司与其投资者业务关系的整个运转周期。需要被考虑/解决的问题包括：

(1)利益冲突被确定的具体流程；

(2)私募股权公司用来缓解利益冲突的工具(如信息披露，采用投资者代表/投资者会议)；

(3)向投资者披露被识别的利益冲突的流程。

3. 私募股权公司应使规章制度和程序适用于刚开始与公司建立关系和已经建立关系的所有基金投资者。

这些规章制度和程序需在私募股权公司设立基金前被制定。在与潜在投资者谈判的早期阶段，这些规章制度和程序就应该与其他有关基金的核心文件(如有限合伙协议)一起被提供，以将其纳入投资者的决策过程。对投资者应该明确地强调这些规章制度和程序的目的和意义，并为其提供反馈机制。

此外，由于规章制度和程序会受到定期审查并可能进行更新，更新后的最终版本需以同等条件提供给所有投资者。这些规章制度和程序应包括清晰的指引，更改的内容通过该指引传达。

4. 为确保规章制度和程序持续适合公司的情况和需要，私募股权公司应定期或因业务发展需要来审查其规章制度、程序及其应用。

私募股权公司的经营环境、业务规模和范围不断变化，这可能导致公司的规章制度和程序对于解决新的和/或现有的冲突变得不合适或失效。因此，私募股权公司建立明确的途径来审查其规章制度和程序是很重要的，这可以确保这些规章制度和程序一直发挥其应有作用。审查通常以预先规定的时间段来进行，或者在商业模式或经营环境改变后进行。这一部分职责内容需要在规章制度明确规定并提供给投资者，主要包括：审查的时间表；进行流程的职责；综合管理及监督。

规章制度和程序的定期审查还应包括对于其应用适当性的分析。这可能需要采取一定的形式,例如合规性监督计划或内部审计。审查应侧重于程序是否得到了有效实施,是否从字面内容和精神内涵方面都得到了遵守。

当规章制度、程序及其应用的审查显示出不足之处,公司应及时采取适当的行为来解决相关问题。当规章制度和程序需要进行重大实质性更新,变更情况、目的和其合理性应及时告知投资者并符合原则二的规定。

5. 私募股权公司应该倾向于能为投资者提供最有效且最清晰的缓解技术。

正如本文件之前章节中所述,私募股权公司与其投资者之间潜在利益冲突的合适的缓解技术可以采取多种形式。缓解技术包括通过以下途径解决利益冲突:签署具有法律约束力的文件;向投资者披露信息;将某些任务外包给独立第三方(如审计师);对特定服务领域开放竞争;公司职责的重新分配。公司应该确保其能够通过实施在冲突业务活动或业务部门之间的合理有效隔离来减少或消除利益冲突,例如通过采用有效的信息壁垒措施。

当系列缓解利益冲突的措施可供使用时,私募股权公司应该选择最合适的缓解措施。在评估不同缓解措施的适当性时,公司可能会考虑以下成本效益因素:所涉及的具体冲突;其对投资者的潜在影响;私募股权公司的规模;私募股权公司的业务模式;私募股权公司与可能受到影响的投资者的关系。

如果多种缓解措施可被提供,且其对于投资者的成本和收益相当,那么公司应当倾向于能够为投资者提供最高清晰度和在对投资者不利的情况下追索可能性最大的缓解措施,并考虑到投资者表达出来的对于相同情况的任何倾向。这将有助于为投资者提供现有利益冲突已经被有效缓解的最大信心。但是,在实行这种缓解策略时,公司应该努力确保其继续按照本文件中所提到的其他原则来运作。

6. 私募股权公司应当建立并实施被清晰记录、定义的并有利于投资者对涉及利益冲突方面协商的流程。

通过与可能受到不利影响的投资者讨论和协作,许多潜在的利益冲突可以被有效地处理。为了促进这一进程,公司应该建立一个组织投资者协商的清晰明确的流程。这个流程应该与公司业务规模和范围以及其管理基金的投资者范围相匹配。促进投资者协商经常使用的方法是利用投资者协商委员会。当使用这样的结构时,明确定义和记录的参考条款应该覆盖以下内容:委员会成员的选择和任命(包括他们的相关专业知识和可用性的计量);委员会需协商的问题范围;协商发生的方式和时效;委员会意见的性质。然而,人们认识到,经营规模更小,业务模式更简单的私募股权公司可能以其他形式建立同样有效的投资者协商机制,例如电子或纸质媒体。

7. 私募股权公司应适时披露投资者协商得出的实质性意见以及任何对基金投资者有影响的有关所有被影响基金投资者的行为(以不违反任何其他法律法规或保密义务为限)。

众所周知,投资者协商得出的意见关系到所有投资者的利益。因此,确保协商过程对于所有相关投资者的公开透明十分重要。通过该协商过程得出的结果,在合适的情况下,应持续并及时地披露给所有相关投资者。通常这将通过私募股权公司建立并与投资者约定的定期投资者报告机制来实现。

8. 私募股权公司应确保披露给投资者的全部信息是清晰、完整、公平且没有误导性的。

披露方法的使用是私募股权投资业务过程中缓解利益冲突的重要手段。人们认识到,根据被披露项目的具体要求和私募股权公司与投资者之间关系的不同,披露的方法和实质内容也会不同。在所有情况下,维护利益相关者的信心是最重要的,所以私募股权公司需要尽一切可能来确保其披露的信息是清晰、完整、公平且没有误导性的。

附录——不同成员国和地区的典型私募股权基金架构

附录旨在使读者了解全球私募股权行业中法律和运行结构的多样性,以此帮助读者鉴别如何在不同成员国和地区适用这些原则。

巴西

巴西最常见的私募股权和创业投资运作结构如下:

1. 私募股权基金(Fundos de Investimentoem Participações 或 FIPs);

2. 种子和创业投资基金(Fundos Mútuos de Investimentosem Empresas Emergentes 或 FMIEEs)。

私募股权(FIP)及种子和创业投资(FMIEE)的金融工具形式源于当地商业环境而形成,例如,与 SPC 和 LLC 以及其他结构类型相比,享受税收优惠。

私募股权基金(FIP):这一结构专为私募股权投资目的而设计,具体来说是为了向中大型公司投资,FIP 必须有有效的管理。

FIP 是封闭性基金(不能赎回),受限于所谓的合格投资者(尤指机构投资者、金融机构、保险公司、高净值人群）。

此类基金由独立管理人运作并需在CVM登记且受其监管。

种子和创业投资基金（FMIEE）：这一结构专为投资种子/创业资金和小型公司而设计。与FIP一样，FMIEE由独立管理人运作，需在CVM登记并受其监管。

这类基金也是封闭性基金（不可赎回），但与FIP不同的是，并不对投资者类型进行限制（允许不合格投资者参与）。然而事实上，FMIEE的绝大部分投资者仍然是合格投资者。

需强调的是，以上两种基金都要定期向CVM提交一定信息和材料，包括经审计师（在CVM注册）审计财务报表，以及其投资组合的构成。

法国

法国最常见的私募股权基金机构是：

1. The Fonds Commun de Placement à Risques（FCPR）——其中部分允许散户投资，因此并未在本报告中谈及。FCPR的法律形式是一种法国特有的共同投资计划形式（OPCVM）；

2. Société de Capital Risque（SCR）具有法人实体资格。

The Fonds Commun de Placement à Risques（FCPR）

FCPR的法律状态为共同享有股份（copropriétéd' instrumentsfinanciers et de dépôts）。FCPR不具有独立法人资格，因此不能签订合同，所有合同均需由基金管理公司签订。FCPR的资本最低限额为400,000欧元，享受一定税收优惠，不过仅针对自然人。

FCPR的创始人有两方，基金管理公司（société de gestion de portefeuille）和保管人（dépositaire）。管理公司注册地必须为法国，且经法国金融市场监管局AMF（Autorité des Marchés Financiers）批准。管理公司单独负责FCPR的运行，包括作出决策以及出售FCPR的投资。

在公开报价前，FCPR需经AMF批准，成为被批准的FCPR（FCPR agréés）。

除了符合法国国家共同投资计划（OPCVM）确定的法律结构，对于FCPR的四个衍生工具而言，须符合特殊规定：

——具有较为具体的投资计划的两个衍生工具：

FCPIs（Fonds Communde Placement dansl' Innovation）专注投资创新型、未上市公司；

FIPs（Fondsd' Investissementde Proximité）专注投资某一特定领域。

——仅引入合格投资者的两种 FCPR，只需符合简化的投资规则，并无须 AMF 授权（只需注册）：

流线型投资规则 FCPR（FCPR allégés），仍然有投资限制，但无须遵循承诺和风险多元化组合；

契约型 FCPRs（FCPR contractuels），2008 年 8 月 4 日颁布的《经济现代化法案》（loi 2008 - 776）设立的一种 FCPR 类别，此外，该法案减少了投资要求，需要在合同层面予以具体化。

Société de Capital Risque（SCR）

SCR 必须采取 société par actions（SA）、法国 sociétéencommandite par actions（SCA）或者法国 sociétépar actions simplifée（SAS）的形式，因此需遵循适用于此类公司的规定。SCR 由董事会或者一名（或以所有投资者上）经理运作（通常没有独立的基金管理公司）。

SCR 允许，包括自然人在内的，所有投资者认购。然而，由于 SCR 符合特殊的税收政策（需符合相应的条件），SCR 有权免缴特定税，其投资者享有特定税收优惠。为了有权享有此类税收优惠，SCR 必须在投资组合中有单一投资目的。

德国

在德国，私募股权基金最适合采用的结构是：

1. 有限责任公司［Gesellschaftmitbeschränkter Haftung（GmbH）］；

2. GmbH 担任唯一普通合伙人的有限合伙［GmbH & Co. Kommanditgesellschaft（GmbH & Co. KG）］。

此外，特殊投资公司［Unternehmensbeteiligungsgegesellschaft（UBG）］专为私募股权行业而设。UBG 是一种特许投资公司，针对依《UGB 法案》的相关规定而形成的风险资本。依据当前规定，以 UGB 作为投资工具的情形并不常见。

Gesellschaftmitbeschränkter Haftung（GmbH）

GmbH 具有独立法人资格，其股东可能包括有限合伙、公司法人或者自然人。股东仅就各自认购的份额承担相应的责任。

GmbH & Co. Kommanditgesellschaft（GmbH & Co. KG）

有限合伙［Kommanditgellschaft（KG）］是由一个或多个有限合伙人（Kommmanditisten）以及一个普通合伙人（Komplmentär）共同设立的商业合伙，有限合伙人仅就其认购的份额承担责任。

印度

印度的私募股权结构为:创业投资基金、投资公司或有限责任合伙。有限责任合伙机构是近期依据《有限责任合伙法案(2008)》而设定的。

创业投资基金由印度证监会(SEBI)管理,此种基金享受一定的税收激励,而未在 SEBI 注册为风险投资基金的其他实体则无法享受此类税收激励。在印度可以设立的创业投资基金架构为:

1. 信托(依据《印度信托法案(1882)》设立);

2. 公司(依据《公司法(1956)》建立);

3. 法人团体(依据中央或国家立法机关法律而设立或建立)。

由于《有限责任合伙法案(2008)》的颁布,创业投资基金也可以以有限责任合伙的形式出现。

创业投资基金要求投资者的认缴出资不得低于 Rs. 50,000,000,每一投资者不得低于 Rs. 500,000。

创业投资基金需发布募集备忘录,备忘录需包含以下内容:拟向投资者募集资金的条款(或与投资者签订认缴或认购协议),并细化拟募集资金条款。SEBI 已经对募集备忘录中应有的内容进行了规定。

意大利

尽管还有其他金融工具,但在意大利从事私募股权活动采用的典型结构是封闭型基金(fondochiusu)。

设立基金所需要素包括:

1. 管理公司(Società di Gestione del Risparmio,SGR);

2. 基金资产;

3. 投资者;

4. 管理人银行(bancadepositaria)。

管理公司——SGR 必须经意大利银行授权并登记。依据法律,意大利银行会在接到申请后 90 日内,进行授权,意大利银行可能会延长或中止这一期间。银行会在授权前向 CONSOB 咨询。

基金资产——基金的资产独立于(patrimonioseparato)SGR 的资产而存在,且独立于基金公司的参与者、基金投资者以及同意 SGR 运作的其他基金。因此,SGR 的债权人不能向基金主张权利,基金投资者的债权人仅能就各投资者持有的份额主张权利。

投资者——通常,私募股权基金采用封闭式基金形式,仅面向合格投资者。

管理人银行——由管理人银行保管基金投资。

日本

日本私募股权基金对不同类型的投资者和投资项目适用不同的结构。

一些日本私募股权基金机构采用税收透明的合伙形式(日本一般合伙、日本有限责任合伙以及开曼有限合伙),在此类合伙形式中,并不向基金收取所得税,而是向其成员收取。一些基金采用准法人实体形式(如投资信托),并在享有税收优惠(如双重征税优惠)时采用法人实体形式。

葡萄牙

葡萄牙最典型的私募股权表现形式如下:

1. 创业投资公司(Sociedades de Capital de Risco 或 SCRs);

2. 创业投资基金(Fundos de Capital de Risco 或 FCRs);

3. 创业投资者(Investidoresem Capital de Risco 或 ICRs)。

SCR、FCR 和 ICR 均由 Decree - Law no 375/2007 中的创业投资部分进行规定。

SCR 必须采用股份有限公司(Sociedades Anónimas)的形式。SCR 公司名称必须注明"Sociedade de Capital de Risco"或"SCR"字样。SCR 的股本最低额为€750,000,若公司只进行创业投资基金管理,则为€250,000。此外,财务部和经济部发出联合部长令可以设立 SCR 的最低资本要求。

FCR 是独立资产,不具有独立法人资格,属于各投资单元的投资者。FCR 并不对单元持有者、受托人、管理实体、销售实体或其他 FCR 的债务负责。FCR 的公司名称中须注明"Fundo de Capital de Risco"或"FCR"字样。FCR 是封闭式基金,最低实缴资本为€1,000,000。

ICR 允许个人投资者进行私募股权行为。他们也被称为天使投资人。尽管是个体户,ICR 必须采取唯一合伙人私人有限责任公司(Sociedade Unipessoalpor Quotas)的形式设立,最低股本限额为 5000,只有自然人可以称为唯一合伙人。ICR 的公司名称中须注明"Investidorem Capital de Risco"或"ICR."字样。

以上三种创业投资结构的相关规定由 CMVM 制定。SCR、FCR 和 ICR 结构的设立必须在 CMVM 进行注册程序。尽管 CMVM 会在网上公布 PE 结构的名单,但是并不会公开注册的具体内容。

葡萄牙的私募股权活动形式并不限于 SCR、FCR 和 ICR,也可由其他结构形式实现,如股份有限公司(Sociedades Anónimas)、私人有限公司(Sociedadespor Quotas)。然而,只有 SCR、FCR 和 ICR 可以享受特别规定的税收优惠。

加拿大魁北克

魁北克的私募股权形式多样。常见的机构如下:

1. 私募股权基金或创业投资基金(有限合伙或不可赎回投资资金)(PEF);

2. 工会支持基金或成长资本基金;

3. 私人养老基金。

PEF 通常通过招股说明书豁免或保密提供备忘录从投资者处募集资金。这些 PEFs 不是报告发行人,因此需要披露的事项和受到的监管十分有限。通常这种结构所针对的投资者是符合监管定义的合格投资者。

PEF 也可以通过分发招股说明书从散户投资者处募集资金。在这种情况下,为了向这些投资者提供流动资产,PEF 通常会在公共交易所注册其股票。此时,PEF 受证券监管部门和证券交易所的监督,并通常需要向公众连续披露。

魁北克有三个工会支持或成长资本基金,分别需依法设立。此类结构专为散户投资者设计,并给这些散户投资者以税收优惠。

私人养老基金也参与私募股权产业,但其只能从其会员处募集资金。

西班牙

西班牙私募股权可采取的结构是:

1. 股份有限公司(SAs)和私人有限公司(SLs);

2. 私募股权公司(SCRs);

3. 私募股权基金(FCRs)。

股份有限公司(SAs)和私人有限公司(SLs):

SA 和 SL 是有限责任公司,此类公司需要取得西班牙公证处授权的公共契约,在商业登记处登记。

私募股权公司(SCR)和私募股权基金(FCR):

SCR 必须采用 SA 的形式,并且股本最低限额为 1,200,000 欧元。

FCR 不具有独立法人资格,要求最低市值在 1,650,000 欧元以上,设立时以现金出资。FCR 必须由管理公司(Sociedad Gestora de Entidades de Capital Riesgo)运作。

FCR 和 SCR 均需经证券监管部门(Comisión Nacionalde Mercado Valores CNVM)批准方可设立。一经授权,必须批准公共契约,同时 FCR 和 SCR 必须进行商业注册和 CNVM 的公共注册。

瑞士

根据2007年年初颁布的《关于集合投资计划的联邦法案》，瑞士的集合投资计划采用四种法律类型。这四种类型都可或多或少的适用于私募股权基金，但鉴于两种开放式结构（契约形式和可变资本投资公司）和一种封闭结构（固定资本投资公司）都主要用于投资股票、金融衍生品、房地产行业等，另一种封闭式结构——用于集合投资的瑞士有限合伙则是针对私募股权投资而设计的。

集合投资有限合伙的唯一目的就是集合投资。该有限合伙要求至少有一名承担无限责任的普通合伙人，其他有限合伙人仅就特定份额承担责任。有限合伙和公司章程都需要瑞士监管机构（FINMA）的批准。普通合伙人必须是注册地在瑞士的股份有限公司，且仅能在一个有限合伙中担任普通合伙，可以授权第三方作投资决定或进行其他活动。

英国

英国主要采取的结构是：

1. 有限合伙；

2. 投资信托公司；

3. 创业投资信托。

有限合伙：

当前英国最普遍采用的结构是英格兰的有限合伙结构。该有限合伙必须依据《有限合伙法案（1907）》在英格兰注册。因此，该有限合伙的普通合伙人的主要经营场所需在英格兰。投资者作为不参与经营管理的有限合伙人仅在其投资限额内承担责任。

投资信托：

此类公司投资股票，其股份依据伦敦证券交易所报价，同时需符合《收入与企业所得税法案（1988）》第842条的规定，该条规定不能以股息形式分配资本收益。

创业投资信托：

创业投资信托是投资信托的变形，允许收入免税以及以股息形式分配资本收益，但是限制其可以投资公司类型以及投资总额。

美国

国内最常见的私募股权投资基金架构是依据特拉华州法律设立的有限合伙。特拉华州有限合伙依据特拉华州秘书长签发的有限合伙证书设立。在完成合伙协议规定事项解散之前，特拉华州有限合伙具有独立法人资格，除非依据特拉华法律需要解散的事由,协议通常约定合伙期限为 10 年。如果遵循行业普遍存在的豁免和例外规定,在特拉华设立的有限合伙不需要通过监管当局进行注册,但是基金发起人的基金在特拉华州之外设立办公室,则该基金或者其发起人符合该另一州的规定。

基金管理公司通常是基金创办人设立的法人主体。尤其是,基金管理公司作为创办人主办的各只基金的管理公司时,这就允许发起人将基金家族的管理功能集中,并将公司的价值集中于单一实体中。根据其业务规模的不同,经理或者副经理可能遵循注册机关的要求,并将其作为投资顾问。

Clawback 条款,LP 的权益保障与收益陷阱

汪　澍
北京紫荆华信投资管理中心(有限合伙)

一、概述

近年来,随着中国私募股权投资行业的高速发展,中国私募股权投资基金的基金合同(limited partnership agreement,LPA)也越来越“国际化”。人民币基金的LPA 中广泛地借鉴了丰富的境内外商业经验,设置了包括顾问委员会(advisory committee)等在内的“舶来条款”。在众多舶来条款中,“Clawback Provision”是笔者认为比较典型的一个。

二、Clawback 条款定义

Clawback,中文通常译作“回拨机制”。一说词源来源于 claw,claw 在英语中通常指四足或两足动物带尖刺的爪,比如最常见的熊爪。claw back 就是描述熊爪往回拨拢的那个动作姿态,衍生后常用于证券、金融等领域,逐步成为一个专用术语,特指“a situation in which a government or company takes back money that it has already paid”,即“取回已经支付的金钱”,用更通俗的歌词唱出来大概是“拿了我的给我还回来,吃了我的给我吐出来”的意思,中文创设了“回拨”这一词予以对应,应当是比较形象的。

Clawback 在 PE/VC 领域也有自己独特的定义和适用范围。狭义的 Clawback 仅仅指 GP 的 Clawback,最早应用于采用美国模式(by deal)分配基金收益并计算提取业绩报酬(carried interests)的基金。后来随着商业模式的发展,尤其是基金或有债务的多样化和对应风险防控措施的多元化,也开始出现了 LP Clawback 条款。目前不论是 GP 的 Clawback 还是 LP 的 Clawback 均在实务中有一定程度的应用。

三、GP 的 Clawback

(一)GP Clawback 的常见应用场景

1. 业绩报酬的回拨

如上所述,采用美国模式的基金,其基金分配是采用 by deal 的方式来分配收益并计提业绩报酬。所谓的 by deal 方式指基金退出一个项目,在分配这个项目的同时就按照单一项目来核算投资收益,向 GP 分配业绩报酬。那么容易遇上的一种情况是:基金头几年的项目退出状况比较好,GP 按照好的业绩已经提取了业绩报酬,但后几年的项目产生了亏损,导致基金清算时发现实际上基金无法满足门槛收益率(hurdle rate)的要求,甚或基金整体不存在任何收益,这是便意味着 GP 之前已经计提并提取的业绩报酬的行为是“错误的”。因此,为了纠正这一“错误”,通过“回拨机制”,要求 GP 将多收取的业绩报酬向基金予以退还,便是应有之义了。

示例:基金规模 1 亿元,投资 2 个项目各 5000 万元。分配规则约定,单一项目取得项目回款,本金以外的部分在 GP、LP 间二八分配:

(1)第四年,第一个项目回款 1 亿元。依照分配规则,还本 5000 万元,收益 5000 万元部分二八分配,GP 提取 1000 万元业绩报酬。

(2)第五年,第二个项目确认回收 3000 万元,亏损 2000 万元。

(3)基金清盘时确认,基金总投资 1 亿元,总回款 1. 3 亿元,实际投资收益为 3000 万元,依照二八分配规则 GP 仅能提取 600 万元业绩报酬。因此依照回拨机制,GP 需要退还 400 万元业绩报酬。

有的 LPA 在撰写中也会把业绩报酬的数学计算错误导致的 GP 多收取的业绩报酬,GP 的返还行为也纳入 Clawback 条款的调整中,笔者认为这应该是对 Clawback 的条款设计理解有误所致,两者虽然操作方式是一致的——“还钱”,但法律本质还是有所差别。

2. 管理费的回拨

管理费的回拨机制在目前人民币基金中并不是特别常见,一般用于管理费计算基数频繁发生变化(尤其指基金规模)的情形。比如,基金按照初始基金认缴规模来计提管理费,但在基金存续期间内出现了投资人退出基金而导致的基金规模的大幅缩减,假如 GP 并未向这些已退出的投资人要求其承担相应的管理费责任,则实际上 GP 处于“多收了管理费”的状态,要么 GP 应当将相应的“费用”分摊给仍然在基金中的 LP(这种往往是不太合理的),要么 GP 应当适用 Clawback 条款将多收取的管理费退还给基金。

示例:基金认缴规模1亿元,实缴规模5000万元,约定按照认缴规模2%/年收取管理费。基金存续2年后,未出资LP要求退伙,基金规模缩减至5000万元。实际上基金管理费计提了1亿元的4%即400万元,按照原有规则,出资5000万元的LP仅需承担200万元的管理费,但因为未出资的LP退出基金,GP未向其主张损失,变成5000万元的LP承担了400万元管理费。

(二)GP Clawback条款的法律依据和必要限制

目前国内并不存在要求GP设置Clawback条款的直接法律依据。但从上文的条款设置原因可以看出,这一设置的主要原因还是用于平衡某些费用/业绩报酬条款设计所导致的"理想情况"和"事实情况"之间的冲突,将事实情况通过"回拨"的方式调整回到"理想状况",从而达到衡平法上的公平效果。尤其是对按照美国模式来进行基金收益分配的基金,笔者认为采用GP Clawback条款设置是极其必要的。

但也正是因为这一需求,GP的Clawback通常会对回拨进行一定的限定:

1. 回拨的触发时间通常是基金清算时,也有部分会设计为自基金项目产生亏损导致规则失衡时就要进行相应回拨;

2. 回拨通常以GP从基金取得的业绩报酬/管理费为限,这里主要是要避免GP承担过多的责任,且容易导致GP存在向LP进行保底保收益的嫌疑。

而为了保障GP最后能够足额履行Clawback义务,LP通常会进行如下安排:

1. 回拨准备金账户(escrow account),即每次GP收取业绩报酬时,均将一定比例(20%~30%不等)的业绩报酬进行提存,待回拨条件触发/基金清算时,用准备金进行回拨。如无回拨义务,GP可将准备金转入自身账户;

2. 回拨承诺(manger Co. guarantee),通常适用于GP和管理人分离的情形。在GP无法足额履行回拨义务时,管理人承诺承担连带回拨责任。

四、LP的Clawback

与GP Clawback相对应的是LP Clawback,与GP相一致的是,LP Clawback也是指当满足特定情形时,LP需要将其从基金取得的收益"回拨"给到基金。但具体的应用场景有比较大的不同:

(一)常见应用场景

1. 因业绩报酬调整所导致的收益回拨

采用非常复杂的业绩报酬计算机制的基金可能会遇上此类问题。比如,在收益分配条款中设计:GP可以按照基金整体收益的情况来计提业绩报酬,在基金整体3倍收益时按照投资收益的20%计算业绩报酬,在基金整体5倍收益时按照投资收益的30%计算业绩报酬,这种复杂的计算方式可能导致GP在某个阶段少收取了业绩报酬,而后续退出项目无法填平GP少收的这部分。这时可能需要LP退回一部分收益来满足规则的平衡。

示例:基金规模1亿元,投资两个项目各5000万元。分配规则约定,基金整体收益2倍时,按照2:8提取业绩报酬;基金整体收益3倍以上时,按照3:7提取业绩报酬:

(1)第四年,第一个项目退出,回款1.5亿元(低于整体两倍),1.5亿元弥补完基金全部投资本金1亿元后剩余5000万元投资收益,按照20%提取业绩报酬1000万元;

(2)第五年,第二个项目退出,回款1.5亿元(基金整体三倍),1.5亿元收益按照30%提取业绩报酬4500万元;

(3)基金清算,投资本金1亿元,投资回款共计3亿元,按照规则,GP应提取业绩报酬为(3亿-1亿)×30% = 6000万元。实际提取1000万元+4500万元=5500万元。差额500万元需要按照Clawback条款进行回拨。

2. 因计算错误导致的回拨

因计算错误导致的回拨,如前所述,笔者并不认为这是Clawback条款设置的初衷,本质上也无须这一条款也能进行平衡。在此不展开说明。

3. 因税务问题导致的回拨

当基金存在为投资者扣缴相应税款的情形时,可能因为税收政策的变化,导致前后计提的税金出现差异,这种情况也可能会触发LP Clawback。比如此前依照当地税收优惠政策,为LP申报税款时进行了优惠申报,将剩余款项分配给了LP。但嗣后因为优惠政策的取消,或者基金投资不再满足优惠政策的要求,或者LP资质不再满足优惠政策的要求,导致基金需要补缴相应税款,此时往往也需要动用Clawback条款。

4. 因基金财产无法履行债务导致的回拨

这是目前LP Clawback条款最常见的用途,其中又分两个常见情况:

其一,因现金流所导致的基金无法正常履行债务。譬如,GP在完成了某笔项目的分配后,发现基金账上已经没有钱来支付管理费、中介费等基金费用,此时出于现金流的原因,需要LP返还一部分收益,来支付相应费用。

这种情况因为较少发生（和GP的现金流管理能力相关），实践中也并不常见。

其二，为弥补基金出现的重大债务。正常基金的债务是用基金财产来进行偿付，在正常运作的情况下，一个私募投资基金除了基金费用以外是很少有其他或有债务的，但目前复杂的商业环境中，基金也很有可能因被第三人起诉，或其他原因（如部分基金存在举债、担保等行为）导致基金突然出现大额负债。在基金剩余财产无法偿付该等负债时（处于资不抵债的状态），以合伙企业为例，原本通常由LP按照其出资额为限承担有限责任，GP承担无限连带责任。此时GP为了减少自己承担的无限责任，设置LP Clawback条款，要求LP向基金退还从基金获取的收益，用于弥补基金债务。

（二）LP Clawback条款设置的法律依据

笔者在境内法和境外法中均未找到相应的直接法律依据。在国内的《合伙企业法》中有一个相类似的条款，即第81条，有限合伙人退伙后，对基于其退伙前的原因发生的有限合伙企业债务，以其退伙时从有限合伙企业中取回的财产承担责任。但这一条主要还是基于LP在退伙时取走了合伙企业财产，导致合伙企业财产减少，虽然合伙企业债务可能因该合伙人退伙前的事项而产生，但合伙企业债权人已无法追究这部分财产。为了保护债权人的利益，创设衡平法则，要求已退伙的LP以其退伙时取回的财产为限承担责任。笔者认为，这和仍然在合伙企业中以其出资额为限承担有限责任的LP，还是有较大的区别。因此认为该场景下的Clawback法源并不是本条。

那么主要还是基于商业上的理由，为了保护合伙企业债权人，减少GP的无限责任，在LPA设计中给LP增加的一项额外“义务”。

（三）LP Clawback条款的反思

笔者因常年代表LP进行LPA审核，视角难免囿于屁股决定脑袋的沉疴，在此也略作狡辩之词，期待各位读者予以反面回应，相互切磋：

LP Clawback条款的应用，前两者无太多意见，从公平精神来看按需设置为应有之义。但尤第三者，用于弥补基金债务一事，笔者还是有话要说：

其一，部分LP可能无法履行LP Clawback义务。以母基金（fund of funds）为例，母基金作为LP投资到子基金中，从子基金所获取的投资收益往往在获取后的极短时间内就分配给了母基金的LP，账上并未留剩余资金。那么子基金要求母基金来履行LP Clawback义务，如母基金自身并没有Clawback条款，母基金将无法履行该部分Clawback义务，仅能进行破产、清算。以政府引导基金为例，政府引导基金通常受到财政预算和政府审计工作的较大影响，LP Clawback 所针对的基金或有债务，通常是极偶发的事项，财政预算是比较难将这部分计算在内的。如让政府引导基金来承担回拨义务，要动用财政资金，属于预算外事项，政府审计将变得很难看。而且从目前政府换届的角度而言，还容易出现前人拿业绩，后人担责任的情况。因此政府财政资金类的 LP 可能也面临无法履行义务的可能。

其二，和"落袋为安"的朴素投资理念有一定冲突。这个道理比较朴实，但确实并不是一个多么严谨的法律概念，单纯是一种商业上的"合理性"。

其三，和目前国内 GP、LP 的法律保护状况有一定背离。目前国内对 GP 的信义义务在规则层面要求的缺失，导致了 LP 对 GP 缺乏行之有效的制约，实践中存在有大量的 GP 侵害 LP 权益的情况。GP 在其应当承担的无限责任的范畴内，仍然在尽可能地将责任进行限缩和转移。如果是在合伙企业法的框架范围内，GP 承担无限责任，LP 以其出资额为限承担有限责任，是法律创设的正常的责任承担机制。但 LP 的 Clawback 实际上打破了这一机制，将 GP 应承担的部分责任转嫁给了 LP，很难讲这种规则是"十分合理的"。

其四，基金债务的外延被 GP 不断扩大。LP 往往并不参与基金的管理，因此对基金债务的产生往往并不能进行有效的控制。可以预见的基金债务，如基金的费用（包括基金管理费、中介费、诉讼费用等），倒还比较好解释。但适用 LP Clawback 条款的 LPA 往往会引入其他概念来扩大基金债务的外延，典型的例子是"免责保证义务"。

免责保证义务指当 GP 及其雇员（一般特称"受偿人士"）为基金事务提供服务时，招致了相应的损失（如被他人起诉，受到第三人侵害等），基金应当来补偿这部分损失（形成了"受偿人士"和基金之间的债权债务关系）。举例说明，管理人的高管（"受偿人士"）某日开车出门为基金投资进行一项重要谈判工作，途中不慎（非故意或重大过失）撞死一只正在过马路的大熊猫，被动物园索赔 1 亿元。依照免责保证义务的要求，受偿人士为基金提供服务招致第三人索赔的，基金应当给予赔偿以使其免受任何损害。这 1 亿元就变成了基金债务。

原本 GP 作为管理人，其雇员也是 GP 的雇员，其第三方侵权责任等也应该由 GP 来自行承担，但这部分责任也因基金债务概念的外延扩大，转移给了基金。

其五，除 LP Clawback 外，GP 完全有其他途径可以解决其相应顾虑。譬如建立基金风险准备金制度，将收益部分的一定比例留存在基金，用于应对可能的风险事件；譬如为其高管、雇员购买相应的商业保险，对冲一部分可能的商业风险；譬如加强风险控制管理和预警机制，提早做好风险评价，来平衡投资款项分配的方案及时点，避免出现基金财产突然出现资不抵债的情况。

综上，其实笔者认为 LP Clawback 在 LPA 的设置中应该得到一些有效的限制。

（四）LP Clawback 条款的限制

1. 回拨时点的限制。一般会限制在分配完成后的一定期限内，比如说 12 个月内等。

2. 回拨金额上限的限制。一般会限制在 LP 的认缴出资额或从基金取得的财产孰低。

3. 回拨触发事项的限制。如笔者前述，如涉及因基金债务导致回拨的，应当尤其要对基金债务的范围进行严格的限定。

五、税务的注意事项

在 Clawback 中有一个注意事项笔者注意到是实务中容易忽略的，就是税务成本的问题。每一个 Clawback 实际上都是对一个业已发生的法律行为的调整，GP 已经提取了业绩报酬，LP 已经获取了投资收益。而相对应的是，法律行为业已发生会导致相应的课税，如果已经付出了税务上的成本，对各方来讲都是不得已的，因此笔者建议有必要在 Clawback 条款设计额度上限类的限制的时候，应当将各方已经应税的成本予以考虑。

税务部分的处理实务操作起来可能极其复杂，和各地的税收征管规则及政策都有关系，很难一言以蔽之。

六、结论

其实单纯从论理的角度而言，Clawback 条款没有完全的黑白对错之分，本质上还是对 GP、LP 之间的风险和责任进行平衡和划分，背后代表的是商业谈判地位的较量，无可厚非。不过，类似于 LP Clawback 条款这样的舶来品，大部分人民币基金的投资者其实是不太熟悉的，在这个过程中 GP 及 GP 律师往往占据了一些优势地位，笔者作为 LP 律师还是觉得其中颇有些不平之处。希望笔者将意见充分表达后，能和各位方家充分交流，相互学习。

私募机构境外上市的路径与反思

冯清清

2018年11月13日，上海瑞威资产管理股份有限公司（股份代号：1835，以下简称"瑞威资管"）在香港联合交易所（以下简称"港交所"）主板上市，成为第一家经中国证监会批复赴港上市的私募基金管理人，所谓"私募海外上市第一股"，获得业内广泛关注。在2018年这样的募资寒冬，瑞威资管的IPO捷报，堪称私募行业年度重磅事件。业内关注点聚焦在，瑞威资管的港股IPO，能否为私募基金管理人蹚出一条海外上市之路。受此启发，不少私募机构开始筹划境外上市事宜。事实上，早在6月28日，其向港交所递交招股说明书时，国内就有多家私募机构表态或已经开始筹划赴港上市，包括大家熟悉的中科招商、东方略和东方港湾等。

私募机构的海外上市征途，瑞威资管不是唯一的探险者。2018年6月，致力于美国中概股投资的基岩资本，也向美国证券交易委员会（the U. S. securities and exchange commission，SEC）递交招股说明书，计划登陆纳斯达克主板市场。一个赴港，一个赴美，瑞威资管和基岩资本似乎代表了私募境外上市不同的路径探索，也刺激着国内其他私募机构将目光流转海外。私募上市，再次成为虽不新鲜但值得思考的论题。

私募机构为何要漂洋过海而不选择脚下这片热土？瑞威资管的上市之路有何特点？上市能为私募机构带来何种价值？这种价值追求与私募管理的本质契合程度如何？关联着上述疑问，本文将首先阐述国内私募机构的境内上市现状和境外上市路径；其后以赴港上市的瑞威资管为样本，对其主营业务和财务指标进行分析；最后反思私募境外上市的价值。

一、私募机构境外上市的原因和路径

（一）私募机构境内上市的现状

在今年私募机构"扬帆出海"之前，国内A股市场上只有九鼎投资（SH600053）

一家私募基金管理人上市公司,其他诸如同创伟业或硅谷天堂等,都只停留在新三板挂牌层面,并非法定意义的上市。2018 年 10 月,证监会宣称要优化交易监管,鼓励并购重组,同时重组审批显著加快。这一动作吸引了多家私募机构再战 A 股。短短一个月内,鼎晖、KKR、中信和东方富海四家知名机构,试图借鉴“九鼎模式”,谋取 A 股上市公司控股权。其中,东方富海成立并购基金买壳光洋股份,中信产业基金旗下资产欲借壳四通股份,KKR 旗下上海公司入主华谊嘉信,而鼎晖投资则入主新大洲 A。

九鼎在 2010 年之前还是一家默默无闻的私募机构。其后,成功挂牌新三板,成为首家挂牌新三板的私募机构,并用不到 3 个月的时间,通过定增募资约 58 亿元。2015 年,九鼎以 41.5 亿元收购上市公司中江地产,随后通过重大资产重组,将旗下的私募业务实体昆吾九鼎装入上市公司,成功实现间接上市。这一过程中,九鼎不仅成功收购国有资产,还规避了证监会对借壳上市的认定,交易结构的设计和资本运作组合拳堪称精妙。

除了九鼎上述惊心精妙的重大资产重组,综观国内 A 股,还没有哪家私募机构能够实现直接上市。

这种“不能”,一方面是规范层面的,即法律法规上的限制。根据《合伙企业法》第 3 条的规定,国有独资公司、国有企业、上市公司以及公益性的事业单位、社会团体不得成为普通合伙人,如果一间私募机构成为上市公司,其就不能成为合伙制基金的普通合伙人,进而对基金管理业务产生限制性影响。需要注意,这里说的是“限制性影响”而非“实质性障碍”。实务中,私募机构至少可以从两个角度,将《合伙企业法》第 3 条的影响减少至最低。其一,上市的私募机构可以设立子公司或其他关联机构,通过关联实体作为合伙制基金的普通合伙人,而自己受托担任该基金的基金管理人(委托管理模式),从而排除《合伙企业法》的限制。其二,私募基金并非只有合伙制一种类型,在基金产品为公司型和契约型的情况下,无须适用《合伙企业法》,也就谈不上法规限制。由此看来,规范层面的原因不是核心。

另一方面是实践层面的,即实务中 IPO 的审核现状。一则,由于私募机构所处行业特殊的商业模式所致,使其在持续经营能力上难以满足 A 股直接上市的要求。二则,按照国内的资本市场环境以及 IPO 审核进度,在企业财务、法律规范的前提下,上市需要至少 15 个月以上时间,审核程序漫长。同时,受到政策导向等各方面的影响,企业难以准确把握上市时间,上市之路充满不确定性。相比法规层面的形式限制,境内上市的申报难度、时间成本和过程的不确定性,是私募机构探索海外上市更现实的原因。

（二）私募机构境外上市的路径

1. 境外上市路径的主流选择

境外资本市场为企业上市提供了多种选择，从中国香港特区、新加坡、日本到美国，都是私募机构可以考虑的境外上市地。中国企业到境外上市，鉴于上市程序相对简单，准备时间较短，符合条件的拟上市公司一般都能在一年内实现挂牌交易。这对于私募机构及时把握国际和国内资本市场的机遇，在较短时间内完成融资计划非常有利。此外，上市筹备时间的缩短，也有利于拟上市企业衡量并控制境外上市的成本，不仅是资金上的，也是时间上的。

在境外上市路径的选择上，对于中国内地企业而言，无疑中国香港特区和美国更受青睐，但两者对拟上市主体的吸引点有所不同。

中国香港特区是中国企业海外上市最集中的地方，它的吸引力在于在亚洲乃至世界的金融地位，以及优越的地理位置——这是所有境外市场中最靠近中国内地的——无论交通还是交流，都极为便利。但赴港上市也有一定的局限，主要体现在资本规模和市盈率两方面。截至 2018 年 11 月底，香港证券市场的总市值约 4 万亿美元，主板平均市盈率约 11 倍，全年累计成交额 3. 2 万亿美元；而美国证券市场的总市值约 38 万亿美元，标普 500 指数的平均市盈率约 21 倍，全年累计成交额 62 万亿美元（数据来源：Wind）。非常明显，香港证券市场在市场规模、活跃度、市盈率等方面与美国市场有实质差距。

美国在现阶段拥有全世界体量最大、最为成熟的资本市场，其吸引力不仅在于规模和成熟度，更在于多样性。美国针对企业不同的融资需求，建立了多层次多样化的资本市场体系，从纽约证券交易所、美国证券交易所到纳斯达克，只要企业符合其中某一个市场的上市条件，就可以向美国证监会申请登记进而上市。但赴美上市，机构需要面临中美在地域、文化以及——更为重要的——法律和监管规则上的巨大差异。此外，倘若不是大型或明星企业，在美国上市相较于境内或香港，获得的市场认可和知名度较为有限。

2. 境外上市路径的考虑因素

上市不是目的，只是发展道路之一。诗人凡尔哈伦说“所有的道路都通向城市”，在具体道路的选择上，私募机构应结合自身上市之目的，综合考虑至少如下因素：

(1)发展阶段与业务方向

首先要考虑的是私募机构目前的发展阶段和未来的业务方向。笔者反复提到,上市不是一个目标,而是一种选择。换言之,不是为了上市而上市,而是为了发展而上市。私募机构在考虑上市时,必须先对自身发展阶段、业务现状有全面客观的评估,在此基础上谋划未来战略和业务方向,这样的上市路径规划才是现实的、有益的。

以北美私募股权市场的发展为借鉴,根据《麦肯锡中国银行业 CEO 季刊(2018 年秋季刊)》研究指出,北美顶尖私募机构先后经历了私募股权收购专家、多资产的另类管理人和“另类 +”三个阶段:

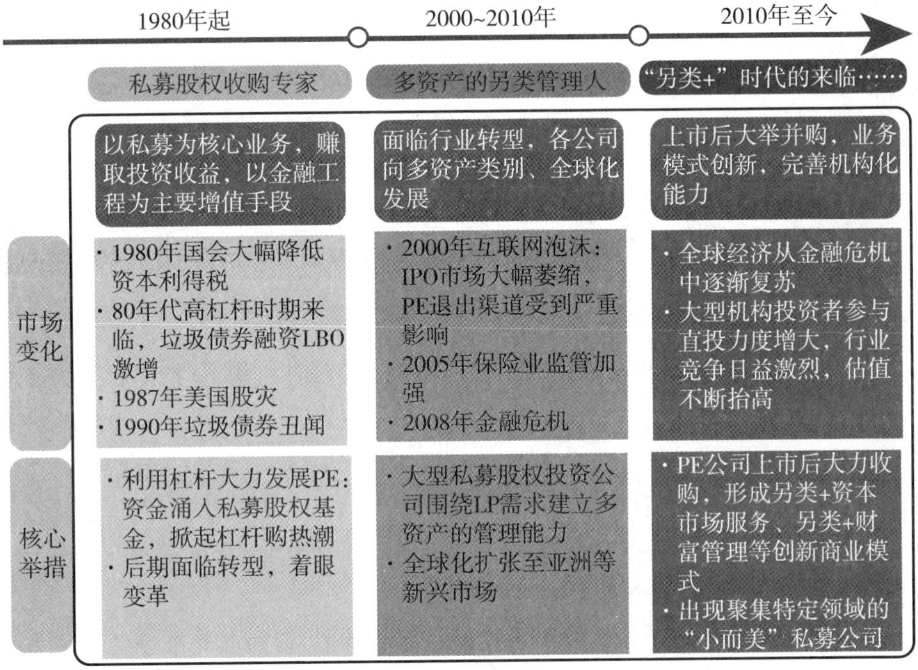

图 1　北美私募股权市场发展的三个阶段

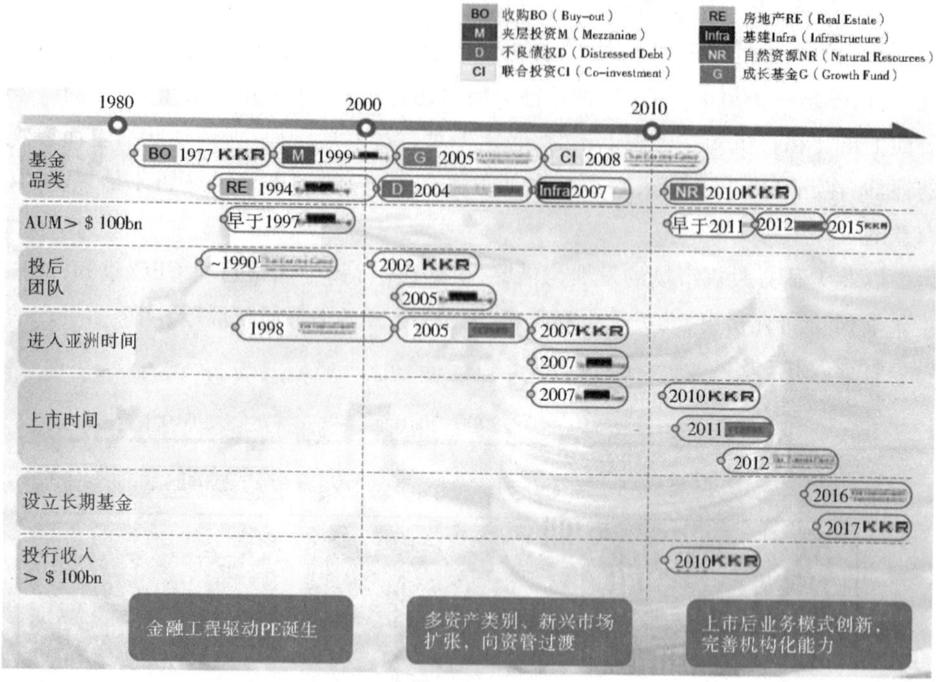

图2　北美私募股权行业的转型方向

通过图2可以看到，以黑石、KKR为代表的顶尖私募机构，早期以私募为核心业务，赚取投资收益；其后向多资产类别和全球化发展并选择上市；上市后通过业内大举并购，实现规模增长，并形成“另类＋资本市场服务”“另类＋财富管理”等创新商业模式。上市在上述机构甚至整个私募股权市场中，不是归宿，而仅仅是发展的一个阶段、一个节点，关联私募机构的业务转型、新兴市场扩张和全球化战略。

（2）资金需求与募资规模

其次考虑机构的资金需求和募资规模。如前所述，不同境外市场的市盈率水平不同，进而募资能力有实质差别。就像同一棵白菜，在中国香港特区的超市、日本的便利店和美国的蔬菜市场，会卖出截然不同的价格。菜都是同一棵菜，但不同市场给予它的价格评价有所不同，于是这棵菜能挣回的银子亦有差别。以瑞威资管为例，根据招股说明书，其发售价5～7港元，发售股份数为3834万股（有超额配售权），H股部分市值约为2.3亿港元，市盈率11.94倍。如果除去上市开支部分，其发行市盈率约为11.5倍，从公司近3年的全面收益情况来看，这个估值并不高。

	截至12月31日年度			截至4月30日四个月	
	2015年	2016年	2017年	2017年	2018年
	人民币千元	*人民币千元*	*人民币千元*	*人民币千元*（未经审核）	*人民币千元*
收益	34,869	83,422	130,875	39,883	56,467
除税前溢利	13,906	58,106	88,946	23,873	38,391
年/期内溢利及全面收益总额	10,348	43,109	63,346	17,536	27,619

图3　瑞威资管综合全面收益表摘要

这也印证了前文所述香港证券市场市盈率相对较低。于此，私募机构规划上市路径时，需要评估自己的资金需求和拟上市募资规模，同步结合不同市场对私募机构的市盈率，测算自己的估值。

（3）监管规则和政策环境

最后考虑境外不同资本市场的监管规则和政策环境。以美国为例，美国资本市场已存在百余年，形成了一整套严格的信息披露监管体系，监管理念尤为重视行业因素和行业分析。企业在发行审核阶段，必须经历 SEC 严格、细致的信息披露审核。通过发行审核并非可以高枕无忧，事实上，SEC 对公司上市后的持续监管和信息披露要求相较发行审核更加严格。一般而言，持续信息披露包含定期报告披露、临时公告披露等。SEC 要求对每家上市公司每三年必须抽查一次信息披露，主要通过监管人员阅读公司年度报告，并对其信息披露进行审核的方式，必要时以监管回函等方式要求公司进行解释或补充披露。该等持续监管需要私募机构不仅在发行审核之际“看上去很美”，更要能在上市后，多年如一日的保持较高的公司治理水平和合规性要求。

除了监管机构的正牌监督，美国还有诸多专业机构，譬如律师事务所，代表投资者对上市公司侵害投资者权益的行为提起诉讼。如 2018 年 7 月，在纳斯达克上市的中国企业拼多多，上市后不久，即遭到美国六家律师事务所宣布代表投资者对其展开集体诉讼。它们认为因为平台出售侵权产品致使公司股价大跌，导致投资者遭受了经济损失，故而将调查：

公司是否向大众投资者们发布具有极大误导性的商业信息；

是否涉嫌未披露相关信息给投资者；

其高管是否涉嫌从事证券欺诈或其他非法经营活动；以及

其员工是否涉嫌违反联邦证券法进行。

倘若我们将 SEC 称为“监管爸爸”，那么在美国，除了“监管爸爸”管着，还有诸多“叔叔”“哥哥”举着保障投资者权益的大旗盯着，你必须提升公司治理水平符合相应的规则要求。概言之，私募机构考虑境外上市时，需要熟悉不同境外市场的游戏规则，不仅是发行审核临门一脚的规则，更是长期在场内接受持续监管的规则。既然选择了更为市场化、更成熟的资本市场环境，便要有更成熟的规则意识和治理水平。不能一出问题被追责或起诉，就嚷嚷别人针对中国企业。

除了上述三个方面，上市标准和上市流程亦是需要考虑的因素，它们划定了机构能否符合上市要求的硬条件，流程繁简也影响着上市的时间进度和资金投入，最终构成上市成本。但相较于前三项因素，标准和流程相对客观，可以在前三个维度考虑充分后，对应具体的境外市场和交易所可得，后文将结合案例提及，此处不赘述。

二、私募机构境外上市的样本——以瑞威资本为例

（一）港交所上市条件

瑞威资管在2018年6月28日向港交所递交招股书，10月30日通过上市聆讯，11月13日于港交所主板正式挂牌并开始交易，谓之“私募海外上市第一股”。根据《香港联合交易所有限公司证券上市规则》和《香港联合交易所有限公司GEM证券上市规则》，就港交所主板和创业板（GEM），核心上市条件对比如表1所示：

表1　港交所主板和创业板上市条件

	主板	创业板（GEM）
市场定位	为根基稳健的公司而设的市场，上市公司包括综合性企业、银行、房地产开发公司、互联网及健康医疗公司	为中小型企业而设的市场
财务要求	（符合以下其中一项测试） （1）盈利测试 三年累计盈利≥5000万港元 市值≥5亿港元 （2）市值/收入测试 最近一年收入≥5亿港元 市值≥40亿港元 （3）市值/收入/现金流量测试 最近一年收入≥5亿港元 市值≥20亿港元 经营业务有现金流入，前3年营业现金流合计≥1亿港元	营业务有现金流入，前两年营业现金流合计≥3000万港元 市值≥1.5亿港元

续表

	主板	创业板(GEM)
营业记录	具备至少3个会计年度的营业记录	具备至少两个财政年度的适当编制的营业记录
最低公众持股量	一般为25%,如发行人上市时市值超过100亿港元,可减至15%	一般为25%,如发行人上市时市值超过100亿港元,可减至15%
股东人数	至少300名股东	至少100名股东
管理层	管理层最近3年不变	管理层最近2年不变
所有权和控制权	所有权和控制权最近1年不变	所有权和控制权最近1年不变
独立董事	至少3名独立董事,并必须占董事会成员人数至少1/3	至少3名独立董事,并必须占董事会成员人数至少1/3
信息披露	要求每半年提交财务报告	要求每一季度提交财务报告

(二)瑞威资管的主营业务

瑞威资管成立于2010年1月12日,2014年5月4日在中国证券投资基金业协会(以下简称“基金业协会”)完成基金管理人登记,注册资本人民币1.1亿元,全部实缴。不同于国内主流的私募股权基金管理人或私募证券基金管理人,瑞威资管在基金业协会登记的机构类型为其他私募投资基金管理人,目前备案了27只基金产品。

根据招股说明书披露,公司专注于不动产投资基金管理,是国内第十大不动产投资基金管理人。在管理的基金类型上,其主要管理两大类基金,即项目基金及母基金。项目基金为专门项目设置,存续期限通常为15~48个月;母基金灵活性较高,可于不同阶段投资于各母基金指定投资范围内的不同项目中,存续期限通常为36~60个月。截至最后实际可行日期,瑞威资管一共管理10只项目基金和6只母基金,管理资产总额约为人民币44.53亿元。从体量上看,瑞威资管的管理规模其实并不大。

在投资的项目类型上,其基金组合涵盖商业不动产、不良资产以及城市化和重新开发相关项目,该等投资项目由包括上海、深圳、成都、杭州、南京、无锡、宁波、西安、合肥、福州及济宁在内的多个国内城市的组合资产构成。目前,合计投资了25个项目,已退出15个。

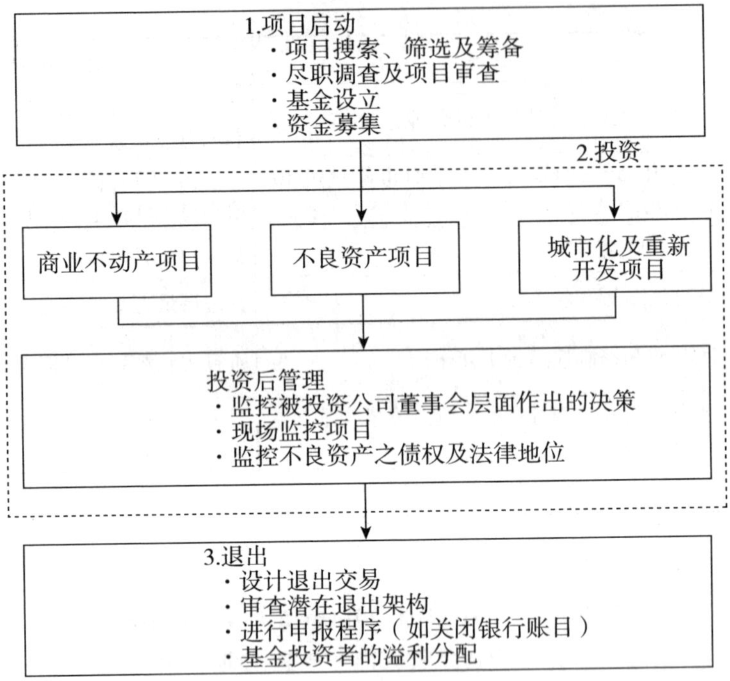

图4　瑞威资管的业务模式

（三）瑞威资管的关键财务指标

作为私募基金管理人，瑞威资管的收益主要来自向项目基金和母基金收取的费用，由固定管理费和浮动绩效（后端收益）组成。一般而言，固定管理费反映私募机构的管理资产规模大小，浮动绩效则可以看出私募机构的投资能力如何。

根据招股说明书披露，瑞威资管在2015年、2016年、2017年营收分别为3486.9万元、8342.2万元、1.31亿元，净利润为1034.8万元、4310.9万元、6334.6万元。过往三年，其管理费收入约为1810万元（2015）、6110万元（2016）、10,970万元（2017），分别占同期总收入的51.9%、73.2%、83.9%；绩效收入约为1520万元（2015）、2020万元（2016）、1970万元（2017），分别占同期总收入的43.5%、24.2%、15.1%。

常规管理费率	于12月31日			于4月30日
	2015年	2016年	2017年	2018年
	人民币百万元	*人民币百万元*	*人民币百万元*	*人民币百万元*
2.5%或以下	913.2	1070.0	2692.8	3046.2
2.5%（不含）~3.5%	130.0	2110.3	2631.7	1796.5
3.5%（不含）~5.0%	171.4	650.0	150.0	150.0
管理资产总值	1214.6	3830.3	（489.6）	4992.7
减母基金于项目基金中的投资	（225.5）	（248.1）	5474.4	（581.3）
管理资产净值	989.1	3582.2	4984.9	4411.4

图5　瑞威资管按管理费率划分的管理资产

绩效费率	于12月31日			于4月30日
	2015年	2016年	2017年	2018年
	人民币百万元	*人民币百万元*	*人民币百万元*	*人民币百万元*
无	48.7	47.7	434.6	716.3
20%至25%	935.9	2744.0	3504.9	3731.5
25%（不含）~30%	—	660.3	1100.0	241.7
其他（附注）	230.0	378.3	435.0	303.2
管理资产总值	1214.6	3830.3	5474.5	4992.7
减母基金于项目基金中的投资	（225.5）	（248.1）	（489.6）	（581.3）
管理资产净值	989.1	3582.2	4984.9	4411.4

图6　瑞威资管按绩效费率划分的管理资产

由此看来，瑞威资管的主要收入来源是固定管理费，并且在收入占比中持续增高，绩效收入在同期总收入中占比不断下降。对于私募机构而言，这是投资盈利能力的一个负面信号，因为相较于规模大小，浮动绩效的收入才能真实反映出基金产品的投资收益究竟如何。

三、私募机构境外上市的价值反思

（一）上市能给私募机构带来何种价值

上市虽然一直是众多企业的目标，但不是所有类型的商事主体都适合这种将自己推向资本市场的买卖，比如律师事务所。究其原因，从业务特征的角度，主要在于上市的核心目的是公开发行股份向公众募集资金，这意味着一个前提，即该主体的发展壮大需要大笔资金。而对于某些特定主体来说，业务扩张的核心不是资金——或者说——不主要是资金，而是人才或特定的资质。对于这样的主体来说，仅仅有资金的堆积，无法直接转换为生产力，简言之，募资和烧钱意义不大。另一方面，世界上没有又甜又不蛀牙的糖，上市所募的资金，是要付出代价的，其中包括按照上市规则持续进行严格的信息披露。而某些主体，对业务信息的保密要求极高，也不适合上市。

此外，律师事务所上市，在现行法律制度层面也受到一定的限制。根据《律师法》和《律师事务所管理办法》之规定，律师事务所向司法行政机关提交设立申请，符合条件的颁发律师事务所执业许可证，以此作为主体资格证明并开展法律业务，而不像其他商事主体，到工商行政管理部门领取营业执照。于此，虽然律师事务所可以选择合伙设立、个人设立或国家出资设立，但在现行法律体制下，其不具备相应的商事主体资格作为可供上市的主体。此外，律师事务所的设立人要求必须是执业律师，合伙所此后引进的合伙人也应是律师，则不具备律师身份的投资者能否成为合伙人，在现行规范层面存在不确定性。

私募机构与此有几分相似。一方面，作为管理人，私募机构是受托管理投资人的资金/资产，它的核心竞争力不在于自个儿有很多钱，而在于能够管理好很多钱。此处"管理好"，至少包含了两层含义：其一，尽量保证资金安全；其二，尽可能使其增值。于此，私募机构的过人之处是专业和人才，有一帮能把钱管理好的人。另一方面，项目的发掘、基金的运营存在某些不便披露、不宜言说的内容，它们不涉及违法违规的红线，但也很难真实、完整、准确地予以披露，比如某些特殊机会或政府资源。从这个意义上看，私募机构与上市目标不是天然合拍。

但也要看到，在美国，私募巨头纷纷上市。时间较近的有凯雷，更早一点的，则有黑石、KKR 和阿波罗。以黑石为例，其于 2007 年成功上市是行业内的标志事件。对于上市的原因，黑石解释如下：

获得永久资金用于投资现有业务，并扩张新的业务；

提升黑石的品牌价值；

提供公开交易的便利，加强未来战略收购的灵活性（上市后，黑石收购了管理资产规模超过 100 亿美元的 GSO 资本，收购费用绝大部分是用股票支付的）；

从金额和范围上扩大员工激励；

容许逐渐实现现有的所有者的股权价值。

此外，黑石 IPO 募集资金共计 41 亿美元，按照其说明，募集资金主要用途为：

从现有所有者手中购买黑石控股的合伙份额［此处为"合伙份额"，是因为黑石是以有限合伙的身份公开上市的。上市后，继续采取有限合伙的形式，采用现有合伙人管理结构。其出售的是合伙份额（common units），而非普通股票（common shares）。该等结构安排与美国的税收政策有关，根据美国 1987 年制定的一项税收法案，对于一家合伙制企业，如果其收入的 90% 以上属于"非积极型收入"（passive -

type income),那么它只需缴纳15%的资本利得税,而不是35%的公司税。黑石选择保持现有的合伙制,就是希望上市后可以继续享受这项税收优惠政策];

认购黑石控股新发行的合伙份额;

偿还贷款;

为现有的资产管理和财务咨询业务提供资金,包括为旗下私募股权基金、不动产机会基金、夹层基金等投入一定比例的普通合伙人资金;

为扩张新业务提供资金。

可见,黑石上市和所募资金,是紧紧围绕其业务展开和部署的,并非将资金大规模用于项目投资,其业务没有实质性的变化。而黑石对上市原因之解释,正是上市能为私募机构带来的主要价值。

(二)前述价值与私募机构的发展逻辑是否契合

私募机构冲击境外上市,也从侧面反映出近期国内资本环境的严寒。根据投中研究院的统计,2018年10月,中国VC/PE市场募集完成基金共41只,同比下降33.87%,募集总规模51.68亿美元,同比骤降近8成。进入2018年第三季度,基金数量和募资规模都大幅滑坡,10月基金数量和募资规模情况虽稍有回暖,但私募机构仍深陷在募资难的泥淖中。

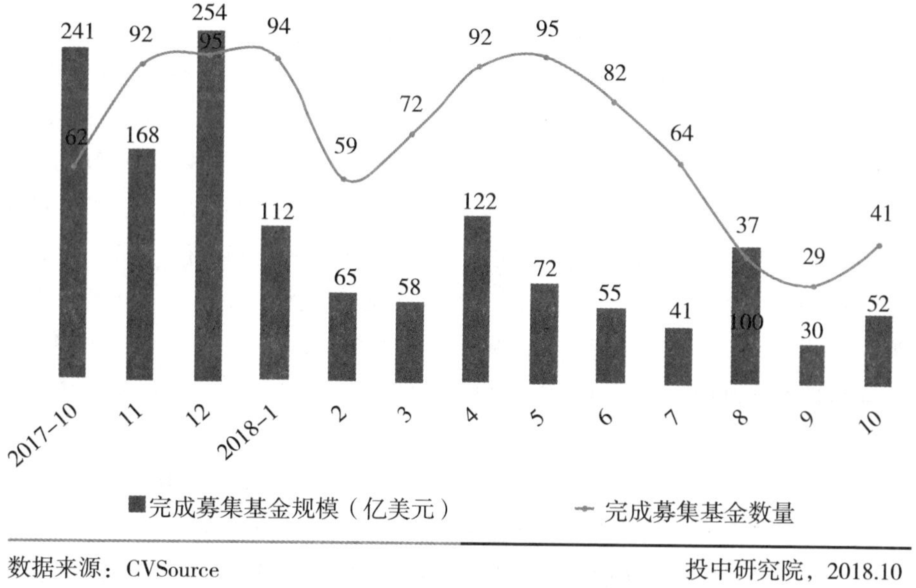

图7 2017年10月至2018年10月国内VC/PE完成募集基金情况

国内资本环境的凛冽，是私募机构转战海外的重要原因和推手。但是，从历史数据来看，在恶劣的经济环境下，私募机构股价的下跌速度更多快于整个市场的下跌速度。黑石2007年上市当日就遭遇破发，其后又遇2008年金融危机，股价一度从36.45美元/股暴跌至4.15美元/股，花了7年时间才追平发行价。截至2018年12月21日收盘，黑石股价27.71美元/股，仍低于IPO发行价31美元/股。

就上市后股价表现来看，私募机构股价顺周期特征明显，在项目未退出前没有浮动绩效费可以落袋。即使项目退出，谁又能保证一定是有高额回报的呢？私募股权回到本质上，与高收益相伴相生的，是高风险，而不是动辄数百倍的收益，更不是保底高收益。这种业绩存在极大不确定性的特征，使得私募机构无论港股还是美股，破发在两个市场均为常态。根据广证恒生的研究，港股上市的29家私募机构均遭遇过破发，且21家仍然处于破发状态；美股上市的23家私募机构，18家经历过破发，3家仍处于破发状态。这让我们不得不思考，私募机构即使披荆斩棘、翻山越岭地上市成功了，然后呢？

再把思考回到私募机构的发展逻辑上来。私募基金管理人和投资人之间，存在的基础法律关系，是委托合同法律关系。投资人为委托人，管理人为受托人。委托人和受托人之间的相互信任，是委托合同法律关系的重要性质之一。[1] 在此基础上，我们才讲，信义义务，是私募行业的底线，也是根本。

虽然现行私募基金监管法律法规中，没有对信义义务的明文规定，但《信托法》第25条规定，受托人应当遵守信托文件的规定，为受益人的最大利益处理信托事务。受托人管理信托财产，必须恪尽职守，履行诚实、信用、谨慎、有效管理的义务。这是明文法中，有关受托人信义义务的基础性规定。信义义务摊开来看，核心就两点：其一，为委托人的最大利益处理事务，在私募领域体现为管理资产；其二，处理的过程应诚实信用，恪尽职守。从这个意义上理解，私募机构的立身之本不是好看的净值，或人尽皆知的声名（在行业频繁爆雷的情况下，人尽皆知的声名更可能是恶名），而是投资能力和执业操守，这是管理人作为受托人，得以承担信义义务的基石。

更进一步讲，执业操守是私募机构发展的横轴，投资能力则是纵轴，二者分别从根基和前景划出了一间机构的发展蓝图，代表着私募机构的能力和品格，这才是私募机构长远发展的基础逻辑。私募上市，虽然有利于提升机构的品牌价值，开拓

---

〔1〕 参见崔建远主编：《合同法》，法律出版社2010年版，第508页。

新的募资渠道和海外市场，一定程度上缓解资本寒冬下的募资难题，但无法从根本上提升私募机构的投资能力。国内私募机构若想在上市后除了收获关注，整体实力也更上一层楼，提高投资能力将是重中之重。

好看的私募千篇一律，清醒的机构万里挑一。瑞威资管已走出了自己的赴港上市成功之路，尽管后上市时代，这家“PE 海外上市第一股”的民营私募机构，在投资能力提升上还有很长的路要走。诸多正在奔赴上市的、正在谋篇布局的机构，则应在看到先例备受鼓舞之际，亦冷静分析自身的发展实际和未来方向。一言以蔽之，私募机构的成长，本质上不能靠把自己推向资本市场，而是靠内在投资能力的深厚积累。回到私募发展的基础逻辑上来，只有积累到一定程度，你对融资的需要才会是真实的，上市目标也才是有益自身发展的，而非赶了趟别人家的热闹。

对外投资

如何有效保障私募股权投资中的“一票否决权”

谭彦华
北京观韬中茂（深圳）律师事务所

在私募股权投资领域，一票否决权是一种被广泛使用的投资人利益保护机制，一般通过在投资协议（或补充协议）中设置一票否决权条款来实现：约定投资人对于目标企业某些重大决议事项享有特别表决权利，通常包括股东会决议及董事会决议（本文仅讨论目标企业为公司的情况），因此，一票否决权具备投资协议合同权利和目标企业股东权利的双重属性。

众所周知，正是因为投资人与目标企业的信息不对称及尽职调查的局限性，投资人才需要构建众多保护性条款（如共售权、拖售权、优先分红权、创始人回购等）组成的保障体系，那么，如何确保一票否决权条款成为石敢当而不是绣花枕头？笔者认为，有效性、可执行性、可救济性是保障一票否决权的三项要素，缺一不可。本文试图结合实务经验和相关案例对此进行分析梳理，并提出一些个人浅见。

一、一票否决权的有效性

有效性是保障机制发挥作用的前提和基础，一票否决权来源于投资协议的约定，是合同主体意思自治的体现，那么，影响其效力的因素包括：

（一）法律法规强制性规定

根据《合同法》第52条规定，违反法律、行政法规强制性规定的合同无效，而有关公司决议的强制性规定和授权性规定主要来源于《公司法》，针对有限责任公司、股份有限公司的股东会决议、董事会决议分别规定如表1所示：

表1　关于有限责任公司、股份有限公司股东会决议、董事会决议的规定

	股东会决议	董事会决议	共同规定
有限责任公司	第42条　股东会会议由股东按照出资比例行使表决权；但是，公司章程另有规定的除外。 第43条　股东会的议事方式和表决程序，除本法有规定的外，由公司章程规定。 股东会会议作出修改公司章程、增加或者减少注册资本的决议，以及公司合并、分立、解散或者变更公司形式的决议，必须经代表三分之二以上表决权的股东通过。	第46条　董事会对股东会负责，行使下列职权： （一）召集股东会会议，并向股东会报告工作； （二）执行股东会的决议； （三）决定公司的经营计划和投资方案； （四）制订公司的年度财务预算方案、决算方案； （五）制订公司的利润分配方案和弥补亏损方案； （六）制订公司增加或者减少注册资本以及发行公司债券的方案； （七）制订公司合并、分立、解散或者变更公司形式的方案； （八）决定公司内部管理机构的设置； （九）决定聘任或者解聘公司经理及其报酬事项，并根据经理的提名决定聘任或者解聘公司副经理、财务负责人及其报酬事项； （十）制定公司的基本管理制度； （十一）公司章程规定的其他职权。 第48条　董事会的议事方式和表决程序，除本法有规定的外，由公司章程规定。 董事会应当对所议事项的决定做成会议记录，出席会议的董事应当在会议记录上签名。 董事会决议的表决，实行一人一票。	第16条　公司向其他企业投资或者为他人提供担保，依照公司章程的规定，由董事会或者股东会、股东大会决议；公司章程对投资或者担保的总额及单项投资或者担保的数额有限额规定的，不得超过规定的限额。
股份有限公司	第103条　股东出席股东大会会议，所持每一股份有一表决权。但是，公司持有的本公司股份没有表决权。 股东大会作出决议，必须经出席会议的股东所持表决权过半数通过。但是，股东大会作出修改公司章程、增加或者减少注册资本的决议，以及公司合并、分立、解散或者变更公司形式的决议，必须经出席会议的股东所持表决权的三分之二以上通过。	第111条　董事会会议应有过半数的董事出席方可举行。董事会作出决议，必须经全体董事的过半数通过。 董事会决议的表决，实行一人一票。	

由表 1 可知,《公司法》对于两种公司类型的强制性规定和意思自治允许范围存在差异:有限责任公司因其部分人合性特征,股东会决议在符合特别事项表决比例的前提下,董事会决议在职权范围内且符合“一人一票”规则的前提下,均可以由章程另行规定,这也就给一票否决权的设置创造了空间;而股份有限公司因其纯粹资合性特征,《公司法》对于两类决议均进行了强制性规定,不存在进行特殊安排的可能(上市公司、非上市公众公司优先股除外,不在本文讨论范围之列)。

(二)公司章程规定

实务中可能出现投资协议存在一票否决权条款,但因为遗漏或工商登记限制的原因,导致在目标企业公司章程中并不存在相关规定,甚至可能出现投资协议与公司章程相冲突的情形,从而在投资人要求行使一票否决权时产生争议和纠纷。关于投资协议与公司章程的效力优先性,实务界存在争议,比较典型的裁判案例有上海宏胜物业有限公司与陈某某公司决议纠纷一案[上海市二中院(2012)沪二中民四(商)终字第 65 号]、上海产联电气科技有限公司与曾奕决议撤销纠纷两案[上海市二中院(2013)沪二中民四(商)终字第 851 号、(2013)沪二中民四(商)终字第 909 号]以及万家裕与丽江宏瑞水电开发有限公司其他股东权纠纷一案[最高院(2014)民提字第 00054 号]。此外,《山东省高级人民法院关于审理公司纠纷案件若干问题的意见(试行)》(鲁高法发〔2007〕3 号)第 1 条第 4 项规定,公司成立后,发起人协议或投资协议与公司章程规定不一致的,以公司章程规定为准。但发起人之间有特殊约定的除外。

根据上述裁判文书及指引,当前司法实务机关倾向于持以下三个观点:

1. 在不违反法律法规强制性规定的前提下,尊重股东意思自治权利,如公司章程没有规定或仅为一般性规定,投资协议中的特殊条款有效;

2. 认可公司章程中的准用性规定效力,即公司章程可以规定“章程与协议不一致之处,以投资协议另行约定为准”;

3. 投资协议仅约束协议主体,公司章程属于公示性文件,如决议涉及善意第三人法律行为,基于保护公示公信力和交易安全,应优先适用公司章程。

(三)IPO 监管规则

当前私募股权投资的主要退出渠道是目标企业 IPO,而一票否决权作为一种特殊权利安排与上市公司治理所要求的“规范运行”存在冲突,因此,拟上市公司及其股东间存在的特殊权利安排一直是 A 股 IPO 审核中的红线和禁区,证券监管部门对于以对特殊权利条款均持有比较明确的否定态度,证券监管部门曾在历年多次的保荐代表人培训中明确指出:要求不能存在对赌条款、优先受偿权和董事会一票否决等任何与上市公司治理要求有冲突的特殊权利安排,无论是拟上市公司与股东之间还是实际控制人与其他股东之间的特殊权利安排,均应当在IPO申报前予以解除。

合理化建议:

综上所述,关于一票否决权条款有效性的合理化建议如下:

1. 严格依照《公司法》限定范围设置一票否决权,仅适用于有限责任公司;

2. 尽量确保投资协议与目标企业公司章程的一致性,并在章程中增加类似于"章程未约定事宜,股东可以另行书面约定"的准用性兜底条款;

3. 一票否决权条款在目标企业IPO申报前应予清理。

二、一票否决权的可执行性

在有效的前提下,尽可能增加一票否决权的可执行性也颇为重要,对此,笔者提出如下两点建议:

(一)否决权与表决权的选择

一票否决权名为否决权,但往往通过设置表决权的方式来实现,比如说,某投资人甲打算投资协议中设置一票否决权,可以有两种表述方式:A:投资人甲(或甲委派的董事)对于涉及目标企业若干重大事项的决议拥有一票否决权;B:目标企业若干重大事项的决议必须经全体股东(或全体董事)一致(或必须包含甲所持股权或委派董事)表决方可通过。两个条款都能达到投资人甲一票否决的目的,但在可执行性上却存在高下之分:A条款的实际约束力相对低,投资人甲的行权成本相对高,而B条款则相反。试想,按照A条款,如果其他股东(或董事)在甲未参加且符合《公司法》规定表决权比例的情况下通过一项股东会决议(或董事会决议),甲事后得知,欲行使一票否决权进行撤销或纠正,需要增加主张、举证的额外成本,且如果决议事项涉及善意第三人法律行为,则无法达到甲要求撤销的主张(《公司法解释四》第6条规定,股东会或者股东大会、董事会决议被人民法院判决确认无效或者撤销的,公司依据该决议与善意相对人形成的民事法律关系不受影响),只能向其他股东主张侵权或违约责任;而反观B条款,在甲未参加的情况下,决议内容因未达表决比例而当然无效(《公司法解释四》第5条规定,股东会或者股东大会、董事会决议存在下列情形之一,当事人主张决议不成立的,人民法院应当予以支持:……会议的表决结果未达到公司法或者公司章程规定的通过比例的),更有利于保障甲的利益，(2013)沪二中民四(商)终字第851号案一审未支持原告撤销董事会决议的请求，亦存在这方面的原因。

(二)权利分配的适度性

现实中目标企业的融资往往有多轮，涉及的投资人数量众多，如果每个投资人都设置一票否决权，首先容易出现效力冲突产生争议，其次可能出现公司决策频频遭遇“我反对!”式的障碍，结果是股东会辩论会傻傻分不清楚。过量和过度的一票否决权将破坏公司决策管理的秩序和效率，投资人与目标企业的利益本质上是一致的，因此，一票否决权也应适度设置，具体包括在合法前提下适度分配股东会与董事会的职权、合理界定重大事项的定义和标准、明确约定决议召集程序和通知时限等，既有利于提升决策效率，也利于协调各轮投资人之间的利益。

合理化建议：

1. 以约定最低比例表决权的方式来设置一票否决权更具约束力和可执行性；

2. 合理适度设置一票否决权条款的各项要素，包括股东会(董事会)职权、重大事项标准、决议召集程序和通知时限等要素。

三、一票否决权的可救济性

法谚有云：“无救济则无权利”，救济途径也是一票否决权的重要保障手段，最直接的合法救济途径是诉讼或仲裁，以下结合最为常见的三类诉讼案由进行分析：

(一)公司决议效力确认或撤销纠纷

有关该类案由的法律规定主要是《公司法》第22条：股东会或者股东大会、董事会的会议召集程序、表决方式违反法律、行政法规或者公司章程，或者决议内容违反公司章程的，股东可以自决议作出之日起60日内，请求人民法院撤销。股东依照前款规定提起诉讼的，人民法院可以应公司的请求，要求股东提供相应担保。此外，《公司法解释四》第1条至第6条规定了该类案由的部分实操细则。

典型案例包括：胡中权与黄山市黟县徽韵文化旅游发展有限公司公司决议撤销纠纷一案[黄山市中院(2015)黄中法民二终字第00004号]及前文所述上海宏胜物业有限公司与陈某某公司决议纠纷一案[上海市二中院(2012)沪二中民四(商)终字第65号]。

通过该类案由进行权利救济需要关注以下几个要点：

1. 起诉时限：决议作出后60日内，且该期限为除斥期间；

2. 原告资格：在起诉时原告必须具备股东身份；

3. 对抗性:即使决议被认定无效或撤销,公司依据该决议与善意相对人形成的民事法律关系不受影响。

(二)损害股东利益责任纠纷

有关该类案由的法律规定主要是《公司法》第20条:公司股东应当遵守法律、行政法规和公司章程,依法行使股东权利,不得滥用股东权利损害公司或者其他股东的利益;不得滥用公司法人独立地位和股东有限责任损害公司债权人的利益。公司股东滥用股东权利给公司或者其他股东造成损失的,应当依法承担赔偿责任。

典型案例包括:王小兰与内蒙古生力资源(集团)有限责任公司损害股东利益责任纠纷一案[内蒙古高院(2013)内商初字第9号],尽管本案中,因为公司章程关于股东会决议事项的前后条款冲突导致原告小股东基于一票否决权的请求未获支持,但依照笔者理解,《公司法》第20条的部分立法意旨在于维护中小股东的利益,避免大股东利用控制权侵害公司及中小股东合法权益,在私募股权投资中也存在作为小股东的投资人与作为大股东的创始人的利益博弈,《公司法》第20条为投资人的股东权益保护提供了一定法律依据。

(三)合同纠纷

前文已述,一票否决权具备股东权利与合同权利的双重属性,同时适用于《公司法》和《合同法》,但其归根结底来源于投资协议约定,因此,当该项合同权利因为合同相对方的违约行为受到侵害,投资人可以基于投资协议向违约方主张违约责任。

典型案例包括:鞍山神州动力锅炉有限公司与白国力合同纠纷一案[鞍山市中院(2005)鞍民三初字第91号]。

需要指出的是,以上三类案由虽然存在差异,但在投资人寻求权利救济的过程中,不一定是排他性选择关系,投资人可以根据法律法规、投资协议、公司章程综合确定诉讼请求,维护一票否决权及相关合法权益。

股东知情权之会计凭证的查阅

原森泰
北京天驰君泰律师事务所

关于股东能够查阅公司会计凭证问题,公司法并未明确规定,司法实践中各地法院裁判尺度不一。最高人民法院在制定《关于适用〈中华人民共和国公司法〉若干问题的规定(四)》[以下简称《公司法司法解释(四)》]的过程中试图解决但未成功,最终通过的司法解释中,删去了草案中关于股东可以查阅会计凭证的规定。然而,这种删除方式并未能解决争议,争议依然存在,问题还摆在那里,需要法律从业者在实务中去解决。

特别说明,本文只探讨有限公司的会计凭证查阅问题,因为股份公司的股东只能查阅公司会计报告,连公司会计账簿都不能查阅,当然这一点同样存在争议。

一、会计凭证与会计账簿在法律上的关系

(一)会计凭证不同于会计账簿

不论是《会计法》还是《公司法》,公司会计账簿与会计凭证均属不同的概念,公司会计账簿与会计凭证是不同的事物。

《会计法》第 9 条规定,各单位必须根据实际发生的经济业务事项进行会计核算,填制会计凭证,登记会计账簿,编制财务会计报告。

《公司法》第 170 条规定,公司应当向聘用的会计师事务所提供真实、完整的会计凭证、会计账簿、财务会计报告及其他会计资料,不得拒绝、隐匿、谎报。

根据《公司法》的上述规定,会计账簿与会计凭证也是截然不同的概念。

综上,尽管财务会计报告、会计账簿、会计凭证三者之间关系密切关系,但三者在《会计法》和《公司法》上均具有相对独立的地位,三者之间并非包容关系。

(二)会计账簿包括原始凭证和记账凭证

《会计法》第 14 条规定,会计凭证包括原始凭证和记账凭证。

（三）会计凭证是会计账簿的基础，会计账簿并不包括会计凭证

《会计法》第15条第1款规定，会计账簿登记，必须以经过审核的会计凭证为依据，并符合有关法律、行政法规和国家统一的会计制度的规定。会计账簿包括总账、明细账、日记账和其他辅助性账簿。根据《会计法》的上述规定，会计账簿包括总账、明细账、日记账和其他辅助账簿等内容，会计凭证不论是记账凭证还是原始凭证均不归属于会计账簿的范畴。

二、关于股东能否查阅公司会计凭证的法条考察（含部分高院规定）

（一）公司法层面

我国《公司法》对于股东知情权的查阅范围采取的是逐步扩张的办法，到目前为止并未涉及会计凭证。现行《公司法》规定公司股东可以查阅会计账簿，但并未规定公司股东可以查阅会计凭证。

1. 1993年《公司法》

1993年《公司法》第32条规定，股东有权查阅股东会会议记录和公司财务会计报告。

2. 2005年《公司法》

2005年《公司法》第33条采取列举的方式，规定了股东查阅公司文件的范围，没有规定可以查阅会计凭证。2005年修订后的《公司法》第33条第1款规定，股东有权查阅复制公司章程、股东会会议记录、董事会会议决议、监事会会议决议和财务会计报告。同条第2款规定，股东可以要求查阅公司会计账簿。股东要求查阅公司会计账簿的，应当向公司提出书面请求，说明目的。公司有合理根据认为股东查阅会计账簿有不正当目的，可能损害公司合法利益的，可以拒绝提供查阅，并应当自股东提出书面请求之日起15日内书面答复股东并说明理由。在这里，法律规定公司股东可以要求查阅公司账簿但对股东查阅财务账簿设置了比查阅财务会计报告严格的限制条件，而且股东查阅范围并不包括会计凭证。

3. 2005年修订公司法过程中的争议

其实现行《公司法》在2005年修订之前，法学界对会计凭证能否列入股东知情权的范围已经进行了广泛的讨论，并基本上持肯定态度，司法实践中亦不乏此种案例。但2005年修订的《公司法》在吸取学界和实务界对股东知情权的研究成果和实践经验的基础上，在股东财务信息知情权方面仅规定了财务会计账簿，并未涉及会计凭证。可见，立法者对将会计凭证作为股东知情权的范围仍然存在相当大的

疑虑和担心。

(二)司法解释层面

1.《公司法司法解释(四)》的规定

《公司法司法解释(四)》第7条规定,股东依据《公司法》第33条、第97条或者公司章程的规定,起诉请求查阅或者复制公司特定文件材料的,人民法院应当依法予以受理。在这里,会计凭证依然未规定为公司股东可以查阅的公司文件材料范围。

2.《公司法司法解释(四)》制定过程中的争议

《公司法司法解释(四)》(征求意见稿)中,曾经专列一条,试图就股东能否查阅会计凭证作出解释,以便扩大股东查阅公司会计文件资料的范围。该征求意见稿第16条规定,(查阅原始凭证)有限责任公司的股东起诉请求查阅公司会计账簿及与会计账簿记载内容有关的记账凭证或者原始凭证等材料的,应当依法受理。公司提供证据证明股东查阅记账凭证或者原始凭证等有不正当目的,可能损害公司合法利益的,应当驳回诉讼请求。但是因为争议过大,在最终公布的该司法解释正式版本中,删去了关于股东可以查阅会计凭证的规定。

3. 最高院相关法官的态度

最高人民法院法官对股东能否查阅会计凭证包括记账凭证和原始凭证态度明确,那就是股东无权查阅会计凭证。对此问题,在最高人民法院民事审判第二庭编著、人民法院出版社2017年出版的《最高人民法院公司法司法解释(四)理解与适用》一书的第192~193页"审判实务"部分,作者是这样阐述的:最后,关于查阅原始凭证和记账凭证的问题。如前所述,本解释对此没有规定,主要是《公司法》第33条第2款明确规定股东只能请求查阅会计账簿,而会计账簿并不包括原始凭证和记账凭证。司法解释出台的人民法院应当严格按照法律和司法解释处理案件,不应当随意超越法律和司法解释的规定。在具体处理案件过程中,要平衡好股东知情权和公司利益的保护两者关系。既要保护股东的知情权,又要防止权利行使过滥;对公司而言,既要防止侵害股东知情权,又要防止商业秘密泄露,影响公司利益。

综上,对于会计凭证是否属于法定股东知情权的范畴,尽管各地法院在以往司法实践中的判决存在差异,但在《公司法司法解释(四)》实施后,不应再赋予股东查阅公司会计凭证(包括记账凭证和原始凭证)的权利。

（三）部分高院的规定

1. 北京高院

《北京市高级人民法院关于审理公司纠纷案件若干问题的指导意见》（京高法发〔2008〕127号）第19条规定，有限责任公司股东有权查阅的公司会计账簿包括记账凭证和原始凭证。在这里，北京高院是将记账凭证和原始凭证归入公司会计账簿的范畴。

2. 山东高院

《山东省高级人民法院关于审理公司纠纷案件若干问题的意见（试行）》（鲁高法发〔2007〕3号）第63条第2款规定，股东有权查阅的会计账簿包括记账凭证和原始凭证。在这里，与北京高院一样，山东高院也是将记账凭证和原始凭证归入公司会计账簿的范畴。

3. 江西高院

《江西省高级人民法院关于审理公司纠纷案件若干问题的指导意见》（赣高法〔2008〕4号）第53条第2款规定，股东有权查询的会计账簿包括会计报表、记账凭证、原始凭证、审计报告、评估报告等。在这里，与北京高院、山东高院一样，江西高院也是将记账凭证和原始凭证归入公司会计账簿的范畴。

三、司法实践中赋予股东查阅会计凭证权利的主要情形

司法实践中一些判决之所以突破法律规定赋予股东查阅公司会计凭证的权利，多是从保护不参与公司经营的股东尤其是中小股东知情权的角度出发；另外有一部分情形是因为个别公司会计账簿和财务会计报告出现造假虚报情形时平衡股东和公司利益的考虑。

（一）香港捷成有限公司诉天津北方食品有限公司案

1. 终审法院：最高人民法院

2. 裁判时间：2012年9月20日

3. 裁判理由：虽然《公司法》没有明确规定股东可以查阅会计凭证，然而基于利益平衡以及确保信息真实的考虑，知情权范围不宜限定在一个不可伸缩的区域，尤其对于人合性较高的有限责任公司，严格限定知情权范围并不利于实现知情权制度设置的目的。因此，二审判决支持捷成公司查阅北方食品公司会计凭证的诉讼请求，并无不妥。

（二）李淑君、吴湘、孙杰、王国兴诉江苏佳德置业发展有限公司案

1. 终审法院：江苏省宿迁市中级人民法院

2. 裁判时间:2016 年 1 月 6 日

3. 裁判理由:关于四上诉人主张行使知情权的范围是否符合法律规定。四上诉人请求查阅、复制被上诉人佳德公司的会计账簿、议事录、契约书、通信、纳税申报书等(含会计原始凭证、传票、电传、书信、电话记录、电文等)所有公司资料。被上诉人佳德公司辩称其已向四上诉人提交了自公司成立起的全部工商设立、变更、年检登记文件及审计报告等资料,履行了配合股东行使知情权的法定义务。对此,法院认为,股东知情权是股东享有对公司经营管理等重要情况或信息真实了解和掌握的权利,是股东依法行使资产收益、参与重大决策和选择管理者等权利的基础性权利。从立法价值取向上看,其关键在于保护中小股东合法权益。《公司法》第 34 条第 2 款规定,股东可以要求查阅公司会计账簿。账簿查阅权是股东知情权的重要内容。股东对公司经营状况的知悉,最重要的内容之一就是通过查阅公司账簿了解公司财务状况。《会计法》第 9 条规定,各单位必须根据实际发生的经济业务事项进行会计核算,填制会计凭证,登记会计账簿,编制财务会计报告。第 14 条规定,会计凭证包括原始凭证和记账凭证。办理本法第 10 条所列的经济业务事项,必须填制或者取得原始凭证并及时送交会计机构……记账凭证应当根据经过审核的原始凭证及有关资料编制。第 15 条第 1 款规定,会计账簿登记,必须以经过审核的会计凭证为依据,并符合有关法律、行政法规和国家统一的会计制度的规定。因此,公司的具体经营活动只有通过查阅原始凭证才能知晓,不查阅原始凭证,中小股东可能无法准确了解公司真正的经营状况。根据会计准则,相关契约等有关资料也是编制记账凭证的依据,应当作为原始凭证的附件入账备查。据此,四上诉人查阅权行使的范围应当包括会计账簿(含总账、明细账、日记账和其他辅助性账簿)和会计凭证(含记账凭证、相关原始凭证及作为原始凭证附件入账备查的有关资料)。

(三)马谓健等诉玉林市红岭工业有限责任公司案

1. 终审法院:广西壮族自治区玉林市中级人民法院

2. 裁判时间:2011 年 10 月 5 日

3. 裁判理由:本案争议的焦点是查阅公司会计账簿的原始凭证是否属于股东知情权的范围及是否损害公司和其他股东利益的问题。马谓健等九人作为红岭公司股东,没有参与公司经营管理,也无法接触到公司会计账簿,在发现公司产生大额亏损及经营状况不明的情况下,为准确了解公司经营管理信息、达到对公司高管的监督作用,最急需的查阅对象即会计账簿的原始凭证。同时,根据《会计法》第 14 条之规定,会计凭证包括原始凭证和记账凭证。又根据该法第 15 条之规定,会计账簿登记必须以经过审核的会计凭证为依据。如果只允许股东查阅会计账簿而不能查阅原始凭证,股东无法将会计账簿与最真实的原始凭证相比对,则很难获得充分、真实、全面的公司各项信息,查阅公司会计账簿的初衷也难以实现,因此,股东查阅公司会计账簿的范围应包括记账凭证和原始凭证。而允许股东查阅会计原始凭证,亦符合设立账簿查阅权的立法目的。

四、解决争议的途径

笔者认为,会计凭证中记载的内容多涉及公司重要的商业秘密,如任由股东随意查阅,不仅影响公司的日常经营管理,还会导致公司商业秘密泄露,这也是 2015 年修订后的《公司法》以及《公司法司法解释(四)》把会计凭证排除在股东可以查询的文件材料之外的原因。当然,尽管司法解释未能解决此问题,但其实该解释为解决此问题指出了可以试探的路径,那就是通过公司章程来约定。回到司法解释第 7 条的规定,股东依据《公司法》第 33 条、第 97 条或者公司章程的规定,起诉请求查阅或者复制公司特定文件材料的,人民法院应当依法予以受理。划重点:股东依据……或者公司章程的规定,起诉请求查阅或者复制公司特定文件材料的,人民法院应当依法予以受理。因此,为避免发生纠纷或纠纷发生时无解决依据,建议在制定公司章程时,就股东能否查阅公司会计凭证包括记账凭证和原始凭证进行明确约定。

股份支付与公司股权激励

黄　建　刘乃进
国浩律师(天津)事务所

一、股权激励的定义

根据《上市公司股权激励管理办法》第2条的规定,股权激励是指上市公司以本公司股票为标的,对其董事、高级管理人员及其他员工进行的长期性激励。

根据《企业会计准则第11号——股份支付》第2条的规定,股份支付是指企业为获取职工和其他方提供服务而授予权益工具或者承担以权益工具为基础确定的负债的交易。

上述两个规则分别从法律和会计两个角度对股权激励、股份支付作出了定义。但是,实践中股权激励并不等同于股份支付。股份支付需按照会计准则的要求,确认相应的费用。而股权激励的范畴大于股份支付,即只有符合股份支付定义的股权激励,才需要按照会计准则的要求确认股份支付。

根据财政部会计司编写组于2010年10月编写的《企业会计准则讲解》的表述,股份支付具有如下特征:

1. 股份支付是企业与职工或其他方之间发生的交易;

2. 股份支付是以获取职工或其他方服务为目的的交易;

3. 股份支付交易的对价或其定价与企业自身权益工具未来的价值密切相关。

二、股权激励的类型

股权激励的类型众多,在此仅对实践中常见的股权激励类型予以介绍。

1. 根据《企业会计准则第11号——股份支付》第2条的规定,股份支付分为以权益结算的股份支付和以现金结算的股份支付。以权益结算的股份支付,是指企业为获取服务以股份或其他权益工具作为对价进行结算的交易。

以现金结算的股份支付,是指企业为获取服务承担以股份或其他权益工具为基础计算确定的交付现金或其他资产义务的交易。

根据《企业会计准则第 11 号——股份支付》准则的规定,按照被激励对象所获得的激励标的进行区分,可以将股份支付分为两种形式:(1)以现金结算的股份支付,根据(行权日股票的公允价值 - 授予日股票公允价值)× 股份数量,计算公司应当支付给被激励对象的现金金额,股票增值权即为此种模式。(2)以权益结算的股份支付,根据(行权日股票的公允价值—行权价格或授予价格)× 行权股票数量或解锁股票数量,确认股份支付金额,行权或者解锁后,被激励对象获得公司股票,限制性股票和股票期权即为此种模式。

2. 根据《上市公司股权激励管理办法》第 2 条的规定,股权激励方式包括限制性股票、股票期权以及法律法规允许的其他方式。根据《上市公司股权激励管理办法》第 22 条的规定,限制性股票是指激励对象按照股权激励计划规定的条件,获得的转让等部分权利受到限制的本公司股票。即上市公司授予按照事先约定的方案,授予被激励对象一定数量的股票,但是被激励对象在取得该股票时,需要对取得的股票进行锁定。在约定的条件成就时被锁定的股票分批进行解锁,此时被激励对象就取得了激励股权的完整权利。若激励对象未能按照约定实现解锁条件,则上市公司有权依照股权激励方案将不符合解锁条件的股票予以注销。

根据《上市公司股权激励管理办法》第 28 条的规定,股票期权是指上市公司授予激励对象在未来一定期限内以预先确定的条件购买本公司一定数量股份的权利。

《上市公司股权激励管理办法》所规定的股权激励主要以权益结算的股份支付,并对限制性股票和股票期权这两种形式作出了详细规定。

3. 根据《财政部　国家税务总局关于股票增值权所得和限制性股票所得征收个人所得税有关问题的通知》(财税〔2009〕5 号)第 2 条的规定,股票增值权是指上市公司授予公司员工在未来一定时期和约定条件下,获得规定数量的股票价格上升所带来收益的权利。被授权人在约定条件下行权,上市公司按照行权日与授权日二级市场股票差价乘以授权股票数量,发放给被授权人现金。该定义则对以现金结算的股份支付模式中的股票增值权的含义予以明确。

4. 在实践中,许多拟上市企业在筹划上市过程中,也会根据公司自身发展需要或者投资人的建议,实施股权激励。但由于限制性股票、股票期权等形式的股权激励实施结果对于拟上市公司的股权结构会产生一些不确定性,且证监会对再审企业存在正在实施中的股权激励方案持较为保守的态度。故有明确上市预期的企业在制定股权激励方案时，通常对采用可以立即行权的方式实施股权激励，以避免分期行权的股权激励方案对公司股权结构带来的不确定性影响。即一次性将激励股权授予被激励对象。

但考虑到一次性授予模式中，公司对于被激励对象的管控较弱以及无法体现长期激励的效果，实践中很多公司在实施一次性授予的股权激励方案时，会同时对被激励对象设置一定的服务期。只有被激励对象满足服务期的条件时，才可以不受限制地处置其所获得的激励股权。

三、与股权激励相关的重要概念及股权激励流程

（一）与股权激励有关的重要概念

公司在实施股权激励时，会涉及授予日、限售期、可行权日、授予价格、行权价格、授权、行权等重要概念，而且根据公司所实施的股权激励方案类型不同，所涉及的重要概念也有所不同。

参考《上市公司股权激励管理办法》的规定，相关重要概念的解释如图1所示：

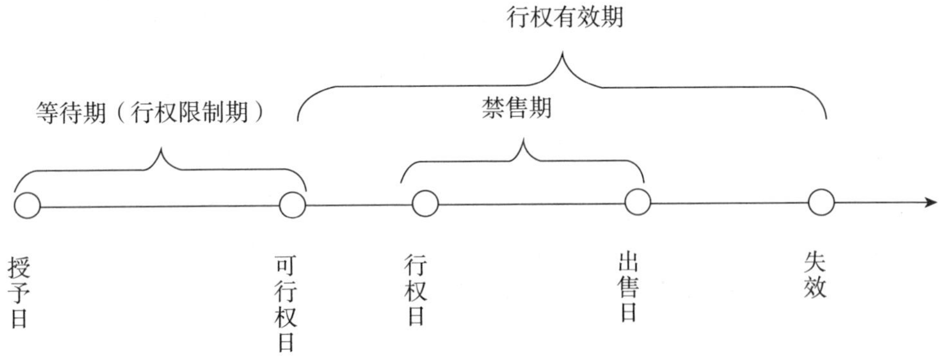

图1　与股权激励有关的重要概念图示

在图1中，授予日即为董事会根据上市公司股东大会审议通过的股权激励方案，授予激励对象限制性股票或股票期权的时间。

授权是指上市公司授予激励对象限制性股票或股票期权。

在授予日至可行权日之间的为等待期或限售期，即在此期间激励对象虽获得了限制性股票，但此时其所获得的股票被锁定，被激励对象无法处置相应的股票；或者在此期间被激励对象虽获得了股票期权，但由于此时尚未达到所约定的行权

条件，被激励对象尚无法获得实际获得公司的股票。

授予价格是指在限制性股票股权激励方案中，激励对象购买激励股票的价格。

行权价格是指在股票期权激励方案中，激励对象在行权日按照激励方案的约定购买激励股票的价格。

在可行权日后的行权期间，对于限制性股票而言，上市公司需按照事先确定的考核标准，对激励对象进行考核，决定其所能解锁的受限股票数量。对于股票期权而言，在上市公司在对激励对象考核后，确定其所能行权的股票数量。此时，股票期权方案中激励对象有权决定是否行权，即是否按照事先确定的价格购买不超过既定数量的上市公司股票。若激励对象未行权部分，在行权期满后自动作废。

上市公司解锁激励对象所获得限制性股票的日期或激励对象购买股票期权的时间，即为行权日。

激励对象在行权日所解锁的限制性股票或行权的股票期权所获得的股票，在行权日后可能因个人身份原因（如董事、高管身份）、遵守短线操作监管要求等情形，在行权日后一定期间无法处置。在行权日至实际可出售日的特定期限，是禁售期。

自首个行权日至最后一个行权日期间，是行权有效期。激励对象所获得的激励股票只有在行权有效期内解锁/行权才有效。在行权有效期内不符合解锁/行权条件或未行权的股票，均会被注销，被激励对象丧失该部分激励股票。

自授予日至最后一个行权期届满的时间或至股权激励被提前终止的期间，即股权激励计划存续的期间为股权激励的有效期。股权激励的有效期最长不超过授予日至最后一个行权日所属的期间。

（二）股权激励的流程

1. 上市公司股权激励流程

以中小板上市公司实施股权激励为例，对其流程简要说明如下：

董事会薪酬与考核委员会制定股权激励方案（草案）→董事会审议股权激励方案（草案）→独立董事或监事会就股权激励方案发表意见→内部公示激励对象名单→监事会审核激励对象名单并听取公示意见→股东大会审议股权激励方案→实施→执行完毕。

2. 非上市公司实施股权激励方案的流程

对于非上市公司实施股权激励而言，由于不存在程序上的强制要求，故企业在实施股权激励的流程会千差万别。但从规范性的角度而言，非上市公司可以参照上市公司的相关程序实施股权激励方案，以保证企业股权激励的透明性，减少因不规范的股权激励导致的纠纷。对于非上市企业实施股权激励而言，建议参考如下步骤：

制定股权激励相关制度、制定激励对象的确定标准→制定股权激励方案、明确股权激励的实施方式→公司最高权力机构审议股权激励方案（中外合资经营企业的股权激励方案由董事会审议）→与被激励对象签署股权激励协议→股权激励方案落地→按照股权激励方案对激励对象进行考核等→股权激励方案执行完毕。

四、拟上市公司股权激励的几个问题

在实践中，对于拟上市公司的股权激励方案的选取，常常考虑以下几种问题：

（一）股权激励方式的选择

1. 限制性股票（仅讨论在持股平台模式下）

在此种情况下，在股权激励方案实施后，即可锁定被激励对象，即被激励对象可立即登记为持股平台的股东，被激励对象需在激励方案实施时，按照约定的优惠价格向持股平台缴纳出资，再由持股平台向公司出资。即限制性股票方案中，被激励对象需要在是股权激励方案实施时，支付预期取得全部股权的全部对价。

故在此种模式下，一旦被激励对象取得激励股权后，其必须按照股权激励方案所设定的考核制度，专心为公司提供服务。只有在整个股权激励实施期间，被激励对象能够满足考核条件，其所获授的限制性才可以全部解锁。如果任一期间不满足考核条件导致无法全部或部分解锁的，则公司可以按照约定对于不符合解锁条件的锁定股权予以回购注销等方式对未解锁部分股票予以处置。

2. 股票期权

在此种情况下，在股权激励方案实施后，公司根据事先制定的考核条件，在股权激励实施期间对每一行权日，对被激励对象进行考核。如其满足事先约定的考核标准，被激励对象即可按照事先约定的价格行权，将期权变成实际所持有的股权。如不满足事先约定的考核标准，则其所获得全部或部分股票期权则不能行权，该部分无法行权的期权将会被注销。

但采取此种激励方案时，若公司的业绩指标未达预期或者被激励对象不看好公司未来的发展前景时，被激励对象可以选择放弃行权。所以，相对于限制性股票而言，股票期权方案中，被激励对象仅需要在行权时支付相应的股票对价即可。故相对于限制性股票而言，股票期权对于员工的约束力相对较差。

3. 股票增值权

这种股权激励方案属于一种以现金结算的股权激励方案,即在此方案中,需要在股权激励方案实施时,需要采用一种各方认可的方式对授予日及未来行权日的公司股权价格予以确定。在实施股权激励期间,公司各期所确认的股份支付费用/支付给被激励对象的现金为(行权日所确定的每股价格 - 授予日的每股价格)×股份数量。

在此种方案中,被激励队对象将获得现金,而非公司股权。而且在公司股权有较大增值的时候,所需确认的股份支付金额会比较大,且公司需在行权日支付给被激励对象一笔现金。如果该金额较大时,会对公司的现金流造成一定的压力,这对于科技型企业而言,则是必须要充分考虑的事项。且公司需按照工资/薪金的相关规定为被激励对对象代扣代缴个人所得税,无法享受限制性股票、股票期权所可能享受的税收优惠政策。

对于公司而言,被激励对象在获取股权激励的现金后,公司对被激励对象的约束力较差,无法在股权激励实施完毕后,对被激励对象形成持续性的约束,同时可能会导致被激励对象为实现考核指标而采取损害公司长期利益的行为。

4. 直接授予员工股权的方式实施股权激励

此方案常见于公司上市预期较为明确的情形下,在此方案中,公司通常将股份支付所产生的费用在报告期期初一次性确认,此种操作的优势在于将股份支付确认的费用在一年予以确认,减少对后续年度、特别是报告期最后一年的影响,避免因股份支付对公司利润及估值所带来的不利影响。

在此种方案中,为增加对被激励对象的约束力,公司通常会与被激励对象约定服务期。只有被激励对象在公司履行完约定的服务期后,才可以不受限制地拥有全部被激励股权。

(二)用于激励的股权来源

此问题仅涉及以权益结算的股权激励。

1. 由激励对象(或持股平台)向公司增资

在此种方案下,所用于股权激励的股权/股票来源为新增股权/股票。

对于上市公司而言,用于激励的股份比例不得超过公司总股本的10%(以审议该次股权激励的股东大会召开时的股本为准),但对于非上市公司而言,并无相关规定。

在实践中,新三板公司常参考《上市公司股权激励管理办法》的规定实施股权激励。而对于其他类型公司而言,则需具体结合控股股东的持股情况、投资人对于股权激励的态度(考虑股权激励给公司带来的收益以及因股权激励造成投资人所享有的权益被摊薄的情况)、公司的利润情况具体协商确定。

2. 由创始人向被激励对象(或持股平台)转让激励股权/股票

在此种方案下,所用于股权激励的股权/股票来源为创始人向被激励对象转让。此种方案下,实际为稀释创始人所持有的公司权益,而投资人所持有的公司权益并不受影响。在此种方案下,需考虑创始人对公司的控制权,若因创始人转让股权/股票可能影响创始人对公司控制权的稳定性,则对于公司后续发展会造成潜在不利影响。

3. 由公司回购股权的方式实施股权激励

在此种方案下,公司基于股权激励的目的回购符合《公司法》第142条所规定的公司回购股权的规定,但公司回购的股权需在6个月内转让给被激励对象。

在此种方案下,公司回购股权需向转让方支付回购价款,并如果回购价格较高时,则会给公司带来现金压力。

(三)股权激励的实施方式

1. 存在预留股权时,何时确认股份支付

根据《上市公司股权激励管理办法》的规定,公司可以一次性将激励股权授予被激励对象,也可以预留部分股权,待激励对象确定后,再将预留的激励股权授予被激励对象。当上市公司将预留股权授予被激励对象时,在授予时确认相应的股份支付时间。

对于上市公司而言,对于所预留的股权,在激励对象确定后,公司履行了必要的审议程序即可向交易所、中证登办理所授予的股票的登记等相关手续。

在查阅《鼎捷软件股份有限公司关于预留股票期权授予事项的公告》《浙江苏泊尔股份有限公司关于向激励对象授予预留限制性股票的公告》《上海科华生物工程股份有限公司关于向激励对象授予预留部分股票期权与限制性股票的公告》时,均在授予当期及之后的锁定期内预计了相应的股份支付费用。

对于非上市公司而言,也可能存在预留部分激励股权,待符合激励条件的人员确认后,再将激励股权授予被激励对象。而对于非上市公司,常采用将预留股权登记在创始人等特定人员名下,待激励对象确定后,由预留股权按照事先约定的价格转让至被激励对象名下。在此种情况下,则存在何时确认股份支付的问题。

根据前述股份支付的定义,公司授予对被激励对象实施股权激励,其目的是获取被激励对象的服务。故公司将预留股权登记在代为持有人名下时，其目的并不是取得代为持有人的服务，而是出于便于操作等目的。只有与被激励对象签订相应的协议，并将所激励的股权登记在被激励对象名下时，才具备确认股份支付条件。

同时，由于预留股权涉及代为持有人替待确定的激励对象持有激励股权的情形，该情形会与股权代持存在一些交叉，且将代为持有的激励股权授予确定的激励对象时，其价格往往与公司股权的公允价格存在偏差，故可能被质疑是否存在代持的情形。

故为了避免此类质疑，建议公司设计预留股权方案，做好股权激励股权激励文件的保管工作。

2. 一次性授予激励股权

由于《上市公司股权激励管理办法》规定，上市公司实施股权激励必须分期实施，故上市公司不存在一次性授予激励对象激励股权的情形。

对于非上市公司而言，由于不受《上市公司股权激励管理办法》的制约，公司可以根据自身业绩等情况，选择一次性授予。但由于一次性授予激励对象股权，无法体现长期激励的效果，不利于实现公司利益的最大化。因此在一次性授予的方案时，建议通过设置服务期限等方式，只有激励对象满足服务期限等事先设置的条件时，才可以不受限制地处置激励股权，以实现激励对象的个人利益与公司利益之间的捆绑。

3. 分期授予激励股权

上市公司和非上市公司均可以选择分期实施股权激励，并通过分期解锁或分期行权的方式来实现。

在此种情况下，既可以实现长期激励的效果，也可以将因股权激励所产生的费用在整个股权激励期限予以分摊，避免对单一会计年度的业绩造成过多不利影响。

（四）一次性授予的情况下，存在服务期限的情形

由于证监会对于在审企业存在正在执行中的股权激励情形持较为保守的态度，导致在审企业及拟 IPO 企业在设计股权激励方案时，通常采用一次性授予的方式实施股权激励。同时，为了体现激励效果以及增强对被激励员工的约束力，公司通常会设置一定的服务期限。只有在被激励对象提供服务期满时，才可以不受限制地处置其所持有的激励股权。

在宁德时代 IPO 案例中，公司为被激励对象设置 5 年服务期，如果被激励对象

在5年内出现业绩考核不达标、辞退等情形,将由实际控制人或其指定的人回购激励股权。证监会在反馈中要求宁德时代解释将股权激励成本在5年内分摊相关处理的依据,以及是否符合会计准则的规定。

在宁德时代于2018年3月12日报送的《招股说明书(申报稿)》中披露,公司为被激励对象设置5年服务期,被激励对象在期满后才可以不受限制处置激励股权,可以认定股权激励方案存在等待期,故将股权激励导致的股份支付费用在5年内分摊,符合会计准则的规定。

在2018年4月4日,证监会发审委在审核宁德时代的发审会上,发审委委员又再次要求宁德时代说明将股权激励成本在5年内分摊的依据是否充分,是否符合会计准则的规定。

在2018年5月29日披露的《招股说明书》则删除了关于5年分摊股权激励成本的表述,将股权激励的成本在2016年、2017年(2年内均有实施股权激励)予以一次性确认,进而导致宁德时代在2016年、2017年分别多确认9396.31万元、17,006.54万元股份支付费用。

由此可见,对于拟上市公司而言,应当充分考虑证监会在审核过程中对此类情形的态度。对于设置服务期的股权激励安排,应结合公司业绩情况及股权激励涉及股份支付的数额,综合考虑股权激励的实施方案。

(五)被激励对象参与股权激励的资金来源

在以权益结算的股份支付中,被激励对象在被授予限制性股票或行权时,均需按照股权激励方案所确定的标准支付相应的对价。

但在实践中,常常遇到被激励对象无力承担相应对价的情形,此时会存在被激励对象通过向第三方拆借资金、甚至向公司拆借资金参与股权激励的情形。

由于《上市公司股权激励管理办法》明确禁止公司为被激励对象提供财务资助,故上市公司实施股权激励处理此类问题不存在争论的空间。但对于非上市公司而言,由于对于此类问题并无强制性规定,导致实践中可能存在公司为被激励对象提供财务资助的情形。

但对于拟上市公司而言,我们不建议公司为被禁对象提供财务资助,理由如下:

1. 公司向个人提供资金拆借,涉及公司资金管理等内控制度的有效性问题,以及被质疑存在利益输送的情形;

2. 为被激励对象提供财务资助,可能涉及关联交易,进而会关注公司治理有效性的问题。

（六）与股权激励相关的制度建设

由于《上市公司股权激励管理办法》明确要求说明激励对象的确定依据、上市公司对激励对象的考核指标等，故上市公司实施股权激励时，均会说明股权激励相应制度安排。上市公司也会建立起比较完整的考核机制，以确定被激励对象是否达到考核指标，进而决定其解锁或行权的股份数量。

对于非上市公司而言，由于不存在实施股权激励的强制性规定，故在实践中存在较大的随意性，不同公司在实施股权激励所涉及的制度建设也存在较大的差异。

故对于拟IPO企业，建议就股权激励制定相应的制度，通过建立相应的激励对象遴选制度、激励股权的管理制度、激励对象的考核制度等制度，使公司的股权激励能够有规章制度可依，也体现了拟IPO企业的不断规范公司治理的过程。

（七）明确股权激励各方的权利义务关系

上市公司在实施股权激励时，需按照规定与激励对象签订相应的协议，对被激励对象参与股权激励的资格、所获得的股票数量、行权安排、行权价格、实施程序、股权激励计划的变更终止、税费负担、争议解决等事项作出约定，以明确双方的权利义务关系。

对于非上市公司而言，通过与被激励对象签署具体、可操作的股权激励协议，对双方权利义务作出约定，有利于股权激励方案的实施和实现股权激励的目的，以及为在特定条件下修改、终止股权激励方案提供了协议安排。

（八）股权激励所涉及的相关税务事项

1. 限制性股票/股票期权

根据《财政部　国家税务总局关于完善股权激励和技术入股有关所得税政策的通知》（财税〔2016〕101号）的规定，对于符合条件的非上市公司股票期权、股权期权、限制性股票实行递延纳税政策。即非上市公司授予本公司员工的股票期权、股权期权、限制性股票和股权奖励，符合规定条件的，经向主管税务机关备案，可实行递延纳税政策，具体来说，员工在取得股权激励时可暂不纳税，递延至转让该股权时纳税；股权转让时，按照股权转让收入减除股权取得成本以及合理税费后的差额，适用“财产转让所得”项目，按照20%的税率计算缴纳个人所得税。

股权转让时，股票（权）期权取得成本按行权价确定，限制性股票取得成本按实际出资额确定，股权奖励取得成本为零。

该文件第2条对享受递延纳税政策的股权激励方案所满足的条件作出了明确约定。故拟上市公司在制定股权激励方案时，可参照该文件的要求，实施股权激励，并就股权激励向主管税务机关备案，以享受该项税收优惠。

故在实施限制性股票或股权期权的股权激励方案时，公司可以根据上述税收优惠文件的规定，在主管税务机关履行备案手续后，为被激励对象争取递延纳税的税收优惠政策。

2. 一次性授予

一次性授予方案中，本质上是一个员工向公司（或持股平台）增资的方案。故在这种方案中，会涉及员工低价取得公司股权的情形。

根据《财政部　国家税务总局关于完善股权激励和技术入股有关所得税政策的通知》（财税〔2016〕101 号）第 4 条第 1 款的规定，个人从任职受雇企业以低于公平市场价格取得股票（权）的，凡不符合递延纳税条件，应在获得股票（权）时，对实际出资额低于公平市场价格的差额，按照“工资、薪金所得”项目，参照《财政部　国家税务总局关于个人股票期权所得征收个人所得税问题的通知》（财税〔2005〕35 号）有关规定计算缴纳个人所得税。

由于一次性授予方案不属于限制性股票、股票期权、股权奖励等列示的激励方式，且所参照个公平市场价格的确定亦存在争议，建议在设计一次性授予方案前，与主管税务机关进行沟通，以确定在此方案下的当地税务机关对被激励对象征收个人所得税所执行的具体标准。

3. 股票增值权

参考《国家税务总局关于股权激励有关个人所得税问题的通知》（国税函〔2009〕461 号）第 5 条的规定，股票增值权个人所得税纳税义务时间为上市公司向被授权人兑现股权增值权所得的时间。

根据《国家税务总局关于个人股票期权缴纳个人所得税有关问题的补充通知》（国税函〔2006〕902 号）第 4 条的规定，凡取得股票期权的员工在行权日不实际买卖股票，而按行权日股票期权所指定股票的市场价与施权价之间的差额，直接从授权企业取得价差收益的，该项价差收益应作为员工取得的股票期权形式的工资薪金所得，按照财税〔2005〕35 号文件的有关规定计算缴纳个人所得税，即在员工取得相应的收入时按照“工资、薪金所得”适用的规定缴纳个人所得税。

由于上述政策是针对上市公司实施股票增值权的税收规定，非上市公司设计股票增值权激励方案时，能否参照适用存在不确定性。建议公司在设计股票增值权激励方案时，与主管税务机关进行沟通，以确定在此种模式下的个人所得税税负问题。

公积金转增注册资本实务指引

王丰川　王　倩
陕西稼轩律师事务所

一、公积金的概念及意义

我们在日常生活中经常听到“公积金”的概念，其多指住房公积金，而公司也有公积金，本文要说的便是公司法领域的公积金。

公司的公积金又称储备金，是指公司为了巩固自身的财产基础，提高公司的信用和防范意外亏损，依照法律和公司章程的规定，在公司资本以外积存的资金，又称附加资本。

根据《公司法》第166条的规定，公司分配当年税后利润时，应当提取利润的10%列入公司法定公积金。公司从税后利润中提取法定公积金后，经股东会或者股东大会决议，还可以从税后利润中提取任意公积金。同时，《公司法》第167条规定，股份有限公司以超过股票票面金额的发行价格发行股份所得的溢价款以及国务院财政部门规定列入资本公积金的其他收入，应当列为公司资本公积金。根据上述规定可知，我国公司法上将公司的公积金分为法定公积金、任意公积金和资本公积金。

那么这三项公积金的具体内涵及用途又是什么呢？

根据《小企业会计准则》第55条规定，资本公积，是指小企业收到的投资者出资额超过其在注册资本或股本中所占份额的部分。根据《企业会计制度》第82条的规定，资本公积包括资本（或股本）溢价、接受捐赠资产、拨款转入、外币资本折算差额等，同时该条规定，资本公积各准备项目不能转增资本（或股本）。本文仅指因资本（或股本）溢价所形成的资本公积金。

根据《小企业会计准则》第56条的规定，盈余公积，是指小企业按照法律规定在税后利润中提取的法定公积金和任意公积金。两者的区别在于是否基于法律的强制性规定，法定公积金是基于法律明文规定必须提取的，而任意公积金可由公司股东自行决定是否提取。公司法领域的三项公积金的目的在于作为储备金用于弥补公司的亏损、扩大公司生产经营或者转为公司资本。但是，根据《公司法》第168条的规定，资本公积金不得用于弥补公司的亏损。

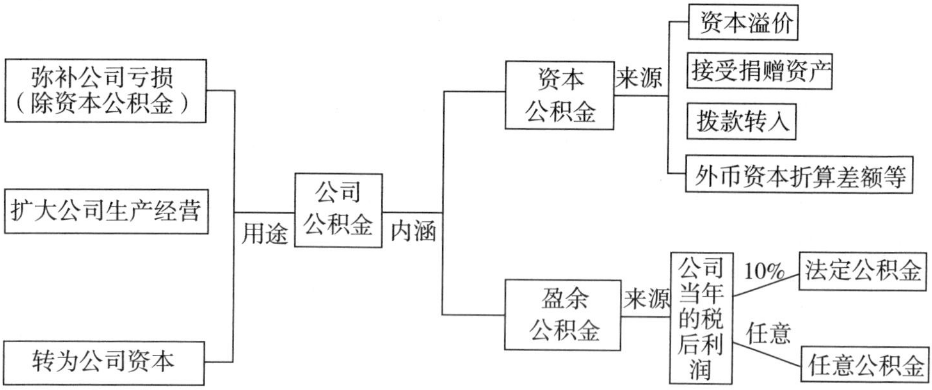

图1　公司公积金构成

二、公积金转增注册资本的实务分析

公司在实际运营过程中为了进一步扩大生产经营往往会选择将积累的公积金转增为公司注册资本，以增强公司实力，提高公司信用。稼轩律师在服务过程中被问到最多的问题是，法律对公积金转增注册资本有无限制性规定，转增后股东对其按出资比例增加的出资是否要缴纳税费。以下我们将以两个案例的形式就这两个问题予以简要分析。

（一）未分配利润、盈余公积金转增注册资本

案例一：A公司为有限责任公司，其注册资本为1000万元，其中自然人股东甲和法人股东乙分别出资500万元，出资比例分别为50%，公司2017年的税后利润为100万元，公司以前年度无亏损。

法律分析：

1. 根据《公司法》第166条的规定，A公司分配当年税后利润时，应从利润100万元中提取10%即10万元列入公司的法定公积金。当然，第166条还规定，当公司法定公积金累计额为公司注册资本的50%以上的，可以不再提取。即当A公司从当年的税后利润中累计提取法定公积金满500万元时可不再提取。

2. 当A公司计提10%的法定公积金后，根据《公司法》第166条第3款的规定，经股东会或者股东大会决议，还可以从税后利润中提取任意公积金。假设，A公司股东会决定，从剩余的税后利润即90万元中再提取10%（9万元）列入公司的任意公积金。

3. 当A公司计提法定公积金和任意公积金后，2017年的税后利润还剩余81万元，此时A公司有以下三种选择：

（1）A公司股东会决定将81万元税后利润直接分配给股东

根据《公司法》第34条的规定，若股东甲、乙之间无分取红利的特殊约定，则甲、乙按出资比例可各分得40.5万元的税后利润。那么自然人股东甲和法人股东乙对各自分得的40.5万元的利润该如何缴税呢？

①自然人股东甲：根据《个人所得税法》第2条和第3条的规定，利息、股息、红利所得应按照20%的比例税率缴纳个人所得税。因此自然人股东甲对于其分得的40.5万元的利润红利所得应缴纳8.1万元的个人所得税。

②法人股东乙：根据《企业所得税法》第26条规定，企业的下列收入为免税收入：……符合条件的居民企业之间的股息、红利等权益性投资收益……《企业所得税法实施条例》第83条又进一步作出解释，《企业所得税法》第26条所称符合条件的居民企业之间的股息、红利等权益性投资收益，是指居民企业直接投资于其他居民企业取得的投资收益。《企业所得税法》第26条第2项和第3项所称股息、红利等权益性投资收益，不包括连续持有居民企业公开发行并上市流通的股票不足12个月取得的投资收益。因此，对居民企业法人股东乙来说，其从A公司分得的40.5万元的利润红利所得无须缴纳企业所得税。

（2）A公司股东会决定不分配剩余利润

A公司应将81万元税后利润计入当年的未分配利润科目下。

（3）A公司股东会决定将81万元税后利润用于转增注册资本

转增后A公司的注册资本增至1081万元，则甲乙股东的出资按其出资比例相应增加为1081×50%＝540.5万元，相较原来各自500万元的出资额，转增后甲乙股东各自增加了40.5万元的出资。

那么甲乙股东对这增加的40.5万元的出资是否要承担纳税的义务呢？

①自然人股东甲是否要缴纳个人所得税？

根据《国家税务总局关于进一步加强高收入者个人所得税征收管理的通知》（国税发〔2010〕54号）的规定，加强企业转增注册资本和股本管理，对以未分配利润、盈余公积和除股票溢价发行外的其他资本公积转增注册资本和股本的，要按照‘利息、股息、红利所得’项目，依据现行政策规定计征个人所得税。另外，《关于将国家自主创新示范区有关税收试点政策推广到全国范围实施的通知》（财税〔2015〕116 号）也规定了以未分配利润、盈余公积金向个人股东转增股本，个人股东获得转增的股本，应按照“利息、股息、红利所得”项目，适用 20% 税率征收个人所得税。除此之外本通知还对中小高新技术企业作出了一定的税收优惠，即中小高新技术企业的个人股东一次缴纳个人所得税确有困难的，可在 5 年内分期缴纳。

综上，A 公司以未分配利润转增注册资本的，自然人股东甲获得的出资应按照“股息、红利所得”缴纳个人所得税，适用 20% 的比例税率。因此，自然人股东甲对以未分配利润转增注册资本而相应增加的 40.5 万元的出资应按照 20% 的税率缴纳 8.1 万元的个人所得税。

②法人股东乙是否要缴纳企业所得税？

以未分配利润和盈余公积转增资本，企业的留存利润相应减少，在账务处理上视同利润分配，税务处理与账务处理保持一致是合理的，但国税发〔2010〕54 号仅规定符合条件的计征个人所得税，并未说明是否适用于法人股东。就此问题，笔者咨询了经办过以未分配利润转增注册资本的财务人员，实务中法人股东均未因此缴纳企业所得税。

因此，法律法规层面在未规定以未分配利润转增注册资本法人股东是否缴纳所得税时，实务中均以法律未规定为由，暂不缴纳所得税，实务工作人员也说明，若将来税收法律规定予以明确，将严格按照规定办理。作者也会持续关注该问题，如有最新规定，本文将进行相应调整。

4. A 公司除了以未分配利润转增注册资本外，也可以将提取的法定公积金和任意公积金转增为注册资本

（1）法定公积金、任意公积金转增注册资本的法律规定

根据《公司法》第 168 条规定，法定公积金转为资本时，所留存的该项公积金不得少于转增前公司注册资本的 25%。也就是说，A 公司只能以 500 万元中的 250 万元用于转增注册资本。

除此之外，A 公司股东会也可决议以任意公积金转增注册资本，法律上对任意公积金转增注册资本的比例没有限制。即 A 公司可决议将 9 万元的全部或部分用于转增注册资本。

那么自然人股东甲和法人股东乙对以法定公积金和任意公积金转增注册资本后按出资比例分得的出资是否要缴纳个人所得税和企业所得税呢？

(2)法定公积金、任意公积金转增注册资本的税收规定

①自然人股东甲是否要缴纳个人所得税？

根据国税发〔2010〕54号和财税〔2015〕116号文的规定，以盈余公积转增注册资本，应按照“利息、股息、红利所得”项目，适用20%税率征收个人所得税。因此，A公司以盈余公积金转增注册资本时，自然人股东甲对按出资比例分得的出资额应适用20%的税率缴纳个人所得税。

②法人股东乙是否要缴纳企业所得税？

根据《国家税务总局关于盈余公积金转增注册资本征收个人所得税问题的批复》(国税函〔1998〕333号)的规定，公司将从税后利润中提取的法定公积金和任意公积金转增注册资本，实际上是该公司将盈余公积金向股东分配了股息、红利，股东再以分得的股息、红利增加注册资本。即公司以盈余公积金转增注册资本，股东按其出资比例获得的出资额视为股息、红利所得。笔者认为，国税函〔1998〕333号公文虽然是对盈余公积金转增注册资本征收个人所得税问题的批复，但批复正文中的解释并未区分自然人股东和法人股东，因此可推定法人股东因盈余公积金转增注册资本而增加的出资额也应视为股息、红利所得。且笔者咨询相关财务人员，公司以盈余公积金转增注册资本，税务上是作为利润分配和增加注册资本两项业务处理的，即盈余公积金转增注册资本本质上属于一种利润分配行为。根据《企业所得税法》第26条的规定，符合条件的居民企业之间的股息、红利等权益性投资收益属于免税收入。

因此，A公司以盈余公积金转增注册资本时，法人股东乙对按出资比例分得的出资额免缴企业所得税。

(二)资本公积金转增注册资本

案例二：A公司为有限责任公司，注册资本为1000万元，其中自然人股东甲和法人股东乙分别出资500万元，出资比例分别为50%。之后，有限合伙制私募股权投资基金丙因看好A公司发展前景而拟以股权投资的方式对A公司进行增资。投资人丙对A公司的估值为2000万元，拟投资500万元，则增资后A公司的估值为2500万元。投资人丙的500万元投资款可获得A公司20%($500 \div 2500 = 20\%$)的股权，其中，250万元【$(1000 + x) \times 20\% = x, x = 250$万元】计入注册资本，剩余的250万元作为资本溢价款计入资本公积金。投资完成后，投资人丙取得公司20%的

股权，原股东甲乙各自的出资比例被稀释为40%。

经过一段时间的发展，A公司决定将250万元的资本公积金转增为注册资本以进一步扩大公司的生产经营。转增后公司的注册资本增加为1500万元，则股东甲、乙、丙的出资额按照40%、40%、20%的比例又相应增加为600万元、600万元、300万元，相较于转增前分别增加了100万元、100万元、50万元。

那么股东甲、乙、丙对于增加的出资额是否需要承担纳税的义务呢？

1. 自然人股东甲是否要缴纳个人所得税？

根据《国家税务总局关于进一步加强高收入者个人所得税征收管理的通知》（国税发〔2010〕54号）的规定，加强企业转增注册资本和股本管理，对以未分配利润、盈余公积和除股票溢价发行外的其他资本公积转增注册资本和股本的，要按照"利息、股息、红利所得"项目，依据现行政策规定计征个人所得税。也就是说，除了股份公司以股票溢价发行形成的资本公积金转增注册资本不需要缴纳个人所得税以外，其他资本公积金包括资本溢价、接受现金捐赠、拨款转入、外币资本折算差额等转增注册资本时，都要按照"利息、股息、红利所得"项目计征个人所得税。

《关于股权奖励和转增股本个人所得税征管问题的公告》（国家税务总局公告2015年第80号）又指出，非上市及未在全国中小企业股份转让系统挂牌的中小高新技术企业以未分配利润、盈余公积、资本公积向个人股东转增股本，并符合财税〔2015〕116号文件有关规定的，纳税人可分期缴纳个人所得税；非上市及未在全国中小企业股份转让系统挂牌的其他企业转增股本，应及时代扣代缴个人所得税。上市公司或在全国中小企业股份转让系统挂牌的企业转增股本（不含以股票发行溢价形成的资本公积转增股本），按现行有关股息红利差别化政策执行。

综上，A公司基于投资方丙投资时因资本溢价形成的资本公积金转增注册资本时，自然人股东甲对于其按出资比例分得的100万元出资需要按照20%的税率缴纳个人所得税。

2. 法人股东乙是否要缴纳企业所得税？

根据《国家税务总局关于贯彻落实企业所得税法若干税收问题的通知》（国税函〔2010〕79号）第4条第2款的规定，被投资企业将股权（票）溢价所形成的资本公积转为股本的，不作为投资方企业的股息、红利收入，投资方企业也不得增加该项长期投资的计税基础。因此，A公司以资本溢价形成的资本公积金转增注册资本，法人股东税务上是不需要确认收入的，其自然无须缴纳企业所得税。

3. 有限合伙制私募股权投资基金丙是否要纳税?

首先,关于有限合伙制私募股权投资基金纳税原则,《企业所得税法》第 1 条规定,个人独资企业、合伙企业不适用本法。那么作为有限合伙企业的私募股权投资基金丙该如何对其企业所得缴纳税收呢?《合伙企业法》第 6 条规定,合伙企业的生产经营所得和其他所得,按照国家有关税收规定,由合伙人分别缴纳所得税。财政部、国家税务总局公布的《关于合伙企业合伙人所得税问题的通知》(财税〔2008〕159 号)给出了规定,合伙企业以每一个合伙人为纳税义务人。合伙企业合伙人是自然人的,缴纳个人所得税;合伙人是法人和其他组织的,缴纳企业所得税。由此可见,合伙企业本身不存在所得税纳税义务,其合伙人按照相关规定申报缴纳所得税。

其次,当 A 公司以资本公积金转增注册资本时,丙的合伙人对增加的出资是否要缴纳税收呢?

假设丙的合伙人包括自然人和企业法人。

对于企业法人合伙人,按照上述《国家税务总局关于贯彻落实企业所得税法若干税收问题的通知》(国税函〔2010〕79 号)的规定,被投资企业将股权(票)溢价所形成的资本公积转为股本的,不作为投资方企业的股息、红利收入。因此企业法人合伙人无须缴纳企业所得税。

对于自然人合伙人,根据《合伙企业法》及财税〔2000〕91 号文的规定,合伙企业本身不存在所得税纳税义务,由自然人合伙人按照相关规定申报缴纳个人所得税。同时,参照《国家税务总局关于进一步加强高收入者个人所得税征收管理的通知》(国税发〔2010〕54 号)的规定,加强企业转增注册资本和股本管理,对以未分配利润、盈余公积和除股票溢价发行外的其他资本公积转增注册资本和股本的,要按照'利息、股息、红利所得'项目,依据现行政策规定计征个人所得税。实务中,自然人合伙人因合伙企业的被投企业进行资本公积金转增注册资本时,也通常参照"按照利息、股息、红利所得"项目计征个人所得税。但是,相关法律法规及国税总局并未给出明确的规定,笔者暂未查询到相反案例,若后续有相关规定或相反案例,本文将根据最新规定进一步解释说明。

三、公积金转增注册资本的实操流程

(一)具体流程

1. 拟定公积金转增注册资本的方案;

2. 召开股东(大)会进行决议(2/3 以上表决权决议通过);

3. 修改公司章程；

4. 聘请会计师事务所进行验资，出具验资报告（可选）；

5. 到工商局进行变更登记。

（二）办理工商变更登记需要提交的材料

1. 公司法定代表人签署的《公司变更登记申请书》；

2. 公司盖章的指定委托书；

3. 同意用公积金增加注册资本的股东会决议，股东会决议中主要应载明增资方式、增资的股权额、增资后的最新股本结构；

4. 最新股东名册；

5. 章程修正案（主要列示章程变动情况对照表）或最新公司章程；

6. 股东（大）会决议；

7. 会计师事务所出具的新增资本的验资证明（或有）；

8. 公司营业执照正副本原件。

（以上流程以具体工商行政部门规定为准）

与私募投资相关证券市场规则

国有私募股权投资基金如何减持其持有的上市公司股份

田增杰
四川弘芯股权投资基金管理有限公司

未上市企业和已上市企业非公开发行和交易的普通股，是私募股权投资基金主要的投资对象，无论是通过未上市企业上市退出还是转让已上市企业非公开发行和交易的普通股，私募股权投资基金都面临着如何减持其持有的上市公司股份问题。本文尝试以国有私募股权投资基金这一特殊主体减持上市公司股份为例，来进行系统的梳理减持中相关问题，以此为实践提供指导。

第一部分　问题的提出

《上市公司股东、董监高减持股份的若干规定》（中国证券监督管理委员会公告〔2017〕9号，以下简称《减持若干规定》）颁布实施之后，清仓式减持成为历史，持有公司首次公开发行前股份和上市公司非公开发行股份的股东（以下简称"特定股东"）减持上市公司股份时间周期拉长。加之，《上市公司国有股权监督管理办法》（国资委　财政部　证监会令第36号，以下简称"36号文"）完善了上市公司国有股权交易监管体系。在此新的政策背景下，国有私募股权投资基金如何更好地减持上市公司股份成为一个值得研究的问题。

第二部分　国有股的认定

一、国有股东认定依据

36号文第3条规定明确了国有股东的认定标准，即国有股东是指符合以下情形之一的企业和单位，其证券账户标注"SS"：（1）政府部门、机构、事业单位、境内国有独资或全资企业;(2)第 1 款中所述单位或企业独家持股比例超过 50%,或合计持股比例超过 50%,且其中之一为第一大股东的境内企业;(3)第 2 款中所述企业直接或间接持股的各级境内独资或全资企业。

二、有限合伙企业控制的国有出资的公司制基金是否会被认定为国有股东

私募股权投资基金的组织形式主要为公司制、合伙制和契约制三种形态。契约制因控制力问题,国有私募股权投资基金一般不选择该种组织形式,而更多地采用公司制和合伙制。

36 号文第 78 条已明确,国有出资的有限合伙企业不作为国有股东认定,其所持上市公司股份的监督管理另行规定。国有出资的公司制基金,则需要按照 36 号文的认定标准,判断是否认定为国有股东,但若有限合伙企业控制的国有出资的公司制基金,是否会被认定为 36 号文下的国有股东呢?

针对这个问题,笔者咨询了四川省国资委的相关工作人员,并由其电话咨询了国务院国资委的相关工作人员,根据上述人员的解答,截至本文撰写时,有限合伙企业控制的国有出资的公司制基金不会被认定为国有股东,其证券账户不标注为 SS。因 36 号文的配套措施尚未落地,这一结论尚需得到实践的进一步验证。

第三部分　减持决策程序

国有私募股权投资基金若是被认定为 36 号文下的国有股东,在履行减持上市公司股份的时候,按照 36 号文的规定,需要履行相应的决策程序。

一、上市公司国有股监管的级别管辖

(一)国有资产监督管理部门审批

1. 中央企业由国务院国资委审批。

2. 地方企业由省级国资委审批,省级国资委报省级人民政府同意,可以授权市级国资委审批市级以下有关上市公司国有股权变动的监督管理。按照《民法总则》第 205 条的规定,民法所称的“以上”“以下”“以内”“届满”,包括本数。这就意味着市级国资监管部门获得省级国资委经省级人民政府的同意授权,则可以审批市级上市公司国有股东股权变动行为。

（二）征求相关部门意见或报批

受让方为外资的，应就“是否符合吸收外商投资政策”征求商务部门的意见。涉及“政府社会公共管理事项”应依法报政府相关部门审批。

（三）同级人民政府审批

36号文第6条第3款规定，按照法律、行政法规和本级人民政府有关规定，须经本级人民政府批准的上市公司国有股权变动事项，国有资产监督管理机构应当履行报批程序。

笔者通过检索，36号文第6条第3款所称的“法律、行政法规”主要是《企业国有资产法》和《企业国有资产监督管理暂行条例》，涉及全部转让或部分转让但控制权变动事项需要报本级人民政府批准。如《企业国有资产法》第53条规定，国有资产转让由履行出资人职责的机构决定。履行出资人职责的机构决定转让全部或者部分国有资产，致使国家对该企业不再具有控股地位的，应当报请本级人民政府批准。《企业国有资产监督管理暂行条例》第23条规定，国有资产监督管理机构决定其所出资企业的国有股权转让。其中，转让全部国有股权或者转让部分国有股权致使国家不再拥有控股地位的，报本级人民政府批准。

（四）国家出资企业审批+管理系统备案

1. 国家出资企业审批

36号文第7条明确了国家出资企业减持上市公司股份的审批权限：

（1）国有股东通过证券交易系统转让所持上市公司股份，总股本不超过10亿股的上市公司，国有控股股东拟于一个会计年度内累计净转让（累计转让股份扣除累计增持股份后的余额，下同）未达到总股本5%；总股本超过10亿股的上市公司，国有控股股东拟于一个会计年度内累计净转让数量未达到5000万股的；国有参股股东拟于一个会计年度内累计净转让未达到上市公司总股本5%。上述事项由国家出资企业自行审批。

（2）国有股东所持上市公司股份在本企业集团内部进行的无偿划转、非公开协议转让事项。

（3）国有控股股东所持上市公司股份公开征集转让、发行可交换公司债券及所控股上市公司发行证券，未导致其持股比例低于合理持股比例的事项；国有参股股东所持上市公司股份公开征集转让、发行可交换公司债券事项。

2. 管理系统备案

国家出资企业审核批准的变动事项须通过国有资产监督管理系统作备案管

理，并取得统一编号的备案表。

第四部分　通过证券交易系统减持的路径选择

本部分主要以深圳证券交易所为研究对象，梳理相应的减持方式的规则体系。

一、集中竞价交易

（一）概念

按照《深圳证券交易所交易规则（2016 第二次修订）》（深证会〔2016〕291 号）规定，集合竞价，是指对一段时间内接受的买卖申报一次性集中撮合的竞价方式。

（二）有效竞价确定

按照《深圳证券交易所交易规则（2016 第二次修订）》（深证会〔2016〕291 号）规定，集中竞价交易有效竞价确定主要按照如下规则：

1. 买卖有价格涨跌幅限制的证券，其有效竞价范围与涨跌幅限制范围一致，在价格涨跌幅限制以内的申报为有效申报，超过涨跌幅限制的申报为无效申报。

2. 买卖无价格涨跌幅限制的证券，按下列方法确定有效竞价范围：

（1）股票开盘集合竞价的有效竞价范围为即时行情显示的前收盘价的 900% 以内，连续竞价、盘中临时停牌复牌集合竞价、收盘集合竞价的有效竞价范围为最近成交价的上下 10%；

（2）债券上市首日开盘集合竞价的有效竞价范围为发行价的上下 30%，连续竞价、收盘集合竞价的有效竞价范围为最近成交价的上下 10%；非上市首日开盘集合竞价的有效竞价范围为前收盘价的上下 10%，连续竞价、收盘集合竞价的有效竞价范围为最近成交价的上下 10%；

（3）债券质押式回购非上市首日开盘集合竞价的有效竞价范围为前收盘价的上下 100%，连续竞价、收盘集合竞价的有效竞价范围为最近成交价的上下 100%。债券质押式回购上市首日的有效竞价范围设置，由本所另行规定。

有效竞价范围计算结果按照四舍五入原则取至价格最小变动单位。

无价格涨跌幅限制证券有效竞价范围上限或下限与最近成交价之差的绝对值低于价格最小变动单位的，以最近成交价增减一个该证券的价格最小变动单位为有效竞价范围。

3. 无价格涨跌幅限制的证券在集合竞价期间没有产生成交的，继续交易时，按下列方式调整有效竞价范围：

（1）有效竞价范围内的最高买入申报价高于即时行情显示的前收盘价或最近成交价，以最高买入申报价为基准调整有效竞价范围；

（2）有效竞价范围内的最低卖出申报价低于即时行情显示的前收盘价或最近成交价，以最低卖出申报价为基准调整有效竞价范围。

（三）成交价的确定原则

按照《深圳证券交易所交易规则（2016 第二次修订）》（深证会〔2016〕291 号）规定，集合竞价时，成交价的确定原则为：

1. 可实现最大成交量；

2. 高于该价格的买入申报与低于该价格的卖出申报全部成交；

3. 与该价格相同的买方或卖方至少有一方全部成交。

两个以上价格符合上述条件的，取在该价格以上的买入申报累计数量与在该价格以下的卖出申报累计数量之差最小的价格为成交价；买卖申报累计数量之差仍存在相等情况的，开盘集合竞价时取最接近即时行情显示的前收盘价的价格为成交价，盘中、收盘集合竞价时取最接近最近成交价的价格为成交价。

集合竞价的所有交易以同一价格成交。

（四）集中竞价交易的限制

1. 限制的一般原则

按照《深圳证券交易所上市公司股东及董事、监事、高级管理人员减持股份实施细则》第 4 条规定，大股东减持或者特定股东减持，采取集中竞价交易方式的，在任意连续 90 个自然日内，减持股份的总数不得超过公司股份总数的 1%。

股东通过集中竞价交易减持上市公司非公开发行股份的，除遵守前款规定外，在股份限制转让期间届满后 12 个月内，减持数量还不得超过其持有的该次非公开发行股份的 50%。

特定股东减持上市公司非公开发行股份的，一年内减持最多不超过上市公司股份总数的 4%，且在解禁后 12 个月内不得超过特定股东持股量的 50%。

2. 创业投资基金例外原则

按照《深圳证券交易所上市公司创业投资基金股东减持股份实施细则》（深证上〔2018〕94 号）第 3 条明确，符合条件的创业投资基金通过集中竞价交易减持其持有的首次公开发行前股份的比例限制：

（1）截至首次公开发行申请材料受理日，投资期限不满 36 个月的，创业投资基金在任意连续90个自然日内,减持股份的总数不得超过公司股份总数的1%。

(2)截至首次公开发行申请材料受理日,投资期限已满36个月不满48个月的,创业投资基金在任意连续60个自然日内,减持股份的总数不得超过公司股份总数的1%。

(3)截至首次公开发行申请材料受理日,投资期限已满48个月的,创业投资基金在任意连续30个自然日内,减持股份的总数不得超过公司股份总数的1%。

(五)集中竞价交易的优劣势

优势:交易对手无须刻意寻找,操作方便。

劣势:减持时间周期长。

二、大宗交易

(一)大宗交易的条件

按照《深圳证券交易所交易规则(2016第二次修订)》(深证会〔2016〕291号)规定,在本所进行的证券交易符合以下条件的,可以采用大宗交易方式:

1. A股单笔交易数量不低于30万股,或者交易金额不低于200万元人民币;
2. B股单笔交易数量不低于3万股,或者交易金额不低于20万元港币;
3. 基金单笔交易数量不低于200万份,或者交易金额不低于200万元人民币;
4. 债券单笔交易数量不低于5000张,或者交易金额不低于50万元人民币。

本所可以根据市场需要,调整大宗交易的最低限额。

(二)大宗交易的方式

1. 协议大宗交易,是指大宗交易双方互为指定交易对手方,协商确定交易价格及数量的交易方式。

2. 盘后大宗交易,是指证券交易收盘后按照时间优先的原则,以证券当日收盘价或证券当日成交量加权平均价格对大宗交易买卖申报逐笔连续撮合的交易方式。

(三)大宗交易的申报时间

采用协议大宗交易方式的,本所接受申报的时间为每个交易日9:15至11:30、13:00至15:30。

采用盘后定价大宗交易方式的,本所接受申报的时间为每个交易日15:05至15:30。

当天全天停牌、处于临时停牌期间或停牌至收市的证券,本所不接受其协议大宗交易申报。

当天全天停牌或停牌至收市的证券，本所不接受其盘后定价大宗交易申报。

(四)大宗交易的价格确定原则

有价格涨跌幅限制证券的协议大宗交易的成交价格，在该证券当日涨跌幅限制价格范围内确定。

无价格涨跌幅限制证券的协议大宗交易的成交价格，在前收盘价的上下30%之间确定。

(五)申报类型和申报指令

1. 大宗交易减持仅接受协议大宗交易的成交申报

按照《深圳证券交易所关于上市公司股东通过大宗交易减持股份不再采用人工受理方式的通知》(深证会〔2017〕234号)规定，自2017年7月31日起，上市公司股东根据《实施细则》第5条规定，通过大宗交易减持股份的，应当采用协议大宗交易方式，并应当将受减持规定限制的股份与不受减持规定限制的股份分别申报卖出。股份减持方和受让方均应当知晓并承诺遵守中国证监会和本所有关股份减持的相关规定。上市公司股东通过大宗交易减持股份的，本所仅接受其协议大宗交易的成交申报。

2. 申报指令

按照《深圳证券交易所关于上市公司股东通过大宗交易减持股份不再采用人工受理方式的通知》(深证会〔2017〕234号)规定，上市公司股东通过大宗交易减持股份，采用协议大宗交易方式减持，申报指令内容为：

(1)按照《深圳证券交易所交易规则(2016第二次修订)》(深证会〔2016〕291号)规定，协议大宗交易成交申报指令应当包括证券账户号码、证券代码、买卖方向、价格、数量、对手方交易单元代码、约定号等内容。成交申报要求明确指定价格和数量。

(2)申报指令明确买卖股份是否属于受减持规定限制的股份。

(六)大宗交易的限制

1. 一般限制原则

按照《深圳证券交易所上市公司股东及董事、监事、高级管理人员减持股份实施细则》第5条规定，大股不减持或者特定股东减持，采用大宗交易方式的，在任意连续90个自然日内，减持股份的总数不得超过公司股份总数的2%，其受让方在受让后6个月内，不得转让其受让的股份。

2. 创业投资基金的例外

按照《深圳证券交易所关于发布〈深圳证券交易所上市公司创业投资基金股东减持股份实施细则〉的通知》(深证上〔2018〕94号)第4条明确,符合条件的创业投资基金通过大宗交易减持其持有的首次公开发行前股份的比例限制:

(1)截至首次公开发行申请材料受理日,投资期限不满36个月的,创业投资基金在任意连续90个自然日内,减持股份的总数不得超过公司股份总数的2%。

(2)截至首次公开发行申请材料受理日,投资期限已满36个月不满48个月的,创业投资基金在任意连续60个自然日内,减持股份的总数不得超过公司股份总数的2%。

(3)截至首次公开发行申请材料受理日,投资期限已满48个月的,创业投资基金在任意连续30个自然日内,减持股份的总数不得超过公司股份总数的2%。

前款交易的受让方在受让后6个月内,不得转让其受让的股份。

(七)大宗交易的优劣势

优势:一是通过大宗交易来减持股份有利于股东减持实现一步到位,免去二级市场分批减持等操作上的繁杂;二是减少直接在二级市场减持对股价的冲击并规避价格风险;三是可以实现一定程度上避税的功能。

劣势:减持新规下,大宗交易一年减持最大量有数量限制,且受让方受让后6个月内不得转让其受让股份,受让方为应对该问题,可能要求转让方有一定的承诺或者对赌,如果6个月后股价低于转让价格,则要求股票转让方给予一定的补偿,这无疑增加了谈判难度和减少了转让方的收益。

三、协议转让

(一)场内协议转让

《上市公司流通股协议转让业务办理暂行规则》第2条规定,上市公司流通股协议转让必须在证券交易所进行……严禁进行场外非法股票交易和转让活动。36号文下的国有股协议转让上市公司股份亦应遵守该原则,即场内协议转让。

(二)协议转让的适用条件

根据《上市公司流通股协议转让业务办理暂行规则》第3条的规定,与上市公司收购及股东权益变动相关的股份转让;转让双方存在实际控制关系,或均受同一控制人所控制的;外国投资者战略投资上市公司所涉及的股份转让;中国证监会认定的其他情形等上述四种情形的,可以通过证券交易所和结算公司办理流通股协议转让手续。收回股权分置改革中的垫付股份、行政划转上市公司股份等情形，比照办理。

《深圳证券交易所上市公司股份协议转让业务办理指引（2016 年 11 月修订）》（深证上〔2016〕769 号，以下简称《股份协议转让业务办理指引》）第 13 条规定，“股东权益变动”，是指转让股份数量不低于上市公司总股本的 5%，第 14 条规定，“上市公司总股本”是指上市公司境内外发行股份的总数。

（三）协议转让的限制

《股份协议转让业务办理指引》第 5 条规定，上市公司控股股东和持股 5% 以上股东通过协议转让方式向多个受让方减持股份的，单个受让方的受让比例不得低于 5%，转让双方存在实际控制关系或者均受同一实际控制人所控制的除外。

（四）协议转让的定价

1. 定价的一般原则

《股份协议转让业务办理指引》第 8 条规定，上市公司股份协议转让应当以协议签署日的前一交易日转让股份二级市场收盘价为定价基准，转让价格范围下限比照大宗交易的规定执行，法律、行政法规、部门规章、规范性文件及本所业务规则等另有规定的除外。

2. 国有股东定价特殊规则

36 号文规定了上市公司国有股东公开和非公开协议转让的定价原则。

（1）公开转让定价。国有股东公开征集转让上市公司股份的定价不得低于提示性公告日前 30 个交易日的每日加权平均价格的算术平均值和最近一个会计年度上市公司经审计的每股净资产值的孰高者。

（2）非公开转让定价。除了按照公开协议转让定价外，非公开转让定价还可以根据不同的情况确定不同的定级原则，即“（一）国有股东为实施资源整合或重组上市公司，并在其所持上市公司股份转让完成后全部回购上市公司主业资产的，股份转让价格由国有股东根据中介机构出具的该上市公司股票价格的合理估值结果确定；（二）为实施国有资源整合或资产重组，在国有股东之间转让且上市公司中的国有权益并不因此减少的，股份转让价格应当根据上市公司股票的每股净资产值、净资产收益率、合理的市盈率等因素合理确定”。

（五）协议转让的办理程序

《股份协议转让业务办理指引》第 11 条规定，深交所办理股份协议转让的工作程序如下：

1. 申请人应当于提交转让申请当日,向中国证券登记结算有限责任公司深圳分公司(以下简称“结算公司”)申请查询拟转让股份的持有情况,确认拟转让股份不存在司法冻结等限制转让的情形。

2. 申请人应当按照《上市公司流通股协议转让业务办理暂行规则》和本指引附件的相关要求向深交所提交完备的申请文件。其中,拟转让的股份涉及国有主体所持股份的,需要提供国有资产监督管理机构的批准文件和股份转让价款的收款证明。

按照36号文第27条和第36条规定,除了上述批准文件之外,还可以提供国有资产监督管理机构、管理信息系统出具的统一编号的备案表。转让价款的证明是指全部转让价款支付凭证(包括非货币资产的交割凭证)。

3. 深交所对符合条件的申请出具确认意见,申请人应当在缴纳经手费后,持本所出具的确认意见书至结算公司办理过户登记。

(六)协议转让的优劣势

优势:操作方便,转让数量不设上限。

劣势:一是协议转让适用条件情形有严格的限制。二是协议转让设定了数量下限,即单个受让方的受让比例不得低于公司股份总数的5%。

四、发行可交换公司债券

(一)概念

《上市公司股东发行可交换公司债券试行规定》(中国证券监督管理委员会公〔2008〕41号,以下简称《可交换公司债券试行规定》)规定,可交换公司债券是指上市公司的股东依法发行、在一定期限内依据约定的条件可以交换成该股东所持有的上市公司股份的公司债券。

(二)申请发行可交换公司债券的条件

《可交换公司债券试行规定》明确了上市公司的股东申请发行可交换公司债券,不仅申请人需要符合一定的条件,申请人所持有的上市公司股票也应当符合一定的要求。

1. 申请人应当符合的条件

(1)申请人应当是符合《公司法》《证券法》规定的有限责任公司或者股份有限公司;

(2)公司组织机构健全,运行良好,内部控制制度不存在重大缺陷;

(3)公司最近一期末的净资产额不少于人民币3亿元;

(4)公司最近3个会计年度实现的年均可分配利润不少于公司债券一年的利息;

(5)本次发行后累计公司债券余额不超过最近一期末净资产额的40%;

(6)本次发行债券的金额不超过预备用于交换的股票按募集说明书公告日前20个交易日均价计算的市值的70%,且应当将预备用于交换的股票设定为本次发行的公司债券的担保物;

(7)经资信评级机构评级,债券信用级别良好;

(8)不存在《公司债券发行试点办法》第8条规定的不得发行公司债券的情形。

2. 预备用于交换的上市公司股票应当符合的规定

(1)该上市公司最近一期末的净资产不低于人民币15亿元,或者最近3个会计年度加权平均净资产收益率平均不低于6%。扣除非经常性损益后的净利润与扣除前的净利润相比,以低者作为加权平均净资产收益率的计算依据。

(2)用于交换的股票在提出发行申请时应当为无限售条件股份,且股东在约定的换股期间转让该部分股票不违反其对上市公司或者其他股东的承诺。

(3)用于交换的股票在本次可交换公司债券发行前,不存在被查封、扣押、冻结等财产权利被限制的情形,也不存在权属争议或者依法不得转让或设定担保的其他情形。

(三)定价原则

1. 一般原则

《可交换公司债券试行规定》明确了公司债券交换为每股股份的价格应当不低于公告募集说明书日前20个交易日公司股票均价和前一个交易日的均价。

2. 国有股东特殊原则

36号文第19条规定,国有股东发行的可交换公司债券交换为上市公司每股股份的价格,应不低于债券募集说明书公告日前1个交易日、前20个交易日、前30个交易日该上市公司股票均价中的最高者。

(四)时限

《可交换公司债券试行规定》第5条规定,可交换公司债券自发行结束之日起12个月后方可交换为预备交换的股票,债券持有人对交换股票或者不交换股票有选择权。

(五)协议转让的优劣势

优势:操作方便,转让数量不设上限。

劣势:一是不仅对申请人限制条件多,还对预备交换的上市公司股票限制要求高;二是时限较长,需要在发行结束后的12个月后方可交换,且存在交换不能的可能。

第五部分　小　　结

通过上述分析,我们不难发现,国有私募股权投资基金,若是被认定为36号文下的国有股东,在减持上市公司股份时,需要综合考虑决策程序、定价原则、减持方式选择等多方面的问题。国有私募股权投资基金在减持其持有的上市公司股权时,首先需要认定是否为国有股东,若是,需要关注决策程序和定价原则,是否符合证监会和交易所的一般性要求,以及36号文的特殊要求,确保合规性和顺利减持。并综合考虑每种减持方式的优势和劣势,并应按照自己的利益诉求,选择适用适合自己的减持方式和/或减持方式组合。

上市公司发股购买资产中的股票锁定问题

任懿扬

上市公司发行股份购买资产项目中，特定对象（以下亦称"交易对方"）以其所持的资产认购而取得的上市公司股份，应适用《上市公司重大资产重组管理办法》（以下简称《重组办法》）第46条有关股份锁定期的规定。

《重组办法》第46条规定，特定对象以资产认购所取得的上市公司股份，自股份发行结束之日起12个月内不得转让，属于下列情形之一的，36个月内不得转让：

1. 特定对象为上市公司控股股东、实际控制人或者其控制的关联人；

2. 特定对象通过认购本次发行的股份取得上市公司的实际控制权；

3. 特定对象取得本次发行的股份时，对其用于认购股份的资产持续拥有权益的时间不足12个月……

上述规定在实践中如何理解与适用存在一定的争议，本文试从监管规则和案例分析角度对《重组办法》第46条作简要解析、总结。

一、交易对方取得标的资产及上市公司股份的时点

如前所述，交易对方取得上市公司发行的股份时，对其用于认购股份的非现金资产持续拥有权益的时间不足12个月，应锁定36个月。那么，该如何认定特定对象取得标的资产权益和上市公司发行的股份的时点？

一般而言，交易对方签署的增资入股协议或股权转让协议等生效且交易对方载入公司股东名册后，交易对方成为标的公司股东（但标的公司为一家外商投资企业，且属于商务部负面清单所列的关键行业除外），标的公司股权变动事项涉及的工商变更登记手续，产生的是对外公示并对抗恶意第三人的效力，本身并非特定对象成为标的资产股东的法定条件。

尽管如此，由于登记手续具备较强的公信力，在并购重组实务操作中，"认购对

象持有认购资产不足12个月”的认定标准为“登记到登记原则”，具体来说，交易对方取得标的资产股权的时点为该次股权变更办理完毕工商变更登记，交易对方取得上市公司发行的股份的时点是过户时点与交易对方取得上市公司发行的股份的时点是中国证券登记结算公司办理完毕股份确定登记手续。

二、交易对方所持的标的资产股权中，部分持有时间已满12个月，部分未满12个月，所认购的上市公司股份锁定问题

举例说明，某上市公司发行股份购买标的公司的100%股权，标的公司原股东A持有标的公司的股份中的50%对应的持股时间已满12个月或预计满12个月，剩余的50%股份不满12个月或预计不满12个月，若A并非上市公司控股股东、实际控制人或其关联方，且无法通过认购本次发行的股份取得上市公司的实际控制权。问题来了：A用其对标的公司的股权换股取得的上市公司股份的锁定期为12个月还是36个月？

上述案例中，不存在A对标的公司进行突击入股的情形，要求A对其所认购的全部上市公司股份予以锁定36个月不合情理。实务中，监管部门对此的态度主要有两种：(1)允许A对其所认购的全部上市公司股份锁定12个月；(2)要求A用持股时间不满12个月的标的公司股权所认购的上市公司股份锁定36个月，但允许其用持股时间已满12个月的标的公司股权所认购的上市公司股份锁定12个月。第一种情况对A比较有利，而第二种情况则相对比较常见。

属于以上第一种情形的案例有河南汉威发行股份购买嘉园环保100%股权项目，在该项目中，嘉园环保原股东陈泽枝、李泽清、高孔兴等人所持的嘉园环保股权中的部分持有时间已满12个月，部分未满12个月，上述人士取得的上市公司股票均锁定12个月；属于第二种情形的案例较多，有金瑞矿业发行股份购买庆龙锶盐股权项目、掌趣科技发行股份购买玩蟹科技等项目。

三、交易对方为有限合伙企业或资管计划，其合伙人或委托人持有的财产份额是否需要间接锁定

《重组办法》仅规定上市公司的交易对方参与发行股份购买资产交易时，于锁定期内不得减持其直接持有的上市公司股份，但并未禁止或限制直接或间接持有交易对方的投资者在锁定期内通过转让交易对方上层权益份额的方式达成间接转让上市公司股份之目的，存在一定的监管盲区，可能导致上市公司股份结构在锁定期内出现较大隐性变化而不被察觉。

近两年来，越来越多的上市公司发行股份购买资产案例反馈意见显示，当参与上市公司发行股份购买资产的交易对方为一家专门为本次交易而设立及/或以持有标的资产为目的的有限合伙企业或资管计划时，除了该有限合伙企业或资管计划自身需按照《重组办法》规定锁定期直接取得的股票，其投资者还需要承诺在有限合伙企业或资管计划股份锁定期内，不转让其持有的合伙企业财产或资管计划财产份额。

典型的案例是：太阳鸟发行股份收购亚光电子项目。并购重组委在该项目的反馈意见中关注到："本次交易对方涉及南京瑞联、东方天力、东证蓝海、浩蓝瑞东、浩蓝铁马、华腾五号、华腾十二号等多家有限合伙。前述交易对方锁定期36个月……上述有限合伙、资管计划等是否专为本次交易设立，是否以持有标的资产为目的，是否存在其他投资，以及合伙协议及资管计划约定的存续期限……如专为本次交易设立，补充披露交易完成后最终出资的法人或自然人持有合伙企业份额的锁定安排。"上市公司回复："经核查，上述交易对方中专为本次交易设立的主体包括南京瑞联、浩蓝瑞东、浩蓝铁马、华腾十二号，该等交易对方的全体合伙人已就本次交易完成后其持有的合伙企业份额及间接享有的上市公司股份有关权益出具了锁定承诺。"

此外，圣农发展发行股份收购圣农实业、天润数娱发行股份收购拇指游玩和虹软协创、天音控股发行股份收购天音通信等项目中，并购重组委均提出类似的问题。

四、特定对象为外国投资者，以其所持的股权认购而取得的上市公司股票锁定期

外国投资者以其所持的股权认购而取得的上市公司股票，通常适用的是《外国投资者对上市公司战略投资管理办法》(2015年10月修订，以下简称《战投办法》)第5条关于股份锁定期的规定，即外国投资者对A股上市公司战略投资所取得的上市公司股份锁定期为3年。

过往的并购重组实操项目中，A股上市公司向外国投资者发行股份购买资产，外国投资者取得的上市公司股份通常按照《战投办法》的要求锁定3年，但由于《战投办法》理论上规范的是外国投资者对上市公司进行的规模较大的或中长期战略性并购投资行为，外国投资者对上市公司进行的财务性投资是否应遵循《战投办

法》规定，存在较大的疑问，故利益博弈日趋激烈的上市公司并购重组实务中出现不少豁免适用《战投办法》规定（包括《战投办法》规定的并购方条件、并购的上市公司股份比例、并购后股票锁定期等）且通过证监会审批的案例。3 年锁定期也相应地被突破了，譬如在中天能源借壳长百集团案例中，交易对方瑞盛能源有限公司（Rich Fields Energy Limited）锁定期为 12 个月；在分众传媒借壳七喜控股案例中，交易对方中除 Media Management（HK）锁定期为 36 个月外，其余境外主体的锁定期均为 12 个月；在福安药业发行股份及支付现金购买只楚药业 100% 股权案例中，交易对方 Grace peak Pte Ltd. 持有上市公司锁定期为 12 个月。

2018 年 7 月 30 日，商务部发布《关于修改〈外国投资者对上市公司战略投资管理办法〉的决定（征求意见稿）》明确，除《证券法》和中国证监会、证券交易所对股份限售期有其他规定的，外国投资者取得上市公司 A 股股份的锁定期由 36 个月变更为 12 个月。

五、上市公司控股股东或实际控制人在重组中增持上市公司股份，其或其一致行动人持有的上市公司老股是否需要锁定

实践中，证监会并购重组委在审核上市公司发行股份收购控股股东旗下资产项目时，常会关注在本次交易前控股股东或实际控制人所持上市公司老股的锁定期安排。

证监会在 2016 年第一期关于并购重组的保代培训中强调："上市公司控股股东或实际控制人作为上市公司并购重组之交易对方的，应如实披露本次交易前所持的上市公司老股的锁定期安排，原则上按照《证券法》第 98 条和《收购办法》第 74 条，其所持的上市公司老股的锁定期应为 12 个月。"

不难理解以上保代培训意见的逻辑，依据《证券法》第 98 条和《收购办法》第 74 条的相关规定，在上市公司收购中，收购人持有的被收购的上市公司的股票，在收购行为完成后的 12 个月内不得转让。在目前的上市公司收购监管实务中，证监会和证券交易所通常认为上市公司收购指的是取得或者巩固对上市公司控制权行为。基于此，上市公司控股股东或实际控制人以其所持的重组标的公司股权换股增持上市公司股份属于上市公司收购，而《证券法》第 98 条和《收购办法》第 74 条中的"收购人持有的被收购的上市公司的股票"既包括收购人持有的上市公司老股，也包括本次收购收购人取得的上市公司股份。故上市公司控股股东或实际控制人在重组中增持上市公司股份，其所持的上市公司老股应自收购行为完成后锁

定12个月。

此外，笔者发现，并购重组委在审核上市公司控股股东或实际控制人换股增持上市公司的重组案例中，除了关注控股股东或实际控制人持有的上市公司老股锁定问题，还关注上市公司中与控股股东或实际控制人存在一致行动关系的股东所持老股的锁定问题。例如，在天药股份发行股份收购金耀药业项目中，并购重组委关注：上市公司股东宜药印务与上市公司控股股东药业集团是否为一致行动人？如是，需要披露宜药印务本次交易前持有的上市公司股份锁定期安排。此外，并购重组委在诸如太阳鸟发行股份收购成都亚光电子股份有限公司、天音控股发行股份收购天音通信有限公司等许多项目中也提出了上述问题，相关反馈答复无非两种：(1)相关股东认可其与控股股东或实际控制人存在一致行动关系，并承诺就本次交易前所持有的老股锁定12个月；(2)按照《收购办法》第83条的规定，逐条比对论证相关股东并非控股股东或实际控制人之一致行动人，从而避免就本次交易前所持有的老股锁定12个月。

六、豁免适用《重组办法》第46条股票锁定期相关规定的情形

依据《重组办法》第46条的规定，特定对象以其持有的标的资产股权认购而取得的上市公司股份应视具体情形锁定36个月或12个月（重组被认定为借壳上市的，相关主体还可能锁定24个月）。但在实践中，基于集团内部资源整合及长远规划发展的考虑，特定对象可能有将其重组取得的处于锁定期的上市公司股票转让给集团内其他公司或同一实际控制人控制的其他主体之合理需求，此种情形下，可否豁免适用《重组办法》第46条有关锁定期的规定呢？

《收购办法》和《重组办法》均未对以上问题予以解答。而证监会于2009年5月19日发布的《〈上市公司收购管理办法〉第六十二条及〈上市公司重大资产重组管理办法〉第四十三条有关限制股份转让的适用意见——证券期货法律适用意见第4号》（以下简称《4号意见》）对该问题进行了明确。

《4号意见》规定："一、适用《收购办法》第六十二条第一款第（二）项、第（三）项及《重组办法》第四十三条规定时，在控制关系清晰明确，易于判断的情况下，同一实际控制人控制之下不同主体之间转让上市公司股份，不属于上述规定限制转让的范围……"据此，证监会原则上允许《重组办法》第46条关于股票锁定期的规定在特定情形下被豁免适用，原因在于《重组办法》规范的是股权的频繁变动，证监会对于控制权不变的同一控制下的主体间转让开了绿灯，但该等豁免适用是有条

件的，具体条件包括：(1)上市公司的实际控制人、控股股东及相关市场主体不得通过持股结构调整进行利益输送等损害上市公司及投资者利益的行为。(2)前述在同一实际控制人控制之下不同主体之间转让上市公司股份行为完成后，受让方或实际控制人仍应忠实履行相关承诺义务，不得擅自变更、解除承诺义务。(3)律师和律师事务所应当就上市公司的股份转让是否属于同一实际控制人之下不同主体之间的转让出具法律意见书。

三六零借壳上市中的穿透核查与200人问题

田增杰

四川弘芯股权投资基金管理有限公司

2017年12月29日，中国证券监督管理委员会上市公司并购重组审核委员会2017年第78次会议审议通过了江南嘉捷电梯股份有限公司发行股份购买资产交易（以下简称“三六零借壳上市”）。三六零借壳上市成功的意义不言而喻，它不仅标志着A股迎来了第一个属于自己的互换联网巨头，也意味着中概股回购终于迎来破局。同时，作为中概股回归并通过并购重组上市的经典案例，涵盖了如借壳上市主体设立时间的认定、境外公司与国内经营实体属于同一控制企业认定、VIE架构拆解等诸多经典问题，本文仅从穿透披露和穿透计算两个角度来分析三六零借壳上市这一经典案例。

一、证监会对三六零借壳上市案穿透问题的反馈意见

（一）书面反馈意见

《中国证监会行政许可项目审查一次反馈意见通知书》（以下简称《反馈意见》）关于穿透问题进行了关注，反馈意见原文：

问题9. 申请材料显示，交易对方包括公司7家，有限合伙企业33家。请你公司：(1)核查交易对方是否以持有标的资产股份为目的，是否存在其他投资，如是，以列表形式穿透披露至最终出资的法人或自然人，并补充披露每层股东取得相应权益的时间、出资方式、资金来源等信息。如有限合伙专为本次交易设立，还应补充披露合伙协议约定的合伙存续期限，及交易完成后最终出资的法人或自然人持有合伙企业份额的锁定安排。(2)补充披露最终出资的法人或自然人取得标的资产权益的时点是否在本次交易停牌前6个月内及停牌期间，且通过现金增资取得，穿透计算后的总人数是否符合《证券法》第10条发行对象不超过200名的相关规定。

(3)补充披露标的资产是否符合《非上市公众公司监管指引第4号——股东人数超过200人的未上市股份有限公司申请行政许可有关问题的审核指引》等相关规定。(4)补充披露上述穿透披露情况在重组报告书披露后是否曾发生变动。请独立财务顾问和律师核查并发表明确意见。

(二)解读

从证监会关于穿透问题的反馈意见可以看出,证监会在《公开发行证券的公司信息披露内容与格式准则第26号——上市公司重大资产重组(2017年修订)》[1]的基础上,重点关注了如下问题:

1. 交易对手中以持有标的资产股份为目的的法人和专为本次交易设立的有限合伙企业,并明确了上述两类主体穿透披露的具体标准和形式。

2. 突击入股问题,即最终出资人取得标的资产权益时点是否在本次交易停牌前6个月内及停牌期间,且通过现金增资取得。

3. 穿透计算最终出资人人数确定的标准。

4. 工会持股、职工持股会代持、委托持股或信托持股等股份代持问题(该问题在本文中不展开讨论)。

二、三六零借壳上市案关于交易对手的披露情况

据《重大资产出售、置换及发行股份购买资产暨关联交易报告书(草案)(修订稿)》(以下简称《交易报告书》)介绍,三六零借壳上市交易对手披露的总原则为"如交易对手为法人,本报告书披露其持股20%及以上的股东的情况;如交易对手为合伙企业,本报告书披露其普通合伙人、认缴出资比例20%及以上的有限合伙人的情况。"

(一)交易对手为法人的披露情况

1. 持有标的资产股份为目的法人

(1)持有标的资产股份为目的法人情况

江南嘉捷本次发行股份购买资产的交易对方共计42名,其中自然人2名,法人7名,有限合伙企业33名。上述7名法人中,除天津奇信志成科技有限公司(以下简称"奇信志成")和招商财富资产管理有限公司(作为资产管理人代表的"招商财

---

[1] 本文撰写时《公开发行证券的公司信息披露内容与格式准则第26号——上市公司重大资产重组(2018年修订)》尚未发布,本文修订时,2018年修订披露新规虽已发布,但修订内容不涉及本文论述的内容,故在修订本文时,并未对"《公开发行证券的公司信息披露内容与格式准则第26号——上市公司重大资产重组(2017年修订)》"的表述进行更新。

富——红筹 1 号专项资产管理计划”)外,均不是以持有三六零股份为目的而设立。

(2)披露监管要求

①《公开发行证券的公司信息披露内容与格式准则第 26 号——上市公司重大资产重组(2018 年修订)》第 15 条第 1 项规定,交易对手为法人的,以方框图或者其他有效形式,全面披露交易对方相关的产权及控制关系,包括交易对方的主要股东或权益持有人、股权或权益的间接控制人及各层之间的产权关系结构图,直至自然人、国有资产管理部门或者股东之间达成某种协议或安排的其他机构;以文字简要介绍交易对方的主要股东及其他关联人的基本情况;列示交易对方按产业类别划分的下属企业名目。

②《公开发行证券的公司信息披露内容与格式准则第 26 号——上市公司重大资产重组(2017 年修订)》第 15 条第 3 项规定,交易对方为其他主体的,应当披露其名称、性质及相关协议安排,并比照本条第 1 项相关要求,披露该主体的基本情况及其相关产权及控制关系,以及该主体下属企业名目等情况。如为合伙企业,应当穿透披露至最终出资人,同时还应披露合伙人、最终出资人与参与本次交易的其他有关主体的关联关系(如有);交易完成后合伙企业成为上市公司第一大股东或持股 5% 以上股东的,还应当披露最终出资人的资金来源,合伙企业利润分配、亏损负担及合伙事务执行(含表决权行使)的有关协议安排,本次交易停牌前 6 个月内及停牌期间合伙人入伙、退伙、转让财产份额、有限合伙人与普通合伙人转变身份的情况及未来存续期间内的类似变动安排(如有)。如为契约型私募基金、券商资产管理计划、基金专户及基金子公司产品、信托计划、理财产品、保险资管计划、专为本次交易设立的公司等,应当比照对合伙企业的上述要求进行披露。

(3)披露评价

江南嘉捷在《关于〈中国证监会行政许可项目审查一次反馈意见通知书〉之答复报告》(以下简称《答复报告》)以及随后发布的交易报告书进行了反馈和披露。通过研读上述两个文件,我们发现如下现象:

①披露义务主体仅对奇信志成这一持有三六零股份而设立的法人股东进行了穿透披露,但未对招商财富资产管理有限公司(作为资产管理人代表的“招商财富——红筹 1 号专项资产管理计划”)这一持有三六零股份为目的而设立的法人进行相应的穿透披露。

②披露义务主体对奇信志成进行穿透披露的过程中,对有些股东层层披露至法人、有限合伙企业或自然人就结束了,并未将有限合伙企业再向上披露,直至法

人或自然人。如既是奇信志成股东，又是三六零股东之一的北京红杉懿远股权投资中心（有限合伙），其直接上层出资人有四个，分别为北京红杉坤德投资管理中心（有限合伙）、招商财富资产管理有限公司、北京红杉荟远股权投资中心（有限合伙）和北京红杉溓远股权投资中心（有限合伙），其中北京红杉溓远股权投资中心（有限合伙）再向上披露至法人或有限合伙企业就结束了，没有再进一步的披露，具体的披露情况如表1所示：

表1　具体披露情况

4	北京红杉溓远股权投资中心（有限合伙）	2016.8	现金	自有资金
4－1	北京红杉坤德投资管理中心（有限合伙）	2015.12	现金	自有资金
4－2	北京首钢基金有限公司	2016.6	现金	自有资金
4－3	杭州金棣股权投资合伙企业（有限合伙）	2016.6	现金	自有资金
4－4	北京红杉盛德股权投资中心（有限合伙）	2016.6	现金	自有资金

除了上述例子之外，报告书中还有多个三六零股东层层披露至有限合伙企业就结束了，并非将有限合伙企业再往上进一步披露至法人或自然人。而按照证监会反馈意见的要求，需要“穿透披露至最终出资的法人或自然人”，且该情况也不符合交易报告书关于交易对手披露的总原则，即“……如交易对手为合伙企业，本报告书披露其普通合伙人、认缴出资比例20%及以上的有限合伙人的情况”。

证监会审议通过了三六零借壳上市，显然是认可了上述披露情况。但按照《民法总则》关于民事主体的分类，合伙企业属于非法人组织，并非法人。

2.非以持有标的资产股份为目的的法人

（1）非以持有标的资产股份为目的的法人情况

三六零借壳上市案的交易对手中法人有7名，其中有5个不是以持有三六零股份为目的而设立的，它们分别为阳光人寿保险股份有限公司、深圳市平安置业投资有限公司、珠江人寿保险股份有限公司、横店集团控股有限公司和上海永挣投资管理有限公司，其产权控制结构披露的情况如图1所示：

①阳光人寿保险股份有限公司

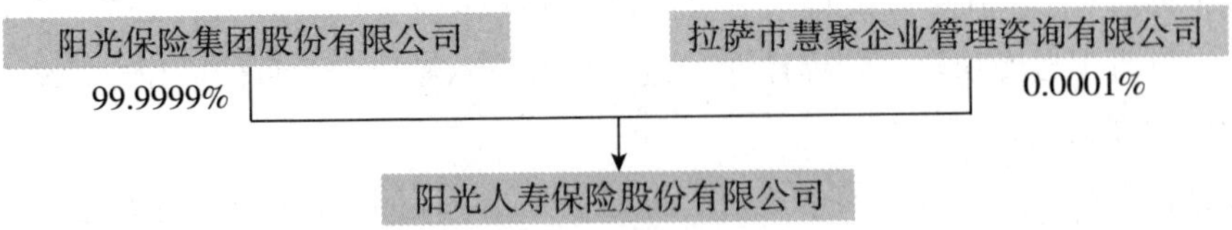

②深圳市平安置业投资有限公司

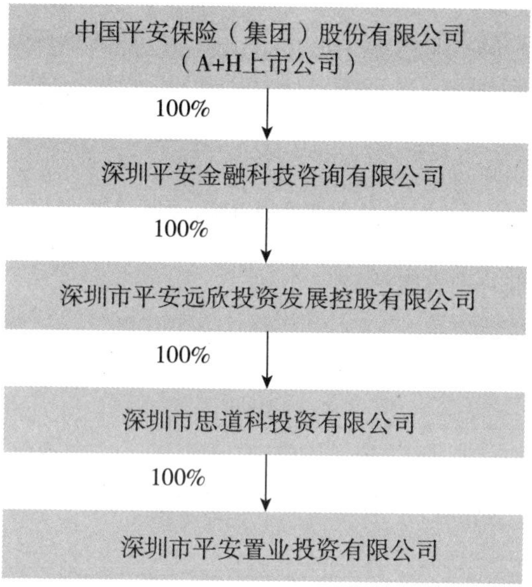

③珠江人寿保险股份有限公司

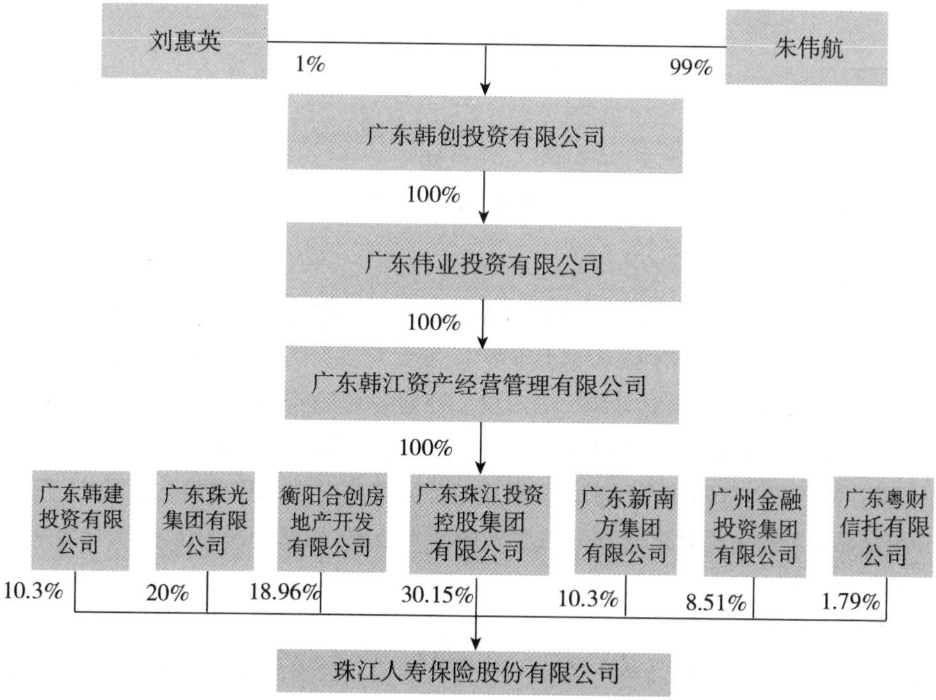

④横店集团控股有限公司

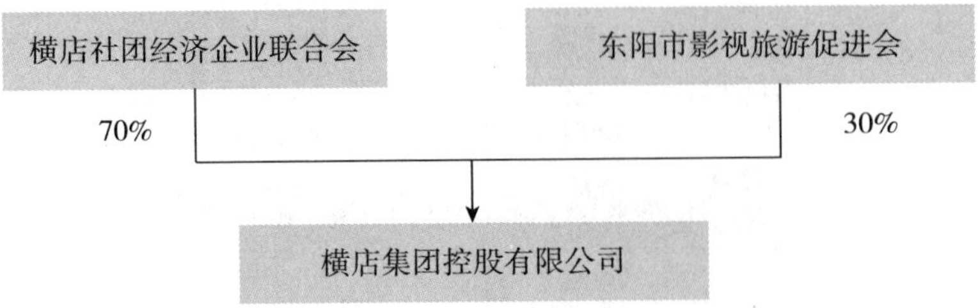

⑤上海永挣投资管理有限公司

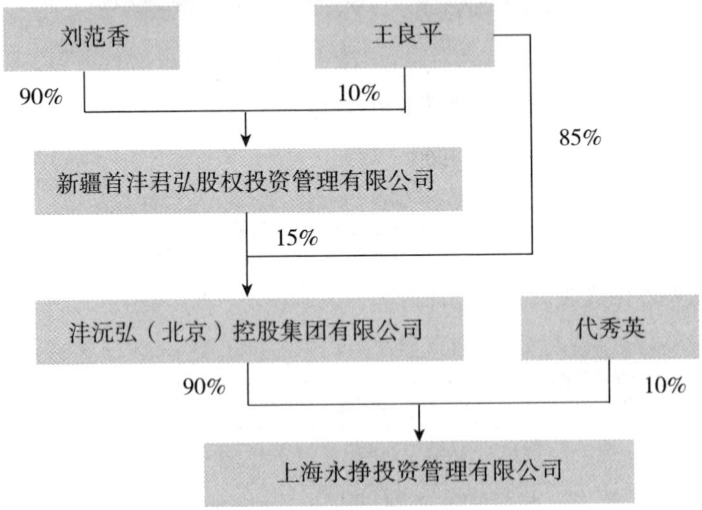

图1　具体披露情况图示

（2）披露监管要求

《公开发行证券的公司信息披露内容与格式准则第26号——上市公司重大资产重组（2018年修订）》第15条第1项规定，交易对手为法人的，以方框图或者其他有效形式，全面披露交易对方相关的产权及控制关系，包括交易对方的主要股东或权益持有人、股权或权益的间接控制人及各层之间的产权关系结构图，直至自然人、国有资产管理部门或者股东之间达成某种协议或安排的其他机构；以文字简要介绍交易对方的主要股东及其他关联人的基本情况；列示交易对方按产业类别划分的下属企业名目。

（3）披露评价

综观上述5名非以持有三六零股份为目的设立公司的披露情况，除深圳市平安置业投资有限公司和上海永挣投资管理有限公司产权及控制关系披露符合《公开发行证券的公司信息披露内容与格式准则第26号——上市公司重大资产重组(2017年修订)》关于交易对手为法人的披露标准。阳光人寿保险股份有限公司、珠江人寿保险股份有限公司和横店集团控股有限公司产权及控制关系披露并未披露至“自然人、国有资产管理部门或者股东之间达成某种协议或安排”。

证监会认可披露义务人对上述两家保险公司和横店集团控股有限公司关于产权及控制关系的披露情况,是基于什么原因呢?是因为上述主体并未持有三六零股份为目的设立的公司,所以在披露上可以放松要求?

(二)交易对手为合伙企业披露情况

1. 专为本次交易设立的合伙企业

(1)专为本次交易设立的合伙企业的情况

三六零借壳上市案交易对手中有限合伙企业33名,其中除了芒果文创(上海)股权投资基金合伙企业(有限合伙)、嘉兴英飞投资中心(有限合伙)和苏州工业园区元禾重元并购股权投资基金合伙企业(有限合伙)以外,其他30名有限合伙企业均为以持有三六零股份为目的而设立。

(2)披露监管要求

①《公开发行证券的公司信息披露内容与格式准则第26号——上市公司重大资产重组(2018年修订)》第15条第3项规定,交易对方为其他主体的,应当披露其名称、性质及相关协议安排,并比照本条第1项相关要求,披露该主体的基本情况及其相关产权及控制关系,以及该主体下属企业名目等情况。如为合伙企业,应当穿透披露至最终出资人,同时还应披露合伙人、最终出资人与参与本次交易的其他有关主体的关联关系(如有);交易完成后合伙企业成为上市公司第一大股东或持股5%以上股东的,还应当披露最终出资人的资金来源,合伙企业利润分配、亏损负担及合伙事务执行(含表决权行使)的有关协议安排,本次交易停牌前6个月内及停牌期间合伙人入伙、退伙、转让财产份额、有限合伙人与普通合伙人转变身份的情况及未来存续期间内的类似变动安排(如有)。如为契约型私募基金、券商资产管理计划、基金专户及基金子公司产品、信托计划、理财产品、保险资管计划、专为本次交易设立的公司等,应当比照对合伙企业的上述要求进行披露。

②《反馈意见》中明确要求,如有限合伙企业专为本次交易设立,除了应以列表形式穿透披露至最终出资的法人或自然人,并补充披露每层股东取得相应权益的

时间、出资方式、资金来源等信息外，还应补充披露合伙协议约定的合伙存续期限，及交易完成后最终出资的法人或自然人持有合伙企业份额的锁定安排。

(3)披露评价

三六零对上述要求进行了回复，其中也存在如北京融嘉汇能投资管理中心(有限合伙)和烟台民和昊虎投资中心(有限合伙)等披露至有限合伙企业并未再将该有限合伙企业进行往上披露至法人或自然人的情形，上述两家股东经国家企业信用信息公示系统查询，也不符合交易报告书关于交易对手披露的总原则，即"……如交易对手为合伙企业，本报告书披露其普通合伙人、认缴出资比例20%及以上的有限合伙人的情况"。

证监会审议通过了三六零借壳上市，显然是认可了上述披露情况。但按照《中华人民共和国民法总则》关于民事主体的分类，合伙企业属于非法人组织，并非法人。

2. 非专为本次交易设立的合伙企业

(1)非专为本次交易设立的合伙企业情况

芒果文创(上海)股权投资基金合伙企业(有限合伙)、嘉兴英飞投资中心(有限合伙)和苏州工业园区元禾重元并购股权投资基金合伙企业(有限合伙)为非专为本次交易设立的合伙企业，上述三家有限合伙企业的产权控制结构如图2所示：

①芒果文创（上海）股权投资基金合伙企业（有限合伙）

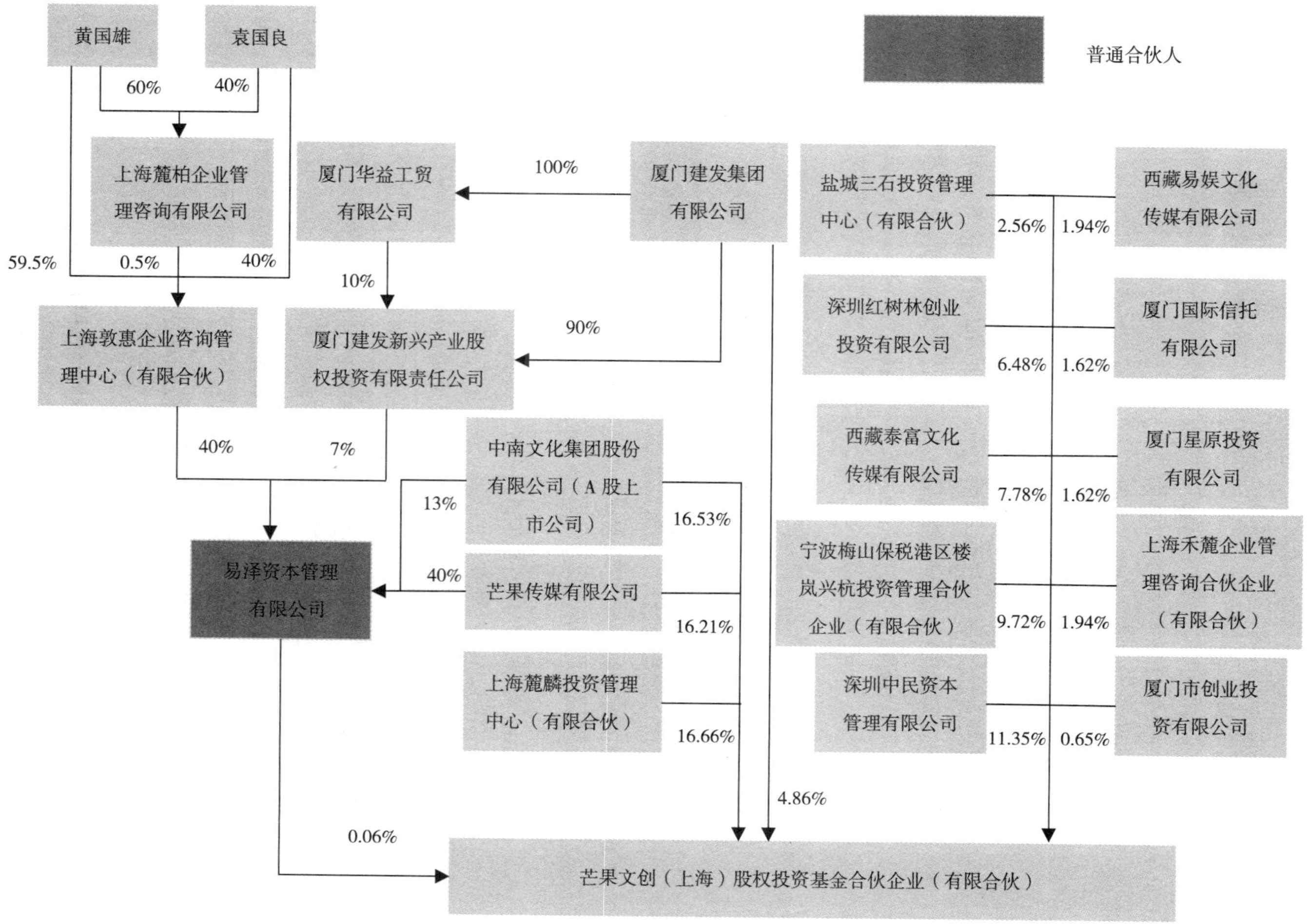

②嘉兴英飞投资中心(有限合伙)

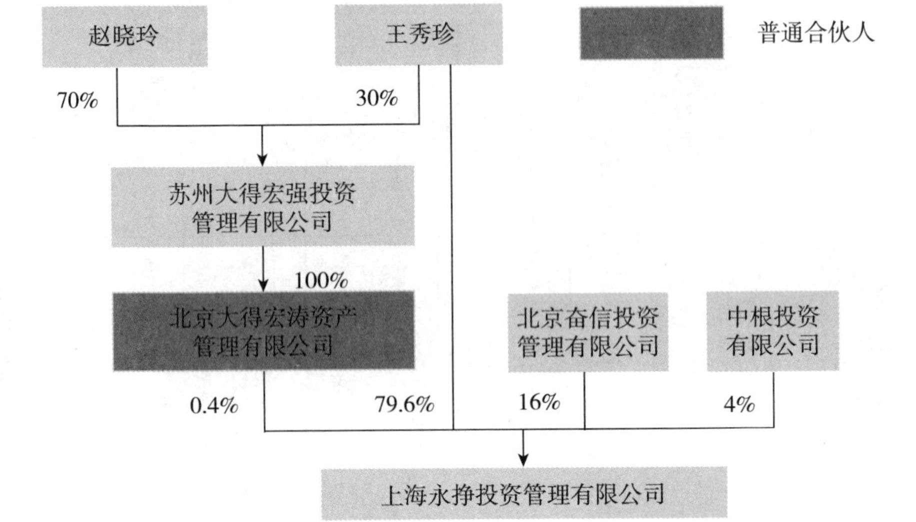

③苏州工业园区元禾重元并购股权投资基金合伙企业(有限合伙)

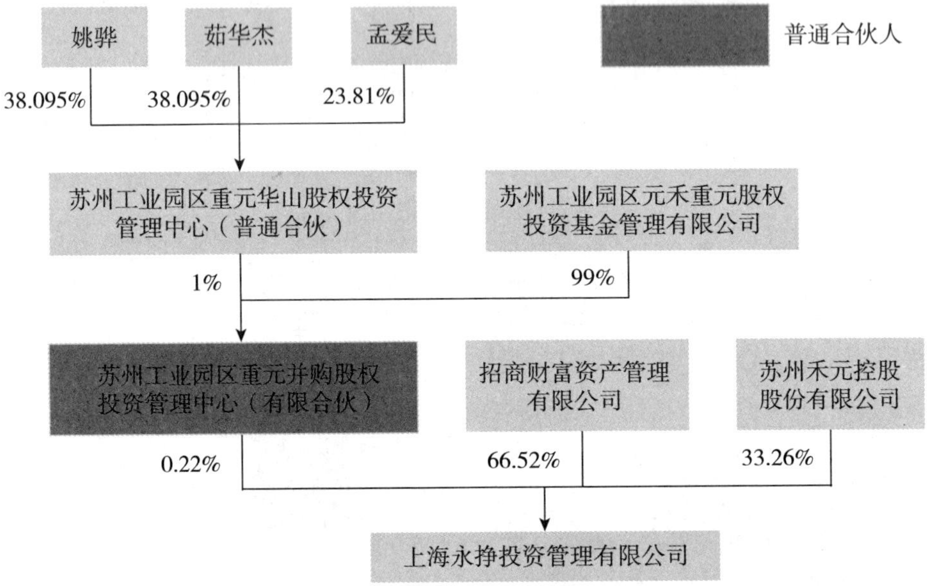

图2　三家有限合伙企业产权控制结构

(2)监管披露要求

《公开发行证券的公司信息披露内容与格式准则第26号——上市公司重大资

产重组(2017 年修订)》第 15 条第 3 项规定,交易对方为其他主体的,应当披露其名称、性质及相关协议安排,并比照本条第 1 项相关要求,披露该主体的基本情况及其相关产权及控制关系,以及该主体下属企业名目等情况。如为合伙企业,应当穿透披露至最终出资人,同时还应披露合伙人、最终出资人与参与本次交易的其他有关主体的关联关系(如有);交易完成后合伙企业成为上市公司第一大股东或持股 5%以上股东的,还应当披露最终出资人的资金来源,合伙企业利润分配、亏损负担及合伙事务执行(含表决权行使)的有关协议安排,本次交易停牌前 6 个月内及停牌期间合伙人入伙、退伙、转让财产份额、有限合伙人与普通合伙人转变身份的情况及未来存续期间内的类似变动安排(如有)。如为契约型私募基金、券商资产管理计划、基金专户及基金子公司产品、信托计划、理财产品、保险资管计划、专为本次交易设立的公司等,应当比照对合伙企业的上述要求进行披露。

(3)披露评价

综观上述非专为本次交易设立的合伙企业披露情况,并不符合《公开发行证券的公司信息披露内容与格式准则第 26 号——上市公司重大资产重组(2017 年修订)》关于交易对手为合伙企业应当穿透披露至最终出资人的要求,但证监会认可了上述披露,这又该如何理解呢?难道也是因为并非专为本次交易设立的合伙企业(上述合伙企业在本次交易完成后不是上市公司的第一大股东或持股 5% 以上),证监会放松对该类主体的披露要求?

(三)解读

尽管笔者存在上述疑问,但通过证监会的《反馈意见》和三六零对《反馈意见》的回复报告以及交易报告书,关于穿透披露可以得出如下肯定结论:

1. 交易对手以是否持有标的资产股份为目的设立法人或专为本次交易设立的合伙企业,披露的具体标准和形式与其他主体不同。

具体而言,交易对方以持有标的资产股份为目的法人,其披露的深度至最终出资的法人或者自然人,并披露每层股东取得相应权益的时间、出资方式、资金来源等信息。交易对手为专为本次交易设立的有限合伙企业,还应补充披露合伙协议约定的合伙存续期限,及交易完成后最终出资的法人或自然人持有合伙企业份额的锁定安排。披露的形式需要以列表的形式。

由此可见,本案中该类交易对手披露具有如下几个共性:

(1)披露的深度至最终出资的法人或自然人,且将合伙企业(有限合伙)认定为法人。

(2)对于资金来源的披露不以该类交易对手在本次交易完成后是否是上市公司的第一大股东或持股5%以上股东为前提,而《公开发行证券的公司信息披露内容与格式准则第26号——上市公司重大资产重组(2017年修订)》关于交易对手为合伙企业的,披露合伙企业合伙人的资金来源是以该合伙企业在本次交易完成后成为上市公司第一大股东或者持股5%以上股东为前提的。

2. 交易对手为专为本次交易设立的合伙企业,还要求对合伙企业最终出资的法人或自然人持有合伙企业份额进行“间接锁定”,且为单层穿透锁定。

交易报告书披露“上述30家专为本次交易设立的有限合伙企业的合伙人拟承诺对交易完成后持有有限合伙企业份额的锁定安排与该有限合伙企业保持一致”,通过上述经证监会认可的《反馈意见》可知,证监会认可本案对于“合伙企业最终出资的法人或自然人”理解为“合伙企业的合伙人”,仅对有限合伙企业的合伙人单层进行了锁定,并未再向上穿透锁定。

3. 交易对手为多个,可以选择性进行披露。本案中交易报告书披露,如交易对手为法人,本报告书披露其持股20%及以上的股东的情况;如交易对手为合伙企业,本报告书披露其普通合伙人、认缴出资比例20%及以上的有限合伙人的情况。三六零借壳上市通过,说明上述交易报告书关于交易对手的披露原则经过证监会的认可。

4. 非为持有三六零股份为目的设立的公司,披露产权及控制关系并未直至“自然人、国有资产管理部门或者股东之间达成某种协议或安排”。

三、三六零借壳上市案穿透计算情况

(一)证监会关于穿透计算反馈意见

补充披露最终出资的法人或自然人取得标的资产权益的时点是否在本次交易停牌前6个月内及停牌期间,且通过现金增资取得,穿透计算后的总人数是否符合《证券法》第10条发行对象不超过200名的相关规定。

(二)回复意见

因筹划重大资产重组,江南嘉捷股票自2017年6月12日开市起停牌,自2017年11月7日开市起复牌。因此,本次交易停牌前6个月及停牌期间为2016年12月13日至2017年11月6日。根据前述穿透核查的情况、相关方提供的资料以及国家企业信用信息公示系统查询结果,在本次交易停牌前6个月及停牌期间,前述合伙企业最终出资的法人或自然人不存在通过现金增资取得标的资产权益的情形。交易对方中金砖丝路(银川)股权投资合伙企业(有限合伙)的全体合伙人系2017年8月以份额转让形式取得金砖丝路(银川)股权投资合伙企业(有限合伙)的权益,基于谨慎性,穿透计算其最终出资的法人或自然人。

根据上述最终出资的法人或自然人取得标的资产权益的时点在本次交易停牌前6个月内及停牌期间,且为现金增资的情况,穿透计算人数情况如表2所示(同一自然人或法人股东不重复计算):

表2 穿透计算人数情况统计

序号	股东名称/姓名	是否已备案私募基金、资产管理计划等	穿透计算人数	人数计算说明
1	天津奇信志成科技有限公司	否	0	奇信志成股东均直接持有三六零股份,不重复计算
2	周鸿祎	—	1	—
3	齐向东	—	1	—
4	天津欣新盛股权投资合伙企业(有限合伙)	是	1	—
5	天津众信股权投资合伙企业(有限合伙)	否	1	出资人为周鸿祎和天津众信股权投资管理有限公司,周鸿祎不重复计算
6	北京红杉懿远股权投资中心(有限合伙)	是	1	—
7	天津信心奇缘股权投资合伙企业(有限合伙)	是	1	—
8	浙江海宁国安睿威投资合伙企业(有限合伙)	是	1	—
9	天津聚信股权投资合伙企业(有限合伙)	否	2	合伙人为天津聚信股权投资管理有限公司和上海金元百利资产管理有限公司,其中上海金元百利资产管理有限公司代表“金元百利紫金股权1号专项资产管理计划”,该资管计划已于2016年9月28日在中国证券投资基金业协会备案,备案编号SM7433;无须穿透

续表

序号	股东名称/姓名	是否已备案私募基金、资产管理计划等	穿透计算人数	人数计算说明
10	深圳市平安置业投资有限公司	否	1	不是以持有三六零股份为目的
11	天津天信股权投资合伙企业(有限合伙)	是	1	—
12	南京瑞联一号投资中心(有限合伙)	是	1	—
13	金砖丝路(银川)股权投资合伙企业(有限合伙)	是	8	所有合伙人均为2017年8月入伙,普通合伙人的股东与8名有限合伙人相同,不重复计算,因此穿透计算人数合计8人
14	汇臻资本管理(深圳)合伙企业(有限合伙)	是	1	—
15	宁波博睿维森股权投资合伙企业(有限合伙)	是	1	—
16	深圳华晟领优股权投资合伙企业(有限合伙)	是	1	—
17	阳光人寿保险股份有限公司	否	1	不是以持有三六零股份为目的
18	北京融嘉汇能投资管理中心(有限合伙)	是	1	—
19	烟台民和昊虎投资中心(有限合伙)	是	1	—
20	瑞金市华融瑞泽一号投资中心(有限合伙)	是	1	—
21	苏州太平国发通融贰号投资企业(有限合伙)	是	1	—
22	上海绿廪创舸投资合伙企业(有限合伙)	是	1	—
23	上海赛领博达科电投资管理中心(有限合伙)	是	1	—
24	芒果文创(上海)股权投资基金合伙企业(有限合伙)	是	1	不是以持有三六零股份为目的

续表

序号	股东名称/姓名	是否已备案私募基金、资产管理计划等	穿透计算人数	人数计算说明
25	珠江人寿保险股份有限公司	否	1	不是以持有三六零股份为目的
26	横店集团控股有限公司	否	1	不是以持有三六零股份为目的
27	杭州以盈投资管理合伙企业(有限合伙)	是	1	—
28	宁波建虎启融股权投资合伙企业(有限合伙)	是	1	—
29	招商财富资产管理有限公司	是	1	招商财富作为管理人代表“招商财富——红筹1号专项资产管理计划”,该资管计划已于2015年12月17日在中国证券投资基金业协会备案,备案编号为SE0823
30	宁波执一奇元股权投资中心(有限合伙)	是	1	—
31	金砖丝路(深圳)股权投资合伙企业(有限合伙)	是	1	—
32	宁波挚信一期股权投资合伙企业(有限合伙)	是	1	—
33	上海永挣投资管理有限公司	否	1	不是以持有三六零股份为目的
34	锐普文华(天津)投资中心(有限合伙)	是	1	—
35	苏州工业园区元禾重元并购股权投资基金合伙企业(有限合伙)	是	1	不是以持有三六零股份为目的
36	北京凯金阿尔法资产管理中心(有限合伙)	是	1	—
37	中金佳立(天津)投资中心(有限合伙)	是	1	—
38	朗泰传富投资(深圳)合伙企业(有限合伙)	是	1	—

续表

序号	股东名称/姓名	是否已备案私募基金、资产管理计划等	穿透计算人数	人数计算说明
39	金华市普华百川股权投资合伙企业(有限合伙)	是	1	—
40	嘉兴英飞投资中心(有限合伙)	是	1	不是以持有三六零股份为目的
41	嘉兴云启网加创业投资合伙企业(有限合伙)	是	1	—
42	千采壹号(象山)股权投资合伙企业(有限合伙)	是	1	—

综上所述,根据《非上市公众公司监管指引第4号——股东人数超过200人的未上市股份有限公司申请行政许可有关问题的审核指引》的规定,以私募股权基金、资产管理计划以及其他金融计划进行持股的,如果该金融计划是依据相关法律法规设立并规范运作,且已经接受证券监督管理机构监管的,可不进行股份还原或转为直接持股。因此,已备案的私募基金、资产管理计划等按1个投资者计算。对于最终出资人取得三六零权益的时点在本次交易停牌前6个月内及停牌期间,且为现金增资的单独计算。根据上述标准,考虑停牌前6个月内及停牌期间新增出资人的情况,三六零穿透计算后的实际出资人不超过200人,符合《证券法》第10条的相关规定。

(三)解读

1. 突击入股,即本次交易停牌前6个月内及停牌期间,且通过现金增资取得股权,交易对手为私募基金或资管计划等,无论是否已备案,都需要穿透计算其最终出资的法人或自然人。

2. 本次交易停牌前6个月内及停牌期间,通过份额转让形式取得权益的,基于谨慎性原则,同样需要穿透计算其最终出资的法人或自然人。

3. 交易对手为已备案的私募基金、资管计划等,可不进行股份还原或转为直接持股,仅按1人投资者计算。

4. 交易对手为未备案的私募基金、资管计划等,需要穿透计算其最终出资的法人或自然人。

“三类股东”问题的监管尺度

田增杰
四川弘芯股权投资基金管理有限公司

“三类股东”是指契约型基金、资产管理计划和信托计划。因“三类股东”具有一定的特殊性，可能存在层层嵌套和高杠杆，以及股东身份不透明、无法穿透等问题，涉及发行人股权清晰等发行条件及相关信息披露要求，证监会在新三板企业IPO发行审核过程中予以重点关注。因此，实务中理解和把握监管机构对“三类股东”审核监管尺度就显得尤为重要。

本文试图通过梳理“三类股东”问题的“前世今生”、IPO对于“三类股东”最新监管政策和案例以及并购重组对于“三类股东”监管政策和案例，并比较监管机构在IPO和并购重组中对“三类股东”监管政策的异同，以此来探究监管机构对于“三类股东”问题的监管尺度。

一、“三类股东”问题的前世今生

契约型基金、资产管理计划和信托计划等“三类股东”，尽管有其特殊性，但作为金融产品，本身并不是问题。伴随新三板市场的发展，含“三类股东”的新三板企业申请IPO，因涉及发行人股权清晰等发行条件及相关信息披露要求，导致上市受阻，从而演化为一个问题。

（一）“三类股东”问题的由来

“三类股东”问题由来已久，在证监会关于合格投资者制度尚未健全的背景下，2013年2月8日，全国中小企业股份转让系统有限责任公司通过发布《全国中小企业股份转让系统投资者适当性管理细则（试行）》，明确了“三类股东”可以作为新三板挂牌公司股票公开转让的受让对象。

2014年8月21日，中国证监会发布了《私募投资基金监督管理暂行办法》，该办法进一步明确了合格投资者制度，并明确了在以合伙企业、契约等非法人形式汇集他人资金投资于私募基金时，将“依法设立并在基金业协会备案的投资计划”视为合格投资者，并视为单一合格投资者，豁免穿透核查和合并计算投资者人数。显然，“依法设立并在基金业协会备案的投资计划”并不包含银保监会监管下的银行理财、信托计划和保险资管等〔1〕。该办法通过合格者制度，使得契约型基金、资产管理计划得以嵌套私募基金成为挂牌新三板公司的间接股东。

2015年11月24日，中国证券监督管理委员会又通过发布《非上市公众公司监管问答——定向发行（二）》，明确了“三类股东”可以参与非上市公司定向发行。

在此之前，全国中小企业股份转让系统有限责任公司于2015年10月16日发布了《全国中小企业股份转让系统机构业务问答（一）——关于资产管理计划、契约型私募基金投资拟挂牌公司股权有关问题》，明确了基金子公司可通过设立专项资产管理计划、证券公司定向、专项资产管理计划和私募基金（包括契约型私募基金）投资拟挂牌新三板的公司股权。并明确了该等资产管理计划、契约型基金如果满足了依法设立、规范运作，且已经在中国基金业协会登记备案并接受证券监督管理机构监管，可直接登记为产品名称，不需要进行股份还原。

通过上述证监会和全国中小企业股份转让系统有限责任公司一系列的规则，确立了“三类股东”可以直接或间接投资（受让、定向发行等）挂牌新三板公司股权。

2016年以来，随着新三板挂牌企业申请IPO数量逐步增多，部分企业因股转系统非公开发行和做市交易，其股权结构中出现了契约型私募基金、资产管理计划、信托计划等“三类股东”。

“三类股东”存在难于满足发行人股权清晰和相关信息披露要求的情况，导致含“三类股东”挂牌新三板公司在IPO审核中存在障碍，一度出现凡是存在“三类股东”企业必须清理，否则无法过会的局面。新三板流动性不足问题进一步凸显，影响了新三板市场发展，“三类股东”问题越发成为一个显性问题。

（二）“三类股东”问题的今生

围绕“三类股东”问题，各方展开了激烈的政策博弈。

第一，市场主体政策诉求。2017年全国两会上全国人大代表唐一林等提出了

---

〔1〕 证监会新闻发言人在2014年8月22日表示，考虑到银行理财、信托计划、保险资管等合格投资者标准要求较低，为防止监管套利，通过上述计划将非合格投资者卷入，该办法将原征求意见稿中“依法设立并受国务院金融监督管理机构监管的投资计划”修改为“依法设立并在基金业协会备案的投资计划”。

《关于发展新三板市场的几点建议》。建议之一就是，建议中国证监会明确“三类股东”股东资格监管，促进监管政策一致化的建设工作，即在新三板企业申请挂牌及申请 IPO 过程中，统一对“三类股东”的审核政策，确认“三类股东”在 IPO 过程中作为发行主体股东的股东资格。唐一林代表的另一身份为新三板挂牌企业圣泉集团(830881. OC)的董事长，此建议代表了市场主体关于“三类股东”问题的政策诉求。

第二，证券投资基金业协会的政策诉求。证券投资基金业协会作为契约型基金和资产管理计划的备案主管部门，提出了推动“三类股东”问题妥善解决的思路，即证券投资基金业协会将从登记备案开始，严格按《证券投资基金法》要求规范私募基金运作管理，保证机构产品信息规范透明、真实有效，在此基础上推动“三类股东”问题妥善解决。

第三，证监会关于“三类股东”问题的政策反应，表现在以下几个方面：

1. 上市公司重大资产重组领域明确了“三类股东”作为并购交易对手的穿透披露标准。2017 年 9 月 21 日，中国证监会发布了《公开发行证券的公司信息披露内容与格式准则第 26 号——上市公司重大资产重组(2017 年修订)》(证监会公告〔2017〕14 号)，明确了“三类股东”作为并购交易对手的穿透披露标准，即交易对方为合伙企业的，应当穿透披露至最终出资人，同时还应披露合伙人、最终出资人与参与本次交易的其他有关主体的关联关系；交易完成后合伙企业成为上市公司第一大股东或持股 5% 以上股东的，还应当披露最终出资人的资金来源，合伙企业利润分配、亏损负担及合伙事务执行的有关协议安排，本次交易停牌前 6 个月内及停牌期间合伙人入伙、退伙等变动情况；交易对方为契约型私募基金、券商资产管理计划、基金专户及基金子公司产品、信托计划、理财产品、保险资管计划、专为本次交易设立的公司等，比照对合伙企业的上述要求进行披露。

2. 证监会明确了对含“三类股东”的新三板企业 IPO 申请及受理阶段未设置差别性政策。2017 年 12 月 29 日，中国证监会在《对十二届全国人大五次会议第 2432 号建议的答复》(证监函〔2017〕137 号)提到，针对部分新三板挂牌公司存在“三类股东”的问题，证监会并未在 IPO 申请及受理阶段设置差别性政策，已有多家存在“三类股东”的拟上市企业提交 IPO 申请并获受理。同时，鉴于“三类股东”作为拟上市企业股东涉及发行人股权清晰等发行条件及相关信息披露要求，目前，证监会正积极研究“三类股东”作为拟上市企业股东适格性问题。

3. 证监会通过答记者问的方式发布了“三类股东”监管政策。

(1)基于证券法、公司法和 IPO 办法的基本要求，公司的稳定性与控股股东与实际控制人的明确性是基本条件，为保证拟上市公司的稳定性，确保控股股东履行诚信义务，要求公司控股股东、实际控制人、第一大股东不得为“三类股东”。

（2）鉴于目前管理部门对资管业务正在规范过程中，为确保“三类股东”依法设立并规范运作，要求其纳入金融监管部门有效监管。

（3）为从源头上防范利益输送行为，防控潜在风险，从严监管高杠杆结构化产品和层层嵌套的投资主体，要求存在上述情形的发行人提出符合监管要求的整改计划，并对“三类股东”做穿透式披露，同时要求中介机构对发行人及其利益相关人是否直接或间接在“三类股东”中持有权益进行核查。

（4）为确保能够符合现行锁定期和减持规则，要求“三类股东”对其存续期作出合理安排。

4. 证监会最新 IPO 审核 51 条问答指引，进一步明确了“三类股东”的核查及披露具体要求。

（1）公司控股股东、实际控制人、第一大股东不得为“三类股东”。

（2）发行人的“三类股东”应纳入国家金融监管部门有效监管，且已按照规定履行审批、备案或报告程序，其管理人已依法注册登记。中介机构应就发行人“三类股东”是否符合上述要求，是否依法设立并有效存续发表明确意见。按照既有规则，“三类股东”的审批、备案或报告部门各有不同，审核中拟按现行有效的规则予以掌握。

（3）要求中介机构核查拟上市企业的“三类股东”是否符合《中国人民银行　银监会　证监会　保监会　外汇局关于规范金融机构资产管理业务的指导意见（征求意见稿）》（以下简称《指导意见》）等监管要求，尤其是关于资管产品杠杆、分级和嵌套的要求，并发表明确意见。对于相关“三类股东”不符合上述相关要求的，应当提出切实可行、符合要求的整改规范计划，并予以披露。为确保平稳过渡，《指导意见》按照“新老划断”原则设置了过渡期，允许金融机构已发行的资管产品自然存续至所投资资产到期；过渡期至 2019 年 6 月 30 日，过渡期后，金融机构不得再行发行或者续期违反规定的资管产品。鉴于此，审核中未提出相关“三类股东”立即予以整改的要求。

（4）原则上要求发行人对“三类股东”做层层穿透披露，要求中介机构对控股股东、实际控制人，董事、监事、高级管理人员及其亲属，本次发行的中介机构及其签字人员是否直接或间接在“三类股东”中持有权益进行穿透核查并发表明确意见。考虑到“三类股东”相关信息比较冗长，且对投资者意义不大，为避免干扰正常信息披露内容，建议相关信息以招股说明书附件形式披露。对于实践中，由于客观原因，确实无法100%完成穿透披露或者核查的，建议在中介机构有明确的肯定性意见的情况下，本着重要性原则个案处理。

（5）“三类股东”的锁定期和减持要求。按现有规则执行。“三类股东”应对其存续期及续期作出合理安排，确保符合现行锁定期和减持规则要求。

（6）对于拟上市公司尚未在新三板挂牌的，建议在政策执行初期，暂不允许其股东中存在“三类股东”。待上述政策试行一段时间以后，视实施情况再决定是否适用于存在“三类股东”的非新三板拟上市公司。

第四，资管新规统一同类资产管理产品监管标准，为“三类股东”规范运行提供了原则性规范。

2018年4月27日，中国人民银行、中国银行保险监督管理委员会、中国证券监督管理委员会、国家外汇管理局联合印发了《关于规范金融机构资产管理业务的指导意见》（银发〔2018〕106号，以下简称“资管新规”），主要原则性规范为：

1. 统一了资产管理产品合格投资人制度，为信托计划投资私募基金视为单一合格投资者，从而豁免穿透核查和合并计算投资者人数提供了制度基础。

2. 禁止多层嵌套。资管新规明确资管产品之间只能嵌套一层，底层的资管产品再投资别的资管产品，投向的必须是公募证券投资基金。资产管理产品应当在账户开立、产权登记、法律诉讼等方面享有平等的地位，为消除多层嵌套提供了制度基础。

3. 限制了杠杆和分级。资管新规明确公募产品和开放式私募产品不得进行份额分级，并明确了封闭式资管产品分级的具体比例。

4. 未上市企业股权及其受（收）益权的限制和久期管理。资管新规明确了资产管理产品直接或者间接投资于未上市企业股权及其受（收）益权的，应当为封闭式资产管理产品，并明确股权及其受（收）益权的退出安排。未上市企业股权及其受（收）益权的退出日不得晚于封闭式资产管理产品的到期日。

5. 明确了监管机构对于多层嵌套监管原则。即实行穿透式监管，对于多层嵌套资产管理产品，向上识别产品的最终投资者，向下识别产品的底层资产（公募证券投资基金除外）。

综上，围绕“三类股东”问题，市场主体、金融监管部门以及行业自律部门展开了激烈的政策博弈。最终，证监会在IPO监管政策与新三板发展之间找到了一个相对的平衡点，相继发布了新三板企业IPO“三类股东”问题监管新政及其实施指引。但是,这种平衡必定是一种动态的平衡,因此,要准确把握和理解监管机构关于"三类股东"问题的监管政策,除了政策层面分析,还需要分析政策在实证案例中的运用。

二、IPO 案例

"三类股东"监管新政发布之前,先后有常熟汽饰(603035)、海辰药业(300584)、碳元科技(603133)和长川科技(300604)等多家含"三类股东"的挂牌新三板公司成功过会。从已经过会的案例看,都是发行人间接股东中存在资产管理计划或者契约型基金,并未有信托计划过会的案例,且发行人直接股东为"三类股东"的,在"三类股东"监管新政发布之前也未有新三板企业成功上市的案例。

2018 年 1 月证监会发布"三类股东"监管新政之后,先后有文灿股份(603348)、芯能科技(603105)、海容冷链(603187)和捷昌驱动(603583)4 家含"三类股东"的新三板挂牌公司成功上市。上述 4 家企业,"三类股东"有资产管理计划、契约型私募基金和信托计划(海容冷链和捷昌驱动两家最终发布的招股说明书显示,三类股东中都存在信托计划),且为直接持有发行人股份。

接下来,我们逐一分析上述 4 个案例证监会反馈意见和企业的解答思路。

(一)文灿股份(603348)

1. 文灿股份(603348)"三类股东"情况

根据《广东文灿压铸股份有限公司首次公开发行股票招股说明书》披露,公司"三类股东"情况为,公司的 6 名股东属于资产管理计划,4 名股东属于契约型私募基金,此外,公司股东信业盛韬的有限合伙人东方汇智资产管理有限公司的出资来源为东方汇智——泰复 2 号,该等"三类股东"的具体情况如表 1 所示:

表 1 "三类股东"具体情况统计

序号	股东名称	股东类型	管理人	备案情况
1	九泰基金—新三板 4 号	资产管理计划	九泰基金管理有限公司	已备案
2	九泰基金—新三板 6 号	资产管理计划	九泰基金管理有限公司	已备案
3	九泰基金—大同证券新三板 1 号	资产管理计划	九泰基金管理有限公司	已备案
4	九泰基金—东莞证券—新三板 1 号	资产管理计划	九泰基金管理有限公司	已备案
5	九泰基金—东北证券新三板 20 号	资产管理计划	九泰基金管理有限公司	已备案

续表

序号	股东名称	股东类型	管理人	备案情况
6	财通资产—安鹏新三板投资基金1号	资产管理计划	上海财通资产管理有限公司	已备案
7	安鹏新三板2号	契约型私募基金	北京汽车集团产业投资有限公司	已备案
8	东方比逊新三板8号	契约型私募基金	广东东方比逊基金管理有限公司	已备案
9	信盈泰复5号	契约型私募基金	嘉兴慧博投资管理有限公司	已备案
10	金鼎新三板掘金三期	契约型私募基金	北京同创金鼎投资管理有限公司	已备案
11	东方汇智—泰复2号	资产管理计划	东方汇智资产管理有限公司	已备案

2. 监管机构对文灿股份(603348)“三类股东”的关注

(1)《广东文灿压铸股份有限公司首次公开发行股票申请文件反馈意见》在第二部分信息披露问题第21条提到请保荐机构和律师核查披露发行人股东是否存在“三类股东”情况;

(2)证监会2018年第44次发审会会议提出询问的主要问题第5点,发行人存在“三类股东”。请发行人代表说明相关股东是否符合资产管理相关规定,其信息披露是否符合相关规定。请保荐代表人说明核查方法、程序,并发表核查意见。

3. 文灿股份(603348)应对

《广东文灿压铸股份有限公司首次公开发行股票招股说明书》不仅披露了公司详细的“三类股东”情况,还用附件的形式,对“三类股东”进行了100%穿透披露和核查,直至最终自然人和国有资产管理部门,且保荐机构、发行人律师发表了明确的核查意见,具体核查意见如下:

(1)发行人的“三类股东”已纳入国家金融监管部门有效监管,均依法设立并有效存续,且已按照规定履行审批、备案或报告程序,其管理人均已依法注册登记。

(2)发行人“三类股东”不存在《资管新规》限制的杠杆、分级、嵌套情形。

(3)发行人“三类股东”及其投资人与发行人的控股股东及实际控制人、主要股东、董事、监事、高级管理人员及其近亲属、本次发行上市中介机构及其签字人员不存在关联关系;发行人的控股股东及实际控制人、主要股东、董事、监事、高级管理人员及其近亲属、本次发行上市中介机构及其签字人员未直接或间接在“三类股东”中持有权益。

(4)发行人三类股东的存续期、续期安排符合锁定期、减持规则的相关要求,管理人已承诺自文灿股份上市之日1年内不转让文灿股份的股票,并在股票锁定期满后按照监管机构的减持规则进行减持。

遗憾的是，文灿股份的招股说明书并未披露核查的方法和程序，仅仅披露的核查意见，文灿股份律师出具的法律意见书，也并未在网站上公示。

4. 小结

通过上述证监会对于文灿股份“三类股东”的关注点以及文灿股份应对，我们不难发现以下几点：

（1）证监会首次反馈意见，将“三类股东”问询放在了《广东文灿压铸股份有限公司首次公开发行股票申请文件反馈意见》中的“信息披露”问题部分，而非“规范性问题”部分。

（2）发审会问询主要集中在是否符合《资管新规》和信息披露规定，并首次提到了需要保荐代表人说明核查方法、程序。

（3）相较于证监会发布的审核非财务知识问答，发行人律师审核意见中增加了“‘三类股东’及其投资人与发行人的控股股东及实际控制人、主要股东、董事、监事、高级管理人员及其近亲属、本次发行上市中介机构及其签字人员不存在关联关系”核查。

（4）无须间接锁定。文灿股份应对中仅为“三类股东”的管理人作出减持承诺，而契约型基金和资管计划的持有人并未要求进行锁定承诺。

（二）芯能科技（603105）

1. 芯能科技（603105）三类股东情况

根据《浙江芯能光伏科技股份有限公司首次公开发行股票招股说明书》披露，芯能科技“三类股东”情况为：发行人现有股东中，属于“三类股东”的发行人股东有2名，分别为深圳嘉石大岩资本管理有限公司——大岩坐标系私募投资基金（以下简称“大岩基金”）、广州沐恩投资管理有限公司——沐恩资本富泽新三板私募投资基金一号（以下简称“沐恩基金”）。大岩基金和沐恩基金均为契约型基金，截至2018年1月31日，其持有发行人股份的情况如表2所示：

表2　大岩基金和沐恩基金持有人股份情况统计

序号	股东名称	持股数（股）	持股比例（%）
1	大岩基金	100,000	0.0243
2	沐恩基金	28,000	0.0068

2. 证监会对芯能科技(603105)“三类股东”的关注

(1)证监会在《浙江芯能光伏科技股份有限公司首次公开发行股票申请文件反馈意见》第一部分“规范性问题”第1点要求发行人补充说明“现有股东按自然人、法人、合伙企业、其他主体的分布状况,是否存在契约型主体、资产管理计划或信托计划”。

(2)芯能科技在《浙江芯能光伏科技股份有限公司首次公开发行股票招股说明书(申报稿2018年3月7日报送)》中明确了“三类股东”情况,所以,2018年第64次发审会会议询问的主要问题中并未提及“三类股东”问题。

3. 芯能科技(603105)应对

芯能科技在《浙江芯能光伏科技股份有限公司首次公开发行股票招股说明书(申报稿2018年3月7日报送)》针对证监会的反馈意见,披露了“三类股东”的情况,并对存在的2支契约型基金进行了近乎100%的穿透披露,唯独对于新三板挂牌企业——永安期货(833840)未进行完全的穿透披露,仅披露了前10大股东名称、持股数和持股比例。芯能科技招股说明书中关于“三类股东”的情况沿用了上述2018年3月7日报送申报稿中的表述。

芯能科技案例对于“三类股东”核查的另一个亮点,即申报文件以及招股说明书中披露了保荐机构和发行律师对于“三类股东”的核查方法,即取得大岩基金和沐恩基金管理人的确认、取得大岩基金和沐恩基金穿透后法人股东的工商资料和自然人股东的身份证明文件、对24名终极自然人股东进行访谈和在国家企业信用信息公示系统查询持有人的公开信息。但遗憾的是,芯能科技招股说明书中并未披露保荐机构和发行人律师对于“三类股东”核查的明确结论性意见。

4. 小结

通过上述证监会对于芯能科技“三类股东”的关注点以及芯能科技应对,我们不难发现以下几点:

(1)证监会首次反馈意见,将“三类股东”问询放在了《浙江芯能光伏科技股份有限公司首次公开发行股票申请文件反馈意见》中的“规范性问题”部分,而非“信息披露问题”部分。

(2)“三类股东”份额持有人若为新三板挂牌公司,则无须进行100%的穿透披露。

(3)招股说明书中并未披露中介机构对于“三类股东”核查而发表的明确意见,而这个明确意见是证监会在《首发审核非财务知识问答》中明确要求的。

(4)关于“三类股东”减持问题，芯能科技招股说明书中仅概括表述为“除上述股东外的其余所有股东持有的发行人公开发行股份前已发行的股份根据《公司法》第141条的规定，自发行人首次公开发行股票并上市之日起十二个月内不得转让。”契约型基金份额持有人并未要求进行减持承诺。

(三)海容冷链(603187)

1.海容冷链(603187)“三类股东”情况

《青岛海容商用冷链股份有限公司首次公开发行股票招股说明书(申报稿2017年12月22日报送)》在股权变动部分披露了新三板增发中进入的多家“三类股东”。但2018年1月证监会发布“三类股东”审核新政，不久海容冷链便发布公告，拟向股转系统申报股票终止挂牌，并于2018年3月终止在全国中小企业股份转让系统终止挂牌。市场人士认为此举是为了处理“三类股东”问题，2018年11月15日发布的招股说明书验证了市场人士的上述推测。

2.证监会对海容冷链(603187)“三类股东”的关注

(1)第一次书面反馈意见。《青岛海容商用冷链股份有限公司首次公开发行股票申请文件反馈意见》在“规范性问题”部分并未直接提及“三类股东”，但在第一点中要求保荐机构和发行律师核查：上述机构投资者的直接和间接自然人股东与发行人实际控制人、董监高、核心技术人员、本次申请发行中介机构及其负责人、工作人员是否存在亲属关系或其他关联关系；上述机构投资者的直接和间接股东是否存在以委托持股或信托持股等形式代他人间接持有发行人股份的行为，保荐机构、其他中介机构及负责人、工作人员是否直接或间接持股。

(2)口头反馈意见。北京君泽君律师事务所于2017年12月20日出具的补充法律意见(五)中提到了证监会在2017年12月22日正式的反馈意见之外，还有一个口头的关于“三类股东”的反馈意见，即一是拟上市企业的“三类股东”应当纳入国家金融监管部门有效监管，且已按照有关规定履行审批、备案或报告程序，其管理人已依法注册登记。请保荐机构、发行人律师就发行人“三类股东”是否符合上述要求，是否依法设立并有效存续发表明确意见。二是请保荐机构、发行人律师核查“三类股东”是否符合《中国人民银行　银监会　证监会　保监会　外汇局关于规范金融机构资产管理业务的指导意见(征求意见稿)》相关要求，尤其是关于资管产品杠杆、分级和嵌套的要求，并发表明确意见。对于相关“三类股东”不符合上述相关要求的，应当提出切实可行、符合要求的整改规范计划，并予以披露。三是请对“三类股东”做层层穿透披露，要求保荐机构、发行人律师对控股股东、实际控制人、董监高及其亲属、本次发行的中介机构及其签字人员是否直接或间接在“三类股东”中持有权益进行穿透核查,并发表明确意见。相关信息以招股说明书附件形式披露。四是“三类股东”的锁定期和减持要求,按现有的规则执行。“三类股东”应对存续期及续期作出合理安排,确保符合现行锁定期和减持规则要求。

(3)发审会委员问询。证监会发审会 2018 年第 77 次会议问询的主要问题,第一个问题就提到了“三类股东”问题,即发行人股权结构中存在资管计划、信托计划和基金产品“三类股东”,请发行人代表说明现有“三类股东”是否符合现行金融监管的有关要求,请保荐代表人说明“三类股东”的穿透核查与披露情况,并发表明确的核查意见。

3. 海容冷链(603187)的应对

2018 年 11 月 15 日,海容冷链发布了最终的招股说明书,招股说明书和北京市君泽君律师事务所补充法律意见披露,在海容冷链于 2018 年 3 月终止在全国中小企业股份转让系统挂牌之后,对三类股东进行了较大规模的清理和整改,由之前的 37 名“三类股东”减少至最终的 9 名“三类股东”,主要体现为:

(1)关于“三类股东”中期限问题的整改。一是实际控制人受让“三类股东”中无展期约定已进入清算或展期期限届满的股东全部股权。2018 年 3 月至 9 月,海容冷链的实际控制人邵伟受让上述资产管理计划股东、契约型私募基金股东、对发行终止挂牌持有异议的股东持有的海容冷链全部股份,解决了“三类股东”中不能展期或进入清算期的问题。二是可以进行展期的“三类股东”,按照要求进行了展期,如广东锦石投资管理有限公司——锦石新三板一号基金的投资人同意产品展期至 2020 年 6 月 30 日。

(2)关于“三类股东”中分级问题整改。国寿安保基金—银河证券—国寿安保—国保新三板 2 号资产管理计划完成了平级改造,原优先级份额持有人已不再持有国寿安保基金—银河证券—国寿安保—国保新三板 2 号资产管理计划份额。

(3)关于“三类股东”的多层嵌套问题整改。2017 年 12 月 20 日,发行人律师出具补充法律意见(五)提到 37 名三类股东中的 6 项产品存在嵌套的情形。其中,两项产品的多层嵌套不符《资管新规》的要求,发行人主要通过实际控制人邱伟和其他原有的自然人股东全部受让存在嵌套且不符合《资管新规》产品持有的股份的方式解决了产品多层嵌套问题。

(4)关于穿透披露问题。除国寿安保基金—银河证券—国寿安保—国保新三板 2 号资产管理计划穿透披露至境内外上市公司和国资监管部门之外,其他的“三类股东”用附件的形式进行了100%的穿透披露，直至自然人。

（5）笔者还关注到中建投信托有限责任公司—中建投—新三板投资基金集合信托计划1号（鼎锋资产）作为信托计划，采用了私募基金管理人作为投资顾问，且完成了在中国证券投资基金业协会的备案，并获得了《私募投资基金备案证明》（备案编码：S27655）。

4. 小结

通过上述证监会对于海容冷链三类股东的关注点以及海容冷链应对，我们不难发现以下几点：

（1）发审会问询主要集中在是否符合资金融监管和信息披露规定。

（2）若“三类股东”间接股东存在国内上市公司和境外上市公司，则不需要进一步穿透披露。

（3）分级问题需要符合《资管新规》的要求，国寿安保基金—银河证券—国寿安保—国保新三板2号资产管理计划完成平级改造。

（4）嵌套问题需要符合监管新规的要求，海容冷链将存在多层嵌套，不符合《资管新规》的产品都进行了清理。

（5）期限问题需要符合《资管新规》的要求。

（6）中建投信托有限责任公司—中建投—新三板投资基金集合信托计划1号（鼎锋资产）在海容冷链的整改中保留，成为继捷昌驱动之外，信托计划作为发行人直接持股新三板企业IPO成功案例，并且该信托计划采用了由私募基金管理人作为投资顾问，并在中基协取得了《私募投资基金备案证明》（备案编码：S27655）。

（7）关于“三类股东”减持问题，概括表述为“若发行人股票在证券交易所上市成功，根据相关法律法规，本次发行前已发行的股份，自本公司股票在交易所上市之日起十二个月内不得转让。”三类股东份额持有人并未进行锁定承诺。

（四）捷昌驱动（603583）

1. 捷昌驱动（603583）“三类股东”情况

2018年8月20日，捷昌驱动发布的最终的招股说明书及其附录，捷昌驱动三类股东最终保留9名（资产计划6名，契约型基金2名，信托计划1名）。

2. 证监会对捷昌驱动（603583）“三类股东”关注点

（1）证监会书面反馈意见中并未明确对“三类股东”问题进行问询。

（2）2018年第86次发审会会议提出的主要问题第四点提到了“三类股东”问题，即发行人原股权结构中存在资管计划股东、信托计划股东和契约型私募基金产品股东。请发行人代表说明现有股东是否符合相关监管要求。请保荐代表人说明对“三类股东”进行穿透核查和披露情况，并发表明确的核查意见。

3. 捷昌驱动的应对

2018 年 8 月 20 日，捷昌驱动发布的最终的招股说明书第 61 页披露，“公司原部分‘三类股东’存在不符合《关于规范金融机构资产管理业务的指导意见》规定的分级、嵌套等情形，另有部分股东已处于清算期或其存续期限无法满足现行锁定期与减持规则的要求等，为切实解决上述问题，捷昌控股受让 14 名‘三类股东’所持发行人全部股份。同时，根据股转系统公司关于终止挂牌时异议股东保护措施的要求，为保护股东利益，捷昌控股受让 28 名对公司终止在股转系统挂牌持有异议的股东所持公司全部股份。股份转让完成后，捷昌控股持有公司的股份比例由 0.14% 增加至 1.43%，公司股东人数由 264 人下降至 222 人；除上述发生股份转让的股东外，公司其余股东及持股比例未发生变化，未新增股东”。

（五）“三类股东”在 IPO 中的监管尺度

通过分析证监会对上述四家含“三类股东”新三板企业审核关注点以及他们的应对措施，结合证监会“三类股东”监管新政及其后的《首发审核非财务知识问答》，并结合《资管新规》，我们可以得出以下结论：

1. 证监会关于“三类股东”的关注点主要集中在“三类股东”是否符合金融监管（或资管新规）的要求，并说明穿透核查和信息披露情况。

2. “三类股东”符合金融监管政策的要求，主要体现在以下几个方面：

（1）发行人的“三类股东”应当纳入国家金融监管部门有效监管，且已按照规定履行审批、备案或报告程序，其管理人已依法注册登记。

（2）负债杠杆方面，每只私募产品的总资产不得超过该产品净资产的 200%。计算单只产品的总资产时应当按照穿透原则合并计算所投资资产管理产品的总资产。金融机构不得以受托管理的资产管理产品份额进行质押融资，放大杠杆。

（3）分级方面，因《资管新规》明确了，投资未上市公司股权和受（收）益权，只能是封闭式的资产管理产品，而封闭式资管产品因其风险外溢性弱，允许存在分级，即固定收益类产品的分级比例不得超过 3∶1，权益类产品的分级比例不得超过 1∶1，商品及金融衍生品类产品、混合类产品的分级比例不得超过 2∶1。

（4）嵌套层级，资管产品之间只能嵌套一层，底层的资管产品再投资别的资管产品，投向的必须是公募证券投资基金。

（5）久期管理符合要求，即未上市企业股权及其受（收）益权的退出日不得晚于封闭式资产管理产品的到期日，若不满足，则需要进行展期或清理。

3. 原则上需要对“三类股东”进行100%穿透披露或核查，但可以本着重要性原则进行个案处理。即100%穿透披露或核查并不是过会的必要条件。

4. 核查关联关系和利益输送。即发行人“三类股东”及其投资人与发行人的控股股东及实际控制人、主要股东、董事、监事、高级管理人员及其近亲属、本次发行上市中介机构及其签字人员是否存在关联关系，是否直接或间接在“三类股东”中持有权益。

5. 中介机构核查“三类股东”方法，即取得契约型基金、资产管理计划或信托计划管理人的确认、取得三类股东穿透后法人股东的工商资料和自然人股东的身份证明文件、中介机构对终极自然人股东进行访谈和在国家企业信用信息公示系统查询持有人的公开信息。同时，按照资管新规的要求，对于多层嵌套资产管理产品，向上识别产品的最终投资者，向下识别产品的底层资产（公募证券投资基金除外）。

6. 三类股东要做好久期管理，在减持方面不要求对“三类股东”的持有人进行间接锁定。

7. 公司控股股东、实际控制人、第一大股东不得为“三类股东”，从海容冷链IPO案例看，持股5%以上股东（包括受同一管理人管理的持股5%以上股东）亦强调不是“三类股东”。

8. “三类股东”监管新政执行初期，除新三板挂牌企业三类股东通过股权系统非公开或做市交易形成，其他拟上市主体暂不适用“三类股东”监管新政。

三、并购案例

（一）新潮能源（600777）发行股份购买资产案

1. 新潮能源（600777）“三类股东”情况

该案例中交易对手为鼎亮汇通为有限合伙企业，GP为国金鼎兴投资有限公司旗下的西藏国金聚富投资管理有限公司，LP为12名投资者，其中，有6名投资者包含结构化安排的有限合伙企业，且部分还存在信托计划和资产管理计划。新潮能源的该次交易已在2017年4月19日上市公司并购重组委2017年第17次会议上获得有条件通过。

2. 证监会的关注点

（1）证监会《关于山东新潮能源股份有限公司发行股份购买资产并募集配套资金申请的反馈意见》中要求新潮能源补充披露，“鼎亮汇通有限合伙人的最终资金来源，最终出资人与上市公司及其控股股东、实际控制人之间是否存在关联关系或一致行动关系。请独立财务顾问、律师和会计师核查并发表明确意见”。

（2）证监会在《关于山东新潮能源股份有限公司发行股份购买资产并募集配套资金申请的二次反馈意见》中要求新潮能源补充披露，“交易对手涉及结构化产品的存续期限、优先级及劣后级出资人的控制关系、出资比例等情况，以及上市公司控股股东（或大股东）、董事和高级管理人员等关联方是否参与结构化产品或提供资金。请独立财务顾问和律师核查并发表明确意见”。

3. 新潮能源（600777）的应对

（1）新潮能源在修订后的《交易报告书》中披露了本次交易对方穿透至最终出资人的情况。按照向上穿透至自然人和法人的原则进行了穿透计算，并按照“投资者涉及资管计划、理财产品等，要求穿透披露至最终出资人”的原则对出资人进行穿透计算，则交易对方中涉及的机构出资人及核查后的资金来源情况如表3所示：

表3　交易对方中涉及的机构出资人及核查后的资金来源情况统计

序号	交易对方	穿透数量	涉及机构出资人	出资额（万元）	资金来源
1	西藏国金聚富投资管理有限公司	1	—	—	—
2	宁波国金阳光股权投资中心（有限合伙）	10	江苏中关村科技产业园航富资产管理有限公司	35,000.00	自有资金
3	北京中金君合创业投资中心（有限合伙）	2	广东华兴银行股份有限公司	103,488.37	理财资金
4	东营汇广投资合伙企业（有限合伙）	10	浙商银行股份有限公司	51,300.00	理财资金
			深圳市新凯金融控股集团有限公司	1,151.60	自有资金
5	国华人寿保险股份有限公司	1	国华人寿保险股份有限公司	68,800.00	寿险资金
6	上海东珺惠尊投资管理中心（有限合伙）	5	国储汇金资本管理有限公司	34,436.80	自有资金
7	北京中金通合创业投资中心（有限合伙）	2	广东华兴银行股份有限公司	46,511.63	理财资金
8	东营广泽投资合伙企业（有限合伙）	10	浙商银行股份有限公司	31,040.00	理财资金
			深圳市新凯金融控股集团有限公司	699.20	自有资金

续表

序号	交易对方	穿透数量	涉及机构出资人	出资额（万元）	资金来源
9	宁波吉彤股权投资合伙企业(有限合伙)	4	方正东亚信托有限责任公司	74,270.40	信托资金
			国储汇金资本管理有限公司	49,000.00	自有资金
10	烟台慧海投资中心(有限合伙)	4	—	—	—
11	烟台烟成东创投资中心(有限合伙)	4	—	—	—
12	上海东珺金皓投资管理中心(有限合伙)	24	—	—	—
13	上海经鲍投资管理中心(有限合伙)	7	长治潞州农村商业银行股份有限公司	39,700.00	自有资金
	小计	84			
	剔除重复出资人	13			
	剔除现金支付对价对象	1			
	合计	70			

根据表3,本次重组交易对方穿透后涉及理财资金或信托资金的机构共3家,分别为:广东华兴银行股份有限公司、浙商股份有限公司、方正东亚信托有限责任公司。其中,方正东亚信托有限责任公司对鼎亮汇通的最终出资来源于方正东亚信托有限责任公司合法持有的信托资金,并披露委托人至自然人和法人层面。

(2)在此基础上,中介机构通过核查披露新潮能源、新潮能源第一大股东及实际控制人关联方,并由新潮能源及其主要股东、实际控制人出具承诺函,承诺未向鼎亮汇通最终出资人提供资金支持用于直接或间接持有鼎亮汇通财产份额等措施,核查最终出资人与上市公司及其控股股东、实际控制人之间不存在关联关系或一致行动关系。

(3)新潮能源解除了交易对手中结构化设计。

4.小结

新潮能源案是信托计划和资管计划间接持有交易对手份额的典型案例,通过上述分析,我们不难发现以下几点结论:

(1)信托计划需要穿透至最终的出资人,且穿透的深度至自然人和法人层面,并以此计算人数。

(2)中介机构需要核查或披露信托计划的最终出资人与上市公司及其控股股东、实际控制人之间是否存在关联关系或一致行动关系。并核查或披露上市公司控股股东(或大股东)、董事和高级管理人员等关联方是否参与结构化产品或提供资金。

(二)太阳鸟(300123)并购亚光电子案

1. 太阳鸟(300123)三类股东情况

该案例中三类股东为契约型基金和资管计划,间接持有交易对手的份额。

2. 证监会的关注点

证监会关于该问题的关注点,主要体现在证监会的二次反馈意见,二次反馈意见第一点原文如下:"申请材料显示,本次交易对方涉及南京瑞联、东方天力、东证蓝海、浩蓝瑞东、浩蓝铁马、华腾五号、华腾十二号等多家有限合伙。前述交易对方锁定期36个月,未进行穿透锁定。请你公司:(1)核查交易对方是否涉及有限合伙、资管计划、理财产品、以持有标的资产股份为目的的公司,如是,以列表形式穿透披露至最终出资的法人或自然人,并补充披露每层股东取得相应权益的时间、出资方式、资金来源等信息。(2)补充披露上述穿透披露情况在重组报告书披露后是否曾发生变动。(3)补充披露上述有限合伙、资管计划等是否专为本次交易设立,是否以持有标的资产为目的,是否存在其他投资,以及合伙协议及资管计划约定的存续期限。(4)如专为本次交易设立,补充披露交易完成后最终出资的法人或自然人持有合伙企业份额的锁定安排。请独立财务顾问和律师核查并发表明确意见。"

3. 太阳鸟(300123)的应对

太阳鸟在二次反馈意见的回复中,针对证监会提到的上述问题进行了回复:

(1)按照穿透至自然人、非专门投资于亚光电子的公司的原则,对七家有限合伙企业进行了穿透披露。

(2)披露了上述七家合伙企业的存续期。

(3)专为本次交易设立的,披露了交易完成后最终出资人的法人或自然人持有合伙企业份额的锁定安排。

具体而言,对于非专为本次交易成立的契约式基金,由基金管理人代表基金出具承诺,即"自交易对方以持有的亚光电子股份所认购取得的太阳鸟股份上市之日起36个月内,本企业及管理的私募投资基金不以任何方式转让持有的交易对方出资份额或从交易对方退伙,亦不以任何方式转让或者让渡或者约定由其他主体以任何方式部分或全部享有本企业及管理的私募投资基金通过交易对方间接享有的与太阳鸟股份有关的权益”。

对于专为本次交易成立的契约型基金，由基金管理人和出资人分别出具承诺。其中，契约型基金的出资人出具的承诺内容，“自交易对方以持有的亚光电子股份所认购取得的太阳鸟股份上市之日起36个月内，本人不以任何方式转让持有的私募投资基金出资份额或从私募投资基金退出，亦不以任何方式转让或者让渡或者约定由其他主体以任何方式部分或全部享有本人通过私募投资基金或交易对方间接享有的与太阳鸟股份有关的权益”。

4. 小结

通过上述分析，围绕“三类股东”穿透核查和披露，我们不难得出以下结论：

（1）契约型基金需要进行穿透，但穿透的原则是按照穿透至自然人、非专门投资于标的企业的公司的原则执行。

（2）契约型基金锁定安排以是否为专为本次交易成立为依据，执行不同的锁定安排。具体而言，非专为本次交易设立的契约型基金，只需要基金管理人代表基金进行锁定承诺；专为本次交易设立的契约型基金，除了基金管理人需要代表基金作出承诺外，还需要基金的出资人出具锁定承诺。

（3）交易对手需要进行久期管理，满足股权退出日不得晚于资产管理产品的到期日。

（4）以专为本次交易设立的主体，需要披露每层股东取得相应权益的时间、出资方式、资金来源等信息。

（三）三六零（601360）借壳上市案

1. 三六零（601360）“三类股东”情况

本案中三类股东为资产管理计划，其中，招商财富（作为资产管理人代表的“招商财富——红筹1号专项资产管理计划”）为本次交易设立的资产管理计划。

2. 证监会的关注点

证监会的关注点主要体现在第一次反馈意见中，第一次反馈意见第九点原文如下：

“问题9. 申请材料显示，交易对方包括公司7家，有限合伙企业33家。请你公司：（1）核查交易对方是否以持有标的资产股份为目的，是否存在其他投资，如是，以列表形式穿透披露至最终出资的法人或自然人，并补充披露每层股东取得相应权益的时间、出资方式、资金来源等信息。如有限合伙专为本次交易设立，还应补充披露合伙协议约定的合伙存续期限,及交易完成后最终出资的法人或自然人持有合伙企业份额的锁定安排。(2)补充披露最终出资的法人或自然人取得标的资产权益的时点是否在本次交易停牌前6个月内及停牌期间,且通过现金增资取得,穿透计算后的总人数是否符合《证券法》第10条发行对象不超过200名的相关规定。(3)补充披露标的资产是否符合《非上市公众公司监管指引第4号——股东人数超过200人的未上市股份有限公司申请行政许可有关问题的审核指引》等相关规定。(4)补充披露上述穿透披露情况在重组报告书披露后是否曾发生变动。请独立财务顾问和律师核查并发表明确意见。"

3. 三六零(601360)应对

上市公司对于证监会的上述关注点进行了回应,详见笔者先前在"PE实务"发表的《三六零借壳上市中的穿透核查与200人问题》以及《三六零借壳上市案中的有限合伙企业私募基金备案和结构化问题》。

4. 小结

通过上述分析,围绕"三类股东"穿透核查和披露,我们不难得出结论:

(1)招商财富——红筹1号专项资产管理计划作为专为本次交易设立的资产管理计划,按照证监会要求,应穿透披露至最终出资的自然人或法人,但该资产管理计划穿透披露至合肥中安哥菲战略新兴产业基金投资合伙企业(有限合伙),并未继续进行穿透披露。

(2)招商财富——红筹1号专项资产管理计划完成了在基金业协会的备案,穿透计算人数时资产管理计划计算为1人。若资产管理计划在本次交易停牌前6个月内及停牌期间,且通过现金增资取得,无论是否备案,不能视为单一合格投资者,不能豁免穿透核查和合并计算投资者人数。

(3)专为本次交易成立的交易对手,需要其合伙人进行锁定承诺。北京红杉懿远股权投资中心(有限合伙)作为专为本次交易成立的交易对手之一,招商财富——红筹1号专项资产管理计划作为北京红杉懿远股权投资中心(有限合伙)有限合伙人,且该资产管理计划也是专为本次交易成立的,但并未要求该资产管理计划的出资人进行锁定承诺。

(4)结构化问题并未提及,笔者推测可能的原因是交易对手完成本次交易后,持股比例低于5%,按照并购重组披露新规,可以豁免进行结构化的披露义务。

(5)以专为本次交易设立的主体,需要披露每层股东取得相应权益的时间、出资方式、资金来源等信息,而不以该类交易对手在本次交易完成后是否是上市公司的第一大股东或持股5%以上股东为前提。

(6)穿透计算人数按照穿透至自然人、非专门投资于标的企业的主体(公司、有限合伙、资管产品)的原则。

(四)“三类股东”问题在并购重组中的监管尺度

通过上述三个经典案例,“三类股东”间接持有上市公司并购重组交易对手股权或份额。证监会对于上市公司并购重组“三类股东”问题监管政策,除了发布上市公司重大重组披露新规之外,还通过一系列案例,对该新规进行了细化。具体而言,在并购重组领域,证监会对于“三类股东”的监管尺度如下:

1. 专为本次交易设立的或以持有标的资产股份为目的交易对手,应以列表形式穿透披露至最终出资的法人或自然人,并补充披露每层股东取得相应权益的时间、出资方式、资金来源等信息。该主体的披露不以该类交易对手在本次交易完成后是否是上市公司的第一大股东或持股5%以上股东为前提。此处的法人,可能扩展至非法人组织,如有限合伙企业。

2. 在此基础上,核查上市公司及其主要股东、实际控制人、上市公司的董事、监事和高级管理人员等关联方是否直接或间接持有交易对手的份额。

3. 专为本次交易设立的或以持有标的资产股份为目的交易对手需要进行久期管理,满足股权退出日不得晚于资产管理产品的到期日。

4. 专为本次交易设立的或以持有标的资产股份为目的交易对手,交易完成后最终出资的法人或自然人需要进行份额锁定承诺,实践中为“单层锁定”。本着谨慎原则,若契约型基金为专为本次交易设立,还需要管理人和出资人分别进行锁定承诺。

5. 结构化问题。若存在结构化,需要进行披露。尽管新潮能源并购案之后,证监会为控制杠杆,不允许交易对手存在结构化。但资管新规明确了封闭式资产管理产品可以进行分级,所以,笔者认为,资管新规之后的并购重组,会允许交易对手存在结构化设计,但需满足资管新规关于结构化的比例要求。

6. 穿透披露和计算人数是以“穿透至自然人、非专门投资于标的企业的主体的原则”,但若最终出资的法人或自然人取得标的资产权益的时点是在本次交易停牌前6个月内及停牌期间,且通过现金增资取得。则无论该主体是否已在金融监管部门备案,都不能视为单一合格投资者,不能豁免穿透核查和合并计算投资者人数。

7. “三类股东”中除了契约型基金,是否纳入金融监管部门的监管并未成为监管部门的关注的重点。上述案例以及证监会发布的《上市公司监管法律法规常见问题与解答修订汇编》中,仅要求重组实施完成前私募基金需要备案。对于资产管理计划,仅要求"在重组方案提交上市公司股东大会审议时,应当已有明确的认购对象以及确定的认购份额"。

四、总结

"三类股东"问题在 IPO 和并购重组两个领域都存在,因此,笔者认为,全面地理解和掌握监管机构对于"三类股东"问题的监管尺度,除了需要分析 IPO 和并购重组两个领域的监管政策及分析各自领域的实际案例外,在此基础上进行横向比较监管机构对 IPO 和并购重组监管的异同也是一个重要的方法。

(一)关注的相同点

1. 监管机构都关注"三类股东"在分级、杠杆以及嵌套方面是否符合监管要求。

2. 监管机构都关注"三类股东"与关联方是否存在利益输送等问题。

(二)关注的不同点

1. 对于"三类股东"不能作为拟 IPO 主体的控股股东、实际控制人、第一大股东,并购重组领域并未禁止。

2. "三类股东"在 IPO 穿透以 100% 穿透为原则,需要对所有的"三类股东"都进行穿透披露,且穿透至最终出资的自然人、上市公司、非上市公众公司或国有资产管理部门。而并购重组领域,穿透披露和计算人数以穿透至自然人、非专为本次交易设立或专为持有标的企业股权为目的主体为原则,并对专为本次交易设立或专为持有标的企业股权为目的主体或交易完成后持有上市公司股权 5% 以上的交易主体需要进行重点穿透披露。

3. IPO 方面不需要"三类股东"出资人或份额持有人进行间接减持锁定,而并购重组领域,则需要"三类股东"出资人或份额持有人进行间接减持锁定。

4. "三类股东"在 IPO 中需要纳入金融监管部门的有效监管,并已完成备案手续,管理人已经注册登记。但在并购重组领域,除私募基金外,并未对资产管理计划和信托计划进行强制要求。

5. 关联关系和利益输送的核查。IPO 相较于并购重组方面更为严格,明确除了发行人控股股东及实际控制人、主要股东、董事、监事、高级管理人员之外,还对上述人员的近亲属、本次发行上市中介机构及其签字人员都需要进行披露和核查。

6. 尽管 IPO 和并购重组都关注了"三类股东"的久期管理,但 IPO 需要所有的"三类股东"都进行存续期间披露,若不符合需要进行整改。并购重组方面,则存续期间主要集中于专为本次交易设立或持有标的企业股权为目的设立的主体、交易完成后持有上市公司股权5%以上的交易主体。

7. IPO方面,"三类股东"对于新三板挂牌企业股东人数超过200人,不构成实质性影响,只需要在达到200人时按照股份系统的监管要求披露《关于股东人数达到200人的提示性公告》即可。

并购重组领域,"三类股东"人数穿透计算对交易对手是否构成200人问题有实质性影响。原则上以穿透至自然人或非专为本次交易设立或专为持有标的企业股权为目的主体的原则,进行穿透计算股东人数。私募基金、资产管理计划已备案,则需要作为单一合格投资者,豁免穿透合并计算人数。但若最终出资的法人或自然人取得标的资产权益的时点是在本次交易停牌前6个月内及停牌期间,且通过现金增资取得。则无论该主体是否已在金融监管部门备案,都不能视为单一合格投资者,不能豁免穿透核查和合并计算投资者人数。

(三)小结

尽管上述两个领域各自风险外溢性不同,监管机构对于"三类股东"监管要求有所不同,但通过上述比较,我们可以发现有很多相同点。笔者认为,随着资管新规实施,统一了同类资产管理产品的监管标准,加之,各方的博弈还将继续,监管机构对于IPO领域"三类股东"问题的监管政策也将动态的调整,存在监管机构借鉴并购领域"三类股东"监管政策的可能。

上市公司控制权规范体系及监管要求

——以蓝帆医疗并购案为视角

田增杰
四川弘芯股权投资基金管理有限公司

上市公司实际控制权的转移关系到公司的稳定经营、持续发展以及广大中小股东的权益,影响到证券市场的正常秩序,因此,规制上市公司控制权转移是监管机构的监管重点,上市公司控制权转移也是考察上市公司构成重大资产重组的两个指标之一。本文尝试梳理关于上市公司控制权的规范体系,并以蓝帆医疗(002382)并购案为分析对象来发现控制权监管政策在实践监管中的运用,以此为实践提供指导。

一、规范体系

（一）法律

1.《公司法》(2018 年修正)

2.《反垄断法》(主席令第 68 号)

（二）行政法规

《国务院关于经营者集中申报标准的规定》(2018 年修正)

（三）部门规章

1.《上市公司收购管理办法(2014 年修订)》(中国证券监督管理委员会令第 108 号)

2.《上市公司重大资产重组管理办法(2016 年修订)》(中国证券监督管理委员会令第 127 号)

（四）部门规范性文件

1.《〈首次公开发行股票并上市管理办法〉第 12 条“实际控制人没有发生变更”

的理解和适用——证券期货法律适用意见第1号》(证监法律字〔2007〕15号)

2.《中国证监会关于上市公司发行股份购买资产同时募集配套资金的相关问题与解答》(2018年修订)

3.《上市公司治理准则》(2018年修订)

4.《国家市场监督管理总局反垄断局关于经营者集中申报的指导意见》(2018年修订)

二、主要规则

(一)控制权的认定

1.《公司法》第216条界定了"控股股东"和"实际控制人",即控股股东,是指其出资额占有限责任公司资本总额50%以上或者其持有的股份占股份有限公司股本总额50%以上的股东;出资额或者持有股份的比例虽然不足50%,但依其出资额或者持有的股份所享有的表决权已足以对股东会、股东大会的决议产生重大影响的股东。实际控制人,是指虽不是公司的股东,但通过投资关系、协议或者其他安排,能够实际支配公司行为的人。

2.《上市公司收购管理办法(2014年修订)》(中国证券监督管理委员会令第108号)第84条规定,有下列情形之一的,为拥有上市公司控制权:(1)投资者为上市公司持股50%以上的控股股东;(2)投资者可以实际支配上市公司股份表决权超过30%;(3)投资者通过实际支配上市公司股份表决权能够决定公司董事会半数以上成员选任;(4)投资者依其可实际支配的上市公司股份表决权足以对公司股东大会的决议产生重大影响;(5)中国证监会认定的其他情形。

3.《上市公司重大资产重组管理办法(2016年修订)》(中国证券监督管理委员会令第127号)第13条第3款规定,本条第1款所称控制权,按照《上市公司收购管理办法》第84条的规定进行认定。上市公司股权分散,董事、高级管理人员可以支配公司重大的财务和经营决策的,视为具有上市公司控制权。

4.《〈首次公开发行股票并上市管理办法〉第12条"实际控制人没有发生变更"的理解和适用——证券期货法律适用意见第1号》(证监法律字〔2007〕15号),证监会认为:

(1)公司控制权是能够对股东大会的决议产生重大影响或者能够实际支配公司行为的权力,其渊源是对公司的直接或者间接的股权投资关系。因此,认定公司控制权的归属,既需要审查相应的股权投资关系,也需要根据个案的实际情况,综合对发行人股东大会、董事会决议的实质影响、对董事和高级管理人员的提名及任免所起的作用等因素进行分析判断。

(2)多人共同拥有公司控制权应符合的条件,即①每人都必须直接持有公司股份和/或者间接支配公司股份的表决权;②发行人公司治理结构健全、运行良好,多人共同拥有公司控制权的情况不影响发行人的规范运作;③多人共同拥有公司控制权的情况,一般应当通过公司章程、协议或者其他安排予以明确,有关章程、协议及安排必须合法有效、权利义务清晰、责任明确,该情况在最近3年内且在首发后的可预期期限内是稳定、有效存在的,共同拥有公司控制权的多人没有出现重大变更;④发行审核部门根据发行人的具体情况认为发行人应该符合的其他条件。

5. 控制权认定时还涉及一致行动人的认定问题。《上市公司收购管理办法(2014年修订)》(中国证券监督管理委员会令第108号)第83条规定,本办法所称一致行动,是指投资者通过协议、其他安排,与其他投资者共同扩大其所能够支配的一个上市公司股份表决权数量的行为或者事实。在上市公司的收购及相关股份权益变动活动中有一致行动情形的投资者,互为一致行动人。如无相反证据,投资者有下列情形之一的,为一致行动人:(1)投资者之间有股权控制关系;(2)投资者受同一主体控制;(3)投资者的董事、监事或者高级管理人员中的主要成员,同时在另一个投资者担任董事、监事或者高级管理人员;(4)投资者参股另一投资者,可以对参股公司的重大决策产生重大影响;(5)银行以外的其他法人、其他组织和自然人为投资者取得相关股份提供融资安排;(6)投资者之间存在合伙、合作、联营等其他经济利益关系;(7)持有投资者30%以上股份的自然人,与投资者持有同一上市公司股份;(8)在投资者任职的董事、监事及高级管理人员,与投资者持有同一上市公司股份;(9)持有投资者30%以上股份的自然人和在投资者任职的董事、监事及高级管理人员,其父母、配偶、子女及其配偶、配偶的父母、兄弟姐妹及其配偶、配偶的兄弟姐妹及其配偶等亲属,与投资者持有同一上市公司股份;(10)在上市公司任职的董事、监事、高级管理人员及其前项所述亲属同时持有本公司股份的,或者与其自己或者其前项所述亲属直接或者间接控制的企业同时持有本公司股份;(11)上市公司董事、监事、高级管理人员和员工与其所控制或者委托的法人或者其他组织持有本公司股份;(12)投资者之间具有其他关联关系。一致行动人应当合并计算其所持有的股份。投资者计算其所持有的股份,应当包括登记在其名下的股份,也包括登记在其一致行动人名下的股份。投资者认为其与他人不应被视为一致行动人的,可以向中国证监会提供相反证据。

（二）控制权是否变更的认定

1. 视为控制权变更情形。《〈首次公开发行股票并上市管理办法〉第12条“实际控制人没有发生变更”的理解和适用——证券期货法律适用意见第1号》（证监法律字〔2007〕15号），证监会认为，如果发行人最近3年内持有、实际支配公司股份表决权比例最高的人发生变化，且变化前后的股东不属于同一实际控制人，视为公司控制权发生变更。发行人最近3年内持有、实际支配公司股份表决权比例最高的人存在重大不确定性的，比照前款规定执行。

2. 视为控制权没有变更的情形。《〈首次公开发行股票并上市管理办法〉第12条“实际控制人没有发生变更”的理解和适用——证券期货法律适用意见第1号》（证监法律字〔2007〕15号）证监会认为，发行人不存在拥有公司控制权的人或者公司控制权的归属难以判断的，如果符合以下情形，可视为公司控制权没有发生变更：（1）发行人的股权及控制结构、经营管理层和主营业务在首发前3年内没有发生重大变化；（2）发行人的股权及控制结构不影响公司治理有效性；（3）发行人及其保荐人和律师能够提供证据充分证明。相关股东采取股份锁定等有利于公司股权及控制结构稳定措施的，发行审核部门可将该等情形作为判断公司控制权没有发生变更的重要因素。

因国有资产监督管理需要，国务院或者省级人民政府国有资产监督管理机构无偿划转直属国有控股企业的国有股权或者对该等企业进行重组等导致发行人控股股东发生变更的，如果符合以下情形，可视为公司控制权没有发生变更：（1）有关国有股权无偿划转或者重组等属于国有资产监督管理的整体性调整，经国务院国有资产监督管理机构或者省级人民政府按照相关程序决策通过，且发行人能够提供有关决策或者批复文件；（2）发行人与原控股股东不存在同业竞争或者大量的关联交易，不存在故意规避《首发办法》规定的其他发行条件的情形；（3）有关国有股权无偿划转或者重组等对发行人的经营管理层、主营业务和独立性没有重大不利影响。按照国有资产监督管理的整体性调整，国务院国有资产监督管理机构直属国有企业与地方国有企业之间无偿划转国有股权或者重组等导致发行人控股股东发生变更的，比照前款规定执行，但是应当经国务院国有资产监督管理机构批准并提交相关批复文件。不属于前两款规定情形的国有股权无偿划转或者重组等导致发行人控股股东发生变更的，视为公司控制权发生变更。

3. 配融新政关于控制权是否变更认定规则。《中国证监会关于上市公司发行股份购买资产同时募集配套资金的相关问题与解答》（2018年修订）中，证监会明确，在认定是否构成《上市公司重大资产重组办法》第 13 条规定的交易情形时，上市公司控股股东、实际控制人及其一致行动人拟认购募集配套资金的，相应股份在认定控制权是否变更时剔除计算，但已就认购股份所需资金和所得股份锁定作出切实、可行安排，能够确保按期、足额认购且取得股份后不会出现变相转让等情形的除外。上市公司控股股东、实际控制人及其一致行动人在本次交易停牌前 6 个月内及停牌期间取得标的资产权益的，以该部分权益认购的上市公司股份，相应股份在认定控制权是否变更时剔除计算，但上市公司董事会首次就重大资产重组作出决议前，前述主体已通过足额缴纳出资、足额支付对价获得标的资产权益的除外。独立财务顾问应就前述主体是否按期、足额认购配套募集资金相应股份，取得股份后是否变相转让，取得标的资产权益后有无抽逃出资等开展专项核查。

（三）控制权的限制

1. 担保的限制

《公司法》第 16 条第 2 款、第 3 款规定，公司为公司股东或者实际控制人提供担保的，必须经股东会或者股东大会决议。前款规定的股东或者受前款规定的实际控制人支配的股东，不得参加前款规定事项的表决。该项表决由出席会议的其他股东所持表决权的过半数通过。

2. 公司及其股东利益的保障

（1）《公司法》第 21 条规定，公司的控股股东、实际控制人、董事、监事、高级管理人员不得利用其关联关系损害公司利益。违反前款规定，给公司造成损失的，应当承担赔偿责任。

（2）《上市公司治理准则》（2018 年修订）第 63 条规定，控股股东、实际控制人对上市公司及其他股东负有诚信义务。控股股东对其所控股的上市公司应当依法行使股东权利，履行股东义务。控股股东、实际控制人不得利用其控制权损害上市公司及其他股东的合法权益，不得利用对上市公司的控制地位谋取非法利益。

3. 公司治理方面

《上市公司治理准则》（2018 年修订）第 64 条规定，控股股东提名上市公司董事、监事候选人的，应当遵循法律法规和公司章程规定的条件和程序。控股股东不得对股东大会人事选举结果和董事会人事聘任决议设置批准程序。第 65 条规定，上市公司的重大决策应当由股东大会和董事会依法作出。控股股东、实际控制人及其关联方不得违反法律法规和公司章程干预上市公司的正常决策程序，损害上市公司及其他股东的合法权益。

4. 公众利益保障

《上市公司治理准则》(2018 年修订) 第 66 条规定,控股股东、实际控制人及上市公司有关各方作出的承诺应当明确、具体、可执行,不得承诺根据当时情况判断明显不可能实现的事项。承诺方应当在承诺中作出履行承诺声明、明确违反承诺的责任,并切实履行承诺。第 67 条规定,上市公司控制权发生变更的,有关各方应当采取有效措施保持上市公司在过渡期间内稳定经营。出现重大问题的,上市公司应当向中国证监会及其派出机构、证券交易所报告。

5. 经营集中的限制

(1)《反垄断法》(主席令第 68 号)第 21 条规定,经营者集中达到国务院规定的申报标准的,经营者应当事先向国务院反垄断执法机构申报,未申报的不得实施集中。

(2)《国家市场监督管理总局反垄断局关于经营者集中申报的指导意见》(2018 年修订)第 3 条规定,经营者集中达到下列标准之一的,经营者应当事先向国务院反垄断执法机构申报,未申报的不得实施集中:①参与集中的所有经营者上一会计年度在全球范围内的营业额合计超过 100 亿元人民币,并且其中至少两个经营者上一会计年度在中国境内的营业额均超过 4 亿元人民币;②参与集中的所有经营者上一会计年度在中国境内的营业额合计超过 20 亿元人民币,并且其中至少两个经营者上一会计年度在中国境内的营业额均超过 4 亿元人民币。营业额的计算,应当考虑银行、保险、证券、期货等特殊行业、领域的实际情况,具体办法由国务院反垄断执法机构会同国务院有关部门制定。

三、蓝帆医疗并购重组案例分析

(一)证监会关于控制权的关注要点

2018 年 2 月 8 日,证监会向蓝帆医疗股份有限公司发送了《中国证监会行政许可项目审查一次反馈意见通知书(180032 号)》(以下简称《反馈意见》),其中证监会从五个方面对控制权是否变更、是否稳定进行了重点关注。具体关注点如下:

1. 结合剔除蓝帆投资以 CBCH II 股份认购的股份后上市公司的股权结构情况,参照《〈首次公开发行股票并上市管理办法〉第 12 条"实际控制人没有发生变更"的理解和适用——证券期货法律适用意见第 1 号》第 3 条,补充披露本次重组是否导致上市公司控制权发生变更以及相关依据。

2. 根据《上市公司收购管理办法》第 83 条的规定,核查交易对方之间是否存在未披露的一致行动关系，并补充披露核查情况和认定依据。如存在一致行动关系，合并计算重组后各参与方控制的上市公司权益，进一步补充披露本次重组是否导致上市公司控制权变更。

3. 补充披露交易对方及其出资方有无直接或间接参与本次重组配套融资的情形，如有，前述情形对上市公司控制权稳定的影响。

4. 补充披露交易前后上市公司持股5%以上股东、董事、高级管理人员以及交易对方未来60个月增持或减持上市公司股份的具体安排，未来60个月维持控制权稳定的具体安排。如存在调整主营业务、继续向交易对方购买相关资产的安排、承诺、协议等的，应详细披露其主要内容。

5. 结合交易后上市公司公司治理及生产经营的安排，包括但不限于上市公司董事会构成及各股东推荐董事及高级管理人员情况、重大事项决策机制、经营和财务管理机制等，补充披露本次交易对上市公司控制权稳定性的影响。

6. 结合本次交易前后上市公司主营业务构成，补充披露本次重组是否导致上市公司主营业务发生根本性变化。

7. 全面核查并补充披露本次交易是否存在规避重组上市监管的情形。请独立财务顾问和律师核查并发表明确意见。

（二）蓝帆医疗的应对

1. 关于证监会第一个关注点

蓝帆医疗首先披露了剔除蓝帆投资以CBCH Ⅱ股份认购的股份后上市公司的股权结构情况，并进一步从三个方面进行分析，认为上市公司不存在实际控制人共同控制或发生变更的情况：

（1）蓝帆医疗最近三年内实际控制人未发生变化，其实际支配的上市公司股份表决权比例均超过其他股东。

（2）第二大股东北京中信出具了《关于保持蓝帆医疗股份有限公司独立性及不谋求控制权的承诺函》，即北京中信承诺其截至该承诺函出具日与上市公司其他股东及本次交易的交易对方之间未就本次交易完成后共同扩大所能支配的上市公司股份表决权数量、经营决策等签署或达成任何协议或其他安排；自该承诺函出具日至本次交易完成后60个月内，北京中信与上市公司其他股东及本次交易的交易对方亦不会签署或达成任何与此相关的协议或其他安排；本次交易完成后60个月内，在上市公司的日常运作中，北京中信与上市公司其他股东及本次交易的其他交易对方将各自及单独委派股东代表出席会议并独立行使股东表决权，承诺并确保不会相互商议后一致或联合提案或提名，不会相互协商表决意向后再进行表决，亦不会相互间委托股东表决权，即北京中信与上市公司其他股东及本次交易的交易对方不会形成一致行动的意向；北京中信尊重上市公司实际控制人李振平先生对于上市公司的实际控制人地位，在李振平先生控制上市公司期间，不以任何方式单独或联合谋求上市公司控制权。

（3）第二大股东北京中信出具《关于未来60个月上市公司股份变动安排情况的承诺函》，承诺"自本承诺函出具之日起的60个月内，本合伙企业及本合伙企业的一致行动人将根据对上市公司的价值判断、市场环境和自身资金情况，在遵守届时相关法律法规、上市公司公司章程、本合伙企业签署的《蓝帆医疗股份有限公司与北京中信投资中心（有限合伙）关于CB Cardio Holdings V Limited之发行股份购买资产协议》和《蓝帆医疗股份有限公司与北京中信投资中心（有限合伙）关于CB Cardio Holdings V Limited之盈利预测补偿协议》的前提下，相应变动其持有的上市公司的股份；本合伙企业在未来60个月内不谋求上市公司实际控制人地位，本合伙企业及本合伙企业的一致行动人持有上市公司股份比例将始终低于李振平先生及李振平先生之一致行动人合计持有上市公司股份比例，且差额比例将始终维持在15%以上"。据此，未来60个月内北京中信对上市公司的持股比例不会超过李振平及其一致行动人，不会成为上市公司的实际控制人。

2. 关于证监会第二个关注点

上市公司蓝帆医疗按照《上市公司收购管理办法》第83条规定，对交易对手之间存在的关联关系进行了梳理，并进行了全面充分披露。

3. 关于证监会第三个关注点

上市公司蓝帆医疗通过披露交易对手及其出资方直接或间接参与本次募集配套资金情况，分析对上市公司控制权稳定性的影响。上市公司认为，本案中，蓝帆投资、北京中信、其他交易对方及其各自的出资方以及其各自的一致行动人均不会直接或间接参与本次募集配套资金，不会影响上市公司控制权的稳定性。

4. 关于证监会第四个关注点

上市公司蓝帆医疗从四个方面进行的回复：

（1）上市公司实际控制人及其一致行动人未来60个月可增持或减持上市公司股份，但其合计持有股份比例始终保持上市公司第一大股东地位，且始终超过第二大股东北京中信持有上市公司股份比例。

(2)北京中信未来60个月可增持或减持上市公司股份,但始终低于现上市公司实际控制人及其一致行动人合计持有的上市公司比例,且差额比例始终维持在15%以上。

(3)上市公司董事、高级管理人员及上市公司其他持股5%以上股东、其他交易对方在未来60个月可增持或减持上市公司股份,但其自承诺函出具之日起60个月内不会单独或联合他人通过任何方式(包括但不限于委托、征集投票权、协议、一致行动、股份转让等方式)谋求上市公司的控制权。

(4)上市公司不存在调整主营业务、继续向交易对方购买相关资产的安排、承诺、协议。

5. 关于证监会第五关注点

上市公司蓝帆医疗披露,本次交易完成后,北京中信派驻董事不超过2名,且为保持上市公司高级管理人员团队的延续性和稳定性,上市公司将在保持现有业务高管团队人员整体稳定的前提下,根据经营发展需要增加任命柏盛国际的部分核心管理团队成员为上市公司高管。基于上述,上市公司认为,北京中信对上市公司董事会和高级管理人员影响较小。

6. 关于证监会第六个关注点

上市公司蓝帆医疗认为不构成主营业务的变更,因本次交易后,上市公司主营业务并未发生根本变化,而是在原有健康防护业务的基础上进行了自然延伸和产业升级。

7. 小结

综上,北京中信与李振平先生及蓝帆集团和蓝帆投资之间不存在共同拥有上市公司控制权的安排或计划,本次交易对方之间亦不存在未披露的一致行动关系;本次交易完成后,无论是否剔除蓝帆投资以CBCH Ⅱ股份认购的上市公司股份,李振平先生及其一致行动人合计持有的上市公司股份比例均超过北京中信持股比例,本次重组不会导致上市公司控制权发生变更。本次交易的实质为买卖双方基于自愿和对等谈判所达成的商业交易,并无规避重组上市监管的动机和意图;本次交易属于医疗器械同一行业内的产业并购,是上市公司贯彻自身发展战略的体现,具备清晰的产业逻辑和商业认知;交易完成后,上市公司的低值耗材业务和高值耗材业务均衡发展,形成更为有利的业务板块格局,主营业务并未发生根本变化。

为进一步巩固本次交易完成后上市公司实际控制人李振平先生的实际控制权,相关主体已补充作出以下几个承诺和安排:

(1)股份增减持安排。北京中信承诺尊重上市公司实际控制人李振平先生对于上市公司的实际控制人地位,在李振平先生控制上市公司期间,不以任何方式单独或联合谋求上市公司控制权;并进一步承诺其及其一致行动人持有上市公司股份比例将始终低于李振平先生及李振平先生之一致行动人合计持有上市公司股份比例,且差额比例将始终维持在15%以上。同时,李振平先生承诺,其与其一致行动人在未来60个月内将维持上市公司实际控制人地位,始终保持上市公司第一大股东地位,始终超过北京中信持有上市公司股份比例。

(2)配套融资认购安排。交易对方均承诺其及其各自的出资方以及其各自的一致行动人均不会直接或间接参与本次募集配套资金,上市公司亦承诺不会将蓝帆投资和北京中信及其各自的出资方或其各自的一致行动人列为本次募集配套资金的发行对象,也不会接受蓝帆投资和北京中信及其各自的出资方或其各自的一致行动人在本次募集配套资金中认购股份。

(3)公司治理安排。上市公司董事会由9名董事组成,本次交易后北京中信将提名董事不超过2名,李振平先生及其一致行动人将继续保持对董事会的控制。同时,上市公司将延续本次交易前既有重大事项决策机制、经营和财务管理机制,标的公司将作为上市公司的控股子公司纳入公司现行内部治理制度进行统一规范和管理。

(4)其他承诺。上市公司董事、高级管理人员及其他持股5%以上股东、其他交易对方均出具了60个月内不会单独或联合他人通过任何方式(包括但不限于委托、征集投票权、协议、一致行动、股份转让等方式)谋求上市公司的控制权的承诺。

因此,本次交易不会导致上市公司实际控制权发生变更,不构成《重组管理办法》第13条规定的重组上市情形,也不存在规避重组上市监管的情形。

四、评价

上市公司控制权是否变更和是否稳定,是监管机构在审核上市公司并购重组的重点之一。因为控制权是否变更涉及是否构成上市公司重大资产重组,俗称为"借壳",而控制权是否稳定,则涉及上市公司本次并购后60个月内控制权变动问题,俗称"类借壳"。也就是说,监管机构关于上市公司并购重组控制权变更和稳定的考察,目的在于监管借壳和类借壳行为。本案关于对控制权是否变更和是否稳定的关注,典型的反映了监管机构对于借壳和类借壳的监管思路。这一监管思路可以概括为以下几点:

(一)借壳方面的监管

1. 交易各方交易目的考察

本案中,证监会问询中提及是否存在规避重组上市监管的情形,上市公司从三个方面进行了回复:

(1)交易对手北京中信的交易意图为实现投资退出,不谋求上市公司控制权;

(2)上市公司蓝帆医疗的交易意图为落实公司战略,并非变更主营业务和出让控制权;

(3)本次交易方案的设计是为了保持和巩固上市公司的控制权稳定。

2. 上市公司并购前后主营业务不能发生变更

按照《上市公司重大资产重组管理办法(2016 年修订)》(中国证券监督管理委员会令第 127 号)第 13 条的规定,上市公司向收购人及其关联人购买资产虽未达到本款第 1 项至第 5 项标准,但可能导致上市公司主营业务发生根本变化的,则构成了重大资产重组,即借壳。本案中,上市公司针对该问题进行回复,上市公司不存在调整主营业务、继续向交易对手购买相关资产的安排、承诺、协议。

3. 上市公司控制权不发生变更,考察的重点主要体现在以下几个方面:

(1)上市公司最近 3 年内持有、实际支配公司股份表决权比例最高的人不发生变化,并具有确定性,若发生变化,确保变化前后的股东属于同一实际控制人。本案中,上市公司蓝帆医疗最近 3 年内李振平均为上市公司实际控制人,其实际支配的上市公司股份表决权比例均超过其他股东。本次交易完成后,李振平及其一致行动人实际支配的上市公司股份表决权比例超过其他股东。

(2)交易对手避免与上市公司实际控制人及其一致行动人之间存在共同拥有上市公司控制权的安排或计划。本案中,交易对手北京中信通过出具《关于保持蓝帆医疗股份有限公司独立性及不谋求控制权的承诺函》和《关于未来 60 个月上市公司股份变动安排情况的承诺函》方式,规制交易对手北京中信与上市公司实际控制人及其一致行动人存在共同拥有上市公司控制权的安排或计划。关于“共同控制”的关注,还体现在奥瑞德(600666)并购合肥瑞成案。该案例最终被迫终止,但上海证券交易所在两次反馈意见中,关于“共同控制”的关注,值得借鉴。

奥瑞德(600666)并购合肥瑞成案,上海证券交易所在第一次问询函提及作为交易对手的合肥信挚、北京嘉广、北京瑞弘、北京嘉坤穿透至最终出资的法人或自然人,结合其执行事务合伙人中均有北京建广的情况,以及合伙协议中关于利润分配、亏损承担、合伙事务执行(含表决权行使)的有关安排,要求上市公司说明上述四个交易对方是否为构成《收购管理办法》规定的一致行动人。上市公司对此进行了回复称，根据合伙协议及其补充协议，北京建广在合肥信挚和北京嘉广中均仅就合伙企业收益分配机制、投资项目的退出等个别重大事项行使决策权力，且建广资产对该等事项的决策亦需要中信基金或燕潞资本同意后执行，其无法单独作出有效决策，因此，其不能够对合肥信挚和北京嘉广形成有效控制。但上海证券交易所显然不认可上述观点，在第二次问询函中，进一步针对该问题进一步进行了问询，即①结合合肥信挚、北京嘉广的重要决策需要所有执行事务合伙人共同决策的情况，说明北京建广与中信基金是否构成对合肥信挚的共同控制，北京建广与燕潞资本是否构成对北京嘉广的共同控制；②结合前述问题，分析说明交易对方合肥信挚、北京嘉广、北京嘉坤、北京瑞弘是否因符合《收购管理办法》第83条规定的“受同一主体控制”的情形而构成一致行动人。

因此，避免共同控制是保持控制权不变和稳定的一个重要方面。

(3)配套融资认购方面，关注交易对手及其各自的出资方以及其各自的一致行动人直接或间接参与本次募集配套资金情况。该关注点在《中国证监会关于上市公司发行股份购买资产同时募集配套资金的相关问题与解答》(2018年修订)实施后，可能会弱化。因为，配套融资新政实施前，上市公司控股股东、实际控制人及其一致行动人通过认购募集配套资金以及在交易停牌前6个月或停牌期间提前锁定标的资产方式，控股上市公司控制权是无法实现的，但配套融资新政之后，上述两种情况，增加了但书条款，为上市公司控股股东、实际控制人及其一致行动人通过认购募集配套资金以及提前锁定标的资产，从而实现巩固上市公司控制权成为可能。

(二)类借壳监管

监管机构除了重点监管借壳行为，还对类借壳行为进行重点监管，随着并购案例的增多，监管机构对于类借壳行为的监管边界也日趋完善，主要体现在以下几点：

1. 上市公司第一大股东应确保并购完成后未来60个月内始终维持上市公司第一大股东的地位，且持股比例维持与第二大股东一定差额。

该原则，从笔者掌握的资料看，2016年四季度开始，上市公司大股东与二股东(通常为交易对手)的持股比例差距能否保持在10%以上成为证监会监管关注重点，如南通锻压案，就是其中的经典案例之一。本案中，作为交易对手的北京中信，并购后成为上市公司的第二大股东，通过出具《关于保持蓝帆医疗股份有限公司独立性及不谋求控制权的承诺函》和《关于未来60个月上市公司股份变动安排情况的承诺函》的方式，明确了未来60个月内确保与第一大股东差额比例始终维持在15%以上。

2. 公司治理方面，防止上市公司第二大股东通过控制董事会，成为上市公司实际控股股东的情况。

南通锻压案，在并购重组第一次被否后，上市公司改进了并购方案。其中一点，就是交易对手60个月内放弃表决权，且不向上市公司提名董事、监事。嘉谟资本等60个月内不向上市公司提名董事、监事，且60个月内持股比例低于安常投资10%以上。本案中，并购完成后上市公司的第二大股东北京中信（交易对手）尽管向上市公司提名不超过2名董事，但上市公司蓝帆医疗董事会由9名董事组成，第二大股东提名的董事，只占小部分，且出具《关于保持蓝帆医疗股份有限公司独立性及不谋求控制权的承诺函》和《关于未来60个月上市公司股份变动安排情况的承诺函》。

上述措施打消了证监会对于交易对手，特别是第二大股东通过公司治理手段间接谋求上市控制权的顾虑。

3. 除了规避第二大股东不谋求上市公司控制权，还对上市公司董事、高级管理人员及其持股5%以上股东、其他交易对手未来60个月内谋求上市公司控制权的行为进行规制。即上市公司董事、高级管理人员及其持股5%以上股东、其他交易对手确保在60个月内不会单独或联合他人通过任何方式（包括但不限于委托、征集投票权、协议、一致行动、股份转让等方式）谋求上市公司的控制权。

宝宝树(1761.HK)上市重组及 VIE 架构之分析

丁春峰

2018 年 11 月 27 日,宝宝树作为中国最大、最活跃的母婴社区平台登陆港交所,股票代码 1761(寓意:一起六一)。宝宝树致力搭建中国准父母与年轻父母相互交流与获得最佳孕育建议的在线平台。由好未来教育集团、阿里巴巴淘宝中国、复星等组成的强大股东背景,作为登陆资本市场的首个母婴电商平台,可谓意义非凡。

笔者根据宝宝树集团的招股书,对公司的历次重组及公司架构总结分析如下,以供参考。

根据宝宝树的招股书,可以以公司早期重组为分界线将公司存续期间的重组及架构分为三个阶段,分别为:(1)先前 VIE 架构阶段;(2)早期重组及融资阶段;(3)新建 VIE 架构及融资阶段。下面笔者分别进行介绍,并对其中涉及的重大问题进行归纳分析。

一、先前 VIE 架构阶段

2007 年 1 月,公司创始人王先生向一名独立的第三方收购众鸣的全部股权,该事件可谓宝宝树的起步,随后众鸣运营的若干主要网站及移动应用程序(如 babytree.com、宝宝树孕育及小时光)陆续成功推出,因此,众鸣实际已成为宝宝树集团的核心经营实体。

2007 年 3 月,王先生设立 Baby Tree Inc.(开曼群岛),该公司成为宝宝树集团当时的离岸控股公司。

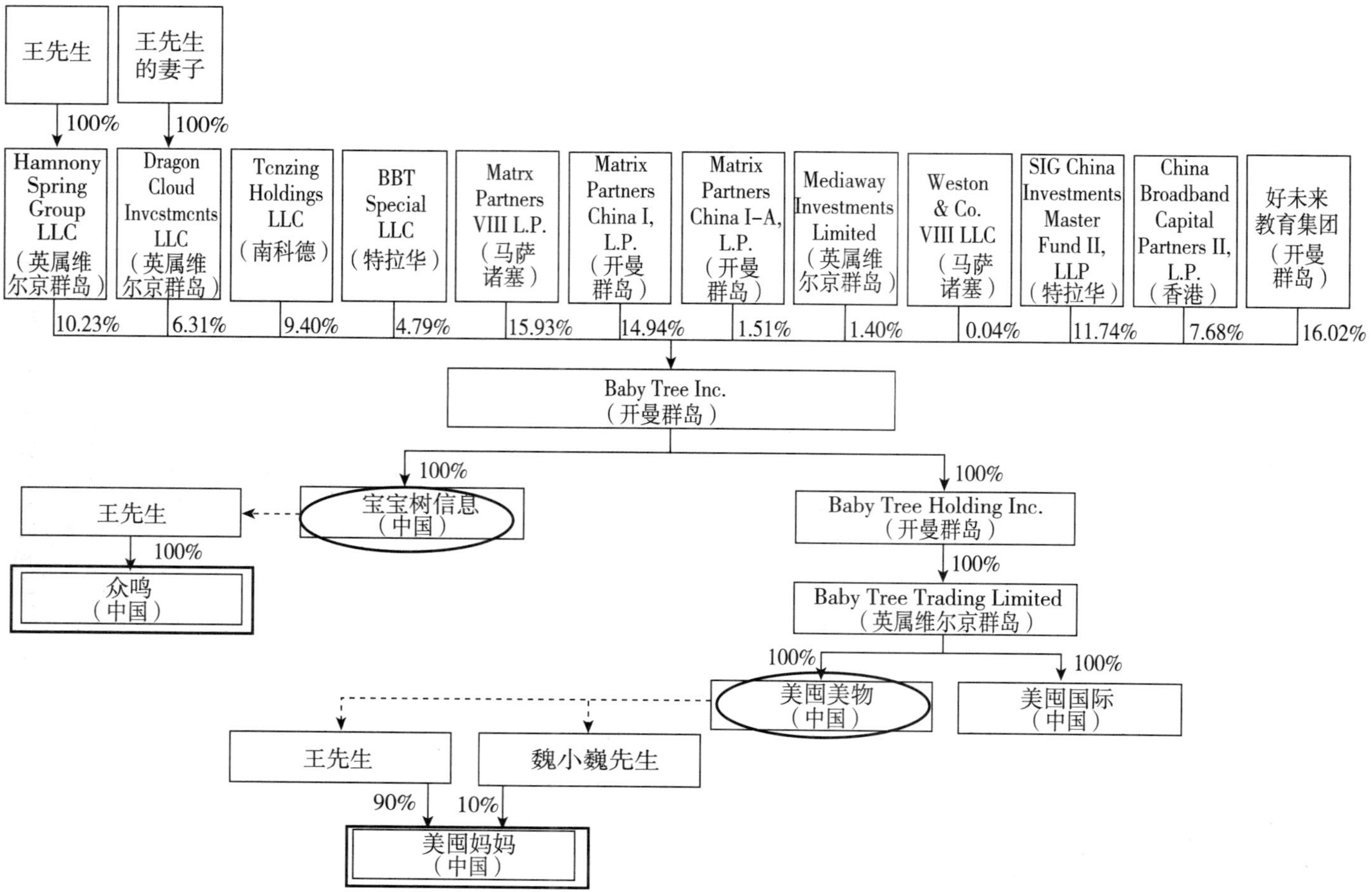

图1　先前VIE架构图（来源于宝宝树集团招股书）

根据上述架构图及招股书,公司先前 VIE 架构由两套 VIE 协议安排组成:

1. 宝宝树信息(WFOE)与众鸣(王先生于 2007 年 1 月从一名独立第三方收购而来)、王先生之间的 VIE 协议安排,众鸣为持有 ICP 许可证的经营实体。

2. 美囤美物(WFOE)与美囤妈妈、王先生及魏小巍先生之间的 VIE 协议安排,美囤妈妈为持有 EDI 许可证的经营实体。

二、早期重组及融资阶段

自 2015 年起,基于当时公司的经营策略重心是寻求众鸣在中国境内的融资机会,因此,公司进行了早期重组及融资,将宝宝树集团的控股公司由境外离岸公司 Baby Tree Inc.(开曼群岛)转变为中国实体(众鸣)并拆除先前的 VIE 架构,该阶段的重组及融资为其上市发行的股权架构奠定了基础。

早期重组及融资阶段的主要步骤如下:

1. 建立员工持股平台(2015 年 12 月);

2 首次公开发售前第一轮融资(2016 年 9 月,境内);

3. 首次公开发售前第二轮融资(2016 年 11 月,境内);

4. 众鸣收购宝宝树信息(2016 年 7 月 ~9 月)及美囤妈妈收购美囤美物及海囤国际(2016 年 9 月);

5. 众鸣收购美囤妈妈(2016 年 11 月);

6. Baby Tree Inc. 赎回投资者持有其的股份。

上述早期重组及两轮融资完成后,宝宝树集团的境外和境内架构如图 2 所示:

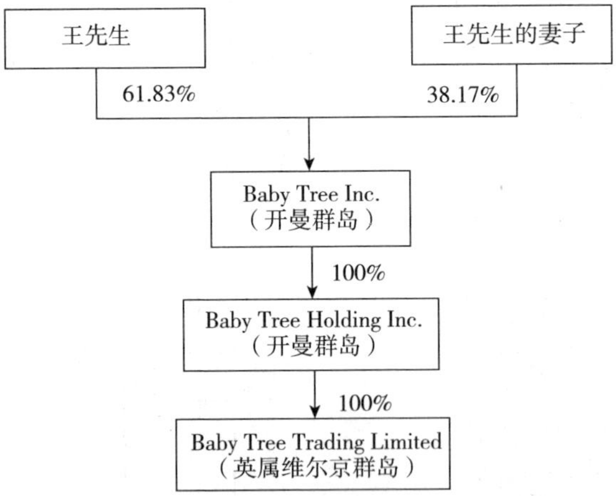

图 2　早期重组及融资阶段后境外架构图

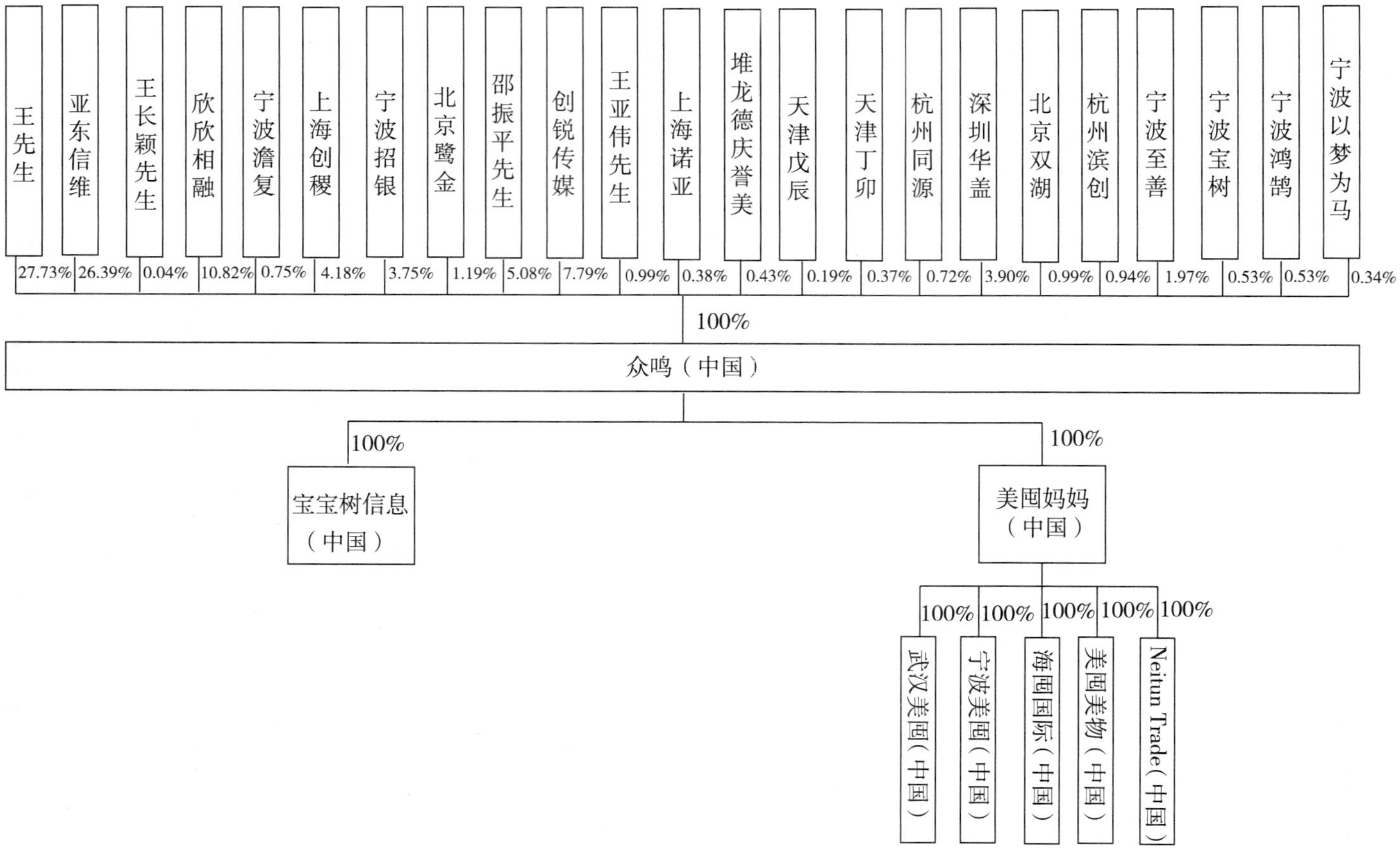

图3　早期重组及融资阶段后境内架构图（来源于宝宝树集团招股书）

三、新建 VIE 架构及融资阶段

宝宝树集团的新建 VIE 架构即首次公开发售前的重组，融资主要是第三轮融资（即淘宝中国于2018年5月向公司进行增资）。

新建 VIE 架构的主要步骤如下：

1. 离岸控股公司注册成立（2018年2月至3月，BabyTree BVI 与宝宝树香港注册成立）。

2. 认购股份［2018年5月，众鸣的全体股东各自的离岸关联公司认购 Baby Tree Inc.（开曼群岛）的股份，其中包括复星国际的全资附属公司与好未来教育集团］。

3. 宝宝树香港收购宝宝树信息。

该步骤分为三步：

（1）2018年3月，宝宝树信息的雇员李志鹏（外籍）受让众鸣持有的宝宝树信息1%的股权，宝宝树信息成为中外合资企业。

（2）2018年5月之前，符合国家外管局37号文项下定义中国居民的股东完成37号文登记。

（3）2018年5月10日，众鸣与李志鹏将其合计持有的宝宝树信息100%的股权全部转让给宝宝树香港。

至此，宝宝树香港收购宝宝树信息完成，宝宝树信息成为宝宝树香港的全资子公司，也进而成为 Baby Tree Inc.（开曼群岛）的全资附属公司。

4. 众鸣将美囤妈妈以及其他境内公司的少数股权转让给宝宝树信息。

5. 众鸣向宝宝树信息提供贷款，宝宝树信息再向王先生提供相同金额的贷款，王先生受让众鸣相关股东的股权，最终众鸣的股东变为登记股东（见图4）。

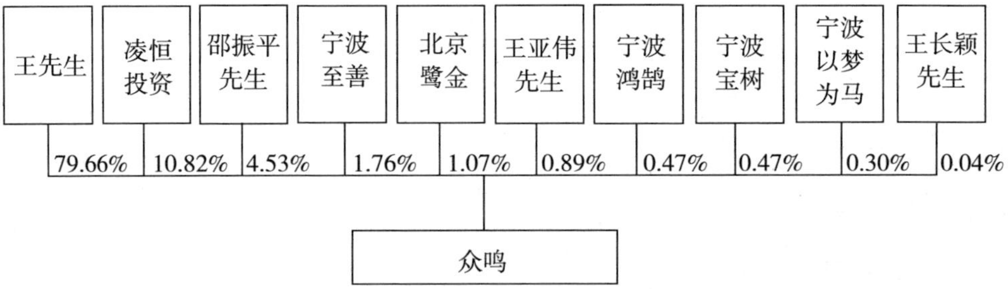

图4　登记股东架构图（来源于宝宝树集团招股书）

6. 宝宝树信息、众鸣及登记股东签署 VIE 协议文件(独家购买权及股权托管协议;独家业务合作协议;股权质押协议;授权委托书;众鸣自然人股东的配偶作出的配偶同意函及宝宝树信息与王先生签署的借款协议)。

7. 首次公开发售前第三轮融资(2018 年 5 月,淘宝中国境外增资)。

上述新建 VIE 架构及融资完成后,宝宝树集团的境内外完整架构如图 5 所示:

四、结语

根据上述宝宝树集团的历次重组及公司架构,笔者对其中涉及的重大问题总结分析如下:

1. 为适应集团三大平台业务[(1)宝宝树孕育(由宝宝树孕育手机应用程序和 PC 及 WAP 端 babytree. com 组成);(2)小时光(仅供手机使用的第二个平台);(3)电商平台美囤妈妈]的发展,集团搭建了两套 VIE 架构,从而使得众鸣为持有互联网信息服务(ICP)许可证的经营实体,以及美囤妈妈为持有在线数据与交易处理业务(EDI)许可证的经营实体。

2. 作为 WFOE 的宝宝树信息和美囤美物可以是开曼公司或 BVI 公司全资控股,并非一定是香港公司控股(一般在香港等境外上市的股权架构或 VIE 架构中由香港公司控股是处于税收优惠等相关方面的考量)。

3. 在集团的早期重组阶段,集团的控股公司由境外离岸公司 Baby Tree Inc.(开曼群岛)转变为中国实体(众鸣)的过程就是将境外架构和境内架构进行隔离的过程,而这一过程主要是通过众鸣收购宝宝树信息、美囤妈妈收购美囤美物及海囤国际,以及众鸣收购美囤妈妈予以实现的。

4. 在集团新建 VIE 架构的主要步骤中,除了签署系列 VIE 协议之外,最为重要的莫过于上述步骤中的第 3 步,即宝宝树香港收购宝宝树信息的三步走:首先使内资公司变为 JV,其次进行国家外管局 37 号文登记,最后香港公司收购 JV 使得 JV 变为 WFOE。该步骤中先由内资公司变成 JV 再变成 WFOE 的主要原因是规避商务部 10 号文项下的"关联并购"。此外请注意:37 号文登记应当在 JV 变为 WFOE 之前办理完成。

5. 在集团新建 VIE 架构的过程中,核心问题是如何论证 VIE 架构的"必要性"("Narrowly Tailored"原则),其论证主要分为三个方面:(1)上市申请人所从事的业务存在外资准入限制,且强调 VIE 架构应当在外资股权限制范围内采用;(2)针对外方获得股权需取得批准及满足额外资格条件("其他规定")的情况,上市申请人

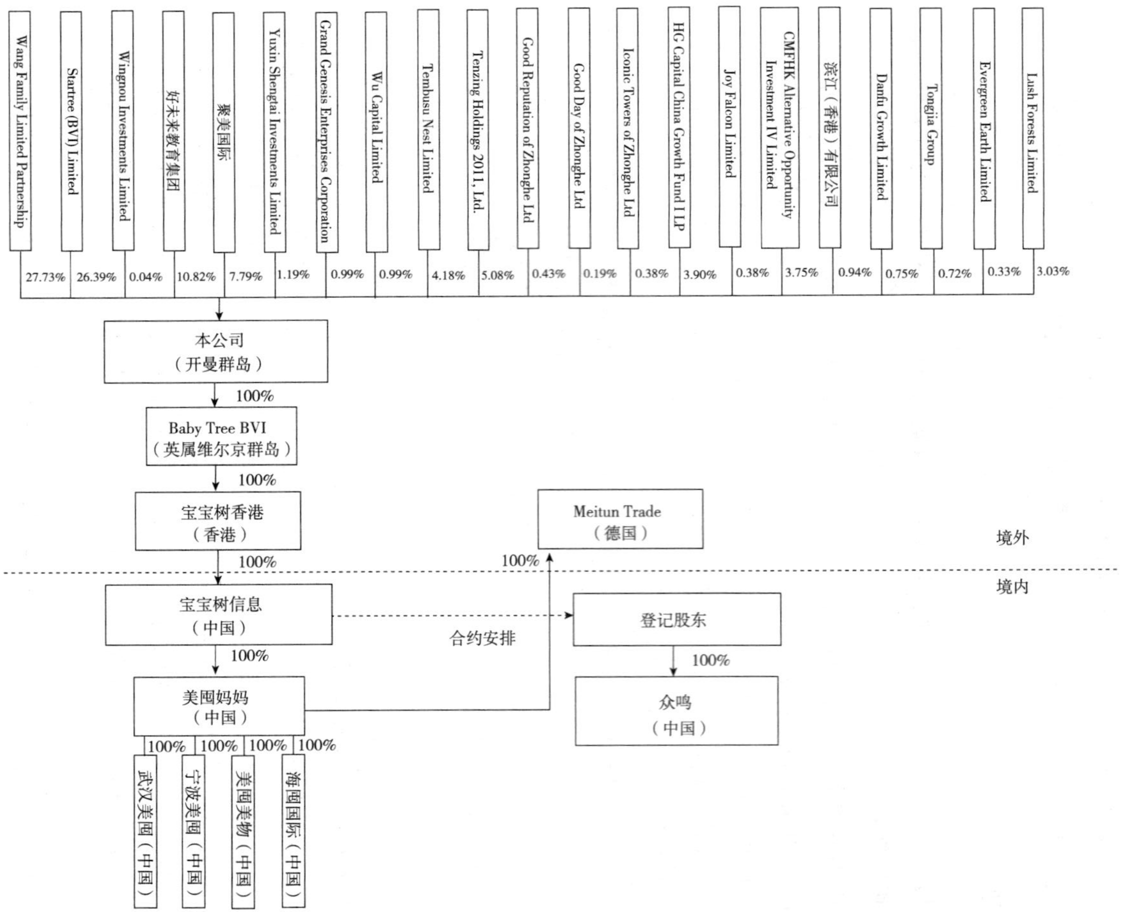

图 5　全球发售完成后架构图（来源于宝宝树集团招股书）

必须符合该等其他规定;(3)上市申请人(一般委托中国法律顾问)应当与行业监管部门(本项目中为工信部)进行访谈且得到监管部门的确认,确认:因为"没有批准的审批程序或指引"或"政策原因",即使上市申请人满足"其他规定",其亦不会或不能发出批准。该论证的过程也充分验证了香港联交所于2018年4月修订的HKEx-LD43-3号上市决策(香港联交所VIE架构指引第9次修订)的实际运用。

证监会关于上市公司并购估值的四大关注要点

林日升

上市公司并购对股价影响颇大,如果估值合理,利益输送、业绩贬值的可能性就较低,如果估值不合理,就需要加以关注。证监会在此问题上的审核智慧值得借鉴,既可以作为并购方在估值时的参考依据,也是作为专业机构核查的指引。本文根据证监会反馈意见做了整理,希望对业界有所助益。

一、关注行业政策对评估值的影响

企业的价值不仅取决于其自身,还取决于行业发展状况。行业政策向来都备受投行们的关注,因为其对企业发展的影响很大。一纸禁令可能会使一个行业瞬间窒息,一纸惠令,可能让一群产业登时火热。比如前几年大家感受比较深的 IPO 暂停的政策和近期的独角兽政策。

估值体现的应该是企业的真实价值,既然行业政策会对企业价值有所影响,那就应当体现在估值中。证监会对此的关注比较细致,例如,在下例中,证监会对此的关注点是行业政策对企业核心竞争力、税收优惠情况的影响:

申请文件显示,近年来,新能源汽车行业主管部门出台了《乘用车企业平均燃料消耗量与新能源汽车积分并行管理办法》等相关行业政策。请你公司:(1)结合烟台舒驰和中植一客新能源产品目前所用电池、电机、电控等核心部件系外购的情况,补充披露烟台舒驰和中植一客的核心竞争力。(2)补充披露近年来出台的一系列行业政策对新能源汽车行业竞争格局、供求关系和标的资产核心竞争力的影响。(3)结合行业发展态势和标的资产核心竞争力情况,补充披露标的资产本次收益法评估值的合理性。请独立财务顾问和评估师核查并发表明确意见。[1]

申请文件显示，江苏有线及标的公司享受免征增值税、企业所得税、自用房产免征房产税的税收优惠政策，上述税收政策于2018年、2019年年底到期。请你公司补充披露：上述税收优惠政策有无时间限制，如标的资产在优惠政策到期后不能继续享受税收优惠，对本次交易、未来经营业绩和评估值可能产生的影响。请独立财务顾问、律师和评估师核查并发表明确意见。[2]

二、关注会计计量与评估范围的差异

会计计量主要根据《会计准则》，而评估主要根据《资产评估准则》，这是两套不同的体系，因此而产生的差异本是合理的。虽然横看成岭侧成峰是合理的，但是横竖都看看更容易看清全貌，因此证监会常常要求专业机构对不同专业眼光产生的差异作出解释，这不仅在评估领域，还在税会差异等领域。

会计领域，《企业会计准则第14号——收入》对收入确认的标准非常严格，在下例中评估机构将会计上未确认收入的合同也纳入了评估范围，明显比会计宽松。因此，证监会要求专业机构对其合理性作出解释。此外，需要注意的是，合同经常会成为财务数据注水的手段，在资本市场中，为粉饰业绩而签署浮夸虚无的合同是常见的推高股价的手段，这也是证监会关注合同情况的重要原因。

申请文件显示，资产基础法评估下，中海沃邦主要增减变动项目为无形资产，评估基准日，中海沃邦无形资产账面值183.25万元，评估值260,193.80万元，增值260,010.55万元，主要原因系中海沃邦与中油煤签署的《合作合同》及相关补充合同，该合同能为企业未来带来收益，但中海沃邦账面未反映，本次评估将其作为合同权益纳入本次评估范围，经计算在无形资产科目中体现其价值。请你公司补充披露上述合同权益评估增值260,010.55万元的依据以及合理性。请独立财务顾问和评估师核查并发表明确意见。[3]

---

〔1〕 参见《关于浙江康盛股份有限公司发行股份购买资产并募集配套资金申请的二次反馈意见》(2018年3月19日)。

〔2〕 参见《关于江苏省广电有线信息网络股份有限公司发行股份购买资产并募集配套资金申请的反馈意见》(2018年3月19日)。

〔3〕 参见《关于上海沃施园艺股份有限公司发行股份及支付现金购买资产并募集配套资金申请的反馈意见》(2018年3月23日)。

三、关注估值变化情况

企业的价值有其变动规律，一般而言，企业价值在短期内是较为稳定的，而企业价值过去的变化历史可能说明其将来的发展趋势。

基于此，证监会关注估值变化情况，具体而言，一是关注本次估值与过去估值的情况，二是关注同行业估值情况。

申请文件显示：(1)上海傲源最近三年估值持续下降，从2015年9月18.75亿元下降至本次交易12亿元，其中2017年9月上海傲源整体估值为15亿元。(2)2017年9月股权转让的交易价格系嘉道成功和嘉兴中源、王晓鸽协商确定。嘉兴中源系上市公司控股股东、中民投资本、中植产业等投资设立的并购基金，并购基金转让其持有的上海傲源股份需满足其各出资方的实际需求。请你公司：(1)补充披露嘉兴中源、王晓鸽以15亿元估值购买上海傲源股权，再以12亿元估值转让给上市公司的商业合理性，并说明上述两笔交易是否属于同一交易。(2)上市公司控股股东在向嘉兴中源、王晓鸽转让上海傲源股权时，是否存在向嘉兴中源、王晓鸽作出相关兜底承诺的情形。(3)补充披露嘉兴中源的历史沿革。请独立财务顾问和律师核查并发表明确意见。[1]

申请文件显示，中海沃邦最近三年进行了多次股权转让以及增值。请你公司：(1)补充披露上述股权转让的商业背景以及估值合理性。(2)补充披露2016年3月博睿天晟向上海慎逸转让中海沃邦股权对应的估值与2015年12月山西孝东向山西荣圆股权转让估值的差异情况，并说明合理性。请独立财务顾问和律师核查并发表明确意见。[2]

四、关注未来和预测

评估不仅需要依据过去的历史情况，更重要的是对未来情况作出预测。评估中的预测虽然已受到《资产评估法》及《资产评估准则》的规范，但毕竟受主观因素影响较大，可能存在较大的水分，这是证监会对此有较多关注的原因。

具体而言，证监会关注估值采用的盈利预测数据是否合理，关注的财务数据也

---

〔1〕 参见《关于中源协和细胞基因工程股份有限公司发行股份购买资产并募集配套资金申请的反馈意见》(2018年3月19日)。

〔2〕 参见《关于上海沃施园艺股份有限公司发行股份及支付现金购买资产并募集配套资金申请的反馈意见》(2018年3月23日)。

较为具体,例如销售费用率、分成比例、折现率等,这类数据未必是报表上的数据。说明合理性的方式主要也还是通过比较,例如过去的数据和同行业的数据等。

申请文件显示:(1)上海傲源预测2018~2023年销售费用率维持在11.98%~13.68%,报告期内销售费用率分别为12.52%、13.52%、14.76%。(2)预测2018~2023年管理费用率维持在22.72%~27.48%,报告期内管理费用率分别为31.39%、34.39%、41.40%。请你公司:(1)补充披露2017年销售费用率、管理费用率的具体情况。(2)结合同行业可比公司、上海傲源报告期内费用分析、预测期人工薪酬涨幅合理性分析等,补充披露上海傲源预测期销售费用率、管理费用率的预测依据以及合理性。(3)补充披露预测销售费用率、管理费用率对本次交易估值的敏感性分析。请独立财务顾问和评估师核查并发表明确意见。[1]

申请文件显示,中海沃邦在未来三年(2018~2020年)的主营业务收入分别为116,629.64万元、139,166.76万元、161,856.36万元,分成比例R为87%,年产量分别为77,381.29万立方米、92,334.20万立方米、107,388.26万立方米。请你公司:(1)结合行业发展情况、主要竞争对手或可比公司经营情况、主要产品市场规模及份额变动情况、当前生产经营现状、未来生产计划、在手订单等,补充披露中海沃邦预测营业收入的判断依据以及合理性。(2)补充披露分成比例R在未来三年为87%的判断依据。(3)分成比例R在永续期的变动情况、判断依据、对中海沃邦收益法估值的影响。请独立财务顾问、评估师核查并发表明确意见。[2]

五、关注权属情况对资产价值的影响

除了行业政策对价值可能产生影响外,资产本身的权属情况对价值也存在影响,如果一项资产不属于企业,那就不能纳入评估范围,这是有价值和无价值的区别,影响有时大于其他因素。这方面对律师的依赖性也较高,因为权属争议需要律师介入进行法律判断,必要时还需要经过法律程序确认权属。

具体而言,证监会关注的影响因素主要有:资产的权属证书情况、与资产有关的纠纷情况以及权属将来可能存在变化情况。

申请文件显示,截至报告书出具日,淮矿股份及其下属子公司尚未取得权属证

---

〔1〕 参见《关于中源协和细胞基因工程股份有限公司发行股份购买资产并募集配套资金申请的反馈意见》(2018年3月19日)。

〔2〕 参见《关于上海沃施园艺股份有限公司发行股份及支付现金购买资产并募集配套资金申请的反馈意见》(2018年3月23日)。

书的主要房产共683处,建筑面积合计约为66.28万平方米。其中,正在办理权属证书的主要房产共有10处,暂未取得土地证的主要房产共有64处,预计短期内难以办理权属证书的房产共有609处。请你公司补充披露:(1)目前正在办理房产权属证书和土地证的进展以及办毕时间。(2)预计短期内难以办理房屋权属证书的原因。(3)未办理权属证书是否可能导致房产权属不清晰、是否存在被处罚、被拆迁或责令搬迁的风险。(4)结合未办理权属证书的房产用途,补充披露未办理权属证书对标的资产生产经营的影响。(5)将未办理权属证书的房产注入上市公司的必要性以及对本次交易评估值的影响。请独立财务顾问、律师和评估师核查并发表明确意见。[1]

申请文件显示,淮矿股份目前涉及一起标的金额2000万元以上的重大未决诉讼。请你公司补充披露:(1)上述未决诉讼的进展情况和对标的资产评估值的影响。(2)标的资产截至目前存在的其他尚未了结的诉讼和仲裁情况以及对本次交易的影响。请独立财务顾问、律师和评估师核查并发表明确意见。[2]

申请文件显示,为了响应《国务院关于煤炭行业化解过剩产能实现脱困发展的意见》(国发〔2016〕7号)等文件的相关规定安排,淮矿股份下属的袁庄煤矿等5家煤矿被列入去产能矿井,其中3家已停产关闭。请你公司补充披露:(1)报告期内及报告期后标的资产煤矿关停情况,包括但不限于涉及煤矿的名称、关停时间、关停损失金额及账务处理。(2)在未来可预见期间内是否有进一步关停下属煤矿的相关安排,如是,说明具体情况及对本次交易评估值的影响。请独立财务顾问、会计师和评估师核查并发表明确意见。[3]

---

〔1〕 参见《关于安徽雷鸣科化股份有限公司发行股份购买资产并募集配套资金申请的反馈意见》(2018年3月19日)。

〔2〕 参见《关于安徽雷鸣科化股份有限公司发行股份购买资产并募集配套资金申请的反馈意见》(2018年3月19日)。

〔3〕 参见《关于安徽雷鸣科化股份有限公司发行股份购买资产并募集配套资金申请的反馈意见》(2018年3月19日)。

“上市公司+PE”并购基金的控制权如何认定

李金招　黄忠薇
福建天衡联合律师事务所

一、引言

上市公司联合 PE 等机构设立并购基金可筹集到大量现金，既不占用上市公司过多的日常经营资金，又可提高资金使用效率，成为上市公司纷纷采用的并购工具。上市公司参与设立并购基金需要考虑诸多方面的问题，其中关于控制权的认定便至关重要。由于并购标的运营状况不一，是否将并购基金纳入合并报表（以下简称“并表”）对上市公司的资产负债率、净资产收益率以及利润等财务指标均有重大的影响。通过对并购基金控制权的不同认定，可对并购基金在纳入上市公司财务报表和不纳入上市公司财务报表（以下简称“并表出表”）之间灵活转化，从而达到优化上市公司财务报表，调节利润的目的。

另外，证监会发布的《发行监管问答——关于引导规范上市公司融资行为的监管要求》（2017 年 2 月 17 日制定，2018 年 11 月 9 日修改）规定“上市公司申请再融资时，除金融类企业外，原则上最近一期末不得存在持有金额较大、期限较长的交易性金融资产和可供出售的金融资产、借与他人款项、委托理财等财务性投资的情形”，意味着如果上市公司参与投资并购基金被认定为财务性投资而非战略性投资，可能会影响上市公司申请再融资。

而根据证监会于 2016 年 3 月 4 日发布的《关于上市公司监管指引第 2 号有关财务性投资认定的问答》，同时满足“上市公司为有限合伙人或其投资身份类似于有限合伙人，不具有该基金（产品）的实际管理权或控制权”以及“上市公司以获取该基金（产品）或其投资项目的投资收益为主要目的”两个条件的，应认定为财务性投资。因此，控制权的认定是判断是否构成财务性投资的重要因素之一，而认定为财务性投资，会对上市公司非公开发行、配股、发行可转债等再融资造成影响。

综上所述,欲达到“既能通过对并购基金的并表出表操作调节财务报表,又能避免被认定为财务性投资”的目的,关键在于对并购基金控制权的设计与认定。本文试图结合相关会计准则,梳理系列上市公司案例的实践操作,为上市公司参与设立并购基金时如何设计和认定控制权提供参考。

二、《企业会计准则第33号——合并财务报表》关于控制权的认定标准

《企业会计准则第33号——合并财务报表》(以下简称“第33号准则”)第7条规定,控制,是指投资方拥有对被投资方的权力,通过参与被投资方的相关活动而享有可变回报,并且有能力运用对被投资方的权利影响其回报金额。从第33号准则可以看出,主导投资、影响回报及享有可变收益是影响控制权认定的关键因素。如果投资人能够主导并购基金的设立、运行、管理,决定并购基金的投资决策,并可据以从该并购基金的经营活动中获取具有不确定性的利益,则说明该投资人能够对并购基金实施控制。

若并购基金采取的组织形式是公司制,上市公司对并购基金的控制权认定相对简单,主要是基于股权比例及对并购基金的表决权大小来考量。一般情况下股权比例在50%以上即可认定上市公司对并购基金具有控制权。

若并购基金采取的组织形式是有限合伙制,有限合伙企业的GP对合伙企业债务承担无限连带责任,对外代表合伙企业,执行合伙事务,LP对合伙企业债务承担有限责任,仅以财产份额为限承担责任。相较于公司型并购基金,有限合伙型并购基金在权益分配、决策机制、治理结构等方面更加灵活,因而有限合伙制的并购基金在控制权认定上与公司制的并购基金有很大的不同。上市公司参与投资并购基金,控制权如何认定是一个难题,需在综合考虑控制权认定相关因素的基础上作出实质性的判断。

三、并购基金的控制权认定与财务处理的关系

实践中,上市公司对其参股或控股的并购基金采取并表,或计入长期股权投资、可供出售金融资产、非流动性资产等不同会计处理方式,在一定程度上反映出上市公司对不同情形下的并购基金控制权的认定思路。并购基金控制权的认定与会计处理的关系如图1所示:

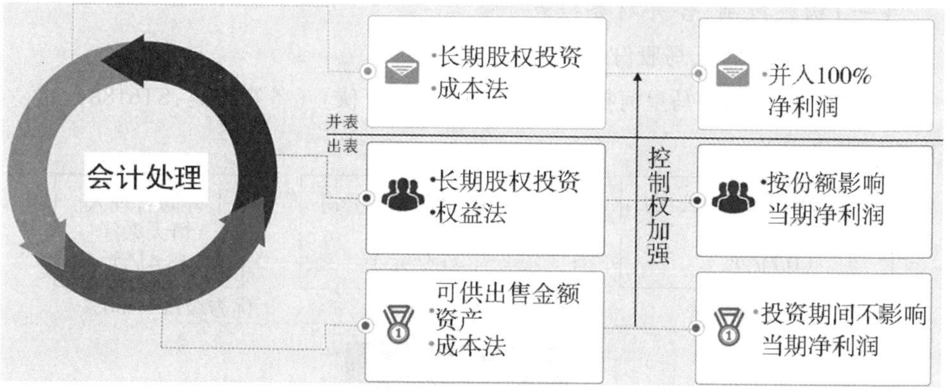

图1　并购基金控制权的认定与会计处理关系

具体为：

1. 若判断构成控制，则对该并购基金合并报表，并入标的公司100%净利润；

2. 若构成共同控制或重大影响，计入长期股权投资，按份额影响当期净利润；

3. 若既非控制，又非共同控制或重大影响，计入可供出售金融资产，因不具有控制权，可能会被认定为财务性投资。

若被投资企业为公司，通行的行业操作惯例一般认为长期股权投资的持股比例为20%~50%，可供出售金融资产的持股比例为5%~20%。故于通常情形而言，从可供出售金融资产到长期股权投资再到合并报表，上市公司对并购基金的控制权逐渐加强。

备注：从上市公司公开披露的审计报告及年度报告里，笔者发现除了将并购基金并入合并报表、计入长期股权投资以及计入可供出售金融资产外，存在将并购基金计入应收账款、其他非流动资产等科目，还存在将并购基金独立核算、作为资产负债表日后事项等会计处理。因此，会计处理仅可作为控制权判断的重要参考因素，不能作为判断并购基金的控制权问题的唯一依据。

四、相关案例

笔者通过对上市公司参与投资并购基金的相关案例进行检索，结合对并购基金的会计处理结果来分析各上市公司对并购基金控制权的认定标准与思路，并将相关案例梳理如下：

(一)构成控制,合并财务报表

案例一:002122 天马股份

并购基金:杭州天马星河投资合伙企业(有限合伙)(备案编码:ST6188),成立于2017年5月8日。

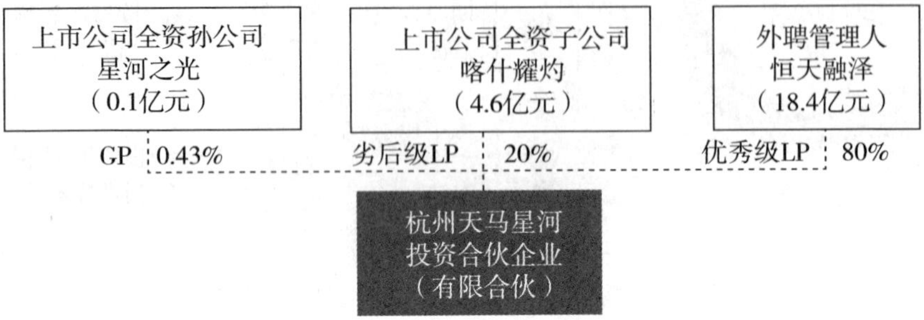

图2 杭州天马星河投资合伙企业

基金规模:分期募集与投资,不超过人民币23亿元。

基金期限:3年。

投资方向:大数据、云计算、智能制造等符合上市公司战略发展方向的项目。

经营决策:投资决策委员会由5名委员组成,其中GP委派4名,优先级LP委派1名。投资决策须经半数以上委员同意方可通过。其中,若投资标的为本公司关联方所投资项目,或者投资项目所需资金占比超过基金总规模20%,需全票通过。

管理费:以优先级LP实缴出资总额为基数,GP和外聘管理人每年各收取费率为2%的管理费。

收益分配:

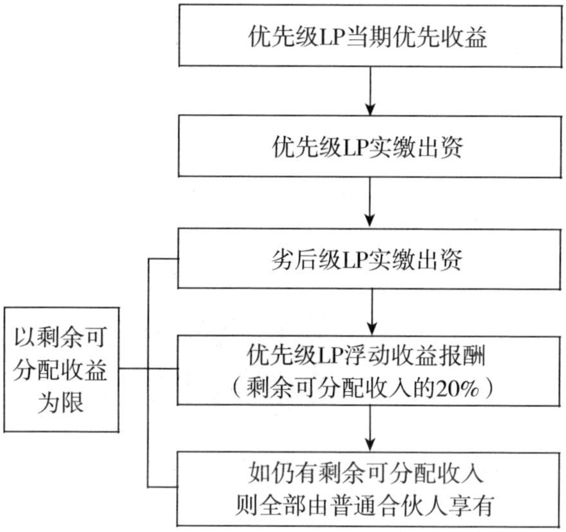

图3　收益分配

项目退出方式：主要为标的公司上市后退出、向第三方转让股权以及股权回购。

增信措施：在基金存续期届满，本公司对拟设立并购基金的优先级合伙份额的退出承担差额补足义务，差额补足金额不超过优先级LP剩余份额本金加固定的年化收益率的利息总额。

会计处理：根据天马股份2017年半年度报告，上市公司天马股份对并购基金有控制权，因此纳入合并财务报表。

从天马股份参与投资并购基金的案例可以看出，尽管上市公司（未特别说明的，上市公司包含其关联公司、控股股东）天马股份总体控制并购基金的份额比例仅约为20%，但上市公司以其全资子公司作为劣后级LP，且以其全资孙公司作为GP参与投资，上市公司总体控制了投资决策委员会4/5席位，可以认定上市公司对并购基金具有控制权。

案例二：002738 中矿资源

并购基金：北京中矿开源二号股权投资管理中心（有限合伙）（备案编号：ST0396），成立于2017年2月22日。

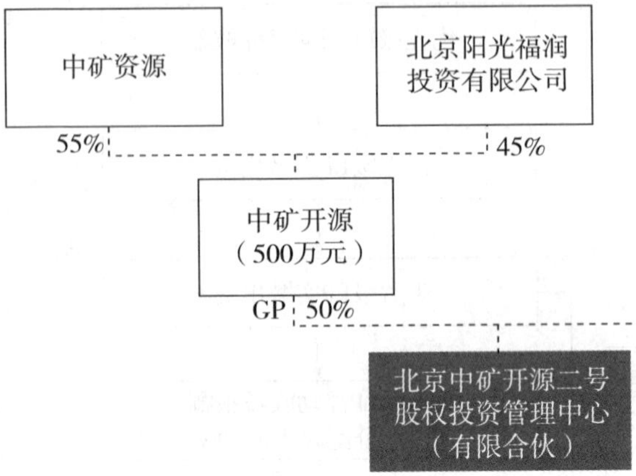

图4　北京中矿开源二号股权投资管理中心

基金规模：人民币1000万元

投资方向：对境内企业进行股权、准股权及可转换债权投资，投资于矿业或国家战略新兴产业等相关产业、未上市公司股权等，主要投资于矿业上下游产业或国家战略新兴产业相关的成熟期经营良好的企业；未公开发行上市的企业，且7年内有退出的可能。

经营决策：投资决策委员会由3名委员组成。投资决策委员会的任何决议均需委员会全体成员过半数同意方可通过。

管理费：实缴出资总额的2%/年。

收益分配：企业的利润和亏损，由合伙人依照实缴出资比例分配和分担。除管理费外不设定额外的收益分配方式，包括门槛收益、超额收益等。

退出机制：包括但不限于所投项目未来上市、股权转让、股权回购（包括大股东回购、被投资企业回购）、兼并收购等。

会计处理：根据中矿资源2017年半年度报告，中矿资源将并购基金纳入合并财务报表。

从中矿资源参与投资并购基金的案例可以看出，上市公司中矿资源以其控股的资产管理公司作为GP，并且上市公司自身作为LP直接投资，合计间接持有并购基金77.5%的财产份额，可以认定上市公司对并购基金具有控制权。

案例三：002483 润邦股份

并购基金：南通润浦环保产业并购基金合伙企业（有限合伙），成立于2017年5月16日。

全体合伙人认缴出资总额为人民币 36,000 万元,具体情况如表 1:

表 1　出资情况

合伙人	名称	认缴出资额（万元）	出资比例	出资时间
普通合伙人	上海津尧资产管理有限公司	240	0.67%	2022 年 3 月 31 日前
优先级有限合伙人	华泰证券(上海)资产管理有限公司	23,760	66.00%	2022 年 3 月 31 日前
劣后级有限合伙人	南通润禾环境科技有限公司	12,000	33.33%	2022 年 3 月 31 日前

由各合伙人根据合伙企业对外投资的需求进行出资,直至该合伙人认缴的出资额全部缴清为止。
注:劣后级 LP 南通润禾环境科技有限公司为上市公司润邦股份的全资子公司。

基金期限:5 年。

投资方向:国内外危险废弃物、污泥处理、工业污水处理等环保产业类公司股权。

经营决策:投资决策委员会由 3 名委员组成,其中上海津尧(GP)委派 1 名,劣后级 LP(润禾环境)委派 2 名。投决会设主席 1 名,由润禾环境委派,所作出决议事项获得通过需要达到 2/3 的投决会委员投赞成票(其中必须有主席的赞成票)。

管理费:基金实缴出资额的 0.2%/年。

收益分配:

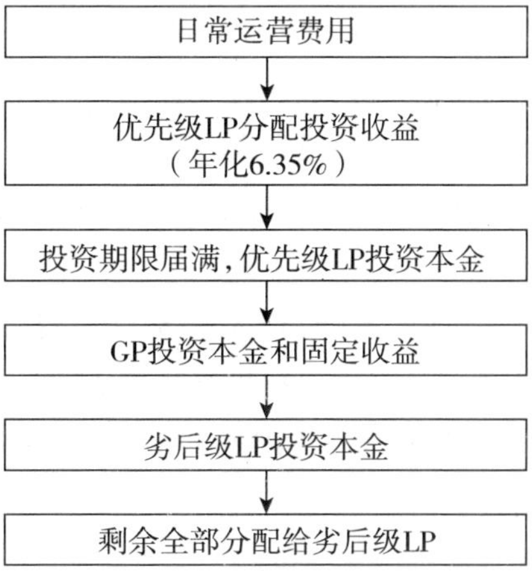

图 5　收益分配

退出机制:合伙企业拟通过IPO、新三板挂牌、第三方收购、原股东回购等方式实现对所投资项目的退出。

增信措施:上市公司于并购基金存续期满前对并购基金优先级LP的份额进行回购并对优先级LP在投资期间的预期投资收益承担差额补足义务。

其他事项说明:公司控股股东、实际控制人、持股5%以上的股东、董事、监事、高级管理人员没有参与该并购基金的份额认购。公司将委派高管担任合伙企业投资决策委员会委员。

会计处理:根据润邦股份2017年半年度报告,润邦股份将并购基金纳入合并财务报表。

从润邦股份参与投资并购基金的案例可以看出,尽管上市公司润邦股份总体控制并购基金的份额比例仅约为40%,但上市公司募集社会资本作为优先级LP,且以其全资子公司作为劣后级参与投资,上市公司控制了投资决策委员2/3席位,可以认定上市公司对并购基金具有控制权。

小结:

1.案例一与案例三均存在结构化安排,上市公司为劣后级LP,享受劣后收益。之所以作为劣后的一方投资人的控制权相对更大,是因为劣后级LP在收益分配顺序上劣后于其他优先级LP,当投资收益很高时,劣后级LP可享受扣除分配给优先级LP的固定收益后的高额收益。相反,当投资收益很低时,可能导致劣后级LP的本金都无法收回。在劣后级LP提供差额补足及回购义务的情形中,劣后级LP甚至还需要补足优先级LP的投资本金及固定收益。因此当作为劣后级LP时,上市公司需要承担很高的投资风险,上市公司获得的收益是一种不确定性较大的可变回报,从而可认定其对并购基金具有较大的控制权。

2.投资决策委员会的设置影响各投资人表决权的大小,一般在投资决策委员会占有绝大多数席位的一方,能够控制投资决策委员会的重大投资决策事项,从而认定其可主导投资活动。

(二)构成共同控制或重大影响,计入长期股权投资科目

若上市公司将并购基金计入长期股权投资科目,按照权益法进行核算,则说明审计机构认定上市公司能够与其合作方对并购基金实施共同控制,或者与合作方对并购基金实施重大影响。

案例四:002637 赞宇科技

并购基金:浙江赞宇科地股权投资合伙企业(有限合伙),成立于2016年10月21日。

表 2　浙江赞宇科地股权投资合伙企业并购基金

合伙人名称	类型	出资方式	认缴出资额（万元）	认缴比例
赞宇科技集团股份有限公司	劣后级有限合伙人	现金	15,000	33.17%
杭州科地资本集团有限公司	普通合伙人	现金	225	0.50%
华安未来资产管理（上海）有限公司（代资管计划）	优先级有限合伙人	现金	不超过 30,000	66.33%
合计			45,225	100%

基金规模：不超过人民币 9 亿元。

基金期限：3 年。

投资方向：主要投资于表面活性剂、日用化工、油脂化工、检验检测和消费升级等领域的优质标的公司和项目投资。

经营决策：投资决策委员会由 5 名委员组成，其中科地资本（GP）委派 2 名，上市公司（劣后级 LP）委派 1 名，其余投资人或行业专家委派 2 名。投资决策 4 票通过方为有效。

管理费：实缴总额的 1%/年。

收益分配：

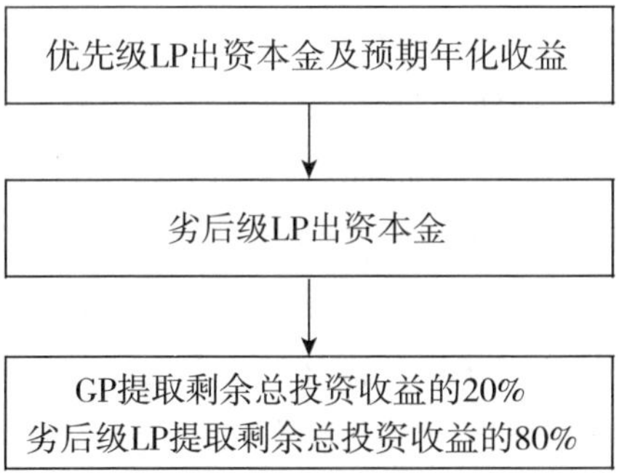

图 6　收益分配

退出机制：包括但不限于 IPO、并购、管理层回购、收购重组等，赞宇科技对于标的公司具有优先收购权。

会计处理：根据赞宇科技 2016 年度审计报告，赞宇科技将并购基金认定为上市公司的联营企业或合营企业，计入长期股权投资科目，采用权益法核算。

案例五:000007 全新好

并购基金:宁波梅山保税港区佳杉资产管理合伙企业(有限合伙),成立于2017年2月21日。

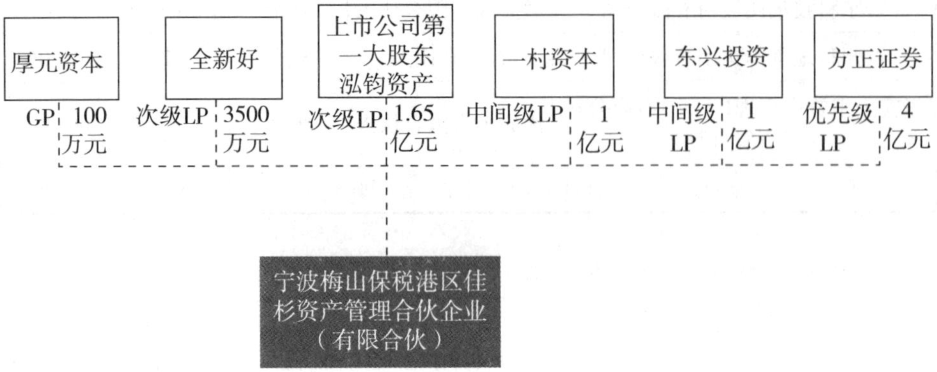

图7 宁波梅山保税港区佳杉资产管理合伙企业并购基金

基金规模:人民币8.01亿元。

基金期限:3+2。

投资方向:保险行业、保险中介行业。

经营决策:投资决策委员会由7名委员组成,其中上市公司全新好(次级LP)委派1名,厚元资本(GP)委派1名,泓钧资产(次级LP)委派1名,其他机构委派3名。上市公司全新好拥有一票否决权。

管理费:不收取固定管理费,后端收取20%超额收益。

收益分配:收益分配方案在合伙协议之补充协议中进行说明,未公开披露。

增信措施:次级LP泓钧资产对优先级LP方正证券和中间级LP一村资本、东兴投资的合伙份额承担投资收益补足及回购义务,并由上市公司全新好对泓钧资产的投资收益补足及回购义务进行差额补足和承担连带保证责任。

会计处理:根据全新好2017年半年度报告,全新好将宁波梅山保税港区佳杉资产管理合伙企业(有限合伙)("并购基金")计入长期股权投资科目,账面价值为3500万元。

小结:

在案例四与案例五中,上市公司均是劣后级LP,且案例五中上市公司对优先级LP承担差额补足及回购的义务,在持股架构设计上案例四、五和案例一、三具有相似性,然而案例一、三对并购基金并表,案例四、五却将并购基金计入长期股权投资,笔者认为，之所以对控制权认定不同，可能是基于以下原因：

1. 经营决策方面：案例一、三控制投资决策委员会绝大多数席位，能够单独控制投资决策委员会的决策；而案例四仅持有 1/5 席位、案例五仅持有 2/7 席位，案例四、五上市公司的表决权均较小，均不能单独控制并购基金的投资决策。但是在案例五全新好的案例中，上市公司在投资决策委员会拥有一票否决权，在一定程度上能左右投资决策委员会的投资决策，该设置在一定程度上会加强上市公司对并购基金的控制权，笔者认为在这种情况下上市公司全新好将并购基金纳入合并财务报表也未尝不可。

2. 收益分配方面，尽管案例一、三、四、五都作为劣后级 LP 享有劣后回报，但案例三外部的管理人作为 GP 仅享有收取投资本金和固定收益的回报，而案例四、五都约定了外部管理人 GP 享有 20% 的超额收益回报，该回报具有较大的不确定性，因而相比案例三，案例四、案例五的 GP 对并购基金的控制权相对更大，上市公司作为 LP 其控制权相应削弱。在案例一中，虽然 GP 亦约定收取 20% 的超额收益回报，但是该 GP 为上市公司的孙公司担任，该约定反而会增强上市公司对并购基金控制权。

（三）不构成控制，计入可供出售金融资产科目

可供出售金融资产为金融资产的一个科目，相比于长期股权投资，长期股权投资主要着眼于共同控制或重大影响，而可供出售金融资产着眼于出售获得投资收益。

案例六：300007 汉威电子

并购基金：国仪投资（深圳）合伙企业（有限合伙）（备案编号：SR8500），成立于 2016 年 6 月 22 日。

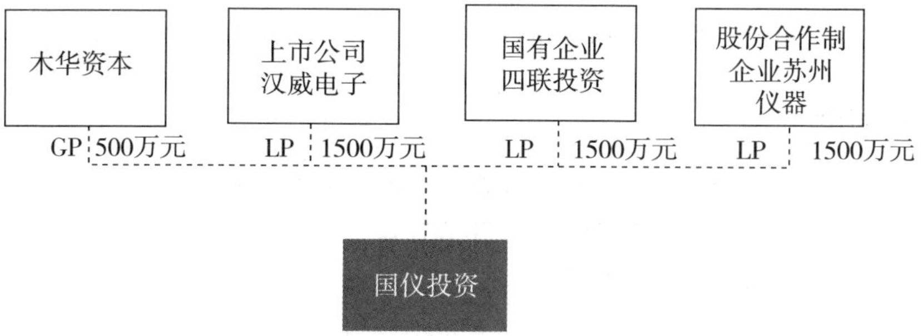

图 8　国仪投资合伙企业并购基金

基金规模：人民币 5000 万元。

基金期限:7 年。

投资方向:传感器、仪器仪表、行业物联网应用上下游等标的项目。

经营决策:投资决策委员会,由 5 名委员组成,由每位 LP 各推荐 1 名,GP 推荐 1 名,中国仪器仪表行业协会推荐 1 名,全部成员均由 GP 委派。投资决策委员会设主任委员 1 名,由 GP 的执行事务合伙人委派代表担任。投资决策委员会决议事项需由半数以上委员同意通过。

收益分配:

表 3　收益分配

投资年化收益	利润分配原则
6% 以下(含 6%)	管理人不提取业绩分成
6% ~ 30%	管理人提取年化收益超出 6% 以上部分 20% 的业绩分成
30% 以上(含 30%)	管理人提取年化收益超出 30% 以上的部分 30% 的业绩分成

退出机制:上市公司收购、借壳上市、股权出售、IPO、协议回购等。

会计处理:根据汉威电子 2017 年半年度报告,汉威电子将并购基金计入期末按成本计量的可供出售金融资产。

小结:

在案例六中,上市公司持有并购基金 30% 的财产份额,投资决策委员占有 1/5 席位,在收益分配上外部管理人作为 GP 可根据投资年化收益提取业绩分成,在持股比例、经营决策、收益分配等方面案例六与案例四、案例五具有相似性,但案例六无结构化安排,而案例四、案例五的上市公司均为劣后级 LP。如前所述,劣后级 LP 需承担很高的投资风险,相较于作为平级基金的 LP,上市公司作为劣后级 LP 时其控制权更大。

五、结语

表 4　上市公司对并购基金控制权的判断统计

序号	上市公司	持有基金份额	投资决策委员会	收益分配	控制权	会计处理
案例一	天马股份 002122	上市公司作为 GP、劣后级 LP,合计持有 20.43% 的财产份额	上市公司 4/5 席位,决策需半数以上通过方有效	上市公司享有劣后分配	构成控制	纳入上市公司合并财务报表

续表

序号	上市公司	持有基金份额	投资决策委员会	收益分配	控制权	会计处理
案例二	中矿资源 002738	上市公司持有GP55%的股权，通过GP间接持有并购基金27.5%的财产份额，作为LP直接持有并购基金50%的财产份额	—	无结构化安排，按实缴出资分配	构成控制	纳入上市公司合并财务报表
案例三	润邦股份 002483	上市公司作为劣后级LP，持有33.33%的财产份额	上市公司2/3席位，决策需2/3赞成票方有效	上市公司享有劣后分配，外部管理人GP无超额收益回报	构成控制	纳入上市公司合并财务报表
案例四	赞宇科技 002637	上市公司作为劣后级的LP，持有33.17%的财产份额	上市公司1/5席位，决策需4票通过方有效	上市公司享有劣后分配，外部管理人GP享有20%的超额收益回报	构成共同控制或重大影响	计入长期股权投资科目
案例五	全新好 000007	上市公司作为劣后级LP，持有25%的财产份额	上市公司2/7席位，上市公司具有一票否决权	上市公司享有劣后分配，且上市公司对优先级LP提供差额补足及回购等增信措施，外部管理人GP享有20%的超额收益回报	构成共同控制或重大影响	计入长期股权投资科目
案例六	汉威电子 300007	上市公司持有30%的财产份额	上市公司1/5席位，决策需半数以上方有效	无结构安排，外部管理人GP根据投资年化收益提取业绩分成	既非控制，又非共同控制或重大影响	计入可供出售金融资产科目

从上述案例中可以看出,上市公司对并购基金是否具有控制权的判断并非仅根据某单一因素,而是结合并购基金的合伙人结构、经营决策及收益分配等因素进行综合考量。

(一)并购基金的合伙人结构

就并购基金的合伙人结构而言,有限合伙制并购基金合伙人的性质及持有基金的财产份额会影响对并购基金控制权的判断。一般而言,合伙人的财产份额与表决权成正比,合伙人持有的份额越大,一般会要求对并购基金经营决策事项更多的表决权,以保障其在基金中的权益。但对于有限合伙企业来说,其治理结构更加灵活,不同性质的合伙人在表决权上会有不同安排。

《合伙企业法》规定,有限合伙企业由普通合伙人(GP)执行合伙事务,有限合伙人(LP)不执行合伙事务,不得对外代表有限合伙企业。一般而言,GP对合伙企业的债务承担无限连带责任,在合伙企业中拥有执行合伙事务的职权,例如执行事务合伙人有权对投资项目进行调查、分析、投资谈判、提供投资架构安排的建议、对项目投资和项目公司进行管理、提供投资项目退出方案的建议,以及代表有限合伙签署并提交某些文件等,因此GP在并购基金经营决策上具有较大主导权。同时,一般情况下的基金,GP均可获得超额回报,意味着其享有随并购基金业绩变动而变动的可变回报。因此,若某并购基金的GP为上市公司所控制的企业,那么便有极大的可能性认定上市公司对该并购基金具有控制权。例如,在上述案例一中,上市公司孙公司作为劣后级LP,同时上市公司子公司作为GP,审计报告认定上市公司对并购基金实施控制,因而将并购基金纳入合并财务报表。相反,若GP为第三方,且享有一定比例以上的超额回报,那么通常会认定上市公司无法单方控制该基金。当然,还应当结合基金的经营决策及收益分配情况进行判断。

(二)并购基金的经营决策

一般而言,并购基金均会设立投资决策委员会,对并购基金的投资以及其他事项进行决策。投资决策委员会的设置,例如各方组成人数、表决规则、是否具有特殊权利等安排,会影响各投资人表决权的大小。在"上市公司+PE"的并购基金中,投资决策委员会很少由一方完全控制。我们需要结合上市公司持有的表决权相对于其他投资方表决权的大小,上市公司表决权的集中程度和其他投资方表决权的分散程度,以及上市公司是否对某些特定事项具有一票否决权等情况进行判断。若上市公司拥有投资决策委员会的多数席位,则构成控制的可能性较大,如上述天马股份、中矿资源、润邦股份等案例。

(三)并购基金的收益分配

根据第33号准则对控制的定义,通过参与被投资方的相关活动而享有可变回报是认定投资方是否具有控制权的要素之一。投资方自被投资方承担可变回报的风险或享有可变回报的收益远超过其持有的表决权时,会影响投资方对被投资方的权力大小。

第33号准则第17条规定,投资方自被投资方取得的回报可能会随着被投资方业绩而变动的,视为享有可变回报。就有限合伙制并购基金而言,超额收益的分配原则和顺序会在实质上影响回报的可变性。

以存在结构化安排的并购基金为例,其收益分配原则和顺序一般如图9所示:

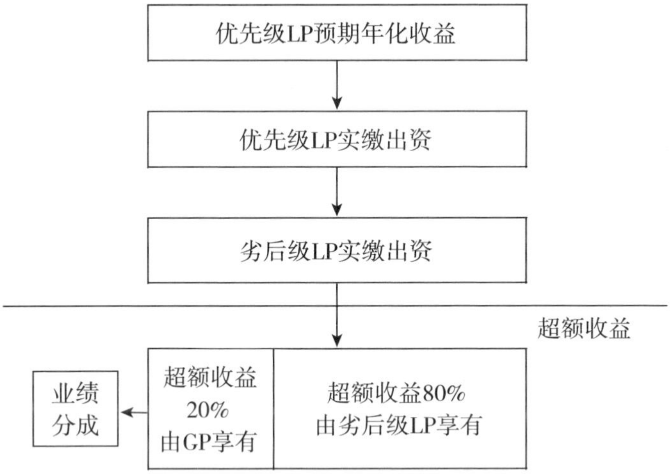

图9 收益分配原则的顺序

根据收益分配原则和顺序的差别,将并购基金的LP分为不同层级,优先级LP优先自并购基金投资收益中获得投资本金及预期收益回报,劣后级LP在优先保障优先级LP的投资本金及预期收益回报后方可享受剩余投资收益。若上市公司为劣后级LP,当基金投资收益很高时,劣后级LP可享受高额收益。相反,当投资收益很低时,可能导致劣后级LP的本金都无法收回。在劣后级LP提供差额补足及回购义务的情形中,劣后级LP甚至还需要补足优先级LP的投资本金及固定收益。因此当作为劣后级LP时,上市公司需要承担很高的投资风险,同时可获得不确定性较大的可变回报,故而可认定其对并购基金具有较大的控制权。

本文的六个案例中,案例一、三、四、五均存在结构化安排,其中案例一、三将并购基金纳入合并财务报表,案例四、五将并购基金计入长期股权投资。据此,亦可印证上市公司作为劣后级LP时，对并购基金具有较大的控制权。

GP获取超额收益主要源于GP的业绩分成，依据行业惯例，GP的业绩分成一般为超额收益的20%。一般而言，GP的业绩分成比例越高，GP对并购基金的控制权越大。由于通常GP在并购基金中出资比例很低，却能获得20%甚至更高的业绩分成，因此，GP对并购基金的控制权会因为存在超额收益安排而加强。

总之，在判断对并购基金是否具有控制权时，应综合合伙人的出资比例、合伙人的性质、经营决策、收益分配等因素进行判断。合伙人的出资比例越高，对经营决策事项的表决权越大，享有可变回报的越大，投资人的控制权便随之增大。

私募基金与国资管理

国有单位参与私募基金法律问题

王登巍
河南文丰律师事务所

基于对金融创新、产业创新、产融结合的高度关注和大力推进，“基金”已经成了近年来最为热闹的一个词汇。无论是中央层面还是省市乃至县区一级政府，都在不同程度地直接或者通过平台公司甚至各类国有企事业单位，参与或者发起设立了各类基金。

客观而言，基金业务作为泛义上的类金融类证券业务，本应属于一个高门槛的、对于风险控制有着特殊要求的行业，但无论立法层面还是业务监管层面的应对，均远远滞后于基金业务实践活动，仅靠中国基金业协会的自律性监管明显已经不能满足行业发展的规范性需求。

而对于国有单位而言，由于市场灵敏度以及机制、体制等方面的制约，在基金业务上尤为准备不足，这对于国有资本无疑存在着极大的法律和经济风险，特别需要引起国资监管机构和财政部门（不可否认，中国当下已经进入了“强”财政时代，财政部门已经从传统的国库职能更多地开始扮演市场主体角色）的高度重视。

一、国有单位参与私募基金的立法

（一）起源于创业投资引导基金，局限于政府投资基金

国有单位参与私募基金业务，最早是国家发改委、科技部、财政部、商务部等十部门2005年11月联合发布、2006年3月1日施行的《创业投资企业管理暂行办法》规定“国家与地方政府可以设立创业投资引导基金，通过参股和提供融资担保等方式扶持创业投资企业的设立与发展”，可以说立法起源于创业投资引导基金。

2007年7月6日财政部和科技部两个部门发布的《科技型中小企业创业投资引导基金管理暂行办法》，则属于风险投资领域的引导基金立法。

2008年10月18日，国家发改委、财政部、商务部三部门联合发布的《关于创业投资引导基金规范设立与运作的指导意见》，首次对引导基金进行了全面和系统的规范，明确“引导基金是由政府设立并按市场化运作方式运作的政策性基金，主要通过扶持创业投资企业发展，引导社会资金进入创业投资领域。引导基金本身不直接从事创业投资业务”。可以看出，从立法本意上创业投资引导基金更多的是母基金（FOFs）的性质。

2010年12月9日财政部、科技部联合印发《科技型中小企业创业投资引导基金股权投资收入收缴暂行办法》，2011年8月17日财政部、发改委制定了《新兴产业创投计划参股创业投资基金管理暂行办法》，都进一步细化了创业投资引导基金的运作规范。

财政部2015年11月12日发布的《政府投资基金暂行管理办法》，则对政府通过三大预算安排单独或与社会资本共同出资设立支持相关产业和领域发展的基金进行了系统规范，而且政府投资基金由财政部门代行政府出资人职责。

可见，我国目前关于国有单位参与私募基金的法律规制，更多地局限于对政府出资即财政出资的基金，并没有触及国有企事业单位参与私募基金的相关规制。导致这一局面的背景是2007年《合伙企业法》的立法瑕疵及错误适用，即国有企事业单位不能做GP引发的错误解读，但即便作此错误解读国有企事业单位仍然还可以做LP或者参股GP从而参与私募基金业务，故对国有企事业单位参与私募基金业务的立法空白也不符合国有资产监管和国有资本运营的要求。

（二）基金业务爆发的背景和环境导致了政策先行及法律滞后

尽管是创投业务的现实需求导致了专门的规章层面立法，但《预算法》的修改尤其是国务院〔2014〕43号文《关于加强地方政府性债务管理的意见》的出台，无疑束缚了各级地方政府发展经济最为重要的推手，同时也引爆了地方政府对“基金”功能的发现和发挥，利用基金的杠杆功能放大性聚集社会资本，从而利用基金的投资和融资功能刺激地方经济。而且，各级政府甚至包括中央政府在内均通过发布各种政策性文件倡导、推动甚至是直接发文组建各类私募基金，从而成为私募基金业务爆发的重要原因之一。

从某种意义上讲，43号文让中国各级政府进入了私募基金时代，并且直接带动了各级国有企事业单位广泛参与私募基金业务。

但目前对于私募基金的法律规制除了一般性立法以及对政府投资基金规制的前述部门规章外，各级政府甚至包括中央政府则主要是通过出台大量的政策性文件去鼓励和推动产业基金，引导基金以及各类专业性基金的设立和发展。

1. 中共中央和国务院联合发布的《关于深化投融资体制改革的意见》（中发〔2016〕18 号）是第一次由中共中央发布的投融资政策（此前则是 2004 年 7 月 16 日由国务院发布的《关于投资体制改革的决定》），在第 6 部分明确提出“根据发展需要，依法发起设立基础设施建设基金、公共服务发展基金、住房保障发展基金、政府出资产业投资基金等各类基金，充分发挥政府资金的引导作用和放大效应”，在第 10 部分则要求“设立政府引导、市场化运作的产业（股权）投资基金，积极吸引社会资本参加，鼓励金融机构以及全国社会保障基金、保险资金等在依法合规、风险可控的前提下，经批准后通过认购基金份额等方式有效参与”。

2. 国务院常务会议近年连续力推基金业务：如 2014 年 5 月 21 日，国务院常务会议提出“成倍扩大中央财政新兴产业创业投资引导资金规模，加快设立国家新兴产业创业投资引导基金，完善市场化运行长效机制，实现引导资金有效回收和滚动利用，破解创新型中小企业融资难题”；2015 年 1 月 14 日，国务院常务会议决定设立国家新兴产业创新投资引导基金；2016 年年初的《政府工作报告》提出“完善政府和社会资本合作模式，用好 1800 亿元引导基金”，即财政部牵头组建的“中国政府和社会资本合作（PPP）融资支持基金”；2016 年 9 月 1 日国务院常务会议提出，支持有需求有条件的国有企业依法依规、按照市场化方式设立或参股创投企业和母基金，支持具备条件的国有创投企业开展混合所有制改革试点。2016 年 9 月 16 日，国务院更是发布了《关于促进创业投资持续健康发展的若干意见》从十个方面（并逐项分解到各部委）强调对创业投资“持续”“健康”“发展”的主基调。

3. 国务院相关部门除了一般性基金的推进政策外，还专门性发文推动相关基金平台的设立和运作：如财政部、发改委、人民银行《关于在公共服务领域推广支付和社会资本合作模式指导意见》（国办发〔2015〕42 号）针对 PPP 业务提出“中央财政出资引导设立中国政府和社会资本合作融资支持基金”；财政部 2015 年 12 月 25 日发布的《关于财政资金注资政府投资基金支持产业发展的指导意见》；2016 年 7 月 5 日，国家发改委办公厅、财政部办公厅发布《关于做好国家新兴产业创业投资引导基金参股基金推荐工作的通知》；2016 年 8 月 31 日中国人民银行、财政部、国家发展和改革委员会、环境保护部、中国银行业监督管理委员会、中国证券监督管理委员会、中国保险监督管理委员会联合印发了《关于构建绿色金融体系的指导意见》（银发〔2016〕228 号），提出了设立国家绿色发展基金等措施支持绿色金融发展。

4. 地方政府的政策：

河南省人民政府办公厅豫政办〔2014〕56号文《关于促进创业投资和产业投资基金健康发展的意见》，鼓励设立各类创业投资和产业投资基金（列举了创业投资、天使投资、并购投资、成长型企业股权投资、夹层投资、房地产投资、城市发展投资七类基金），“争取到2015年，创业投资和产业投资基金数量不低于200家，管理的资本规模不低于500亿元，被投企业数量超过400家，累计股权投融资金额突破500亿元，带动融资5000亿元以上”。

河南省人民政府豫政〔2015〕17号文《关于省级财政性涉企资金基金化改革的实施意见》、河南省人民政府办公厅豫政办〔2015〕160号文《关于促进创业投资和产业投资基金健康发展的意见》是对投资基金的一般性规定和政府基金的专门性文件，而河南省财政厅豫政〔2015〕17号文提出设立先进制造业、现代农业、科技创新、文化产业4支政府性产业发展基金；河南省财政厅豫财企〔2015〕57号文《河南省“互联网+”产业发展基金组建方案》规定了互联网+产业基金的组建和管理；河南省财政厅豫财企〔2016〕9号文《河南省财政厅　河南省工业和信息化委员会关于做好河南省先进制造业集群培育基金参股基金设立工作的指导意见》规定了对拟参股基金的具体要求。

而郑州市除了颁布《郑州市产业发展引导基金管理暂行办法》《郑州市财政专项资金股权投资管理暂行办法》《郑州市产业发展引导基金管理暂行办法实施细则》等文件外，郑州市人民政府2016年9月9日还以郑政〔2016〕29号文《郑州市建设中国制造强市若干政策》，明确规定依托郑州市产业发展引导基金公司平台设立100亿元的郑州市制造强市发展基金作为母基金，参股设立15个子基金。

郑州航空港试验区2016年8月23日则发布《郑州航空港经济综合试验区经济社会发展三年行动计划（2016－2018年）》提出做大做强产业发展基金，大力推进中原航空港产业投资基金、河南建港新型城镇化股权投资基金等做大做强。

可以看出，目前关于国有单位参与私募基金业务的规范，甚至是对一般性的私募基金业务规范，更多的是表现为大量的政策性文件，相应的法律规范则明显滞后甚至缺位。

对国有单位参与私募基金业务的规制在多个视角呈现出乱相：

从主体上，无论国务院各部委，还是地方各级政府，以及地方政府所属各部门，尤其各级财政和发改部门，都在积极参与私募基金业务相关文件的制定，形成了繁杂纷乱的政策成果和法律文件，缺乏系统和协调。

从动机上，私募基金的相关政策出台，或者是为了响应某一号召，甚至是为了争夺管理权和话语权，或者为了争夺某一些专项资金，或者为了所管理的部门利益或行业利益，没有厘清立法的“法”理和法“理”。

从体系上，部门规章、地方规章、规范性文件、政策性文件，各说各话，缺乏清晰的思路和条理，更没有一个完整的立法体系。

从国有单位参与私募基金业务的经济属性上，最具立法和管理权的无疑应当是国资监管机构和财政部门；而从私募基金本身的业务特殊性上，最具有监管天然合理性的无疑应当是证券管理部门。

因此，如何基于国有单位的经济特殊性和私募基金的业务特殊性，在《合伙企业法》以及统一的私募基金立法下，由国资监管机构、财政部门单独或者联合证券监督管理机构针对国有企业和事业单位、政府资金等出台国有单位参与私募基金业务的法律规范性文件或指引性文件，对国有单位参与私募基金业务加以规范、约束和指导，显得极为迫切和必要。

二、国有单位参与私募基金业务法律结构

（一）参与主体

1. 政府

政府除了相关政策的制定外，也直接参与私募基金业务，经梳理相关规定，主要表现为以下五个方面的职能：

（1）筹备相关产业基金、引导基金的设立；

（2）制定和落实相关母基金设立的方案；

（3）制定和落实投资参股具体子基金的方案；

（4）参与引导基金和产业基金的决策机构“管理委员会”及其办公室；

（5）参与对政府基金的考核评价以及监督、审计。

实践中，政府参与私募基金业务的主体形态包括两种：

（1）由财政部门直接出资，通过三大预算解决出资资金

这是最为常见的方式，也是《政府投资基金暂行管理办法》所要求的。各级政府通过一般公共预算、政府性基金预算、国有资本经营预算所安排的资金，单独或与社会资本共同设立基金，并由财政部门代行政府出资人职责。而且政府出资基金的设立，由财政部门或者会同有关行业主管部门报本级人民政府批准。

(2)财政部门出资,委托平台公司作为出资代表或者代持股份

河南省人民政府《关于省级财政性涉企资金基金化改革的实施意见》《省级财政性涉企资金基金化改革试点方案》明确可以指定省级投资公司代持财政出资股份,河南省财政厅《河南省互联网+产业发展基金组建方案》更明确委托河南省农业综合开发公司作为财政出资代表。

2. 国有平台公司

43号文后,各级政府的投融资平台公司不得涉及政府债务(在PPP业务领域也只有承诺不承担地方债务功能方可作为社会资本方),在政府参与或主导的引导基金或者产业基金业务中,也与财政部门同样承担着相同的引导功能,如郑州市产业引导基金就是由平台公司郑州投资控股有限公司先行独资设立公司制基金,再由国有独资基金公司发起或参与设立多只产业基金;郑州航空港综合试验区的引导基金也是由多家国有平台公司发起设立的,郑州市人民政府的母基金更是由郑州国资委所属平台公司郑州投资控股有限公司与郑州市财政局及其所属平台公司郑州发展投资集团有限公司共同成立的GP;河南省的多只产业基金也是由相关行业主管部门所属平台公司设立的。

3. 其他国有企事业单位

在政府带动下,除了平台公司外,其他企事业单位也不同程度主动(如传统公司的业务转型或者投资类公司的业务提升等)或被动(如本级人民政府或其主管部门强制要求)参与私募基金业务,或者直接作为GP。国家及地方层面的基金业务中都能看到其他国有企事业单位的相关登记资料。

如2016年8月8日成立的设计规模为2000亿元的"中国国有资本风险投资基金股份有限公司"以及9月25日成立的涉及规模3500亿元的"中国国有企业结构调整基金股份有限公司"均是由中央国有企业主导发起设立的。

(二)参与模式

国有单位参与私募基金业务,主要表现为以下三种模式:

1. 参与并主导私募基金的发起和运营

即不仅私募基金的发起设立由国有单位主导,私募基金的运营也由国有单位主导,这种形态更多地表现为公司制和契约制的私募基金业务,但在很多商业化基金业务中也存在国有单位主导的情形。

在政府出资的基金中,母基金层面通常体现为公司制,而且常常体现为国有全资公司甚至国有独资的组织形式,无论是设立还是运营国有单位都处于主导

作用。

2. 参与并主导私募基金的发起,但不主导私募基金的运营

在相关产业或行业的基金(目前我国对于产业基金、引导基金、创投基金等并未进行法律层面的严格区分和功能界定)设立中,通常是由政府或相关部门主导发起,但基于“市场化”运作的需要,在私募基金的运营层面却未必由国有单位主导。

而且即便是政府出资的投资基金,也存在公开选聘市场化管理人的情形,这也是相关法律文件或政策所倡导的一种基金业务模式。

3. 参与但不主导私募基金的发起和运营

即国有单位仅仅参与私募基金业务,但无论是私募基金的发起或者运营均不起主导作用。在这种私募基金业务中,国有单位要么是基于引导放大功能(如政府引导基金对于某一私募基金的设立和运营),要么是起到政策性的扶持功能(如优先但低收益的结构化安排,或者特定情况下的亏损性补贴安排等),也可能是基于特殊的行业或业务要求仅作为商业性跟投而为之(如某些专业性极强的基金业务)。

(三)参与形态

1. 公司制下

在公司制基金结构中,尽管在股份有限公司和有限责任公司的不同组织形式下国有股东权益保护的要求和机制不尽相同,但除了在一般性公司治理机构中增加投委会或者风控委等特殊机构外,国有单位参与私募基金业务并无差异化特殊之处,均应按照公司章程及公司治理文件行使股东权利、承担股东义务。

但在公司制私募基金业务中,如果国有股处于控股地位,国有资产监管特殊性会对投资退出存在制约,除了国有金融企业基于财政部《关于进一步明确国有金融企业直接股权投资有关资产管理问题的通知》处理外,按照国务院国资委和财政部令第32号的规定,原则上均应进场竞价交易。

而且,国有资金如果合并处于控股地位或者实际控制,还应当遵守国资监管的相关规则,从而对于基金业务的运营加大程序和管控成本。

2. 契约制下

契约型基金由于不属于企业也不属于法律实体,而是基于法律规定、按照基金合同设立、运行的组织形式,因此与公司股权、合伙企业产权的法律属性不同,投资契约型基金形成的权益则是基于1号指引所列示的基金合同权益,行使权利的载体是“持有人大会”,与管理人的法律关系被界定为“信托关系”。因此,区别于股权、

产权的概念，契约制私募基金下的份额更适合用“财产”的概念。

但根据国有企业“三重一大”管理规定以及国有企业对外投资的约束文件，认购契约型基金仍然属于三重一大的规制范围和对外投资(购买理财产品被界定为国有企业对外投资的一种形式)管控事项。

3. 有限合伙制下

私募基金更普遍和广泛地表现为有限合伙制，国有单位在参与私募基金的“业务”视角下，也应以有限合伙制为主，具体主要包括以下四种形态：

(1)只做 GP：国有单位单独或者联合其他单位做有限合伙的普通合伙人，或者做双 GP。

(2)参与设立 GP：国有单位单独或者联合其他单位做有限合伙的普通合伙人，具体又包括是 GP 的控股股东、非控股股东的情形。

(3)既参与 GP 又做 LP：国有单位既做 GP 又做 LP，或者既出资参与设立 GP 又认购 LP 份额。

(4)只做 LP：国有单位不参与 GP 的设立，也不做 GP，而仅仅是 LP 的角色。

三、国有单位参与私募基金存在的法律问题

(一)多头管理，角色不明确

目前涉及政府投资基金以及其他国有单位参与私募基金业务的文件，可谓政出多门，至少在文件意义上一派繁荣。但私募基金业务的“基金”属性决定了它本该是一个风险防控重于业务收益的高门槛业务，私募基金业务的“募集”属性，又决定了它与其他类金融类证券业务一样因涉及社会公众利益而应受到特殊的行业监管。国有单位参与私募基金业务又基于国有资产监管特殊性决定了合理的政府管理架构应该是“1 +3 +1 +1”，而不是目前的“1 + N”结构。

1. 行业意义上的证券监管

涉及社会公众利益的金融业务和证券业务的法定监管机构是“一行三会”，其中私募基金业务作为类证券业务，国际惯例均是证券监督管理机构作为行业主管部门予以监管。我国的私募基金业务虽然起源于创投业务归属于发改委，但在 2013 年中央编办发文明确“证监会负责私募股权基金的监督管理，实行适度监管，保护投资者权益”，证券监督管理机构因此取得了行业的法定监管权。

2. 3 个机构的国资监管

国有单位参与私募基金业务，首要的责任就是国有资产监管责任，这是所有国

有企业运营的底线思维，也是一切国有资产管理的逻辑起点，运营（保值增值）与监管（防范流失）这两个关键词从来也至今都是国有资产的一物两面。

企业的国有资产管理归属于各级政府的国资监督管理部门，事业单位和金融机构的国有资产管理则归属于各级财政部门。

但在政府投资基金的各种文件中，出资人代表被明确为各级财政部门，实践中财政部门也通常设立了与国资监管机构并行的平台公司或者企业化管理的事业单位平台，这些平台及其所属企业的国资管理当然也归属于财政部门。然而，财政部门作为国库管理机构，频繁扮演市场主体角色，是与其职责的自然属性不符的，也是企业国资管理体制一体化的倒退，只能是特殊阶段的特殊产物和偶发存在。

国有单位参与私募基金业务通常是由前述三类机构负责国资监管（当然也不排除现实中还存在其他个性化的管理情形，比如河南省投资集团有限公司的股东长期曾经是河南省发改委而不是省政府或者省国资委，这种个别化的情形并非法律或政策正当语境下的正常表现），国有单位参与私募基金业务除了符合私募基金业务管理规范外，还应遵循国资管理程序和规范。

3. 业务主管部门的行业管理

国有单位的出身决定了它除了国资管理部门外，都还会有着一个行业主管部门，如党委宣传部门对文化企事业单位的主管、交通运输部门对交通企事业单位的主管、水力部门对水力系统的企事业单位的主管等。这些国有企事业单位尽管在法定登记时登记了出资人（投资人、开办单位）或股东，有着法定的出资人代表，但这种登记是国有资产监管意义上的管理，这些国有企事业单位事实上还要接受所属行业主管部门的业务甚至人事管理，出资人管理如果说是一种产权管理，主管部门的管理则更多的是一种行政管理。当然，随着国有企业的市场主体地位的进一步还原以及其独立法人地位的强化，这种有悖市场经济根本原则和国资管理基本法理的业务主管单位管理应逐步淡化直至取消，从而体现在市场经济视角下各市场主体的平等性。

4. 发改委的产业政策管理

发改委被民间戏称为“小政府”，私募基金的鼻祖管理部门也是发改委，尽管中央编办的规定明确了私募基金的行业监管归属于证监会，但该文件并未彻底尊重市场法治原则而是留下了政策性尾巴：发展改革委负责组织拟订促进私募股权基金发展的政策措施，会同有关部门研究制定政府对私募股权基金出资的标准和规范。但后一项功能实际上已经被财政部门架空。

从市场法治原则,发改委对私募基金的管理尤其是对国有单位参与私募基金业务的管理,更多的应该是产业发展政策层面、宏观视角下的协调和组织,而不应具备约束、限制或规范的功能。

(二)分类不科学,功能不清晰

私募基金业务的分类存在多重标准,尽管中国基金业协会在基金管理人登记和基金产品备案系统对私募基金业务进行了统一分类,但相关的政策和文件仍然在不同的语境下使用了不同的业务概念,产业基金、引导基金、并购基金、创投基金等各种概念也没有加以科学界定,这就导致国有单位在爆发性参与私募基金业务时缺乏科学规划和合理分工,在现实繁荣的背后必然意味着基金到期清算后甚至在投资期的诸多风险。

另一个层面,无论是公司制基金还是合伙制基金,都属于企业,国有单位参与私募基金业务从理论上是可以遵循国有企业功能分类的,而且基于基金的不同功能,意味着国有单位参与不同的私募基金业务时的出发点和功能也是不同的。

参照国有企业公益类和商业类的功能分类,本文认为国有单位参与私募基金业务的功能可以分为三大类:

1. 商业类:市场化的私募基金业务,强调国有单位参与该类业务时与其他投资人的平等地位和盈利性要求,注重国有投资人的特殊监管要求和保护措施。

2. 引导类:特殊的国有单位(主要是政府及其平台公司),基于产业或行业的引导需求,强调国有资金的杠杆功能,吸引和聚集一定杠杆比例的社会资本参与私募基金业务。

杠杆率是引导类基金的重要特征,许多所谓的引导基金并没有实现对社会资本的杠杆功能,反倒成了社会资本的陪衬或背书。

3. 扶持类:政府通过特殊的国有单位,实现对某些特定行业的扶持,如文化产业、农业等投资周期长、收益低的关系国计民生的行业,国有单位的参与更多的是关注扶持功能而不是直接收益功能,通常是通过基金投资人的结构化设计加以实现,如规定国有单位为优先级投资人,且约定较低的收益水平,超出部分归属于其他投资人,或者约定特殊情况下首先由国有投资人承担亏损。

对于商业类私募基金业务,任何国有单位均可以参与,但应关注国资管理责任(确保国有资本安全和国有资本收益),而对于引导类和扶持类私募基金业务,无论是参与主体还是参与程序、管理程序、退出程序,均应予以严格限制,避免国有单位私募基金业务的一哄而上导致的国有资本掠夺。

如果不对私募基金业务进行功能界定从而确立国有单位参与私募基金业务的动机和目的，无疑会导致国有资本的动机盲目和功能紊乱，让参与机制、运营机制、退出机制等都缺乏逻辑，从而造成起源性的国资腐败或国资损失。

（三）重设立，轻运营

在各级政府的政策性文件的直接推动下，国有单位参与私募基金业务的热情被引爆，但显然国有单位并未有对于私募基金业务做足功课和准备，无论是政策还是实践更多的关注是如何设立各类投资基金，至于私募基金的“募、投、管、退”如何运作，尤其在整个基金业务中如何基于国有资金的特殊性来设计基金管理人和基金产品的架构、结构和制度，从而导致一方面缺乏规范性的操作设计，另一方面也必然导致在后续运营中产生国资监管程序要求与基金业务自身属性的冲突。

这就导致很多国有单位参与私募基金业务时不能提前设计和管控基金业务，更无法实现国有资本安全、国有资本收益，尤其在有限合伙制下甚至在现实层面丧失全部话语权，而只能在“3+2”或者“5+2”年的基金投资到期后听天由命。

（四）政府引导或扶持功能的异化

政府投资基金的一个重要原则是“政府引导、社会参与”，而政府引导或扶持的功能出发点和目的在于吸引和聚集更多的社会资本参与某些行业或产业的投资，这就意味着社会资本的资金量应当大于国有资金，否则就失去了引导和扶持的意义和价值，尤其在引导基金类业务中，更应该要求最低水平的杠杆比率，如河南省互联网+产业基金的设立方案就明确省财政与社会资本按照1∶3的比例出资。

在遴选社会资本时，应当将杠杆率作为重要的评价指标，毕竟在私募基金业务领域，“募”是起点也是前提，一个没有资金募集能力的基金大概率不会是好基金。

（五）市场运作的寻租

政府投资基金的另一个重要原则就是“市场运作、专业管理”，但市场运作和专业管理并不意味着都要由社会资本作为GP，国有单位成立专门的独立法人作为GP，招聘专业的管理人员参与私募基金业务同样也是市场化（国有企业本身就是市场主体，政府平台公司同样也是市场主体）和专业化运作。

但现实实践中，很多单位以“专业化管理”为由，只有选择社会资本方担任基金管理人一条路，并且缺乏对基金管理人的考核、解聘、钩补等条款以及相应的国资保护机制，导致在基金投资周期内（通常为5年或7年）国有资金安全保护处于悬空状态。

其中的资本黑洞在于基金管理费，毕竟基金的规模通常计量单位为“亿”，投资周期通常为5年或7年，每年的基金管理费通常为2%，这就导致一些有特殊能量的群体甚至没有任何私募基金业务经验也敢于成立私募基金管理企业，通过各种力量干预参与国有单位的私募基金业务，出发点就是基金管理费，而至于基金投资收益则抛至3~5年后或者7年后。

可以说，只为基金管理费的基金管理公司大概率是不怀善意的。国有单位在选择基金管理人时如果不关注“募投管退”四大环节的业绩和其管理团队成员的具体业绩，将会面临国资监管的“合理性”风险，从而导致国资监管的责任风险。

（六）有限合伙制的漏洞与黑洞

基于公司制的传统思维，国有企业在私募基金业务中对有限合伙企业所蕴含的法律价值和制度风险均准备不足，并受《合伙企业法》的立法漏洞制约导致国有资产的机制性风险。

1. 国有企业不能做GP的法律漏洞和实践黑洞

《合伙企业法》2007年修订时基于普通合伙人的无限责任风险，禁止国有企业和国有独资公司作为普通合伙人。

一方面，从文意解释上，《合伙企业法》第3条规定，国有独资公司、国有企业、上市公司以及公益性的事业单位、社会团体不得成为普通合伙人。国有企业既然和国有独资公司并列使用，只有从全民所有制企业的内涵和外延去理解国有企业的概念也才能与国有独资公司独立地在一个条文中并列使用。

另一方面，禁止全民所有制企业和国有独资公司做GP也是立法错误，因为普通合伙人的无限责任对于法人单位而言本身就是个伪命题，一是法人本身就是有限责任，甚至可以专门设立一个注册资本不大但符合要求的有限公司去做GP从而实现“无限责任有限化”；二是在基金业务中，基金管理人的职能是对基金的募投管退四个方面，并不涉及一般合伙企业的举债经营问题，对于有限合伙人的投资也不承担亏损责任，所以基金的GP的债务风险并不大甚至可以说没有。当然特殊业务类的基金（如并购基金）除外，但并不能因一发而否定全身。

因此，作为全民所有制企业和国有独资公司，虽然被错误禁止从事基金管理业务，也仍然可以通过设立或控股、参股基金管理公司，从而间接从事基金管理业务。因为法律只是禁止了当普通合伙人，并没有禁止去当普通合伙人的股东。

所以，基金业务实践中，社会资本在与国有单位磋商基金业务时甚至个别权力部门干预基金管理人的确定时，常以国有企业不能做GP为由，独占或控股基金管理人的股权，从而导致资本杠杆交付到了社会资本单方手里，丧失了国有单位对基金管理的资本话语权。

2. 基于一般的企业属性,国有单位参与 GP 利益最大化

(1)基金在法律意义上是 GP 的,而不是 LP 的

有限合伙不同于公司制,公司制下投资人是股东身份,具有法定和约定的股东权利。而有限合伙制下,只有 GP 才能执行合伙事务,LP 不得执行合伙事务,尤其中国基金业协会的相关指引甚至将 LP 参与投资决策委员会也认定为执行合伙事务。可以说,基金更大意义上只是 GP 的基金,LP 只有经济权利(到期后的盈亏分配)和个别的事务性权利(八大避风港条款)。如果国有单位并没有参与 GP,从某种意义上就不能说这个基金是你的基金。

(2)做 GP 或 GP 的股东更有利于实现国有资产和国有资本的双重管控

只有 GP 才能参与和执行基金事务,做 GP 的股东才有资本纽带,才可能通过 GP 实现对基金的间接管控,从而维护国有资产保值增值和国有资本安全及效能。只做 LP 更多地类似于购买了理财产品,LP 与基金之间虽然是产权关系但不是资本关系,而是份额关系。

(3)做 GP 或 GP 的股东更有利于全方位分享基金收益,更有利于实现财务报表和财务状况的均衡和优化

仅仅做 LP,只能享有基金分配收益;而做了 GP 或 GP 的股东,就能通过 GP 的管理费以及其他收益实现每年都有收益和现金流。如果一个企业参与基金业务都是 LP 身份,很可能就没有年度收益,那么,现金流如何安排?

(4)做 GP 或 GP 的股东,更有利于真正涉足基金业务,培养基金人才

LP 不能参与基金任何事务性活动,在商业层面对基金业务的参与度有限,不利于培养和运用基金人才队伍。而参与 GP,不仅可以参与 GP 的公司治理还可以通过 GP 全面参与基金业务,从而发挥和培养基金人才优势。

3. 关于 GP 股东合作方的选择

设立基金有两个目的:一是寻找合适的资源方,即优势互补强强联合;二是通过有限合伙制度吸收社会资本实现资本放大功能,即杠杆率。

因此,选择 GP 的股东,应当基于业务业绩(募投管退四个环节)和团队业绩(GP 的核心竞争力是管理和资源)的双重考核,并基于股东各方的资源考量确定各方在 GP 中的股权比例,明确管理方的社会资金的募集杠杆率,从而将基金布局做大,结构做优,资源做厚。

事实上,无论是股东合作还是有限合伙合作,都属于国有企事业单位的对外投

资行为，要遵循对外投资的相关规则，其中最为重要的也是目前最为混乱的就是对合作对方的"尽职调查"。国务院办公厅《关于建立国有企业违规经营投资责任追究制度的意见》明确要求"凡投资并购必尽职调查"，那么新设公司或者合伙企业的尽职调查对象必然是合作伙伴对于合作标的企业的关联性以及与其合作的排他合理性。我们曾经看到某些大型国有集团企业，在新设企业中大量出现经不起"人"和"钱"两个维度"终极追溯"的合作伙伴，未来必然会成为监察委或者审计机构的关注重点。

4. 除特殊情况外，国有母基金与其子基金之间应当尽可能建立资本纽带和管控关系而不仅仅是资金关系

(1)管控关系是国资监管责任的必然体现

母基金对于子基金要分类进行不同程度的管控，针对不同功能的子基金，分别进行紧密管控、一般管控和宽松管控，这种管控的目的是国有资产保值增值以及"维护国有资本安全"的最低要求，也是国资监管责任的底限，避免相关人员的法律风险和党政纪风险。

(2)母子基金之间要有资本纽带，而不能仅仅是资金关系

中央的顶层设计要求国资管理要首先从管资产到管资本的转化，并强调资本的杠杆功能、放大功能。如果母基金仅仅是子基金的 LP 的话，由于有限合伙制度的特殊性，母子基金之间更多的是一个资金纽带关系而不是资本纽带关系。而管资本就要参与到子基金的 GP 中才有"资本"可管，而不能仅仅是 LP。

当然，承担特殊功能的基金业务除外，比如产业扶持基金、纾困基金等基金业务，政府的动机就是做好引导、带动甚至是救助。那么，这种特殊功能和目的的基金业务，也要针对性设计相关制度，确保尽到了国有资产监管责任。

5. 规范和指引国有单位只做 LP 的条件和运营要求

国有单位只做基金的 LP，一定是基于特殊的功能和业务分类，或者基于特定的政治背景和商务背景，而不应是一种常态业务。一方面需要在相关决策文件中体现特殊性的具体表现和理由论证；另一方面更应当针对该种情形下对于国有出资的保护制度和机制并确保有效安排。

对于国有单位只做 LP 的特殊情况，应当签署特殊的而非一般行业指引意义的合伙协议和相关文件，必须落实国资监管责任和国有资本安全维护责任，并基于国有资产的特殊性以及国务院办公厅《关于建立国有企业违规经营投资责任追究制度的意见》等追责制度的倒查视角建立合理科学的管理人考核、利益钩补和退出机

制、补偿机制。

（七）国有资产监管机构不应缺位，应在国有单位参与私募基金业务上有所作为

目前的私募基金业务国资监管文件主要是财政部门在作为，但国有资产管理的主体责任更多的是在国有资产监督管理机构。基于私募基金业务的特殊性和市场情况，国资监管机构应当及时单独或者联合财政部以及其他相关部门出台相应的规范和指引，从而建立科学的业务流程和指引文件，防范国有资本的系统性和杠杆性风险，避免利用基金尤其是有限合伙基金的杠杆功能甚至是嵌套式有限合伙的杠杆叠加功能吞噬国有资本、损害国有资本安全。

政府出资产业投资基金投资形成企业股权对外转让是否以进场交易为必要程序

田增杰

四川弘芯股权投资基金管理有限公司

2016 年 6 月 24 日发布的《企业国有资产交易监督管理办法》(国资委、财政部令第 32 号,以下简称“32 号文”)为非上市企业国有资产交易提供了较为完整和明确的制度支持,但作为国有企业的政府出资产业投资基金投资形成企业产(股)权对外转让,该适用何种规则,却并未明确。32 号文仅通过第 66 条规定了政府设立的各类股权投资基金投资形成企业产(股)权对外转让,按照有关法律法规规定执行。四川省政府国有资产管理委员会和四川省财政厅为落实 32 号文,于 2018 年 1 月 11 日发布了《四川省企业国有资产交易监督管理办法》,该办法也没有在具体操作层面上明确这一点,也采用了和 32 号文同样的处理逻辑,即通过第 88 条规定政府设立的各类股权投资基金投资形成企业产(股)权对外转让,按照有关法律法规规定执行。

“有关法律法规规定”该如何理解呢?针对该问题,本文尝试通过梳理非上市企业国有产权交易规范性文件和专门规范政府出资产业投资基金(政府出资产业投资基金无疑属于政府设立的各类股权投资基金的一种)的规范性文件,立足四川省,参照其他地区的相关规定,对作为国有企业的政府出资产业投资基金投资形成企业产(股)权对外转让的程序适用问题进行分析。

一、企业(非金融、文化类)国有产权交易规范性文件

(一)《企业国有资产法》(中华人民共和国主席令第 5 号)

《企业国有资产法》是全国人大常委会制定的,是国资监管方面层级最高的规范性文件,效力层级为法律。

该法律第五章第五节“国有资产转让”约定了国有资产转让的决策主体、原则、程序、价格等事项。其中,第54条第2款规定,除按照国家规定可以直接协议转让的以外,国有资产转让应当在依法设立的产权交易场所公开进行。转让方应当如实披露有关信息,征集受让方;征集产生的受让方为两个以上的,转让应当采用公开竞价的交易方式。该款明确了非上市公司国有资产转让的程序,即确立了国有资产转让应当进场交易为一般原则。

(二)《企业国有资产监督管理暂行条例》(国务院令第588号)

《企业国有资产监督管理暂行条例》是国务院制定的,法律效力层级为行政法规。

该条例第五章“企业国有资产管理”中并未明确约定国有资产转让的程序,仅通过第30条规定了国有资产监督管理机构应建立国有资产产权交易监督管理制度。

(三)《国务院国有资产监督管理委员会关于印发〈企业国有产权交易操作规则〉的通知》(国资发产权〔2009〕120号)

《企业国有产权交易操作规则》发布部门为国务院国有资产监督管理委员会,效力层级属于部门规范性文件。

该操作指引法源为《企业国有资产法》、《企业国有资产监督管理暂行条例》(国务院令第378号)、《企业国有产权转让管理暂行办法》(国资委、财政部令第3号)(该文已被废止)。该操作规则第2条规定,省级以上国资委选择确定的产权交易机构(以下简称“产权交易机构”)进行的企业国有产权交易适用本规则。该条款明确了该规则的适用对象,仅限于省级以上国资委选择确定的产权交易机构进行的企业国有产权交易,但该操作指引并不能作为国有资产转让交易是否需要进场的判断依据。

(四)《企业国有资产交易监督管理办法》(国资委、财政部令第32号)和《上市公司国有股权监督管理办法》(国资委、财政部、证监会令第36号)

32号文和《上市公司国有股权监督管理办法》(以下简称“36号令”),其效力层级为部门规章。

按照财政部新闻办公室发布的新闻稿,“36号令与2016年出台的《企业国有资产交易监督管理办法》(国资委、财政部令第32号)共同构成了覆盖上市公司国有股权和非上市公司国有产权,较为完整的企业国有资产交易监管制度体系”。

（五）《四川省国有股权投资企业所持股权转让管理工作指引》（川国资产权〔2013〕21 号）

该指引发布部门为四川省政府国有资产监督管理委员会，效力层级属于地方规范性文件，截至本文成文时，四川律协北大法律信息网显示时效性为现行有效。该指引所依据的法源为《企业国有资产法》、《公司法》、《合伙企业法》、《企业国有产权转让管理暂行办法》（国务院国有资产监督管理委员会、财政部令第 3 号）、《四川省企业国有产权转让管理暂行办法》（川办发〔2005〕25 号）和《四川省企业国有产权转让管理暂行办法实施细则》（川国资产权〔2006〕66 号）。

该指引第 2 条规定，本指引所称国有股权投资企业系指以非公开发行方式向特定对象募集资金，主要投资于非上市公司股权、上市公司非公开发行的股权，依法设立并经省级以上有关部门备案的国有及国有控股企业，包括产业投资基金、创业投资基金，以及创业投资引导基金等。该条规定界定了"国有股权投资企业"的定义，并明确"国有股权投资企业包括产业投资基金、创业投资基金，以及创业投资引导基金等"。

该指引第 3 条规定，本指引所称国有股权投资企业所持股权转让，是指国有股权投资企业将投资形成的股权有偿转让给境内外法人、自然人或者其他组织，实现投资退出的行为。该条款界定了"国有股权投资企业所持股权转让"定义。

该指引第 4 条规定，本指引适用于四川省国有股权投资企业转让所持非上市企业股权。国有股权投资企业转让所持上市公司股权和全资、控股非上市公司股权，以及以清算方式退出的股权，不适用本指引，按国家有关规定执行。该条款界定了该指引的适用范围仅限于"四川省国有股权投资企业转让所持非上市企业股权"。

该指引第 5 条规定，国有股权投资企业转让所持股权，应当在依法设立并经四川省国资委确定的产权交易机构公开进行，不受地区、行业、出资或者隶属关系的限制。国家法律、行政法规另有特殊规定的，从其规定。该条款明确了国有股权投资企业转让所持股权进场交易原则。

截至本文成文时，尽管四川律协北大法律信息网显示时效性为现行有效，但该指引所依据的法源之一《企业国有产权转让管理暂行办法》（国务院国有资产监督管理委员会、财政部令第 3 号）已经《国务院国有资产监督管理委员会公告 2017 年第 1 号——废止失效的规章规范性文件目录》（国务院国有资产监督管理委员会公告 2017 年第 1 号）废止。另一法源之一《四川省企业国有产权转让管理暂行办法》（川办发〔2005〕25 号）也已经《四川省人民政府关于宣布失效一批省政府文件的决定》(川府发〔2017〕65号)废止。以此类推,《四川省企业国有产权转让管理暂行办法实施细则》(川国资产权〔2006〕66号)也应随着《四川省企业国有产权转让管理暂行办法》(川办发〔2005〕25号)的废止而废止。

综上,该指引的法源中有三项法源已经废止,尽管四川律协北大法律信息网显示时效性为现行有效,但所依据的大部分法源且为具体操作层面的法源都废止了,该指引作为具体操作指引现行有效的合理性和基础存疑。

(六)《关于印发〈四川省企业国有资产交易监督管理办法〉的通知》(川国资委〔2018〕18号)

《四川省企业国有资产交易监督管理办法》制定的主体为四川省政府国有资产监督管理委员会和四川省财政厅,效力层级为规范性文件。

该办法源为《企业国有资产法》、《公司法》、《企业国有资产监督管理暂行条例》(国务院令第378号)和32号文。

该办法第88条也约定了,"政府设立的各类股权投资基金投资形成企业产(股)权对外转让,按照有关法律法规规定执行"。

(七)《关于印发〈四川省属国有企业投资监督管理试行办法〉的通知》(川国资委〔2017〕296号)

《四川省属国有企业投资监督管理试行办法》发布部门是四川省政府国有资产监督管理委员会,效力层级属于地方性法规。

该办法第3条第1款规定,本办法所称投资是指企业在境内从事的固定资产投资于股权投资,不包括基金投资的项目,明确了该办法并不适用"基金投资的项目"。

二、政府出资产业投资基金规范性文件

按照《政府出资产业投资基金管理暂行办法》(发改财金规〔2016〕2800号)关于政府出资产业投资基金的定义,政府出资产业投资基金包括了"股权投资基金和创业投资基金",创业投资基金属于政府出资产业投资基金的一种,但按照《关于规范金融机构资产管理业务的指导意见》(银发〔2018〕106号)第2条第3款的规定,即"私募投资基金适用私募投资基金专门法律、行政法规,私募投资基金专门法律、行政法规中没有明确规定的适用本意见,创业投资基金、政府出资产业投资基金的相关规定另行制定"的表述,创业投资基金和政府出资产业投资基金属于两个并列的概念,并非包含关系。为全面梳理涉及该方面的规范性文件,将创业投资基金相

关规范亦作为梳理的对象。

（一）《创业投资企业管理暂行办法》（国家发展和改革委员会令第39号）

该办法效力层级属于部门规章。

该办法第22条规定，国家与地方政府可以设立创业投资引导基金，通过参股和提供融资担保等方式扶持创业投资企业的设立与发展。具体管理办法另行制定。

该项规定是政府设立创业投资基金最早的规范文件。该文件中对于创业投资基金如何退出及其退出的程序并未进行涉及。

（二）《财政部、国家发展改革委关于印发〈新兴产业创投计划参股创业投资基金管理暂行办法〉的通知》（财建〔2011〕668号）

《新兴产业创投计划参股创业投资基金管理暂行办法》效力层级属于部门规范性文件，现行有效。

该办法第29条规定，参股基金的存续期限原则上不超过10年，一般通过到期清算、社会股东回购、股权转让等方式实现退出。

该条款规定了参股基金的退出方式，即到期清算、社会股东回购、股权转让等方式。

该办法第30条规定，受托管理机构应与其他出资人在参股基金章程中约定，有下述情况之一的，中央财政出资资金可无须其他出资人同意，选择退出：(1)参股基金方案确认后超过一年，参股基金未按规定程序和时间要求完成设立或增资手续的；(2)中央财政出资资金拨付参股基金账户一年以上，参股基金未开展投资业务的；(3)参股基金投资领域和阶段不符合政策目标的；(4)参股基金未按参股基金章程约定投资的；(5)参股基金管理机构发生实质性变化的。

该条款进一步明确了中央财政出资可以通过参股基金章程约定，在条件成就时，无须其他出资人同意而退出。

（三）《政府投资基金暂行管理办法》（财预〔2015〕210号）

该办法效力层级属于部门规章。

该办法第21条规定，政府出资从投资基金退出时，应当按照章程约定的条件退出；章程中没有约定的，应聘请具备资质的资产评估机构对出资权益进行评估，作为确定投资基金退出价格的依据。

该条款规定了政府出资部分从投资基金退出的条件和价格等要素，即首先按照章程约定的条件退出，章程未约定的，才聘请具备资质的评估机构进行估值，作为定价的依据。

（四）《财政部关于财政资金注资政府投资基金支持产业发展的指导意见》（财建〔2015〕1062 号）

该指导意见在规范设立运作支持产业的政府投资基金部分，明确了建立适时退出机制。即财政资金注资设立政府投资基金形成的股权，应根据有关法律法规并按照章程约定的条件退出。财政出资原则在基金存续期满后退出，存续期内如达到预期目标，也可考虑通过预设股权回购机制等方式适时退出。

（五）《政府出资产业投资基金管理暂行办法》（发改财金规〔2016〕2800 号）

该办法效力层级属于部门规章，该办法并未明确政府出资部门从投资基金退出的条件和方式等，仅在第 29 条规定了，延长存续期的，应报经政府基金设立批准部门同意后，与其他投资方按约定办理。

（六）《政府出资产业投资基金信用信息登记指引（试行）》（发改办财金规〔2017〕571 号）

该指引并未有政府资金退出的规定。

（七）《四川省人民政府关于印发〈四川省省级产业发展投资引导基金管理办法〉的通知》（川府发〔2015〕49 号）

《四川省省级产业发展投资引导基金管理办法》制定的主体为四川省人民政府，效力层级属于地方规范性文件。

该办法第 17 条规定，投资基金存续期一般不超过 10 年，投资形成的股权可通过社会股东回购、股权转让（上市或非上市）或协议约定的其他方式退出。

该条款明确了四川省升级产业发展投资引导基金退出方式。

（八）《上海市经济和信息化委员会、上海市财政局关于印发〈上海产业转型升级投资基金管理办法〉的通知》（沪经信法〔2017〕82 号）

《上海产业转型升级投资基金管理办法》制定主体为上海市经济和信息化委员会和上海市财政局，效力层级属于地方性规范性文件。

该办法第 20 条规定，政府投资基金形成的股权，投资时在投资协议及相关合同中载明退出条件和退出方式的，可以按照合同约定退出；投资时未约定退出条件和退出方式的，可以按规定进行资产评估后，以不低于评估值退出，或者以评估值为依据在产权交易市场公开挂牌转让退出。

该条款规定了政府投资基金形成的股权退出路径有以下三种：一是投资时在投资协议及其相关合同中载明了退出条件和退出方式的，可以按照合同约定退出；二是投资时未约定退出条件和退出方式的，可以按照规定进行资产评估后，以不低于评估值退出;三是投资时未约定退出条件和退出方式的,可以以评估值为依据在产权交易市场公开挂牌转让退出。

由此可见,《上海产业转型升级投资基金管理办法》明确了政府出资产业基金投资形成的企业股权退出不以在产权交易市场公开挂牌为必要程序。

三、认定为国有企业的政府出资产业投资基金投资形成企业产(股)权对外转让程序适用

32 号文第 66 条规定,政府设立的各类股权投资基金投资形成企业产(股)权对外转让,按照有关法律法规规定执行。实践中,市场主体对于"有关法律法规规定"有两种理解:

(一)"有关法律法规规定"仅理解为法律、行政法规

通过上文的梳理,规范企业国有产权交易的法律、行政法规主要为《企业国有资产法》和《企业国有资产监督管理暂行条例》。其中,《企业国有资产法》确立了国有资产转让须进场交易的一般性原则,但依据该法律制定的 32 号文却明确了政府设立的各类股权投资基金投资形成企业产(股)权对外转让,"按照有关法律法规规定执行"。若被认定为国有企业的政府出资产业投资基金投资形成企业产(股)权对外转让,需要遵循《企业国有资产法》确立的国有资产转让进场交易的一般原则,则 32 号文单列第 66 条的原因何在呢?此处单列第 66 条的原因,是否特指专门规范政府设立股权投资基金的法律、行政法规呢?但目前尚无专门规范政府设立股权投资基金的法律、行政法规。

同时,参照《关于规范金融机构资产管理业务的指导意见》(银发〔2018〕106 号)第 2 条第 3 款"私募投资基金适用私募投资基金专门法律、行政法规,私募投资基金专门法律、行政法规中没有明确规定的适用本意见,创业投资基金、政府出资产业投资基金的相关规定另行制定"的行文逻辑,若是 32 号文"依照有关的法律法规规定执行"理解成"法律、行政法规",那行文格式应该明确表述为法律、行政法规,而不是现在的"有关的法律法规规定执行"。

(二)"有关法律法规规定"理解为相关法律法规等规范性文件

1. 非专门规范政府出资产业投资基金规范性文件

因规范企业国有资产交易的规范性文件较多,以四川省为例,除《四川省国有股权投资企业所持股权转让管理工作指引》(川国资产权〔2013〕21 号)明确了包括产业投资基金、创业投资基金,以及创业投资引导基金等国有股权投资企业所持股

权转让需要进场交易外，其他部门规章、地方性规范文件都没有明确政府设立的各类股权投资基金投资形成企业产(股)权对外转让是否需要进场交易问题。

但正如上文分析，《四川省国有股权投资企业所持股权转让管理工作指引》(川国资产权〔2013〕21 号)所依据的法源大都被废止，且这些废止的法源都是具体操作层面上的。

同时，2018 年 1 月 11 日发布的《四川省企业国有资产交易监督管理办法》第 92 条规定了冲突适用规则，即现行相关规定与本办法不一致的，以本办法为准。

因此笔者认为，《四川省国有股权投资企业所持股权转让管理工作指引》作为具体操作工作指引，继续有效的基础和合理性存疑。

2. 专门规范政府出资产业投资基金的规范性文件

在部门规章中，除了《政府投资基金暂行管理办法》(财预〔2015〕210 号)涉及政府出资部分退出方式和条件外，并未对政府出资的投资基金投资形成企业产(股)权对外转让是否进场交易等程序问题进行规定。

在部门规范性文件中，2011 年的《新兴产业创投计划参股创业投资基金管理暂行办法》涉及参股基金的退出方式和中央财政资金的退出，但并未明确转让是否需要进场交易等问题。

地方性规范文件中，《四川省省级产业发展投资引导基金管理办法》明确了投资基金投资形成的股权退出方式，即社会股东回购、股权转让(上市或非上市)或协议约定的其他方式，但退出是否以进场交易为必要程序并未明确。

但《上海产业转型升级投资基金管理办法》很明确地规定了这一点，政府投资基金投资形成企业产(股)权对外转让不以在产权交易市场公开挂牌为必要程序，仅是一种选择之一。

(三)政府出资产业投资基金投资形成企业产(股)权对外转让的程序适用

正如前文所论述的，若将 32 号文第 66 条规定的"有关法律法规规定"理解为"法律、行政法规"，尽管《企业国有资产法》确立了国有资产转让进场交易的一般性原则，但鉴于依据该法律制定的 32 号文第 66 条的规定，从而得出认定为国有企业的政府出资产业投资基金投资形成企业产(股)权对外转让需要进场交易的结论并不充分。

但若将 32 号文第 66 条规定的"有关法律法规规定"理解为"法律法规等规范性文件"，则参照 2017 年 2 月 16 日上海市经济和信息化委员会、上海市财政局发布的《上海产业转型升级投资基金管理办法》对于基金退出的监管逻辑，则可以得出认定为国有企业的政府出资产业投资基金投资形成企业产（股）权对外转让不以进场交易为必要程序的结论。

笔者还注意到，2018 年 12 月 5 日召开的国务院常务会议决定将“推动政府股权基金投向种子期、初创期科技企业。创业创新团队可约定按投资本金和同期商业贷款利息，回购政府投资基金所持股权”作为新一批改革举措之一在全国范围内推广。

笔者认为，该项改革措施将推动政府股权基金投资形成企业产（股）权对外转让规范的进一步明确，至少在行政法规层级进一步明确不以进场交易为必要程序是可期的。

国有企业债权转让所涉评估法律问题

刘小进　郭晓锋

国浩律师(成都)事务所

2018 年以来,在国资国企改革中,部分地方领导强调要以党的十九大精神和习近平新时代中国特色社会主义思想为指导,聚焦降负债、降成本、提效益、提能力“两降两提”,强化责任意识、担当意识和创新意识,做强做优做大国有企业。在“两降两提”的要求下,随着风险项目数量、回款压力的不断上升,债权转让已成为众多国有企业尽早收回账款、提效益、确保国有资产安全的重要手段。在债权转让过程中,就债权转让是否需要作价评估,实践中争议较大。2016 年出台的《企业国有资产交易监督管理办法》(以下简称“32 号令”)明确将债权纳入资产的范畴,对资产的转让作了原则性的规定,包括:企业一定金额以上的生产设备、房产、在建工程以及土地使用权、债权、知识产权等资产应当在产权交易机构公开进行,其具体工作流程参照企业产权转让的规定执行,而按照企业产权转让的规定,转让过程中原则上应对产权进行评估。但实践中,部分国有企业认为,因 32 号令无具体规定,且债权不同于股权,本身并不会因评估而升值,只要债权转让不打折,不存在国有资产流失的问题,可无须作价评估;同时,债权评估在实践操作层面存在较大的困难。

那么从合法性层面,债权转让是否应当评估,以及不进行评估存在何种法律风险?笔者就上述问题从法律层面进行简要分析,以期抛砖引玉,与业界同仁共同探讨。

一、债权转让是否应当评估

按照 32 号令的规定,明确将债权界定为资产的一种类别,而关于资产转让需进行评估的规定相对比较明确,如 2005 年的《企业国有资产评估管理暂行办法》第 6 条就规定:企业有下列行为之一的,应当对相关资产进行评估:……(六)资产转让、置换。早一些的1991年国务院颁布的《国有资产评估管理办法》第3条也规定:国有资产占有单位(以下简称占有单位)有下列情形之一的,应当进行资产评估:(一)资产拍卖、转让……结论似乎比较明确,但笔者认为,在对债权是否属于资产从而适用资产评估专门法规作出认定时,还需要重点关注资产评估专门法规对于资产的界定,如相关资产评估专门法规对资产的界定将债权排除开,那么就不应当当然的认为债权应当进行评估。

梳理专门的国有资产评估规定,笔者注意到2005年的《企业国有资产评估管理暂行办法》对资产并无明确界定,只有在1992年颁布的《国有资产评估管理办法施行细则》对资产有相对明确的界定,其第3条规定,国有资产是指国家依据法律取得的,国家以各种形式的投资和投资收益形成的或接受捐赠而取得的固定资产、流动资产、无形资产和其他形态的资产。但上述条款也并未对债权是否属于资产进行明确界定。

因此,目前专门的国有资产评估并未对债权是否属于资产进行明确界定,也未将债权从资产的范围中排除开。笔者认为,国有企业的债权从形式上是由国家的投资或投资收益形成的权益,《企业国有资产法》第2条规定,企业国有资产是指国家对企业各种形式的出资所形成的权益。而2005年的《企业国有资产评估管理暂行办法》和32号令均由国务院国资委颁布,由于32号令明确将债权界定为资产,其具体工作流程参照企业产权转让的规定执行,而按照企业产权转让的规定,转让过程中原则上应对产权进行评估。综合来看,笔者认为国有企业债权属于国有企业资产,原则上应当进行评估。

二、债权转让未经评估进行交易的法律后果

如国有企业债权转让未经评估,会有怎样的法律后果,交易合同是否会被认定为无效?国有企业相关人员是否会遭受行政问责?经笔者研究,就前述两个问题分析如下:

(一)关于交易合同的效力问题

关于未经评估的债权转让后,交易行为是否有效的问题,笔者注意到,2005年的《企业国有资产评估管理暂行办法》第27条规定:"企业违反本办法,有下列情形之一的,由国有资产监督管理机构通报批评并责令改正,必要时可依法向人民法院提起诉讼,确认其相应的经济行为无效:(一)应当进行资产评估而未进行评估……"按照前述规定,如应进行资产评估而未进行评估的,国有资产监督管理机

构是可以依法向人民法院提起诉讼,确认相应的经济行为无效的。

但实践中如起诉到法院,法院的态度如何?在最高人民法院公布的经典案例《亢文钧与包头边境贸易公司、包头市对外贸易(集团)有限责任总公司债权转让合同纠纷再审案》[最高人民法院(2008)民提字第40号民事判决书]一案中,最高人民法院并不支持确认经济行为无效。该案具体案情为:外贸总公司副董事长刘仲君在其下属的边贸公司改制过程中,为筹集资金安置职工,将边贸公司所有的120万元债权以60万元价格一次性转让给亢文钧,该笔转让未进行评估。内蒙古自治区高级人民法院二审认为:债权未按法定程序评估,违反了国务院《国有资产评估管理办法》及有关文件的规定,转让协议无效。亢文钧不服二审判决,向最高院申请再审,最高人民法院经审理后认为:转让债权时进行评估主要是为了解决两个问题:一是清查核实应收账款的数额;二是判断可能的坏账损失,目的是确定以什么价格来转让这类债权。基本公式为,应收账款的评估值等于应收账款账面价值减去已确定的坏账损失,再减去预计坏账损失。本案中,评估工作无疑应当由转让债权的一方即外贸总公司和边贸公司进行。亢文钧作为拟受让债权的个人,并无义务要求对上述债权进行评估,其只是根据债权转让方提出的转让价款和自己对该笔债权收回可能的判断来决定最终是否受让债权。从国家对国有资产保护的角度看,为避免国有资产因低价转让而流失所采取的主要措施,是对国有资产的占有、使用、经营主体,规定严格的义务和责任,其中包括转让国有资产应当进行评估,对违反法定义务,造成国有资产流失的国有资产的占有、使用、经营主体及其主要责任人,依法追究责任。但这并不等于在流通领域特别是在市场主体间就财产流转发生争议时,要对占有、使用、经营国有资产的民事主体给予特殊保护。因为平等保护所有民事主体的合法权益是我国包括合同法在内的一切民事法律共同确认的基本原则。如果在民事司法中支持转让国有资产的民事主体事后以财产未经评估,可能造成国有资产流失为由请求认定合同无效的主张,则不仅会影响正常的市场流转秩序,也不利于国有企业以平等的市场主体身份参与市场竞争。同时指出应按照《最高人民法院关于适用〈中华人民共和国合同法〉若干问题的解释(一)》第4条的规定来确认合同效力:合同法实施以后,人民法院确认合同无效,应当以全国人大及其常委会制定的法律和国务院制订的行政法规为依据,不得以地方性法规、行政规章为依据。亢文钧与外贸总公司之间的债权转让《协议书》,既然是双方当事人真实的意思表示,又不违反国家法律和行政法规的禁止性规定,应当认定为合法、有效。故判决债权转让合同合法有效。

上述案件中,最高人民法院认为债权转让未经评估虽违反了国有资产监管规定,但并不构成因违反国家法律和行政法规的禁止性规定而应当认定为无效的情形,从保护交易安全的角度,应当认定转让合同合法有效。因此实践中,法院对债权未经评估进行转让合同的效力问题存在分歧,但从最高人民法院的观点来看,交易合同应当认定为有效。

笔者认为,按照现行有效的《合同法》规定,合同无效的情形包括:(1)一方以欺诈、胁迫的手段订立合同,损害国家利益;(2)恶意串通,损害国家、集体或者第三人利益;(3)以合法形式掩盖非法目的;(4)损害社会公共利益;(5)违反法律、行政法规的强制性规定。如果交易双方不存在恶意串通的情形,单以第5款的规定主张合同无效,由于《企业国有资产评估管理暂行办法》仅是部门规章,并非法律、行政法规,难以以此来认定合同无效。而1991年国务院颁布的《国有资产评估管理办法》虽属于行政法规,但其并未对债权是否属于资产进行明确界定,导致适用存在分歧。因此,笔者倾向于认为如果交易双方不存在恶意串通等情形,交易合同应当认定为有效。

(二)关于国有企业相关人员的法律责任问题

按照现行的法律法规规定,如在债权转让时未依法进行评估,国有企业相关人员需承担行政责任,情形严重的,还可能承担刑事责任。相关主要规定如下:《国有资产评估管理办法》第31条规定,占有单位违反本办法的规定,提供虚假情况和资料,或者与资产评估机构串通作弊,致使资产评估结果失实的,国有资产管理行政主管部门可以宣布资产评估结果无效,并可以根据情节轻重,单处或者并处下列处罚:(1)通报批评;(2)限期改正,并可以处以相当于评估费用以下的罚款;(3)提请有关部门对单位主管人员和直接责任人员给予行政处分,并可以处以相当于本人三个月基本工资以下的罚款。《国有资产评估管理办法施行细则》第52条规定,违反《办法》第3条和本细则的规定,对应当进行资产评估的情形而未进行评估的,应按《办法》第31条规定对有关当事人给予处罚,造成国有资产重大损失的,应追究有关当事人的法律责任。《企业国有资产评估管理暂行办法》第28条规定,企业在国有资产评估中发生违法违规行为或者不正当使用评估报告的,对负有直接责任的主管人员和其他直接责任人员,依法给予处分;涉嫌犯罪的,依法移送司法机关处理。

同时,《刑法》第169条还规定了低价折股、出售国有资产罪:国有公司、企业或者其上级主管部门直接负责的主管人员,徇私舞弊,将国有资产低价折股或者低价出售,致使国家利益遭受重大损失的,处 3 年以下有期徒刑或者拘役;致使国家利益遭受特别重大损失的,处 3 年以上 7 年以下有期徒刑。

因此,笔者认为,如债权转让未经评估即进行交易,国有企业负有直接责任的主管人员和其他直接责任人员可能遭受行政处分,如涉低价出售,情形严重的,可能构成低价折股、出售国有资产罪。

三、小结

按照现行国有资产交易监管规定,综合来看,债权作为资产的一种应当进行评估。如债权转让未经评估即进行交易,按照最高院的观点,交易合同可能被认定为有效,但国有企业负有直接责任的主管人员和其他直接责任人员可能遭受行政追责,如涉低价出售,情形严重的,可能构成低价折股、出售国有资产罪。

鉴于目前专门的国有资产评估法规并未对债权评估进行明确界定,为避免适用分歧,建议在后续相关法规修订时,对此作出相应规定。同时,从实践角度,笔者认为,债权不同于股权,鉴于其不存在评估增值的情形,可考虑在债权转让不存在打折情形时豁免评估。

国有企业出资人代表财政化倾向的法律检讨

王登巍
河南文丰律师事务所

在国有经济主导的社会主义市场经济语境下，国有资本出资人代表的确定是各级政府实现市场经济发展职能和国有资本管理的重要前提，也是国资监管的逻辑起点和权力基础。

近年来，各级政府国资监管机构、业务主管机构、财政部门以及发展改革等单位，除了在国资监管的主体和权力清单领域进行激烈博弈外（如私募基金业务监管争夺、PPP业务监管争夺、政府出资基金监管争夺等），甚至在“国有出资人代表”这一本不是问题的问题上也存在现实的争议和客观的错乱。其中，尤以近年来个别地方的“财政化倾向”为突出特点，即大量新设的国有企业出资人代表直接由财政部门或其下属机构担任并登记为股东，甚至对存量的国有企业也将通过文件或者会议纪要等形式将其出资人代表由国资监管机构变更为财政部门。

一、国有出资人代表的法律界定

（一）企业国有资产相关的四大法律主体

我国关于企业国有资产的两大“基本法”包括：国务院2003年颁布的378号令《国有资产监督管理条例》（以下简称《条例》），以及2009年5月1日开始施行的《企业国有资产法》（以下简称《国资法》）。

根据上述法律和行政法规，可以看出针对企业国有资产存在着四个法律主体概念：所有权人、所有权代表、出资人、出资人代表。

1. 所有权人

企业国有资产的所有权属于国家所有即全民所有，国家是国有资产的“所有权”人。

2. 所有权代表

《国资法》第 3 条直接规定，国务院代表国家行使国有资产所有权，是企业国有资产的“所有权代表”。

3. 出资人

国务院和地方人民政府分别代表国家对国家出资企业（包括国有独资企业、国有独资公司、国有资本控股公司、国有资本参股公司）履行出资人职责、享有出资人权益，属于国家出资企业（也即企业国有资产）的“出资人”。

4. 出资人代表

国务院国有资产监督管理机构和地方人民政府设立的国有资产监督管理机构，根据本级人民政府的授权，代表本级政府履行出资人职责，即为“出资人代表”。

基于企业国有资产多头管理的现实情况，《国资法》第 11 条第 2 款规定，国务院和地方人民政府根据需要，可以授权其他部门、机构代表本级人民政府对国家出资企业履行出资人职责。

国资监管机构与该等“其他”部门和机构统称为“履行出资人职责的机构”，均是“出资人代表”。

（二）出资人代表的立法冲突

1.《条例》下的单一代表制

《条例》关于出资人代表的规定是由“国有资产监督管理机构”垄断的，要求国务院、省级人民政府以及设区的市、自治州人民政府，分别设立国有资产监督管理机构。

《条例》第 6 条规定，国有资产监督管理机构根据授权，依法履行出资人职责，依法对企业国有资产进行监督管理。《条例》并且基于“政企分开、所有权与经营权分离”的原则，在第 7 条明确规定，国有资产监督管理机构不行使政府的社会公共管理职能，但“政府其他机构、部门不履行企业国有资产出资人职责”。

关于国有资产监督管理机构的属性，《条例》第 12 条将其界定为，代表国务院和本级人民政府履行出资人职责、负责监督管理企业国有资产的政府“直属特设机构”。

2.《国资法》下的混合代表制

《国资法》在第 11 条第 2 款规定，“国务院和地方人民政府根据需要，可以授权其他部门、机构代表本级人民政府履行出资人职责”。

目前，《条例》仍然是我国企业国资监管法律制度的有效组成（《国务院国资委关于贯彻实施〈中华人民共和国企业国有资产法〉有关问题的通知》称建立了以《国资法》为龙头、以《条例》为基础,以国务院国资21个行政规章、115个规范性文件为主要内容的国资监管法律体系),只是从立法法理上《国资法》的时间顺位、效力层级都优先于《条例》。

但基于立法本意,应该理解为:一般情况下“国有资产监督管理机构”是出资人代表,但“可以”“根据需要”授权其他部门和机构作为出资人代表。这里既然是“可以”和“根据需要”,就属于特定情形而非一般情形。否则不仅失去了设立“国有资产监督管理机构”的制度初衷,也不符合文义安排的规范本意。

3.《公司法》对“国有独资公司”出资人代表的变化

2005年《公司法》修订时,将原第64条“本法所称国有独资公司是指国家授权投资的机构或者国家授权的部门单独投资设立的有限责任公司”修改为第65条第2款,“本法所称国有独资公司,是指国家单独出资、由国务院或者地方人民政府委托本级人民政府国有资产监督管理机构履行出资人职责的有限责任公司”。

这一修改把国有独资公司的出资人代表限定为“国有资产监督管理机构”,且至今未再有变动。

这就导致可以存在两种不同的法律理解:

第一种理解:在《国资法》实施后,基于特殊法优先于普通法的立法原则,政府授权的其他机构和部门仍然可以成为出资人代表。

第二种理解:《国资法》的规定是一般性的国有企业,而《公司法》的这一规定是关于国有独资公司这一特殊国有企业的,故《公司法》的规定应当优先适用。

本文认为:如果从国资监管现实中“权力争夺”的角度看,第一种理解更符合现状特色;但如果从立法法理以及国资监管立法价值角度,应倾向于第二种理解,这也符合《国资法》第6条规定的“政企分开、社会公共管理职能与国有资产出资人职能分开”的立法原则。

二、财政部门在企业国资监管体系中的法律地位

(一)我国的企业国资监管体系

基于《国资法》和《条例》以及相关法律文件,我国的国资监管体系可以总结为以下结构:

1.纵向结构:监管层级

(1)各级人民代表大会常务委员会

各级人大常委会对本级人民政府的国资监管情况进行检查、监督。

(2)各级人民政府

各级人民政府对其授权履行出资人职责机构的履职情况进行监督。

(3)履行出资人的机构

履行出资人的机构代表本级人民政府对国家出资企业依法享有资产收益、参与重大决策和选择管理者等权利。

(4)国家出资企业

国家出资企业对其所出资的企业,依法依规维护自身作为出资人的权益。

(5)外派监事会

外派监事会是根据国务院《国有企业监事会暂行条例》,对国有独资企业和国有独资公司派出的监事会,不同于《公司法》下的监事会制度,而是属于政府派出机构。但基于目前的机构改革,外派监事会的制度功能已经转至审计机构,外派监事会制度在一些地方的国资监管机构已经实际停止执行。

(6)国企改革文件所增加的结构

按照中央 1 + N 政策文件改革方向,增加了党的领导以及资本投资、运营两类公司的结构,从而体现出加强党的领导、从管资产管企业转为管资本等制度价值。

2. 横向结构:监管维度

(1)公司治理监督

基于现代企业制度要求,规范和完善国家出资企业及其所出资企业的公司治理和内部控制建设要求,从而建立健全和优化公司治理。

(2)审计监督

具体包括《国资法》第 28 条规定的三类国家出资企业的主要负责人的任期经济责任制审计、第 65 条规定的对国有资本经营预算执行情况的审计、特定国家出资企业的审计监督。中央改革文件则建立了内外部审计监督相结合的完备体系。

(3)国有资本经营预算制度

履行出资人职责的机构向财政部门提出国有资本经营预算建议草案,各级财政部门具体编制国有资本经营预算草案,纳入本级人民政府预算,报经本级人民代表大会批准。

(4)其他监督

《国资法》规定了社会监督,各级党政机关的相关政策还规定了企业国有资产的党政纪监管维度。

3. 条块结构:监管对象

基于国有资产的种类和形态,我国实行的是多头监管的条、块结合的监管结构,既有基于行业的不同分类监管,也有基于中央和地方的区块监管。

主要包括:财政部门负责监管的党政机关国有资产,财政部门负责监管的事业单位的国有资产,以国资监督管理机构为主监管的非金融类经营性国有资产,各级财政部门监管的金融类经营性国有资产,以自然资源管理机关为主管理的资源类国有资产等。

(二)财政部门在国资监管体系中的主体地位

我国财政部门在国资监管体系中的主体地位主要体现在对行政事业单位和特殊企业国有资产的监管上。

1. 事业单位(含企业化管理的事业单位)及事业单位所属企业的国资监管

行政事业单位的国有资产监管主体是财政部门,企业化管理的事业单位尽管可以同时到工商登记机关申办营业执照但同样由财政部门归口监管。

财政部《关于开展事业单位及事业单位所办企业国有资产产权登记与发证工作的通知》将事业单位所开办企业的国资监管工作纳入了财政口,但国务院国资委也"对等"在争夺"特殊事业单位"国资管理权,在《国家出资企业产权登记管理暂行办法》中规定"国家出资企业所属事业单位视为其子企业进行产权登记"。

2. 金融企业的国资监管

《企业国有资产监督管理暂行条例》第 2 条明确规定"金融机构中的国有资产的监督管理,不适用本条例",主要是考虑了金融企业的风险管控和业务监管的特殊性。

而财政部则通过《金融类企业国有资产产权登记管理暂行办法》《金融企业国有资本保值增值结果确认暂行办法》《金融企业国有资产评估监督管理暂行办法》《金融企业国有资产转让管理办法》《关于进一步明确国有金融企业直接股权投资有关资产管理问题的通知》《国有金融企业集中采购管理暂行规定》等法律规范文件构建了较为完善的金融类、经营性、企业国有资产的监管体系。

3. 文化企业的国资监管

财政部《关于开展中央文化企业国有资产产权登记与发证工作的通知》《中央文化企业国有产权交易操作规则》《关于进一步规范中央文化企业国有资产交易管理的通知》《关于中央文化企业国有资产产权登记管理的补充通知》等一系列文件明确了中央文化企业的监管归口在财政部。

而在地方文化企业的国有资产管理上，基本上存在四种类型：一是归口财政部门，如湖南、陕西、四川、云南、浙江等；二是归口在党委宣传部门，如湖北、河北、上海、广东等；三是专门设立国有文化资产监管机构，如北京成立市文资办、重庆则成立国有独资公司；四是由党委宣传部门和政府财政部门共同管理，如山东。

4. 政府出资产业基金

财政部于2015年11月12日颁布了财预〔2015〕210号文《政府投资基金暂行管理办法》，对于政府单独或与社会资本共同出资的基金，明确由“财政部门根据本级政府授权或合同章程规定代行政府出资人职责”。

5. 国家农业综合开发投资企业

财政部《国家农业综合开发投资参股经营试点管理办法》《国家农业综合开发投资参股企业国有股权转让管理办法》《国家农业综合开发投资参股国有股权收益收缴管理办法》，构建了中央和省级财政资金投资入股农业综合开发产业化经营项目的制度体系，该等投资所形成的股权当然也就归口在财政部门监管。

6. 其他企业国有资产的监管

各级财政部门也会直接作为出资人设立国有企业从而拥有企业股权，如河南省财政厅所直接或实际控制的“农开”系、“豫资”系等，都是动辄数千亿资产的庞大企业集团。

（三）财政部门在企业国资监管体系中的功能构造

结合现有的法律法规和规范性文件，财政部门在企业国有资产监管体系中主要承担着出资人代表、财务监管、国有资产转让审批、经营性资本预算等功能，其中最为重要的则是国有资本经营预算功能，不仅在《国资法》《预算法》中均有专门规定，并且自2007年9月国务院《关于试行国有资本经营预算的意见》后就构建了包括《中央企业国有资本收益收取管理暂行办法》《中央国有资本经营预算管理暂行办法》《中央企业国有资本经营预算编制管理工作规则（试行）》《预算法实施条例》等在内的完整制度体系。

三、国有出资人代表财政化倾向的法律分析

（一）财政化倾向的成因

1. 财政部门在市场经济中的地位

不可否认，近年来随着国有经济主导地位的强财政化以及不同层面的经济事权集权化，各级财政部门不仅在政府各机构内部当然具备很重的话语权，在社会管

理及市场经济事务中的地位也日益强势，甚至在很多时候直接从政府“管家”身份转化为“股东”这一市场主体身份，而且已经不仅局限于对金融机构的出资，这种情形在各级地方政府的财政部门更加突出。

2. 地方政府规避中央政府的经济政策

以43号文为代表，中央加强了对地方政府经济事权的管控，如地方政府债务、地方招商引资政策、地方PPP业务发展、地方平台公司规制等，地方政府就通过财政部门单独或者联合其他单位设立各种企业，从而规避中央政府的各种规制政策。

3. 地方政府拉动经济的平台

地方政府的传统经济驱动手段最为重要的就是左手举债、右手招商，在政府各种招商引资优惠政策受到限制后，成立各种平台公司与被引资方进行合作就成了一个重要而普遍的手段。但国资监管机构所属的各种国有企业由于受到较为完整的法律规范体系限制，以及地方政府对于财政部门更为信任的资金和资本控制，就导致了由财政部门在国资监管机构体系之外再行设立大量的独资或者合资企业。如河南财政在原“农开”系之外设立了庞大的“豫资”系，并将“河南省直属行政事业单位国有资产管理中心”登记为母公司的股东。再如郑州财政局在现有平台公司之外另行设立了“郑州发投”作为完成城市基础设施建设的平台公司，并一举成为郑州市最大的国有资本公司。郑州市财政又与郑州发投、郑州控股、中原豫资控股等单位联手发起设立了“郑州国控产业发展投资有限公司”，并以此为平台要设立1000亿元的“郑州国家中心城市产业发展基金”。

4. 地方政府部门之间的权力博弈

不仅在中央层面存在部门之间的权力博弈（如国家发改委与财政部近两年在PPP业务和政府基金两大业务领域公开争夺监管权），在地方政府的组成部门之间同样会存在权力博弈，强势的部门甚至强势的部门负责人甚至强势的主管领导，都会导致出资人代表的大变局。如在河南一直处于强势地位的发改委在做“河南投资集团”股东多年后，2017年也被河南省财政厅替代为出资人代表，并导致四家所属上市公司发布公告变更实际控制人。

5. 其他原因

地方政府也会基于其他考虑（如某些重大项目的特殊需要），由财政部门负责作为一种安排设立特殊目的公司或者产业基金，在完成某些特定需求后再行变更或者重组。

（二）财政化倾向的路径

财政部门强化在国有企业中的出资人代表权重，无非是通过新设企业或者对现有企业进行重组两个路径完成的。

1. 新增

主要包括新设各种政府平台或者类平台公司和私募基金:

(1)政府平台或者类平台公司

地方政府新设的大量平台公司较多是以财政部门出面设立的,以服务于政府的整体和全局性安排。在43号文之后以及系列的监管政策出台后,为了去“平台公司”的标签又设立大量的“类平台公司”,以便能够符合金融机构的融资要求或者PPP项目的监管要求。

(2)私募基金

各种政府性私募基金是近年来各地政府大力推行的一种经济杠杆和资本工具,在财政部《关于财政资金注资政府投资基金支持产业发展的指导意见》等文件直接推动下,河南省政府更是以《关于省级财政性涉企最近基金化改革的实施意见》将财政基金化推向了高潮,各种动辄百亿甚至千亿的私募基金、母基金(FOF)开始出炉。

2. 重组

如2017年河南省就在主要分管领导的推动下,将一批被界定为功能类和公益类企业的省管企业的出资人代表从省国资委划归省财政厅,并针对不同企业确定不同的操作方案。郑州市也要求将郑州投资控股有限公司等企业从郑州市国资委划归郑州市财政局。

四、财政化倾向的法律检讨

(一)制度建设的体系性破坏

1. 制度的本体价值损害

我国企业国有资产的出资人代表制度已经建立了完善的法律体系,所有权与经营权分离、政企分开是我国数十年国资管理实践所确定的两项基本原则和价值取向,大量企业回归到财政管辖不仅有悖于前述原则,也违背了企业国有资产的“企业”属性。

2. 制度建设的重复与重置

国资监督管理机构成立以来,在非金融企业国有资产的制度建设方面已经单独或者会同其他机构建立了完备、庞大的国资监管法律规范体系和机制,无论是法制化还是法治化的程度均达到了较高水平。而财政部门的国资监管制度建设更多的是集中在财政本体的职能领域以及金融企业、事业单位的国资监管领域。将大量企业国有出资人代表设计归口到财政部门，无疑需要由财政部门再行建立和健全一套非金融企业的国资监管规范和机制，不仅导致重复建设，也导致现实层面的脱节甚至脱轨。

3. 制度建设的本体漏洞

财政部门对于非金融类企业的国有资产监管不仅在法制化和法治化上存在欠缺，在人员、机构、实践等方面也必然存在短板，不仅导致现实的监管不力，也会导致在关联交易、交叉持股、股权代持、职工持股、并购重组等重大国资监管领域的资产漏洞和资本黑洞。

目前，我们从各种企业股权查询系统上可以看到大量的职工持股、关联交易或者其他可追溯到诸多自然人作为股东的情形，这里面无疑存在对国有资产的潜在危险或隐藏风险。

（二）国资监管体制的法律破坏

1. 监管主体层面

我国现行的企业国资监管体制明确界定国资监督管理机构是企业国有资产出资人代表的一般情形，其他机构和部门作为出资人代表则为例外情形。但各级地方财政部门大量新设或者重组国有企业，有悖于现行的法律规定。

2. 监管权限层面

财政部门在国资监管体制中，具有独立于出资人代表以外的职责和功能，将出资人代表与财政部门合二为一的做法，对于国资监管权限设计的制衡性是一种破坏。

（三）财政机构法律属性的检讨

财政部门作为政府“财政”的职能机构，更多的是承担“公共”经济职能，更多侧重的应当是宏观经济角色和公共财政角色，而不应当更多介入具体而微观、直接的市场主体。

（四）企业功能分类的法律检讨

国务院国资委、财政部、发改委2015年12月7日联合发布的《关于国有企业功能界定与分类的指导意见》明确指出“国有企业功能界定与分类是因企施策推进改革的基本前提，对推动完善国有企业法人治理结构、优化国有资本布局、加强国有资产监管具有重要作用”。

因此，企业的功能分类决定的是企业的功能定位和监管维度，所要解决的问题与出资人代表的确定根本就不存在任何的关联性。

而且,法定的企业功能分类包括商业类和公益类两种,不知通过什么途径在河南省内逐渐演变出了所谓的"功能类"的分类形态,缺少上位法的支持、带有主管领导个人的"口谕"色彩。

五、解决财政化倾向的法律建议

国务院《关于改革和完善国有资产管理体制的若干意见》明确指出"发挥国有资产监管机构专业监管优势,逐步推进国有资产出资人监管全覆盖",并要"研究起草企业国有资产基础管理条例,统一管理规则","稳步推进经营性国有资产集中统一监管"。

因此,结合中央发布的一系列国有企业改革文件,应当基于我国国资管理实践所确定、市场经济根本属性所决定的"政企分开""政资分开""所有权与经营权分离"的基本原则和科学成果,在现行的《企业国有资产法》《企业国有资产监督管理暂行条例》的基本法律框架内,按照中央确定的国有企业改革方向和要求,对财政部门作为企业国有资产出资人代表的情形加以合理的限制和必要的规范,从而避免陷入国有资产监管的历史误区、逻辑误区。

风险管理与争议解决

私募股权投资外部纠纷司法审判大数据报告

王俞人
国浩律师(上海)事务所

近些年,股权投资,尤其是私募股权投资在我国迅速发展,我国已经成为全球最大的股权投资市场之一。截至2018年4月底,我国已完成备案的私募基金数量合计72,500支,其中,私募证券投资基金36,008支,私募股权投资基金24,621支,创业投资基金5198支,其他私募投资基金6673支。各类私募基金的基金规模合计人民币124,835亿元,其中,私募股权投资基金的基金规模为人民币70,430亿元,占私募基金规模总和的比例最大,高达58.42%(数据来源:中国证券投资基金业协会)。本研究报告将主要围绕私募股权投资基金展开相应的研究和分析。

私募股权投资基金的运作流程可以归纳为募集、投资、管理和退出四大步骤。其中,投资是最核心最关键的一个阶段。私募股权投资基金往往是作为财务投资者出现,且投资成本较高(大都是溢价增资)、投资周期较长、投资风险较大。因此,根据行业惯例,投资协议中往往存在某些特殊条款用以保护投资方的利益。此类特殊条款往往成为引起投资协议各方当事人之间争议的主要原因,进而产生相应的司法纠纷。由于此类纠纷发生于作为投资人的私募股权投资基金和标的公司、标的公司其他股东之间,与发生于私募股权投资基金内部的股东或合伙人之间的纠纷有所不同,因此本研究报告将其定义为私募股权投资外部纠纷。

本报告期望通过对北京、上海、深圳、广州四个资本市场比较活跃的城市与私募股权投资外部纠纷有关的裁判文书中的信息进行挖掘并综合统计分析,探究北京、上海、深圳、广州各地法院对私募股权投资外部纠纷案件的裁判规律,厘清各地法院对同类案件的主要裁判观点,同时对私募股权投资外部纠纷中常见的法律问题进行探究,以期总结私募股权投资外部环境中存在的主要法律风险,以达到提高律师设计、审查投资协议的专业能力,防范私募股权投资基金外部投资法律风险的目的。

一、样本来源及研究方法

本报告旨在研究2014年以来北京、上海、深圳、广州私募股权投资外部纠纷案件裁判规律,所有裁判数据均来源于中国裁判文书网、威科先行等权威裁判文书数据网站,裁判时间截取为2014年1月1日至2018年7月1日。本研究报告在筛选初级检索裁判文书时采用了正向检索和反向复核检索两种方式。正向检索是指通过确定民事案由中“与公司、证券、保险等有关的民事纠纷”,界定关键词“投资协议”,限定地域“北京市、上海市、广州市、深圳市”,限定法院层级“最高人民法院、高级人民法院、中级人民法院”所进行的初步裁判文书筛选,通过此种检索方式筛选出的裁判文书共计292件。反向复核检索是指通过确定民事案由,界定初步关键词“投资协议”,限定地域“北京市、上海市、广州市、深圳市”,限定法院层级“最高人民法院、高级人民法院、中级人民法院”,并进一步限定关键词“对赌协议”“估值调整”“业绩对赌”“优先购买权”“优先认购权”“优先清算权”“优先分红权”“反稀释”“共同出售权”“跟售权”“领售权”“拖售权”“过渡期”“禁售”“竞业禁止”所进行的初步裁判文书筛选,通过此种检索方式筛选出的裁判文书共计165件。初级检索裁判文书合计457件,通过对所有初级检索裁判文书进行逐份筛选排除,进一步筛选出与私募股权投资外部纠纷相关的裁判文书合计58件。

本研究报告系基于对58件与私募股权投资外部纠纷相关的裁判文书进行逐份分析、归类整理、剖析并总结各类争议的裁判观点所形成的。

二、私募股权投资外部纠纷总体情况分析

(一)案件数量与裁判文书类型分布

从案件数量来看,在本次研究所限定的58件私募股权投资外部纠纷案例中,发生于2017年的私募股权外部纠纷案件数量最多,共18件;其次为2015年,共15件;2018年截至2018年6月,也已发生6件私募股权投资外部纠纷案件。在这些案件中,其裁判文书大部分都为判决书的形式,共计44件,占比达到75.86%;尚未发现以决定书形式处理私募股权投资外部纠纷案件的裁判文书。具体情况详见图1。

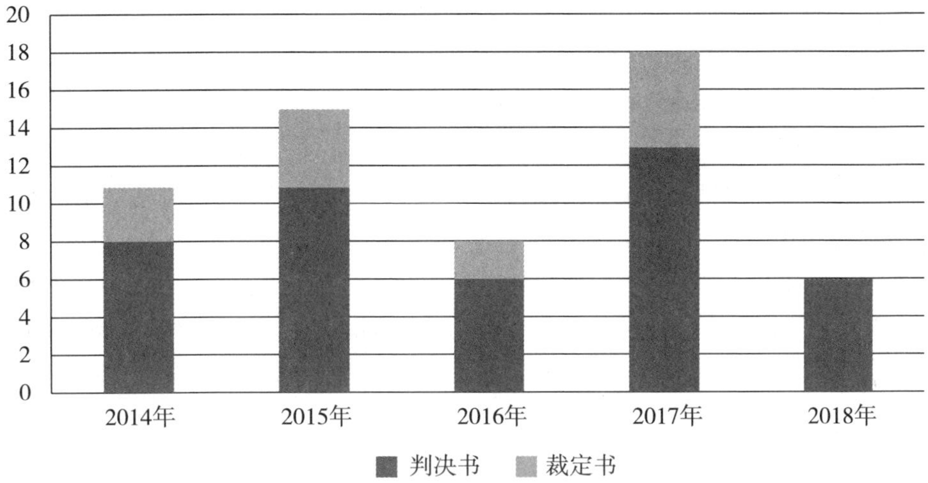

图1　案件数量与裁判文书类型分布统计图

（二）地域分布

从地域分布来看，除了两个最高人民法院案例外，在本次研究所限定的北京、上海、深圳、广州四个城市中，案件数量最多的是北京，共有23件，占比41.07%；其次是上海，共有22件，占比39.29%；其他地区案件数量相对较少，分别是：广州6件，占比10.71%；深圳5件，占比8.93%。此种案件的地域分布情况与私募股权投资基金的地域市场活跃情况相吻合。具体情况详见图2。

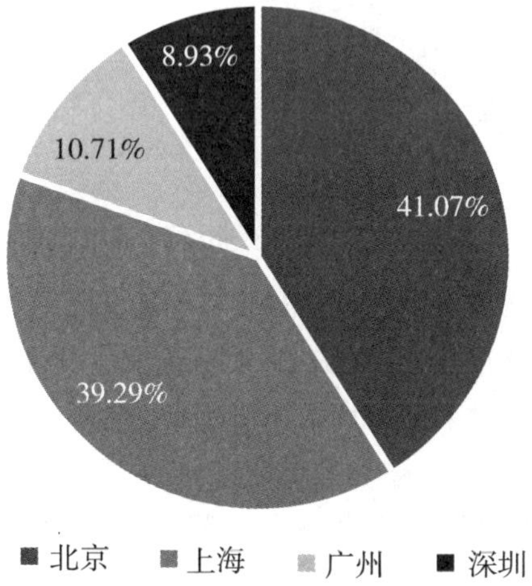

图2　地域分布统计图

（三）案由分布

以最高人民法院通过的《民事案件案由规定》所划分的民事案件案由为分类统计依据，在本次筛选的58件私募股权投资外部纠纷案件中，所涉及的民事案由共12类，其中，案由排名前五位的分别是：股权转让纠纷20件，占比34.48%；合同纠纷10件，占比17.24%；股东知情权纠纷9件，占比15.52%；与公司有关的纠纷5件，占比8.62%；公司增资纠纷3件，占比5.17%；请求变更公司登记纠纷3件，占比5.17%。上述六类案件占全部案件的86.20%左右，剩余的公司设立纠纷、请求公司收购股份纠纷、申请撤销仲裁裁决纠纷、申请确认仲裁效力纠纷、损害公司利益责任纠纷、新增资本认购纠纷案件占全部案件的13.80%左右。具体案由分布详见图3。

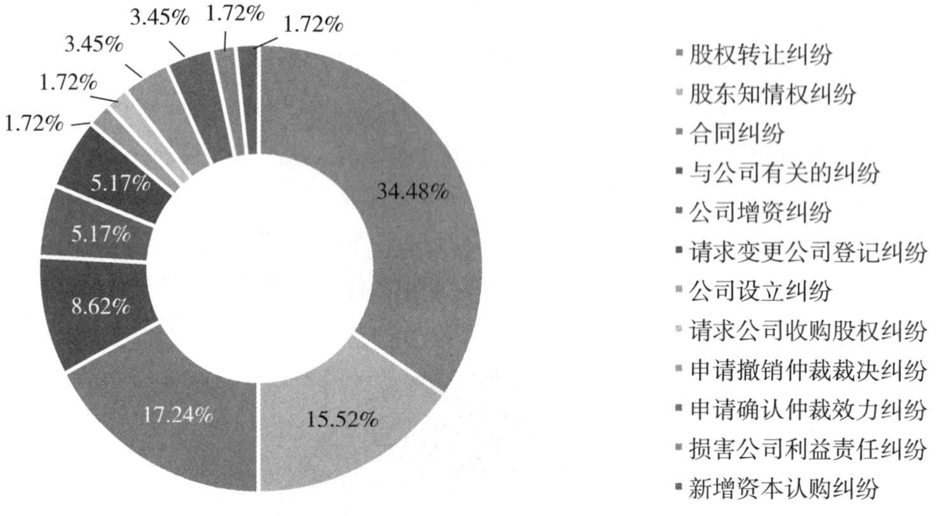

图3　案由分布统计图

（四）争议点所涉及的投资协议条款类型分布

不同于前述“案由分布”的分类依据，本项统计的分类是通过与私募股权投资协议的条款内容相结合，以案件争议点所围绕的投资协议具体条款类型为依据进行的分类统计。通过研读每个筛选案例的具体内容，并进行案件争议点与投资协议条款的匹配分析得出，本次筛选的58件私募股权投资外部纠纷案件，其争议点所涉及的投资协议条款类型共10类。其中，排名前五位的分别为：股权回购条款争议案件25件，占比43.10%；股东知情权条款争议案件9件，占比15.52%；争议解决条款争议案件7件，占比12.07%；业绩补偿条款争议案件5件，占比8.62%；估值调整条款争议案件 3 件，占比 5.17%。上述五类案件占全部案件的 84.48%，剩余的其他类型的对赌条款争议案件、承诺与保证条款争议案件、竞业禁止条款争议案件、一票否决权条款争议案件以及其他争议类型案件合计占全部案件的 15.52%。具体分布详见图 4。

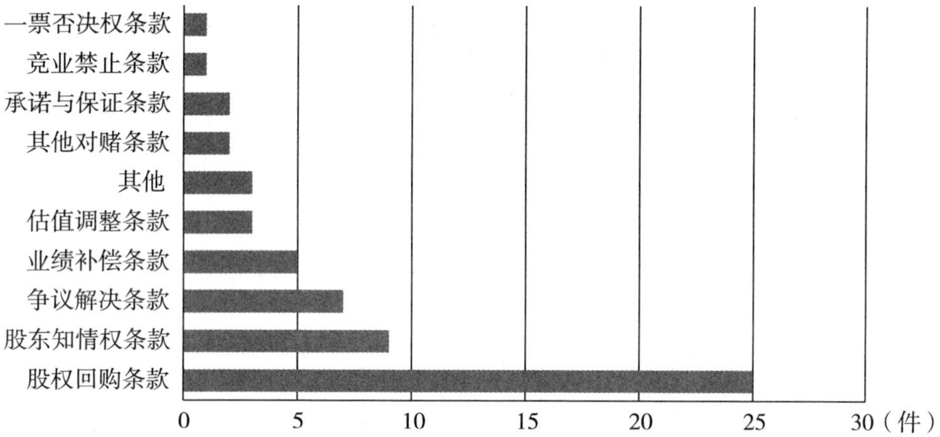

图 4　争议点所涉及的投资协议条款类型分布统计图

（五）审判程序分布

本次研究虽然将法院层级限定于最高人民法院、高级人民法院和中级人民法院内，但通过研究分析发现，也存在一审和审判监督（再审）程序的案件。具体而言，在本次筛选的 58 件私募股权投资外部纠纷案件中，一审审判程序终结的案件 10 件，占比 17.24%；二审审判程序终结的案件 44 件，占比 75.86%；审判监督程序终结的案件 4 件，占比 6.90%。可见，大部分的私募股权投资外部纠纷都走到了二审程序。具体分布详见图 5。

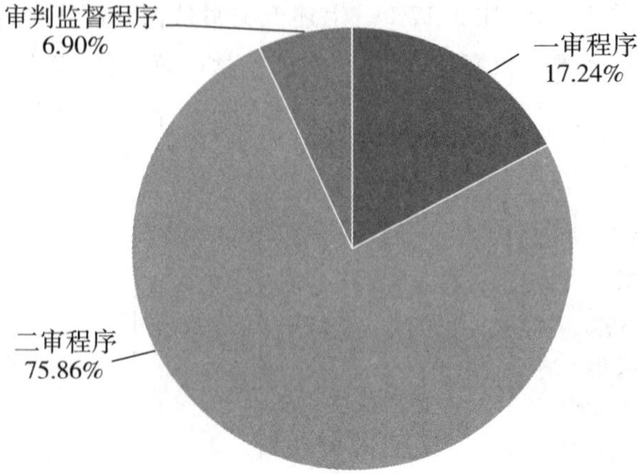

图5　审判程序分布图

三、各类纠纷数据及司法裁判观点分析

由于私募股权投资外部纠纷因私募股权投资基金与投资活动相对人对其所签署的投资协议条款产生争议而发生，私募股权投资基金作为投资人也最关心其所签署的投资协议是否存在风险，其投资权益是否能如协议条款的约定得到一定程度的保障，因此，本部分所称的"各类纠纷"，系以案件争议点所涉及的投资协议条款类型为依据进行的分类。本部分将逐一分析各类纠纷有关数据，并通过研读每个案件的裁判结果，分析总结各类纠纷主流的司法裁判观点。

需要注意的是，国内习惯于将估值调整条款直接称为对赌条款，但实际上，股权回购条款、估值调整条款、业绩补偿条款均属于广义的对赌条款，且对赌条款不仅局限于这三种类型。

（一）股权回购条款争议案件

1. 基本数据

在本次筛选的58件私募股权投资外部纠纷案件中，股权回购条款争议案件的数量最多，共计25件，占比达到43.10%。其中，一审程序终结5件，二审程序终结18件，审判监督程序终结2件。从裁判文书的类型来看，多为判决书，仅有3件为裁定书。从裁判文书作出的年份来看，2014年3件、2015年7件、2016年5件、2017年7件、2018年3件。从地域分布来看，发生于北京的案件数量最多，共计11件；于上海、广州、深圳发生的案件数量分别是10件、1件、1件，另有2件由最高人民法院审结。上述数据的分布情况大致与第一部分的所有案件总体分布情况基本一致。

2. 裁判观点分析

(1)主要争议焦点

在涉及股权回购条款争议的25件案件中,当事人对于股权回购条款的争议焦点主要集中于8项内容,各项争议焦点的分布情况详见图6。需要注意的是,同一案件存在涉及多项争议焦点的情况。

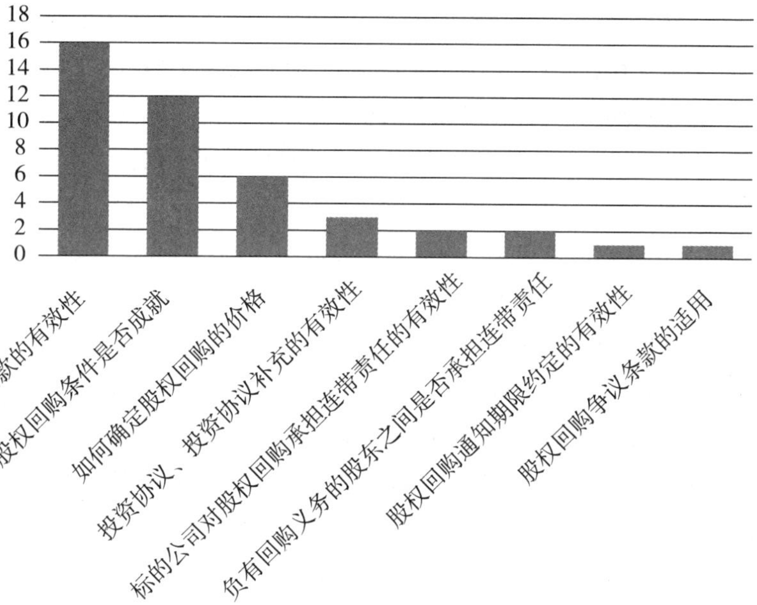

图6　股权回购条款主要争议焦点统计图

(2)具体分析

1)关于投资协议、投资协议补充协议的有效性问题

【裁判要旨】各方当事人签署的《投资协议》《投资协议补充协议》合法有效。

【法院观点】《投资协议》《投资协议补充协议》等协议系各方当事人就协议内容达成一致后签订的,是各方当事人真实意思的体现,不违反法律、法规强制性规定,合法、有效。各方当事人均应依约履行协议。

【典型案例】张少夫等与北京玖瑞创盈投资中心(有限合伙)合同纠纷案;游林与北京嘉俪九鼎投资中心(有限合伙)等股权转让纠纷案

2)关于股权回购条款的有效性问题

【裁判要旨】

①约定由标的公司股东承担股权回购义务的股权回购条款合法有效,约定由

标的公司承担股权回购义务的股权回购条款无效。

②若《投资协议》/《投资协议补充协议》在约定由标的公司承担股权回购责任(无效条款)的同时,还约定投资人可以主张标的公司股东承担同一股权回购义务,则无效条款并不影响“投资人可以主张标的公司股东承担同一股权回购义务”这部分条款的效力。

③若股权回购条款约定由标的公司的股东及董事长(非股东)承担股权回购义务,该约定本身有效,但因董事长非标的公司股东,承担股权回购义务属于向标的公司股东以外的第三人转让股权,因此应征得标的公司其他股东放弃优先购买权的声明,否则承担回购价款支付义务,但不能直接受让股权。

【法院观点】

①股权回购纠纷系典型的投融资双方因对赌而产生的纠纷。此种对赌模式在我国的民商事法律中虽未明确规定,但在目前的经济活动中被广泛实践,也是企业较为常见的融资方式。对此,除标的公司参与对赌/股权回购外,司法实践中通常持肯定态度。司法实践中,有的标的公司和标的公司股东主张此类条款违反了《公司法》关于股东出资的规定,应属无效。对此,法院认为,《公司法》第35条规定,有限责任公司成立后股东不得抽逃出资,不等于股东在任何情况下不得退出公司。根据股权回购条款的约定,标的公司股东回购投资人持有的标的公司股权,在此种情况下,标的公司的资本不会减少,故不存在股东抽逃出资的情形。当事人就股权回购作出的约定,系各方当事人的真实意思表示,其本身并不会对标的公司的利益及标的公司债权人的利益造成损害,且不违反法律、法规的强制性规定,合法、有效。

②根据《公司法》第35条规定,公司成立后,股东不得抽逃出资。当事人关于标的公司退还投资款及回购股权的约定,客观上可能使公司财产受损,进而影响到公司股东和债权人的利益,故该部分条款无效。但根据《合同法》第56条的规定,“合同部分无效,不影响其他部分效力的,其他部分仍然有效”。虽然《投资协议》/《投资协议补充协议》中关于标的公司退还投资款及回购股权的约定,法院对其效力不予认定,但约定标的公司股东在约定情形发生后,履行股权回购义务,不违反法律法规的强制性规定,应属合法有效。故投资人可据此主张标的公司股东在约定条件成就时履行回购义务。

③若股权回购条款约定由标的公司的股东及董事长(非股东)承担股权回购义务,因董事长非标的公司股东,故按照《公司法》第71条第2款的规定,若要将投资人持有的标的公司股权变更至董事长名下(向股东以外的人转让股权),其他股东

均应明确表示同意转让或视为同意转让。

【典型案例】张少夫等与北京玖瑞创盈投资中心(有限合伙)合同纠纷案;游林与北京嘉俪九鼎投资中心(有限合伙)等股权转让纠纷案

3)关于股权回购条件是否成就问题

【裁判要旨】

①约定的股权回购触发条件已经成就,即可触发股权回购。

②标的公司尚未为投资人的投资行为办理工商变更登记,不影响投资人在标的公司内部法律关系中的股东主体资格,不影响股权回购条件的成就,投资人有权主张股权回购权。

③即使股权回购的条件设定为标的公司无法在约定期限内实现 IPO,也并不意味着该条款为附期限条款,只要有充分证据表明,标的公司已无法实现 IPO,投资人即可主张行使股权回购权,而无须等到 IPO 已达到失败的时点时才能主张此项权利。

【法院观点】

①法院根据约定的股权回购条件,通过核查一系列公司财务数据等证据资料,认定股权回购触发条件已经成就的,即可触发股权回购。

②首先,根据《最高人民法院关于适用〈中华人民共和国公司法〉若干问题的规定(三)》第 22 条之规定:“当事人之间对股权归属发生争议,一方请求人民法院确认其享有股权的,应当证明以下事实之一:(一)已经依法向公司出资或者认缴出资,且不违反法律法规强制性规定;(二)已经受让或者以其他形式继受公司股权,且不违反法律法规强制性规定。”投资人已依约履行了出资义务,与标的公司及标的公司股东达成了增资扩股的合意,且不违反法律、行政法规的强制性规定,故依法可以确认投资人享有标的公司的股权。其次,办理股权变更登记并非确认股东资格的必要条件。《公司法》第 32 条第 3 款规定:“公司应当将股东的姓名或者名称向公司登记机关登记;登记事项发生变更的,应当办理变更登记。未经登记或者变更登记的,不得对抗第三人。”根据上述规定,股东变更登记仅产生一种对抗效力,法律并不否认此时民事法律行为效力的产生,只是规定了此种变更不能对抗第三人。因此,公司股东变更登记的性质应属行政确认行为,其意义在于对公司事项变更进行公示,故股东权利的获得和行使并不以工商登记程序的完成为条件。最后,《最高人民法院关于适用〈中华人民共和国公司法〉若干问题的规定(三)》第 23 条规定:“当事人依法履行出资义务或者依法继受取得股权后,公司未根据公司法

第三十一条、第三十二条的规定签发出资证明书、记载于股东名册并办理公司登记机关登记，当事人请求公司履行上述义务的，人民法院应予支持。”《投资协议》一般会约定，标的公司应当履行办理股权变更登记的义务，如未按时完成此项义务，即构成违约。因此，标的公司及标的公司股东以未办理股东变更登记为由否认投资人的股东资格，于法无据；其以此主张股权回购条件尚未成就，亦不应得到支持。

③股权回购条款约定回购的前提是标的公司未能在指定期限内完成首次公开发行股票并上市，只要有充分证据表明，标的公司已无法实现IPO的，标的公司在没有充分证据证明其仍然能在约定期限届满前完成首次公开发行股票并上市的，标的公司主张“约定的回购条款是附期限的，因期限未届满，所以投资人无权提起诉讼”的主张，法院不予支持。

【典型案例】杨峰等与翁海丰与公司有关的纠纷案；北京碧海舟腐蚀防护工业股份有限公司等与天津雷石信锐股权投资合伙企业（有限合伙）股权转让纠纷案

4）关于如何确定股权回购的价格问题

【裁判要旨】

①当事人约定的股权回购价款计算方法不违反法律、法规的强制性规定，应为有效，因而予以认可。

②若各方当事人在签署《投资协议》或与股权回购相关的《股权转让协议》后，又签署了新的《补充协议》以对股权回购的方式和价款另行约定，且《补充协议》所约定的内容与《投资协议》与股权回购相关的《股权转让协议》所约定的股权回购内容不一致的，应以《补充协议》约定的内容为准，据此确定回购价格。

③当事人可以约定有关股权回购价款支付的违约金条款，但必须符合法律法规的规定。例如，可以约定，每逾期一日支付股权回购价款，回购义务人应按照不高于中国人民银行同期贷款利率四倍的标准，向投资人支付违约金。

【法院观点】

①各方当事人在签订《投资协议》时已对履约成本、风险、盈利进行了充分的估算与预期，系签约各方作出的自主的商业判断。其股权回购价款计算方法的约定不违反法律、法规的强制性规定，应为有效。

②各方当事人在签署《投资协议》或与股权回购相关的《股权转让协议》后，又签署了新的《补充协议》以对股权回购的方式和价款另行约定。法院认为，从股权转让的相关约定内容来看，《补充协议》对《投资协议》或《股权转让协议》约定的内容进行了补充和修改。据此可以判定，各方当事人就与股权回购相关的股权转让

事宜已经达成了新的合意，应依约履行《补充协议》的约定。

③《合同法》第114条规定，当事人可以约定一方违约时应当根据违约情况向对方支付一定数额的违约金，也可以约定因违约产生的损失赔偿额的计算方法。约定的违约金低于造成的损失的，当事人可以请求人民法院或者仲裁机构予以增加；约定的违约金过分高于造成的损失的，当事人可以请求人民法院或者仲裁机构予以适当减少。据此，当事人可以就股权回购价款的支付事宜，在法律法规允许的范围内约定违约金，例如按照不高于中国人民银行同期贷款利率四倍的标准，确定违约金数额。

【典型案例】北京瑞丰投资管理有限公司与丁诗诗、丁诗雅等股权转让纠纷案；杨峰等与翁海丰与公司有关的纠纷案

5）关于约定标的公司对股权回购义务承担连带责任的有效性问题

【裁判要旨】《投资协议》约定，标的公司股东在未向投资人支付股权回购款的情况下，标的公司与标的公司股东在合同项下的给付义务承担连带责任的，此种约定系标的公司就标的公司股东应向投资人支付股权回购款本息的义务承担连带担保责任。该约定系当事人之间的真实意思表示，不违反法律的强制性规定，但标的公司承担此种连带担保责任，应履行股东会或股东大会决议程序，投资人对标的公司是否已履行此种内部决议程序应尽到审慎注意和形式审查义务，否则，标的公司连带担保责任条款不发生法律效力。

【法院观点】《投资协议》约定标的公司对其股东回购投资人股权的义务承担连带责任的方式通常有两种：一种是在承诺与保证条款中约定，“标的公司股东、标的公司承诺，本协议项下标的公司股东、标的公司所做的任何声明、承诺保证均真实、完整，且保证积极履行在本协议项下的一切义务，如因其过错造成投资人任何损失，标的公司股东、标的公司均予以充分赔偿，并承担连带责任”。在标的公司股东未依约向投资人支付股权回购款的情况下，标的公司应对其股东在合同项下的给付义务承担连带责任。另一种是直接在股权回购条款中约定，标的公司对其股东的股权回购义务承担履约连带责任。最高人民法院认为，连带担保责任属于连带责任的情形之一，但连带担保责任有主从债务之分，担保责任系从债务。双方当事人将“连带责任”理解为“连带担保责任”，并未加重标的公司的责任负担，且从投资人诉请标的公司的责任后果看，是对标的公司股东承担的股权回购价款本息承担连带责任，仍然属于金钱债务范畴，也与标的公司实际承担的法律责任后果一致，因此，最高人民法院对标的公司承担的是连带担保责任的观点予以确认。

《公司法》第16条第2款明确规定，公司为公司股东或者实际控制人提供担保的，必须经股东会或者股东大会决议，该条规定的目的是防止公司股东或实际控制人利用控股地位，损害公司、其他股东或公司债权人的利益。对于合同相对人在接受公司为其股东或实际控制人提供担保时，是否对担保事宜经过公司股东会决议负有审查义务及未尽该审查义务是否影响担保合同效力，公司法及其司法解释未作明确规定。即便对于细节内容法律未做明确规定，但最高人民法院认为，尽管标的公司在投资协议中承诺对其股东的股权回购义务承担连带责任，但并未向投资人提供相关股东会决议，亦未得到股东会决议追认，而投资人又未能尽到基本的形式审查义务，仅通过标的公司法定代表人在投资协议上的签字、盖章行为认定标的公司承担连带责任的，连带责任条款将不发生法律效力。

在责任分担方面，当事人在签订投资协议时，因标的公司章程中并无公司对外担保议事程序规定，投资人有合理理由相信标的公司法定代表人有权代表公司对外签订有担保意思表示内容的投资协议相关条款，但其未能尽到要求标的公司提交股东会决议的合理注意义务，导致担保条款无效，对协议中约定的担保条款无效自身存在过错。而标的公司在公司章程中未规定公司对外担保及对公司股东、实际控制人提供担保议事规则，导致公司法定代表人使用公章的权限不明，法定代表人未经股东会决议授权，越权代表公司承认对其股东的股权回购义务承担履约连带责任，其对该担保条款无效也应承担相应的过错责任。《最高人民法院关于适用〈中华人民共和国担保法〉若干问题的解释》第7条规定，主合同有效而担保合同无效，担保人无过错的，担保人不承担民事责任；担保人有过错的，担保人承担民事责任的部分，不应超过债务人不能清偿部分的1/2。根据该条规定，投资人、标的公司对投资协议中约定的条款无效，双方均存在过错，标的公司对其股东承担的股权回购款及利息，就不能清偿部分应承担1/2的赔偿责任。

【典型案例】通联资本管理有限公司、成都新方向科技发展有限公司与公司有关的纠纷案

6）关于负有回购义务的股东之间是否承担连带责任问题

【裁判要旨】股权回购条款未明确约定各股东就回购义务承担连带责任，不能推定各股东承担连带收购责任，而是应该按照各股东的出资比例承担按份责任。

【法院观点】第一，连带责任或共同责任属于较为严格的责任类型，只有在法律有明确规定或当事人有明确约定的情况下，才能苛以连带责任或共同责任。具体到案件中，现行法律并不存在各股东应当承担连带责任或共同责任的规定，投资合

同书及补充协议亦未明确约定各股东应当承担连带责任或共同责任,因此,从此角度而言,要求各股东承担连带责任或共同责任缺乏依据。第二,我国《公司法》第71条第3款规定,经股东同意转让的股权,在同等条件下,其他股东有优先购买权。两个以上股东主张行使优先购买权的,协商确定各自的购买比例;协商不成的,按照转让时各自的出资比例行使优先购买权。此类案件虽不涉及优先购买权的行使问题,但各股东按何种比例购买标的公司的股权与该条款中两名以上股东共同行使优先购买权的情形类似,可以参照处理。由于投资合同及补充协议对各股东如何购买标的公司股权并未明确约定,参照上述规定,各股东按照出资比例收购标的公司的股权较为合理。第三,各股东按照出资比例收购标的公司的股权符合公平原则。股东按照出资额对公司享有股权,根据权利义务一致原则,不能苛求股东承担超出其权利的责任,尤其是对小股东而言。综上,各股东按照其出资比例承担按份责任更为合理。

【典型案例】上海红土创业投资有限公司诉王晓峰其他合同纠纷案

7)关于股权回购通知期限约定的有效性问题

【裁判要旨】

①若股权回购条款中约定,投资人可在某年某月某日之前要求标的公司股东承担股权回购义务,则股权回购条款设定了股东履行股权回购义务的通知期限。该通知期限的约定合法有效,若投资人超过该期限未履行通知义务,则无权再主张股权回购权。

②投资人向标的公司董事会秘书通知股东应履行股权回购义务,并不代表已向标的公司股东完成通知义务。

【法院观点】

①双方当事人所签订的补充协议书约定,如标的公司未能在2015年9月30日之前获得中国证券监督管理委员会核准在中国大陆公开发行人民币普通股票并上市的,则投资人可在2015年12月30日之前要求标的公司股东(股权回购义务人)购买投资人届时所持有的标的股份。由该约定的文义可以分析出对于标的公司上市以及投资人主张标的公司股东履行回购义务均设定了明确的期限,该协议也并未约定投资人在2015年12月30日后可以继续主张标的公司股东履行回购义务,因此,投资人应在该协议所约定的期限(2015年12月30日)之前主张标的公司股东履行回购股份义务,如超过该期限,则投资人无权依据系争补充协议书约定行使相应请求回购股份权。

②投资人主张其员工洪某于2015年12月30日前通过短信、电子邮件形式要求标的公司董事会秘书江某通知标的公司股东履行回购义务，因此，投资人在系争补充协议所约定的期限前履行了告知义务；对此，法院认为，江某作为标的公司的董事会秘书并不具有为作为标的公司负有股权回购义务的股东与投资人（同为标的公司股东）之间进行信息沟通的义务和职责，且投资人并未能提交证据证明如下事项：在投资人主张标的公司股东履行回购义务前，江某作为投资人与标的公司股东进行信息沟通的联络人的事实；如上所述，即便投资人的工作人员曾将要求股东回购股份事宜告知了标的公司的董事会秘书江某，但该行为并不能视作投资人实际通知了标的公司股东。

【典型案例】上海星杉创富股权投资合伙企业（有限合伙）诉王吉万股权转让纠纷案

8）关于股权回购争议条款的适用问题

【裁判要旨】若当事人在签署《投资协议》后，就股权回购事宜另行签署了《股权回购协议》，则针对因《股权回购协议》所引发的争议，不应适用《投资协议》的争议解决条款。

【法院观点】从《投资协议》和《股权回购协议》的内容来看，两份协议具有各自独立性，《股份回购协议》与《投资协议》并非不可分割的主从关系，且双方之间签订的《投资协议》已经履行完毕，因此对于因《股权回购协议》所引发的争议，不应适用《投资协议》中所约定的争议解决条款。

若《股权回购协议》中并未约定管辖法院，应依据《民事诉讼法》第265条的规定，因合同纠纷或者其他财产权益纠纷，对在中华人民共和国领域内没有住所的被告提起的诉讼，如果合同在中华人民共和国领域内签订或者履行，或者诉讼标的物在中华人民共和国领域内，或者被告在中华人民共和国领域内有可供扣押的财产，或者被告在中华人民共和国领域内设有代表机构，可以由合同签订地、合同履行地、诉讼标的物所在地、可供扣押财产所在地、侵权行为地或者代表机构住所地人民法院管辖。同时依据《最高人民法院关于适用〈中华人民共和国民事诉讼法〉的解释》第18条的规定，合同约定履行地点的，以约定的履行地点为合同履行地。合同对履行地点没有约定或者约定不明确，争议标的为给付货币的，接收货币一方所在地为合同履行地；交付不动产的，不动产所在地为合同履行地；其他标的，履行义务一方所在地为合同履行地。即时结清的合同，交易行为地为合同履行地。合同没有实际履行，当事人双方住所地都不在合同约定的履行地的，由被告住所地人民法院管辖。

【典型案例】柯秀传与北京瑞丰投资管理有限公司等股权转让纠纷案

（二）估值调整条款争议案件

1. 基本数据

在本次筛选的58件私募股权投资外部纠纷案件中，估值调整条款争议案件共计3件，占比5.17%。其中，二审程序终结2件，审判监督程序终结1件。除1件审判监督程序的裁判文书为裁定书且于2016年作出外，其余2件案件的裁判文书类型均为判决书，并于2016年作出。从地域分布来看，3件案件中，有2件发生于北京，1件发生于上海，未有发生于广州或深圳的案件。

2. 裁判观点分析

（1）主要争议焦点

在估值调整条款争议案件中，主要争议焦点是估值调整条款的有效性及估值调整补偿方式确定。

（2）具体分析

【裁判要旨】投资人与标的公司股东之间有关估值调整的约定合法有效；投资人与标的公司之间有关估值调整的约定无效。

【法院观点】投资者与标的公司股东之间对于股权的估值调整约定，并未损害标的公司及其债权人的利益，亦不违反法律、行政法规的强制性规定，应属合法有效，对各方当事人具有法律效力。对于估值调整的补偿方式，法院支持当事人在协议条款中所明确约定的方式。

投资人与标的公司之间的估值调整约定，因损害了标的公司和标的公司债权人的利益，违反了法律、法规的强制性规定，应属于无效条款。

【典型案例】励小伟等诉上海鑫坤投资管理有限公司等新增资本认购纠纷案

（三）业绩补偿条款争议案件

1. 基本数据

对赌条款争议案件在本报告着重研究的58件筛选后案件中共计5件，占比8.62%，排名第四。其中，一审程序终结2件，二审程序终结2件，审判监督程序终结1件。从裁判文书的类型来看，判决书2件，裁定书3件。从裁判文书作出的年份来看，2014年、2015年和2018年的数量分别为2件、2件和1件，2016年、2017年无相关案例。从地域分布来看，仍是发生于北京的案件居多，共计3件，深圳和上海均为1件，广州无相关案例。

2. 裁判观点分析

(1)主要争议焦点

在对赌条款争议案件中,主要争议焦点为业绩补偿条款的有效性问题。

(2)具体分析

【裁判要旨】投资人与标的公司股东之间有关业绩补偿的约定合法有效;投资人与标的公司之间有关业绩补偿的约定无效。

【法院观点】投资人与标的公司股东之间有关业绩补偿的约定系当事人的真实意思表示,并不损害标的公司及标的公司债权人的利益,不违反法律法规的禁止性规定,合法有效,各方当事人应诚信履行。投资人与标的公司签署的业绩补偿协议或对赌条款中,规定利益目标,约定标的公司给予补偿的条款,因损害了标的公司利益和标的公司债权人的利益,违反了法律、法规的强制性规定,应属于无效条款;但是,标的公司的股东自愿承担补偿责任是合法、有效的。

【典型案例】京君投军华资本管理中心(有限合伙)与姜恩颖合同纠纷案;丘仁政,陈汉文与北京鑫和泰达投资管理中心合同纠纷案

(四)其他对赌条款争议案件

1. 基本数据

其他对赌条款争议案件在本报告着重研究的58件筛选后案件中共计2件,占比3.45%。其中,一审程序和二审程序各1件,分别发生于2018年和2016年的北京和深圳,裁判文书均为判决书类型。

2. 裁判观点分析

(1)主要争议焦点

其他类型的对赌条款主要是指未约定股权回购、业绩补偿、估值调整的相关内容,但约定了标的公司在业绩未达标或未在规定期限内实现IPO时,投资人有权解除《投资协议》并要求返还投资款或投资款加一定比例收益。在这类对赌条款争议案件中,主要争议焦点为对赌条款的有效性和涉外案件的法律适用问题。

(2)具体分析

【裁判要旨】

①投资人与标的公司股东之间有关对赌的约定合法有效;投资人与标的公司之间有关对赌的约定无效。

②涉外合同纠纷,当事人可以协议选择合同适用的法律。

【法院观点】

①投资人与标的公司股东之间有关对赌的约定系当事人的真实意思表示，并不损害标的公司及标的公司债权人的利益，不违反法律法规的禁止性规定，合法有效，各方当事人应诚信履行。投资人与标的公司签署的对赌协议或对赌条款中，规定利益目标，约定标的公司给予补偿的条款，因损害了标的公司利益和标的公司债权人的利益，违反了法律、法规的强制性规定，应属于无效条款；但是，标的公司的股东自愿承担补偿责任是合法、有效的。

②根据《民事关系法律适用法》第41条的规定，当事人可以协议选择合同适用的法律。故，若《投资协议》中约定"本协议受香港特别行政区法律保护和管辖"，即与该协议有关的诉讼纠纷适用香港法律。

（五）股东知情权争议案件

1. 基本数据

股东知情权争议案件在本报告着重研究的58件筛选案件中共计9件，占比15.52%，排名第二。这些案件均为二审程序，其中，裁判文书为裁定书的仅有1件，其余8件的裁判文书均为判决书。从裁判文书作出的年份来看，案件裁判文书集中于2015年和2017年作出，数量分别为3件和6件。从地域分布来看，发生于北京、上海、广州、深圳的案件数量分别为3件、2件、3件、1件。具体详见图7。

2. 裁判观点分析

（1）主要争议焦点

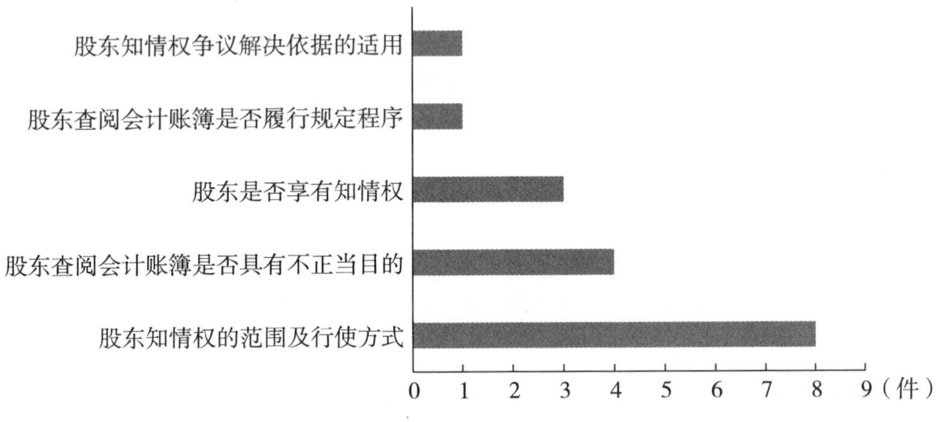

图7　股东知情权条款主要争议焦点统计图

（2）具体分析

①股东是否享有知情权

【裁判要旨】股东知情权是法律赋予股东的绝对权利。

【法院观点】《公司法》第33条规定，股东有权查阅、复制公司章程、股东会会议记录、董事会会议决议、监事会会议决议和财务会计报告。股东可以要求查阅公司会计账簿。股东要求查阅公司会计账簿的，应当向公司提出书面请求，说明目的。公司有合理根据认为股东查阅会计账簿有不正当目的，可能损害公司合法利益的，可以拒绝提供查阅，并应当自股东提出书面请求之日起15日内书面答复股东并说明理由。公司拒绝提供查阅的，股东可以请求人民法院要求公司提供查阅。因此，股东享有我国公司法所赋予的股东知情权。

【典型案例】汪游彬与汪丽坤、广州市巴马提金环保科技有限公司、汪科元股东知情权纠纷案；上海中汇融资担保有限公司与上海春逸投资管理有限公司股东知情权纠纷案

②股东知情权的范围及行使方式

【裁判要旨】

股东有权查阅、复制公司章程、股东会会议记录、董事会会议决议、监事会会议决议和财务会计报告。

股东有权查阅公司的会计账簿，但无权复制会计账簿。

股东仅通过查阅会计账簿无法了解公司真实经营情况和财务状况的，股东有权查阅公司的相关原始凭证、会计凭证。

股东可以对其入股前的公司资料进行查阅。

股东可以主张要求委托执业律师、注册会计师等专业人士按照法律规定的方式查阅、复制有关公司资料。

【法院观点】

根据《公司法》第33条第1款的规定，股东有权查阅、复制公司章程、股东会会议记录、董事会会议决议、监事会会议决议和财务会计报告。这是法律赋予股东的绝对权利。

根据《公司法》第33条第2款的规定，股东可以要求查阅公司会计账簿。股东要求查阅公司会计账簿的，应当向公司提出书面请求，说明目的。因此，股东有权查阅会计账簿。但法律法规未规定股东有权复制会计账簿，因此股东请求复制会计账簿的主张，法院不予支持。

根据法律规定，会计账簿登记必须以经过审核的会计凭证为依据，而会计凭证则包括原始凭证及根据经过审核的原始凭证与有关资料编制的记账凭证，因此原始凭证与会计账簿具有会计核对上的内在联系。法院认为，如有相关证据可以证明标的公司存在业务经营不规范的问题、标的公司财务数据存在异常的问题，股东仅通过查阅会计账簿无法了解标的公司真实的经营情况及财务状况的，应赋予股东查阅原始凭证的权利，但基于针对性及适当性的考虑，法院可以根据案件情况限定股东可查阅原始凭证的时间范围，如将时间范围限定为 2013 年 12 月 31 日前的原始凭证。

公司经营是一个整体延续性的过程，投资人对其成为股东之前的公司运营情况和财务信息的了解和掌握属于股东正当行使股东知情权的范围，不存在不正当性，因此投资人可以对其入股前的资料进行查阅。

股东主张要求委托执业律师、注册会计师等专业人士查阅、复制的诉讼请求，此项主张属于股东具体行使股东知情权的行为，股东可自行按照法律规定的方式行使知情权。

【典型案例】汪游彬与汪丽坤、广州市巴马提金环保科技有限公司、汪科元股东知情权纠纷案；上海中汇融资担保有限公司与上海春逸投资管理有限公司股东知情权纠纷案

③股东查阅会计账簿是否履行了必要程序

【裁判要旨】股东要求查阅公司会计账簿，应当向公司提出书面请求，说明目的，且应确保公司收到此项书面请求。

【法院观点】根据《公司法》第 33 条第 2 款的规定，股东可以要求查阅公司会计账簿。股东要求查阅公司会计账簿的，应当向公司提出书面请求，说明目的。因此，股东要求查阅公司会计账簿的，必须履行向公司提出书面请求的必要程序。股东就此种书面请求，应确保公司确实收到，并承担相应的举证责任，否则就股东已经履行书面请求并要求查阅公司账簿的主张，法院将不予支持。

【典型案例】朗天健康科技（上海）有限公司诉中奥国蕴（上海）投资管理有限公司股东知情权纠纷案

④股东查阅会计账簿是否具有不正当目的

【裁判要旨】公司有合理根据认为股东查阅会计账簿有不正当目的，可能损害公司合法利益的，可以拒绝提供查阅，但公司负有举证责任。

【法院观点】《公司法》第 33 条第 2 款规定，股东可以要求查阅公司会计账簿。

股东要求查阅公司会计账簿的,应当向公司提出书面请求,说明目的。公司有合理根据认为股东查阅会计账簿有不正当目的,可能损害公司合法利益的,可以拒绝提供查阅,并应当自股东提出书面请求之日起15日内书面答复股东并说明理由。公司拒绝提供查阅的,股东可以请求人民法院要求公司提供查阅。最高人民法院《关于适用〈中华人民共和国公司法〉若干问题的规定(四)》第8条规定,“有限责任公司有证据证明股东存在下列情形之一的,人民法院应当认定股东有公司法第三十三条第二款规定的‘不正当目的’:(一)股东自营或者为他人经营与公司主营业务有实质性竞争关系业务的,但公司章程另有规定或者全体股东另有约定的除外;(二)股东为了向他人通报有关信息查阅公司会计账簿,可能损害公司合法利益的;(三)股东在向公司提出查阅请求之日前的三年内,曾通过查阅公司会计账簿,向他人通报有关信息损害公司合法利益的;(四)股东有不正当目的的其他情形”。因此,在认定股东查阅公司会计账簿是否有不正当目的时,应依据最高人民法院《关于适用〈中华人民共和国公司法〉若干问题的规定(四)》第8条的规定进行确定,且公司应举证证明。

【典型案例】北京赞一服装服饰有限公司与彭晶股东知情权纠纷案

⑤股东知情权争议解决依据的适用

【裁判要旨】&【法院观点】股东知情权是《公司法》规定的股东所享有的权利,即使《投资协议》中对股东的知情权进行了约定,若股东仅以其享有《公司法》规定的股东知情权为由提起诉讼,且与《投资协议》约定的争议解决方式相冲突的,则不应适用《投资协议》所约定的争议解决方式,股东有权就其享有法定股东知情权的主张直接提起诉讼。

【典型案例】深圳市帕克源发投资合伙企业(有限合伙)与深圳市凯学科技有限公司股东知情权纠纷案

(六)争议解决条款争议案件

1.基本数据

在本次筛选的58件私募股权投资外部纠纷案件中,争议解决条款争议案件共计7件,占比12.07%,与对赌条款争议案件的数量相同,并列排名第三。其中,一审程序终结2件,二审程序终结5件,不存在审判监督程序的案件。从裁判文书的类型来看,判决书仅1件,其余均为裁定书,这与其他类型的争议案件情况有所不同。从裁判文书作出的年份来看,集中分布于2014年、2015年和2017年,分别为3件、1件和3件。从地域分布来看,发生于北京和上海的均为3件,发生于广州的为

1 件，深圳无相关案例。具体详见图 8。

2. 裁判观点分析

(1) 主要争议焦点

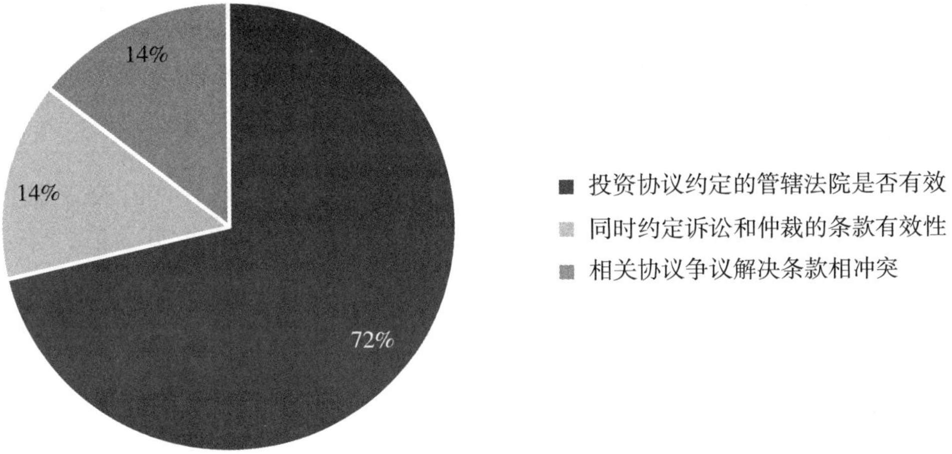

图 8　争议解决条款争议案件主要争议焦点

(2) 具体分析

①投资协议约定管辖法院的有效性

【裁判要旨】当事人在协议中约定，选择与争议有实际联系的人民法院管辖，该协议管辖条款合法有效。

【法院观点】《民事诉讼法》第 34 条规定："合同或者其他财产权益纠纷的当事人可以书面协议选择被告住所地、合同履行地、合同签订地、原告住所地、标的物所在地等与争议有实际联系的地点的人民法院管辖，但不得违反本法对级别管辖和专属管辖的规定。"因此，《投资协议》当事人在协议中选择与协议争议有实际联系的法院管辖的，该协议管辖条款合法有效，不再适用合同诉讼特殊地域管辖和一般地域管辖。

若当事人协议选择"合同履行地"法院管辖，但未在协议中明确具体的"合同履行地"的，应遵循《最高人民法院关于适用〈中华人民共和国民事诉讼法〉的解释》第 18 条第 2 款的规定："合同对履行地点没有约定或者约定不明确，争议标的为给付货币的，接收货币一方所在地为合同履行地；……"

【典型案例】鞍山海虹工程机械有限公司等与经纬纺织机械股份有限公司股权转让纠纷案

②争议解决条款同时约定诉讼、仲裁的有效性

【裁判要旨】当事人约定争议可以向仲裁机构申请仲裁也可以向人民法院起诉的，此类争议解决条款无效。

【法院观点】争议解决条款既约定了仲裁，又约定了诉讼，违反了《仲裁法》第9条第1款"仲裁实行一裁终局的制度"，以及《最高人民法院关于适用〈中华人民共和国仲裁法〉若干问题的解释》第7条"当事人约定争议可以向仲裁机构申请仲裁也可以向人民法院起诉的，仲裁协议无效"的规定，故此类争议解决条款无效。但《最高人民法院关于适用〈中华人民共和国仲裁法〉若干问题的解释》第7条规定了一种例外情况：一方向仲裁机构申请仲裁，另一方未在《仲裁法》第20条第2款规定期间内提出异议的除外。

【典型案例】郝海涛等与深圳市盛桥创鑫投资合伙企业（有限合伙）等申请确认仲裁协议效力纠纷案

③相关协议约定的争议解决条款相冲突

【裁判要旨】&【法院观点】若《投资协议》及《补充协议》中约定的争议解决条款与工商备案的《股权转让协议》中约定的争议解决条款相冲突，且《投资协议》及《补充协议》中约定"如和本轮投资相关的工商备案文件等有出入，以本协议及补充协议为准"，则该约定内容明确，虽限定了文件应"与本轮投资相关"，但在时间上并未作出限定，因此可以认定《股权转让协议》即与"与本轮投资相关"的文件。此种针对相关协议争议解决条款相冲突的应对条款系各方当事人的真实意思表示，签约各方均应恪守。

【典型案例】杭州中南暾澜投资合伙企业（有限合伙）等诉朱辉东申请确认仲裁协议效力纠纷案

（七）承诺与保证条款争议案件

1. 基本数据

承诺与保证条款争议案件在本报告着重研究的58件筛选案件中共计2件，占比3.45%。2件案件均为二审程序，且均以判决书的形式作出裁判文书。其中一件的裁判文书于2016年由深圳市中级人民法院作出，另一件裁判文书于2018年由广州市中级人民法院作出。

2. 裁判观点分析

（1）主要争议焦点

承诺与保证条款争议案件的主要争议焦点为投资协议当事人违反其在该协议

项下作出的承诺与保证，是否构成违约，并承担相应的违约责任。

(2)具体分析

【裁判要旨】&【法院观点】投资协议一方当事人指出，另一方违反其在该协议项下作出的承诺与保证(如主张标的公司在投资人支付投资款后，未按照约定将投资人登记为标的公司股东之一；标的公司违反应全力配合完成本次收购的投资人和中介机构开展工作的保证，拒绝投资人聘请的中介机构对标的公司进行尽职调查；标的公司未在承诺期间内获得某项商标或专利的所有权等)，并要求违约方承担相应的违约责任的，守约方负有举证责任。在投资协议或其相关协议约定明确，且守约方举证充足的情况下，法院认定违约行为成立，支持违约方按照违约条款的约定或守约方的实际损失承担违约责任的主张。

【典型案例】谷新、张良音公司设立纠纷案

(八)竞业禁止条款争议案件

1. 基本数据

竞业禁止条款争议案件在本报告着重研究的58件筛选案件中仅有1件。该案件于2017年由上海市第一中级人民法院作出二审民事判决书。

2. 裁判观点分析

(1)主要争议焦点

竞业禁止条款争议案件的主要争议焦点为：管理人员违反竞业禁止义务的主张是否成立；就管理人员违反竞业禁止义务而主张违约赔偿责任的主体适格性。

(2)具体分析

【裁判要旨】

①投资人主张标的公司管理人员违反竞业禁止义务应承担举证证明责任。

②仅是企业营业范围存在部分相似，这并不足以证明标的公司管理人员发生了实质性的竞业禁止的行为，应判断管理人员是否进行了具体违反竞业禁止的行为。

③标的公司管理人员非《投资协议》的相对方，投资人非为管理人员《劳动合同》的相对方，根据合同相对性原则，投资人以《投资协议》或《劳动合同》为依据主张管理人员对其承担违约责任的，均无法律依据。

④即使标的公司管理人员确实违反了竞业禁止义务，其造成损失的相对方应为标的公司，在标的公司未解散清算的情况下，主张违约赔偿的主体应为标的公司，而非投资人。

【法院观点】

①依据《最高人民法院关于适用〈中华人民共和国民事诉讼法〉的解释》第90条之规定,当事人对自己提出的诉讼请求所依据的事实或者反驳对方诉讼请求所依据的事实,应当提供证据加以证明,但法律另有规定的除外。在作出判决前,当事人未能提供证据或者证据不足以证明其事实主张的,由负有举证证明责任的当事人承担不利的后果。投资人是以标的公司管理人员违反合同约定构成违约,而提起的诉讼,要求标的公司管理人员赔偿投资人的投资损失,则投资人应当举证证明标的公司管理人员进行了实际违反合同约定的竞业禁止行为,并且违约行为给投资人造成了实际损失,即损失与行为之间存在直接因果关系,标的公司管理人员应当承担赔偿责任。

②从投资人损失与标的公司管理人员行为之间的关系看,投资人主张标的公司管理人员违反竞业禁止所提供的证据反映,仅是企业营业范围存在部分相似,这并不足以证明实际发生了实质性的竞业禁止的行为,而是要看标的公司管理人员是否进行了具体违反竞业禁止的行为,投资人没有举证证明管理人员事实上从事了与标的公司实际经营业务存在竞业禁止的业务,由此损害了标的公司的利益,并造成了标的公司的损失,法院不予支持。

③《投资协议》系为投资人投资标的公司,投资人与标的公司间就相关权利义务所作的约定,但管理人员并非该协议的相对方,投资人直接以该协议主张管理人员承担违约责任缺乏依据。同理,投资人以管理人员与标的公司间签订的劳动合同的约定作为其向管理人员主张违约责任的依据亦缺乏对其有约束力的合同依据。

④在标的公司尚未依法进行清算解散之前,标的公司所有股东都对公司负有股东义务。如果标的公司管理人员确实发生了竞业禁止行为,则损害的是标的公司的利益,由此造成标的公司的损失,应由标的公司向管理人员主张损害赔偿,该损害赔偿的财产权利归标的公司。

【典型案例】修杨标诉聂超合同纠纷案

(九)一票否决权条款争议案件

1. 基本数据

一票否决权条款争议案件在本报告着重研究的58件筛选案件中仅有1件。该案件于2014年由上海市第二中级人民法院作出二审民事判决书。

2. 裁判观点分析

(1)主要争议焦点

一票否决权条款争议案件的主要争议焦点为:《投资协议》中所约定的与投资人一票否决权相关的内容是否纳入标的公司《公司章程》;《投资协议》中所约定的与投资人一票否决权相关的内容是否能对抗善意第三人。

(2)具体分析

【裁判要旨】在分析各方当事人是否将《投资协议》中所约定的投资人"一票否决权"的条款内容纳入标的公司《公司章程》时,应根据上下文的逻辑关系进行分析。各方当事人最好在《公司章程》中对《投资协议》所约定的投资人特殊权利进行明确约定,以对抗善意第三人。

【法院观点】投资人、标的公司、标的公司股东三方共同签订的《投资协议书》中约定:投资人对标的公司从事包括"任何股份的出售、转让、质押或股东以任何方式处置其持有的公司股权的部分或全部"等行为均享有一票否决权。之后,标的公司于同年制定的章程第 16 条规定:"董事会对所议事项作出的决定由二分之一以上的董事表决通过方为有效,并应作为会议记录,出席会议的董事应当在会议记录上签名;但以下事项的表决还需取得投资人委派的董事的书面同意方能通过:(根据协议添加至此处)。"由于投资人在投资标的公司过程中仅形成过《投资协议书》,并无其他协议,故章程第 16 条中"根据协议添加至此处"应理解为将《投资协议书》的内容添加至该条款处。对于所涉《投资协议书》具体内容的认定,法院认为,章程中规定该部分事项应取得投资人委派董事的书面同意方能通过,反言之如董事不同意则不能通过,其目的及作用与《投资协议书》中投资人对相关事项可予一票否决的约定一致。故就标的公司原股东之间而言,章程中"根据协议添加至此处"的内容能理解为投资人可行使一票否决权的相关内容,《投资协议书》的相关内容已纳入标的公司的章程;但从标的公司外部人员角度来看,由于并不知晓《投资协议书》的内容,因此很难理解"根据协议添加至此处"的具体内容。从维护商事交易安全考虑,应遵循商事外观主义原则,对善意第三人的信赖利益应予保护,因此,若《投资协议》中的投资人"一票否决权"约定未在标的公司章程中予以明确规定,且第三人尽到了合理谨慎的注意义务仍然无法知悉该项约定的,则标的公司股东之间的内部约定(《投资协议书》的约定)不能对抗该善意第三人。

【典型案例】奇虎三六零软件(北京)有限公司与上海老友计网络科技有限公司、蒋学文等请求变更公司登记纠纷案

私募股权基金内部纠纷司法审判大数据报告

洪思雨
国浩律师(上海)事务所

近年来,私募股权投资基金(以下简称“基金”)作为私募基金的主要投资类型之一,因其主要采用有限合伙制的组织形式,设立门槛低、设立程序简便、内部治理结构精简灵活、决策程序高效、利益分配机制灵活、有效避免双重征税等优势越来越受到广大投资者的青睐,随着投资热潮的来临,争议也不断涌现。

基金的运作流程可以归纳为募集、投资、管理和退出四大步骤。其中,募集是最为基础的阶段,是基金投资、管理和退出的前提。募集阶段中的基金作为被投资对象,为了吸引资金往往在相关协议中存在某些保护投资者利益的条款,如保底条款、保证条款等,但在基金投资期限届满时,此类条款往往成为引起投资协议各方当事人之间争议的主要原因,进而产生相应的司法纠纷。由于此类纠纷常发生于投资人和基金的管理人或普通合伙人、投资相关保证协议的保证人之间,因此本报告将其定义为基金内部纠纷。

本报告以最高院案例数据库为基础,整理2014年1月1日至2018年7月1日已公开的基金内部纠纷,归纳纠纷的发生规律、总结主要争议焦点,并在此基础上统计分析全国各级法院对相关争议焦点的裁判思路,以期总结基金内部的主要法律风险,为基金管理人将会面临投资人的哪些挑战,如何应对投资人的挑战提供参考。

一、样本来源及研究方法

本报告旨在研究2014年以来全国各级法院有关私募股权基金内部纠纷案件的裁判规律,相关裁判文书基础数据均来源于Alpha案例库。本研究报告筛选检索裁判文书的检索式如下:案由属于“与公司、证券、保险等有关的民事纠纷”或“合同纠纷”中任一类，至少一方当事人名称中含有“基金”“投资”“有限合伙”字样；法院观点中同时含有“有限合伙人”和“合伙协议”字样，文书类型限定为判决书，因《最高人民法院关于人民法院在互联网公布裁判文书的规定》自2014年1月1日起施行，故裁判日期限定为2014年1月1日至2018年7月1日。通过上述检索式，在Alpha案例库中初步筛选得到相关纠纷案例161件，其中一审程序138件，二审程序23件；经过笔者对161件初步筛选案例判决书的逐一分析，进一步确认筛序得到与基金内部纠纷相关的判决书合计75件。

本研究报告系基于对75件与基金内部纠纷相关的判决书进行争议焦点归纳、法院观点分析、裁判思路总结所形成的，本报告中涉及的法院审判观点的部分，笔者尽量保留了判决书原文，以期尽量清晰地展示法官就该类争议焦点的裁判依据及思路。

因裁判文书在互联网公布制度是在2014年1月1日起实施的，故本报告基础数据存在一定的局限性，仅对主要争议焦点、主要裁判观点进行统计和分析，并不涵盖该类案件的所有争议焦点，同时因私募股权投资行为热潮的出现，有关该纠纷的相关研究也不断深入，本文不排除与已有著作案例、观点重复或雷同的现象。在此基础上，本报告对基金内部纠纷发生和裁判规律进行归纳、评析，以期为私募基金管理人提供参考。

二、私募股权基金内部纠纷总体情况分析

（一）纠纷数量分布

根据《最高人民法院关于人民法院在互联网公布裁判文书的规定》，2014年各级法院开始在互联网公布裁判文书，从纠纷数量来看，2016年发生的基金内部纠纷最多，共计36件，其次为2017年，发生20件，2015年发生17件，因本报告数据统计截至2018年7月1日，2018年相关纠纷尚未发生或公布完全，相对数量较少。基金内部纠纷数量分布情况如图1所示：

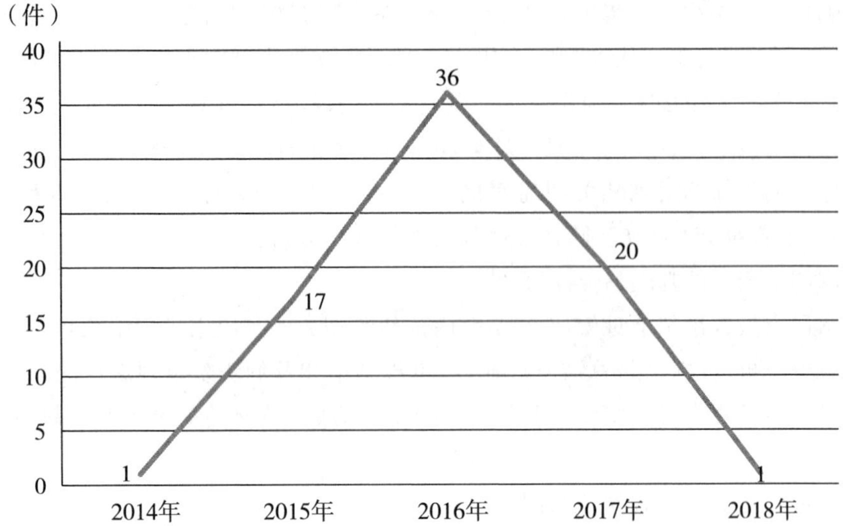

图1　私募股权基金内部纠纷数量分布图

（二）纠纷发生地域分布

全国私募股权基金内部纠纷发生数量排前三的地区依次是：北京、上海、南京，案件数量分别是24件、11件和10件，分别占比32%、14.7%、13.3%，超过其他地区。其他地区依次为昆明、武汉、遵义、重庆、深圳、郑州、沈阳、苏州、南昌、佛山、长春、湘潭、芜湖、昆山，发生纠纷数量渐次减少。

究其原因，北京、上海、南京均属我国经济发达地区，聚集了更多的资本、投资人和私募基金管理人，更容易发生基金内部纠纷，同时上述地区司法环境相对良好，地处以上地区的相关主体更愿意选择诉讼途径解决纠纷。其他地区的纠纷数量也符合与经济发达情况呈正相关这一规律。基金内部纠纷案件主要地域分布如图2所示：

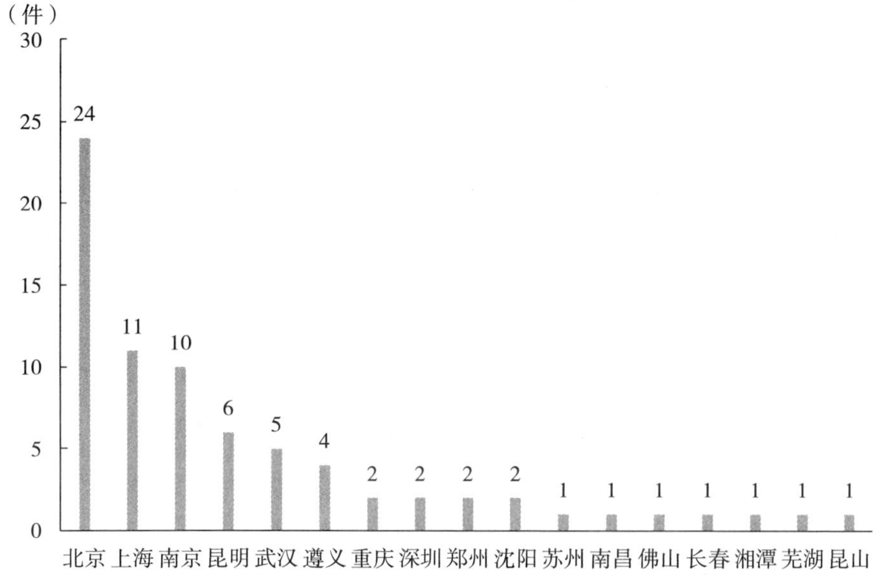

图 2　私募股权基金内部纠纷发生地域分布图

（三）案由分布

参照最高人民法院发布的《民事案件案由规定》，各级法院以民法理论对民事法律关系的分类为基础，以法律关系的内容即民事权利类型确定案由。本报告确定的 75 件基金内部纠纷案由分布情况如图 3 所示：

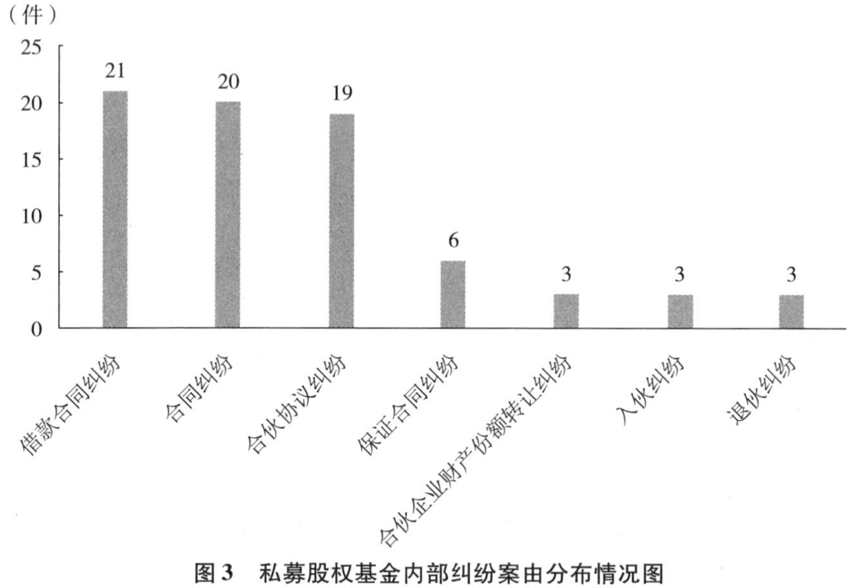

图 3　私募股权基金内部纠纷案由分布情况图

三级案由是现行司法实践中，最常见和广泛使用的案由，基金内部纠纷的案由分布也基本体现了这一规律，其中，借款合同纠纷最多，占比28%；其次是合伙协议纠纷，占比25.33%；保证合同纠纷，占比8%；企业财产份额转让纠纷，入伙纠纷和退伙纠纷分别占比4%。

但有部分法院对基金内部纠纷仅确定二级案由“合同纠纷”，占比26.67%，原因可能是因为法院未明确合同双方当事人之间是投资合同关系（合伙关系），还是借款合同关系，采用更高一级的案由“合同纠纷”能更加有效地覆盖相关纠纷类型。

（四）争议焦点分布

根据对上述75件基金内部纠纷裁判文书的具体分析，本报告确定的基金内部纠纷的主要争议焦点分布情况如图4所示：

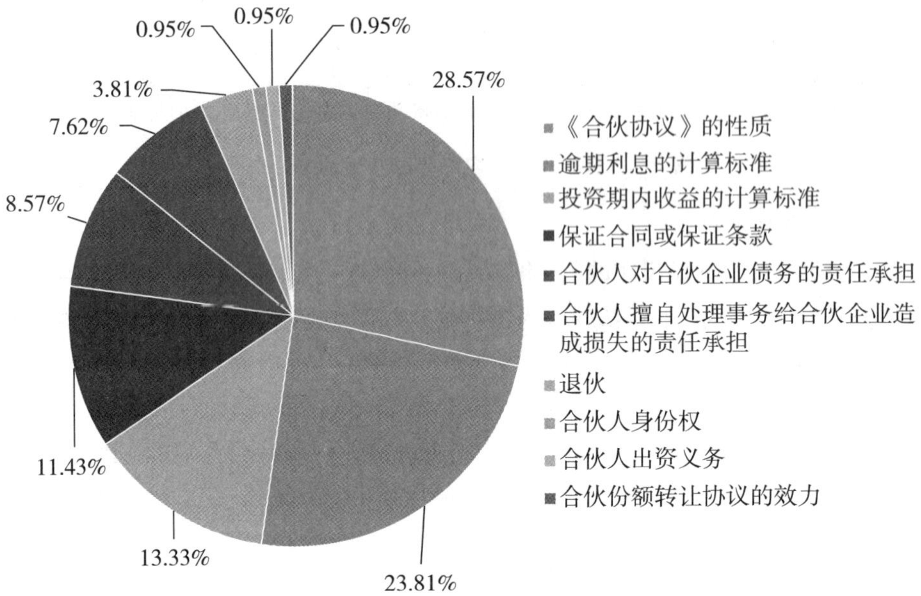

图4　私募股权基金内部纠纷争议焦点分布情况图

其中，28.57%的基金内部纠纷都涉及《合伙协议》的性质，其次较为高频的争议焦点分别是逾期利息的计算标准，占比23.81%；投资期内收益的计算标准，占比13.33%；保证合同或保证条款，占比11.43%；合伙人对合伙企业债务的责任承担，占比8.57%；合伙人擅自处理事务给合伙企业造成损失的责任承担，占比7.62%；较为低频的争议焦点为退伙，占比3.81%；合伙人身份权、合伙人出资义务及合伙份额转让协议的效力，分别占比0.95%。有关争议焦点及裁判规则的具体分析请见本报告第三部分。

（五）争议标的金额分布

根据对上述75件基金内部纠纷裁判文书的分析，基金内部纠纷争议标的的金额分布情况如图5所示：

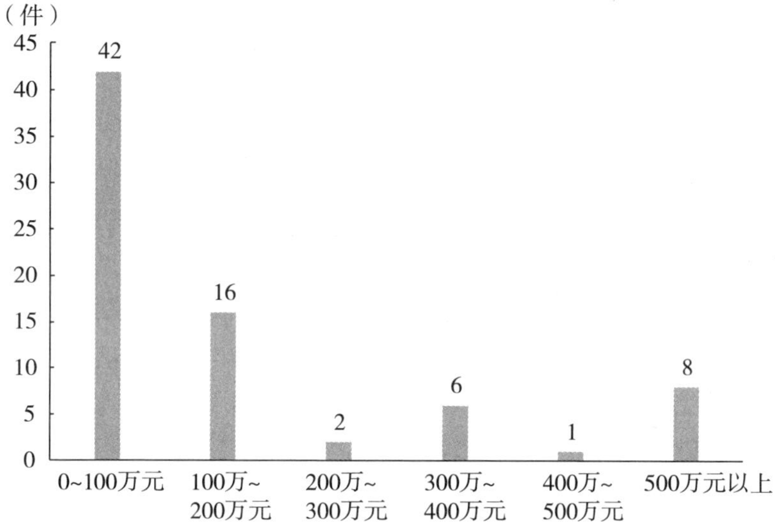

图5　私募股权基金内部纠纷争议标的金额分布情况图

其中，争议标的金额在人民币0～100万元之间的纠纷共42件，占比56%；争议标的金额在人民币100万～200万元之间的纠纷共16件，占比21.33%；争议标的金额在人民币200万～300万元、300万～400万元、400万～500万元的纠纷分别占比2.67%、8%、1.33%；争议标的金额在人民币500万元以上的纠纷占比10.67%。

争议标的金额在人民币200万元以下和500万元以上的纠纷数量较多。笔者认为其原因可能是因为基金内部纠纷多为投资人与基金管理人或基金普通合伙人之间的纠纷，投资人在我国现阶段的投资环境中往往为以下两类：一类为普通自然人，俗称"散户"，投资能力有限，投资金额较小，相关纠纷争议标的金额往往在200万元以下；另一类为投资机构，投资能力强，对基金的投资往往经过相对专业和成熟的考察，投资金额相对较大，往往以千万为投资单位，因此相关纠纷争议标的金额一般在人民币500万元以上。

三、各类纠纷数据及司法裁判观点分析

如前文所述，因各级法院在面对基金内部纠纷时观点不一，部分法院采用二级

案由分类、部分法院采用三级案由分类,若以法院对相关案件的案由分类作为本报告对私募股权基金内部纠纷的分类标准有混淆的可能,因此笔者根据确定的75件基金内部纠纷判决书涉及的争议焦点,对相关判决书进行分析,分析结果如下:

(一)《合伙协议》的性质

1. 基本数据

《合伙协议》的性质是认定基金内部法律关系的前提,该问题是基金内部纠纷案件中最高频的争议焦点。在公开的75份基金内部纠纷案件涉及的争议焦点中占比28.57%。

2. 裁判观点分析

《合伙协议》的性质究竟如何认定,司法实践中各级法院标准不一,裁判观点分布情况如下:30份涉及《合伙协议》性质的判决书中22份认为当事人之间为借贷关系,占比73.30%;4份认为当事人之间为合伙关系,占比13.30%;2份认为当事人之间非合伙关系,但有民事权利义务,占比6.70%;1份认为合伙协议无效,占比3.30%;1份认为合伙关系未形成,占比3.30%。合伙协议性质裁判观点分布情况如图6所示:

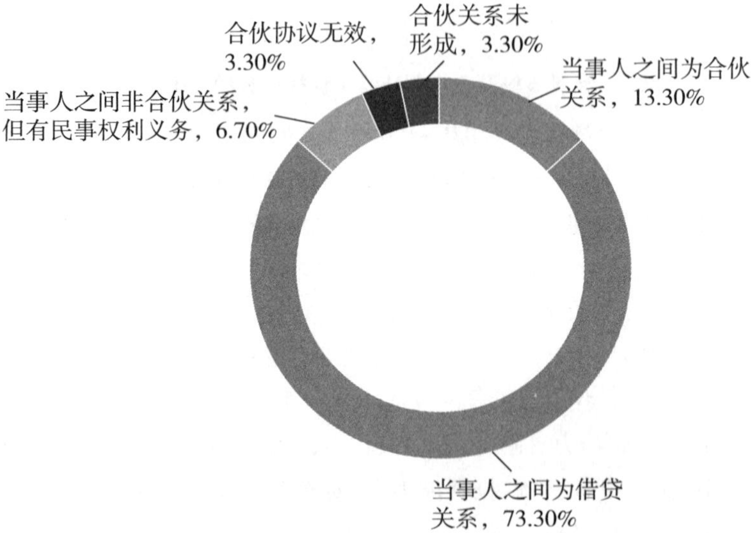

图6　合伙协议性质裁判观点分布情况图

【裁判要旨一】

合伙人之间为合伙关系。——《合伙协议》系双方真实意思表示,不违反法律、行政法规的强制性规定,合法有效。

【典型案例】

（1）北京市海淀区人民法院（2015）海民（商）初字第30236号：王某与华宏中心签订的《合伙协议》系双方真实意思表示，且不违反法律、行政法规的强制性规定，因此合法有效，对双方具有约束力。按照协议约定，王某认缴的出资额为10万元，预期年化收益率为10%，投资期限为6个月。

（2）北京市海淀区人民法院（2015）海民（商）初字第45431号：中和中心、国华公司与李康签订的《合伙协议》、王某某与李康签订的《国华大通项目延期给付协议》《还款协议》均系各方真实意思的表示，且不违反法律、行政法规的强制性规定，因此合法有效，对双方具有约束力。根据《合伙协议》的约定，李某认购金额为100万元，预期固定年化收益12%，投资期限为24个月，中和中心在投资期限到期后向李康还付本金及收益。

【分析】

法院对当事人关系的性质以书面《合伙协议》是不是双方真实的意思表示，是否违反法律、行政法规的强制性规定为审查条件。

【裁判要旨二】

合伙人之间为借贷关系——投资人追求/享受固定收益，不关心资金的实际用途，不承担风险；投资人未作为有限合伙人在工商登记。合伙人之间关系名为合伙，实为借贷。

【典型案例】

（1）北京市朝阳区人民法院（2016）京0105民初27022号：《投资协议》以成立有限合伙企业进行投资为名，但实际应为借贷法律关系，理由如下：第一，厉建春并没有加入合伙企业的意愿，其签订合伙协议的目的在于获取红利并不关注资金的用途。第二，泰高发展中心未将厉建春作为合伙人进行工商登记……上述约定保证了厉建春的投资本金不受损失并且能够获得固定收益。以上均符合借贷法律关系的本质特征，而不同于合伙关系的法律特征；因此，《投资协议》名为合伙实为借贷，泰高投资公司为借款人，厉建春为出借人，投资款为借款本金，收益为借款利息。

（2）上海市黄浦区人民法院（2016）沪0101民初5669号：首先，《认购协议》也约定募集完成时签署合伙协议，普通合伙人负责协调其他合伙人，办理认购人实际入资的各项手续，以使得认购人可称为合伙企业有效的有限合伙人。目前，无证据证明其他合伙人同意周小红入伙以及周小红签订的合伙协议，因此，周小红并未成为御贺投资中心的有限合伙人。其次……有限合伙企业税后预期收益 = 投资本金×投资天数×预期年化收益率/365天。因此,根据双方的约定,周小红并不承担合伙企业经营风险,其可获得的收益与合伙企业的经营状况也无关联,仅与投资金额及期限相关。综上,本院认为,周小红与御富公司之间并非合伙关系,而是借贷关系。

(3)昆明市官渡区人民法院(2016)云0111民初5704号:根据本案已查明的事实及双方实际履行合同的权利义务来分析,原告与被告云南金九医疗投资合伙企业(有限合伙)、云南金九股权投资基金管理有限公司之间并没有签订合伙协议,在有限合伙企业进行登记时原告也未作为合伙人登记入册,故被告云南金九医疗投资合伙企业(有限合伙)、云南金九股权投资基金管理有限公司主张其与原告之间所形成的合伙法律关系,缺乏事实依据,本案中虽然原告与被告云南金九医疗投资合伙企业(有限合伙)签订了投资认购声明,但原告在履行投资声明过程中,其只提供资金,不参与经营,不承担经营风险……故原告与被告云南金九医疗投资合伙企业(有限合伙)、被告云南金九股权投资基金管理有限公司之间实际形成的是名为合伙投资,实为借贷的民事法律关系。

(4)北京市怀柔区人民法院(2015)怀民(商)初字第02162号:根据四原告签订的合伙协议,原告享受固定收益,不承担企业风险,即名为合伙实为借贷。

【分析】

法院认为判断合伙人间法律关系究竟是合伙(投资)法律关系还是借贷法律关系的要素在于:第一,根据《合伙协议》的约定,投资人是否承担合伙企业的经营风险,如约定投资人投入合伙企业的资金将享受固定收益/预期年收益;投资人不参与合伙企业的经营;投资人不关注投入资金的用途。第二,合伙企业是否将投资人作为有限合伙人进行了工商登记。其中,投资人是否承担合伙企业的经营风险是判断当事人间法律关系实质为合伙(投资)法律关系还是借贷法律关系的核心要素。

【裁判要旨三】

合伙人间并非合伙关系,但有其他民事权利和义务——名为合伙协议,但实际约定年投资期和年收益率,双方并非合伙协议关系,投资人有自己的民事权利和诉讼权利。

【典型案例】

北京市大兴区人民法院(2016)京0115民初11258号:郝劲旅与鑫诚财富公司之间签订的《鑫达融信·绿色农业发展基金(有限合伙)》,虽名为合伙协议,但鑫诚财富公司在该合伙协议和《承诺函》中约定郝劲旅的年收益率为投资额的9%,同时郝劲旅到期退伙时鑫诚财富公司承诺退还郝劲旅全部投资本金及红利，且该合伙协议约定成立的合伙企业登记的投资人和普通合伙人并非鑫诚财富公司，故本院认为当事人双方并非合伙协议关系。当事人有权在法律范围内处分自己的民事权利和诉讼权利。

【分析】

法院认定合伙法律关系的性质以投资人是否承担投资风险，且合伙协议约束主体是不是投资人与合伙企业工商登记的合伙人为判断条件。

法院认为若投资人不承担投资风险，且合伙协议约束主体并非投资人和合伙企业其他合伙人，则各方未形成合伙关系，投资人享有要求合伙企业返还其投资本金并给予一定补偿的民事权利。

【裁判要旨四】

合伙协议无效——有限合伙人仅取得投资收益但不承担基金亏损违背“共负盈亏、同担风险”的原则，应为无效条款，该主要条款无效导致合伙协议整体无效。

【典型案例】

广东省佛山市中级人民法院(2016)粤06民终6519号：上述条款实为合伙协议的保底条款，实质是有限合伙人仅取得投资收益但不承担基金亏损，该条款约定违背民法的公平原则及合伙中“共负盈亏、同担风险”的原则，应为无效条款。因《合伙协议》的主要目的是取得投资额的收益，因此该条款无效导致《合伙协议》整体无效。

【分析】

法院认定《合伙协议》的性质以是否符合合伙企业“共负盈亏、同担风险”的基本原则为判断条件，有限合伙人以固定收益回避投资风险有违合伙实质，将因核心条款无效导致《合伙协议》整体无效。

【裁判要旨五】

合伙关系未形成——全体合伙人未签订书面的合伙协议，合伙关系未形成。

【典型案例】

河南省郑州高新技术产业开发区人民法院(2015)开民初字第10512号民事判决：新入伙合伙人仅与普通合伙人签订入伙协议，全体合伙人之间并未签订书面的合伙协议，并未形成新的合伙关系。

【分析】

法院认为《合伙协议》的性质及合伙法律关系是否成立以是否完成法律规定和

相关约定的入伙程序为判断条件。

(二)投资期内收益的计算标准

1. 基本数据

投资期内收益的计算标准是基金内部纠纷的常见争议点。在公开的75份基金内部纠纷案件涉及的争议焦点中占13.33%。

2. 裁判观点分析

投资期内收益的计算标准的判决分为《合伙协议》约定收益率和未约定收益率两种情形。

【裁判要旨一】

《合伙协议》未约定收益率,合伙人的出资在缴纳后成为合伙企业财产,在合伙期间所生孳息亦归合伙企业所有,有限合伙人无权主张投资款利息。

【典型案例】

南京市鼓楼区人民法院(2017)苏0106民初1270号:对于有限合伙人主张的损失出资额于合伙期间的利息,本院认为,合伙人的出资在缴纳后成为合伙企业财产,在合伙期间所生孳息亦归合伙企业所有,合伙人在退伙后应按照合伙合同退还出资,但无权主张出资在合伙期间所生孳息。

【分析】

法院认为投资期内收益的计算标准应以《合伙协议》是否约定收益率为判断条件,未约定收益率,投资人与其他合伙人之间为合伙关系,根据合伙企业"共负盈亏、同担风险"的原则,合伙人投资款在合伙期间所生孳息归合伙企业所有,合伙人无权主张投资款的孳息作为其收益。

【裁判要旨二】

《合伙协议》约定收益率,合伙企业应按约定年收益率返还到期本金及收益。

【典型案例】

(1)重庆市涪陵区人民法院(2017)渝0102民初1845号:有限合伙人与合伙企业签订合伙协议及补充协议,有限合伙人按约定支付投资款,不违反法律法规的强制性规定,应受法律保护;合伙企业未按协议约定兑付投资款及投资收益,在投资项目结算后,但至今仍未组织合伙清算,有限合伙人请求合伙企业返还投资款并仍按《合伙协议》年预期收益约定支付投资收益,符合协议约定,本院予以支持。

(2)辽宁省沈阳市中级人民法院(2017)辽01民终12554号关于返还的责任主体及数额的问题,基于借款合同关系的法律性质,上诉人作为合同相对人及收取款项的一方,应当在协议约定期限届满时依约返还本金并支付约定利息。双方合同履行期限已达约定的 18 个月,符合获取年利率 13% 收益的标准。因此,应按年收益率返还到期本金及收益。

【分析】

无论当事人间被法院认定为合伙法律关系还是借贷法律关系,法院认为投资期内收益的计算标准应以《合伙协议》是否约定收益率为判断条件,若约定收益率,合伙协议应依约定返还本金并支付到期收益。

(三)逾期利息的计算标准

1. 基本数据

逾期利息的计算标准是基金内部纠纷的高频争议点。在公开的 75 份基金内部纠纷案件涉及的争议焦点中占 23.81%。

2. 裁判观点分析

逾期利息的裁判标准各级法院观点不一,具体分布如下:25 份相关裁判文书中,13 份判决合伙企业自逾期之日起按人民银行同期利率支付利息,占比 52%;12 份判决合伙企业自逾期之日起按借期内的利率支付资金占用期间的利息,占比 48%。逾期利息计算标准裁判观点、分布情况如图 7 所示:

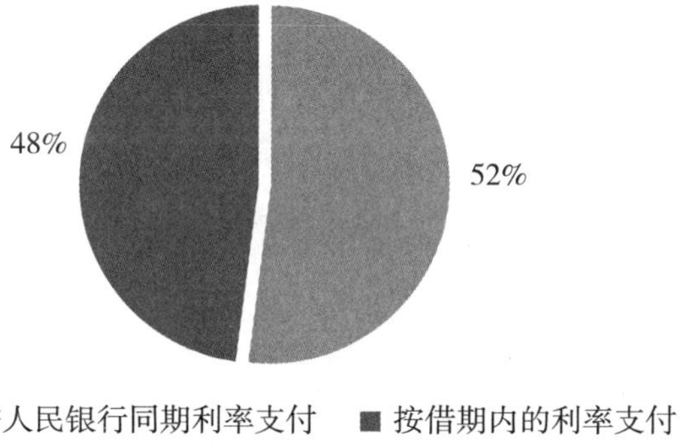

图 7　逾期利息计算标准裁判观点分布情况图

【裁判要旨一】

合伙企业自逾期之日起按人民银行同期利率支付利息。

【典型案例】

北京市海淀区人民法院(2015)海民(商)初字第 45431 号:中和中心(合伙企业)在投资期限届满后未归还本金,给李康(有限合伙人)造成了资金占用的损失,因此,李康要求中和中心自投资期限届满次日即 2015 年 6 月 21 日起支付未归还本金的利息，有事实及法律依据，本院予以支持。李康主张在投资到期后仍按照12%计算利息，缺乏法律依据，故本院按银行同期贷款利率确定中和中心支付利息的标准，超出部分本院不予支持。

【分析】

法院认为逾期归还本金对有限合伙人造成资金占用的损失，应该按银行同期贷款利率计算利息作为孳息随本金一起返还。

【裁判要旨二】

合伙企业自逾期之日起按借期内的利率支付资金占用期间的利息。

【典型案例】

昆明市官渡区人民法院(2016)云0111民初6784号：原告要求合伙企业支付本金自投资到期之日起至全部还清时止按年利率17%计算利息的诉请，根据《最高人民法院关于审理民间借贷案件适用法律若干问题的规定》第26条第1款关于“借贷双方约定的利率未超过年利率24%，出借人请求借款人按照约定的利率支付利息的，人民法院予以支持”、第29条第2款第2项关于“约定了借期内的利率但未约定逾期利率，出借人主张借款人自逾期还款之日起按照借期内的利率支付资金占用期间的利息的，人民法院应予支持”的规定，本案中双方约定的预期收利率为年14%，本院按双方约定的利率予以计收利息。

【分析】

法院认为合伙人之间名为合伙法律关系，实为借贷法律关系的，合伙企业应参照民间借贷案件按借期内的利率支付逾期利息。

(四)合伙人身份权

1. 基本数据

合伙人身份权纠纷是对合伙人人身权益的争议，但该争议在基金内部纠纷中较少出现。在公开的75份基金内部纠纷案件涉及的争议焦点中占0.95%。

2. 裁判观点分析

【裁判要旨】

当事人未依约定取得合伙人身份，当事人有权解除合伙协议。

【典型案例】

昆山市人民法院(2015)昆民初字第02602号：昆山金卯股权投资管理有限公司并未按照约定为张继办理股东权益变更登记手续，确定张继的持股比例，昆山金卯股权投资管理有限公司行为属于违约，张继现在仅能以隐名合伙人的身份出现，违背了张继当初签订合伙协议的目的，故张继在主张合伙协议、合伙补充协议解除基础之上，要求昆山金卯股权投资管理有限公司返还50万元的投资款，不违反法律的规定，本院依法予以支持。

【分析】

法院认为是否办理工商登记是合伙人身份确权的条件，未登记成为合伙人，合伙协议目的不达，投资人有权解除合伙协议。

（五）合伙人出资义务

1. 基本数据

合伙人出资义务是对合伙人的要求，该争议在基金内部纠纷中较少出现。在公开的75份基金内部纠纷案件涉及的争议焦点中占0.95%。

有关该争议焦点的讨论，主要基于以下三点：

（1）合伙企业涉嫌非法吸收公众存款罪，是否影响合伙人出资义务；

（2）合伙人针对出资义务是否具有不安抗辩权；

（3）合伙人出资是否适用诉讼时效。

2. 裁判观点分析

【裁判要旨】

（1）合伙企业涉嫌非法吸收公众存款罪，不影响合伙人的出资义务；

（2）合伙人针对出资义务不具有不安抗辩权；

（3）合伙人出资不适用诉讼时效。

【典型案例】

湘潭市雨湖区人民法院（2015）雨法民初字第773号：有限合伙人未按有限合伙协议约定履行缴付出资的义务，属于合伙企业纠纷，与九华瑞银（合伙企业）涉嫌非法吸收公众存款犯罪分属不同的法律关系，没有必然的直接联系，本案的审理也不需要以刑事案件的结果为依据，且九华瑞银系合法登记成立的有限合伙企业，具有完全的民事权利能力。因此，公安机关对九华瑞银非法吸收公众存款进行刑事立案，不影响九华瑞银追缴合伙人出资民事权利的行使。

合伙人出资义务是依据《合伙企业法》的规定，合伙企业法规定了合伙人行使合伙人权利的相关救济途径，没有合同法规定的不安抗辩权。

合伙人缴付出资，是合伙企业存续期间的一种恒定的义务，不适用诉讼时效的规定。《最高人民法院关于审理民事案件适用诉讼时效制度若干问题的规定》第1条第3项规定，当事人可以对债权请求权提出诉讼时效抗辩，但对下列债权请求权提出诉讼时效抗辩的，人民法院不予支持：……（三）基于投资关系产生的缴付出资请求权……

【分析】

法院认为合伙人出资义务的认定应严格立足于合伙人间民事法律关系和合伙法律关系基础，不应轻易与其他性质的法律关系混淆。

（六）合伙人对合伙企业债务的承担

1. 基本数据

合伙人对合伙企业债务的承担是基金内部纠纷的常发争议，在公开的75份基金内部纠纷案件涉及的争议焦点中占8.57%。

2. 裁判观点分析

【裁判要旨】

有限合伙人以其认缴的出资为限对合伙企业的债务承担责任，普通合伙人因对其退伙前的原因发生的合伙企业债务承担无限连带责任，新入伙的普通合伙人对其入伙前的债务承担无限连带责任。

【典型案例】

（1）北京市海淀区人民法院（2015）海民（商）初字第30236号：王秋菊与华宏中心签订《合伙协议》时，钟敬雪为华宏中心的普通合伙人，中金华平公司为有限合伙人。2015年5月26日，华宏中心投资人变更为李秀文、中金华平公司，李秀文为普通合伙人，中金华平公司为有限合伙人。依据《合伙协议》第4.9.7条以及《合伙企业法》的有关规定，普通合伙人钟敬雪在被更换后，仍应对基于其退伙前的原因发生的合伙企业债务，承担无限连带责任。新入伙的普通合伙人李秀文对入伙前合伙企业的债务亦承担无限连带责任。综上，王秋菊要求钟敬雪、李秀文对华宏中心的上述债务承担连带责任，有事实及法律依据，本院予以支持。中金华平公司作为有限合伙人，其仅以其认缴的出资额为限对合伙企业债务承担责任。

（2）武汉东湖新技术开发区人民法院（2016）鄂0192民初473号：《合伙企业法》第2条第3款规定，有限合伙企业由普通合伙人和有限合伙人组成，普通合伙人对合伙企业债务承担无限连带责任，有限合伙人以其认缴的出资额为限对合伙企业债务承担责任；第53条规定，退伙人对基于其退伙前的原因发生的合伙企业债务，承担无限连带责任。本案中，原告拍卖公司投入30万元后，于2016年起诉形成本案纠纷，其与被告投资中心（合伙企业）的债权债务关系发生在被告陈丹武（前普通合伙人）退伙之后。因此，被告投资中心在本案中的债务，应由被告王贵才、王兴学承担无限连带责任,被告陈丹武不应承担责任。

(3)遵义市红花岗区人民法院(2016)黔0302民初4472号:根据《中华人民共和国合伙企业法》第2条关于"有限合伙企业由普通合伙人和有限合伙人组成,普通合伙人对合伙企业债务承担无限连带责任,有限合伙人以其认缴的出资额为限对合伙企业债务承担责任"的规定,被告中天遵义房开公司、杨强对该款项的履行应承担无限连带责任。

【分析】

根据相关法律规定,合伙人对合伙企业债务的承担以合伙人身份是有限合伙人还是普通合伙人,债务发生原因出现在普通合伙人退伙前还是退伙后为判断条件。

(七)合伙份额转让协议的效力

1. 基本数据

合伙份额转让协议的效力争议在基金内部纠纷中较少出现。在公开的75份基金内部纠纷案件涉及的争议焦点中占0.95%。

2. 裁判观点分析

【裁判要旨】

合伙份额对外转让未经合伙人一致同意,转让协议无效

【典型案例】

湖北省武汉市中级人民法院(2017)鄂01民终4557号:股权及权益转让协议中约定王兴学将蓝色大禹(有限合伙)1000万元的财产份额转让给张光禄,但王兴学没有提交证据证明其转让上述财产份额经过了蓝色大禹其他合伙人的同意,仅只有王兴学和张光禄表示该转让得到了其他合伙人的同意,违反了《合伙企业法》第22条"除合伙协议另有约定外,合伙人向合伙人以外的人转让其在合伙企业中的全部或者部分财产份额时,须经其他合伙人一致同意。合伙人之间转让在合伙企业中的全部或者部分财产份额时,应当通知其他合伙人"和第60条"有限合伙企业及其合伙人适用本章规定;本章未作规定的,适用本法第二章第一节至第五节关于普通合伙企业及其合伙人的规定"及第73条"有限合伙人可以按照合伙协议的约定向合伙人以外的人转让其在有限合伙企业中的财产份额,但应当提前三十日通知其他合伙人"的规定,故本院认定王兴学将蓝色大禹1000万元的财产份额转让给张光禄的协议部分无效……但由于蓝色大禹的财产份额转让约定为无效,且已严重影响益青科技财产份额转让的效力,故本院只能认定整个股权及权益转让协议

无效。

【分析】

法院认定合伙份额转让协议的效力以是否向合伙人以外的人转让、是否通知其他合伙人并经其他合伙人一致同意、合伙协议是否有其他约定为判断条件。

(八)合伙人对其擅自处理事务给合伙企业造成损失的责任承担

1. 基本数据

合伙人对其擅自处理事务给合伙企业造成损失的责任承担是基金内部纠纷的常发争议,在公开的75份基金内部纠纷案件涉及的争议焦点中占7.62%。

2. 裁判观点分析

【裁判要旨】

合伙人擅自处理事务给合伙企业造成损失的,承担赔偿责任。

【典型案例】

南京市鼓楼区人民法院(2017)苏0106民初1177号:根据《合伙企业法》第97条的规定,合伙人对本法规定或者合伙协议约定必须经全体合伙人一致同意始得执行的事务擅自处理,给合伙企业或者其他合伙人造成损失的,依法承担赔偿责任。本案中,合伙合同中亦约定,执行事务合伙人违反合伙企业文件的规定处理合伙事务,致使合伙财产遭受损失的,由执行事务合伙人以其自有财产赔偿。

【分析】

法院认定合伙人对合伙企业造成损失是否承担责任以合伙人处理的事务是不是《合伙企业法》规定或《合伙协议》约定的必须经全体合伙人一致同意的事务为判断条件。

【关联法条】

《合伙企业法》

第三十一条　除合伙协议另有约定外,合伙企业的下列事项应当经全体合伙人一致同意:

(一)改变合伙企业的名称;

(二)改变合伙企业的经营范围、主要经营场所的地点;

(三)处分合伙企业的不动产;

(四)转让或者处分合伙企业的知识产权和其他财产权利;

(五)以合伙企业名义为他人提供担保;

(六)聘任合伙人以外的人担任合伙企业的经营管理人员。

(九)退伙争议

1. 基本数据

退伙争议在基金内部纠纷中发生频率较低,在公开的75份基金内部纠纷案件涉及的争议焦点中占3.81%。

2. 裁判观点分析

【裁判要旨一】

经全体合伙人一致同意,合伙人可以退伙。

【典型案例】

遵义市红花岗区人民法院(2016)黔0302民初4472号:被告中天遵义房开公司和杨强作为普通合伙人,在合伙协议约定的原告投资本金及收益支付期限届满后,被告中天遵义房开公司、杨强没有按协议约定履行,后在原告的催收下,被告中天遵义房开公司才承诺限期退还原告投入资金本息。根据《合伙企业法》第45条关于“合伙协议约定合伙期限的,在合伙企业存续期间,有下列情形之一的,合伙人可以退伙:(一)合伙协议约定的退伙事由出现;(二)经全体合伙人一致同意;(三)发生合伙人难以继续参加合伙的事由;(四)其他合伙人严重违反合伙协议约定的义务”的规定和第52条关于“退伙人在合伙企业中财产份额的退还办法,由合伙协议约定或者由全体合伙人决定,可以退还货币,也可以退还实物”的规定,应认定原告事实上经被告中天遵义房开公司、杨强同意退伙,被告遵义桃溪河畔投资管理中心应承担退还原告投资本息,原告要求被告遵义桃溪河畔投资管理中心退还投资本息理由充分,本院予以支持。

【分析】

法院认定退伙是否有效以《合伙企业法》第45条相关规定为判断条件。

【裁判要旨二】

对于非基于全体合伙人一致同意的,以退还出资款的时间确定退伙基准日。

【典型案例】

上海市金山区人民法院(2015)金民二(商)初字第2031号:合伙企业、普通合伙人对有限合伙人所提的退伙基准日有异议,其认为,根据《合伙企业法》第45条的规定,经全体合伙人的一致同意,方可退伙,因此,其他合伙人一致同意有限合伙人退出合伙企业的时间点应作为退伙结算的基准日。但本案有限合伙人退伙的事由,并非基于全体合伙人的一致同意,以此来确定退伙基准日,缺乏合理性。本院认为:2015年4月4日,合伙企业向有限合伙人支付了100万元,称该款是有限合伙人应得的部分利润，但未提供证据加以证明，相反该金额恰与有限合伙人原先投入的合伙出资款是一致的，故本院认为合伙企业以先行退还有限合伙人合伙出资款的这一形式来确认有限合伙人退伙，因此有限合伙人以2015年4月4日作为确认其退出合伙企业的时间点，具有合理性。综合合伙协议关于退伙内容的约定和法律的规定，有限合伙企业合伙人退伙以后，其他合伙人应与该退伙人进行退伙结算，退伙结算的基础是该合伙企业退伙的财产状况。

【分析】

法院对退伙基准日的确定兼顾多种退伙情形，对于非基于全体合伙人一致同意的，法院可以参考其他因素确定退伙基准日。

（十）保证

1. 基本数据

有关保证合同或保证条款的争议是基金内部纠纷的高发争议，在公开的75份基金内部纠纷案件涉及的争议焦点中占0.95%。

2. 裁判观点分析

【裁判要旨一】

基金纠纷相关保证期间的认定参照《担保法》的一般规定。

【典型案例】

北京市朝阳区人民法院（2016）京0105民初71231号：关于保证方式及保证期间。《担保法》第19条规定，当事人对保证方式没有约定或者约定不明确的，按照连带责任保证承担保证责任。王雨生签订的保证书未明确约定保证方式，应按连带责任保证确认。《担保法》第26条规定，连带责任保证的保证人与债权人未约定保证期间的，债权人有权自主债务履行期届满之日起6个月内要求保证人承担保证责任。在合同约定的保证期间和前款规定的保证期间，债权人未要求保证人承担保证责任的，保证人免除保证责任。本案中，《合伙协议》签订于2015年11月12日，协议约定投资期限为12个月，即至2016年11月12日止。王雨生签订的保证书并未约定保证期间，故保证期间依法应为主债务履行期届满之日起6个月。张福友本案起诉时间未超过保证期间，有权向王雨生主张保证责任。

【分析】

法院对基金纠纷中保证期间的认定参照《担保法》相关规定。

【裁判要旨二】

保证范围包括主债权及合同期内的未付利息。

【典型案例】

北京市朝阳区人民法院(2016)京 0105 民初 71207 号:关于保证范围。《担保法》第 21 条第 1 款规定,保证担保的范围包括主债权及利息、违约金、损害赔偿金和实现债权的费用。保证合同另有约定的,按照约定。王雨生保证书中写明对李建东在中企融泽公司所有投资本金和利息担保,本案中所担保的主债权金额为涉案协议的本金和利息……故本院对李建东要求王雨生对本金和合同期内未付利息(共计 508,500 元)承担连带责任的诉讼请求予以支持,对合同期后利息承担连带责任的诉讼请求不予支持。

【分析】

法院对私募基金纠纷中保证范围的认定以《担保法》相关规定和保证合同或保证条款的约定为裁判依据,但法院往往将逾期利息排除在保证责任范围之外。

从司法案例看"通谋虚伪"在金融审判中的适用

苗艳华

自2017年10月1日《民法总则》生效实施以来,《民法总则》第146条关于"通谋虚伪表示无效"的新规在民商事实务中引起广泛关注。之后的全国各级人民法院在案件审判过程中亦常引用该条款作为裁判依据。尤其是被称为"通谋虚伪第一案"的最高人民法院于2017年12月27日就中国民生银行股份有限公司南昌分行、上海红鹭国际贸易有限公司票据追索权纠纷作出的(2017)最高法民终41号二审民事判决书,引用《民法总则》第146条作为裁判依据并作出论述,引发金融行业的关注。普遍认为,最高人民法院前述审判观点,从司法裁判角度反映了"穿透核查交易实质"的最新金融监管政策,向市场传递了司法裁判与金融监管政策进行有效衔接的司法理念。

现本文就可公开检索到的已生效裁判文书中对于《民法总则》第146条规定的引用和论述情况作出基本梳理,以期对于《民法总则》第146条"通谋虚伪"立法在民商事审判中的适用,尤其在当前金融监管形势下,在金融行业实践中的具体适用作出初步的讨论和研判。

一、关于"通谋虚伪"立法

(一)《民法总则》第146条与《合同法》规定对比

根据《民法总则》第146条规定,行为人与相对人以虚假的意思表示实施的民事法律行为无效。以虚假的意思表示隐藏的民事法律行为的效力,依照有关法律规定处理。这是我国现有法律制度在立法供给层面首次确立"通谋虚伪表示行为无效"的法律原则。

出于瑕疵意思表示从事法律行为对行为效力构成影响的立法,早在《合同法》中已经有所表述。例如,《合同法》第52条第1项至第3项规定:"有下列情形之一的，合同无效：（一）一方以欺诈、胁迫的手段订立合同，损害国家利益；（二）恶意串通，损害国家、集体或者第三人利益；（三）以合法形式掩盖非法目的……”第 54 条规定：“下列合同，当事人一方有权请求人民法院或者仲裁机构变更或者撤销：（一）因重大误解订立的；……一方以欺诈、胁迫的手段或者乘人之危，使对方在违背真实意思的情况下订立的合同，受损害方有权请求人民法院或者仲裁机构变更或者撤销。”

《民法总则》第 146 条规定相较于《合同法》前述规定的不同在于，《民法总则》第 146 条的组成要点为：（1）行为人与相对人双方需具有共同的虚假意思表示；（2）双方通谋基于虚假意思表示实施民事法律行为；（3）该表面上实施的民事法律行为无效；（4）该行为的法律后果应根据虚假意思表示隐藏的真实意思表示所适用的法律规定进行判断。

而《合同法》第 52 条及第 54 条关于“虚假意思表示行为”达到“无效”的法律后果，要么需符合“真实追求并实际达到损害国家利益或第三人利益的目的”（如《合同法》第 52 条第 1 项至第 2 项），或者需要“通谋的真实目的非法”（如《合同法》第 52 条第 3 项），或者需具备“一方实施欺诈行为导致另一方在不知情的情况下基于不真实意思表示实施了行为”，双方无须具有“通谋虚伪”（如《合同法》第 54 条），且该行为的后果是，被欺诈一方有权要求变更或撤销合同，而非该行为必然自始无效。

（二）我们的初步分析

因而，笔者认为，《民法总则》第 146 条规定与《合同法》已有规定侧重点有所不同，看似更为概括，实则更具特殊适用性，并非涵盖或者替代了后者。即第 146 条规定强调“通谋虚伪”，而不强调“目的非法、损害了国家或第三人利益”，且虚假表示行为无效的同时，行为背后真实法律关系的后果将依据相关法律规定进一步判断，而非简单直接适用《合同法》第 58 条合同无效的法律后果。最高人民法院在“通谋虚伪第一案”中对此条款的引用和论述，就体现了前述要点。

正如辛正郁老师在一文中所述：“若赋予第 146 条第 1 款以认定法律行为‘无效’之概括能力，通谋虚伪表示就有可能被滥用。不仅会对当事人意思自治和交易自由构成过度围剿，亦会导致法律行为效力规范及评价体系的紊乱。毕竟，绝大多数民商事法律行为都有可能沦为‘名为××实为借贷’‘名为××实为以物抵债’。”

二、对司法案例梳理归纳

（一）司法案例要点摘录

为明确自2017年10月1日《民法总则》生效实施以来，全国各级法院在民商事案件裁判过程中对《民法总则》第146条适用情况，我们通过查询中国裁判文书网以及其他法律法规检索系统，对相关司法案例进行了检索。我们发现，审理法院援引该条款作为裁判依据或者有关案件当事人引用该条款作为己方诉求法律依据的司法案例达数百个，现我们仅将全国主要的中级以上人民法院（除北京、上海外，其他地区查询层级不包括中级人民法院）在具有代表性的民商事案生效裁判文书中对第146条的引用和论述情况摘录如表1所示：

表1 全国主要的中级以上人民法院在生效民商事裁判文书中对第146条的引用和论述情况统计

时间	案号	案由	终审法院	生效判决对“通谋虚伪”的相关论述
2018.11.22	（2018）京03民终11196号	商品房销售合同纠纷	北京市第三中级人民法院	本院认为签订涉诉5份《平谷县供销联合社职工住宅楼销售合同》并非平谷区供销联社真实意思表示，而华诚兴业公司以平谷区供销联社名义与贾鹏签订合同并不具有真实的出卖涉诉房屋的意思表示，贾鹏签订涉诉5份合同亦不具有购买涉诉房屋的意思表示，系通谋以虚假的意思表示实施的民事法律行为，应认定为无效
2018.11.20	（2018）京03民终13599号	合同纠纷	北京市第三中级人民法院	一审法院认为，民事法律行为是民事主体通过意思表示设立、变更、终止民事法律关系的行为。民事法律行为有效须具备下列条件：(1)行为人具有相应的民事行为能力；(2)意思表示真实；(3)不违反法律、行政法规的强制性规定，不违背公序良俗。意思表示真实是指行为人表示于外的意思与其内心真意相一致。而以虚假的意思表示隐藏的民事法律行为的效力，应依照有关法律规定处理。本案中，双方均认可就涉案房屋签订的《存量房屋买卖合同（经纪成交版）》并非真实的房屋买卖关系，而是对双方的借贷关系进行的担保。故本案所涉房屋买卖合同应依照有关民间借贷以及担保的法律规定处理

续表

时间	案号	案由	终审法院	生效判决对“通谋虚伪”的相关论述
2018.11.15	(2018)京01民终8721号	房屋买卖合同纠纷	北京市第一中级人民法院	一审法院认为,意思表示真实是民事法律行为应当具备的基本条件之一,行为人与相对人以虚假的意思表示实施的民事法律行为无效。根据本案已查明的事实,魏某作为购房人并未按合同约定支付购房款60万元,在庭审过程中,周某与魏某均认可双方签订房屋买卖合同有将诉争房屋进行抵押,获取银行贷款的目的。另外,从周某及其父母对房屋产权证进行保管及占有使用房屋的现状来看,魏某作为房屋买受人未能对上述情况进行合理解释。基于以上事实,本院认定周某与魏某没有买卖诉争房屋的真实意思,其二人所签订的《存量房屋买卖合同》应属无效
2018.10.30	(2018)京03民终12937号	房屋买卖合同纠纷	北京市第三中级人民法院	二审法院认为,行为人与相对人以虚假的意思表示实施的民事法律行为无效。以虚假的意思表示隐藏的民事法律行为的效力,依照有关法律规定处理。根据本案查明的事实,李冰、高志强均认可双方的实际法律关系为借贷关系。高志强称签订上述房屋买卖合同行为实质系李冰将×467号院作为借款担保抵押给高志强。故双方于2016年8月28日签订的《房屋买卖合同》系双方虚假意思表示,并非进行房屋买卖的真实意思表示,应属无效
2018.10.18	(2018)吉民终542号	执行异议之诉	吉林省高级人民法院	依据《民法总则》第146条规定:“行为人与相对人以虚假的意思表示实施的民事法律行为无效。以虚假的意思表示隐藏的民事法律行为的效力,依照有关法律规定处理。”梨树农联社所举存量贷款中的115位自然人的借款因缺乏真实借款意思表示借款合同无效,所谓荣桦公司对115笔借款债务的担保债务自然无效
2018.10.18	(2018)京01民终7821号	农村土地承包合同纠纷	北京市第一中级人民法院	本案中,诚远公司宣传涉案大棚可以用以生活居住,梁小兵承包涉案大棚的真实目的亦为生活居住,诚远公司理应对此明知,故双方当事人在签订《承包合同》时对梁小兵装修改建涉案大棚用于生活居住达成了合意,存在通谋。基于此,双方当事人实施的涉案法律行为完全具备了通谋虚伪行为的构成要件,构成通谋虚伪行为。依据上述法律规定,伪装行为无效,隐藏行为的效力依照相关法律规定处理。本案中,伪装行为即《承包合同》无效,故一审法院确认《承包合同》无效并无不当,本院对此不持异议

续表

时间	案号	案由	终审法院	生效判决对“通谋虚伪”的相关论述
2018.08.31	(2018)沪02民终4991号	房屋买卖合同纠纷	上海市第二中级人民法院	一审法院认为,本案的争议焦点在于吴小锋与沈榕、沈忠礼之间到底系为套取银行贷款还是真实的房屋买卖关系……故实难认定双方就系争房屋存在真实有效的房屋买卖关系,双方买卖系争房屋的真实目的系为套取银行贷款,并无真实的房屋买卖意思表示,该买卖合同因双方当事人均有过错而归于无效。二审法院认为,意思表示真实是民事法律行为应当具备的基本条件之一,行为人与相对人以虚假的意思表示实施的民事法律行为无效
2018.08.27	(2018)京01民终5073号	合同纠纷	北京市第一中级人民法院	双方在签订涉案合同时即具有许可或意图改建日光温室大棚场院用于生活居住休闲用途的合意,一审认定日森公司与董凯签订涉案合同的实际目的违反法律强制性规范,双方以虚假的意思表示形式隐藏真实意思的行为,已构成以签订合同的合法形式掩盖改变土地用途的非法目的的情形,并据此认定双方所签承包合同无效并无不当,本院予以支持
2018.05.21	(2018)冀民终238号	租赁合同纠纷	河北省高级人民法院	根据《民法总则》第146条规定,行为人与相对人以虚假的意思表示实施的民事法律行为无效。以虚假的意思表示隐藏的民事法律行为的效力,依照有关法律规定处理。对于双方实际存在的其他法律关系,金友公司可以另行主张。金友公司不足以证明其与凯恒公司之间存在真实的租赁关系,原判驳回其诉讼请求并无不妥
2018.01.31	(2018)鄂民终12号	民间借贷纠纷	湖北省高级人民法院	上述协议约定的权利义务表明双方当事人之间名为股权转让合同关系,实为借款合同关系。根据《民法总则》第146条关于“行为人与相对人以虚假的意思表示实施的民事法律行为无效。以虚假的意思表示隐藏的民事法律行为的效力,依照有关法律规定处理”的规定,隆华公司与美世界公司关于股权转让的意思表示虚假,应为无效;其民间借贷的意思表示真实,其法律效力原审判决予以认定并无不当

续表

时间	案号	案由	终审法院	生效判决对“通谋虚伪”的相关论述
2018.01.12	(2018)京01民终506号	确认合同无效纠纷	北京市第一中级人民法院	本院认为,行为人与相对人以虚假的意思表示实施的民事法律行为无效。本案二审期间,马某4、霍某与赵玉芬均认可双方之间的赠与合同并非系双方的真实意思表示,马某4、霍某亦认可其在1983年即将诉争房屋出售给赵玉芬之夫,双方之间并无赠与的意思表示,故双方之间的赠与合同应当认定为无效
2017.12.27	(2017)最高法民终41号	票据追索权纠纷	最高人民法院	本案票据活动是各方通谋虚伪行为,所涉民事行为无效,民生银行南昌分行主张本案票据权利依法不应支持。三方虽然明知本案票据项下无真实交易关系,但出于不同真实目的,相互合谋实施了该票据行为,属于通谋虚伪行为。因此,本案票据活动是各方伪装行为,所掩盖、隐藏的真实行为实际是借款。根据《中华人民共和国民法通则》第55条规定及2017年10月1日起施行的《中华人民共和国民法总则》第146条规定,民事法律行为应当意思表示真实,行为人与相对人以虚假的意思表示实施的民事法律行为无效,以虚假的意思表示隐藏的民事法律行为的效力,依照相关法律规定处理有关
2017.12.26	(2016)最高法民终745号	股东出资纠纷	最高人民法院	从双方当事人的意思表示考察,双方意图造成“以国家进出口商品检验检疫局认定的价格为准”确认出资数额的表面假象,实际上并不追求上述法律行为之效果的产生。双方当事人行为当时的法律、行政法规均未对通谋虚伪的行为作出规定,2017年10月1日起施行的《中华人民共和国民法总则》第146条规定:“行为人与相对人以虚假的意思表示实施的民事法律行为无效。以虚假的意思表示隐藏的民事法律行为的效力,依照有关法律规定处理。”根据上述规定,通谋虚伪的行为指表意人与相对人进行通谋,双方一致对外作出虚假的、非自己真意的意思表示,双方合意造成订立某项法律行为的表面假象,但其真意并非追求有关法律行为的法律效果产生

(二)我们的几点归纳

1. 通过整理已有司法案例,我们发现,截至目前援引《民法总则》第146条作为裁判依据的案件案由主要为"合同纠纷"。其中,实务中存在的"名为房屋买卖,实为借贷担保"或者"名为房屋买卖,实为获取银行贷款"的实践,常被相关审理法院认定构成"通谋虚伪行为",因而援引第146条规定认定为无效。

2. 在部分案例中,法院在适用第146条规定认定相关虚伪法律行为无效后,直接适用《合同法》第58条关于合同无效后的清算处理条款"合同无效或者被撤销后,因该合同取得的财产,应当予以返还;不能返还或者没有必要返还的,应当折价补偿。有过错的一方应当赔偿对方因此所受到的损失,双方都有过错的,应当各自承担相应的责任"。而未再对于真实法律关系的效力及依据做进一步论述。对此可参见,2018年10月18日北京市第一中级人民法院对北京诚远农业发展有限公司与李玉麟农村土地承包合同纠纷案[(2018)京01民终7805号]、与董宇豪农村土地承包合同纠纷案[(2018)京01民终7799号]、与梁小兵农村土地承包合同纠纷案[(2018)京01民终7806号]分别作出的生效判决书。

3. 在部分案例中,审理法院认定相关行为无效时,同时援引《民法总则》第146条及《合同法》第52条规定,而未将两条款的适用情形加以区分。例如,在2018年8月27日北京市第一中级人民法院对董凯与北京日森园林景观工程设计有限公司合同纠纷案生效判决书[(2018)京01民终5073号]中援引一审法院观点:本案当事人在诉争合同中约定了不得随意变更房屋及大棚结构、使用用途,但综合其签订及履行合同的前后行为,可以认定双方均存在改建日光温室大棚场院用于生活居住休闲的合意,此举违反了我国现行法律有关土地用途管理的强制性规定,同时也构成合同双方以签订合同的合法形式掩盖改变土地用途的非法目的情形,依法属于《中华人民共和国合同法》第52条规制的合同无效情形之一,应予宣告无效。根据《民法总则》第146条、《合同法》第52条……

4. 在部分案件中,一方当事人主张相关主体间存在通谋虚伪行为,根据《民法总则》第146条规定,相关法律行为应当归于无效。在此情形下,审理法院根据"谁主张,谁举证"原则对相关事实作出认定。

例如,在2018年9月12日北京市第一中级人民法院对梁某与王某等确认合同无效纠纷案生效判决书[(2018)京01民终7542号]中论述:依照《民法总则》第146条规定,行为人与相对人以虚假的意思表示实施的民事法律行为无效。认定存在虚假意思表示的民事法律行为需具备以下四个要件:一是须有意思表示,二是须表示与内心目的不一，三是须有虚伪故意，四是须行为人与相对人通谋实施。本案中，虽杨某1在签订合同时应知其对202号房屋无权处分，但就目前证据不能证明王某在订立合同时，已知或应知杨某1为无权处分，或双方在订立合同时存在通谋行为，故杨某1和王某签订涉案合同的行为并非行为人与相对人以虚假意思表示实施的民事法律行为，梁某该项主张缺乏法律和事实依据，法院不予支持。

2018年8月3日北京市第三中级人民法院在佳龙投资集团有限公司等与北京农村商业银行股份有限公司朝阳支行借款合同纠纷案生效判决书[(2018)京03民终5911号]中，审理法院亦有类似论述。

三、“通谋虚伪”在金融案件审理中的适用

从前述司法案例可见，最高人民法院于2017年12月27日援引《民法总则》第146条作为裁判依据的(2017)最高法民终41号“票据追索权纠纷”案，严格上说并非“通谋虚伪第一案”，在此之前的2017年12月26日，该院就“股东出资纠纷”作出的(2016)最高法民终745号判决似乎在时间上更早。但之所以前案判决一经发布，即被行业内称为“第一案”引起广泛关注和讨论，系由于该案应是我国最高层级的司法审判机关，就金融类案件，尤其是对于金融行业常用的“创新”模式，援引第146条规定作出否定性评价的先例。

几乎与《民法总则》生效实施同时，2017年8月4日，最高人民法院发布了《最高人民法院关于进一步加强金融审判工作的若干意见》(法发〔2017〕22号，以下简称《若干意见》)，对于在新时期人民法院司法审判，依法服务和保障金融改革，强化金融监管和金融审判的衔接配合，提出了政策性指导。其中，否定“以金融创新为名掩盖金融风险、规避金融监管、进行制度套利的金融违规行为。要以其实际构成的法律关系确定其效力和各方的权利义务”的意见，与《民法总则》第146条规定，在司法内涵上一脉相承。

值得关注的是，在珠海华润银行股份有限公司与江西省电力燃料有限公司、广州大优煤炭销售有限公司等主体保理合同纠纷案中，虽然该案法律关系形成以及二审、再审判决作出日均早于《民法总则》生效实施日，根据法不溯及既往原则，该案审理不应适用《民法总则》有关规定。但在最高人民法院于2017年6月28日对该案再审作出的再审判决书[(2017)最高法民再164号]中，仍援引了“通谋虚伪表示行为无效”的法律原理，且进一步对通谋虚伪行为的对外效力问题作出论述。具体为：根据民法基本原理，双方当事人通谋所为的虚伪意思表示，在当事人之间发

生绝对无效的法律后果。但在虚伪表示的当事人与第三人之间,则应视该第三人是否知道或应当知道该虚伪意思表示而发生不同的法律后果:当第三人知道该当事人之间的虚伪意思表示时,虚伪表示的无效可以对抗该第三人;当第三人不知道当事人之间的虚伪意思表示时,该虚伪意思表示的无效不得对抗善意第三人。

因而,我们认为,虽然长久以来,人民法院审理案件常以维护交易安全稳定,保护当事人意思自治,不轻易否定合同效力为基本原则,但在目前金融监管趋势下,尤其在今年4月27日《关于规范金融机构资产管理业务的指导意见》出台,金融监管政策和原则进一步确立的背景之下,"金融创新"的法律和合规风险进一步加剧,各种掩盖金融风险、规避金融监管的金融创新行为可能被视为金融违规,面临被司法审判否定的风险。而实务中常见的"黑白合同"或者"抽屉协议"等交易形式,虽然并非必然构成"金融违规"或者"恶意串通",但在目前司法政策考量下,其合法有效性将面临较大不确定风险。《若干意见》同时提出将"高度关注涉及私募股权投资、委托理财、资产管理等新类型金融交易的案件……发布指导性案例,通过类案指导,统一裁判尺度"。我们也将持续关注相关司法判例的审理思路和裁判尺度,以期对于金融业务合法规范开展有所裨益。

对赌协议与公司法资本管制:美国实践及其启示

刘　燕
北京大学法学院

备受关注的“对赌协议第一案”——苏州工业园区海富投资有限公司与甘肃世恒有色资源再利用有限公司、香港迪亚有限公司、陆波公司增资纠纷案(以下简称海富案)——在2012年年底最高人民法院再审落槌后仍未消除争议。与二审判决引发众口一词的批评声不同,再审判决书区分投资者与股东对赌以及与公司对赌,确认前者有效而后者无效的裁判进路,在学界与实务界都造成了明显的分裂:支持者肯认再审判决中体现的“资本维持”理念,而批评者则主张对赌协议应归属于合同自治的范畴。其中,美国法律实践对PE投资或对赌协议的支持成为批评者的一个重要理论资源,20世纪80年代的美国法定资本制革命似乎也给这种司法立场提供了一种背景式的注解。与之相比,我国司法机关则“逾越了公司法管制介入契约自治的规范边界”,忽略了“美国风险投资市场所提供的核心经验在于它压倒性地是私人秩序的产物——一个覆盖了整个风险投资周期的极富成效的合同结构”。人们担心,海富案判决将导致中国宝贵的创业公司资源或者因无法“对赌”而丧失发展机会,或者转向域外资本市场从而令国内投资者无法分享科技企业的创新红利。

然而,对英文文献的检索却无法找到“对赌协议”或者“估值调整机制”(valuation adjustment mechanism,VAM)的专门术语;在被称为美国风险投资大本营的加州硅谷,也不存在海富案所争议的对赌条款。另外,由美国风险投资机构协会拟定的《风险投资示范合同》(以下简称《示范合同》)在“赎回”等条款处明确指向了“法律对分配的限制”或者“合法可用的资金”,这些术语呈现的都是美国公司法中古老的法定资本制之印记。近年来美国特拉华州的司法实践也显示,公司法资本管制的逻辑仍然适用于PE投资。那么,国内文献关于对赌协议的“舶来品”定位以及对美国司法实践的褒奖，究竟是一种误读还是想象？对赌协议与公司法资本管制之间是否存在不可调和的矛盾？

本文拟将海富案对标美国法的实践来探究上述问题。第一部分以海富案为样本界定“对赌协议”的内涵与外延，以澄清对标比较的范围。第二部分结合美国风险投资协会的《示范合同》，观察美国 PE/VC 投资实务中如何处理对赌协议所要解决的问题——未来不确定性风险或者估值困境，重点关注其与法定资本制之间的联系。第三部分以 2010 年特拉华州法院 Thoughtworks 案为样本，介绍 PE/VC 合同的赎回权条款中“合法可用之资金”的含义，展示美国法官如何在具体个案中适用法定资本规则同时兼顾商业决策的自主与自治。第四部分总结了美国经验对我国 PE/VC 投资以及司法实践可能提供的启示，并对完善我国对赌协议纠纷的处理方式提出了若干建议。

一、“对赌协议”的界定——基于海富案的语境

“对赌”是 2008 年金融海啸后的一个热点词汇。它可以指两种完全不同的交易：一是衍生交易中的对赌，指衍生产品的买卖双方之间达成的零和博弈；二是 PE/VC 投资实务中的对赌协议，又称估值调整机制（valuation adjustment mechanism，VAM）或“估值调整协议”。其功能在于将交易双方不能达成一致的不确定性事件暂时搁置，留待该不确定性消失后双方再重新结算。由于这种结构性安排，使得达成股权交易的可能性大增，从总体上增加了社会福利。具体可参见彭冰老师的《对赌协议：未来不确定性的合同解决》一文。

尽管国内文献众口一词地将对赌协议或 VAM 视为国际资本市场或 PE/VC 投资的常用工具，但这些概念并不见于域外的法律文件，而是发源于 2002 ~ 2004 年大摩等境外基金投资蒙牛时设立的一项依业绩调整股权比例的安排，并经 2004 年蒙牛于香港联交所上市之招股说明书的描述而为公众所知。随后，永乐、太子奶等民营企业与境外投资者对赌失败的悲剧让这一术语广泛流传。然而，由于各家公司对赌交易的细节不同，且缺乏域外法律文本对应概念的界定，国内文献（包括财经类或法律类）在对赌协议或 VAM 的含义、范围等方面缺乏明确或统一的解说。大体上，人们将对赌协议视为融资活动（特别是 PE/VC 投资）中应对未来不确定性问题（特别是估值不确定）所使用的金融条款。对于这些条款的范围，至少存在三种不同口径的理解：

1. 最狭义的一种口径，“对赌协议”仅指初始投资的作价调整条款，即针对股权

估值困难,双方约定以特定时间后公司实现的业绩作为标准,或者对超额投入的投资者给予补偿,或者要求投入不足的投资者增加出资。这种口径的对赌协议看起来最符合“估值调整机制”(VAM)的本义。

2. 中等口径的解读,“对赌协议”包括前述的初始投资作价补偿条款以及投资者退出时的股份(股权)回购条款,后者通常发生在被投资企业未能成功实现 IPO 上市的情形下。严格来说,将退出阶段的股权回购解释为“估值调整”是比较勉强的,因此时实为 PE 投资之终止,并无对投资作价进行估值调整之义。冠之以“对赌协议”之名或无可厚非,但进一步视为“估值调整机制”(VAM)则谬矣。

3. 最广义的口径,是将“对赌协议”含糊地表述为投资方与融资方就“未来不确定的情形”所作的约定,根据未来企业的实际盈利能力,由投资者或者融资者获得一定的权利作为补偿。就此含义而言,对赌协议也可以视为 PE/VC 投资合同的代名词,因为整个一套复杂冗长的 PE/VC 合同就是为了解决高科技创业公司融资所面对的“极端的不确定性、信息不对称以及代理成本问题”。诸如以优先股作为投资工具,采取分期融资、控制权分配(以及重新分配)、创始人薪酬安排、棘轮条款、领售权、回购优先股等一系列特殊设计,都意味着在未来某种事件发生时对投资者和融资者之间的权利义务(及利益)的变化或调整,从而具有了“对赌”所内含的相机抉择之特征。

海富案的对赌协议属于上述第二种口径。相关的《增资协议书》中载有“业绩目标”和“股权回购”条款,前者对海富的出资作价依据一年后被投资公司实现业绩目标的情况进行调整并由公司给予现金补偿,后者则约定了当被投资公司未实现上市目标时须回购海富持有的股份。对于上述对赌条款,需要进一步说明的有两点:

第一,通常 PE 投资中的对赌发生在投资者与被投资企业的股东之间,对赌筹码是股权,即根据业绩标准实现程度调整各自所持的股权比例,是一种双向的激励机制。早期的蒙牛、永乐、太子奶等对赌案例皆如此。海富案下的对赌(也是不少国内 PE 基金的做法)是与公司本身而非股东对赌,当公司未达到约定的业绩目标或其他条件,公司须对 PE 投资者进行股权或现金补偿。这更像是一种单向的激励/惩罚机制而非对赌。

第二,现金补偿与股权补偿两种对价方式的经济内涵差别很大,张巍的《硅谷无对赌》一文中表示,“前者实际上降低了投资人对企业风险的敞口(risk exposure),只要能拿到现金,投资人就部分实现了预期的投资收益,这部分收益不再取决于企业今后的表现。而后者则是加大了投资人对企业的风险敞口，投资人在企业中的股权比例越高，其收益的波动性与企业经营表现的联系就越紧密……（因此）现金补偿的对赌协议，实质上接近于让投资人退出的回赎型对赌”。实践中，这种现金补偿条款还经常与PE退出时的回购条款结合在一起（如海富案之情形），被投资公司回购PE股份的作价是其全部投资本金加累积应分配收益。

从公司法的角度来看，不论是对初始出资的现金补偿，还是退出时的股份回购，它都意味着公司向股东无对价地支付了财产。鉴于股东出资通常计入股本或注册资本，后者作为公示信息可能影响公司债权人的决策，因此，当公司向股东无对价支付财产时，就需要接受资本维持原则的检验。在英美国家，对股东做现金补偿或回购、赎回股份都属于公司法中“分配”规则的适用范围；在我国，上述行为可体现为利润分配或减资两种不同路径。因此，海富案语境下对赌协议的两个组成部分——公司对PE投资者现金补偿、未达IPO目标时的股份回购——都落入公司法、特别是资本维持原则的管制疆域。

表1列示了公司与PE投资者对赌时可能的操作方式及其所触发的公司法规制路径。可以看出，除了因公司业绩超出预期导致PE向公司补偿现金的情形外，其他几种情形都涉及公司法的资本管制问题，而海富案下的“公司现金补偿+回购”则受制于资本维持原则。

表1　公司与PE投资者对赌时可能的操作方式及触发的公司法规制路径

变动方式 对赌主体	投资作价调整（1）：公司向PE增发股份	投资作价调整（2）：公司从PE回购股份	投资作价调整（3）：公司向PE支付现金	投资作价调整（4）：PE向公司补偿现金	PE退出：公司回购PE股份
PE与公司对赌	股东出资与股份发行	资本维持原则	资本维持原则	赠与（或补缴出资款？）	资本维持原则

那么，这种对赌协议在美国法律实践中的地位如何？

二、美国风险投资合同的相关条款——在法定资本规则内游走

作为PE/VC投资的发源地，美国法律界对高科技创业公司融资中的诸多风险和不确定性早有明确认知。除了任何企业设立之初天然具有的不稳定性外，由科研人员转型的管理团队缺乏营运企业的经验，且作为公司商业成功基础的科技突破或者创新最终能否实现也存在极大的不确定性。因此，尽管“所有的融资合同都

需面对三方面的核心问题:不确定性、信息不对称和代理成本,但初始创业的高科技公司将这三方面的问题放大到极致”。PE/VC 合同的条款设计需要回应这些特殊的风险以满足商业实践的需求。为此,美国风险投资协会组织大批业内专家起草了一整套风险投资的《示范合同》,以便为 PE/VC 实务提供一套全面的、内在逻辑协调统一的融资文书,不偏不倚地对待风险投资机构和创业者。实践中的 PE/VC 投资合同多以《示范合同》为模板,因为后者反映了美国风险投资操作的最佳实务,便于合同当事人预测和消除法律陷阱,降低交易成本和意外事件发生的概率。

(一)PE/VC 合同的基本架构与法律约束

整套《示范合同》包括八项法律文件:(1)《投资条款清单》,它列举了在特拉华州注册的公司发行 A 序列优先股融资的主要条款;(2)《A 序列优先股购买协议》;(3)《公司章程》;(4)《示范补偿协议》;(5)《投资者权利协议》;(6)《管理权证书格式文本》;(7)《优先购买权和共同销售权协议》;(8)《投票协议》。上述文件基本覆盖了一个典型的风险投资操作过程所需要处理的全部法律问题,同时提供了不同的解决方案以适应多种融资安排方式的需要。

不过,PE/VC 领域的合同创新并不意味着强制法的缺位。诚如国际私募股权及风险投资估值(international private equity and venture capital valuation)理事会发布的《国际私募股权及风险资本估值指南》(2012)开宗明义承认:PE/VC“受到法律、监管规章以及合同条款的共同约束”。《示范合同》也不例外,它尤其受到美国特拉华州公司法和加州公司法的约束。PE/VC 投资的最终目标是创业企业成功 IPO 而获利退出,而美国上市公司的主要注册地是特拉华州,因此示范合同基本上以特拉华州公司法为背景。特拉华州公司法的商业友好型导向,也给实践中的 PE/VC 投资以及《示范合同》的创新提供了一个宽松的空间。另外,美国创业与风险投资的大本营是加州硅谷,而加州公司法强制要求那些半数以上的股东为本州居民且公司一半以上的业务在本州进行的外州公司作为“准加州公司”适用加州公司法的特定条款,包括公司法资本管制规则、累积投票权规则、兼并或合并、重组、资产出售的表决程序规则、异议股东权规则等。因此,许多风险投资合同还需要兼顾加州公司法对上述问题的规制。

以本文所关注的资本维持原则为例。美国《修订示范商业公司法》第 1.40(6)条对“分配”有一个非常宽泛的定义:“公司基于股份,直接或间接地将现金或其他财产(其自身的股票除外)转移给股东,或者为股东的利益而承担债务。分配可以采取宣告或派发股息的方式,也可以是回购、回赎或以其他方式取得股东手中的股票;或者将公司的债权分配给股东,以及其他方式。”20 世纪 80 年代后,《修订示范商业公司法》抛弃了以法定资本(股本或声明资本)来约束分配行为,而是改为清偿能力限制,要求公司对股东进行的任何分配行为均不得导致公司丧失清偿能力。这一改革路径也被大多数州公司法所采纳。在一些传统的商业州中,特拉华州、纽约州仍然保留着传统的法定资本制约束,适用“声明资本/溢余”标准(分配只能从溢余中支付,不得损及法定资本);而加利福尼亚州则独辟蹊径,综合法定资本、财务比率、清偿能力三方面的要求,对公司分配行为施加了比改革前更为严格的管制。由此也导致美国风险投资协会在《示范合同》中特别提醒业界关注加州公司法的特殊规则:“特拉华州法律通常允许公司支付分红或回赎股票,只要公司在分红或回赎之后仍有偿付能力。相反,加州公司法禁止分红或回赎,除非公司满足一定的财务标准,特别是流动资产至少须为流动负债的 125%。因此,准加州公司在加州公司法下不能支付分红或赎回股票,尽管这样的支付在特拉华州法律下是可以进行的。”

(二)应对估值不确定性的基本途径——分期融资机制

从《示范合同》以及专门从事硅谷高科技企业法律服务的泛伟律师事务所(Fenwick & West LLP)定期发布的风险投资合同条款调查来看,美国 PE/VC 实务中并不存在海富案所争议的估值补偿条款——在被投资公司未达到出资作价所挂钩的业绩目标时,公司须向 PE 投资者给予现金补偿。

有论者谓之“硅谷无对赌”,并从商业逻辑的角度给出了令人信服的解释:首先,投资活动天然有风险,有些风险本来就需要投资者自己承担或与创业者共同承担;其次,初创企业多处于“烧钱”阶段,创业者也缺乏个人财富积累,PE 强制要求现金补偿会导致企业经营更加困难;最后,估值风险如何在 PE 与创业者之间分配通常是市场博弈的结果,若市场中好项目少而资金充裕,PE 也不太可能对创业者施加现金补偿的负担。当然,由于美国诚信体系比较健全,信息相对透明,投资者可以通过事先充分的尽职调查而减少双方在估值问题上的分歧。

笔者认为,除了商业逻辑外,海富案式的现金补偿条款的缺位或许也正体现了美国公司法资本制度的潜在影响,因为以“烧钱”著称的高科技创业企业几乎注定无法通过资本维持原则的检验。对于这样一个可预见的法律风险,交易各方自然避之不及。实践中,PE/VC 合同应对估值不确定性问题的主要策略是分期融资机制(staged finance),即 PE/VC 投资者通过分期出资、及时止损的安排来降低初始投资估值过高可能带来的损失。它通过多期、重复博弈,最大限度地降低当事人在博弈中的不确定性,同时也不会触发资本维持原则的适用。

在分期融资机制下,PE/VC 的投资分成若干轮次,每一轮次都确定企业应达到的目标(称为里程碑事件,milestone),它可能是特定财务指标,也可能是某一状态(如取得专利);PE/VC 是否提供下一轮资金取决于前期目标的实现情况。分期融资机制相当于授予 PE/VC 投资者一个有价值的期权,他可以较小的成本抛弃不成功的项目或提前清算项目;也可以继续下一步注资,此时由于有了前期的完成情况,PE 对项目有更深入的了解,对估值及其相应的投入就能作出更准确的判断。这种分期融资/注资安排与海富案式的公司现金补偿之间最核心的区别,在于股东与公司之间财产流动的不同顺序所导致的法律后果上的差异。投资者的出资分批注入公司,若业绩不佳则停止注入,不存在海富案下的“股东资金先全部注入公司(构成股本或注册资本),而后公司又向股东返还(补偿)一部分”的情形。因此,分期融资机制与美国非上市公司并购交易中常见的“盈利能力支付计划”(earnout)或“或有支付”(contingent payment)条款一样,都属于商业律师为解决资本性物品(如股权)买卖过程中信息不对称以及不确定性问题而设计的独特法律结构。

近年来,随着市场条件的变化,美国 PE/VC 实践中也开始出现类似我国实务中的估值调整观念,即根据注资后一段时间(如一个季度)报告的业绩水平来调整当初入股的价格。若公司估值被认为过高从而需要下调 PE 入股价格,通常的做法并不是对 PE 投资者给予现金补偿,而是调整 PE 所持有的优先股的转换价格(如原来每 1 股优先股可转换成 1 股普通股,此时则调整为可转换成 2 股普通股),从而令 PE 占有被投资公司更大的股权比例。此外,若初始估值过高但企业仍有持续发展之必要,则下一轮次按较低估值进行筹资(通常还伴随着新投资者加入)时,初始投资者将获得额外股份作为补偿(PE/VC 合同中的棘轮条款),从而保证了其股份价值不会因估值差异而被稀释。由于不涉及公司财产向股东流出,这种股权调整方案也无须受制于资本维持原则。

(三)PE 退出时的赎回权限制——“合法可用之资金”

鉴于 PE/VC 基金的期限特征,退出机制是 PE 投资决策时考虑的一个核心因素。三种常见的退出策略是 IPO、出售给其他基金或公司或者在上述两者不可行时由公司赎回 PE 持有的优先股。《示范合同》在《投资清单》和《公司章程》部分都有专门的赎回权条款(redemption rights provision)。由于股份赎回属于资本维持原则的传统适用范围,相关的协议文本都会对此加以限制。

以《投资清单》范本为例,其“回赎权”条款规定如下:“经至少【 】% A 序列优先股股东的选择，自交割五周年后的任何时间开始，以相当于原始购买价【加所有累积而未付的股息】的价格，（公司）应以依法可用于分配的资金（from fund legally available for distribution）回赎A序列优先股。赎回分三年进行，每年赎回三分之一……”

此外，公司章程通常规定各种不同种类、不同序列的公司股票所拥有的权利、优先权、特权以及所受到的限制。对应于上述《投资清单》的赎回权条款，《公司章程》范本关于“回赎”的规定中也要求公司以其“合法可用之资金”（out of fund lawfully available）进行回赎：“如果公司在任一回赎日没有足够合法可用资金回赎所有在该回赎日应被回赎的A系列优先股，公司应以合法可用之资金，按照与若资金足以回赎全部优先股时相对应的比例赎回各股东持有的可赎回股份，并应在公司日后取得合法可用之资金时立即赎回剩余的股份。”赎回后的A系列优先股均自动、立即被注销或废止，不再作为库藏股重新发行、出售或转让，也不得由公司就该部分股票行使股东权利。

依美国学者的解释，PE/VC合同中之所以出现上述“合法可用之资金”要求，是因为在19世纪到20世纪中期的司法实践中，优先股的股息以及赎回支付都受制于法定资本规则和欺诈性转移规则。前者防止公司财产降低到资不抵债的程度或者减少了法定资本额；后者防止公司出现持续经营危机，如果公司留下的资产太少以至于无法持续经营或者偿付到期债务，就不能进行分配或赎回。有些案件甚至走得更远，禁止对优先股的支付存在任何“可能”削弱（impair）、危及（prejudice）或者伤害（injure）债权人的利益之情形。优先股股东负担举证责任，他们必须证明要求公司支付优先股股息或回赎本金不会导致上述结果。由于这种历史背景，通常优先股合同或章程中对于股息或回赎的支付都附加了一项限制，即“合法可用之资金”。

当然，PE/VC作为成熟机构投资者也会采取相应的补救措施来维护自己的利益，如取得对公司的控制权或者可执行的债券等。美国风险投资协会在针对《投资清单》之“赎回权”条款的评论中指出：“由于立法的限制，当股东最希望公司回赎股份时，公司很可能无法在满足法定条件的前提下进行回赎（如可分配资金不够）。有时投资者会对这样的公司采取一些惩罚性的措施，如要求公司向未被回赎的A序列优先股股东签发一年期票据，以及A序列优先股股东可以有权选举董事会的多数成员，直到相关回赎金额被支付了为止。”判例法中一般会把一年期票据（one - year note）视为公司常规债务，从而使公司对股东的支付不再受制于法定资本管制。

实践中，并非所有的PE/VC合同都会引入赎回权条款。调查显示，此条款在美国东海岸的 PE/VC 投资中应用较多,但西海岸、特别是加州硅谷地区则较少,近年来的使用频率更显下降趋势,2013～2015 年硅谷风险投资中只有 15% 左右的交易有赎回权条款。

(四)小结

迥异于海富案下的对赌协议,美国 PE/VC 投资的法律实践比较清晰地体现了各方对公司法资本管制因素的考量。尽管 20 世纪 80 年代后美国传统的法定资本制已经式微,但 PE/VC 投资各方还是在具体合同条款或法律文本中最大限度地消除资本管制的法律风险:

第一,针对出资/投资环节可能存在的估值分歧,PE/VC 投资者控制出价过高风险的主要方式是分期注入资本,从而减少估值判断错误时可能遭受的本金损失;或者以各种可行的方式调整 PE 投资者与创始人团队之间的股权比例,不存在公司对 PE 投资者进行现金补偿的做法。由于分期注资或者调整股权比例都不涉及公司资产向股东的流出,因此不会触发资本维持原则的适用。

第二,在退出回购环节,美国 PE/VC 投资者的赎回权与海富案类似,但多了一个"合法可用之资金"的限制,它直接指向公司法对利润分配和回购的限制。不论是投资者还是被投资公司都清楚地意识到,赎回权的具体行使受制于公司法的资本管制规则,PE/VC 投资者不可能直接强制公司履行回购义务。

三、Thoughtworks 案:特拉华州法院对资本维持原则的应用

2010 年 11 月,特拉华州法院就 SV Investment Partners, LLC v. Thoughtworks, Inc. 案(以下简称"Thoughtworks 案")作出判决。这是美国 PE/VC 投资合同的赎回权条款首次遭遇司法检验,也是美国法院自 20 世纪 40 年代后再次审视法定资本制与优先股之间的关系。在经历了 20 世纪 80 年代美国法定资本制革命后,置身于 PE/VC 投资与科技创新这一新的商业环境下,特拉华州法院宣示的立场引起了广泛关注。

(一)案情概况

Thoughtworks 案中的 PE 投资与海富案颇有类似之处,二者都不属于早期的天使轮投资或典型的风险投资,而是在公司已经营运一段时间后,PE 投资者基于 IPO 的愿景而加入被投资公司。

该案原告 SV 投资合伙(以下简称"SV")是一家风险投资企业,1999 年认购了被告 Thoughtworks 公司 94% 的 A 系列优先股。Thoughtworks 是一家从事商业软件

应用方案设计及咨询服务的高科技公司,1993 年成立,1999 年开始谋划 IPO,预期两年内上市。然而,2000 年下半年美国科技股泡沫开始破灭,NASDAQ 股价一路暴跌,Thoughtworks 的 IPO 计划最终也打了水漂。

PE 投资合同的赎回权条款规定:如果 SV 在注资后 5 年内无法通过 IPO 或其他方式退出,Thoughtworks 有义务回购 SV 持有的优先股,回购价格等于优先股的购买价加上所有累积未付的股利和清算收益。相关合同及公司章程基本上采用了《示范合同》关于“合法可用之资金”的条款,并增加了“营运资金例外”(working capital carve - out),即董事会有权从“合法可用之资金”中留下公司营运所必需的资金。如果在赎回日公司拥有的合法可用之资金不足以赎回全部优先股,则公司应按比例赎回优先股;并且,只要此种未足额赎回的情形存在,赎回日后公司新增的合法可用之资金将自动用于赎回优先股,无须优先股持有人再采取任何行动。

2005 年 7 月,SV 向 Thoughtworks 正式提出赎回全部优先股,以初始投资成本加累积股利等计算总价达 4500 万美元。Thoughtworks 董事会以赎回条款中的“营运资金例外”拒绝了 SV 的请求,认为公司现有的资金尚不足以覆盖营运需求。Thoughtworks 公司虽然属于商业软件服务领域的翘楚,但现金流极不稳定,其经营模式内在的缺陷也放大了经济周期性以及季节性的波动的影响,因此公司通常都会保留比较多的现金以平稳度过业务萧条期或者季节性底点。双方就“营运资金例外”条款争讼至法院,法院裁决该例外仅适用于赎回当年(2005 财年),此后公司就必须在“合法可用之资金”范围内赎回优先股。在 2006 ~ 2010 年,Thoughtworks 总共进行了 8 批次、共计 410 万美元的赎回,此时优先股的赎回总价已经攀升到 6691 万美元。

SV 反对 Thoughtworks 的拖延政策,于 2007 年再次入秉法院,请求强制公司赎回股份。SV 认为,“合法可用之资金”就是指溢余,而 Thoughtworks 有充裕的溢余(金额在 6800 万美元至 1.37 亿美元),足以回购全部优先股,请求法院判决 Thoughtworks 支付优先股的全部价值 6691 万美元。2010 年 11 月,特拉华州大法官法院判决驳回 SV 的请求。判决书指出:“合法可用之资金”并不等同于溢余。“溢余”只是构成公司法下资本维持的底线,还存在其他制定法(如银行管制法、税法等)的限制以及普通法(判例法)对公司清偿能力的要求。一个公司即使有溢余也可能会因缺乏资金而无法清偿到期债务,从而不具有回购的条件。Thoughtworks 董事会基于律师、财务顾问的建议,并根据自己的商业判断,认为赎回可能导致公司难以持续经营而拒绝赎回。对此,SV 并未能证明 Thoughtworks 董事会的决议过程存在恶意，依赖不可靠的信息或者明显偏离市场尺度而构成欺诈，故不支持 SV 强制执行回购条款的诉求。

因本文主题所限，这里仅讨论 Thoughtworks 判决关于如下两个问题的说理：(1) PE/VC 合同中的“合法可用之资金”在特拉华州法律下如何解释；(2) 如何确定公司拥有的“合法可用之资金”的范围与金额。

(二) 何为“合法可用之资金”

1. 传统资本维持原则下的限制——“溢余”(surplus) 标准

《特拉华州普通公司法》第 160(a)(1) 条规定：公司可以用现金或实物为对价，回购、赎回或接受、收取其自有股份，但不得削弱公司资本或者由此可能导致公司资本受到任何削弱；除非是在赎回优先股的情形下，可以从公司资本中支出并随即注销相关股份。在长期的司法实践中，特拉华州法院衡量公司资本是否被削弱的标准是公司动用的资金是否超过“溢余”，如果回购股份消耗的资金超过了公司的溢余，则可以认为回购削弱了资本。本案原告 SV 正是在此法据下主张“合法可用之资金”就是指“溢余”，而 Thoughtworks 具有充裕的溢余来回购其持有的全部优先股。

“溢余”(surplus) 是美国公司法传统的法定资本规则 (legal capital rule) 的一个重要概念。在特拉华州公司法下，它指“公司净资产超过公司声明资本的金额”；对应于我国公司法的语境，“溢余”大致包括所有者权益下“资本公积”、“盈余公积”以及“未分配利润”三部分。在特拉华州公司法下，“溢余”不仅是利润分配的依据 (第 170 条)，也是回购、赎回或其他场景下资本维持原则的标准 (第 160 条)。以“溢余”作为分配范围，就可以保证公司的“资本 (股本)”不受侵蚀，符合“资本维持”最本原的含义。

不过，20 世纪 70 年代后美国公司法学界对传统的法定资本规则 (包括溢余概念) 进行了猛烈批判。Thoughtworks 案法官也接受了学界的立场，认为“从公司溢余中进行分配”或“公司从溢余中向股东进行支付”均属于含糊不清的表述，用于分配的只能是公司“资产”、特别是现金，而非作为会计惯例结果的“溢余”。公司没有溢余时，依照法律自然不能进行分配或赎回；但即使有溢余，也可能因缺乏现金而无法进行分配或赎回股份。以“溢余”作为检验回购是否削弱公司资本的底线，只是为了防止公司分配后陷入资不抵债。虽然制定法对“资不抵债”的判断是用公司的资本 (capital)、而非清偿能力 (insolvency) 来衡量，但是普通法 (判例法) 长期以来还禁止公司在可能导致公司丧失清偿能力的情形下回购股份。因此，就限制回购的公司法管制目的而言，溢余标准只涉及资产负债表意义上的“资不抵债”，它并不充分、足够，还需要考虑公司实际上能否偿付债务。

2. 附加的限制——清偿能力标准

清偿能力指向的是债权人保护，这也是法定资本规则最核心的立法宗旨。就此目的而论，优先股股东与普通股股东的法律地位并未有何不同，都受制于不得损害债权人利益的限制。Thoughtworks 案法官在判决中重申了这一基本立场：“公司立法禁止公司在削弱资本的情形下回购股份，其意图是为了保护债权人。法律实现上述意图的方式，是禁止那些可能会导致向股东返还或再分配公司特定资产的交易，这些特定资产构成了 19 世纪以及 20 世纪早期的法学家所言的向公司提供信用的债权人赖以依靠的永久性融资基础（permanent base of financing）。”判决书回顾了自 19 世纪后期以来美国各州限制公司在可能导致丧失清偿能力的情形下进行回购的大量判例，同时援引了过去 100 多年间一些权威的公司法教科书对此问题的讨论，它们都确认，“优先股股东的回赎权不能削弱债权人的权利，因此，当行使赎回权丧失或有可能导致公司丧失清偿能力时，就不得行使”。即使特定公司的章程中关于优先股回赎的条款遗漏了“合法可用之资金”作为前提，类似的法律限制也会默认适用于公司的回购行为。

由此，法官将制定法的“溢余”标准与判例法的“清偿能力”标准结合起来，明确了特拉华州公司法在股份回购问题上的适用标准：“制定法所言之‘无清偿能力’，既包括公司的负债大于资产的情形，也指公司无法偿付到期债务的情形。虽然公司的资不抵债必然同时满足制定法关于无清偿能力的定义，但公司确实可能在拥有溢余（理论上可用于赎回自有股份）的情形下无法偿还到期债务。普通法关于禁止公司在无清偿能力或可能招致无清偿能力时赎回股份的规则，限制了公司在上述情形下回赎股份，这也就使得‘合法可用之资金’并不等同于‘溢余’。”

在此基础上，法官从资金来源与法律限制两方面对 Thoughtworks 公司章程及 PE 合同中“合法可用之资金”的含义阐释如下：“‘合法可用之资金’意味着手头的现金或者易于通过出售或借贷而获得的资金……（这些资金来源）既是一般意义上的可接近、可获得，眼下或者很快就可以投入使用，同时包含符合法律所规定的、或法律所许可的条件之意”，从而确保“公司能够继续作为持续经营的实体存在，不会因为分配而陷入无法偿付债务的境地”。

（三）如何确定公司所拥有的“合法可用之资金”的范围与金额

法官分三个步骤来处理这一问题，它们与金融实务中通常采用估值思路并不完全相同,展示了特拉华州法院将资本维持原则与债权人保护的理念适用于具体案件的裁判过程。

1. 分析起点是资产的真实经济价值,而非会计报表数据

长期以来,州公司法对“溢余”的界定是“公司净资产大于股本面值的部分”。这本来是一种会计计量模式,即“净资产 = 资产 - 负债”,而溢余则等于“净资产 - 股本”。不过,美国的主要商业州(如纽约州、加州)都允许为利润分配之目的而对资产价值进行重估,从而使得净资产并不等同于账面的“资产 - 负债”。特拉华州法院在 1997 年的 Klang v. Smith's Food & Drug Inc. 案(以下简称“Klang 案”)中也认可了这种做法,认为“不管资产负债表数字为何,都是过去的数据;公司资产的增值虽然尚未实现,但它反映了相关资产的真实经济价值,公司可以以此为担保来借款,债权人也可以依赖此资产来获得保障”。

2. 评估资产真实经济价值的合理方法应着眼于当前清偿能力,而非未来业绩

SV 的财务顾问评估 Thoughtwork 的所有者权益(equity)足以赎回全部优先股,依托的是金融实务最常用的三种估值方法——现金流贴现法、可比公司法以及可比交易法。这三种估值方法都建立在对未来业绩的估计基础上,因此遭到法官的拒绝。Thoughtworks 作为一个软件服务公司虽然有较高的估值和溢余,是因为其拥有可观的人力资本,但人力资本并不能被用于担保贷款;能用于清偿债务的只能是有形资产,后者恰恰是公司比较匮乏的。若公司支出数千万元的回赎款,必然导致经营性开支的减少。以人力资本为主的公司最主要的经营开支就是软件工程师的薪酬;削减支出就意味着减薪以及员工离职。如此一来,公司最有价值的资产会急剧减少,甚至荡然无存。这里俨然出现了一个悖论:如果公司不赎回优先股,则公司确实可能存在溢余,从而满足赎回优先股的法定资本规制;然而一旦开始赎回优先股,溢余也就消失了,不再满足赎回的法律前提。SV 的财务顾问出具的评估报告并未考虑这些情形,故未能反映公司资产的真实经济价值。

3. 公司自身对“合法可用之资金”的裁量受商业判断原则的保护

法院审查了 Thoughtworks 公司董事会在整个赎回过程中的表现,认为其做法无可指责,至少原告未能证明公司董事会的决策存在行为不端、恶意或欺诈。例如,公司董事会在每个季度末都听取法律顾问和财务顾问关于赎回的意见和建议,对公司的财务状况进行评估,包括:(1)公司是否有溢余可用于赎回优先股;(2)公司是否有现金或者是否容易获得现金来赎回优先股;(3)赎回优先股是否会危及公司的持续经营能力。虽然董事会在具体赎回优先股时与财务顾问建议的赎回规模有

出入,但并未违反善意或诚信原则。此外,董事会积极寻求外部资金支持,与多个潜在资金来源进行了接触,并在2009年获得了两家贷款人于尽职调查后给出的初步承诺,最多可借入2300万美元用于回赎全部优先股,只是这一报价因远低于优先股持有人的预期而挫败。法官认为,这一市场询价结果已经表明,Thoughtworks公司可用于回购优先股的资金充其量只有2300万美元,这也就是"合法可用之资金"的最大金额,此时公司章程中的回赎条款并不强制要求公司赎回全部优先股。

鉴于上述分析,Thoughtworks法官就如何确定"合法可用之资金"的金额作出如下结论:"当董事们审慎地考虑公司是否有合法可用之资金时,这个过程必然交织着很多主观判断。在此问题上(与优先股持有人)发生分歧并不构成一起微型评估补偿权事件(从而需要法官来审理确定相关标的的公平价值)。相反,(拟推翻董事会结论的)原告必须证明,董事会在确定合法可用之资金的金额时行为不端,依赖了不可靠的方法和资料,或者所做的判断如此偏离常规以至于构成欺诈或可推定为欺诈。"

(四)小结

针对优先股赎回权的法定限制,特拉华州法院明确"合法可用之资金"不仅指向制定法下的法定资本或溢余限制,而且包括其他制定法以及判例法的清偿能力限制。债权人利益保护的理念成为优先股股东无法强制执行赎回权条款的法律障碍,仿佛再次应验了半个多世纪前美国著名财务学家杜因(Dewing)教授的论断——"优先股合同中的赎回条款最好被视为是公司意图的明示,而非强制性法律义务"。

Thoughtworks案判决也标志着特拉华州法定资本规则的最新发展。虽然特拉华州未加入20世纪80年代的美国法定资本制革命,继续保留着传统的法定资本术语,但在1997年的Klang案中将作为分配尺度的"溢余"标准从静止的资产负债表概念中解脱出来,引入资产评估增值的现代金融观念。此番Thoughtworks案又进一步把"清偿能力"标准加入公司法限制回购的资本维持原则中,强调资产负债表下的"资不抵债"与破产法意义下的"清偿能力"的双重审查。实践中美国公司的注册资本微乎其微,这也就意味着,特拉华州的"溢余+清偿能力"标准与《修订示范商业公司法》的清偿能力标准已区别不大了。

更进一步,Thoughtworks案还将优先股背景下法定资本规则的操作纳入董事会的商业判断领域,在确定公司是否有溢余以及清偿能力时倚重公司董事会的决策并提供商业判断规则的保护;即使公司拒绝履行优先股合同下的回购承诺,只要董事会是善意、知情且真诚地为公司利益行事,其行为决策就免受责任追究。显然,这一立场符合特拉华州法院避免干预公司商业决策的惯常姿态,但它与之前优先股领域的经典判例——Jedwab 案所确立的“依据合同法来解决优先股股东特别权利诉求”的进路大相径庭。由此可能导致诉讼的焦点不再是公司是否有能力赎回优先股(履行合同的能力),而是转化为公司不赎回优先股能否得到商业判断规则的保护。一些美国学者担心,司法路径的改变可能会将优先股持有人在“债权人 vs. 优先股股东”的对峙之外又陷入“普通股股东 vs. 优先股股东”的冲突当中,损害优先股持有人的利益。

四、美国 PE/VC 投资法律实践可能提供的启示

以海富案对标美国法下有关对赌协议的实践,虽然只是管中窥豹,但也足以澄清目前国内众多文献关于美国法的误读,并给我国 PE 实务以及对赌协议的司法实践提供多方面的启示。或许“硅谷无对赌”的说法过于绝对,但美国实践确实昭示了金融创新或科技发展并不必然排斥法律管制,一个充满活力的 PE/VC 投资市场也完全可以尊重公司法以及资本维持原则的底线。当然,这种理想状态的实现也有赖于司法系统的专业性,对公司财务运作纠纷秉持注重合同可履行性而非交易合法性的裁判进路。

(一)对赌协议的合同属性无法脱离公司法的强制语境

公司是人们聚合资本进行商业经营的基本形式。不论是以普通股还是以优先股作为资本结构的工具,投资于公司都必然涉及合同法以及公司法的双重适用,前者处理股东之间的合意,后者处理公司组织体的各类资金提供者(包括股东及债权人)之间的关系。PE/VC 投资只是因专注于特定商业阶段或行业的企业(如创业企业或者高科技企业)而面对更大的不确定性风险,故其权利义务构造具有量身定做的特点,但单单这一特性并不改变合同法与公司法双重规制的格局。

具体到对赌协议,基于操作模式上的差异,对赌协议适用的公司法条款不同,承受的强制性也各异。类似海富案下的“公司现金补偿 + 退出回购”的安排,必然落入公司法资本维持原则的窠臼。法定资本制处理公司股东与债权人之间的利益冲突,涉及公司法人制度的核心命题,故传统上属于公司法的强管制领域,中外皆然。在 20 世纪末的全球性资本制度改革浪潮后,各国法定资本规则对商业实践的简单粗暴干预已经大大消解,但并未抛弃“保护债权人利益、减少股东有限责任的负外部性”这一基本理念,只是更多地转向清偿能力规则、揭开公司面纱规则甚至

商业判断规则等来综合体现法律对债权人利益的关照。在这个问题上,优先股与普通股的法律地位并无不同,尽管优先股通常被认为兼具“债权”与“股权”双重属性,但相对于常规债权人,优先股股东的受偿地位仍然劣后于债权人,从而使其从公司取得收益或资产的权利(赎回权或者股息分配权)受制于资本维持原则或清偿能力限制。从美国风险投资协会《示范合同》来看,无论是投资合同条款还是公司章程仍然对公司资本管制的风险给予高度关注。基于 Thoughtworks 案的经验,如果海富案发生在美国,特拉华州法院也仍然会适用法定资本规则以及债权人保护的逻辑来审理、裁判对赌协议。

特别需要指出的是,公司法的强制性规则、法定资本制约束或者债权人保护的理念并不必然会抑制 PE/VC 投资市场的活力。至少,它们并未延缓 PE/VC 在美国的流行,也未阻碍高科技创新企业的迅猛发展。尤其是美国科技创新企业的大本营——加州硅谷,就处于管制色彩最浓的加利福尼亚州公司法的“威胁”之下;即使创业公司在特拉华州注册,也可能被视为“准加州公司”而强制适用加州公司法的特定条款。加州公司法的资本维持原则是美国各州公司法中最严的,包括传统的资本维持概念、资产负债比例要求以及清偿能力三方面的要求,不论是分红、其他形式向股东的支付还是股票回购或赎回都适用同样的标准和限制。前述美国风险投资协会及相关律所的调查显示,赎回条款在美国西海岸的 PE/VC 合同中较东海岸更少见,恐怕与加州公司法的资本管制更严格有关。然而,这一切并未妨碍加州硅谷在过去半个多世纪中持续引领美国、甚至全球的高科技创新浪潮。由此来看,国内一些学者所担心的“公司法管制或者司法否决对赌协议将导致风险投资或高科技创业企业发展受挫”恐怕是多虑了。

(二)法定资本规制并未消灭 PE/VC 投资合同解决估值不确定问题的自治空间

由于公司法资本管制历史悠久,美国商业实践对此早有预期,故选择了切实可行的路径来消除信息不对称或者估值障碍,前述分期融资机制、股权比例调整、反稀释安排等皆属此类。它们比海富案式的“公司现金补偿”更好地体现了股权投资“共担风险”的理念,同时也符合“估值调整”的本义。在 Thoughtworks 案判决中,法官还进一步提醒实务界,若着眼于投资变现但又不希望受到法定资本规则的束缚,PE/VC 投资者可以使用其他债权性更强的投资工具(如可转换公司债或者普通债权加权证),或者利用《股东协议》中的领售权(drag - along right)条款出售其证券并强制其他公司股东跟随,因为领售权实际上赋予了优先股持有人无须经过公司董事会就可以将整个公司出售给第三人的权利。

值得注意的是,美国 PE/VC 实务中克服估值困难的标准做法——分期融资/注资安排——在我国早期的境外 PE 基金与国内企业的对赌协议中就已经出现,但未引起人们重视。2005 年凯雷基金(美资)与徐工集团及其子公司徐工机械的对赌协议约定:凯雷以相当于 20.69 亿元人民币的等额美元购买徐工集团所持有的 82% 的徐工机械股份,同时徐工机械在现有 12.53 亿元人民币注册资本的基础上,增资 2.42 亿元人民币并全部由凯雷认购。凯雷须在交易完成的当期支付 6000 万美元;如果徐工机械 2006 年的经常性 EBITDA 达到约定目标,凯雷还将为此股权再支付 6000 万美元。换言之,6000 万美元的估值差异作为凯雷的或有出资(contingent payment),在入股的第一年末根据徐工机械的业绩目标而确定是否实际投入公司。这样,即使徐工方面对赌失败,公司与股东间的现金型对赌也无须受制于我国公司法的资本管制。遗憾的是,凯雷—徐工对赌方案的法律构造悄然滑过实务界及学界的视野,而海富案式的对赌架构大行其道,执着于以公司现金补偿的方式挑战资本维持原则的底线而不自知。

笔者认为,中、美两国 PE/VC 实务界在应对资本管制方面的敏感性差异,一方面可归咎于我国公司法文本对资本维持原则语焉不详,另一方面也折射出两个国家的商业实践与公司资本制度的融合程度相去甚远。在美国,经历了近 200 年的熏陶后,法定资本制原始的、粗疏的规则已经成为"根植于商人、律师、会计师和银行家良心深处的基本原则"。相形之下,我国公司法对法定资本制的接纳与批判可能都太过仓促,使得这一规制的逻辑尚未展开便急于结束,未能给商业实践提供清晰的、有建设性的指引。海富案引发的持续争议可谓这种缺失的又一个例证。

(三)对赌协议的裁判重点不在于交易类型合法性,而在于合同履行之可行性

公司财务运作以利益为导向,通常不涉及非黑即白的是非判断,而是相关主体之间经济利益的协调与平衡。大多数纠纷中,核心争议往往并非相关交易之合法性或者相关合同条款的法律效力,而是当事人之间原来达成的合意是否能够履行以及应如何履行,从而不至于给当事人或者其他案外人带来损害或新的不公平。

具体到对赌协议问题上,不论是初始估值调整时由公司对 PE/VC 给予现金补偿,还是 PE/VC 退出时由公司赎回股份,都受制于以法定资本制为核心的公司法管制;但这并不导致上述两种交易或合同条款直接无效,而是说它们需要经受资本维持原则的检验。检验的过程更多的是一个事实发现与可行性评价的过程,靠细节

定乾坤。在 Thoughtworks 案中,法官最后判决作为原告的 PE 败诉,并不是因为 PE/VC 合同中的“赎回权”条款违法而无效,而是因为 Thoughtworks 公司缺乏足够的资金来赎回,PE 也未能证明公司在回购后仍然能保持其清偿能力和持续经营状态。因此,虽然最终的判决结果令 PE 沮丧,但美国的 PE/VC 实务界与法学界均未质疑司法干预商业实践或阻碍金融创新,也未见其批评法定资本制的僵化与过时。

相比之下,海富案再审判决书缺乏对世恒公司财务状况的分析,只有宣言式的结论,“……海富公司的投资可以取得相对固定的收益,该收益脱离了世恒公司的经营业绩,损害了公司利益和公司债权人利益。”结果,再审判决简单区分对赌主体来认定对赌协议效力的处理方式,导致实务界普遍产生“只能与股东对赌,不能与公司对赌的”误读,“投资者与公司对赌”俨然成为法定资本制下当然无效的合同条款。

实际上,“投资者与公司对赌”并不必然会损害债权人利益。号称“逆转”海富案的某对赌协议仲裁案就是一个很好的例子,具体可参见熊美琦的《突破“对赌协议”第一案》一文。在该案中,因被投资企业未达到对赌协议约定的业绩水平(目标利润 3 亿元,实际实现利润 1.5 亿元),仲裁庭裁决公司向 PE 投资者支付按对赌条款计算的补偿款 0.99 亿元。PE 方律师声称是“支持金融创新”的理念让仲裁庭颠覆了海富案裁决,但是适用资本维持原则的结果完全可以支持这一裁决。由于公司当年实现利润 1.5 亿元,大于对赌协议规定应支付给 PE 投资者的补偿款,因此,公司向 PE 投资者支付补偿款完全可以视为公司对 PE 投资者进行定向利润分配。依照《公司法》第 35 条关于有限责任公司分红的规定,这种定向分配对债权人以及公司本身的利益都不构成损害,且为公司全体股东所认可,实体上与程序上都无可厚非。因此,只要基于该案的特定事实并依据资本维持原则来进行具体分析,就会得出与海富案不同的结论。从这个意义上说,“逆转”海富案的并非“支持金融创新”等大词,而是诉争公司的财务状况之事实细节;当然,它们也再清晰不过地揭示了海富案主流解读之谬误所在。

(四)积极与消极的司法裁判路径皆有可能,关键在于专业化

或许是出于对海富案再审判决的失望以及对司法逾越商事自治边界的担心,有学者提出了一种程序化的解决方案。它着眼于对债权人的事后救济,“不预设哪些公司交易会损害债权人利益,也不为私人的理性选择预设标准答案,而是设置一定的纠纷解决程序,由这一问题的直接利害关系人——债权人——选择是否发动这一程序。交易是否害及债权人利益将通过这一程序中私人的选择和互动得到揭

示，债权人的权益也会通过这一程序获得救济"，具体可参见潘林的《"对赌协议第一案"的法律经济学分析》一文。这一方案依托于"由债权人选择依据公司法人格否认等制度揭示公司责任财产不当减损的事实、实现债务的清偿"，不仅对于防止司法过度干预商业自由有积极意义，而且也便于法官获取证据，查明公司财务状况的真相，避免再次出现海富案再审判决那种对事实含糊不清的表述。

不过，对于类似海富案下公司与 PE 两造当事人已经提交到法院的争议，法官直接适用公司法规则进行裁判的司法路径更加直截了当，也提高了司法效率。这也是 Thoughtworks 案法官的做法。需特别强调的是，法官在这种裁判路径下不能仅基于原则说话或者止步于效力宣判，而应当将资本维持原则具体适用于相关案件的裁判过程具体展示出来，以便向商业实践传递清晰的法律信号。仍然以 Thoughtworks 案与海富案的判决书为例。Thoughtworks 案的法官对于法定资本制下的"溢余"与公司"资产(资产)"和"清偿能力"等概念的界分，对于现代金融理论提供的公司估值方法与公司持续经营能力之间关系的讨论，对于公司业务模式、资产形态及其与偿债能力之间联系的分析，对于公司寻求外部资金未果导致履行合同事实上不可能等商业细节的关注，清晰地展现了法定资本制如何具体规制 PE/VC 投资合同的回赎权。相反，海富案再审法官高度凝练的宣言和裁判无法解答人们的困惑：为什么"脱离经营业绩"的"相对固定"的投资收益就会损害公司或债权人的利益？为什么允许融资方自食其言、不守诚信？为什么不能尊重 PE 合同的创新以及意思自治？判决书的含糊其词也导致一些学者误以为法官们缺乏对 PE 投资特殊性的理解，忙于从风险投资或者估值方法等知识层面纠正法院的认知错误，甚至为突出 PE 投资合同的特殊意义而无视资本维持原则之存在。

当然，这种积极的、正面裁判的司法路径不仅对法官的知识结构与能力提出了新挑战，也对公司法规则及其法理资源提出了更高的要求。我国《公司法》目前对于资本维持原则的表述方式客观上给法官适用法律直接裁判设置了障碍。因此，当下最迫切的工作不是批评法律管制是否过时或者法院是否保守僵化，而是学界与实务界共同努力厘清公司法（包括但不限于资本维持原则）的逻辑在 PE/VC 投资领域的具体运作方式，先了然于心，而后无碍于行。

与目标公司对赌的效力认定及相关法律风险防范

刘　明
北京市昌平区人民法院

一、经典案例

2011 年 4 月 29 日，A 私募股权投资基金及 8 名投资人（投资方，甲方）与碧海公司（目标公司，乙方），邸某、李某（控股股东，丙方）签订《增资协议》，约定：乙方经公司股东大会决议通过，拟向甲方 9 名特定对象定向增资，非公开发行人民币普通股股票共计 1600 万股，定向增资完成后乙方股本增至 7600 万股，注册资本也增至人民币 7600 万元；本次新股发行的价格为人民币 7.25 元/股；其中，A 基金同意以现金人民币 22,496,750 元认购乙方本次非公开发行的 310.3 万股股票，占本次非公开发行股份总数的 19.39375%；本次公开募集资金后，A 基金的持股数额为 310.3 万股，持股比例为占公司总股本的 4.0829%；本协议的任何修改、变更应经本协议各方另行协商，并就修改、变更事项共同签署书面协议后方可生效；本协议自各方签署之日起生效，非经各方一致书面同意，不得单方终止本协议。

同日，上述三方签订《补充协议》，约定：如果目标公司未能在本次增资之"交割日"起 36 个月内完成合格 IPO，乙方及丙方有义务以现金方式按照任一甲方要求部分或全部购回（回购）甲方所持有的股份。回购价格为：甲方实际投资额再加上每年 10% 的内部收益率溢价，计算公式为：$P = M \times N \times (1 + 10\% \times T)$；其中，P 为甲方根据本条就其要求回购的股权可获得的回购价格，M 为甲方对乙方已认缴的增资额，N 为此次甲方有权回购的股权比例占其总持股比例的百分比，T 为自交割日至乙方及丙方实际支付全部回购价格之日的自然天数除以 365。该协议第 5 条还同时约定了业绩承诺条款，即公司净利润指标 2011 年度应不低于人民币 7600 万元，2012 年度应不低于人民币 9880 万元；如果这两年中任一年度当期实际净利润低于承诺利润指标的 95% 但高于 75%，届时公司的当期估值根据公式进行调整，调整后，任一甲方可要求乙方和丙方补偿甲方投资成本；如果公司这两年中任一年度当期实际净利润低于承诺利润指标的75%，甲方有权按照本补充协议的约定要求乙方、丙方回购甲方在乙方中持有的部分或者全部股份。如果公司在交割日后36个月内实现合格IPO，则自上市之日起，本协议第5条自动失效。

2013年5月23日，A基金（甲方）与邸某、李某（乙方）、碧海公司（丙方）签订《解除补充协议书》，约定甲、乙、丙三方共同决定对之前签署的《补充协议》提前进行终止。

同日，A基金（甲方）与邸某、李某（乙方），碧海公司（丙方）签订《协议书》，约定：如果丙方未能在本协议签署之日起24个月内成功完成其首次公开发行并上市，或者丙方在上市后一年内出现违法、违规问题，则甲方有权参照以下价格，要求乙方全部或部分回购甲方在丙方中持有的股份。回购价格为：甲方实际投资额再加上每年10%的内部收益率溢价，计算公式为：$P=M\times N\times(1+10\%\times T)$；其中，P为甲方根据本条就其要求回购的股权可获得的回购价格，M为甲方对乙方已认缴的增资额（扣除丙方已宣告归于甲方所有但未发放及已发放的现金红利，如有），N为此次甲方有权回购的股权比例占其总持股比例的百分比。T为自甲方根据甲、乙、丙三方和其他方于2011年4月29日签署的《增资协议》向丙方缴付增资款之日至乙方及丙方实际支付全部回购价格之日的自然人天数除以365。乙方应确保在甲方提出书面要求后90日内将上述回购价格全额支付到甲方指定的银行账户内。丙方就乙方在本协议项下的义务，向甲方承担连带保证责任。如在上述第2条的期限内乙方未能全额支付回购价格，丙方应向甲方支付未付的回购价格。就乙方回购甲方的股份，甲、乙、丙三方应积极配合办理股权变更手续。

同日，A基金（甲方）与邸某（乙方）签订《补偿协议》，约定：就《补充协议》中约定的有关2011年度业绩补偿事项，各方作出如下约定：(1)双方同意由乙方向甲方支付投资补偿金525万元；乙方承诺在本协议生效后的一个工作日内向甲方一次性支付补偿金人民币280万元，剩余人民币245万元在乙方承诺在碧海公司完成首次公开发行并上市交易后的13个月内向甲方支付。如果乙方出现逾期付款的情况，须按照日息千分之一向甲方支付逾期利息。(2)各方在《补充协议》中约定的其他条款不变，如本协议所约定的相关2011年度业绩补偿方案与《补充协议》有不一致的，以本协议为准。(3)无论《补充协议》因任何原因被终止或解除，均不影响乙方在本协议项下的支付补偿款义务及违约责任。

上述协议签订后，A基金等九个投资方履行了出资义务，碧海公司亦于2012年

12月20日变更了相应股权工商登记。2013年5月28日，碧海公司修改公司章程，该章程除载明各股东出资金额及出资比例外，还载明：公司股东除法律、行政法规规定的情形外，不得退股；不得滥用股东权利损害公司或者其他股东的利益，若造成损失的，应当依法承担赔偿责任；公司除特定情形外，不得买卖本公司的股份。2013年6月1日，碧海公司召开临时股东大会，通过相关议案，同意碧海公司首次公开发行股票并在上海证券交易所上市，该决议自公司股东大会审议通过之日起24个月内有效。后碧海公司向证监会提交了公开发行股票（IPO）申请，但于2014年7月1日被终止审查。该公司现未上市。

2014年7月7日，A基金向邸某、李某发出《关于要求回购股份的通知》，载明：鉴于证监会已根据碧海公司的申请，终止对碧海公司IPO申请的审查工作，并于2014年7月1日发布公告正式公布了该事项。据此，碧海公司已无法在2015年5月23日之前完成首次公开发行并上市，贵方与我公司于2013年5月23日签订的《协议书》中约定的回购条件已成就。现我公司正式通知贵方根据上述《协议书》中约定的条件回购我公司持有碧海公司的全部股份（3.49%），请贵方收悉本通知后立即履行股份回购义务，支付相应回购价款。后因A基金与碧海公司、邸某、李某就股权回购及补偿金支付等事项产生争议，故A基金诉至法院，请求判令：（1）邸某、李某按照《协议书》约定向A基金支付股权回购款【按照以下方式计算：22,496,750元×100%×（1+10%×实际回购天数/365天），其中实际回购天数为自2011年5月30日至实际回购之日】；（2）碧海公司对上述股权回购价款支付义务承担连带责任；（3）邸某按照《补偿协议》的约定向A基金支付补偿金245万元。[1]

本案系投资方[2]对目标公司进行高溢价增资时与目标公司及其控股股东对目标公司实现IPO时间、未来业绩进行对赌，若目标公司未实现对赌目标则投资方有权要求目标公司及控股股东回购股权的典型案例。从本案的成因分析，其性质属于股权投资过程中投资方与融资方签订协议进行溢价增资，当投资方预期投资利益无法实现时，触发投资方与融资方事先约定的退出条款，投资方要求融资方返还投资并予以补偿所引发的纠纷。投资方与融资方签订的相关协议在业界通常称为“对赌协议”。

---

〔1〕 参见北京市第二中级人民法院（2015）二中民（商）终字第12699号民事判决书。

〔2〕 “投资方”是指对目标公司进行增资的投资机构，其在增资后成为公司的股东，为行文方便文中统称“投资方”。

二、对赌协议的定义、构成要素及类型

(一)对赌协议的定义

通常,对赌是指投资方与融资方在达成融资协议时,对于未来不确定的情况进行一种约定:如果约定的条件出现,投资方可以行使某种权利;如果约定的条件不出现,融资方则行使某种权利。[1] 所谓“对赌协议”,就是包含“对赌条款”的协议,在我国主要是由海外私人股权投资基金在投资时所采用。[2] 对赌协议也被称为估值调整机制(valuation adjustment mechanism,VAM)。近年来,在我国私募投资领域被广泛应用。“尽管国内文献众口一词地将对赌协议或估值调整机制(VAM)视为国际资本市场或PE/VC投资的常用工具,但这些概念并不见于域外的法律文件,而是发源于2002年至2004年大摩等境外基金投资蒙牛时设立的一项依业绩调整股权比例的安排,并经2004年蒙牛于香港联交所上市之招股说明书的描述而为公众所知。随后,永乐、太子奶等民营企业与境外投资者对赌失败的悲剧让这一术语广泛流传”。[3] 对于对赌协议中补偿条款的性质,有的学者认为是一种为了保证投融资双方在对公司估值无法达成一致时能够把交易进行下去而设计的交易结构。[4] 也有学者认为属于非典型合同,并称之为“金融创新”。[5]

对赌协议的产生肇始于私募股权投资的交易需要。通常情况下,作为融资方的目标企业可能因为缺少资金而无法进一步发展,有着迫切融资的需求,而作为投资方也有急于投资赚取利润的需要。但是投资方对融资方的经营状况并不了解,仅仅通过尽职调查也无法摸清融资方的经营情况,投资方处于信息不对称的困境之下,无法对融资方进行精确估值。在这种情况下,投资方与融资方签订协议进行溢价增资,并约定预期目标如约定实现IPO的时间、或约定未来年度要实现的净利润、销售收入等,如果预期目标未实现,则融资方须兑现对投资方的承诺,如回购股权、现金补偿等,以使投资方能够退出目标企业。简言之,对赌协议是投资方为促成

---

〔1〕 参见刘乃进主编:《私募股权基金筹备、运营与管理:操作细节与核心范本》,法律出版社2015年版,第226页。

〔2〕 参见谢海霞:《对赌协议的法律性质探讨》,载《法学杂志》2010年第1期。

〔3〕 刘燕:《对赌协议与公司法资本管制:美国实践及其启示》,载《环球法律评论》2016年第3期。

〔4〕 参见彭冰:《“对赌协议”第一案分析》,载《北京仲裁》(2012年第3辑),中国法制出版社2012年版。

〔5〕 潘林:《金融创新与司法裁判:以我国“对赌协议”的案例、学说、实践为样本》,载《南京师大学报》(社会科学版)2013年第3期。

交易、合理确定股权价值、降低投资风险、激励管理层等目标与目标企业、控股股东、实际控制人签订的一种利益平衡工具。

（二）对赌协议的构成要素

从对赌协议的签订主体来看，通常有投资方与目标公司及其股东对赌、投资方与目标公司之间对赌、投资方与目标公司股东或实际控制人之间对赌。对赌的方式分为单向对赌和双向对赌，其中单向对赌是指只约定了融资方补偿投资方的条款，双向对赌是指不仅约定融资方在条件成就时补偿投资方，还约定在条件成就时投资方补偿融资方的对赌方式。对赌的目标主要是对目标公司的业绩对赌、上市时间对赌、市场占有份额等。对赌机制根据对赌主体的不同有所区别，通常分为业绩补偿条款、股权回购条款、估值调整条款。其中，业绩补偿，是指投资时目标企业或原有股东与PE机构就未来一段时间内目标企业的经营业绩进行约定，如目标企业未实现约定的业绩，则需按一定标准与方式对PE机构进行补偿。[1] 股权回购，是指投资时目标企业或原有股东与PE机构就目标企业未来发展的特定事项进行约定，当约定条件成就时，PE机构有权要求目标企业或原有股东回购PE机构所持目标公司股权。[2] 估值调整，是指PE机构对目标企业投资时，往往按PE（市盈率）法估值，以商定的PE值与目标企业当年预测利润的乘积，作为目标企业的最终估值，以此估值作为PE投资的定价基础，PE投资后，当年利润达不到约定的预期利润时，按照实际实现的利润对此前的估计进行调整，退还PE机构的投资或增加PE机构的持股份额。[3]

（三）对赌协议的类型

据新三板论坛统计自2016年3月至2017年3月，在股转系统挂牌的企业中有135家企业签订过308份对赌协议，其中许多公司签订了多份对赌协议。308份对赌协议中，有120份协议中有IPO指标，基本100%有业绩对赌。[4] 通过调研发现，投融资双方的对赌协议中关于对赌实现IPO时间、对赌业绩所占的比重最大，主要

---

〔1〕 参见刘乃进：《私募股权基金筹备、运营与管理：操作细节与核心范本》，法律出版社2015年版，第226页。

〔2〕 参见刘乃进：《私募股权基金筹备、运营与管理：操作细节与核心范本》，法律出版社2015年版，第226页。

〔3〕 参见刘乃进：《私募股权基金筹备、运营与管理：操作细节与核心范本》，法律出版社2015年版，第226页。

〔4〕 参见http://m.10jqka.com.cn/20170325/c597130409.shtml，最后访问日期：2017年4月21日。

类型概况如下：

1. 对赌实现 IPO 时间

（1）投资方与目标企业、控股股东对赌，若未在约定的时间内完成 IPO，则目标公司、控股股东回购投资方持有的股权。如在对赌协议中约定：如果目标公司未能在本次增资之“交割日”起 36 个月内完成合格 IPO，目标公司及股东有义务以现金方式按照投资方的要求部分或全部购回投资方所持有的股份。

（2）投资方与目标公司、控股股东对赌，若未在约定的时间内完成 IPO，则目标公司及控股股东对投资方进行现金补偿。如在对赌协议中约定：目标公司在投资方增资认购之日起 36 个月内没有成功 IPO，则投资方有权向控股股东、目标公司要求现金补偿。

2. 对赌未来经营业绩

（1）投资方与目标公司、控股股东对赌，若未完成约定的业绩目标，投资方有权要求目标公司及控股股东回购股权。如约定：目标公司 2011 年度净利润指标应不低于人民币 7000 万元，2012 年度应不低于人民币 10,000 万元；如果这两年中任一年度当期实际净利润低于承诺利润指标的 95% 但高于 75%，届时公司的当期估值根据公式进行调整，调整后，投资方可要求目标公司和控股股东补偿投资方的投资成本；如果目标公司这两年中任一年度当期实际净利润低于承诺利润指标的 75%，投资方有权按照本补充协议的约定要求目标公司、控股股东回购投资方在目标公司中持有的部分或者全部股份。

（2）投资方与目标公司对赌，若目标公司未实现对赌目标则目标公司对投资方进行补偿，控股股东承诺为目标公司提供担保。如约定：目标公司承诺 2010 年度实现净利润不低于 2.4 亿元，2011 年实现利润不低于 5 亿元。如目标公司 2010 年实现年度净利润低于 2.4 亿元，目标公司应对投资方进行补偿，控股股东承诺担保赔偿。如目标公司 2011 年实现年度净利润低于 5 亿元，目标公司应对投资人进行补偿，控股股东承诺担保赔偿。

（3）投资方与目标公司及控股股东对赌，若未完成对赌业绩，目标公司及控股股东对投资方进行现金补偿。如目标公司和控股股东承诺：2010 年目标公司的净利润不少于 3000 万元，若目标公司未达到承诺之利润目标，则投资方有权要求目标公司及控股股东以现金方式向投资方作出补偿。

三、涉对赌协议诉讼产生的背景及类型

(一)涉对赌协议诉讼产生的背景

近年来,随着私募股权投资基金在我国投资活动的日益活跃,“对赌协议”越来越多地被运用到投资领域,因对赌协议引发的纠纷也急剧增加。

备受关注的“对赌协议第一案”——苏州工业园区海富投资有限公司与甘肃世恒有色资源再利用有限公司、香港迪亚有限公司、陆波公司增资纠纷案(以下简称“海富投资案”),历经兰州市中级人民法院一审、甘肃省高级人民法院二审、最高人民法院再审三次审理,终于在2012年年底尘埃落定。最高人民法院在该案终审判决书中认定:股东[1]与公司对赌的约定,使股东的投资可以取得相对固定收益,该收益脱离公司的经营业绩,损害公司利益和公司债权人利益,违反《公司法》第20条和《中外合资经营企业法》第8条的规定,该部分条款无效。同时认定,目标公司的控股股东与投资方的对赌承诺并不损害公司及公司债权人的利益,不违反法律法规的禁止性规定,是当事人的真实意思表示,是有效的。[2]

最高人民法院在该判决中对对赌协议效力的认定,被业界人士称为“二分法”,即“投资方[3]与目标公司对赌无效,与公司其他股东对赌有效”。该判决书中确立的裁判规则对投资界产生了极其深远的影响,可谓“一石激起千层浪”。对赌失败的融资企业找到了不履行对赌协议名正言顺的理由——对赌协议无效,这使得很多目标公司撕毁“君子协议”,大量纠纷浮出“水面”。而各地法院对对赌协议效力认定,几乎都遵循了最高人民法院在“海富投资案”中的认定标准:投资方与目标公司的对赌,使投资方的投资可以取得相对固定收益,该收益脱离公司的经营业绩,损害公司利益和公司债权人利益,投资方与目标公司之间的对赌协议无效。

然而,投资方与目标公司之间的对赌协议是不是真的损害了目标公司的利益和公司债权人的利益?如何损害了目标公司及其债权人的利益?投资方是不是目标公司的债权人?在技术层面是否有不损坏公司利益和公司债权人利益的操作路径?这些问题在理论界和实务界都引发了大量讨论。而争议的焦点均回归到投资方与目标公司的对赌协议效力上。以下本文所讨论的对赌协议如无特别说明皆指

---

〔1〕 此处的“股东”是指对目标公司增资之后成为目标公司股东的投资方,为行文方便以下统称为“投资方”。

〔2〕 参见最高人民法院(2012)民提字第11号民事判决书。

〔3〕 此处的“投资方”是对目标公司进行增资与目标公司对赌的股东。

投资方与目标公司之间签订的对赌协议。

（二）涉对赌协议诉讼的主要类型

司法实践中，该类纠纷产生的直接原因为目标公司、控股股东或实际控制人对赌失败后，不履行对赌协议，投资方提起诉讼要求履行协议。该类诉讼的案由，通常包括公司增资纠纷、股权转让纠纷、合同纠纷、新增资本认购纠纷、股份回购纠纷等。当事人的诉讼地位及诉讼请求主要包括以下情形：

1. 投资方作为原告，控股股东作为被告，目标公司作为第三人，投资方要求控股股东履行股权回购义务支付股权回购款及利息，目标公司承担连带责任。

2. 投资方作为原告，控股股东作为被告，目标公司作为被告。投资方要求控股股东履行股权回购义务支付股权回购款及利息，目标公司承担连带责任。

3. 投资方作为原告，控股股东和目标公司作为被告。因目标公司未完成对赌业绩，投资方要求控股股东及目标公司支付现金补偿。

四、对赌协议的效力认定

理论界和实务界对投资方与目标企业的实际控制人或控股股东之间的对赌协议的效力没有争议，但对投资方与目标公司之间对赌协议的效力争议最大，仁者见仁智者见智。有的学者认为，若从私法观察，对赌协议作为私法上财产自我估值机制的一种形式，可以归结为与附生效条件合同貌合神离而贴近射幸合同的非典型合同，在我国现行法律框架下，私募股权投资中对赌协议的运行不存在任何合法性障碍。[1] 但在目前我国《公司法》语境下，基于资本维持原则、债权人利益保护的立场，法院对投资方与目标公司的对赌协议效力持否定态度。而仲裁机构基于尊重意思自治、坚持商业思维的考虑则倾向于持肯定态度。法院与仲裁机构对对赌协议效力不同的认定，均已被大量裁判文书所证实。

笔者通过调研总结，将目标企业、投资方、法院、仲裁机构对对赌协议效力认定及依据概括如下：

（一）目标公司主张对赌协议无效

目标公司在对赌失败后，其主张对赌协议无效的理由主要概括如下：

1. 要求目标公司回购股权违反“资本维持”原则。投资方对目标公司进行增资后并成为目标公司的股东，作为目标公司的股东之一的投资方，要求目标公司回购

〔1〕 参见傅穹：《对赌协议的法律构造与定性观察》，载《政法论丛》2011 年第 6 期。

其持有的公司股份，不符合公司法的相关规定，违反资本维持原则。

2. 对赌协议中要求目标公司回购股权的条款具有保底性质，违反投资领域“风险共担”的原则。投资方设定的目标公司回购股权的价款加上固定的回报率计算实际利息，构成事实上的“保底条款”。根据最高人民法院《关于审理联营合同纠纷案件若干问题的解答》的规定，保底条款违背了投资领域的风险共担原则，因此对赌协议无效。

3. 对赌条款损害了目标公司及公司债权人的利益。对赌协议中关于目标企业对回购股权或支付现金补偿承担责任的约定，使得投资方的投资可以取得相对固定的收益，该收益脱离了目标企业的经营业绩，实质上损害了公司利益和公司债权人利益，因此对赌条款无效。

4. 对赌协议中要求目标公司为股东对赌失败后的后果承担连带责任的约定未经股东大会决议，应属无效。《公司法》第16条第2款规定，“公司为公司股东或者实际控制人提供担保的，必须经股东会或股东大会决议”。投资方与目标企业及控股股东关于目标公司对股权回购价款支付承担连带责任或对现金补偿承担连带责任的约定并没有经过股东大会决议，因此该约定无效。

（二）投资方认为对赌协议有效

实践中，投资方主张对赌协议有效的主要理由概括如下：

1. 对赌协议是各方当事人的真实意思表示，不违反法律法规的强制性规定。对赌协议的签署是在投资方实现投资收益和融资方寻求低成本融资的共同目标下，经过各方多次激烈谈判和细致周密的尽职调查，在对公司股权估值、投资额、投资期限、退出方式和估值调整责任等诸多事项协商一致的基础上完成的，充分体现了意思自治原则，是各方真实意思表示，且不违反法律法规的强制性规定。

2. 对赌协议符合公平原则和等价有偿原则。对赌协议中约定的现金补偿条款是基于投资方在不掌控目标公司的经营管理、目标公司前景不确定、签约双方信息不对称的情况下签订的。投资方以远高于注册资本的对价获得股权，由于在增资时投资方无法准确地对目标公司的股权进行估值，投资方所获取的股权与付出的对价可能严重不对等，因此，约定在目标公司未实现预期利润或未达到目标时，对所占股权溢价款部分进行返还，可以确保投资人的投资与其所获得的股权估值相匹配，符合公平原则和等价有偿原则。

3. 对赌协议的实质可以理解为投资方对目标公司的高溢价增资部分系附条件归属于目标公司，当条件未成就时，目标公司以现金补偿的方式退还溢价增资部分。投资方认购的股票的发行价格包括两部分:一部分是股票的票面金额,另一部分是溢价部分。但只有在对赌协议履行后才能确定最终的股票发行价格。例如,投资方以 3000 万元对目标企业增资获取注册资本为 600 万元所对应的股权,投资方认购股权的发行价格包括两部分:600 万元计入注册资本,属于履行确定的出资义务;2400 万元附条件归入资本公积金,属于附条件的出资义务,即在对赌目标实现时,完全归属于目标公司,未实现对赌目标时,在现金补偿款额度范围内返回投资方,扣除现金补偿款后的余额归属于目标公司。

4. 在溢价增资的额度内对投资方进行补偿不损坏目标公司、公司债权人和其他股东的利益。由于股权的价值本质是对目标公司未来的盈利的估值,这一估值在投资时并不准确,会出现估值过高和过低的问题。因此,需要根据对赌目标是否实现对估值进行调整。例如,投资方以 3000 万元换取注册资本 600 万元的股权,股本溢价达 400% ,2400 万元附条件计入资本公积。2400 万元系附条件归属公司所有,如果未实现对赌目标,对股权的价值进行重新调整,2400 万元不转为公司所有,不存在损害公司利益的问题。如实现对赌目标,投资方获取的股权的价值不存在调整的问题,溢价增资部分 2400 万元确定归属于目标公司,则公司、公司的股东及公司债权人均受益,所以,在溢价增资的额度内进行现金补偿并不损害公司、债权人和其他股东的利益。

5. 现金补偿条款是否损害了目标公司及其股东、债权人的利益,不宜脱离履行的实际情况来判断,应结合目标公司的财务状况进行分析。例如,在某案件中,目标公司 2009 年的所有者权益为 252, 929, 736. 39 元,股东股本为 231, 900, 000 元,每一元出资对应的权益为 1. 09 元,2011 年,所有者权益 1, 615, 740, 664. 58 元,股东股本为 479, 000, 000 元,每一元出资对应的权益为 3. 37 元,按照对赌协议的约定目标公司应补偿投资方现金 197, 900, 664. 58 元,即使对投资方的现金补偿约定全部履行,扣减补偿金后,每一元对应的权益为 2. 96 元。相比 2009 年度的财务状况,公司和股东的状况都得到改善,并没有受到损害。而 2011 年目标公司的对外负债是 3, 299, 950, 170. 1 元,公司资产是 4, 915, 690, 834. 68 元,即使对投资人支付了现金补偿款,公司债权人仍能得到全额清偿。因此,现金补偿条款并未损害目标公司及其债权人的合法权益。

(三)法院认定投资方与目标公司的对赌协议无效

目前,各地法院对投资方与目标公司之间的对赌协议效力基本持否定态度,主要认定依据概括如下:

1. 对赌协议约定的目标公司对赌失败后向投资方承担的责任，损害了目标公司及其他股东、债权人的合法权益。对赌协议中关于目标公司对赌失败后回购投资方持有的目标公司股份、现金补偿或对控股股东的义务向投资方承担连带责任的约定，均会使得投资方的投资可以取得相对固定的收益，该收益脱离了目标公司的经营业绩，损害了公司利益和公司债权人利益，应属无效。投资方签订对赌协议时，已经成为目标公司的股东，其以股东身份与公司签订对赌协议，从而在控股股东不履行相应义务时成为公司债权人，获得与公司其他正常商业活动中外部债权人相同等的地位，既会损害公司以及公司其他股东的利益，也会损害公司外部债权人的利益。故目标公司与投资方约定的对赌协议应当认定为无效。

2. 违反资本维持原则，损害目标公司及债权人利益。对赌协议的效力认定不仅受民法、合同法等一般民事法律规范的调整，还受公司法等商事法律法规的规制，因此，评价对赌协议的效力应当遵守公司法有关公司资本维持原则的规定。资本维持原则要求目标公司要维持相对于资本额的财产。公司债权人可以在与公司交易中得到最低限度的担保，从而实现对其利益的保护。投资方要求目标公司进行现金补偿意味着弱化公司的债务清偿能力。如果目标公司直接作为补偿主体，必将不当减少公司资产，损害公司及债权人的利益。

3. 目标公司对控股股东提供担保未经股东会的决议通过。依据《公司法》第16条第2款规定，公司为公司股东或者实际控制人提供担保的，必须经股东会或股东大会决议。投资方与目标公司及控股股东签订的关于目标公司对控股股东支付投资方股权回购价款或进行现金补偿承担连带责任的约定，未经目标公司股东大会决议并通过时，对赌条款违反了公司法的强制性规定，应属无效。

4. 投资方增资入股目标公司，其作为股东与公司间的权利义务相对于公司的债权人与公司之间的权利义务，在法律性质上存在不同。投资方依法应以其认缴的投资额为限对公司承担责任，且应遵守公司章程以及公司法的相关规定，不得滥用股东权利损害公司及公司债权人合法利益，要求目标公司回购股权的约定已超出股东正当权利的行使范围。投资方有权要求目标公司回购股权的约定，系公司以其资产为一方股东对于另一方股东的债务提供连带责任保证。该种约定依法必须经公司股东大会决议通过。即便对赌协议已取得目标公司全体股东的确认，但该协议造成目标公司责任资产的不当减少，使得投资方可以脱离目标公司公司经营业绩获得固定投资收益，损害目标公司债权人利益。[1]

5. 约定目标公司对赌失败后回购投资方持有的股权，不符合《公司法》的规定。我国《公司法》对有限责任公司股东请求公司回购其股权的条件有严格规定，并未包括目标公司对赌失败后回购投资方持有的目标公司股权的情形，该约定属于将投资风险转嫁给被投资企业的行为，违背投资原则。

（四）仲裁机构认定目标公司与投资方签订的对赌协议有效

目前，仲裁机构对投资方与目标公司之间对赌协议的效力基本持肯定态度，主要理由概括为以下五个方面：

1. 对赌协议是当事人真实意思表示，估值调整符合商业逻辑。投资方对目标企业的估值依赖于控股股东对预期经营状况的承诺，投资方高溢价出资的对价是该业绩承诺得以实现，为了降低风险，投资方要求签订业绩承诺条款。目标企业及控股股东为了获得高溢价的出资，自愿签订对赌条款，目的合法，意思表示真实。投资方认购出资后并不控制目标公司的实际经营，目标公司的经营活动始终由控股股东控制，在这种情况下，业绩承诺条款是帮助投资方在投资之前预防风险、在投资之后化解风险的契约性保护手段，也是鼓励、约束目标公司及控股股东履约践诺的利益激励与责任约束机制。股权回购条款与业绩承诺条款具有相同的性质，也具有相同的功能，是对目标公司和控股股东履行业绩承诺补偿义务实现方式的具体约定，同时构成投资方以高价增资扩股形式投资于目标公司的前提与基础，也是一种契约性保护手段和利益激励与责任约束机制。

2. 投资方要求目标公司进行股权回购是基于公司债权人身份而不是股东身份。在江阴市中科蓝天创业投资有限公司、浙江中科东海创业投资合伙企业（有限合伙）、深圳中科汇富创业投资基金合伙企业（有限合伙）与林某、谷某、武汉施瑞福生物科技有限公司合同纠纷仲裁案中，仲裁机构认为，股权回购条款是一种附条件的合同条款，是投资人与被投资公司或其股东之间达成的，约定在被投资公司未来无法实现投资时承诺的特定事件时，投资人收回投资款的一种安排。在签订对赌协议时，申请人只是外部投资人，而不是目标公司的股东，申请人是以外部投资人身份而不是股东身份与目标公司达成对赌协议。对赌协议是各方以平等缔约主体的身份达成的合同，直接建立的是投资合同法律关系，而不是股东与公司之间的公司法律关系。只有当申请人依照对赌协议实际履行了出资义务、成为目标公司股东

〔1〕 参见上海市松江区人民法院（2015）松民二（商）初字第142号民事判决书。

后，申请人和目标公司才开始形成股东与公司之间的公司法律关系。尽管投资行为会导致申请人和目标公司之间形成股东与公司的公司法律关系，但此履约投资行为之结果并不改变申请人与目标公司之间依据对赌协议而建立的投资合同法律关系的性质。对赌协议系各方作为平等的商事主体经协商自愿达成的，是各方真实的意思表示，且目标公司的全体股东也一致认可并签署，不涉及《合同法》第52条规定的合同无效情形。因此，申请人系基于其债权人地位要求目标公司按照对赌协议的规定承担回购申请人持有其股权的连带责任，不存在滥用股东地位或权利的情形，目标公司应当承担该连带责任。[1]

3. 投资方基于债权人身份要求目标公司回购股权不构成抽逃出资。关于抽逃出资问题，《最高人民法院关于适用〈中华人民共和国公司法〉若干问题的规定（三）》第12条以列举加兜底条款的形式，详细列明了抽逃出资的行为，包括“……（1）将出资款项转入公司账户验资后又转出；（2）通过虚构债权债务关系将其出资转出；（3）制作虚假财务会计报表虚增利润进行分配；（4）利用关联交易将出资转出；（5）其他未经法定程序将出资抽回的行为”。仲裁机构认为，投资方要求目标公司支付股权收购价款系基于合同产生的债务，即申请人作为投资合同的一方以债权人身份要求目标公司履行回购义务，与申请人作为股东抽回出资是两个不同的概念，不可混淆。投资方要求目标公司支付股权收购价款是有合同依据、真实交易背景和公平对价基础的，申请人只是按照对赌协议的约定主张权利，不存在违反法律抽逃资本的意图。[2]

4. 在现行公司法律制度下，目标公司回购投资方持有的股权具有可行性。《公司法》第74条规定了公司回购股权的情形，从文义上理解，《公司法》第74条以列举的方式明确了几种有限责任公司可以回购股权的情形，但这条规定也不宜解释为除罗列的回购情形外，有限责任公司就不得以其他方式回购股权。《公司法》第177条规定减资程序也为有限责任公司回购股权提供了可行的路径，目标公司可以通过履行正当的合法的减资程序回购股权。所以，股权回购条款不仅有效，而且在公司法律制度项下是可以行得通的。

五、对赌协议效力裁判规则的突破

关于投资方与目标公司之间对赌协议的效力问题，各地法院与仲裁机构持有

〔1〕 参见湖北省武汉市中级人民法院（2016）鄂01执异390号执行裁定书。
〔2〕 参见湖北省武汉市中级人民法院（2016）鄂01执异390号执行裁定书。

截然不同的态度,在相同的法律适用环境下,这显然是一个需要及时解决的问题。对赌协议的存在,主要基于解决投资方与融资方在信息不对称的情况下如何既能解决融资方的资金需求也能维护好投资方的资金安全而产生,其本身作为一种协议安排具有合理性和必然性。由于对赌协议目前大量存在,且对赌协议不会因法院认定无效而消失,因此解决对赌协议的效力问题具有重要的现实意义。这需要裁判者重新审视对赌协议的效力,改变目前"冰火两重天"的现象。笔者认为,裁判者在审查对赌协议效力时可以考虑以下几个方面:

(一)投资方在注资前是否履行了充分的尽职调查程序,对赌协议中的业绩承诺是否符合目标企业的实际的经营预期

对赌协议作为估值调整机制,是针对投资方在进入时难以对被投资企业进行准确估值、投融者双方难以达成一致的困境而设计的,其前提是"估值"。[1] 如果投资方在投资时没有尽到合理的尽职调查,恰当的履行估值程序,而只是依靠对赌协议来保障自己不受损失,有违诚实信用原则,也有违反投资领域风险共担原则之嫌。在"海富投资案"中,目标公司及大股东承诺的业绩远远高于公司的实际经营业绩,最高人民法院认为,约定的补偿条款"使得海富公司的投资可以取得相对固定的收益,该收益脱离了世恒公司的经营业绩,损害了公司利益和公司债权人利益"。因此,投资方与目标公司约定合理的不脱离目标企业正常经营规律的业绩应成为考量对赌协议效力的一个重要因素。

(二)判断目标公司及公司债权人利益是否受到损害时,应根据目标公司的财务状况进行动态分析

从理论上讲,即使目标公司承担了对赌失败后的合同义务也并不必然导致损害目标公司及公司债权人的利益。在目标公司履行了对赌失败后的合同义务之后尚有足够的经济能力来偿还债权人的债务时,就不存在损害公司债权人的情况。换言之,当投资方作为公司时,其也有债权人,那么投资公司的债权人利益也应该受到保护,如果否定对赌协议的效力,那么投资公司的债权人的利益也有可能受到损害。因此,在不同的案件中,需要对目标公司在投资方注资后资产及其对债务的承担能力与目标公司在接受投资方注资前的资产及其债务的承担能力从财务角度进行对比,对目标公司及其债权人在目标公司履行对赌失败的合同义务后是否受

〔1〕 潘林:《金融创新与司法裁判:以我国"对赌协议"的案例、学说、实践为样本》,载《南京师大学报》(社会科学版)2013 年第 3 期。

到损害进行动态分析。另外，在投资方能够证明目标公司在履行合同义务后仍然能够保持清偿能力和持续经营状态，那么在这种情况下仍以损害目标公司债权人利益为由否定对赌协议效力难以让人信服。

(三)投资方系目标公司的债权人，不应以投资方系公司的股东而对抗投资方作为债权人的利益保护

投资方在对目标公司注资后，具有股东和债权人的双重身份，其作为债权人的利益应该予以保护。从契约自由的角度分析，如果双方是在平等自愿、诚实信用的基础上签订了对赌协议，且协议内容符合公平合理、权义对等的契约精神，且并不违反法律法规的强制性规定，那么协议的效力应当予以保护。值得说明的是，在天津硅谷天堂合盈股权投资基金合伙企业与曹某、山东瀚霖生物技术有限公司合伙协议纠纷案中，山东省高级人民法院支持了目标公司和原股东共同偿还投资人投资款中进入目标公司公积金的部分及相应的资金成本和利息损失。[1] 在该案中，笔者认为，法院正是基于投资方系目标公司债权人的身份而支持了其上述诉讼请求。

(四)目标公司系国有企业时，对赌协议是否获得国有资产监督管理部门的同意，如未报批或未批准时，对赌条款则可能会被认定无效

对于国资监管部门的审批对协议的效力影响问题，实践中存在很大争议，有的学者认为以未经监管部门的审批而认定合同无效在法律层面找不到依据。但实践中，许多法院认为，未经国有资产监管部门审批处置国有资产，属于损害社会公共利益的行为，违反了法律法规的强制性规定，从而认定股权回购条款无效。

(五)对赌机制是否公平、合理，是否使得投资方超出其实际投资额的补偿或利益

在中国国际经济贸易仲裁委员会审理的某仲裁案件中，约定的股权回购价格为全部投资本金外加每年15%的利息和复利，据此计算投资方在3年之后可以收回全部本金以及大约等于其本金三倍的对赌收益和利息，仲裁机构认为这样的结果不公平、不合理，因而对合同约定进行了调整。因此，显失公平、权利义务严重失衡的对赌机制会对对赌协议的效力产生负面影响。

六、关于防范对赌协议法律风险的建议

鉴于目前法院与仲裁机构对对赌协议效力采用不同的认定标准，为能更好地

[1] 参见山东省高级人民法院(2014)鲁商初字第25号判决书。

发挥对赌协议的融资功能，避免发生争议，增强对赌当事人的利益预期，提出以下建议：

1. 在对赌协议中约定发生纠纷时通过仲裁机构仲裁解决争议。由于目前各地法院与仲裁机构对投资方与目标公司之间对赌的效力认定不同。仲裁机构对投资方与目标公司之间的对赌倾向于认定有效，而各地法院基本认定为无效。因此，投资方与目标公司及股东可以在对赌协议中约定，发生纠纷时由仲裁机构仲裁解决争议。

2. 将对赌协议的义务主体由目标公司转变为目标公司的控股股东或实际控制人。由于目前投资方与目标公司之间对赌协议效力存在争议，建议已经与目标公司签订对赌协议的投资方可以通过签订补充协议将对赌对象转变为目标公司的控股股东或实际控制人来防范对赌协议被认定无效的风险。例如，在对赌协议中约定的股权回购义务主体是目标公司，该约定效力本身是有被认定为无效的风险，投资方可以通过与目标公司控股股东或实际控制人另行签订关于回购投资人股权的协议，将回购义务主体变更为控股股东或实际控制人。

3. 投资方可以采取分期投资的方式，根据对赌结果决定是否再次投资。"对赌协议产生的原因是由于投资方难以对目标公司精确估值而采取的'自保'措施。美国 PE/VC 实务中克服估值困难的标准做法——分期融资/注资安排——在我国早期的境外 PE 基金与国内企业的对赌协议中就已经出现，但未引起人们重视"。[1] "2005 年凯雷基金（美资）与徐工集团及其子公司徐工机械对赌协议约定：凯雷以相当于 20.69 亿元人民币的等额美元购买徐工集团所持有的 82% 的徐工机械股份，同时徐工机械在现有 12.53 亿元人民币注册资本的基础上，增资 2.42 亿元人民币并全部由凯雷认购。凯雷须在交易完成的当期支付 6000 万美元；如果徐工机械 2006 年的经常性 EBITDA 达到约定目标，凯雷还将为此股权再支付 6000 万美元"。[2] 换言之，6000 万美元的估值差异作为凯雷的或有出资，在入股的第一年末根据徐工机械的业绩目标而确定是否实际投入公司。这样，即使徐工方面对赌失败，公司与股东间的现金型对赌也无须受制于我国公司法的资本管制。[3] 因此，投资方可以借鉴凯雷基金的做法，对目标公司进行分期投资，根据目标公司的经营状况决定是否再次投资，这样可以有效避免因对赌发生争议的概率。

---

〔1〕 刘燕：《对赌协议与公司法资本管制：美国实践及其启示》，载《环球法律评论》2016 年第 3 期。

〔2〕 参见杨克明：《对赌协议：外资投行投资中国企业的新证券工具》，载《长江论坛》2007 年第 6 期。

〔3〕 参见刘燕：《对赌协议与公司法资本管制：美国实践及其启示》，载《环球法律评论》2016 年第 3 期。

从两则判例看公司为股东对赌提供担保的效力认定

曹　鹏
陕西稼轩律师事务所

对赌，英文名 valuation adjustment mechanism，有人翻译为估值调整条款。近年来，对赌协议或条款在国内股权投资圈备受关注，投资人和创业者屡屡提及。但因为这种协议或条款是投资机构在实践中摸索出来的，法律上对此并未有相应的规定，因此，这种操作在法律上究竟效力如何，也一直未有定论。

2012 年，最高人民法院就海富投资与甘肃世恒对赌协议案作出再审判决[（2012）民提字第 11 号判决]，对赌协议的效力问题才算有了权威规则。该案也被称为“对赌协议第一案”。该判决主要观点如下：

“世恒公司、海富公司、迪亚公司、陆波在《增资协议书》中约定，如果世恒公司实际净利润低于 3000 万元，则海富公司有权从世恒公司处获得补偿，并约定了计算公式。这一约定使得海富公司投资可以取得相对固定的收益，该收益脱离了世恒公司的经营业绩，损害了公司利益和公司债权人利益，一审法院、二审法院根据《中华人民共和国公司法》第 20 条和《中华人民共和国中外合资经营企业法》第 8 条的规定认定《增资协议书》中的这部分条款无效是正确的。”

这一裁判规则被归纳为“股东之间对赌有效，与标的公司对赌无效”。虽然后来也出现过中国国际经济贸易仲裁委员会的一则仲裁案例突破该规则，但该仲裁案件并不具有普遍性，且最高人民法院在甘肃世恒案中的司法观点影响很大，因此“股东之间对赌有效，与标的公司对赌无效”这个规则至今被视为权威。

然而，投资实践不会止步于此。如果与公司对赌无效，实际上很多投资人的诉求是无法得到满足的，所谓对赌很可能落空。因此，投资人和他们的律师继续探索，又创设了新的游戏规则来保障投资人的利益。这个新的规则就是：股东对赌，由公司提供连带责任担保。

那么,这样的约定是否具有法律效力呢?本文将借两则判例向大家介绍最高院在这个问题上的裁判观点。第一则判例是2018年9月由最高人民法院再审的"强静延与曹务波、山东瀚霖生物技术有限公司股权转让纠纷案"[以下简称瀚霖案,(2016)最高法民再128号民事判决书]根据判决书摘录案情简介如下:

2011年4月26日,山东瀚霖生物技术有限公司(以下简称瀚霖公司)作为甲方,北京冷杉投资中心(有限合伙)、福建国耀投资有限公司、强静延、孙博、许欣欣作为乙方,曹务波作为丙方,三方共同签订了《增资协议书》及《补充协议书》。主要约定乙方向甲方增资扩股及其他事宜。其中,关于强静延向瀚霖公司增资以及其他事宜部分,《增资协议书》主要约定:强静延向瀚霖公司增资3000万元,其中400万元作为瀚霖公司的新增注册资本,其余2600万元作为瀚霖公司的资本公积金,强静延持有瀚霖公司0.86%的股权。《补充协议书》第2条第1款约定:曹务波承诺争取瀚霖公司于2013年6月30日前获准首次公开发行股票并在国内主板或创业板证券交易所上市(以下简称"合格IPO");第2款约定:如果瀚霖公司未能在2013年6月30日前完成合格IPO,强静延有权要求曹务波以现金方式购回强静延所持的目标公司股权,回购价格为强静延实际投资额再加上每年8%的内部收益率溢价,计算公式为P=M×(1+8%)T,其中:P为购回价格,M为实际投资额,T为自本次投资完成日至强静延执行选择回购权之日的自然天数除以365;第6款约定:瀚霖公司为曹务波的回购提供连带责任担保。《增资协议书》及《补充协议书》落款处有甲方瀚霖公司加盖印章及法定代表人签名,乙方北京冷杉投资中心(有限合伙)、福建国耀投资有限公司、强静延、孙博、许欣欣签章,丙方曹务波签名。上述协议签订后,强静延于2011年4月29日将3000万元转入瀚霖公司账上,瀚霖公司将强静延登记在其股东名单中。

2012年5月31日,强静延与曹务波签订了《股权转让协议》,约定:强静延将持有的瀚霖公司股权转让给曹务波,按《补充协议书》约定的价格计算方式回购,曹务波应在协议签订后30个工作日内全额付清转让款,逾期未付清应按欠款额每日千分之五支付违约金;逾期超过30日仍未付清,则强静延有权要求曹务波付清转让款和违约金后,退出股权。《股权转让协议》签订后,曹务波未履行支付义务。2014年4月2日,强静延书面通知曹务波、瀚霖公司支付股权转让款并承担违约责任,但曹务波、瀚霖公司未履行付款义务。

这个案件的一审、二审判决均以损害公司、其他股东和债权人利益为由认定担保无效。认定担保条款无效的主要裁判理由系担保条款使股东获益脱离公司经营业绩,悖离公司法法理精神,使强静延规避了交易风险,严重损害瀚霖公司其他股东和债权人的合法利益。但最高人民法院在该案再审判决书中认为,合同无效的判定需严格遵循法定主义,本案二审判决否定担保条款效力的裁判理由不符合合同法关于合同无效的各类法定情形,该项认定已违反合同法基本规则,构成适用法律错误。

综上,最高人民法院在甘肃世恒案中确定的"与公司对赌无效"的规则并未被突破,相反,该规则已经对投资实践产生了相当的影响。公司就股东对赌提供担保与公司直接参与对赌相比较,至少从形式上看,是两回事。因此,法院并未纠缠对赌条款本身,而是就事论事,认定担保合同有效。

另一则判例,即"通联资本管理有限公司、成都新方向科技发展有限公司、四川久远新方向智能科技有限公司与公司有关的纠纷"[(2017)最高法民再258号民事判决书]也是涉及公司为股东对赌提供担保,不同的是,这个判例中担保条款被判无效,公司被判承担过错赔偿责任。

在该案再审判决书中,关于担保条款的效力,最高人民法院认为:

1. 四川久远新方向智能科技有限公司(以下简称久远公司)不是股权回购的义务主体,并不产生久远公司回购本公司股份的法律后果,即不存在成都新方向科技发展有限公司(以下简称新方向公司)答辩中所称《增资扩股协议》约定久远公司对新方向公司的股权回购义务承担履约连带责任的条款违反《公司法》第35条、第36条、第37条第1款第7项及第74条规定的情形。

2.《增资扩资股协议》约定久远公司对新方向公司负有的股权回购义务承担履约连带责任,并未明确为连带担保责任……二审法院在双方当事人将《增资扩资股协议》第6.2.1条约定的"连带责任"条款解释为"连带担保责任"基础上,并适用《公司法》第16条第2款的规定裁判本案。本院认为,连带担保责任属于连带责任的情形之一,但连带担保责任有主从债务之分,担保责任系从债务。双方当事人将"连带责任"理解为"连带担保责任",并未加重久远公司的责任负担,且从通联资本管理有限公司(以下简称通联公司)诉请久远公司的责任后果看,是对新方向公司承担的股权回购价款本息承担连带责任,仍然属于金钱债务范畴,也与久远公司实际承担的法律责任后果一致,本院予以确认。因此,二审判决依据《公司法》第16条第2款关于公司对控股股东、实际控制人提供担保的相关规定来裁判久远公司对新方向公司的股权回购义务承担履约连带责任的条款效力,并无不当。

3.《公司法》第16条第2款明确规定"公司为公司股东或者实际控制人提供担

保的,必须经股东会或者股东大会决议",该条规定的目的是防止公司股东或实际控制人利用控股地位,损害公司、其他股东或公司债权人的利益。对于合同相对人在接受公司为其股东或实际控制人提供担保时,是否对担保事宜经过公司股东会决议负有审查义务及未尽该审查义务是否影响担保合同效力,公司法及其司法解释未作明确规定。二审法院认为,虽然久远公司在《增资扩股协议》中承诺对新方向公司进行股权回购义务承担连带责任,但并未向通联公司提供相关的股东会决议,亦未得到股东会决议追认,而通联公司未能尽到基本的形式审查义务,从而认定久远公司法定代表人向生建代表公司在《增资扩股协议》上签字、盖章行为,对通联公司不发生法律效力,适用法律并无不当。

既然担保条款因为公司内部决策程序瑕疵而被认定不具有法律效力,那么,法院就按照担保法有关规则作出责任划分,即通联公司在签订《增资扩股协议》时,因《久远公司章程》中并无公司对外担保议事程序规定,通联公司有合理理由相信向生建有权代表公司对外签订有担保意思表示内容的《增资扩股协议》,但其未能尽到要求目标公司提交股东会决议的合理注意义务,导致担保条款无效,对协议中约定的担保条款无效自身存在过错。而久远公司在公司章程(2009 年 6 月 9 日之前)中未规定公司对外担保及对公司股东、实际控制人提供担保议事规则,导致公司法定代表人使用公章的权限不明,法定代表人向生建,未经股东会决议授权,越权代表公司承认对新方向公司的股权回购义务承担履约连带责任,其对该担保条款无效也应承担相应的过错责任。《最高人民法院关于适用〈中华人民共和国担保法〉若干问题的解释》第 7 条规定,主合同有效而担保合同无效,担保人无过错的,担保人不承担民事责任;担保人有过错的,担保人承担民事责任的部分,不应超过债务人不能清偿部分的 1/2。根据该条规定,通联公司、久远公司对《增资扩股协议》中约定的"连带责任"条款无效,双方均存在过错,久远公司对新方向公司承担的股权回购款及利息,就不能清偿部分承担 1/2 的赔偿责任。

该案中增资协议最重要的一条是,"甲方有权要求乙方或丙方回购甲方所持有的全部乙方股份……乙方及丙方承担履约连带责任",法院能把这样的条款解释为"连带责任担保"很有创造性。而且,一旦争议焦点被归纳为担保条款效力问题,实际上就不再讨论对赌是否有效,而只需适用担保法相关规则展开论述即可。

综上,最高人民法院通过以上两个判例为投资实践确认了新的游戏规则,即可以通过担保条款的安排避开甘肃世恒案以来确定的"与公司对赌无效"的障碍,实际上也一定程度上实现了投资人对赌的利益保障。

遗憾的是，从这两个判例来看，法院并未能够就担保条款的效力或者说《公司法》第16条第2款进行充分解释和论证，无疑减弱了判例的指导意义。

正如判决书所说，公司法及司法解释确未就“合同相对人在接受公司为其股东或实际控制人提供担保时，是否对担保事宜经过公司股东会决议负有审查义务及未尽该审查义务是否影响担保合同效力”作出明确规定，那就需要法院就公司法第16条第2款进行一番解释，该条款能否约束第三人？该条款是否效力性强制性规定？违反该条款是不是就导致担保无效？

这个问题在实践中确有争议，但个人认为，在“中建材集团进出口公司诉北京大地恒通经贸有限公司、北京天元盛唐投资有限公司、天宝盛世科技发展（北京）有限公司、江苏银大科技有限公司、四川宜宾俄欧工程发展有限公司进出口代理合同纠纷案”，具体参见《中华人民共和国最高人民法院公报》2011年第2期（总第172期）。北京高院就上述问题作出了比较充分有力的解释和论证，要点摘录如下，详情请见判决书：

第一，法律并未明确规定公司违反上述规定对外提供担保导致担保合同无效。

第二，公司内部决议程序，不得约束第三人。

第三，根据最高人民法院《关于适用〈中华人民共和国合同法〉若干问题的解释（一）》第4条关于“合同法实施以后，人民法院确认合同无效，应当以全国人大及其常委会制定的法律和国务院制定的行政法规为依据，不得以地方性法规、行政规章为依据”以及最高人民法院《关于适用〈中华人民共和国合同法〉若干问题的解释（二）》第14条关于“合同法第五十二条第（五）项规定的‘强制性规定’，是指效力性强制性规定”的规定，在合同法的基础上进一步明确缩小了合同因违反法律、行政法规的强制性规定而无效的情形。因此，2005年修订的《公司法》第16条的规定并非效力性强制性的规定。

第四，依据该条款认定担保合同无效，不利于维护合同的稳定和交易的安全。

从最高院典型案例看 VC&PE 对赌规则的变化

周琳妍
上海金茂凯德律师事务所

导　言

对赌条款是私募股权投资领域中，投融资双方在无法确定当期被投资企业股权价值的情况下，达成的对投资价款的一种估值调整机制。"海富案"被称为"对赌协议第一案"，为私募股权投资对赌确立了一个朴素的认识，即投资人直接与公司对赌无效，与大股东对赌有效。但实践中为确保资金的成功退出，投资人设置的交易架构通常将公司责任财产拉入大股东回购体系，由公司就大股东回购承担担保责任，这是否实际上构成与公司的对赌呢？如公司已实质被纳入对赌，其效力又是否会得到司法的支持？笔者尝试从最高院典型案例分析私募股权投资领域中对赌规则的变化并给出了相应的实务建议。

一、重温"海富案"设立的朴素规则：投资人与公司对赌无效

我们再次重温最高院于 2012 年 11 月 7 日作出的"海富案"判决[(2012)民提字第 11 号]，在"海富案"中认定投资人与目标公司进行对赌无效的理由，即如目标公司实际净利润低于 3000 万元，则投资人有权从目标公司处获得补偿，并约定了计算公式。这一约定使得投资人的投资可以取得相对固定的收益，该收益脱离了世恒公司的经营业绩，损害了公司利益和公司债权人利益，因而该约定被认定为无效。

"海富案"在日渐兴盛的私募股权投资市场激起千层浪，亦把司法推向风口浪尖。最高人民法院判决说明损害债权人的理由是：投资人通过对赌条款可以取得相对固定的收益，而此种收益脱离了目标公司的正常经营业绩。但就为什么能适用《公司法》第 20 条，法院判决文书仅短短数行，未细述理由，同时也未对《公司法》

第20条规定的是否属于强制性效力规定展开论证。此外，若对赌协议中设置的目标公司对赌业绩符合实际，未脱离企业的正常经营规律，是否还会被认为损害公司和债权人利益？该案中抽象概括的认为与公司对赌损害了债权人利益，那么如果债权人的债权尚未确定，在对赌条款生效时如何被损害了？

随后，"海富案"确立的司法裁判观点在仲裁实践中遭遇了挑战：仲裁委往往从遵循商事主体意思自治原则出发针对投资人与公司对赌情形作出截然相反的仲裁裁决。以中国国际经济贸易仲裁委员会于2014年1月作出针对投资人与公司对赌情形的裁决[（2014）中国贸仲京裁字第0056号仲裁裁决书]为例，其认为，对赌条款作为一项新型的投资机制，其创设的风险和回报虽然较高，但对对赌双方都是相对均等的，符合当事人意思自治、诚实信用原则，也不违反法律法规的禁止性规定，应属合法有效。

二、从"海富案"到"瀚霖案"：公司被实质纳入对赌

自2013年年初至2018年年初，私募基金经历了一个统计备案规模连年持续不断增长的行业扩张周期，详细数据参见"私募汇"的《私募基金数量一览表（年度）》一文。在此期间，一方面私募基金的募集规模、退出规模及回报水平均大幅飙升，各方之间法律纠纷的频发亦与此相伴；另一方面投资活动却变得相对谨慎，投资人在设置交易架构时从"海富案"吸取了经验，即以与大股东对赌同时将公司责任财产拉入股东的回购担保体系替代与公司的直接对赌。

新的司法实践在原先审判思路的基础上有了一定程度的保留及松动。在2017年9月29日作出的"通联案"判决[（2017）最高院民再258号]中，最高院未否认目标公司承担对赌连带责任的效力，从过错角度判断目标公司承担1/2的赔偿责任。这可被视作"瀚霖案"的序章。在最高院于2018年9月7日作出肯定目标公司为大股东与投资人对赌进行担保的效力——"瀚霖案"判决[（2016）最高院民再128号]面世后，再次带动了投资界和法律界的热议。

"瀚霖案"约定的对赌内容为若瀚霖公司（目标公司）无法在约定期间内实现合格IPO，强静延（投资人）有权要求曹务波（控股股东）以现金方式回购其所持瀚霖公司全部股权，回购价格为强静延实际投资额再加上每年8%的内部收益率溢价，且瀚霖公司对此提供连带保证责任。"瀚霖案"经成都中院一审、四川高院二审、2018年9月7日最高院再审最终判定，瀚霖公司为曹务波回购提供连带责任担保。其中，大股东应当承担回购责任，三级法院均无异议。但因为最高院首次认可了公

司履行为大股东对赌回购义务提供担保责任的有效性引发了震动与探讨，以至于不少人认为最高院的本次裁判结果构成了对“海富案”裁判观点的挑战。

最高人民法院围绕《补充协议书》所约定的“目标公司担保条款的效力”这一焦点问题，认为：二审判决否定担保条款效力的裁判理由不符合《合同法》关于合同无效的各类法定情形，已违反《合同法》基本规则，构成适用法律错误。此外，其一，投资人已对目标公司提供担保相关事宜报经股东会决议，尽到审慎注意和形式审查义务；其二，目标公司提供担保有利于自身经营发展需要，并不损害公司及公司中小股东权益。因此判决案涉担保条款合法有效，目标公司应当对大股东支付股权转让款及违约金承担连带清偿责任。

值得特别注意的是，通常在《增资协议》及/或《补充协议》中所约定的目标公司对大股东回购义务承担责任存在如下两种情形：一是承担补充赔偿责任，即顺位的次一级责任；二是承担连带责任，即同等责任。

“瀚霖案”中的《补充协议书》载明了由目标公司对大股东的回购义务承担连带清偿责任，明确规定了该担保为连带责任担保。该约定内容虽不是要求目标公司对投资人的股权进行回购，但实质包含了公司以其责任资产为大股东所承担的债务提供连带责任保证，该约定内容实际会产生目标公司代大股东承担债务责任的后果，亦即由公司承担投资人的投资价款补偿义务（股权转让款、利息及违约金）。

可以看出，虽与“海富案”确立的公司不得直接担保，即承担最终责任的界限仍有一丝区别，但目标公司已被实际纳入回购担保体系，并已实质上的参与了对赌。

三、针对“瀚霖案”裁判观点的一点思考

（一）将公司实质纳入对赌，是否一定有违《公司法》资本维持原则并损害债权人利益

所谓资本维持原则，是指公司在其存续期间，应当维持与其资本额相当的实有资产的规则，该原则又被称为资本的充实原则。该原则是为了防止公司资本的实质性减少，维持公司偿债能力，保护债权人利益，是公司资本运营的一项基本原则。

一般投资人的资金会分别进入公司的注册资本及资本公积账户，而与公司进行交易的外部相对人（债权人）主要通过公司营业执照或章程载明的股本来了解公司的偿债能力。即便该原则指向的是抽象意义上的公司资产价值，即是否有损于维持注册资本数额所必需的公司资产；维持注册资本数额和法定及公司章程规定

所提取的盈余公积数额所必需的资产;乃至整个公司净资产[1]。从前述三个层面去衡量公司被实质纳入对赌担保是否降低了公司资本的充实度,一定损害债权人利益,实际上也需结合目标公司的财务状况及履行对赌安排是否会遭遇障碍来判断公司的偿付能力。正如邓峰教授的观点:"只要公司有足够的资产支付债权人的请求,或者说,满足最严格的破产标准,就可以进行分配。"[2]

基于尊重商事契约自由及商业主体意思自治原则,司法应尊重公司董事会、股东会或股东大会对前述动态偿付能力得出的结论。故笔者认为,笼统地认为公司为大股东对赌安排提供担保使得公司偿债能力被削弱,债权人利益必然受到损害的观点有待商榷。

(二)合同无效的判定应严格遵循法定主义

本次"瀚霖案"中最高人民法院判决强调了合同无效的判定应严格遵循法定主义。二审法院的判决理由"从《公司法》法理来看……股东与公司是利益共同体,利益共享、风险共担……对于瀚霖公司提供担保行为的效力问题,瀚霖公司为曹务波回购强静延股权的股权转让款支付提供担保,其实质是不管瀚霖公司经营业绩如何,股东强静延均可以从瀚霖公司获取收益,该约定使得股东获益脱离了公司的经营业绩,背离了《公司法》法理精神"。该裁判理由与2012年最高人民法院作出"海富案"判决中的裁判思路十分近似,但本次却被最高人民法院认为不符合《合同法》规定的合同无效的法定情形,违反了《合同法》的基本原则。最终的裁判思路可谓与"海富案"南辕北辙。

《合同法》确立了鼓励交易原则,合同无效的法定主义,即对合同效力不轻易作无效认定,仅在符合《合同法》第52条、第53条规定的合同或合同中有关条款无效的情形时方可被认定为无效。其中,违反法律、行政法规的强制性规定还分为效力性强制性规定或管理性强制性规定的探讨,违反管理性强制性规定不必然导致合同或条款的无效。

最高人民法院《关于人民法院为企业兼并重组提供司法保障的指导意见》(法发〔2014〕7号)中亦明确提出:"要严格依照《合同法》第52条关于合同效力的规定,正确认定各类兼并重组合同的效力。要坚持促进交易进行,维护交易安全的商事审判理念,审慎认定企业估值调整协议等新类型合同的效力,避免简单以法律没

---

〔1〕 参见白江:《论资本维持原则和公司资产的保护》,载《社会科学》2007年第12期。

〔2〕 邓峰:《资本约束制度的进化和机制设计——以中美〈公司法〉的比较为核心》,载《中国法学》2009年第1期。

有规定为由认定合同无效。要尊重市场主体的意思自治,维护契约精神。”

同样,针对公司为大股东提供担保的效力,如果从合同无效的判定应严格遵循法定主义的角度来考量,则应以有效为原则,以无效为例外。

（三）对公司为大股东回购提供担保效力的程序性判断及投资人的审查义务

根据《公司法》第16条第2款的规定,“公司为公司股东或者实际控制人提供担保的,必须经股东会或者股东大会决议”。如投资人未履行对目标公司是否已履行该内部决策程序的形式审查义务,如何判断“公司为股东或者实际控制人提供连带责任保证”的效力?

通过在中国裁判文书网中检索《公司法》第16条第2款及典型公司参与对赌案例可得知,目前司法态度针对此点存在较大的分歧:

“瀚霖案”判决支持担保有效,认为投资人已对瀚霖公司提供担保经过股东会决议尽到审慎注意和形式审查义务,分别体现在《增资协议书》及《补充协议书》相关条款的表述;瀚霖公司及其法定代表人签章的完整性;同时瀚霖公司亦没有提交任何相反证据证明公司未对担保事项通过股东会决议。

另外,针对《公司法》第16条第2款是否属于效力性强制性规范,最高院2015年第2期公报案例“招行东港支行与振邦集团案”的裁判观点如下:“《公司法》规定已然明确了其立法本意在于限制公司主体行为,防止公司的实际控制人或者高级管理人员损害公司、小股东或其他债权人的利益,故其实质是内部控制程序,不能以此约束交易相对人。故此上述规定宜理解为管理性强制性规范。对违反该规范的,原则上不宜认定合同无效。”

但与此裁判观点相反,2017年9月29日最高人民法院作出的“通联案”,判决因投资人对目标公司提供担保未尽到审慎注意和形式审查义务,目标公司承担连带责任担保的约定无效;2015年12月21日北京二中院作出的“碧海舟案”[(2015)二中民(商)终字第12699号],判决因无法证明投资人与目标公司等签订的关于目标公司对大股东支付投资人股权回购价款支付承担连带责任的约定,经过公司股东大会决议并通过,故该条款违反了《公司法》强制性规定。

《公司法》第16条规定的目的是防止公司股东或实际控制人利用控股地位,损害公司、其他股东或公司债权人的利益,具有平衡交易相对人与公司利益的双重立法目的。诚然,如以违反股东决议程序而判令合同无效,必将降低交易效率,因此法院通常会结合案件的实体及程序方面进行综合认定。

综上,我们不能得出程序性事项判定一定要劣于实体性事项判定这样的结论,但可以肯定的是,如案件没有如股东权利滥用情形等的重大实体瑕疵,而投资人已履行了基本的审查义务,无疑能在一定程度上证明投资人的善意情形及/或减小过错程度,且不会因为程序方面的瑕疵而被认定为无效,反之也是法院对担保效力给予肯定性评价的加分项。

(四)从民法的公平原则出发辅助论述公司为大股东回购提供担保的效力

资本是逐利的,私募股权基金投资目标公司的目的即日后能通过合格 IPO 或后轮投资者的进入实现资本的增值及成功退出,而前提则是公司实质得益于资本助推,成功实现约定业绩目标或上市目标,从而实现自身股权的增值。因此在私募股权投资的模式中,理论上,投资人、目标公司及大股东的利益应是一致的。

"瀚霖案"中法官对该点的论述摘抄如下:"案涉担保条款虽系曹务波代表瀚霖公司与强静延签订,但是 3000 万元款项并未供曹务波个人投资或消费使用,亦并非完全出于曹务波个人需要,而是全部投入瀚霖公司资金账户,供瀚霖公司经营发展使用,有利于瀚霖公司提升持续盈利能力。这不仅符合公司新股东强静延的个人利益,也符合公司全体股东的利益,瀚霖公司本身是最终的受益者。即使确如瀚霖公司所述并未对担保事项进行股东会决议,但是该担保行为有利于瀚霖公司的自身经营发展需要,并未损害公司及公司中小股东权益,不违反《公司法》第 16 条之立法目的。因此,认定瀚霖公司承担担保责任,符合一般公平原则。"

公平原则实为民法载明的基本原则之一,在民商合一体制下,法官在"瀚霖案"中用公平原则辅助判断商事交易的实体层面:交易是真实的,投资人的钱均用在了公司发展上。对于公司是否因此受益,法官采用了资金最终用途及资金划付路径的合规性两点来判断;并用公平原则评判投资人、目标公司、大股东三者的利益是否处于平衡状态:不存在违反《公司法》第 16 条立法目的的大股东滥用控制地位之情形,符合投资人、公司及公司全体股东的利益,即便假设不符合《公司法》第 16 条规定的程序性要求,也不阻却公司为大股东回购提供担保的效果。可见公平和兼顾考量多方利益仍是法院衡量实体问题的重要价值准则和价值理念。

四、实务建议

"瀚霖案"案例中虽未同意投资人直接与目标公司对赌,但支持了目标公司就大股东回购义务应承担约定连带责任担保义务的观点。从中可窥见,也许基于经济形势的变化,最高院对待投资人与公司方进行对赌时价值取向的一些变化,即对此前公司完全免责态度倾向的修正。这也有可能是最高院在面对公司债权人利息和投资人利益发生冲突情形下的一个全新平衡,即投资人仍不得与公司直接对赌,违反公司资本维持原则及损害公司债权人利益;同时,公司也需要在投资人为善意且资本使得自身获益的基础上承担约定的法律后果及责任。

但说到底,中国并非判例法国家,“瀚霖案”案例亦非最高院公报的指导案例。因而司法实践中,每个案件因具体所涉及的证据质量、证据强度、是否缺失等往往会导致案件最终裁判结果的不同而出现个案个判的情况,即针对目标公司实质参与对赌的效力也并非一道简单的判断题。笔者根据前述最新司法观点尝试给出如下实务建议:

(一)可将目标公司纳入交易架构中的对赌担保方

鉴于最高院的最新裁判意见,从投资人的角度,为更全面地保障自身的权益,可在投前洽谈阶段及后续文件中将目标公司纳入对赌安排的担保方。可以于回购协议或补充协议中约定,与大股东进行业绩或上市对赌时,当回购条件成就,由大股东承担股权回购的主债务,并由目标公司对大股东就回购产生的金钱给付义务(股权回购款、利息及违约金等)承担连带担保责任。

(二)投资人需在如下方面尽到合理注意及审慎义务

为确保前述交易架构的合法有效,根据《公司法》第 16 条规定,投资人应在文件签署阶段以下几个方面尽到合理注意及审慎义务,以证明其为善意,以免对回购方或担保方主张权利时造成不必要的障碍:(1)相关协议中约定的生效前提及相关人员是否已取得签署和履行协议所必需的授权和批准;(2)是否违反目标公司章程中对外担保事项的约定;(3)公司的董事会/股东会/股东大会决议内部决策程序及签署情况(如签署时未召集或通过则需事后予以补正):目标公司为控股大股东提供担保的事项需要按照公司章程的规定通过股东会等内部决策程序;外部投资人务必要留存目标公司为控股大股东提供担保的股东会决议等内部决策文件。

(三)持续关注回购方及担保方的履约能力及资信状况

鉴于投资人多会要求回购方以现金形式履行回购义务,因此为确保在回购触发时能够顺利取得相应价款,建议投资人在洽谈签署及投后阶段持续关注回购方及担保方的履约能力及资信状况,即除协议拟定条款的合理完善外,在投后管理上还应当合理行使股东权利,定期关注目标公司或大股东的财务指标及相关信息,判断是否出现信用评级下调或展望为负面,出现经营不善、财务状况恶化,乃至重大诉讼仲裁、行政处罚、银行账户或重大资产被查封冻结或扣押等其他重大不利情形,如构成提前收购触发事件,投资人有权要求大股东方提前收购股权并支付收购价款。同时也需注意是否存在对赌安排的顺位情况,即也应关注在先投资人所设置的担保情况并作出恰当安排。

(四)持续关注目标公司财务状况,确保资金用于公司发展

私募股权基金一般仅作为目标公司的财务投资人,不向目标公司派驻董事或财务或其他人员,不参与目标公司日常经营。但就出资事项仍应设置验资程序进行验资,且在投后管理阶段可定期聘请第三方独立审计机构对目标公司财务进行审计。如有必要可在并购重组、对外投资等重大事项上设置股东会的一致同意或一票否决制度,或设置共管账户对资金使用情况进行监督。综上,通过前述方式以确保资金用于公司发展,避免被股东违法转移。

(五)公司/股东/管理层:合理制定公司章程并对担保/授权等事项定期核查

公司股东应合理制定公司章程,评估是否需增添修改章程中涉及对外投资担保的限制性规定;作为公司管理层则应勤勉尽责,如涉及对外担保对外投资等经营决策应理性决策及履行相关程序;公司应重视法务及合规工作,对公司对外担保事项、所签署文件的相关条款、相关人员的授权资质情况登记在册,定期核查。避免将公司及公司资产暴露在重大法律风险之下,确保公司资信状况的稳定。

五、展望与结语

综上,笔者认为在当前经济形势及司法倾向下,对赌约定可能会迎来相对更多的空间。司法态度会从“促进交易进行、维护交易安全”的商事审判理念出发,不轻易否定对赌中各类型合同及约定的效力;而法官可能也会倾向于结合当事人之间交易方式和市场交易习惯,持有一个更加谦和、保留和开放的态度,尊重各方的真实意思表示,让各方在诉讼中进行论证和对抗,结合个案事实审慎认定并妥善处理利益冲突。

股权回购条款风险及设计实证分析

张智凡

广西欣和律师事务所

股权回购，为投资人提供了一条有效的退出途径，日渐受到投资机构的青睐。司法实践中，关于股权回购条款及回购价格的约定，亦逐渐形成了“由目标公司回购无效，由股东或实际控制人回购有效”的裁判逻辑。但是，理论和实务观点的一致，不代表在实践中，股权回购条款就自然成为保护投资人的强有力的利剑，欲让股权回购条款成为投资人的利剑，除了有效约定股权回购条款外，尚需围绕股权回购条款做好其他衔接性条款的设计，否则，将可能在诉讼过程中处于较为被动的境地。

本文拟从代理的实际案件出发，对各方当事人的抗辩点进行分析，并对股权回购条款的设计提出粗浅建议，希望对读者有所参考。

一、基本案情

2012 年 8 月 8 日，A 公司与王某、李某、B 公司签订了一份《增资扩股协议》，约定 A 公司以人民币 2000 万元的总出资额溢价认购第三人 B 公司（目标公司）新增发股份的形式成为 B 公司的股东，持股比例为 20%。

同日，为进一步明确经营目标、股份回购及担保等事项，A 公司与王某签订了一份《合作协议》，约定：（1）A 公司以 2000 万元的总出资额溢价认购第三人 B 公司新增发股份的形式成为 B 公司的股东，持股比例为 20%；（2）王某承诺：第三人 B 公司应实现以下经营目标：①经具有证券从业资格的会计师事务所审计后的 2013 年的净利润达到 1200 万元；②经具有证券从业资格的会计师事务所审计后的 2014 年的净利润达到 2000 万元；（3）当第三人 B 公司 2013 ~ 2014 年均未能实现前述经营目标或 2013 ~ 2014 年任一自然年度未能完成前述经营目标的70% 时或者公司未能在2016年6月30日之前完成中国或者境外证券交易所挂牌上市，A公司有权要求王某回购A公司所持有的全部第三人B公司的股份；(4)股份回购价格应按如下两者较高者确定：①A公司的总出资额及自实际缴纳出资日起至王某实际支付回购价款之日起按每年12%(单利)计算的利息；②回购时A公司所持有的股份所对应的公司经具有证券业从业资格的会计师事务所审计认可的净资产。

系列合同签订后，A公司向B公司支付了投资款2000万元，并指派人员担任了B公司的董事。之后，B公司向A公司发送了2013年利润表、2014年利润表。因利润未达到承诺的净利润目标，A公司发函要求王某按投资款加年化12%的价格回购相应的股权，并由此引发本案诉讼。

二、抗辩焦点分析

(一)抗辩焦点一：案涉《合作协议》的股权回购条款的合法性问题

被告王某认为：《合作协议》约定的股权回购条件属于联营合同的保底条款，根据《关于审理联营合同纠纷案件若干问题的解答》第4条第1款的规定，联营合同中的保底条款，通常是指联营一方虽向联营体投资，并参与共同经营，分享联营的盈利，但不承担联营的亏损责任，在联营体亏损时，仍要收回其出资和收取固定利润的条款。保底条款违背了联营活动中应当遵循的共负盈亏、共担风险的原则，损害了其他联营方和联营体的债权人的合法权益，因此，应当确认无效。

A公司认为：A公司与目标公司的控股股东王某签订的《合作协议》中所设定的投资方退出条款类型属于股权回购，即如果被投资公司发生预设情形时，投资方可要求原始股东及关联义务人按协议约定溢价回购投资者股份。涉案《合作协议》系各方当事人的真实意思表示，协议内容不违反法律、行政法规禁止性规定，应为合法有效。《合作协议》中约定的特定情形出现时，A公司有权要求王某承担股权回购义务的条款，均属民事主体在缔约过程中应当充分认识的商业风险，未超过其合理预期，亦不违反法律法规的禁止性规定。故合同约定情形出现时，负有契约义务的当事人依法应当按约定履行自己的承诺。

(二)抗辩焦点二：股权回购条件成就问题

被告王某提出，原告A公司提供的2013年利润表、2014年利润表仅有复印件，不能作为认定净利润不达标的证据，且其亦作为股东，在B公司未向其送达利润表的情况下，其亦无法知悉B公司的利润情况。同时，鉴于案涉股权被原告A公司查封，故而未能上市的原因在于A公司。因此，股权回购条件并未成就。

A公司认为：案涉《合作协议》预设了触发回购条款的条件，若公司2013年、2014年均未能实现1200万元、2000万元的经营目标或任一年度未能完成经营目标的70%；或公司未能在2016年6月30日之前完成中国或者境外证券交易所挂牌上市等，则A公司有权选择在上述任何一种情况出现后要求王某受让A公司持有的B公司全部或部分股份。针对上述预设条件具体分析，依照证券法的相关规定，B公司若期望在2016年6月30日前实现上市，需在2016年前向证券监督管理机构报送审批材料，最近三个会计年度的净利润必须为正数，且最近三年会计文件无虚假记载。按证券业常理分析，B公司应以2013年、2014年、2015年三个会计年度的会计文件呈报，但B公司编制的2013年、2014年的《利润表》记载本年度净利润为负数，企业发生亏损。则B公司已经无法满足2016年6月30日前公开发行股票并申请上市的先决条件。故《合作协议》中预设的两种退出情形均已产生，应认定A公司诉请王某回购其持有的B公司股权，符合合同约定。

（三）抗辩焦点三：A公司是否已按合同约定时间发函要求回购股权

王某提出，A公司未按照合同约定的期限之前要求王某回购股权，则无权再主张回购股权。

A公司认为：A公司已通过EMS邮寄快递的方式，在合同约定的期限内向王某发出通知要求其股权回购，该回购通知已依法送达，合法、有效。更何况，A公司有充分理由相信B公司在2016年6月30日前不能上市，其行使不安抗辩权，以诉讼的方式要求王某回购股权，亦为合法、有效。

（四）合同细节抗辩

如上所说，股权回购条款的效力得到了大多数法院的支持。但是在代理过程中，却历经管辖异议、管辖异议上诉、笔迹鉴定、反复公告等程序，诉讼极为漫长，且一审判决作出后，王某再次提起了上诉，极大拖延了A公司的诉讼目的。究其原因，除了被告利用诉讼程序拖延时间外，系列合同出现的细节问题，同样值得私募基金的从业者重视。

1. 案涉《增资扩股协议》《合作协议》《股权质押合同》等合同的关联性不充分，未能形成闭合的证据链，导致争议不断。本案所涉的三份合同，在各自的背景描述方面较为欠缺，体现在：《合作协议》与《增资扩股协议》未能关联；《股权质押合同》中约定《增资扩股协议》为主合同，而《增资扩股协议》未约定A公司与王某之间的债权债务。庆幸的是，《股权质押合同》约定了"甲方愿意为甲方与乙方依主合同所形成的股权收购义务提供质押担保"。

2. 未要求王某在案涉系列合同签字摁手印，因笔迹极易变化，导致笔迹鉴定出现非王某签字的法律风险。

三、股权回购条款设计的初步构想

司法实践对股权投资中约定要求目标公司的股东回购股权的有效性基本持肯定态度的现实，在此不再讨论。基于本案各方的抗辩焦点，笔者认为，投资人在设计股权投资条款时，应注意以下几个问题：

1. 为了有效避免目标公司转移资产，应要求目标公司对其大股东、实际控制人的业绩补偿及股权回购义务提供连带责任保证担保。出现纠纷后，可列目标公司为被告，迅速查封目标公司资产。

最高人民法院在2012年“对赌协议第一案”中明确：目标公司向股东作出的利润补偿承诺，因损害了公司利益和公司债权人利益，应属无效；而股东向股东作出的利润补偿承诺则为有效。对于最高法院确立的上述规则，实践中已被绝大多数法院所采纳。但是，“对赌”能否要求目标公司和其他股东连带承担股权回购义务？最高人民法院（2017）最高法民再258号再审判决书（通联资本管理有限公司、成都新方向科技发展有限公司与公司有关的纠纷再审民事判决书）给出了回应。

最高人民法院认为，连带担保责任属于连带责任的情形之一，但连带担保责任有主从债务之分，担保责任系从债务。双方当事人将“连带责任”理解为“连带担保责任”，并未加重久远公司的责任负担，且从通联公司诉请久远公司的责任后果看，是对新方向公司承担的股权回购价款本息承担连带责任，仍然属于金钱债务范畴，也与久远公司实际承担的法律责任后果一致，本院予以确认。《公司法》第16条第2款明确规定“公司为公司股东或者实际控制人提供担保的，必须经股东会或者股东大会决议”，该条规定的目的是防止公司股东或实际控制人利用控股地位，损害公司、其他股东或公司债权人的利益。对于合同相对人在接受公司为其股东或实际控制人提供担保时，是否对担保事宜经过公司股东会决议负有审查义务及未尽该审查义务是否影响担保合同效力，公司法及其司法解释未作明确规定。目标公司久远公司在《增资扩股协议》中承诺对新方向公司的股权回购义务承担连带责任，但并未向通联公司提供相关的股东会决议，亦未得到股东会决议追认，通联公司在签订《增资扩股协议》时，未能尽到要求目标公司提交股东会决议的合理注意义务，导致担保条款无效，对协议中约定的担保条款无效自身存在过错。根据《担保法司法解释》第7条规定，通联公司、久远公司对《增资扩股协议》中约定的“连带责任”条款无效，双方均存在过错，久远公司对新方向公司承担的股权回购款及利息，就不能清偿部分承担 1/2 的赔偿责任。

结合上述案例，为了有效避免目标公司转移资产，应要求目标公司对其大股东、实际控制人的业绩补偿及股权回购义务提供连带责任保证担保。出现纠纷后，可列目标公司为被告，迅速查封目标公司资产。

2. 为减轻对回购条件成就事实的举证负担，应明确约定目标公司控股股东、实际控制人负有向投资方提供财务报表、审计报告等资料的义务，并约定不提供的视为业绩承诺未达标，以减轻举证负担。

同时，为便于双方往来通知特别是投资人向回购义务人发出的要求回购股权通知的接收与送达，合同中应确认各方的通知接收与送达的地址、联系人、电话、邮箱，并明确各方可通过邮政快递（EMS）、电子邮箱、短信等方式发出通知。

3. 谨慎设定股权回购通知期限条款。上海市第一中级人民法院在上海星杉创富股权投资合伙企业（有限合伙）诉王吉万股权转让纠纷案中，认为：对于标的公司上市以及投资人主张标的公司股东履行回购义务均设定了明确的期限，该协议也并未约定投资人在 2015 年 12 月 30 日后可以继续主张标的公司股东履行回购义务；因此投资人应在该协议所约定的期限（2015 年 12 月 30 日）之前主张标的公司股东履行回购股份义务，如超过该期限，则投资人无权依据《补充协议书》约定行使相应的请求回购股份的权利。

因此，投资合同中应谨慎设定股权回购通知期限条款，建议约定为业绩承诺不达标的，投资人有权要求回购股权。

同时，上海市第一中级人民法院在上海星杉创富股权投资合伙企业（有限合伙）诉王吉万股权转让纠纷案中亦认为：江某作为标的公司的董事会秘书并不具有为作为标的公司负有股权回购义务的股东与投资人（同为标的公司股东）之间进行信息沟通的义务和职责，且投资人并未能提交证据证明：在投资人主张标的公司股东履行回购义务前，江某作为投资人与标的公司股东进行信息沟通的联络人的事实；如上所述，即便投资人的工作人员曾将要求股东回购股份事宜告知了标的公司的董事会秘书江某，但该行为并不能视作投资人实际通知了标的公司股东。因此，投资人要求回购股权时，应直接向负有回购义务的当事人发出回购通知，否则，可能被认定为未完成向回购方要求履行股权回购的通知义务。

4. 系列合同之间要确保具备关联性，合同之间形成闭合的证据链，避免出现争议。比较恰当的做法是，在每份合同的首部，将双方的交易背景进行描述，并在条款中明确指向主合同的具体名称、合同编号等，确保各合同之间的衔接。

5.快速地定分止争，是实现诉讼目的的关键环节，约定诉讼时的送达地址，在一定程度上，可解决诉讼送达难的问题。投资项目出现风险而发生诉讼时，关键能否迅速通过诉讼或仲裁解决纷争。在实践中，有些地方的仲裁委员会的仲裁规则明确可以向双方约定的诉讼送达地址以邮寄送达的方式解决送达问题。因此，作为专业的投资机构，建议对机构所在地的法院或者仲裁委了解类似的规定，并将类似规定写入合同中，以便将来发生诉讼时，能对快速解决纠纷起到一定的助推力。

6.合同的真实性是合法性认定的前提，除了要求面签合同之外，建议在签署合同时，要求负有股权回购义务的自然人面签且摁手印，以避免回购义务人任意提出笔迹鉴定主张以及笔迹变化的风险。

当然，为了诉讼的方便，应留存各方主体的信息资料，如营业执照、自然人身份证复印件等，否则，诉讼时自然人的身份信息资料的调取将给投资者带来麻烦和不必要的成本支出。

以两则案例为基础看执行事务合伙人失职时，LP 的诉讼策略

程　婷　史　跃
国浩律师(深圳)事务所

一、问题的提出

随着经济的发展，我国高净值人群规模迅速扩大，个人财富管理需求随之增长，为私募基金行业的发展带来了巨大的机遇和动力，私募基金已然成为我国资本市场的重要组成部分。

伴随着私募基金的爆发式增长，各种风险与问题也在不断暴露，私募机构“跑路”的消息层出不穷，投资者维权事件屡屡爆发。根据中国证券投资基金业协会公示的信息，截至 2018 年 7 月 2 日，失联私募管理人有 157 家、异常私募管理人有 3788 家，这些失联、异常情形往往牵涉管理人的失职，其背后通常又隐藏着大量的投资项目失败、资金兑付困难、管理人“跑路”、债权债务无人处置等问题，进而严重影响投资者的权益，但投资者囿于其有限合伙人的身份，无法直接介入私募基金的管理，造成了有限合伙人维权的困境。基于迫切的维权需求，处于困境中的有限合伙人往往走上传统且较为激进的“维权之路”，成为影响和谐社会建设的风险因素之一。

在严控金融风险的监管政策下，私募基金行业的风险控制不容忽视，进而，当出现管理人“跑路”、债权债务无人处置等私募基金管理人失职的情形时，LP 可以选择何种诉讼策略就成为具有现实意义的研究议题，笔者将结合案例对此进行简要分析。

二、诉讼策略之一：派生诉讼

《合伙企业法》第 68 条规定：“有限合伙人不执行合伙事务，不得对外代表有限

合伙企业。有限合伙人的下列行为,不视为执行合伙事务:……(七)执行事务合伙人怠于行使权利时,督促其行使权利或者为了本企业的利益以自己的名义提起诉讼。”根据本条规定,LP在执行事务合伙人怠于行使权利时,有权为了合伙企业的利益,以自己的名义提起诉讼,即派生诉讼。

我国首例LP派生诉讼胜诉案件为“焦建、刘强等与安徽瑞智房地产开发有限公司金融借款合同纠纷案”(以下简称“安徽瑞智案”),该案历经安徽省高级人民法院一审【案号:(2015)皖民二初字第00005号】、最高人民法院二审【案号:(2016)最高法民终756号】,以下将结合最高人民法院关于安徽瑞智案的判决,分析LP派生诉讼的要件。

(一)安徽瑞智案案情简介

被上诉人(一审原告)焦建、刘强、李春红为第三人北京和信恒轩投资中心(有限合伙)(执行事务合伙人为和信联合资本管理有限公司)的有限合伙人,北京和信恒轩投资中心(有限合伙)通过第三人上海浦东发展银行股份有限公司淮南支行向上诉人(一审被告)安徽瑞智房地产开发有限公司发放了一笔委托贷款。贷款期限届满后,安徽瑞智房地产开发有限公司未按约偿还借款本金及利息,北京和信恒轩投资中心(有限合伙)也一直未通过诉讼或仲裁等方式向其主张权利,焦建、刘强、李春红遂以北京和信恒轩投资中心(有限合伙)、和信联合资本管理有限公司怠于主张债权为由诉至安徽省高级人民法院,请求判令安徽瑞智房地产开发有限公司向北京和信恒轩投资中心(有限合伙)归还贷款本息,并获得了安徽省高级人民法院的支持。安徽瑞智房地产开发有限公司不服一审判决,向最高人民法院提出上诉,请求撤销一审判决并驳回焦建、刘强、李春红的诉讼请求。最高人民法院经审理,判决驳回上诉,维持原判。

最高人民法院在判决书中指出,本案争议的焦点包括:(1)和信联合资本管理有限公司作为执行事务合伙人是否怠于行使权利;(2)焦建、刘强、李春红能否代表北京和信恒轩投资中心(有限合伙)提起诉讼。

针对焦点一,最高人民法院认为,案涉委托贷款到期后不提起诉讼或仲裁,即怠于行使权利。

针对焦点二,最高人民法院认为,焦建、刘强、李春红与北京和信恒轩投资中心(有限合伙)的关系,并非债权人与债务人的关系,而是有限合伙人与合伙企业的关系。《合伙企业法》第68条第2款第7项规定,执行事务合伙人怠于行使权利时,有限合伙人督促其行使权利或者为了本企业的利益以自己的名义提起诉讼,不视为执行合伙事务。该条款赋予了合伙企业的有限合伙人以自己的名义代表合伙企业提起诉讼的权利,且并未限定其在个人出资额范围内提出诉讼请求,只要满足以合伙企业的利益为目的这一要求即可,合伙协议也并未要求全体有限合伙人一致同意才能提起诉讼。焦建、刘强、李春红代表北京和信恒轩投资中心(有限合伙)提起诉讼,既符合合伙协议的约定,又不违反《合伙企业法》的规定。

(二)派生诉讼的要件

1. 主体要件:LP 以自己的名义提出

派生诉讼应由 LP 作为原告提出,在存在多个 LP 的情况下,《合伙企业法》并未规定需要取得全体 LP 的一致同意方可提起诉讼,笔者认为,每一名 LP 均有权单独提起派生诉讼。在安徽瑞智案中,有限合伙人焦建、刘强、李春红系以自己的名义(作为原告)提起诉讼,最高人民法院亦在判决中指出其代表合伙企业提起诉讼未违反《合伙企业法》的规定。此外,最高人民法院在(2016)最高法民辖终 94 号案的管辖裁定书中指出,信达公司(注:LP)在融实投资(注:有限合伙企业)和信瑞基金(注:执行事务合伙人)未能及时主张债权并依法收回贷款的情况下,以自己的名义向债务人提起诉讼符合法律规定,其主体身份不应当按照融实投资对待。天津市武清区人民法院在(2016)津 0114 民初 9707 号案的裁定书中指出,原告起诉请求被告威海公司向第三人锦秋投资中心偿还借款的依据是威海公司与锦秋投资中心签订的《借款合同》,原告以自己的名义提起诉讼的依据是作为锦秋投资中心的有限合伙人,而原告并未能真正成为锦秋投资中心的有限合伙人,故其以自己的名义为锦秋投资中心的权益提起本案的诉讼无据可依。

鉴于 LP 的身份是派生诉讼的核心主体要件,在整个诉讼过程中(自提起诉讼自生效判决作出之日的整个期间),原告都应当拥有 LP 的身份,方才具备派生诉讼的主体资格。诉讼过程中,一旦 LP 出现退伙或转让全部出资额的情形,其将相应丧失派生诉讼的诉讼主体资格,亦将会被法院裁定驳回起诉。

审判实践中,为方便法院查明案件事实,通常会将有限合伙企业列为第三人。在安徽瑞智案中,合伙企业北京和信恒轩投资中心(有限合伙)即作为第三人参加诉讼。

2. 实质要件:执行事务合伙人怠于行使权利

《合伙企业法》仅将"执行事务合伙人怠于行使权利"作为 LP 提起派生诉讼的要件,但并未明确规定何为"执行事务合伙人怠于行使权利",以及如何认定"执行事务合伙人怠于行使权利"。司法实践中,LP 提起派生诉讼的案件并不多见,因此,实务中尚未形成相对普适的判断标准。

根据笔者检索的相关案例，执行事务合伙人是否通过诉讼或仲裁的方式来维护合伙企业的权益，通常被作为认定执行事务合伙人是否怠于行使权利的标准。在安徽瑞智案中，最高人民法院在判决中直接指出，和信联合资本管理有限公司作为执行事务合伙人，在案涉委托贷款到期后不提起诉讼或仲裁，即为怠于行使权利。陕西省高级人民法院在(2015)陕民二初字第00012号案（以下简称“世欣荣和案”）的判决（注：最高人民法院在本案二审中予以维持）中指出，世欣荣和公司（注：LP）在认为合伙企业东方高圣的权利被侵犯时，已经就相关问题向东方高圣及执行事务合伙人发函催告，要求东方高圣向人民法院提起民事诉讼，维护东方高圣的民事权利，东方高圣虽予以响应，但未依法提起民事诉讼，世欣荣和公司遂选择以自己的名义提起诉讼并无不妥，符合法律规定。

笔者认为，考虑到LP不执行合伙事务的现实，其在举证证明执行事务合伙人是否通过诉讼或仲裁以外的方式维护合伙企业的权益时通常存在实际困难，而上述标准相对客观明确，能够用以直观判断执行事务合伙人是否怠于行使权利。笔者亦认为，基于实质重于形式的考量，上述标准并非唯一判断标准，执行事务合伙人若消极作为（不当行使权利），未尽职责，亦属于“怠于行使权利”，例如与债务方达成明显损害合伙企业利益的协议、虽提起诉讼/仲裁但未派员出庭等。

在安徽瑞智案中，最高人民法院认定执行事务合伙人怠于行使权利的情形包括：(1)案涉委托贷款到期后不提起诉讼或仲裁；(2)未与安徽瑞智房地产开发有限公司达成任何保障有限合伙债权尽快实现的协议；(3)明知本案一审诉讼却不积极应诉；(4)在安徽瑞智房地产开发有限公司再次违约的情况下，依然未主动参加一审诉讼或以另行提起诉讼或仲裁的方式向安徽瑞智房地产开发有限公司主张权利，而是被动地应安徽瑞智房地产开发有限公司的请求，出具相关文件，同意有步骤的解除对安徽瑞智房地产开发有限公司抵押物的抵押权，放任安徽瑞智房地产开发有限公司一再拖延到期债务。

3. 目的要件：为了有限合伙企业的利益

《合伙企业法》将LP派生诉讼的目的限定为“为了本企业的利益”，通俗而言，即LP在提出派生诉讼时，其诉讼请求之受益主体应为有限合伙企业，而不能要求债务方直接向LP自身履行义务。

在安徽瑞智案中，LP的诉讼请求即判令安徽瑞智房地产开发有限公司向北京和信恒轩投资中心（有限合伙）归还贷款本息，该请求亦获得安徽省高级人民法院及最高人民法院的支持。在世欣荣和案中，LP的诉讼请求为判令被告向有限合伙企业返还认购款及赔偿损失。广州市中级人民法院在(2017)粤01民终3847号案的判决书中指出，辛军（注：LP）认为普通合伙人上海清科公司怠于行使权利，故以自己的名义提起本案诉讼，但其诉请要求广州国采公司（注：有限合伙企业的债务方）向其偿还借款本息，以及要求对拍卖、变卖广州环博公司（注：有限合伙企业的债务方）的抵押物的价款优先受偿，并非为了有限合伙企业的利益，而是出于保护其自身的投资利益的目的，不符合《合伙企业法》第68条第2款第7项的规定。

（三）股东派生诉讼对LP派生诉讼的参考意义

虽然安徽瑞智案被称为首例LP派生诉讼案件，但公司股东派生诉讼案件的发展要相对成熟一些。根据我国现行《公司法》第151条以及《最高人民法院关于适用〈中华人民共和国公司法〉若干问题的规定（四）》第24条至第26条，股东提起派生诉讼要件包括：(1)适格股东；(2)他人损害公司利益；(3)前置程序；(4)为公司利益，即胜诉利益归属公司。

对比安徽瑞智案展现出的LP派生诉讼和公司股东派生诉讼，可以看出二者有很多的共同点，前者明显存在借用后者理论的痕迹，股东派生诉讼的四个要件在安徽瑞智案中均有所展现。笔者认为，在一些细节问题上，股东派生诉讼的规则仍然可以为LP派生诉讼提供一些参考。

如股东派生诉讼要求的前置程序是否也适用于LP派生诉讼。起诉股东向公司特定管理人员履行书面请求程序，只有在股东的书面请求被拒绝（明示或默示）后，股东方可以自己的名义提起诉讼。这一程序的目的在于防止股东滥用权利，也防止股东突破股东和公司的独立人格。笔者认为，这一前置程序的规定应当在LP派生诉讼中同样适用，否则LP就有可能超越执行事务合伙人或者合伙企业本身滥用权利。安徽瑞智案与上述世欣荣和案中，虽然法院未直接写明这一程序为必需，但在事实部分也特意予以了查明，确认LP均于起诉前向执行事务合伙人发出了催告函或通知。

有人担心如果执行事务合伙人跑路、倒闭、被采取刑事强制措施，这种前置程序会阻碍LP的诉讼维权。在股东派生诉讼的实践案件中，对于公司机构设置特殊导致前置程序没有意义【(2013)绍商初字第278号案，该案中公司仅有两名股东且分别担任公司执行董事和唯一监事】、公司机构和股东发生重大变动导致无法履行前置程序【(2014)沪二中民四(商)终字S543号案】的情形，法院均认可了股东的起诉资格。也就是说，在股东派生诉讼中，股东是否履行前置程序亦遵循实质重于形式的原则，在股东因客观原因无法履行前置程序时，这一要件是允许变通的。从根源上看，也是为了能够放松对股东派生诉讼的过度限制，在公司利益受损之时，为股东维护公司利益提供一条合理、合法、可行的通道。放之合伙企业的同类问题，秉承的也当是同样的原则和司法精神，不能在执行事务合伙人客观无法联系的情况下，对LP派生诉讼提出过分苛刻的要求。

再如程序上的管辖问题、公司诉讼地位/有限合伙企业诉讼地位问题、原告诉讼成本的保障问题等，股东派生诉讼的相关规则都可以在LP派生诉讼案件中予以参考适用。

三、诉讼策略之二：代位权诉讼

《合同法》第73条规定，因债务人怠于行使其到期债权，对债权人造成损害的，债权人可以向人民法院请求以自己的名义代位行使债务人的债权，但该债权专属于债务人自身的除外。根据本条规定，LP若对有限合伙企业享有到期债权，在执行事务合伙人失职导致有限合伙企业怠于行使其到期债权时，有权为了自己的利益，直接以自己的名义提起诉讼，要求有限合伙企业的债务人（以下简称“次债务人”）向其自身偿还债务，即代位权诉讼。

下文将结合河北省高级人民法院审理的“信达投资有限公司与河北融投置业有限公司、兴业银行股份有限公司石家庄分行等合伙协议纠纷、债权人代位权纠纷案”（以下简称“信达投资案”），分析LP代位权诉讼的要件。

（一）信达投资案案情简介

原告信达投资有限公司系被告石家庄融实投资中心（有限合伙）［执行事务合伙人为信瑞（北京）股权投资基金管理有限公司，同为本案被告］的有限合伙人，原告签署之《入伙协议》《合伙协议》约定：“（原告）承诺向合伙企业认缴出资2亿元……认缴出资的有限合伙人预期年化收益率为13%……本合伙企业的投资期限为两年……每个有限合伙人的出资，投资期限届满自投资款及收益到达合伙企业账户至向全体合伙人分配完毕期间，按照同期银行活期存款利率计算利息，税后归该有限合伙人所有，会同当期投资收益一起分配给该有限合伙人。”被告河北融投担保集团有限公司向信达投资有限公司出具《担保函》，载明：“……我公司承诺为贵公司取得《入伙协议》及《合伙协议》约定的2亿元认缴投资额返还及年化13%的投资收益提供连带责任保证。保证期限为《入伙协议》约定的资金使用期限届满之日起两年……”石家庄融实投资中心（有限合伙）认可依据《入伙协议》《合伙协议》,其对信达投资有限公司的欠款为本金 2 亿元及相应投资收益。石家庄融实投资中心(有限合伙)通过被告兴业银行股份有限公司石家庄分行,向被告河北融投置业有限公司发放委托贷款 2.5 亿元。贷款到期后,河北融投置业有限公司未归还本金及相应利息。《合伙协议》约定的投资期限届满后,石家庄融实投资中心(有限合伙)未向信达投资有限公司给付投资款及投资收益。信达投资有限公司遂诉请判令河北融投置业有限公司偿还信达投资有限公司于石家庄融实投资中心(有限合伙)的借款本金及利息,河北融投担保集团有限公司对石家庄融实投资中心(有限合伙)向信达投资有限公司返还 2 亿元的认缴投资额和投资收益承担连带保证担保责任。河北省高级人民法院经审理,判决河北融投置业有限公司偿还信达投资有限公司的本金 2 亿元及投资收益[以石家庄融实投资中心(有限合伙)对河北融投置业有限公司的应收债权为限],河北融投担保集团有限公司就前述石家庄融实投资中心(有限合伙)对信达投资有限公司的欠款承担连带清偿责任。

河北省高级人民法院在判决书中指出,本案争议的焦点问题之一为信达投资有限公司能否要求河北融投置业有限公司直接向其归还欠款。

针对上述焦点问题,河北省高级人民法院认为,《入伙协议》《合伙协议》的内容符合《合伙企业法》的规定,信达投资有限公司的诉讼请求具有法律和合同依据,且石家庄融实投资中心(有限合伙)认可信达投资有限公司向其主张的债权,因此,信达投资有限公司对石家庄融实投资中心(有限合伙)享有合法的到期债权。石家庄融实投资中心(有限合伙)对河北融投置业有限公司享有合法到期债权,石家庄融实投资中心(有限合伙)、信瑞(北京)股权投资基金管理有限公司并未就此债权提起诉讼或仲裁,且石家庄融实投资中心(有限合伙)表示已无其他财产可用于归还对信达投资有限公司的债务,故石家庄融实投资中心(有限合伙)、信瑞(北京)股权投资基金管理有限公司怠于向河北融投置业有限公司主张欠款的行为,已对信达投资有限公司的合法利益造成侵害。因此,信达投资有限公司要求河北融投置业有限公司直接向其归还欠款的主张,符合《合同法》第 73 条的规定。

(二)代位权诉讼的要件

《最高人民法院关于适用〈中华人民共和国合同法〉若干问题的解释(一)》第 11 条明确规定,债权人依照《合同法》第 73 条的规定提起代位权诉讼,应当符合下列条件:(1)债权人对债务人的债权合法;(2)债务人怠于行使其到期债权,对债权人造成损害;(3)债务人的债权已到期;(4)债务人的债权不是专属于债务人自身的债权。根据前述规定,LP 提起代位权诉讼,必须满足以下几个要件:

1. LP对有限合伙企业享有合法债权

站在LP自身的角度，其需对有限合伙企业享有合法债权，方有可能提起代位权诉讼。

根据《合伙企业法》的规定，合伙人的出资为合伙企业的财产，合伙人在合伙企业清算前，不得请求分割合伙企业的财产。通常情况下，在有限合伙企业存续期间，LP对有限合伙企业的出资款属于投资，而非借款，因此，不能将此项权益认定为LP对合伙企业享有合法债权，这导致LP因无法满足"对有限合伙企业享有合法债权"的要件，而不具备提起代位权诉讼的权利基础。例如，梅州市中级人民法院在(2016)粤14民终649号案的裁定书中指出，李子敏(注:LP)的出资，应为广州建泓恒达投资合伙企业的财产，在广州建泓恒达投资合伙企业未进行清算前，李子敏不得分割合伙企业的财产，故其以自己的名义向人民法院提起债权人代位权诉讼，应属诉讼主体不适格。

但是，在实践中，有限合伙企业需要向LP承担还本付息责任的情形屡见不鲜。笔者认为，当有限合伙企业对LP负有还本付息责任时，LP即对有限合伙企业享有合法债权。根据笔者检索的相关案例，法院认定有限合伙企业对LP负有还本付息责任的情形有以下两种：

第一，名为合伙，实为借贷。在此种情况下，LP对有限合伙企业的出资款属于借款，而非投资，LP据此享有合法债权。在判断是否属于此种情形时，可以参考如下标准：(1) 有限合伙企业是否向LP作出了还本付息的承诺？例如，重庆市江北区人民法院在(2016)渝0105民初8268号案的判决书中指出，合伙协议约定的收益系固定收益，缺乏共同承担基金经营风险的意思表示，本质上是资金借用行为，双方之间的法律关系名为合伙，实为借贷；北京市怀柔区人民法院在(2016)京0116民初5463号案的判决书中指出，合伙协议约定LP享受固定收益，不承担企业风险，该合伙协议名为合伙实为借贷。(2) LP是否为经工商登记的合伙人？例如，昆明市官渡区人民法院在(2016)云0111民初6783号案的判决书中指出，原告并未签订合伙协议，也未作为合伙人登记入册，被告主张其与原告之间所形成的合伙法律关系缺乏事实依据；深圳市福田区人民法院在(2016)粤0304民初6247号案的判决书中指出，原告并未登记为有限合伙企业的合伙人，亦可印证本案法律关系实质并非合伙合同的事实。(3)LP是否为合格投资者？例如，在北京市朝阳区人民法院审理(2017)京0105民初11255号案中，原告不具备私募基金合格投资者的条件的情形是判断本案"名为合伙、实为借贷"的依据之一。

第二,有限合伙企业未按约向 LP 兑付投资本金及收益。例如,上海市静安区人民法院在(2015)静民二(商)初字第 492 号案的判决书中指出,原告已登记在被告的合伙人名单中,合伙协议约定"全体合伙人之认缴出资总额不超过人民币80,000,000元,存续期 12 个月,项目方视具体情形可提前 6 个月或最多可延后 6 个月结束;收益分配的前提是,合伙企业存续期结束后,或经合伙人会议决定的更早时间,在扣除管理费后分配收益(包括红利和利息),在出售或以其他方式处置项目投资,收到出售收入后,尽快将回收的本金和收益派发给合伙人;利润按各方认缴的出资比例分配;合伙企业的收益应支付基金费用,合伙企业的收益应分配给各合伙人直至各合伙人收回出资本金,再按税前收益年 13%(认购金额大于 1,000,000元、小于 1,900,000 元)或 14%(认购金额大于 2,000,000 元),每半年支付利息一次,基金存续期届满利随本清,最后合伙企业的剩余收益作为管理费分配给普通合伙人;所有合伙人按各自认缴的出资比例分担亏损",该合伙协议系当事人的真实意思表示,合法有效,各合伙人和合伙企业应遵守约定。被告有义务根据合伙协议约定的时间和金额,向作为有限合伙人的原告派发收益,其未在基金项目约定的到期日向原告派发收益的构成违约,应当承担违约责任。

在信达投资案中,河北省高级人民法院认为,《入伙协议》《合伙协议》约定:"认缴出资的有限合伙人预期年化收益率为 13%……本合伙企业的投资期限为两年……每个有限合伙人的出资,投资期限届满自投资款及收益到达合伙企业账户至向全体合伙人分配完毕期间,按照同期银行活期存款利率计算利息,税后归该有限合伙人所有,会同当期投资收益一起分配给该有限合伙人,"信达投资有限公司对石家庄融实投资中心(有限合伙)享有合法的到期债权。

2. 有限合伙企业怠于行使其到期债权,对 LP 造成损害

《最高人民法院关于适用〈中华人民共和国合同法〉若干问题的解释(一)》第 13 条规定,债务人怠于行使其到期债权,对债权人造成损害的,是指债务人不履行其对债权人的到期债务,又不以诉讼方式或者仲裁方式向其债务人主张其享有的具有金钱给付内容的到期债权,致使债权人的到期债权未能实现。

笔者认为,在判断是否满足这一要件时,需要注意以下几点:

第一,只有在有限合伙企业对 LP 已经陷于履行迟延的情况下,LP 才可能产生代位权,若 LP 对有限合伙企业的债权尚未到期或并不构成迟延履行,则 LP 的代位权将无法成立。

第二,有限合伙企业只能以诉讼或者仲裁的方式向次债务人主张权利才不构

成"怠于行使其到期债权",其他任何主张权利的方式均属于"怠于行使其到期债权",例如自行或委托律师以书面方式要求次债务人履行、向行政主管部门投诉等私力救济方式。

第三,"对债权人造成损害"中的损害不同于损害赔偿中的损害,只要有限合伙企业未履行其对LP的债务,使LP的债权未能实现,便可视为对LP造成了损害。

在信达投资案中,河北省高级人民法院认为,石家庄融实投资中心(有限合伙)、信瑞(北京)股权投资基金管理有限公司并未就其对河北融投置业有限公司债权提起诉讼或仲裁,且石家庄融实投资中心(有限合伙)表示已无其他财产可用于归还对信达投资有限公司的债务,故石家庄融实投资中心(有限合伙)、信瑞(北京)股权投资基金管理有限公司怠于向河北融投置业有限公司主张欠款的行为,已对信达投资有限公司的合法利益造成侵害。

3. 有限合伙企业对次债务人的债权已到期

只有在有限合伙企业对次债务人的债权已到期的情况下,LP才能够对次债务人提起代位权诉讼。

在信达投资案中,石家庄融实投资中心(有限合伙)即对次债务人河北融投置业有限公司享有合法到期债权。

4. 有限合伙企业对次债务人的债权不是专属于有限合伙企业自身的债权

《最高人民法院关于适用〈中华人民共和国合同法〉若干问题的解释(一)》第12条规定,专属于债务人自身的债权,是指基于扶养关系、抚养关系、赡养关系、继承关系产生的给付请求权和劳动报酬、退休金、养老金、抚恤金、安置费、人寿保险、人身伤害赔偿请求权等权利。这些权利通常与债务人的人格权、身份权相关,与债务人的生活密切相关,故对这些债权不能由债权人代位行使。

此外,最高人民法院在《关于深圳发展银行与赛格(香港)有限公司、深圳赛格集团财务公司代位权纠纷一案的请示的复函》[(2005)民四他字第31号]中明确指出,根据目前的法律规定和司法解释,债权人仅可以向人民法院请求以自己的名义代位行使债务人具有金钱给付内容的到期债权,且该债权不能是专属于债务人自身的,代位权的范畴不能从债权扩张到所有权。

故此,有限合伙企业对次债务人的债权限定于具有金钱给付内容的到期债权,而不能扩张到所有权或其他权利。

在信达投资案中,石家庄融实投资中心(有限合伙)对次债务人河北融投置业有限公司享有的债权即委托贷款本金及利息、复利、罚息。

四、关于LP与有限合伙企业关系问题的一点反思

安徽瑞智案中，法院认定了原告的LP地位，使得LP具有了提起派生诉讼的主体条件。信达投资案中，LP之所以能够提起诉讼，不在于其是有限合伙企业的合伙人，而在于其是有限合伙企业的债权人。根据我国的《合伙企业法》，在有限合伙人企业中，有限合伙人以出资为限对合伙企业承担责任，其出资已经成为有限合伙企业的资产。从这一点上来看，如果认定了LP的有限合伙人身份，也就认定了其出资是对有限合伙企业的投资，而非借款，而投资天然需要承担亏损风险。

两案在LP与有限合伙企业关系问题上作出的完全不同并且矛盾的认定反映了我国司法实践对于私募纠纷裁判的混乱。表面看来，法院基于原告诉讼策略的选择，在实体裁判上选择了实质正义的做法，尽可能维护原告的权益；但深究一步，对LP与合伙企业关系的混乱裁判，尤其是倾向于认定LP的出资为债权，会导致LP永远以放贷的心态对待投资，无法真正建立起正确的投资观念，进而，一方面为不法的资金募集者提供了募集空间，另一方面也导致投资失败时投资人习惯于提出不合理、不恰当的诉求，这些都是不容忽视的金融风险。

五、结语

派生诉讼与代位权诉讼存在较大区别，其中，最重要的区别在于，派生诉讼无法在LP与有限合伙企业的债务方之间产生实体权利义务，其目的在于维护有限合伙企业对其债务方的实体权利，进而在间接层面维护LP的权益；而代位权诉讼能够在LP与次债务人之间产生实体权利义务，其诉讼结果归属于LP，可以在直接层面维护LP的权益。笔者认为，在这个意义上，派生诉讼属于LP的间接救济措施，而代位权诉讼属于LP的直接救济措施。当然，二者之间在管辖权、诉讼请求的限额、诉讼费用承担等方面也存在区别，囿于本文的篇幅，笔者遂不逐一探讨。考虑到我国司法实践更为重视实质正义，LP可以根据自身的实际情况，结合管辖法院过往的司法实践，选择相应的诉讼策略，以期在出现执行事务合伙人失职的困境时，能够有效地维护自身权益。

资产管理产品投资者索赔的困境和出路

乔　茜

截至2017年年末，我国金融机构资管业务总规模已达百万亿元。

针对之前部分业务发展不规范、多层嵌套、刚性兑付、规避金融监管和宏观调控等问题，监管部门进行了“乱象整治”，先后下发了《关于规范金融机构资产管理业务的指导意见》（以下简称资管新规）、《商业银行理财业务监督管理办法》（以下简称《银行理财办法》）、《证券期货经营机构私募资产管理业务管理办法》（以下简称《私募理财办法》）等监管规定。

各金融机构正在按照资管新规等的要求进行业务转型，对于投资者来说，资产管理理财产品将不再宣传预期收益率，打破刚兑，实行净值管理，强调“买者自负、风险自担”，之前投资者眼中固定中高息的“类存款”不复存在，同样存在调整自身投资认知和决策的问题。

与此同时，投资者合法权利的保护也非常重要，是资管行业良性健康发展的重要一环，有助于避免资管行业乱治的恶性循环，“卖者尽责”是“买者自负”的前提。

但是，在投资者的权利保护方面，目前的法律环境还非常薄弱，司法实践的保护也不力。如果投资者投资资管产品，因为金融机构的过错造成损失，难以区分是市场风险还是金融机构过错原因，而且投资者也难以举证，索赔维权其实不易。

一、法律规定薄弱

（一）《信托法》未能成为上位法

一方面，资管产品的法律性质虽然“信托说”为多数意见，如证监会相关部门负责人就《证券期货经营机构私募资产管理业务管理办法》及其配套规则答记者问中就强调，“《私募理财办法》依法明确各类私募资管产品均依据信托法律关系设立”，资管新规和《银行理财办法》实质上也是按照“信托”的法律性质来构造。

但囿于监管分立以及对“信托”的误解等原因，司法实践中，除信托理财产品外，《信托法》并没有作为基本法律依据被引用，金融机构作为信托受托人的“勤勉尽责，坚持客户利益至上，应履行各项主动管理职责”的义务，如有违反，无法通过《信托法》追究法律责任。

（二）法院裁判结果开始与金融监管政策导向相衔接

在资管产品法律性质不明晰，缺乏上位法援引的情况下，各种监管规定等规范性文件，并不能作为法律依据直接引用，但可以作为裁判说理的依据。

根据《最高人民法院关于裁判文书引用法律、法规等规范性法律文件的规定》，民事裁判文书可引用法律、法律解释、司法解释、行政法规、地方性法规、自治条例和单行条例，其他规范性文件经审查认定为合法有效的，可以作为裁判说理的依据。在此情况下，法院自由裁量大有空间，且缺乏稳定性。

2015 年 12 月 24 日，时任最高人民法院民二庭庭长杨临萍在《关于当前商事审判工作中的若干具体问题》的讲话中提到：相关监管部门在部门规范性文件中对银行理财产品、保险投资产品、信托理财产品、券商集合理财计划、杠杆基金份额等高风险金融产品的销售作出的规定，与法律、行政法规等法律规范的规定不相抵触的，如果部门规范性文件是限制卖方机构权利或增加卖方机构义务，可以适用部门规范性文件。相关监管部门的规范性文件与法律、行政法规等法律规范相抵触的，不能适用部门规范性文件。

就目前的司法实践来看，由于资管新规被官方高度强调以及金融交易行为本身的特殊性，资管新规及其配套的各理财办法对资管产品纠纷的司法裁判规则的影响力已经在逐步显现，相继出现了以金融监管规定为基础和裁判说理依据的案例。

在（2017）最高法民终 529 号福建伟杰投资有限公司、福州天策实业有限公司营业信托纠纷案中，最高人民法院认定，由于双方签订的《信托持股协议》违反了中国保险监督管理《保险公司股权管理办法》的禁止性规定，损害了社会公共利益，依据《合同法》第 52 条第 4 项等规定，认定其为无效。

在（2017）最高法民申 2454 号杨金国与林金坤委托投资协议纠纷案中，最高人民法院在阐述双方签订的《委托投资协议书》违反公司上市系列监管规定而无效时认为：“这些规定有些属于法律明确应予遵循之规定，有些虽属于部门规章性质，但因经法律授权且与法律并不冲突，并属于证券行业监管基本要求与业内共识，对广大非特定投资人利益构成重要保障，对社会公共利益亦为必要保障所在，故依据

《合同法》第52条第4项等规定,本案诉争协议应认定为无效。”

2017年8月4日,最高人民法院发布的《关于进一步加强金融审判工作的若干意见》中规定:“以服务实体经济作为出发点和落脚点,引导和规范金融交易。……对以金融创新为名掩盖金融风险、规避金融监管、进行制度套利的金融违规行为,要以其实际构成的法律关系确定其效力和各方的权利义务。”

2018年6月25日上海市高级人民法院发布的《关于落实金融风险防范工作的实施意见》(以下简称《实施意见》)规定:“审慎处理金融创新产品引发的金融纠纷案件。对不符合金融监管规定和监管精神的金融创新交易模式,或以金融创新为名掩盖金融风险、规避金融监管、进行制度套利的金融违规行为,及时否定其法律效力,并以其实际构成的法律关系确定其效力和各方的权利义务。”

2018年7月23日上海市浦东新区人民法院为贯彻落实上海高院《实施意见》,发布了《关于加强金融审判与金融监管有效衔接的意见》规定:“要准确甄别法律关系,准确认定金融交易实际构成的法律关系,对合法合规的金融交易模式依法予以保护,实现法院裁判结果与金融监管政策导向的有机衔接,避免以金融创新为名规避金融监管、掩盖金融风险。”

从上述案例和法院审判指导意见的规定可以看出,基于资管产品金融纠纷的特殊属性,法院审判已在配合现有金融监管政策,对金融行业新型交易模式进行司法判断,应用“穿透”原则对实际交易进行判断,确定其实质法律关系和法律性质,继而确定相关合同的合同效力。

资管产品金融司法审判的监管化趋势对于规范金融机构资产管理业务、防控金融风险、维护金融秩序的健康发展以及保障投资者权益具有重要意义。另外,该趋势也会在一定程度上减损司法的可预测性和稳定性。

二、司法实践实际早已打破刚性兑付

资管新规和《银行理财办法》等监管规定均禁止“刚性兑付”。

在法院审判实践中,投资者被要求“买者自负”并履行举证责任,其主张损失赔偿的诉求往往得不到法院支持,在司法实践中,早已打破了“刚性兑付”。

法院对投资者举证责任的严苛要求,以及对造成投资损失是市场风险还是受托人过错不加区分和认定的态度,对投资者权益保护极其不利。

如2018年上海二中院发布的金融消费典型案例之二“李某诉甲证券公司金融委托理财合同纠纷案”,法院认为:“证券公司在销售理财产品时已充分履行风险揭示等义务的，对投资者的损失不承担赔偿责任，投资者应自担损失风险。”

在（2017）最高法民申 3856 号郝茹莎、万向信托有限公司信托纠纷再审案中，法院认为：“郝茹莎主张万向公司存在主观过错，但未提供相关证据予以证明。”

在（2016）沪 0101 民初 23030 号中泰信托有限责任公司其他信托纠纷一审案中，法院认为：“原告提起的违约赔偿之诉，需以合同相对方存有违约行为为前提，并且原告的损失计算依据必须科学、客观、合法。本案被告的违约行为并不存在，原告的损失依据亦不够充分。”

三、举证责任是否应倒置

资管新规第 8 条规定：“金融机构未按照诚实信用、勤勉尽责原则切实履行受托管理职责，造成投资者损失的，应当依法向投资者承担赔偿责任。”

发生该规定下的纠纷并诉诸法院时，应该是投资者还是金融机构承担举证责任？

上文列举的案例说明，司法实践多采用投资者承担举证责任的观点，仅有个别案例适用金融机构承担举证责任的要求。

如（2015）渝一中法民终字第 05004 号新华信托股份有限公司与钱海莹信托纠纷上诉案，法院认为：“虽然本案信托计划具有投资风险，但新华信托公司作为对信托计划项下信托财产进行集中管理、运用或处分的受托人，应就该信托计划是否盈利，或者是否存在因不可归咎于受托人的原因导致信托财产发生损失等相关情况承担举证责任。”

而且，钱海莹与新华信托公司签订的信托合同也约定，新华信托公司作为受托人，应当在信托终止后 10 个工作日内编制信托财产分配的清算报告，且在信托计划存续期间，如果发生可能对信托受益人权益产生重大影响的事项时，受托人在知道临时事项发生之日起 10 个工作日内向委托人或受益人作临时披露等。

本案中，新华信托公司在合同期满后既未向钱海莹分配信托本金及收益，亦未举示证据证明安吉新农村信托计划发生不可归咎于其自身原因的损失，亦未尽到合同约定的编制清算报告、临时披露等义务，故应由新华信托公司承担相应的违约责任。

资管产品投资者属于金融消费者，尽管对于金融消费者权益保护，先后下发了一系列规定，如国务院办公厅《关于加强金融消费者权益保护工作的指导意见》（国办发〔2015〕81 号）、中国人民银行《中国人民银行金融消费者权益保护实施办法》

(银发〔2016〕314号)、《证券期货投资者适当性管理办法》(中国证券监督管理委员会令第130号)等,但是金融消费者应有的"倾斜保护"与资管新规"买者自负"的要求有所冲突,需要根据"公平合理"和"诚实信用"的原则适当协调。

投资者购买金融机构发行的资管产品,投资者与金融机构之间存在严重的信息不对称,简单地要求投资者承担举证责任并不现实和合理,适当的举证责任倒置制度,有利于投资者权益的切实保护,也符合金融消费者权益保护的方向。2003年施行的最高人民法院《关于审理证券市场因虚假陈述引发的民事赔偿案件的若干规定》中关于金融机构承担举证责任的规定,可资借鉴。

最高人民法院《关于审理证券市场因虚假陈述引发的民事赔偿案件的若干规定》第18条规定:"投资人具有以下情形的,人民法院应当认定虚假陈述与损害结果之间存在因果关系:(一)投资人所投资的是与虚假陈述直接关联的证券;(二)投资人在虚假陈述实施日及以后,至揭露日或者更正日之前买入该证券;(三)投资人在虚假陈述揭露日或者更正日及以后,因卖出该证券发生亏损,或者因持续持有该证券而产生亏损。"对于虚假陈述的投资者索赔,采取举证责任倒置原则,推定因果关系存在。

我国台湾地区"金融消费者保护法"第11条规定:"若金融机构有违两种义务规定致金融消费者受有损害者,应负损害赔偿责任。但金融服务业能证明损害之发生非因其未充分了解金融消费者之商品或服务适合度或非因其未说明、说明不实、错误或未充分揭露风险事项所致者,不在此限。"

另外,《银行理财办法》第16条规定:"商业银行应当按照国务院银行业监督管理机构关于外部审计的相关规定,委托外部审计机构至少每年对理财业务和公募理财产品进行一次外部审计,并针对外部审计发现的问题及时采取整改措施。"法院在认定案件事实时,可以适当参考该外部审计报告或要求进行专项审计,以查明事实。监管部门对金融机构的处罚裁定及其对事实的认定也资参考。

四、投资者索赔维权的出路

可见,上述资管产品投资者索赔的诸多问题,需要配套制度来保障和解决,投资者自身在事后资管产品维权方面并没有什么出路。

目前,投资者若关注前端的产品销售和信息披露事项,或许事前的防范还有出路。资管新规对资管产品的销售提出了严格要求,各金融机构的整改转型就包括对销售行为的规范。如《银行理财办法》的附件就对商业银行理财产品销售提出了细致的管理要求。投资者签字画押前务必要擦亮眼睛，慎重决策。金融机构在销售形式上满足监管要求后，事后就此索赔会更加困难。

资管新规对信息披露也提出了新的高要求，《银行理财办法》也作出了相应细致规定，投资者也要对金融机构相关的信息披露形式、频率等进行密切关注，注意金融机构是否违反信息披露义务，就此着手索赔也是一个思路。

本文是在金融机构未按照诚实信用、勤勉尽责原则履行受托管理职责，造成投资者损失，应当向投资者承担赔偿责任的角度来展开，在损失的因果关系上，区分金融机构的过错和市场、商业风险也很有必要，投资者也需自行承担市场风险的后果。

道阻且长:长生生物投资者索赔分析*

袁立志

北京市竞天公诚律师事务所上海分所

长生生物疫苗事件发生后,引起社会的广泛关注。连续跌停的股价,更是牵动了众多中小投资者的心。长生生物做错了什么?将承担哪些责任?会不会退市?投资者如何索赔?媒体对这些问题众说纷纭。中小投资者需要一篇全面且清晰的分析。

一、长生生物做错了什么

根据权威机构公开披露的信息,长生生物至少做错了两件事。

一是 2018 年 7 月,国家药监局对其狂犬病疫苗生产进行飞行检查(可以理解为"突击检查")时,发现企业编造生产记录和产品检验记录,随意变更工艺参数和设备,严重违反了《药品管理法》《药品生产质量管理规范》。违规生产出来的疫苗质量是否存在问题,还有待监管部门的进一步调查,但可以确定是,不管结果如何,生产过程违规已经构成严重违法。

二是 2017 年 10 月,国家食药监总局(现为国家药监局)对其生产的百白破疫苗进行抽样检验,发现效价指标不符合标准规定。根据国家的疫苗管理体系,药监部门对疫苗的安全性实施逐批检验,而对于其有效性(效价指标)则实施抽样检验。根据事先的逐批检验,长生生物的百白破疫苗的安全性没有问题;但事后的抽样检验发现效价指标不合格,可能达不到免疫效果。

---

* 2018 年 7 月,长生生物被国家食药监总局立案调查,引起社会广泛关注,股价连续下跌。在此期间,证监会修订退市规则,意图明显,加剧了市场对其股票退市的担忧。本文即写作于当时。该案的后续发展印证了本文的多处分析和预测。

二、长生生物面临什么责任

由于上述违法行为,长生生物将面临一系列法律责任,详见表1:

表1 长生生物面临的法律责任

责任类型	已经发生	可能发生
药品违规行政责任	责令停产、收回 GMP 证书、暂停产品批签发	吊销药品生产许可证
	没收存货疫苗 186 支,没收违法所得 85 万元,罚款 258 万元(针对百白破疫苗)	没收违法所得,没收用于违法生产的设备、原材料,最高相当于货值 20 倍的罚款(针对狂犬病疫苗)
	责令召回狂犬病疫苗	责令召回后续发现的其他不合格疫苗
证券违规行政责任	因信息披露违法违规,被证监会立案调查	30 万 ~60 万元罚款
刑事责任	涉嫌犯罪被公安机关立案调查	构成生产销售劣药罪,被判处销售金额 2 倍以下罚金
药品使用者民事赔偿责任	暂无信息	赔偿不合格药品使用者遭受的实际损失,如补种费用、医疗费、伤残费等
证券民事赔偿责任	已有投资者准备索赔	赔偿投资者损失

2018 年 12 月 11 日,长生生物收到证监会《行政处罚决定书》(〔2018〕117 号),依据《证券法》第 193 条第 1 款的规定,证监会决定对长生生物责令改正,给予警告,并处以 60 万元罚款。

三、相关个人面临什么责任

除了企业本身需要承担责任外,长生生物的董事、高管以及对违法犯罪负有直接责任的人员也要承担法律责任,详见表2:

表2 长生生物的董事、高管以及负有直接责任的人员需承担的法律责任

责任类型	已经发生	可能发生
证券违规行政责任	因信息披露违法违规,被证监立案调查	30 万 ~60 万元罚款
证券违规刑事责任	暂无信息	构成违规不披露重要信息罪,直接责任人员面临最高 3 年有期徒刑,并处或者单处最高 20 万元罚金

续表

责任类型	已经发生	可能发生
制售劣药刑事责任	2名董事、4名高管以及9名员工被刑事拘留	构成生产、销售劣药罪；销售金额200万元以上或者后果特别严重，直接责任人员面临最高无期徒刑，以及最高为销售金额2倍的罚金
证券民事赔偿	已有投资者准备索赔	赔偿因为虚假陈述而导致的投资者损失

2018年12月11日，长生生物收到证监会《行政处罚决定书》（〔2018〕117号），依据《证券法》第193条第1款的规定，证监会对相关当事人进行了相应处罚，对高俊芳、张晶等给予警告，并分别处以30万元罚款；对张友奎等给予警告，并分别处以20万元罚款；对刘良文等给予警告，并分别处以5万元罚款。此外，证监会决定对高俊芳、张晶等采取终身市场禁入措施；对张友奎等采取5年市场禁入措施。

依据现有的法律，针对上述个人的行政罚款、刑事罚金以及民事赔偿，标准都不高。真正对这些个人产生实质影响的是刑事责任。

此外，无论是判处刑罚还是行政罚款，对于大股东个人及其家人持有的股份都没有直接影响。大股东个人及其家人持有的股份仍然属于其个人的合法财产。当然，他们也要承受股价下跌的损失，他们质押出去的股票还可能被强制平仓；如果强制平仓后仍然不足以偿还债务，他们还需要以其他个人财产来偿还债务。

四、长生生物是否会退市

因为“生产经营活动受到严重影响且预计在3个月内不能恢复正常”，长生生物目前已经被深交所实施风险警示，公司股票简称变更为“ST长生”。投资者担心，长生生物会因此而被强制退市。

根据原来的退市规则，长生生物可能因重大违法而强制退市。这里所说的违法是指违反证券法，包括两种情形：欺诈发行和重大信息披露违法。有媒体认为，长生生物借助阴阳合同上市，涉嫌业绩造假、欺诈上市，但是从证监会退市意见来看，欺诈上市指的是首发上市（IPO）时存在欺诈行为，而长生生物并非直接IPO，而是于2015年借壳上市，认定其欺诈发行的可能性不大。

在原来的退市规则下，重大信息披露违法是最可能导致长生生物的强制退市的理由，因为证监会已经对长生生物立案调查，案由正是信息披露违法。问题是，是否构成重大违法？因为只有构成重大违法才能导致强制退市。长生生物显然已经严重违反药品管理法，但这并不等同于严重违反信息披露义务。有媒体认为，狂犬病疫苗生产记录造假就构成严重的信息披露违法。记录药品生产过程是药品生产管理行为,并非证券法下的信息披露行为,故这种说法比较牵强。据深交所问询及企业答复,针对百白破疫苗问题,吉林药监局已在2017年10月27日进行立案调查,而长生生物没有及时披露,也未在2017年年报中披露,这很可能构成重大信息披露违法。长生生物称,从未收到吉林药监局的调查通知书,并且百白破销售收入占比较低,想以此说明没有违反披露义务。即使吉林药监局的行政处罚程序存在瑕疵,但是百白破疫苗涉嫌违法的事实和被处罚的可能性不能否认,且制售劣药涉嫌刑事犯罪,不能单从销售金额占比来判断是否重大,故综合判断,长生生物应在去年发现百白破疫苗问题时及时予以披露。长生生物未及时披露,很可能被认定为重大信息披露违法,从而被强制退市。

2018年7月27日,证监会在夜间发布了《关于修改〈关于改革完善并严格实施上市公司退市制度的若干意见〉的决定》,最重要的变化是,在因重大违法而退市的规定中加入了"其他涉及国家安全、公共安全、生态安全、生产安全和公众健康安全等领域的重大违法行为"。按照原来的退市意见,如果上市公司发生重大违法行为(非证券领域违法),只要如实披露了,就不构成强制退市理由;而按照修改后的意见,只要发生重大违法行为,无论是违反证券法还是其他领域的法律,都应强制退市,原来的退市规则存在漏洞,长生生物案件促使证监会堵上了漏洞。

另外一个重大变化是,按照原来的退市意见,发生重大违法行为后,要先暂停上市,在一年内再强制退市;而新的意见规定,可以直接强制退市,而不必经过暂停上市的过渡。这意味着,长生生物很可能在一年内被强制退市。由于退市意见的修改,长生生物的退市,一下子从有可能变成几乎没有悬念,从一年以后变成了近在眼前!

2019年1月14日,长生生物收到深交所《关于对长生生物科技股份有限公司股票实施重大违法强制退市的决定》(深证上〔2019〕23号),因相关违法行为危害公众健康安全,情节恶劣,严重损害国家利益、社会公共利益,深交所根据证监会《关于修改〈关于改革完善并严格实施上市公司退市制度的若干意见〉的决定》《上市公司重大违法强制退市实施办法》及上市委员会的审核意见,决定对公司股票实施重大违法强制退市,该决定印证了上述判断。

五、中小投资者的索赔

对于因不合格疫苗而受到伤害或威胁的家庭而言,看到长生生物强制退市是一件大快人心的事。而对于24,000多名长生生物股票投资者而言,则是喜忧参半,忧大于喜。喜的是，强制退市前，有关部门肯定要查清长生生物的违法犯罪事实，这可以成为投资者索赔的基础；忧的是，退市会使股价进一步下跌，而索赔之路并非坦途，最终能获得多少赔偿不确定。

投资者的担忧不无道理。虽然新的退市意见提到，上市公司存在重大违法行为的，公司及其控股股东、实际控制人以及董事、监事、高级管理人员（以下合称"董监高"）等应当赔偿投资者损失，但这只是一个笼统的规定，无法为投资者索赔提供具体的法律依据。

在目前的法律框架下，投资者索赔仍然要回到《公司法》和《证券法》，从中寻找各种可能的索赔路径。

（一）以严重违法为由索赔的可行性

强制退市本身不是投资者索赔的理由。这是因为，退市是股票投资的固有风险。从理论上说，任何一只股票都有可能被强制退市。只是由于 A 股退市制度不完善，强制退市的案例很少，但并没有任何机构或个人对投资者负有保证上市公司不退市的义务。

强制退市的原因可能是索赔的理由。说可能，是因为并非所有导致强制退市都可以成为投资者索赔的基础。强制退市的原因分为三类：发生重大违法、触发退市交易指标、触发退市财务指标。后两种原因导致强制退市的，投资者通常不能索赔，因为这很可能是股票交易或公司经营的自然结果，没有人对此负有法律责任。退市意见中也仅规定，上市公司因重大违法而退市时，相关责任主体要赔偿投资者损失。

因重大违法而退市，投资者也未必可以索赔。原退市意见只规定了欺诈发行、重大信息披露违法两种重大违法情形，都属于虚假陈述，根据《证券法》第 69 条及相关司法解释，投资者都可以索赔，这没有争议。但新退市意见增加了一种重大违法情形，即"其他涉及国家安全、公共安全、生态安全、生产安全和公众健康安全等领域的重大违法行为"（以下简称"重大非证券违法"），长生生物很可能会因这种重大违法而强制退市。这种情况下，投资者能否向长生生物索赔呢？令人遗憾的是，在目前的法律框架下，找不到依据。

相关法律设计存在严重漏洞吗？不能这么说。投资者购买了长生生物的股票，就成为长生生物的股东，长生生物从事了违法犯罪行为，侵犯了社会公共利益和药品使用者的权益，由此产生的法律责任当然要长生生物来承担。投资者作为长生生物的所有者，因公司的违法行为而蒙受股票投资损失，是现代公司制度的题中应有之义。换个角度说,长生生物经营良好时,投资者享受了股权带来的利益(股价上涨及分红);长生生物违法犯罪了,投资者当然也要相应承担不利后果(股价下跌及亏损)。

总之,投资者不能因为长生生物退市而向其索赔,也不能因为长生生物的重大非证券违法行为而向其索赔。

(二)以损害股东利益为由索赔的可行性

如果证券法不能为投资者提供充分保护,公司法可以补位吗?《公司法》规定了两种诉讼机制,以保护股东利益:一是董监高损害公司利益时,股东为了公司的利益以自己的名义对董监高提起派生诉讼(《公司法》第 149、151 条);二是董监高损害股东利益时,股东针对董监高提起直接诉讼(《公司法》第 152 条)。

1. 关于股东派生诉讼

根据公司法,董监高对公司负有忠实和勤勉义务,违反该等义务损害公司利益的,应承担赔偿责任。所谓忠实义务,《公司法》第 148 条有明确列举,如不得挪用资金、违规担保、自我交易等;所谓勤勉义务,《公司法》没有明确规定,在《上市公司章程指引》第 98 条有明确列举,包括谨慎、认真、勤勉地行使权利,确保公司业务合法合规,及时了解公司经营状况,对公司定期报告签署书面意见等。就长生生物而言,因为疫苗生产违法,被处以罚款并责令停产,还涉嫌刑事犯罪,已蒙受巨大损失。如果有证据证明其董监高没有适当履行义务(主要是勤勉义务)而导致相关违法犯罪行为发生,如故意决定从事违法犯罪活动(这种可能性不大),或者明知公司涉嫌违法犯罪而不作为,则中小股东可以对董监高提起派生诉讼。

派生诉讼有三点需要注意:

一是为了防止董监高因顾忌法律责任而在经营公司时畏首畏尾,《公司法》对于董监高的勤勉义务的要求较低,只要董监高正常地履行了职责(主要通过参加董事会会议、审阅和签署文件等形式),就满足了勤勉义务要求;仅仅管理经验不足,判断失误,或者被中低层员工所欺瞒等,通常不构成违反勤勉义务。

二是董监高的忠实、勤勉义务是对公司的义务,而不是对股东的义务,违反义务直接侵害的是公司的利益,因此,索赔权首先在公司本身,只有在公司董事会/监事会怠于起诉,或者在紧急情况下,股东才能以自己的名义起诉董监高;即使如此,胜诉后的赔偿也归属于公司,而不是起诉的股东。由于长生生物的董事长兼总经理高某同时是大股东,即使中小投资者赢得派生诉讼,从董监高(包括高某在内)获得的赔偿也归属于上市公司,高某作为大股东间接享有其中大部分利益,中小投资者实际获益有限。

三是对于股份公司还有一项特别限制，即只有连续180日以上单独或者合计持有公司1%以上股份的股东才能行使派生诉讼权。

这些限制都是为了防止股东随意越俎代庖，破坏公司治理结构。正是由于这些限制，在实务中中小股东提起派生诉讼的并不多，胜诉的更为少见。

2. 关于股东直接诉讼

与股东派生诉讼不同的是，股东直接诉讼的前提是股东利益直接受损。股东是公司的所有者，公司利益受损，股东利益必然间接受到损害；但是公司与股东毕竟是不同的法律主体，公司利益也不等于股东利益。只有在股东利益直接受损时，相关股东才能针对董监高提起直接诉讼。根据《公司法》的规定，股东的权利包括：身份权、知情权、分红权、新增资本优先认缴权、表决权、决议无效或撤销请求权、股份转让权、优先购买权、股份回购请求权、派生诉讼权、直接诉讼权、建议质询权、强制解散权等。这些权利都属于股东与公司关系层面，并不涉及公司的经营管理。

就长生生物而言，目前涉及的违法犯罪行为都属于公司经营管理层面的事项，并未直接侵害股东的上述各项权利，因此，投资者提起直接诉讼的难度较大。

（三）以滥用股东权利为由索赔的可行性

现代公司治理关注两大核心关系，除了股东与董监高之间的关系外，还有大股东与小股东之间的关系。为了防止大股东滥用权利损害小股东利益，《公司法》第20条规定，股东滥用权利损害其他股东利益时，后者可以要求前者赔偿。

滥用权利的评判标准是违反法律法规和公司章程。典型的情形是，对于法律法规或章程明确规定需要股东会或股东大会表决的事项，不通过表决，或者虽表决但未达到规定的表决比例，大股东径行做出决定，损害小股东参与决策的权利。如果通过章程规定的表决机制，大股东凭借其表决权比例优势，使得表决事项最终通过的，即使小股东反对，也属于大股东正常行使权利，不构成法律意义上的滥用权利。滥用股东权利属于股东关系层面的事项，而目前长生生物的违法犯罪行为集中于公司经营管理层面，暂未发现涉及股东关系层面的违法事实。因此，投资者以大股东滥用权利为由索赔，目前缺乏事实基础。

此外，对于身兼大股东和董监高双重身份的，要注意区分是基于大股东身份做出的行为还是董监高身份做出的行为。长生生物的大股东高某就属于这种情况。公司的经营管理属于董事会职权范围，经营管理中涉及违法犯罪行为，即使高某负有个人责任，也是其作为董事违反了忠实勤勉义务，与其大股东身份无关。这种情

违反投资者适当性义务的民事责任

袁立志
北京市竞天公诚律师事务所上海分所

随着金融产品和金融服务的日益丰富,投资者的保护问题日益突出,投资者适当性制度应运而生。在此制度下,证券期货等金融业务的经营机构(以下简称“经营机构”)承担了绝大部分义务。违反该等义务,不但会产生行政监管上的责任,也可能产生民事责任,实务中已多有案例发生。运用民商法原理并结合案例,对违反投资者适当性义务的民事责任进行梳理,有助于投资者适当性制度的落实。

一、投资者适当性制度的理论和法律依据

投资者适当性制度起源于美国证券业,后扩展至银行业、保险业等领域,并被引入欧盟、英国、新加坡等国家和地区〔1〕。投资者适当性制度的理论基础在于,随着金融产品和金融服务的日益复杂,经营机构与投资者之间的信息不对称日益严重,投资者越来越依赖于经营机构的推介、说明和提示,才能进行金融消费。契约自由的基础——交易双方地位平等——实质上已不存在。因此政府有必要突破契约自由原则,对金融交易实施适当干预,赋予经营机构更多义务和责任,以矫正失衡的双方关系〔2〕。

投资者适当性制度进入中国经历了一个从无到有、从基本原则到具体规则、从分散到逐渐统一的过程,目前仍在完善过程中。

在中国法下,投资者适当性制度的基本规定见于《证券法》第 79 条,《证券投资

〔1〕 参见刘一佳:《美国证券法下“适当性”原则探究》,载《北京仲裁》2012 年第 1 期。

〔2〕 参见陈洁:《证券公司违反“投资者适当性原则”的民事责任》,载《证券市场导报》2012 年第 2 期。

基金法》第98条、第135条、第137条,《证券公司监督管理条例》第29条、第83条、第84条以及《期货交易管理条例》第66条、第67条。

某些金融产品或金融服务的专门规定中也包含投资者适当性条款,比如《关于加强证券经纪业务管理的规定》、《证券投资基金销售管理办法》、《证券公司客户资产管理业务管理办法》、《证券公司定向资产管理业务实施细则》以及《商业银行个人理财业务管理暂行办法》。

关于投资者适当性的专门规定则有《创业板市场投资者适当性管理暂行规定》《关于建立股指期货投资者适当性制度的规定(试行)》《关于建立金融期货投资者适当性制度的规定》《上海证券交易所投资者适当性管理办法》《上海证券交易所港股通投资者适当性管理指引》《上海证券交易所股票期权试点投资者适当性管理指引》《上海证券交易所债券市场投资者适当性管理办法》《深圳证券交易所港股通投资者适当性管理指引》《深圳证券交易所港股通投资者适当性管理指引》《全国中小企业股份转让系统投资者适当性管理细则》。

投资者适当性制度集大成之规定,则是证监会于2016年发布的《证券期货投资者适当性管理办法》,这是证监会主管的证券、期货、基金领域内体系完整、统一适用的投资者适当性规则,于2017年7月1日起施行。根据该办法,投资者适当性义务主要落在证券期货经营机构这一边,主要包括:(1)了解投资者并对其进行分类;(2)了解产品或服务并对其进行风险分级;(3)对投资者和产品进行匹配,将适当的产品或服务销售给适当的投资者;(4)告知信息、提示风险并留痕。与此相对,投资者的义务只限于如实提供信息。

二、投资者适当性义务的两种类型

《证券期货投资者适当性管理办法》列举了经营机构的一系列义务,但在不同的业务场景中,经营机构的义务也存在差异。从投资者适当性的角度观察,投资者与经营机构之间的关系分为两种情形,从而产生两种类型的投资者适当性义务。

第一种情形是,经营机构只提供金融服务(代理开户与交易),不向投资者销售金融产品,比如A股股票、债券、新三板股票、期货。经营机构不是这些金融产品的发行人,也不负责这些金融产品的管理或销售,经营机构的金融服务只是使投资者有机会购买这些金融产品,其义务主要在于确保投资者符合统一的“投资门槛”。这种类型的投资者适当性义务可称为“审核义务”。

第二种情形是,经营机构既提供金融服务也销售金融产品,而且重点是销售金融产品，比如资管计划、私募基金、信托计划、理财产品等。这类金融产品的定制化程度较高，投资者需依赖经营机构的推介、说明和提示，才能顺利完成投资购买，经营机构是这些金融产品的发行人、管理人或销售人，故其义务不仅在于确保投资者符合统一的“投资门槛”，更在于确保情况各异的投资者与风险各异的金融产品“门当户对”。这种类型的投资者适当性义务可称为“匹配义务”。

匹配义务包含审核义务，但比审核义务的范围更宽泛，因而经营机构的负担更重。

三、违反投资者适当性义务的民事责任

现行法律对违反投资者适当性义务的行政责任着墨较多，而对民事责任的规定比较简略，主要为《证券法》第79条、《证券投资基金法》第145条。《最高人民法院关于审理期货纠纷案件若干问题的规定》（以下简称《期货司法解释》）第16条提到了期货市场违反投资者适当性义务的一种特殊情形下的缔约过失责任。作为部门规章，《证券期货投资者适当性管理办法》在重点规定行政责任的同时，以比较间接的方式，简略提及经营机构的民事赔偿责任（第34条第1款）。根据法院的法律适用原则，部门规章只能作为参考，不能作为民事责任的直接依据。

除《期货司法解释》第16条外，上述规定均未明确民事责任的具体类型。结合相关理论研究，违反投资者适当性义务涉及三种民事责任：违约责任、缔约过失责任、侵权责任，具体可参见姚蔚薇所写的《金融机构违反投资者适当性义务的民事责任》一文。

（一）关于违约责任

为进行证券期货等投资，投资者需要与经营机构签订合同。但是投资者适当性义务是由法律创设的，而不是来源于合同双方的约定。经营机构承担的投资者适当性义务，主要体现在行政监管规则和经营机构的内部规章制度中，而不是与投资者的合同中。在此情况下，投资者主张违约责任缺乏依据。不过，如果通过适当的合同条款，将法定义务转化为合同义务，则可以适用违约责任。这种转化，可以通过行政监管部门的强制要求或示范合同文本来实现。

（二）关于缔约过失责任

经营机构违反投资者适当性义务，可能触发缔约过失责任，《期货纠纷司法解释》第16条就是典型的例子。该条规定，期货公司在与客户订立期货经纪合同时，未提示客户注意《期货交易风险说明书》内容，并由客户签字或者盖章，对于客户在

交易中的损失，期货公司应当承担缔约过失责任。从投资者适当性制度设计来看，经营机构的义务主要发生在其与投资者签订合同前的缔约环节，与缔约过失制度有着天然的契合。经营机构在此阶段的审核义务或匹配义务，正是合同法理论上典型的先合同义务。违反该等义务，则落入《合同法》第42条第3项规定的缔约过失责任范围。无论嗣后合同是否有效成立，投资者都可以据此主张缔约过失责任。由此可见，投资者适当性制度与缔约过失制度存在一定程度的重合，即使没有投资者适当性制度，投资者也可以依据缔约过失制度向经营机构索赔。

但是，投资者适当性制度仍然有其独特作用。缔约过失责任的基础是先合同义务，而先合同义务的依据是交易习惯和诚实信用原则等，这些都是不成文的，缺乏明确的界定，有很大的不确定性，而且每个案件的具体情况不同，这就给投资者维权造成了实际困难。换句话说，缔约过失责任是在无合同约定也无法律明确规定的前提下，合同法为了保护当事人而给提供的“低保”。而投资者适当性制度则把金融交易中的先合同义务明确化、体系化、成文化，使得经营机构的义务一目了然，大大减轻了投资者维权的难度。一旦经营机构的义务从模糊的、一般性的、不成文的先合同义务转化为清晰的、专门的、成文的法定义务，投资者就可以直接依据法律规定主张侵权责任，也就不必再诉诸缔约过失责任。这正是投资者适当性制度的独特意义。

（三）关于侵权责任

侵权责任的逻辑在于，投资者适当性制度是法律对投资者的特殊保护制度，经营机构的各项义务属于法定义务，违反该义务即侵害了投资者的权利，应当承担侵权责任。

与违约责任相比，侵权责任不以合同约定为前提，侵权责任也比缔约过失责任更有利于对投资者的保护，因此，是违反投资者适当性义务的民事责任的主要形式。

四、经营机构侵权责任的构成要件

依侵权法原理，一般侵权责任的构成要件包括行为、损害结果、过错及因果关系，其中关键是过错和因果关系。有学者主张，比照证券市场虚假陈述民事赔偿制度，违反投资者适当性义务的侵权责任属于特殊侵权责任，应当适用过错推定和因果关系推定。[1] 所谓过错推定和因果关系推定，是指一旦投资者证明经营机构的

〔1〕 参见陈洁：《证券公司违反“投资者适当性原则”的民事责任》，载《证券市场导报》2012年第2期。

行为和损害结果,就推定经营机构存在过错,且推定经营机构的行为与损害结果之间存在因果关系,除非经营机构能够证明不存在过错或因果关系。对此,需从应然和实然两个层面进行分析。

从应然层面来看,投资者适当性制度的基本假设就是投资者与经营机构之间存在严重的信息不对称,经营机构掌握金融产品和金融服务的信息而投资者不掌握或不完全掌握,要投资者举证证明经营机构的过错和因果关系,是强人所难,不利于实现制度设计的目的。此外,根据监管规则的要求,经营机构应当对履行投资者适当性义务的过程留痕,妥善保存相关信息资料,这也确保经营机构有能力承担举证责任。因此,适用过错推定和因果关系推定,有理论和现实的合理性。

但是,从实然层面来看,过错推定和因果关系推定均缺乏依据。根据《侵权责任法》第 6 条的规定,根据法律规定推定行为人有过错,行为人不能证明自己没有过错的,应当承担侵权责任。可见适用过错推定需要以法律规定为前提。《证券期货投资者适当性管理办法》第 34 条第 2 款提到经营机构对其履行投资者适当性义务负有举证责任,但根据法院的法律适用原则,部门规章只能作为参考,不能作为审理案件的依据。因此,适用过错推定缺乏依据。

至于因果关系推定,《侵权责任法》并未作出一般性规定,只在第 66 条提到"因污染环境发生纠纷,污染者应当就法律规定的不承担责任或者减轻责任的情形及其行为与损害之间不存在因果关系承担举证责任"。全国人大常委会法制工作委员会副主任王胜明主编的《中华人民共和国侵权责任法释义》认为,推定因果关系属于特例,只有在法律明确规定的情况下才能适用。在目前没有法律明确规定的情况下,对经营机构的侵权责任适用因果关系推定同样缺乏依据。

综上,在目前的法律下,投资者要主张侵权责任,需对经营机构的行为、损失、经营机构的过错及因果关系承担举证责任。

五、经营机构过错的认定

全国人大常委会法制工作委员会副主任王胜明主编的《中华人民共和国侵权责任法释义》认为,根据现代侵权法,行为人的过错主要依据以下两种标准进行判断:一是行为人是否违反法律规定的义务;二是行为人是否违反了合理注意义务。投资者适当性义务属于法定义务,因此适用前者。

判断经营机构是否违反投资者适当性义务,要结合相关法律对于投资者适当性义务的具体规定来看。比如,新三板股票市场要求投资者拥有金融资产 500 万元，并且具有两年以上的相关投资经验或任职经历。如果经营机构明知投资者的金融资产不足500万元，或者不具有相关投资经验或任职经历，仍然为其办理开户，则违反了法定义务，构成过错。

问题是，经营机构的审核义务是形式义务还是实质义务？如果只是形式义务，则只要投资者提交的证明材料符合法律要求，经营机构就完成了义务，即使投资者实质上不符合要求。如果是实质义务，则经营机构不仅应关注投资者提交的证明材料是否符合法律要求，还应对投资者的实际情况进行全面评估，以确定是否实质上符合法律要求。即使表面上符合要求的投资者，如果实质上不符合要求，经营机构也不应当为其提供金融服务或销售金融产品。

从《证券期货投资者适当性管理办法》第3条的措辞来看，经营机构的义务显然是实质义务。该条要求经营机构“勤勉尽责，审慎履职，全面了解投资者情况，深入调查分析产品或服务信息，科学有效评估，充分揭示风险”，这些要求都远远超过了形式义务的标准。

从股转系统对新三板个人投资者的要求变化也可以看出投资者适当性是实质要求，而非形式要求。股转系统于2013年年底公布的细则要求，个人投资者“前一交易日日终证券类资产市值500万元人民币以上”，由于将资产要求限定在前一交易日日终这一时点，很多投资者采用“垫资开户”的方式，轻易规避了法律要求，当时很多经营机构对审查标准把握不准，认为只要投资者提供的资产证明符合形式要求，就可以办理开户，结果导致许多实质上不符合要求的投资者进入新三板市场。意识到这一问题后，股转系统于2015年6月3日发布的《关于加强投资者适当性管理工作的通知》，要求主办券商在为客户开通业务权限前，应对其风险识别能力及承受能力作全面审慎评估，对证券账户资产一直较低，但在申请开通权限前突然大幅增加至500万元以上的自然人投资者，应予以重点关注。2017年7月1日修订后的细则更能说明问题，第5条将资产要求改为“最近10个转让日的日均”标准，第14条则要求主办券商每年对投资者进行一次持续评估，如果发现其资产低于300万元，则需要履行特别注意义务。上述审查要求的变化脉络清楚地说明，投资者适当性义务是实质义务。

在原告戴某与被告某银行之间的委托理财合同纠纷中，法院也认为，“衡量被告是否尽到适当告知义务的标准并非仅考量形式上给予客户相关文件，而是是否真实核对客户风险承受力及作出适当告知”。

既然负有实质义务，经营机构就不能以投资者符合法律规定的形式要求而主张没有过错。投资者适当性义务的制度设计本来就让义务的天平向经营机构倾斜,而从形式义务到实质义务,使得天平进一步倾斜。

但是,经营机构的义务并不是没有边界。即使是实质义务,只要经营机构已尽特别注意义务,或者说已经勤勉尽责,审慎履职,就没有过错,无须对投资者承担侵权责任。

例如,在上诉人潘某与被上诉人某银行某支行财产损害赔偿纠纷中,法院认为,案涉产品风险等级属于高风险、高收益的进取型股票证券投资基金,潘某作为一名有完全民事行为能力的成年人,自愿申购,且对于该基金产品的风险等级高于其承受风险等级应当是明知的,认定其自行承担法律后果符合法律规定。案涉产品的特性为主要投资于证券市场的股票型基金,投资人可在正常交易日的交易时间自主办理申购和赎回,案涉产品的盈亏必定会因证券市场波动等因素而产生相应的浮动,因此,选择不同的时间点进行申购或赎回,基金产品的净值变化结果亦不同。上诉人未提供充分确凿的证据证明被上诉人存在夸大宣传产品稳赚不赔、未尽风险告知业务、推荐产品与客户风险等级不符等存在侵权情形,缺乏事实依据,导致上诉人本金损失的真正原因在于其自身对市场走向的判断。

六、因果关系的认定

因果关系的认定是侵权法中一个很复杂的问题,有各种理论学说,尚无定论。本节结合投资者适当性义务的两种类型进行分析。

在审核义务下,经营机构的重点在于确保投资者符合统一的投资门槛,经营机构不向投资者销售金融产品。这种情况下,投资者发生的投资损失与经营机构的违法行为之间是否存在因果关系?从表面上看,投资损失是投资产生的后果,其直接原因是金融产品市场价格的波动,而价格波动不是经营机构引起的,也不是经营机构所能控制的,所以与经营机构的行为没有直接因果关系。但是,投资者适当性制度的目的即在于“过滤”,将不具有风险承受能力的投资者隔绝于相关市场之外。对于不合格投资者,如果经营机构严格把关,则其没有机会进入市场,损失就不会发生;如果经营机构没有勤勉尽责,导致其进入市场,则由于知识、经验和资产实力的限制,这类投资者遭受损失的可能性会实质增加。由此可见,投资者的损失与经营机构的违法行为之间存在相当因果关系。

在匹配义务下,经营机构的重点在于将适当的金融产品销售给风险承受能力与之匹配的投资者,确保两者之间“门当户对”。经营机构本身就是金融产品的发行人、管理人或销售人，如果经营机构未能履行匹配义务，销售给投资者的金融产品的风险超出了投资者的承受能力，导致损失发生，则经营机构的违法行为与损失之间存在直接因果关系。

例如，在上诉人某银行与被上诉人殷某的财产损害纠纷中，法院认为，上诉人明知被上诉人的投资风险承受为平衡级，只适合购买 3R 级及以下产品，但其仍推荐了超出被上诉人风险承受程度的产品。殷某购买案涉产品是基于某银行的不当推介行为造成，殷某的亏损与某银行的不正确评估及不当推介的过错存在因果关系。

七、责任比例的划分

认定经营机构的违法行为与损失之间存在因果关系，并不意味着前者是后者的唯一原因，也不意味着前者是后者的主要原因。经营机构应当承担何种比例的责任，还需要结合个案情况，综合考虑各种因素。

就投资者适当性义务的两种类型而言，匹配义务比审核义务更重，因此违反前者的民事责任也相应更重。根据个案情况，违反匹配义务的经营机构可能要承担主要甚至全部责任，而仅违反审核义务的经营机构可能只需要承担次要责任。即使同是违反匹配义务，也存在瑕疵程度的区别。比如，主动向客户推荐超出其风险承受能力的金融产品，就比遗漏一次电话回访的瑕疵要严重，因而应承担更高的赔偿比例。

除了考虑义务的轻重和行为的瑕疵程度外，投资者自身的过错也是重要的考虑因素。根据侵权法原理，如果受害人对于损害的发生或扩大也有过错，则可以适当减轻加害人的侵权责任。《侵权责任法》第 26 条规定了过失相抵原则。

过失相抵原则在投资者适当性纠纷中的适用至少包括三种情形。第一种情形是，投资者本身违反了如实提供信息的义务。尽管经营机构因未能勤勉尽责而存在过错，但提供虚假信息的投资者也存在过错，可以适当减轻经营机构的责任。比如，在某新三板股票投资纠纷中，投资者采用“垫资开户”的方式获得的交易资格，投资人明知不符合法律要求而弄虚作假，自身也存在过错。

第二种情形是，虽然经营机构有不当推介金融产品的行为，但依据投资者自身的知识和经验，其对投资应有一定的判断能力，投资者自身的判断失误也是投资损失的原因之一，因此可以适当减轻经营机构的责任。例如，在上诉人某银行与被上诉人殷某的财产损害纠纷中，法院认为，除银行的过错外，殷某对自身投资能力应有相应认识,其未进行合理投资,对损害发生也有过错,因此判决银行仅对本金承担赔偿责任,而利息损失由殷某自担。

第三种情形是,投资损失发生后,投资者有机会及时止损而没有及时采取措施止损,投资者应对增加的这一部分损失承担责任。例如,在前述的新三板股票投资纠纷中,在双方当事人进行交涉时,股票价格逐步回升,甚至一度超过投资者的买入价格。这种情况下,投资者就应当抓住机会,尽量卖出股票,以减少损失,否则可以减少而未能减少的这部分损失应由投资者自担。

八、结语

引入合格投资者进入资本市场投资,是公平市场的应有之义,同时也是改善投资信息不对称的举措之一。但在制度完善过程中,难免有部分不适格的投资者进入或被带入市场,此时,通过对经营机构民事责任的认定能够有效保障该等投资者的合法权益,弥补其遭受的损失。根据本文的分析,主张侵权责任应是该等投资者寻求民事责任保护的主要途径。在侵权责任下,过错的认定、因果关系的确立以及责任承担比例的划分,都应当根据投资者适当性义务的特点和类型,结合个案情况进行处理,才能实现制度设计的目的。

深挖信托法、基金法，管理人“跑路”后托管人如何应付

余红征
君泽君律师事务所

一、缘起

中国证券投资基金业协会（以下简称“中基协”）官微2018年7月13日发布《关于上海意隆等4家私募基金管理人风险事件的公告》，并附上了托管行联系方式。

十日之后，中国银行业协会（以下简称“中银协”）2018年7月23日夜在其官网首页发表其首席法律顾问的署名文章《银行托管私募基金权责清晰　依法依约不承担共同受托责任》，当晚稍后发表其首席经济学家的署名文章《合理界定托管机构的职责范围，促进资产管理业务链的良好合作》。

两大自律组织公然开撕，一时市场哗然，各种解读。

以事实为根据，以法律为准绳，这个原则不但贯穿于诉讼法，其实普遍适用于任何需要凭借法律进行评判的场景。那么，作为法律人，我们没有任何的捷径可走，还是得踏踏实实追本溯源，立足法律规定，立足合同约定，立足行业现状，层层剥笋，步步推演。

二、该事件相关法律问题的辨析

（一）《基金法》和《信托法》、《公司法》、《合伙企业法》、《证券法》的关系

按照基金组织形式的不同，《基金法》规定了契约型基金、公司型基金、合伙型基金这三种基金，所以，对于《基金法》未作相应规定的，契约型基金应适用《信托法》，公司型基金适用《公司法》，合伙型基金应适用《合伙企业法》。

《基金法》的全称是《中华人民共和国证券投资基金法》，所以，《基金法》里所有的基金，无论是公募基金还是私募基金，均为证券投资基金，也就是说，《基金法》

里基金的投资标的均应为《证券法》里规定的证券,其进行证券投资时应遵循《证券法》的相关规定,而公募的证券投资基金本身就是一种证券,所以《基金法》未作规定的,也应适用《证券法》。

(二)《信托法》里的受益人和《基金法》里的基金份额持有人的关系

需要指出的是,《信托法》规定的信托当事人包括委托人、受托人、受益人这三方,而《基金法》规定的基金当事人则包括管理人、托管人、基金份额持有人这三方,这是个非常巨大的法律区别。由此可见,虽然《基金法》借鉴了《信托法》里信托的功能、原理,吸取了《信托法》的部分法律资源,但却具有鲜明的个性,相对于《信托法》而言,《基金法》相当于特别法。

承前所述,《信托法》里的受益人就是《基金法》里的基金份额持有人。

(三)《信托法》里的受托人和《基金法》里的管理人的关系

承前所述,《信托法》里的受托人就是《基金法》里契约型基金的管理人。

(四)银监会《信托公司集合资金信托计划管理办法》里的受托人和保管人的关系

《信托法》并未提及"保管人""托管人""受益人大会"这三个名词,在整个信托法规体系里,《信托计划管理办法》首次提到了信托计划财产保管人和受益人大会的概念。根据相关监管规定,保管人接受受托人的委托而保管信托财产,因此信托的受托人和信托财产的保管人之间是委托代理关系,当然,保管费应以信托财产来支付。不过,这个接受委托而产生的保管人除了保管信托财产外,却还具有监督、纠正信托受托人并向监管部门报告信托受托人违法违规行为的职责。

另外,作为信托计划的受托人的信托公司和代理收付信托资金的商业银行之间是委托代理关系的,和代理推介信托计划的商业银行之间也是委托代理关系。

(五)《基金法》里的管理人和《基金法》里的托管人的关系

《基金法》里管理人和托管人二者之间的关系比较复杂。

首先,它们都是《基金法》明确规定的基金合同的法定当事人,基金的拟任管理人找到拟任托管人一起运作基金的设立,然后在基金合同生效后二者同时转换身份为初始管理人(相对于新管理人、临时管理人而言)、初始托管人(相对于新托管人、临时托管人而言)。

其次,在基金存续期间,基金管理人有权提请基金份额持有人大会更换基金托管人,基金托管人也有权提请基金份额持有人大会更换基金管理人。

从这个内在逻辑和运行机理上看,管理人、托管人二者都属于接受作为信托受益人的基金份额持有人的委托的信托受托人,不过二者虽然同属信托受托人,却是各自具有不同的法定受托职责和不同的法定称谓。换句话说,虽然基金法采取了双重受托架构,但是管理人、托管人各自的法定职责、法定称谓却是泾渭分明,而且依法必须相互监督。

(六)《信托公司集合资金信托计划管理办法》里的保管人和《基金法》里的托管人的关系

信托法规体系关于保管人条件和职责的设定相对宽泛,保管人既不是信托当事人,保管人的门槛也比较低,经营稳健的商业银行即可,并不需要必须具备托管人资格;而托管人则是基金合同的法定当事人,且托管业务是行政许可业务,托管人必须取得监管部门批准的托管人资格。

因此,信托保管人和基金托管人,可谓外貌相近、功能相近,法律性质则判若云泥。

(七)《信托法》里的共同受托人和《基金法》里的管理人、托管人的关系

与《民法总则》《合同法》里委托人、受托人之间是委托代理关系不同,《信托法》里委托人、受托人之间产生的是信托关系,可谓名字相同,而法律性质截然不同。《信托法》里的共同受托人是指同一信托有两个以上的受托人,且明确规定共同受托人之间应当对第三人、对受益人承担连带责任。

前面已经分析过《基金法》里的管理人、托管人均为法定当事人,但属于法定不同类型的法定当事人,具有不同的法定称谓、不同的法定职责,各自依法分别承担管理人职责和托管人职责;而《信托法》里的共同受托人则是同一信托有两个以上的受托人,这些共同受托人的法定身份都是信托受托人,是属于同一信托的当事人,具有相同的法定称谓,具有共同的法定职责、不同的约定职责,所以相互间要承担连带责任。

(八)《基金法》里关于托管人的规定是否仅适用于公募基金

《基金法》将"基金托管人"单列为第三章,且在第五章"基金的公开募集"里明确规定公募基金应当由托管人托管,在第十章"非公开募集基金"里明确规定"除基金合同另有约定外,非公开募集基金应当由基金托管人托管"。因此,从立法体例、章节编排和法律逻辑上看,关于托管人的规定,既适用于公募基金,也适用于私募基金。

因此,托管人在特定条件下召集基金份额持有人大会的法定条款,按照法律逻辑应当也适用于私募证券投资基金。

(九)《基金法》是否适用于非证券类的私募基金

前文已经提及,《基金法》的全称是《中华人民共和国证券投资基金法》,从这个意义上看,《基金法》不适用于不属于证券基金的股权类私募基金、(债权、物权等)其他类私募基金。

但是,2013 年中期,中央编办印发《关于私募股权基金管理职责分工的通知》,明确规定了证监会与发改委在私募股权基金管理上的职责分工,二者具体分工为:证监会负责私募基金监管,发改委负责组织拟定促进私募基金发展的政策措施,以及制定政府出资的标准和规范。[1] 此举本质是将已经客观存在的私募股权基金按功能监管的理念划归证监会统一监管。

中国银行业协会 2013 年 8 月 3 日发布《商业银行托管业务指引》,明确规定"按产品类别分,托管业务可分为证券投资基金产品托管、证券公司客户资产管理托管、保险资产托管、社会保障基金托管、企业年金基金托管、信托财产保管、银行理财产品托管、基金公司特定客户资产管理托管、股权投资基金托管、跨境投资产品托管、客户资金托管业务以及其他托管业务"。以实际行动承认了各类非证券类基金的广泛存在并进行了托管。

紧接着,证监会于 2014 年 8 月 21 日公布、实施《私募投资基金监督管理暂行办法》,该规章的特别之处在于名称里是"私募投资基金"而不是"私募证券投资基金",去掉了"证券"二字,股权基金、债权基金等非证券投资基金于是应运而生。该规章明确规定"私募基金财产的投资包括买卖股票、股权、债券、期货、期权、基金份额及投资合同约定的其他投资标的"。"证券公司、基金管理公司、期货公司及其子公司从事私募基金业务适用本办法",并明确规定了私募基金管理人、私募基金托管人的诚实信用、谨慎勤勉义务。

《国务院关于进一步促进资本市场健康发展的若干意见》(国发〔2014〕17 号)规定:"发展私募投资基金。按照功能监管、适度监管的原则,完善股权投资基金、私募资产管理计划、私募集合理财产品、集合资金信托计划等各类私募投资产品的监管标准。"

中国证券投资基金业协会也先后出台针对整个基金业而非仅仅局限于证券投资基金的各项自律规则,并于 2016 年 4 月 18 日发布私募投资基金合同指引 1 号(契约型私募投资基金合同内容与格式指引)、私募投资基金合同指引 2 号(公司章

---

〔1〕 参见余红征:《中国资产管理法律实务》,厦门大学出版社 2013 年版,第 246 页。

程必备条款指引)、私募投资基金合同指引3号(合伙协议必备条款指引),明确了私募基金托管人的职责。

至此,各方为证券基金、股权基金、其他类型的基金的合法存在搭建了力所能及的法律框架。

综上,2013年6月1日施行的新《基金法》虽然增加了私募证券投资基金、公司制及合伙制的证券投资基金,但本质依然属于证券投资基金法。不过,客观现实是:私募证券基金之外的私募股权基金、其他类型私募基金已经广泛、长期、大规模存在,且已被中央编办、国务院、证监会、银监会、中基协、中银协在行政法规、部门规章和自律规则的层面予以承认、规范、引导。

其实,制度变迁本来就包括由上而下的强制性制度变迁和由下而上的诱致性制度变迁这两个常规路径,法律制度是为社会经济技术发展服务的而不是相反,客观决定主观,经济基础决定上层建筑,所以,现在的问题不是《基金法》是否应该适用于非证券类私募基金的问题,而是在遵守《立法法》的前提下如何让《基金法》尽快适用于非证券类私募基金的问题。换句话说,不是要不要适用、应不应适用的问题,而是如何适用、如何尽快适用的问题。

(十)托管人的托管业务由银保监会、中银协监管,还是由证监会、中基协监管

商业银行肯定归银保监会行政监管、中银协自律监管,但是它担任基金托管人却必须获得证监会的行政许可,所以在证监会眼里它的法律身份是获得证监会行政许可的基金托管人,就基金托管业务而言,托管人必须接受证监会的行政监管和中基协的自律监管。

其实,这个问题的本质是功能监管和机构监管的选择问题。功能监管是发达国家的普遍做法。功能监管是我国金融监管体制经过反复尝试、实践而确立的最新监管方向,也是一个重大进步。

所以,这个问题的结论也是比较明确的。

三、私募基金管理人不能履职时,该如何处理

基金管理人的实际控制人、核心高管携款逃匿会给管理人团队造成巨大慌乱,可能会使管理人的日常运营陷入瘫痪,更会对投资人造成巨大恐慌和绝望,极易引起群体事件和极端事件,所以必须引起各方重视,必须形成监管合力,着眼行业全局,积极进行挽回、弥补,防止事态进一步恶化,主要可以采取以下措施:

第一，携款逃匿属于犯罪行为，托管人应及时向公安局经侦部门报案；

第二，托管人应妥善保管基金资产、基金文件、各种账册凭证，应中止基金资产的对外支付和转移；

第三，托管人应及时通知中基协、当地证监局、当地金融办、向投资人进行临时信息披露；

第四，公安局等各方敦促、劝说逃匿人员回归处理基金事务；

第五，托管人依法、依约召集基金份额持有人大会，由基金份额持有人大会决定更换新的管理人或者决定终止该基金；

第六，基金份额持有人大会决定更换管理人的，在新管理人确定前，由证监部门、中基协指定临时管理人，或由当地政府指定机构进行接管；

第七，基金份额持有人大会决定终止基金的，由受托人牵头组成清算组织进行基金清算、分配。

信托公司诉讼研究与通道业务风险内控

曹会杰　张　旭　杨　莹
国浩律师(天津)事务所

一、2017 年全国信托业诉讼案件数据特征

2017 年,全国信托业的案件总量为 1225 件。争议标的总额为 12,340,137,418 元。具体来讲,标的额在 10 万元以下的占 33.80% ,10 万元至 50 万元的占 16.06% ,50 万元至 100 万元的占 4.23% ,100 万元至 500 万元的占 9.01% ,500 万元至 1000 万元的占4.79% ,1000 万元至 1 亿元的占 21.97% ,1 亿元以上的占 10.14% 。如图 1 所示:

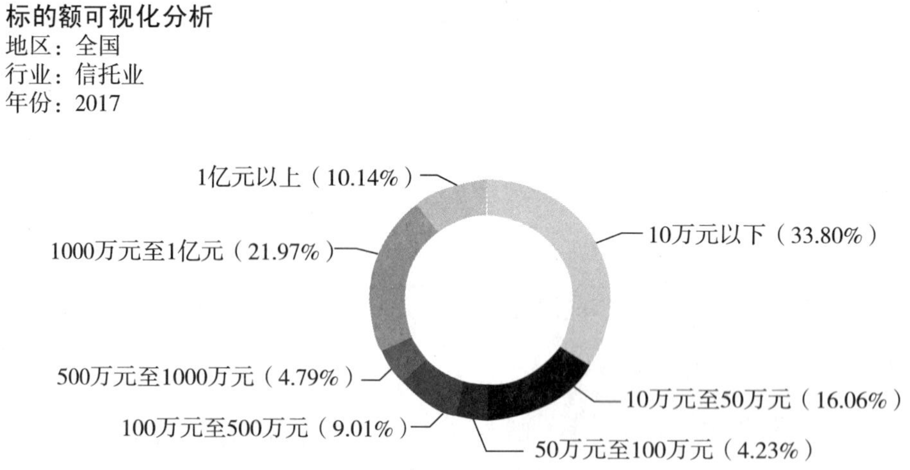

图 1　标的额汇总

2017 年,全国信托业的纠纷数量前三地区依次是:北京市,四川省,山西省。

从案由分布来讲,前三大三级案由依次是:借款合同纠纷、案外人执行异议之

诉、房屋买卖合同纠纷(如图2所示)。进一步,排名前三的四级案由依次是:金融借款合同纠纷(121件)、民间借贷纠纷(27件)、建设工程施工合同纠纷(7件)。对涉及信托公司与融资人之间纠纷出现案由不统一、案件数量不匹配的情况,是因为人民法院将不少金融借款合同纠纷直接归入借款合同纠纷之中。

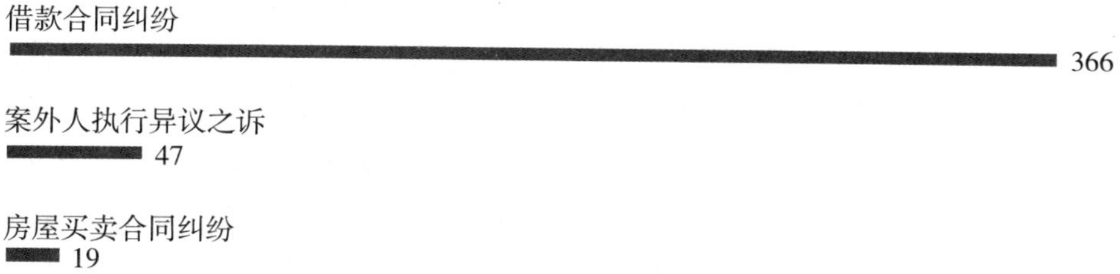

图2　案由排名前三

从诉讼地位来讲,2017年,全国信托业诉讼地位为攻方共948件,占比77.14%;守方共281件,占比22.86%。对手行业排名前三的依次是:房地产业、批发和零售业、租赁和商务服务业。如图3所示:

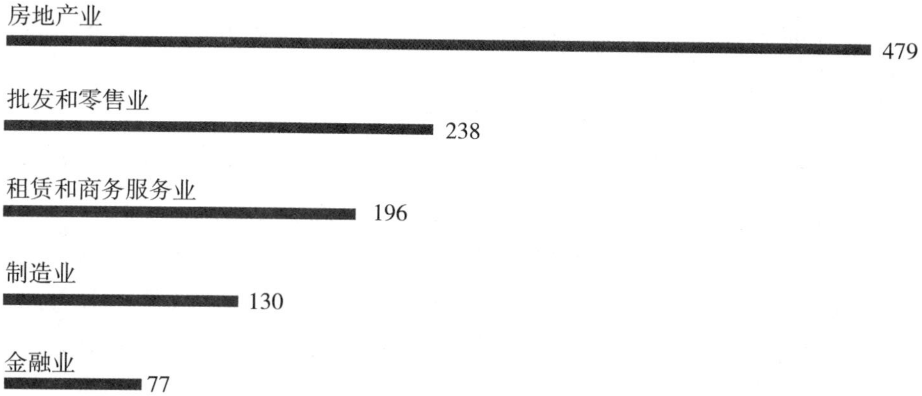

图3　行业排名前三

此外,在笔者重点关注的75份判决书中,涉及的信托公司数量共有30余家,各家案件量是较为分散的。从案件争议事项来看,主要以信托公司与融资人之间的债权债务纠纷为主,争议焦点主要在于合同效力的认定以及利息、罚息、复利、违约金的计算等方面。从信托地位来看,信托公司作为原告、被上诉人的案件占大多数,可见信托公司在面对信托业务违约时可以积极提起诉讼,且在一审判决时取得乐观的诉讼结果。从裁判结果来看,对于信托公司诉请融资人偿还信托贷款本金、利息以及罚息和担保人承担担保责任，法院大多对借款合同、担保合同的效力予以确认，仅对过高的罚息、复利、违约金以及诉讼费用分担、律师费支付等问题进行调整。

二、从司法实践看信托公司常见争议的裁判规则

2007年开始信托业规模与收入快速上涨，很大程度上得益于信托公司提供债权融资获取的收入。在这种业务模式下，信托公司实际承担了信用风险，赚取的是类银行贷款模式的融资利差，当然也相应承担信用风险及违约风险。在这类案件中，涉及本金核定、利息罚息及违约金以及因违约行为导致的提前清偿问题等争议事项。据此，笔者将25份精选判决书分为三类，分类提炼裁判要旨。因篇幅有限，感兴趣的读者可以检索案例全文阅读。

（一）信托公司与融资人之间纠纷

1. 传统信托贷款业务涉及的本金核定、利息、罚息、违约金及复利争议

（1）信托贷款合同中约定的利息、罚息等利率标准过高的，人民法院可调整为24%，超出24%的部分不予支持。

【案例－1】天津市高级人民法院（2016）津民初75号"天津信托有限责任公司与山西昆泰能源有限公司、山西普大煤业集团有限公司金融借款合同纠纷一审民事判决书"

（2）信托贷款逾期后将期内复利作为计息基数符合行业惯例。

【案例－2】最高人民法院（2016）最高法民终708号"上海豫园大酒店有限公司、中建投信托有限责任公司金融借款合同纠纷二审民事判决书"

（3）当借款人不能按约履行合同或者无力清偿的情况下，信托公司有权依据合同的约定，发出借款提前到期通知书。信托公司未发出借款提前到期通知书或无证据表明其已经宣告借款提前到期的，借款到期日为起诉状副本送达借款人之日起算，计算逾期利息与复利。

【案例－3】重庆市高级人民法院（2016）渝民初16号"重庆国际信托股份有限公司与遵义新奥房地产开发有限公司等借款合同纠纷一审民事判决书"

（4）经过公证机关赋予强制执行效力的《信托贷款合同》及各类增信措施，信托公司仍可以选择向法院起诉。

【案例－4】青海省高级人民法院（2016）青民初66号"五矿国际信托有限公司与内蒙古中西矿业有限公司、甘肃建新实业集团有限公司等借款合同纠纷一审民事判决书"

（5）借款人实际控制人同时系劣后受益人，主张其支付金额实质为借款配套资金应在本金中扣除的，不予支持。信托公司与劣后受益人之间及与借款人之间系两个不同的法律关系，信托公司有义务依据《信托合同》约定在信托计划完成后，向劣后受益人还本付息，借款人有义务依据《贷款合同》向信托公司还本付息。

【案例－5】江西省高级人民法院（2017）赣民初47号“中航信托股份有限公司与上饶市百森置业有限公司、江西佳利商城住宅开发有限公司借款合同纠纷一审民事判决书”

2. 买入返售、明股实债等新型信托融资业务争议

在笔者的检索结果中，不乏信托公司与融资人之间采用买入返售、明股实债等新型信托融资方式的案例，其中信托公司多作为原告向融资人主张支付回购价款并承担违约责任，向相关增信方主张承担连带责任，信托公司的主张多数获得法院支持，只是对其中利息、违约金进行了个别调整，需要注意的是，有个别案例被法院认定法律性质为借款合同。

（1）资产收益权转让暨回购行为的效力再次经法院认定合法有效。

【案例－6】新疆维吾尔自治区高级人民法院（2017）新民初1号“华融国际信托有限责任公司与新疆丝路华通商贸股份有限公司、伊犁新发地房地产开发有限公司等营业信托纠纷一审民事判决书”

（2）对资产收益权转让与回购交易安排的性质与效力认定，需要通过对合同目的、具体约定、担保、交易行为等多方面综合判断。《关于信托公司房地产信托业务风险提示的通知》不是法律及行政法规，不作为判断合同效力的依据。

【案例－7】上海市高级人民法院（2016）沪民初26号“安信信托股份有限公司与北京天悦投资发展有限公司、北京天域新城房地产开发有限公司、王君瑛、黄北海合同纠纷一审民事判决书”

（3）明股实债交易模式中，信托公司与目标公司既签订信托融资合同，又签订增资扩股协议的，应结合双方约定、履行情况及工商登记情况，参考交易实质模式确定双方法律关系。就涉诉款项划付认定为信托公司取得股权的，为债权而设立的担保措施自始无效。

【案例－8】广东省高级人民法院（2017）粤民终2334号“陈惠芬、佛山市南海区吉鸿房地产开发有限公司债权人撤销权纠纷二审民事判决书”

（4）明股实债交易模式中，信托公司以股权方式投资，基于外观主义原则，可能被认定为目标公司股东。以收取信托收益及相关费用名义取回责任资产，构成抽

逃出资。其他债权人依照公司法规定请求信托公司对目标公司债务承担补充赔偿责任的,应予支持。

【案例－9】江苏省泰州市中级人民法院(2015)泰中民终字第377号“周国庆与新华信托股份有限公司、泰州市金鹰房地产开发有限公司民间借贷纠纷二审判决书”

(二)信托公司与信托委托人之间纠纷

1. 事务性管理信托法律关系及责任认定

通道业务是典型的事务管理类业务,信托公司利用牌照优势,赚取了丰厚的融资利差收益和服务费收益。《信托法》第30条第2款规定信托公司承担严格无过错责任,与国务院办公厅、银监会办公厅等规定的要求提供通道一方承担风险的规定不符,因此在通道业务出现风险后,双方通常会各执一词(如中诚信托·诚至金开2号延期兑付项目),责任如何厘清成为司法需要解决的问题。

(1)信托公司根据委托人指定管理并运用信托资金的“被动信托”,委托人与受托人之间构成信托法律关系。信托公司基于事务性管理职责,不存在违反信托目的处分信托财产或者因违背管理职责、处理信托事务不当致使信托财产受到损失的行为的,不应当退还信托报酬。

【案例－10】四川省高级人民法院(2017)川民终680号“吉林省建苑设计集团有限公司、四川信托有限公司信托纠纷二审民事判决书”

(2)通道业务交易模式下,优先级受益人有权直接向劣后级受益人主张信托收益补足权利。

【案例－11】江西省高级人民法院(2017)赣民终44号“深圳市邦信小额贷款有限公司、江西银行股份有限公司合同纠纷二审民事判决书”

2. 结构化集合信托、伞形证券投资集合信托等复合信托计划争议

此外,信托公司涉及的新型融资交易模式不断涌现,因监管清理导致的“违约”事件亦次第发生。2015年4月16日,时任证监会主席助理的张育军明确提出“券商不得为场外股票配资、伞形信托提供数据端口等服务或便利”,证监会开始启动场外配资业务清理,随后引发的民事纠纷开始陆续进入司法程序。相关合同是否因监管清理而认定为无效,如合同有效,强制平仓、补仓等义务履行过程中的过错认定,亦在司法实践中产生了大量的争议。

(1)伞形证券投资集合资金信托计划交易模式下,《关于清理整顿违法从事证券业务活动的意见》系管理型规范而非效力性规范,不构成认定伞形证券投资集合

资金信托计划无效的依据。

【案例－12】西藏自治区高级人民法院(2017)藏民终25号"陈品元与西藏信托有限公司营业信托纠纷二审民事判决书"

(2)伞形证券投资集合资金信托计划属于创新性金融产品,对其合法性问题,宜由金融监管部门根据金融市场的现状、目的和任务、理性投资者的多寡及金融市场的培育程度等综合进行判断。证监会相关文件是要求清理、整顿相关的信托产品账户,并不是对信托计划本身效力是否违法作出认定。

【案例－13】最高人民法院(2017)最高法民申3856号"郝茹莎、万向信托有限公司信托纠纷再审审查与审判监督民事裁定书"

(3)母子信托结构,合同在产品设计中设定止损线。当信托财产净值触及止损线时,信托公司有权进行强制平仓。消费者自行签署《认购风险申明书》的,表明消费者知道涉案信托计划存在亏损的风险,消费者以信托公司未尽风险告知义务为由要求信托公司承担赔偿责任的,法院不予支持。

【案例－14】广东省深圳市中级人民法院(2016)粤03民终22721号"常宇与平安信托有限责任公司、上海市锦天城律师事务所营业信托纠纷二审民事判决书"

(4)母子信托结构,合同在产品设计中设定止损线。当信托财产净值触及止损线且劣后级投资人未按约定时限增加信托资金时,信托公司有权进行强制平仓。次级委托人以此为由要求信托公司承担赔偿责任的,法院不予支持。

【案例－15】浙江省杭州市中级人民法院(2017)浙01民终2895号"洪建平与万向信托有限公司合同纠纷二审民事判决书"

(5)伞形证券投资集合资金信托计划下,信托合同履行中,当信托资金在投资过程中触及信托合同及信托文件约定的平仓线,负有补强信托资金义务的委托人应按信托文件及信托合同约定履行补强义务。

【案例－16】西藏自治区高级人民法院(2016)藏民初9号"西藏信托有限公司与黄伟强营业信托纠纷一审民事判决书"

(6)证券结构化投资集合资金信托计划下,信托公司不存在未及时履行信息披露义务等违约情形时,劣后受益人无权请求信托公司赔偿损失。

【案例－17】湖北省武汉市中级人民法院(2017)鄂01民终1060号"罗洪、方正东亚信托有限责任公司信托纠纷二审民事判决书"

(7)信托计划采用股权收益权转让及回购方式时,"股票变现款项"税款应在信托财产中予以扣减。

【案例-18】上海市第一中级人民法院(2017)沪01民终10069号“华宝信托有限责任公司诉上海红枫国际妇产医院有限公司营业信托纠纷二审民事判决书”

（三）其他常见争议裁判规则

1. 委托人是否可以自身名义直接对融资人提起诉讼

通常在信托法律关系中，信托公司与融资人之间构成债权法律关系，需要坚持合同相对性原则，由信托公司向融资人主张违约责任。但当信托公司将信托融资债权进行转让的，其行为符合《中华人民共和国合同法》等相关法律规定的，该债权转让行为合法有效，受让人承继信托公司地位，有权向融资人主张违约责任。

【案例-19】青海省高级人民法院(2017)青民初77号“包商银行股份有限公司与山东润峰电子科技有限公司、李青海等债权转让合同纠纷一审民事判决书”

2. 信托公司作为委托人，将信托资金委托银行机构向融资人发放贷款的，相关合同效力的认定及是否构成违法转信托

信托公司作为委托人，将信托资金委托银行机构向融资人发放贷款的，属于其信托业务范围内的事项，不构成违法转信托，融资人应依据合同约定向受托人银行机构按时偿还借款本息。

【案例-20】江西省高级人民法院(2016)赣民初2号“中江国际信托股份有限公司、中国民生银行股份有限公司呼和浩特分行等与巴盟乌中旗甲胜盘铅锌硫铁矿业开发有限责任公司等金融借款合同纠纷一审民事判决书”

3. 多种增信措施效力认定及责任承担

信托业务中，出于降低被投资方违约风险或者降低投资损失等多方面考虑，信托委托人及信托受托人通常会设计多种增信措施，包括但不限于保证、抵押、质押、回购承诺、第三方受让或者差额补足等方式。由于信托公司不能实时监管担保财产的权属，由此也引发不少争议。在笔者收集的75份判决书中，涉及担保财产的案例共有10份，其中8份案例被人民法院判定抵押合同无效或者不予执行为担保各类信托融资合同履行的抵押物。

（1）某一担保人被裁定破产重整的情况下，其只对贷款本金和破产重整裁定之日前产生的利息、罚息和复利承担连带清偿责任。

【案例-21】青海省高级人民法院(2016)青民初66号“五矿国际信托有限公司与内蒙古中西矿业有限公司、甘肃建新实业集团有限公司等借款合同纠纷一审民事判决书”

（2）信托公司作为专业从事金融业务的机构，对抵押物核查未尽勤勉和注意义

务的，有明显过错，以致损害抵押物所有权人合法权益的，抵押合同应属无效。

【案例－22】山西省晋中市中级人民法院（2017）晋07民终297号“李晓晶与华融国际信托有限责任公司、山西中凯集团灵石房地产开发有限公司合同纠纷二审民事判决书”

（3）就建设工程款优先受偿权事项的生效判决，信托公司作为抵押权人可以作为适格主体提起第三人撤销之诉。

【案例－23】云南省高级人民法院（2017）云民终107号“昆明二建建设（集团）有限公司、北京国际信托有限公司第三人撤销之诉二审民事判决书”

4.借款人公司高管（或实际控制人）构成贷款诈骗罪，相关信托受益权转让协议效力及责任承担

（1）借款人公司高管构成贷款诈骗罪，其目的是骗取银行信贷资产，签订信托受益权转让合同是诈骗信贷资产的形式和手段，相关信托受益权转让合同应当认定为无效合同，根据各方过错各自承担责任。

【案例－24】陕西省高级人民法院（2016）陕民初29号“中国民生银行股份有限公司西安分行与平安银行股份有限公司济南分行及新天际创展（北京）投资管理有限公司合同纠纷一审民事判决书”

（2）借款人实际控制人利用身份使用贷款以骗取贷款罪判处刑罚的，不影响民事案件中依据合同相对性原则认定合同当事人及当事人间权利义务性质。

【案例－25】湖北省高级人民法院（2017）鄂民终2301号“湖北银行股份有限公司、中国农业发展银行根河市支行合同纠纷二审民事判决书”

三、关于通道及信托公司在通道业务中的风险

2017年11月22日，银监会发布《关于规范银信类业务的通知》（银监发〔2017〕55号），首次明确了“银信通道业务”的定义。该通知指出：银信通道业务，是指在银信类业务中，商业银行作为委托人设立资金信托或财产权信托，信托公司仅作为通道，信托资金或信托资产的管理、运用和处分均由委托人决定，风险管理责任和因管理不当导致的风险损失全部由委托人承担的行为。从以上定义中可以看出，监管机构在信托公司通道业务中，就风险管理责任和因管理不当导致的风险损失确定全部由委托人承担。那么，通道业务在司法实践中又是如何划分双方责任的呢？

以上文中提到的吉林省建苑设计集团有限公司、四川信托有限公司信托纠纷为例，该案在最高人民法院再审审查阶段，最高人民法院明确本案双方之间成立信

托法律关系,而非“居间+委托代理”法律关系,双方按照《信托合同》约定履行各自权利义务。根据已经查明的事实,吉林建苑形成董事会决议决定设立案涉信托贷款项目在先,《尽职调查报告》在后,吉林建苑未提交证据证明其形成董事会决议的目的是获取四川信托的《尽职调查报告》,而且,《信托合同》第13条第1款明确约定,委托人了解并认可借款人与保证人的经营状况、财务状况、信用状况,自行判断并承担风险。根据吉林建苑再审陈述,众诚公司2012年的财务数据在齐鲁股权交易中心官方网站上是向社会公开的,其有能力查询获得。吉林建苑作为理性的商事主体,在合同已经约定由其自行判断并承担风险的情况下,应当认真审查投资风险,其主张依据四川信托出具的《尽职调查报告》和第一季度管理报告书即决定将案涉信托贷款发放给众城公司,并未及时调整投资方向,依据不足。

一般来讲,笔者接触到的通道业务中,信托合同通常会在风险揭示条款中约定“本项目为事务管理信托”“委托人了解并认可借款人与担保方的经营状况、财务状况、信用状况,自行判断并承担风险”等内容。判断信托公司以上约定是否合理,实际上还是要遵循合同法中的“权利义务对等”原则。信托公司收取的是低廉的“管理费”或者“信托佣金”,而不是高额利差。因此,承担的义务也应当是对等的。但是这并不等于说信托公司就可以高枕无忧,在合同约定尽职调查、信息通报、受托代理等情形下,信托公司还应当按照《信托合同》约定履行相应的义务。

四、信托公司通道业务风险防范

2018年4月27日,中国人民银行、中国银保监会、证监会联合印发号称“最强资管新规”的《关于规范金融机构资产管理业务的指导意见》,其中明确禁止多层嵌套和通道业务,且设置过渡期至2020年年底。信托行业在面临去通道和清理资金池压力的同时,也面临着信托通道业务违约后的责任承担问题。随着监管政策趋于严格,市场竞争日益加剧,中国信托业迎来了转型发展的十字路口。事实上每个经济层面的问题最终反馈到司法层面都有一定的过程,因此才会出现早已经被监管叫停的业务模式在诉讼中不断衍生的情形。而与此相对应,先前在信托业务高速发展中的一系列问题将有可能在接下来的经济周期—司法周期中爆发,如大量以通道业务为媒介的信托计划即将到期,银信之间责任如何厘清,等等。

对此,笔者建议作为通道方的信托公司可从以下几个方面加强风险防范:

首先,通道类信托业务建立前,应对交易对手审慎尽调,且尽可能穷尽各种公开渠道以了解、查询、验证企业的资信状况、真实经营状况、盈利能力等，避免单纯依赖融资方自身提供的资料进行简单汇总即提交本公司审议，倘若出现尽调报告中的关键信息与公开查询、验证的结果不符，则委托人要求受托人承担管理失职的责任很可能得到法院支持。

其次，在与委托人订立合同过程中尽可能明确列明自己与委托人各自的权利义务与责任承担情形，并可在双方合作背景条款中明确自己仅为通道方的事实。

最后，在信托贷款合同中，信托公司可以通过设置不动产抵押、动产抵质押、权利质押、保证担保等方式降低自己独自承担责任的风险性，此时通道方需注意影响抵押物价值的多种因素，以及选择股权、应收账款、各种收费权等作为权利质押标的时需注意质押标的本身存在的估值和变现困难，若为保证担保方式则需注意尽量避免由融资方的法定代表人、控股股东或者关联企业出具的连带责任保证担保。

从判例看“私募基金管理人”涉非吸类犯罪的刑事风险

曾 峥

上海市锦天城律师事务所

2018 年 6 月 27 日，据“互金侦探”等微信公众号报道，上海意隆财富及其所属的母公司阜兴集团陷入经营困局，致其人去楼空、高管失联。一位内部员工表示，由于集团公司主要负责人突然失联，导致公司目前进入瘫痪状态，并称“后续会有相关部门介入”。不能兑付的投资人集结在公司办公室门口，要求报案送交材料，现场处置的警员称该公司系有牌照的管理人，产品系有牌照的管理人发行，能否立案尚有待确认，当日仅接收报案材料。

基金业协会网站显示，上海意隆财富投资管理有限公司注册在上海青浦，注册资本 1 亿元，实缴 2000 万元，管理人登记编号 P1023148。通常认知中，不具备管理人资质的线下理财公司或者非法互金平台才是发生经营困难、高层失联、陷入僵局的主体。像意隆财富这类取得了基金业协会私募基金管理人登记的投资管理公司或者资产管理公司，其发行的产品出现不能兑付的情况时，是否也可能同样面临刑事风险？管理人登记能否成为部分机构和从业人员的免死金牌？笔者通过我国现有的裁判文书搜索平台，查阅全部公示的涉及私募基金管理人涉刑事案件的案例，搜集了可供参考的相关判例 43 件，通过系统总结，提炼如下观点，以供参考。

检索关键词：私募基金管理人、刑事

检索时间区间：2016 年 1 月 1 日至 2018 年 6 月 30 日

根据笔者所收集的 43 件全文涉及“私募基金管理人”的刑事判例文书，2016 年案件为 5 件，2017 年涉诉案件总数量增加至 28 件，同比增长 460%，2018 年至今涉诉案件数量为 9 件。笔者所检索收集的涉诉案例共 43 件，在 43 件刑事案件中，从罪名大类分布来看，集中呈现为四类犯罪，分别为非法吸收公众存款罪、集资诈骗罪、合同诈骗罪和诈骗罪。其中以非法吸收公众存款罪被起诉的案件多达 36 件，占刑事涉诉案件的 83.7%；以集资诈骗罪被起诉的有 4 件，排在第二位；其次为合同诈骗罪 1 件以及诈骗罪 1 件等，详情见图 1：

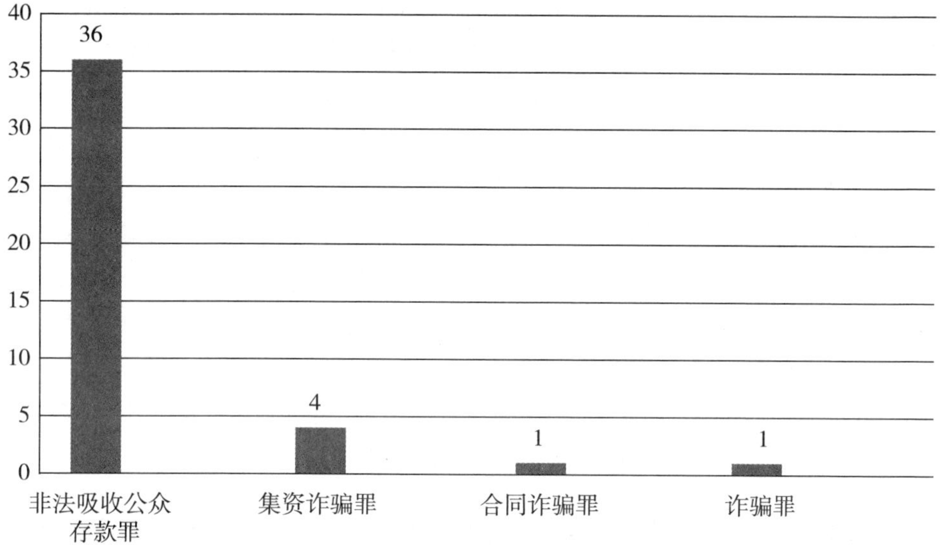

图 1　私募基金管理人涉诉罪名分布

最高人民法院《关于审理非法集资刑事案件具体应用法律若干问题的解释》中明确了非法吸收公众存款罪的四个构罪要件，即主体非法性、公开宣传性、承诺还本付息或给付回报、向社会不特定对象吸收资金。一般认为，私募基金管理人系在基金业协会登记认可的机构，在募集时又应当是采取非公开的私募形式，为何仍会以非法吸收公众存款罪追究其刑事责任呢？（笔者首先将并未在基金业协会登记但对外号称系私募基金的情况直接排除）笔者对案例进行了分析，发现主要出现以下几种情形（所引判例观点均进行了删减和省略）。

一、发行主体原系私募基金管理人，但因违法或者其他行为被注销登记的，或者发行时尚未取得登记的

典型案例一：（2017）川 0105 刑初 1496 号尹某某、陈某某犯合同诈骗罪一案刑事判决书

经审理查明，深圳市某某基金管理有限公司成立于 2014 年 1 月 8 日，股东为被告人尹某某、刘某某、唐某某，法定代表人为尹某某。2014 年 5 月 26 日，深圳某某公司在中国证券投资基金业协会登记为私募基金管理人，后于 2016 年 7 月 31 日因

未完成任何产品备案而被该协会注销登记。四川某某股权投资基金管理有限公司（以下简称“四川某某公司”）成立于2015年2月2日，法定代表人为桂某某，实际控制人为被告人尹某某、陈某某，经营范围为受托从事股权投资的管理及相关咨询服务。2015年4月10日在中国证券投资基金业协会登记为私募基金管理人，后于2016年8月1日因未依法备案任何私募基金产品被该协会注销登记。

典型案例二：（2016）沪01刑终2112号上海东忠富泉资产管理有限公司诉廖某非法吸收公众存款罪一案二审刑事裁定书

经查，公安机关调取的私募基金管理人公示信息，证实上诉人东忠富泉公司在发行富洪基金时尚未取得私募基金管理人资格。相关证人证言、募集说明书、基金认购确认函、账户历史交易明细表、已兑付客户明细表以及司法鉴定意见书等证据证实，东忠富泉公司未经有关部门批准，以口口相传及举办推介会等形式，承诺10%～12%的年化收益，向龙某等14名投资人销售“富洪基金产品”，非法吸收存款共计1690万元，案发至今尚有500余万元未兑付。

二、发行主体系私募基金管理人，但销售未备案产品，或者涉案产品并未在基金业协会备案，或者假借管理人名义销售其他产品的

根据《私募投资基金监督管理暂行办法》相关规定，各类私募基金管理人在私募基金募集完毕后应向基金业协会办理备案手续。销售未备案产品，无疑存在合法性的问题。

典型案例一：（2016）粤0304刑初678号李某、解某、包某非法吸收公众存款罪一审刑事判决书

辩护人提出上海清科凯盛已取得相应私募基金管理人资质，公司发行的产品为面向特定对象。公司发行的私募基金为非公开发行基金，不承诺收益，基金投资人与基金管理人共担风险、共享收益，基金用于相应项目投资而非借贷，不应被认定为非法吸收公众存款；且上海清科凯盛负责私募基金的设计发行，深圳融创凯盛代上海清科凯盛销售其基金产品，作为销售机构不需要相关资质，故涉案行为是合法的行为。上海清科凯盛发起设立的“广州国际采购中心”“梅州凯旋门项目”等项目都是合法的，具备合法的设立私募基金的资质。涉案基金项目是真实存在的，基金与项目主属于投资与被投资关系而非借贷关系，基金收益也是投资收益而非利息。上海清科凯盛公司从未就涉案基金项目以任何公开宣传方式募集资金，而是向特定高净值投资人募集，从未向投资人作出过“保本付息”的承诺。

法院经审理认为:“非公开募集基金募集完毕,基金管理人应当向基金行业协会备案,”私募基金的管理人需要通过向基金业协会履行登记手续备案并后,才能使用“基金”或“基金管理”的字样进行投资活动。而本案中,上海清科凯盛公司未进行相关登记备案,同时涉案基金产品说明书、委托贷款合同、委托协议、委托资产管理协议等明确写明上海清科凯盛将募集的资金贷款给他人使用,募集的基金亦并非用于证券投资活动,故上海清科凯盛发起设立的涉案基金并非法律规定的“私募基金”,而涉案“私募基金”所涉的项目的真实性并非认定“私募基金”合法的依据,故其以“私募基金”的形式募集资金的活动应认定为“非法吸收公众存款或变相吸收公众存款”的行为。

另外,根据被害人陈述以及证人孙某、黄某证言,涉案“基金”的宣传推介是上海清科凯盛或深圳融创凯盛利用其公司的销售人员,或其委托的第三方理财公司、银行等人员通过互联网、电话、电子邮件、朋友相传等多种方式进行,同时对投资人的要求除设定起投金额为50万元外,并无其他限制性条件,即对宣传对象是否属于法律规定的“合格投资人”并未进行审核、辨别,宣传对象不特定,即社会公众可以通过上述方式了解到涉案“基金”,属于向社会公众公开宣传涉案“基金”,借以吸收公众资金。涉案产品说明书写明基金类型为“固定收益类”,明确了收益率及明确分配方式为“期满一次性归还本金及收益”,同时出资证明函中亦按各投资人的出资日期明确标明了“收益”的起息日期;在本案“基金”到期后,上海清科凯盛作为基金管理人在未收回投资款实现全额兑付的情况下,仍先行向部分投资人支付“收益”,再支付部分本金,同时承诺按约定兑付收益及本金,故其实质就是承诺保本付息给予回报。

典型案例二:(2016)京0114刑初423号刘某、张某非法吸收公众存款罪一审刑事判决书

判决书显示,鑫达公司于2014年8月14日在基金业协会登记为私募基金管理人,在登记信息中填报了北京鑫达基运投资管理中心(有限合伙)。但私募基金登记备案信息显示鑫达公司仅备案了鑫达国际苍源农业股权投资基金。2015年1月26日,北京农商行从客户处了解到鑫达公司擅自与投资者签订协议,收集资金认购京农商行的增资扩股发行股份基金,该行于2015年2月4日向鑫达公司送达了《告知函》,要求其立即停止参与该行以增资扩股为由募集资金的行为。根据有关规定,农村商业银行增资扩股方案和股东资格需要经过监管部门的批准,鑫达公司在未获得批准前,就成立“北京农商行增资扩股项目股权投资计划”,并与投资者签订

入伙协议是违规的，规定要求入股资金为自有资金，鑫达公司通过募集资金方式入股也是违规的。

鑫达公司于2014年8月14日才登记为私募基金管理人，且三个基金均未在基金业协会登记备案，安立路项目没有运行，农商行项目在未经监管部门批准的情况下就开始募集资金，而且鑫达公司在吸收被害人资金后未用于自身项目，而是主要用于投资其他项目和返还之前投资人的本息以及支付张广太、刘瑞志的佣金，鑫达公司存在明显的违规行为，张某的行为符合非法吸收公众存款罪的犯罪构成。

典型案例三：(2016)吉0104刑初1040号王某等非法吸收公众存款罪一审刑事判决书

判决书显示，2013年3月4日至2015年12月31日，王某以北京博创兴业投资管理有限公司负责人的身份，采用未经审批报备、向社会公开宣传、向社会不特定对象吸收资金等非法形式销售基金和所谓的P2P理财产品，以高额返利、保本保利等承诺为诱饵，在北京、天津、长春、哈尔滨、沈阳、大连等全国多个城市成立分公司组织吸款团队，吸收公众1773人的资金共计人民币933,287,843.71元。

北京博创兴业投资管理有限公司于2015年1月7日在基金业协会登记为私募基金管理人，登记编号P1006462。该管理人在登记备案系统中仅填报了1只基金，名为博创冠捷投资基金，该基金尚未通过产品备案审核。

三、发行人系经过登记的私募基金管理人，但未尽充分的披露义务

典型案例：(2017)沪01刑终1793号朱某诉上海天蔓投资管理有限公司非法吸收公众存款罪二审刑事判决书

法院经审理认为，私募基金应备案登记，私募基金管理人必须履行登记备案基金信息的义务，包括基金的名称、成立时间、投资领域等，同时对于投资人应披露投资对象、资产负债、收益分配等重要信息，不得隐瞒或提供虚假信息。在案证据表明，本案中所涉基金未进行相关的备案登记，且上诉人朱琦控制、支配资金的去向，根本没有向投资人披露所募集资金的真正去向；上海天蔓公司等涉案相关公司没有存款业务的经营权，其相应的融资行为也未依法履行相关融资法律程序，明显具有非法性特征。法院还指出，上诉人朱琦、孙维晔、郭晶通过第三方中介和银行理财经理在吸收资金时根本没有了解投资人的财产信息，其集资行为指向根本没有针对性，相反在募集对象的选择上具有普遍性，没有因人而异，只要愿意出资都加以接受，投资人和上诉人之间的关系也仅仅具有利益联系性，明显符合社会性特征。

网上可以检索到当时上海天蔓投资管理有限公司在基金业协会登记的备案号P1002693。本案值得深入研究，法院旗帜鲜明地指出，即使是私募基金管理人，其作为主体发行的产品也并非当然合法，合法性的前提除了主体合法，还有主体应履行法定的信息披露义务，重要信息向投资人公开，同时还必须对产品进行备案登记。此外，本案中除了单位实际控制人及一高管被判刑外，被告人郭某虽然仅在公司中任职市场部工作人员，在市场部负责人的领导下开展资金募集工作，仍被法院判决构成犯罪。另外，值得所有私募合规人员及私募律师注意的一个细节是，在二审中上诉人孙某及其辩护人提出孙维晔没有实施犯罪的主观故意，并称募集资金的相关文件是律师审核起草的，其不明知募集资金行为的非法性。如果该观点成立有效，相关律师也可能会因此而被牵涉到该刑事案件之中。这无疑值得所有私募合规从业人员警醒自己的执业风险！

四、主体具备私募基金管理人资质，产品亦已备案，但产品销售的实质情况符合非吸类犯罪四性特征

这类判例颇值关注。尽管该类涉案主体和产品都具备一定的形式合法性，但法院在审判中结合相关证据，对其销售行为进行实质性穿透审核，认定其行为具备主体非法性、公开宣传性、承诺还本付息或给付回报、向社会不特定对象吸收资金的四个特征。根据《私募投资基金监督管理暂行办法》相关规定，设立私募基金管理机构和发行不设行政审批，允许各类发行主体在依法合规的基础上，向累计不超过法律规定数量的投资者发行私募基金。私募基金应当向合格投资者募集，单只私募基金的投资者人数不得超过法律规定的特定数量；私募基金管理人、私募基金销售机构不得通过报刊、互联网等方式向不特定对象宣传推介；私募基金管理人、私募基金销售机构不得向投资者承诺投资本金不受损失或者承诺最低收益。

典型案例一：(2017)沪01刑终1025号张某非法吸收公众存款罪二审刑事裁定书

其辩护人认为，张某的行为不构成非法吸收公众存款罪，B公司所涉6个项目中有4个在中国××协会进行过备案，B公司系合法运作项目，不具有非法性。

法院经审理认为，基金业协会对私募基金登记备案的信息不做实质性事前审查，公示信息也不构成对私募基金管理人投资管理能力及持续合规情况的一种认可。张某等人为了规避合伙制基金的人数限制，成立多家合伙企业吸收资金，从表面上看各个合伙企业的人数没有突破有限合伙制基金合伙人50人的人数限制，但

总的人数已远远超过人数上限;我国私募投资基金募集行为管理办法明确规定,私募只能面对特定的合格投资者,张某在吸收资金时根本没有了解投资人的财产信息,其集资行为指向根本没有针对性;张某采取的主要是口口相传的方式放任吸收资金的信息在不特定的范围内传播……这种口头宣传的方式通过上诉人、知情人、先行投资人对周围人员的广为传播,事实上在不特定人群中构成非法吸存信息的发散性传递,而上诉人根据涉案参与吸存投资的人数、所签订合同的数量可以判定吸存信息的广泛传播却未加以阻止,足以认定上诉人非法吸收公众存款的行为具有公开性;上诉人设立资金池,募集的资金远远大于备案注册的金额,上诉人控制、支配资金的去向,根本没有向投资人披露所募集资金的真正去向。张某承诺在一定期限内给予投资人固定的回报,并向投资人承诺返本付息,且约定的回报远高于正常的存储或理财产品的收益,完全符合非法吸收公众存款的利诱性特征;上诉人募集资金涉及的人数有1000余人,募集资金对象具有不特定性,且在募集对象的选择上具有普遍性,没有因人而异,只要愿意出资都加以接受,上诉人与投资人之间的关系也仅仅具有利益联系性,明显符合非法吸收公众存款社会性的特性。

本案中另值一提的是,闫某作为B公司的法律顾问也被认定为构成非法吸收公众存款罪。法院认为,闫某在参与B公司的相关事务时使用了B公司总经理的身份,负责洽谈投资项目、联络委贷银行、审核与用资方的投资合同以及与投资人签订的投资协议、联系募集资金的中介方、不定期的参与公司职员会议、督促业务员销售公司产品等,该类募集资金行为紧密相连;而投资人签订的相关出资协议均由闫某审核,从协议上所反映的投资人数、投资金额、收益以及返本付息等内容足以证明募集资金的公开性、社会性和利诱性,故推定闫某主观上应当知晓募集资金的方式,其行为应以非法吸收公众存款罪论处,且与张某构成共同犯罪。

典型案例二:(2017)京03刑终544号吕某非法吸收公众存款罪二审刑事裁定书

2011年8月至2015年,吕某在北京市朝阳区华贸中心等地,通过公司及第三方机构销售人员电话推销、个人推介、发放宣传资料等途径向社会公开宣传,承诺定期以货币方式还本付息,采取投资上述合伙企业的形式销售多种“投资基金”“信托产品”,共计向327名投资人(单位)吸收资金共计9亿余元。其间,北京中金赛富于2014年5月在基金业协会登记为私募基金管理人,填报了部分管理基金。吕某认为:其经营的公司具备私募基金的经营资质,且没有对发行的基金进行公开宣传,其行为不构成非法吸收公众存款罪。

法院经审理认为，吕某虽在基金业协会对涉案的部分基金进行登记备案，但从募集方式上看，相关基金均通过公司或第三方机构业务员向不特定公众宣传方式募集；从基金收益上看，募集基金的宣传材料中均有保本付息性质的宣传；从募集对象上看，未对投资人的资产规模、收入水平、风险承担能力进行核实，本案涉案的投资人绝大部分不符合私募基金的合格投资者；实质上系借用合法形式变相吸收公众存款的行为。

典型案例三：(2017)沪0114刑初562号刘某、张某等非法吸收公众存款罪一审刑事判决书

法院审理认为，马某作为骏福公司销售人员，向朋友、渠道介绍销售涉案基金产品，但是对于自己的下线如何销售、向何人销售并不关心，具有向社会公众吸收资金的主观故意与客观行为。张某通过电话联系、口口相传的方式销售涉案基金产品，吸收的客户类型包括客户及客户的亲友，宣传的人员并不仅仅为自己的亲友或者单位内部人员，销售对象具有不特定性。且根据有关电话记录及张某的当庭供述可以证实，部分客户在购买基金产品时甚至未曾与张某有过接触。张某的行为符合非法吸收公众存款的犯罪构成要件。

综合上述已判案例及相关的实际私募操作，作为私募基金管理人，在实务中接管私募和运营时，首先应该做的就是对接管对象进行前置审查，此时最为关键的即确定私募与非法集资犯罪的界限。结合学术界关于此问题的观点及笔者在实务中接手的私募基金案件，笔者认为，私募即非公开募集资金的行为，私募在构成因素中与非法集资最大的区别在于是否非公开地向特定人群募集资金。针对此种情况，首先私募基金管理人在接管私募业务时应从公司运营模式、募集资金方式、销售和赎回方式等多个方面对委托人进行审查，减少日后因委托人非法集资为自己带来的风险。其次受托人可以运用基金业协会、公安部门、律师协会等官方机构综合考察委托人的投资背景、披露情况及备案有效性，防止因备案失效、未尽到披露义务增加私募基金管理人的执业风险。

从本次检索的"私募基金管理人"涉刑事诉讼公开判例来看，在一定程度上，私募基金管理人不能兑付时，面临的刑事合规风险主要还是来自非法吸收公众存款这一罪名，私募基金管理人的身份并不能成为其免死金牌，司法机关在进行相关审理时将对其募集过程、募集对象、信批程度等节点进行穿透审查、实质认定，最终得出其募集行为符合非法吸收公众存款类案件四性特征的结论。由于公开判例有限，可能我们无法完整地获取有效判例来研究私募基金管理人可能面临的所有刑

事风险。而实际上,如果私募基金管理人在发行销售产品时,采用虚构事实隐瞒真相的手法,发虚假产品,希望非法占有或者挪用客户资金,亦有可能涉及集资诈骗、合同诈骗、挪用资金等罪名。

本文开头援引的阜兴一案,近期也有了新的进展。阜兴集团董事长朱某某于2018年8月29日被警方押解回国。据媒体称,朱某某失联后,公安机关经查发现朱某某有涉嫌操纵证券市场的犯罪嫌疑,后组织精干警力成立专案组将其抓获归案。公安机关将在查清朱某某涉嫌证券犯罪的同时,依法全面侦办其涉嫌的其他经济犯罪案件,竭尽全力追赃挽损。2018年9月30日,上海市人民检察院第二分院公告称,已分别以涉嫌集资诈骗罪、操纵证券市场罪,对上海阜兴实业集团有限公司董事长朱某某等8名犯罪嫌疑人依法批准逮捕。集资诈骗罪是指以非法占有为目的,违反有关金融法律、法规的规定,使用诈骗方法进行非法集资,扰乱国家正常金融秩序,侵犯公私财产所有权,且数额较大的行为。从公检机关前后拘捕的罪名变化来看,执法机关也是考虑到私募基金管理人系在基金业协会登记的机构这一情况,从谨慎稳妥的角度出发,先从客观上选取了一个相对适宜的罪名先行开展侦查,查证相关证据事实后,方穿透认定其涉嫌集资诈骗。

因此,私募基金管理人在募集和运营的过程中,一定要守好底线,合法合规,真正做到受人之托忠人之事,投好投资人的钱。

融资的刑法边界若干问题探讨

刘　鑫
国浩律师(上海)事务所

一、问题的意义

(一)背景:金融监管进一步加强,行政监管日趋严厉,刑事手段得到更多的运用

1. 对借助P2P等互联网融资活动、私募基金进行的非法集资活动加大查处力度。以P2P为例,近来P2P频频爆雷,这类刑事案件处于高发期。目前,这类案件是公安机关受理数量最多的,仅在2018年6月1日到7月12日的42天内,全国共有108家P2P平台爆雷,相当于每天爆雷两三家,其中也包括大家耳熟能详的机构,比如"唐小僧",涉及金额750亿元;联璧金融,涉及人数达到200多万人,涉及金额超过800亿元;还有善林金融等,涉及金额600多亿元。以前十多亿元已经是惊人的数字,比如像轰动一时的吴英案件,涉及十个亿左右,现在动辄涉及几百个亿。

2. 对IPO的审查进一步收紧,欺诈上市、虚假信披等上市公司违法行为查处力度加大。比如对IPO的审查标准进一步收紧,去年10月以来对IPO的否决率达到了40%多,相比之下,2016年全年及2017年前几个月IPO的否决率只有7%和13%;另外,对上市公司的违规行为也加大了处罚力度,而且更多地采用了刑事手段,比如说对于欺诈上市的问题,2017年和2018年接连发生了欣泰电气、金亚科技欺诈上市,这两起案件都被移送司法机关处理。

3. 对各种金融创新活动的监管进一步加强。如叫停ICO,重视对以区块链、ICO名义进行的非法集资、传销活动的查处。

4. 对各种金融资管业务的监管进一步加强。

(二)重要性:合规是生产力,更是生命线

融资的刑法边界问题的重要性不言而喻,合规,尤其涉及刑事合规,它不仅是

生产力，更是生命线。金融活动首先要考虑的就是安全性，这里的安全性首先应当是合规，尤其是刑事合规；其次才是资金的安全；最后才是商业利益。

对于从事金融法律服务的律师也是一样的，比如律师的行政法律责任，中基协2018年3月发布的一项决定中规定，私募基金管理人被公告注销的，3年内不再接受相关律所、律师出具的登记法律意见书。这个影响显然是十分重大的。再严重的还有刑事法律责任，例如，明知他人从事非法集资，仍提供各种帮助的，以共犯论。比如，设计合同也属于非法吸收资金实施行为的一个环节，如果明知他人非法集资，仍帮助其设计存在规避法律内容的合同的；再如，为了规避合格投资者的要求，教唆集资者采取各种手法伪造合格投资者证明等的，都有可能存在刑事风险。

（三）复杂性：法律界限识别困难，可预测性相对较差

融资的刑法边界问题具有复杂性，法律界限识别困难，融资活动和非法融资的界限比较模糊，可预测性相对较差。因为非法集资方面的罪名是法定犯，而不是自然犯，不是像杀人、放火等这种靠朴素的是非善恶观念就能辨认出来的。现实中存在一种误解，只要资金用于正常经营、用于约定的用途就不会构成犯罪，比如说私募基金用于约定的用途。其实违法性并不体现在资金的用途上。由此应高度重视以下两个问题：

1.“选择性执法”：因时、因地、因人、因结果，相同情形会有不同处理。因时就是指金融形势不同、监管不同，过去允许的现在被禁止；因地是指不同地区的执法环境和对法律认知的能力、水平的不同，也会造成执法的差异；因人的差异也很明显；还有因结果的不同，非法吸收公众存款的案件多数是因为无法兑付而案发。这里需要注意的是，非法集资并不是结果犯，而是情节犯，即实施了行为并达到一定情节的，即构成犯罪，而不是兑付不能就会构成犯罪。

2. 高度重视刑事和民事处理的不同原则，即“民事重形式、刑事重实质”，民事主要是遵从合同的约定，刑事看重的是行为的本质，是要考察行为人要追求的实际目的，行为所达到的实际效果。很多当事人会采用民事合同的约定来规避刑事法律，比较突出的是在合同中约定投资者自担风险，并让投资者在合同上签字，试图以此规避非法集资的核心要件——保本付息，但是刑事司法不看重表面现象。再如，有的企业为了绕过合伙企业人数的限制，采取成立多家合伙企业等方式，这种手段在刑法上毫无意义，但此类案例在实际中大量存在。

二、非法集资构成要件理解中需要注意的问题

对非法集资的四个要素做简单的梳理，这四个要件是2011年两高在司法解释

中明确提出的，要件有四个，即非法性、社会性、利诱性、公开性。

（一）非法性

非法性的含义是未经有关部门批准募集资金，借用合法经营形式吸收资金，这个含义一方面是说未经批准吸收资金，合法的吸收公众资金的形式有金融机构吸储、IPO、发行债券、公私募基金等。如果不是以这些形式向社会公众吸收资金的，一般不会得到有关部门的批准。另一方面是借用合法经营形式吸收资金，即依托实体经营项目吸收资金。这里需要强调，资金的用途并不影响犯罪的成立。非法集资的非法并不是指对资金的非法处置，而是指未经批准。实践中很多当事人对此存在的误解是吸收资金用于生产经营不会构成犯罪。比如，网上融资的一个项目，宣传时承诺将资金用于特定项目，审查后发现资金确实用于该项目，并没有挪作他用，但是也存在非法集资的可能性。

资金的用途可能会导致定罪的不同，比如以非法占有为目的可能会构成诈骗；也可能会对犯罪情节产生影响。打击非法集资的原因，一方面是因为非法集资面向社会公众；另一方面是非法集资保本付息，实质上就是吸储，这是国家所严格管制的领域。

（二）社会性

社会性的含义是指向社会公众即社会不特定对象吸收资金。特定性主要包括以下情形：向亲属、朋友、单位内部人员等特定关系之外的社会公众吸收资金；向200名以下的合格投资者吸收资金。需要注意的是，人为消减不特定性并不能构成有效抗辩。实践中较常见的一些做法有吸收为会员、聘用为职工后集资、虚假的合格投资者等。这些做法在刑法层面上是无意义的，最重要的是把握住一个要点——刑法是看实质的，民事上表面的合同等是不能构成有效的刑事抗辩的。比如，某公司发起金额为1000余万元的众筹项目，为了达到集资目的，公司先将40家单位和个人投资者招募成为会员，然后要求每位会员投资30万元。有人认为，向会员集资等同于单位内部正常集资活动，集资对象不具有不特定性，因此不构成非吸。但实际上，这种手法并不能改变实际上是向不特定公众募集资金的实质。因为，同事、亲属等特定关系，应当是非法集资前已经自然存在的。为了集资而人为地构建这种特定关系，并没有作用。

（三）利诱性

司法解释对利诱性的规定是承诺在一定期限内以货币实物、股权等方式还本付息或者给付回报。最重要、最核心的是还本付息，这是非法集资两个主要核心之一(另一个核心就是集资对象是社会公众)。利诱性的表现形式主要有:股权、债务抵销、劳务费、工资、奖金、销售提成、利润、分红等。

利诱性有两个要素:一是从投资方来说,出资者是为了获取资金增值收益,而不是消费;二是投资的被动性,投资者无须后续努力即可获得投资收益。以此标准可以区分非法集资与其他违法犯罪的界限,比如消费卡事件是非法集资、欺诈或其他犯罪?可以得出,消费卡事件中交款人是为了获得打折的消费,而不是为了资产增值,故不涉及非法集资问题。

利诱性需要注意的问题,一方面注意是否存在利诱,要看实质,而不看形式。另一方面是回报的高低是否明确具体回报率对是否成立利诱性并无影响。对于非吸的成立而言,应当是承诺确定回报;不承诺确定回报,投资者确实自担风险的,不构成非吸,但可能构成其他罪名如擅自发行股票、债券等。比如,某P2P平台理财产品的风险条款约定,当借款人短期或者长期丧失还款能力(包括但不限于借款人收入情况、财产状况发生变化、人身出现意外、发生疾病、死亡等情况),或者借款人的还款意愿发生变化时,甲方的出借资金可能无法按时回收。乙方提供债权转让平台及风险备用金,服务于甲方出借本金及应得利息的回收。实践中存在很多表面上约定风险自担,但从实际运行来看是提供了保底的现象。对此,要综合实际情况进行分析,从实质上去分析。

(四)公开性

公开性的含义,是指向社会公开宣传资金需求、回报等信息,或者明知吸收资金的信息向社会公众扩散而予以放任等情形。宣传的形式有有形的和无形的,有形的主要是通过媒体、推介会、传单、手机短信等途径散布集资信息;无形的主要是口口相传。公开性需要注意的问题是,宣传内容的真实与否、宣传形式对于非法吸收公众存款罪的构成并无影响。

三、互联网金融的刑法边界

互联网金融的主要模式有P2P、股权型众筹、互联网金融理财等,互联网金融在产业金融政策的鼓励得到了迅速发展。

(一)P2P

现阶段P2P频频爆雷、构成非法集资的原因主要是我国的P2P发生了变异,很多平台的模式符合了上述非法集资的四个要件。P2P发源于英美,是指个体与个体之间通过互联网平台直接进行的资金借贷活动,是一种促成借贷双方直接达成交易的中介平台。P2P 在我国从四个方面产生了变异:一是从角色上,P2P 在我国从一种中介平台演变成了加入借贷一方,自建资金池,向外放贷。二是从用途上,国外的 P2P 借款主要用于小额消费,而中国主要是用于生产经营,还有很多用于高利转贷。三是从是否保本上,国外的 P2P 出借人自担风险,我国的 P2P 一般会有保本安排。四是从利润上,国外是收取手续费用获利,中国是赚取息差,即自建资金池向外贷款,牟取息差。这些变异就导致了一些 P2P 符合了上述非法集资的构成要件。

P2P 构成非法集资的几种主要情形有:借款人利用 P2P 平台非法集资,比如借用很多人的身份证件去 P2P 平台上谋求贷款;资金需求者以 P2P 为幌子,自设网络平台自融资金,然后用于经营,最常见的就是这种自建资金池获取资金后用于高利放贷。P2P 自建资金池的几种模式有,将借款需求设计成理财产品出售给出资方;直接销售理财产品吸纳资金,再物色借款人;虚构或扩大借款标的归集资金,再通过小贷公司放款。

(二)众筹

众筹就是为创办企业、开展某项活动而通过互联网平台向社会公众筹集资金。股权众筹构成非法集资的情形有:一是虚构众筹项目骗取资金的,构成集资诈骗;二是因集资对象的范围、人数和回报方式违法而构成非法吸收公众存款。比如,某公司通过互联网等方式宣传,与快钱合作,以国内若干城市在建或将建的物业(城市广场)为依托募集资金,投资起点 1000 元,可获得上述物业的原始股,每年有来自净物业收入,年化相当于 6%。3 年后如上市则可获 14% 的收益。如第 7 年未上市,则以 1.5 倍回购,年化达 6%,综合年化可达 12%。同时,项目成立 3 个月后投资者可选择流通变现。从非法集资的角度去分析,吸收资金的对象是网民,起点 1000 元;集资中承诺,获得原始股且每年可获物业收益(年化 6%),3 年后如上市年化 14% 的收益率,如第 7 年未上市则以 1.5 倍回购,年化 6%,综合年化 12%。募集手法是通过网络销售。由此可见本案例中的集资模式是存在构成非法集资的可能性的。

四、私募基金的刑法边界

(一)非法性的认定

司法机关对非法性要件的认定,一是未经注册、登记备案的机构或个人不能进行资金的募集;二是其他违法情形,如未披露信息等。比如,上海法院判处的上海天蔓投资公司非吸案，该公司以私募基金名义对外募集资金，但并未备案登记，法院判决，私募基金应当备案登记，本案所涉基金并未备案登记，也未披露资金真正去向，符合非吸的非法性特征，并不属于正当的合法的私募行为。

即便基金管理人注册、登记、基金备案，如符合其他三要件，也可构成非法集资。比如，吴某非法吸收公众存款案，以已经登记备案为辩护理由，坚持无罪，最后即被重判。

（二）社会性的认定

私募基金对募集对象的规定为200人以下的合格投资者。实践中一些规避合格投资者规定的做法有，协助客户办理虚假资产证明（北京法院判决的吕某非吸案）；明知投资者提供虚假资产证明仍接受；成立多家企业以绕开法律关于人数的限制如合伙企业的人数限制（天蔓案）。比如，北京朝阳区法院判处的吕某非吸案：吕控制的中金赛富公司系中基协登记的私募基金管理人，为顺利吸收资金，该公司协助客户办理虚假资产证明，从而在表面上达到了金融资产不低于300万元或者最近3年个人年平均收入不低于50万元的要求。再如，天蔓公司实控人朱琦等人为了规避合伙制基金的人数限制，成立“正闵”“闵基”“正利”三家合伙企业，从表面上看，天蔓公司销售的私募基金只有“正闵”“闵基”“正利”三家机构投资者，该三家机构投资者也都符合净资产不低于1000万元的规定。但实际上，天蔓公司又在社会上销售“正闵”“闵基”“正利”三家公司的股权份额基金，对外吸收了多达数百人的资金，从而远远突破了50人的人数限制。天蔓公司就构成了非法吸收公众存款罪的前提。

（三）利诱性的认定

实践中的一些规避手法有，合同中约定自担风险，签署风险告知书；宣传时强调各种收益预测、宣传业绩；份额回购。

约定自担风险、签署风险告知书的情况主要是在合同中约定风险自担，但实际上是保本付息的，这种情况在司法实践中应如何认定？举个例子来看，吴某非法吸收公众存款案中基金募集方出具给投资者的风险提示条款：基金管理人承诺管理资金将恪尽职守，履行诚实、信用、谨慎、有效管理的义务，但在财产管理运用和处分过程中，仍存在政策、投资等相关风险。您的投资存在盈利的可能，也存在损失的风险。投资人在本认购风险申明书上签字，即表明已认真阅读本案证据材料反映实际上存在利诱。但根据本案被害人陈述：吴某公司销售人员向投资者承诺有固定高额回报；如出现风险由私募基金公司，保证投资者没有任何损失；投资项目方抵押物充足，在出现兑付危机时，抵押物足以覆盖投资者损失。相关财务记录、凭证证实，基金公司确定按约定回报定期还本付息。并理解所有的基金文件，并愿意依法承担相应的风险。根据上述证据司法机关可以得出，签订的合同和风险揭示书是虚假的，应按照实质进行判断。

份额回购指在满足一定条件的情况下，由基金管理人、劣后级的份额投资者以约定价格回购优先级投资者的份额等。比如，方诺公司向赵某某等投资人出具风险声明书，明确投资风险自担，不承诺保本保收益。但此后，双方签订的入伙协议中又约定，如合伙企业不能如期获得预期收益，由普通合伙人以不低于投资金额和预期收益总额，回购有限合伙人的合伙份额。法院判决，由于上述份额回购的安排，双方实质上属于借贷关系。目前，尚未有因为份额回购的安排而被认定为非法吸收公众存款罪的案件，但是份额回购的安排会被法院穿透表面的法律关系而认定为实质上的借贷关系。如被认定为借贷关系，又与不特定的社会公众产生了借贷关系，则有可能会被认定为非法集资。

司法机关的认定利诱性原则是合同中是否约定自担风险、有无签署风险告知书并不影响利诱性的认定，关键在于看宣传、推介过程中有是否实际承诺保本，包括明示、暗示。

（四）公开性的认定

实践中的一些规避手法有，变相宣传：发布排行榜，正文省略单位名称，但在评论中提示读者如需阅读具体数据，可点击文章底部的“阅读原文”；假路演：虽然在封闭环境，但对象并非前述已经完成问卷调查及风险甄别的投资者；“虚假的一对一推介”：通过网络、手机推送通知的手段向不特定对象推送，表面上是一对一，但实际上由于手中未经选择，不具有特定性，故仍属变相公开宣传。

五、ICO 的刑法边界

ICO 的含义是区块链项目首次发公开募集虚拟货币资产；区块链的核心要素是加密、点对点自动传输、去中心化。

ICO 的刑法边界：一是具有非法集资的可能性：如承诺保底付息即可构成，显然是一种面向公众进行宣传、未经批准吸收资金的行为；ICO 是一种虚拟货币，这种虚拟货币可以换取法定货币，这种以币换币仍属获取资金，美国证监会也是持有此种观点，因此 ICO 承诺保底付息的可能会构成非法集资；ICO 如果在国外对境内发行，吸收境内居民资金，其犯罪地仍视为在中国境内，可以对其进行追诉。二是具有构成传销可能性：如将虚拟货币作为道具商品，收取入门费，按照直接或间接发展人员作为计酬或返利的依据等，则有可能会被认定为传销。

融资的刑法边界是个比较复杂的问题，还可能会涉及其他一些罪名，如擅自发行股票、变相发行股票、非法经营等。

尽职调查

股权并购法律尽职调查的边界、格局和责任

杜建敏

无论是对于私募基金管理人还是从事私募基金法律服务的律师，尽职调查都是一个重要的业务内容和基本功。随着上海“四朵小金花”的炸掉，以及近期北京中院对欣泰电气案中介责任的认定，大家对于尽职调查可能有了新的思考。笔者的思考主要围绕股权并购法律尽职调查的差异、格局和边界三部分。

一、股权并购法律尽职调查与其他尽职调查的差异性

我们来梳理下尽职调查的内在逻辑关系，看看股权并购法律尽职调查与其他尽职调查的差异性。按照调查内容，尽职调查一般包括法律、财务、商业、技术等，会计师、律师、商业团队、技术团队各负其责。法律尽职调查只是其中的一部分，法律尽调在实务中又分为投资型尽调和上市型尽调，两者的内容、目的、方式和手段不完全一样，特别是在是否“促进交易”这一点上。投资型尽调又分为控股型尽调和参股型尽调，两者表面上看没有区别，但做得多了，就会发现两者还是有很大不同，对此理解的深刻程度直接影响着调查工作成果的实用性。本文重点分析控股型法律尽调或者说股权并购法律尽调。股权并购法律尽调与其他尽调特别是参股型法律尽调的差异，主要体现在三个方面。

第一，股权并购法律尽调的重点是调查清楚与“控制权转移”相关的因素——那些符合、维持或提高与业绩相关的法律状态和经营条件，“符合”是指标的的现状与交易双方的理解基本一致，决定企业现有业绩的客观真实性，表面价值和实际价值是否相符，看的是过去；“维持或提高”是指标的的现状足以支持未来的发展预期，业绩持续稳定或有增长，看的是现在和未来。我们的调查就是要搞清楚哪些因素和条件在标的公司业绩支撑上起到了关键作用，没有这些东西，或者这些条件虚假、未来丧失都会影响交易目的的实现程度。这些控制性条件或因素是什么呢？包

括:(1)权力:决策权/领导权/影响力,要注意"台前",更要注意"幕后";(2)人事:核心和骨干人员,要防止新的控制人进来导致原有人事发生实质性变动,保证与持续盈利密切相关的人事稳定。谷歌并购哲学里,有一种并购叫猎聘式并购,就是为了要这些人,其他不要;(3)硬件:房屋、土地、设备、知识产权及其他核心资产,其中容易出问题的是土地和知识产权;(4)软件:业务(供应商、客户、渠道)、技术和市场。

第二,股权并购法律尽调中还有一个基本立场问题,应站在委托方角度,服务委托方,但服务委托方不意味着迁就、附和委托方,我们要注意交易当事人可能存在的不当动机,别被"耍"了。对如何"服务委托方",笔者的理解是在法律允许范围内尽可能促进交易,在这里笔者要特别强调下并购交易合同里的投资人保障条款,一定要有,不能因为要促进交易就放弃或者实质性让步,比如为了抢项目,不要"业绩",不要"回购",甚至不要"违约责任"或者约定"似镜中花水中月的违约责任",什么保障条款都没有或者起不到实际约束效果,那样风险非常大。"买的没有卖的精"在股权并购交易中同样适用。

第三,在涉及上市公司的并购中,要注意证监会等监管机构的规则,做到程序合规、信披充分、勤勉尽责。这个勤勉尽责的边界是个问题,既有广度要求又有深度要求。最近北京市第一中级人民法院在欣泰电气案判决书中认为,对"勤勉尽责"可以从两个层面予以审查:(1)相关虚假记载涉及的内容是否属于尽职调查过程中应予查验的事项;(2)能否提供证据证明其针对相关事项进行了审慎查验。这在逻辑上没有问题,但问题恰恰是这个大前提——调查的范围和边界如何界定。比如应收账款是个法律问题还是财务问题呢?出了问题,是律师的责任还是会计师的责任,还是都有?审理欣泰电气案的法官认为,"公司的财务状况无疑是律师事务所在进行尽调过程中必须包含的内容,而且应当作为查验的重点事项"。有人分析说,这种认定模糊了法律尽调和财务尽调,打破了既有中介分工格局。

二、股权并购法律尽职调查活动中的格局

什么是股权并购法律尽职调查活动中的格局?格局就是对人和事的顶层把握。第一,"人的格局":我们要处理好交易方、中介方和监管方的关系。对于交易方,我们要在做好本职工作的同时,弄清楚交易方的动机和意图,谨防被"卖方欺骗、买方利用",上市公司和被收购方串通,把中介"坑"了的案例不少,甚至有律师、会计师、券商主动或放任的参与其中;对于中介方内部,我们要在委托人统一协调

下完成整个调查工作，但未来要重新理解过去“相互依赖、平行分工”的配合方式，律师引用会计师的调查报告或者审计报告，是否可以免责？法律调查报告前言部分的免责条款有没有用？如何自我保护？实务中，中介机构对同一个问题分歧的情况也不少见。对于监管方，我们要理解“重点监管”“运动监管”“长效监管”的现实，“深度追责、以儆效尤”，在未来可能是个常态和趋势。第二，“事的格局”：我们从目的、原则、方法和效果四方面分析。并购法律尽职调查的目的是发现问题、解决问题、促成交易/保持中立，促成交易/保持中立有没有矛盾？笔者认为没有，是在保持业务判断中立基础上，在法律范围内积极寻找促成交易的方案和手段；调查原则是指对于调查中核心和敏感问题，发现后要与委托方高层沟通后再出文，严格保密无人情；调查方法上仁者见仁智者见智，笔者认为要把握穷尽、适度、免责这几点，比较实用的方法是“走出去、混进来”——与交易对手“一顿饭、三杯酒、半日游、留痕迹”；调查效果是指在这个尽职调查过程中，大家客观尽责，坚决不去背“黑锅”。上面这些“人的格局”和“事的格局”是需要阅历和经验的，因此尽职调查这个活绝对不是简单的活、谁都能做好的活。也许对有些人来说，尽职调查就是个埋雷和自我粉碎、晚节不保的业务。

三、股权并购法律尽职调查活动中的边界

我们从调查的范围边界和职责边界来讨论股权并购法律尽职调查的边界问题。在范围边界上，法律尽调的“广度”通常包括历史沿革、主体资格、业务资质等十多个常规调查事项，要全覆盖，要穷尽一切手段发现合理怀疑；法律尽调的“深度”包括股权权属、经营资质、核心资产、关键人事、重大债权/务等五个方面，深挖狠挖，这几方面对投资机构/管理人而言，通常也是初步调查的事项，每一项都可以构成“一票否决”事项，如果一个律师/法务在出具的调查报告里对这些重大事项轻描淡写或者东拼西凑，很难说是勤勉尽责的。对这些事项的发现和处理能力，基本上可以反映出调查团队的功底和价值。在“广度”和“深度”之外，我们还要讲究“适度”，由于在尽职调查阶段，并购双方对是否能最终交易还存在一定的不确定性，大多数交易对手有所保留也可以理解。记住“调查”不是“侦查”，中介没有“公权”。那适度与尽责如何把握？尽调全程注意留痕保证据。非诉中的调查清单就是诉讼中的证据清单，调查人要的材料、发现的问题要让交易对手提供或说明，交易对手没提供或者瑕疵提供或者虚假陈述，责任和风险就转移给交易对手了。作为中介我们无权强制要求交易对手的行为，但我们要有充分证据证明我们让交易对手做

过什么。无证据,不官司!

四、股权并购法律尽职调查活动中的责任

律师经常给当事人分析法律责任,但有没有分析自己的法律责任?律师是公民和自然人,也受治于法。尽职调查没做好,会有刑事责任、行政责任和民事责任。我国现行刑法在扰乱市场秩序罪里明确规定了提供虚假证明文件罪和出具虚假证明文件重大失实罪,前者是故意,后者是过失。这个罪名以前用过,但不多,会计师似乎多一点,但在新的监管形势下,今后就很难说是少见了。这条线决不能触碰,是红线,若触犯基本宣告律师生涯的结束。行政责任主要是证监部门、司法部门给予的,包括行政处罚、市场禁入、责令整改,这是条黄线,有人触犯了,还有可能幕后指挥继续干。民事责任,主要是委托方或者利益相关方主张的,赔偿损失为主,承担责任后,有些人从这个行业销声匿迹了,有些人还可以换个"马甲"继续干,从这个意义上说民事责任是条绿线。红、黄、绿这三条线,对于律师职业生涯分别构成不一样的影响。某些责任,我们国家在法律上的追究是没有期限的。因此,不可有侥幸心理。

就私募基金的运营和监管而言,私募基金管理人(甲方)和其委托的律师(乙方),都是一条绳上的"蚂蚱",若在投资过程中,该发现的问题没有发现甚至伙同造假,都受勤勉尽责和管理人受托义务的约束,在投资人和监管机构看来,大家都是"一伙"的,所以我们要在这个问题上认识一致。做法律尽职调查有很大的法律责任,但不意味着这不是个好业务,笔者认为包括法律在内的所有尽职调查,只要做得好就有很好的价值,主要表现在,自我价值:给客户一份优质的尽职调查报告,促成一笔交易;行业价值:给同行一个优秀的参考案例,打造一个业务标准;社会价值:给社会一个优良的专业顾问形象,维护一个群体。

以上分析主要集中在股权并购法律尽职调查的差异、格局、边界和责任方面,至于法律尽职调查的具体内容、方法和手段,笔者主笔的《深圳市律师协会公司股权并购尽职调查业务标准》里做了详细分析,《私募基金实务精要2》也进行了收录。这个问题值得进一步研究、讨论。

并购类通用法律尽职调查清单(2018 版)

杜建敏

并购活动中,法律顾问制作法律尽职调查清单是法律尽职调查具体实施的第一步,具有方向性作用。法律顾问应根据目标性原则、重要性原则、保密性原则、适度性原则以及有序的中介协调与团队运作原则等调查原则及准备情况,结合本次调查具体要求,拟定个性化的法律尽职调查清单。个性化一般体现在目标单位类型和业务资质两方面。调查清单一般分为首发清单、补充清单和备忘文件。在制作调查清单时,注意以下两个风险及关注点:

关注一:清单应秉承"全面涉及、重点突出、结构分明、事项具体、浅显易懂"之原则,将其受众定位于一般办公室文员或相应人员级别。

关注二:考虑到法律尽职调查清单的重要性,该清单应由资深/主办律师在行业研究报告基础上,结合通用调查清单制作。一般情况下不建议由 3 年工作经验以下的律师助理或实习律师直接制作并定稿。

表 1　××公司法律尽职调查清单

序号	文件明细	有	无	备注
一、基本情况				
1	公司最新的证照文件,包括:			
(1)	最新经年检的营业执照(正本和副本)			
(2)	最新工商信息登记单			
(3)	组织机构代码证(多证合一无需)			
(4)	税务登记证(国税和地税、多证合一无需)			
(5)	银行开户许可证			
(6)	银行信贷登记咨询系统贷款卡及记载明细			

续表

序号	文件明细	有	无	备注
(7)	最新企业信用报告			
(8)	最近3年企业年度报告			
(9)	最新社会保险登记证/表			
(10)	外商投资企业批准证书(适用于外资企业)			
(11)	外汇登记证(适用于外资企业)			
(12)	外债登记证(适用于外资企业)			
(13)	国有资产产权登记证(适用于国有控股/参股/全资)			
(14)	其他(根据公司类型及经营范围个性化确定)			
2	公司最新章程			
3	公司股权架构图(包含公司股东及实际控制人[1]、公司控股及参股子公司、分公司等)			
4	公司现任董事、监事及高级管理人员名单及任职兼职情况			
5	现任法定代表人身份证明			
二、历史沿革				
1	自工商行政管理部门复制的全套工商档案资料(请务必保证历次验资报告记载之股本历史沿革的延续性),加盖工商查询专用章			
2	主管部门关于同意公司设立及历次股权或投资者变更的批准文件			
3	引进投资者相关的股东协议、增资协议、股转协议(特别是涉及公司治理及股权安排)			
4	实施员工股权激励的安排文件,如股权协议、激励方案及制度等,持股平台设立及变更涉及的工商档案及信息			
5	股权代持协议/安排 ※包括通过信托、委托、代管等形式或授权第三方代为行使股权的协议或相关文件			
6	股权回购协议(包括任何形式的回购选择安排、回购承诺)			

[1] 本清单所持实际控制人是指虽不是公司的股东,但通过投资关系、协议或者其他安排,能够实际支配公司行为的人。一般而言,需要层层追溯到自然人、国有控股主体/国资管理机构。具体以中国证监会及相关交易所认定规则为准。

续表

序号	文件明细	有	无	备注
7	公司股权受到任何质押、查封、冻结或其他司法强制执行措施等权利限制/第三方权利的相关文件			
8	公司股权是否存在权属争议的情况说明			
9	公司合并、分立、改制相关文件 ※包括合并、分立、改制内部决议文件、政府审批文件、债权债务处理文件、公告文件、工商变更登记文件			
三、公司股东				
1	请提供公司法人股东最新营业执照、外商投资企业批准书(外商投资企业适用)、现行有效的公司章程及/或其他组织性文件、股权结构、最近一期的财务报告			
2	请提供公司自然人股东身份证明文件			
3	是否存在对公司债权的承诺函,若有,请提供			
4	最近一年及最新一期的经审计财务报告			
四、业务资质				
1	现实有效的资质证书及与此一致的申请材料及现状材料(如建筑业资质证书/高新技术企业证书)			
2	与公司章程所列经营范围一致的其他资质证书及行政许可文件			
五、主要资产				
1	请公司提供持有土地情况汇总表,并区分以下情形提供相关文件:			
(1)	国家授权经营:国土资源部门对授权经营及土地处置方案的批准文件			
(2)	划拨土地:国土资源管理部门的划拨文件			
(3)	国土部门出让土地:国有土地使用权出让合同、不动产权证书/国有土地使用权证、土地出让金支付收据			
(4)	从第三方(第三方已经取得国有土地使用权证)通过转让方式取得:第三方与国土局签订的国有土地出让合同、国有土地使用权转让合同、不动产权证书/国有土地使用权证、土地转让价款支付收据			
(5)	从国土部门通过租赁方式取得:国有土地租赁合同、不动产权证书/国有土地使用权证、租金支付凭证			

续表

序号	文件明细	有	无	备注
(6)	从第三方(第三方已经取得国有土地使用权证)通过租赁方式取得:国有土地使用权转让合同、不动产权证书/国有土地使用权证、土地租赁合同、租金支付凭证			
(7)	以其他方式取得的土地的证明及其相关文件			
2	请公司提供持有房产情况汇总表,并区分以下情形提供相关文件:			
(1)	已建设完成并取得产权证的物业:不动产权证书/房产证			
(2)	从第三方受让的物业:房产证。如还未取得房产证的,请提供第三方房产证、购买合同、房价支付证明、未办理产权证原因说明			
(3)	从第三方租赁的房产:第三方的房产证、租赁合同、房屋租赁登记证、租赁许可证(如有)			
(4)	出租的房产:房产证、土地证、出租合同、出租许可证(如有)、租赁登记证			
(5)	以其他方式取得的任何房产的产权证明及其相关文件			
(6)	各类无证土地及房产的形成原因、办证障碍说明			
3	请提供公司拥有的净值为【　】万元以上的重大机器设备及机动车辆清单,并提供以下文件:			
(1)	购买发票、购买合同及权属证书(若有)			
4	请提供公司拥有的知识产权清单,并提供以下文件:			
(1)	公司持有或拥有的全部专利、商标、服务标识、商号、专有技术、标志、域名、著作权清单及有关注册证书,若有正在申请或注册过程中的,请提供申请或注册材料			
(2)	公司与他方订立的有关专利(专利申请权)、商标、专有技术、域名的转让、许可协议(公司作为转让方或受让方、许可方或被许可方)及有关登记注册证明			
(3)	现存或潜在的有关公司所有或第三方所有的专利、商标、商誉、专有技术、域名或其他知识产权的争议或纠纷			
5	公司对外签署的委托资产管理/委托投资合同/信托合同			
六、重大债权债务				
1	重大债权			

续表

序号	文件明细	有	无	备注
(1)	公司作为债权人的借款合同及配套的担保合同[1](含担保登记文件)			
(2)	公司关于上述合同履行情况的说明			
2	重大债务			
(1)	公司与银行之间的借款合同及配套的担保合同(含担保登记文件)			
(2)	公司与关联方或其他公司之间的借款及担保合同(含担保登记文件)			
(3)	股东借款合同及担保合同(含担保登记文件)			
(4)	涉及外债的请提供外管局的相关批文和登记文件			
(5)	公司关于上述合同履行情况的说明			
3	其他融资合同			
(1)	与公司通过信托、收益权、资产证券化、融资租赁或其他方式融资的相关合同			
(2)	公司关于上述合同履行情况的说明			
4	或有债务			
(1)	公司为关联方或其他方提供担保的相关担保合同及相应的主合同及担保登记文件			
(2)	公司关于对外担保相关合同履行情况的说明			
5	其他重大债权债务			
(1)	书面说明有无因环境保护产生的债权债务			
(2)	书面说明有无因知识产权产生的债权债务			
(3)	书面说明有无因产品质量产生的债权债务			
(4)	书面说明有无因劳动安全产生的债权债务			
(5)	书面说明有无因人身权产生的债权债务			
(6)	书面说明有无因其他原因产生的债权债务			
特别提示:请重点说明以上法律文件是否有对本次并购/融资的限制性安排				

〔1〕 本清单所称担保合同包含抵押合同、质押合同、保证合同、担保函及其他担保文件,所称“担保登记文件”包含抵/质押登记证明、抵质押物/权利的权属证明文件。关联方指公司股东、子公司以及与公司受同一股东控制的公司。

续表

序号	文件明细	有	无	备注
6	尚未履行完毕的债权债务统计			
(1)	截至清单出具之日公司现有债务情况统计表： ※包括向银行、其他金融机构贷款、股东借款、与供应商/客户及其他方之间尚未付清的往来款、货款等；请列明债权人名称、尚未清偿完毕的债务数额、利息数额。注意是否超过诉讼时效			
(2)	公司提供的任何形式之担保情况汇总表及相关文件			
(3)	其他应收款余额前二十位明细表（包括应收时间、应收单位及数额）			
(4)	其他应付款余额前二十位明细（包括应付时间、应付单位及金额）			
七、重大合同				
1	重大业务合同			
(1)	供应端：业务上游产品或服务、设备采购、业务外包、委托管理合同等			
(2)	销售端：业务下游销售合同/经销合同/买卖合同、咨询服务合同、代理合同、合作合同、居间合同等			
2	项目建设合同 ※该等合同根据法律法规规定需招投标的，同时提供招投标相关文件（包括政府核准招标方式的文件，一般记载于项目核准或备案文件）			
(1)	工程合同			
①	总包合同			
②	分包合同			
③	设计合同			
④	监理合同			
⑤	公司关于合同履行状况的书面说明及合同款支付台账			
(2)	采购合同			
①	设备采购合同			
②	其他各项重大设施、设备及材料采购合同			
(3)	安装合同			

续表

序号	文件明细	有	无	备注
①	电梯/附体安装合同			
②	强/弱电工程安装合同			
③	其他安装合同			
(4)	与项目建设相关的其他合同(如消防、项目咨询、工程管理等)			
3	物业租赁合同			
(1)	租赁合同			
(2)	联营/合作协议			
(3)	公司关于租赁情况的明细			
(4)	租赁备案证明			
(5)	《关于涉外建设项目国家安全事项审查的合格证》(适用于涉外租赁)			
(6)	消防部门关于经营性物业租赁的审批			
4	其他重大合同			
(1)	与物业、重大机器设备相关的商业保险合同汇总表/合同文本及缴费证明文件			
(2)	与公司日常运营相关的其他重大合同			
5	关联交易特别事项			
(1)	请提供一份清单,列出在过去3年每年前十大供货商(或客户)业务合作期限,并提供相应的合同样本;并请确认是否构成关联方即何种类型的关联交易			
(2)	书面说明过去3年关联方的关联交易情况,并提供相关证明文件,如合同、内部决策文件等			
注:	以上重大合同系指合同金额超过人民币【　】万元且尚在履行期的合同,及超过合同有效期但仍未履行完毕的合同			
特别提示:请重点说明以上法律文件是否有对本次并购/融资的限制性安排				
八、税务及财政补贴				
1	公司最近3年审计报告及最新一期财务报表			
2	请公司说明公司目前适用的主要税种、税率			
3	公司任何时期所接到的所有税务部门签发的涉及公司欠税通知、欠税罚单			

续表

序号	文件明细	有	无	备注
4	税务部门或审计师出具的公司自成立以来历年的完税证明或纳税凭证			
5	公司享受税收、规费优惠或财政补贴的任何政府批准文件,包括但不限于:			
(1)	任何认定公司具备享受减免税资格的批复和批准证书			
(2)	任何政府部门同意对公司提供“先征后返”、财政补贴等待遇的批准文件、通知等			
6	有关公司及其主要子公司相互之间及其与关联公司有关税务安排的任何协议、文件或证明,包括但不限于提供税务担保或代为承担纳税义务等方面的任何文件			
7	公司历年分红情况(分配方案、股东会决议等)			
九、环境保护、产品质量与技术标准				
1	现时有效的排污许可证或申请/续期材料			
2	最近3年排污费缴纳凭证及环保设施实际行说明			
3	已收到或极有可能收到的环保罚款通知,或监管部门要求公司说明某种情况的通知等			
4	现时有效的产品或服务名录/质量管理标准及实际执行情况说明、各级政府抽查或曝光或被央视/地方卫视3·15晚会公开揭露情况说明			
十、公司治理				
1	公司现行组织结构图及实际运行情况说明			
2	成立至今全部公司章程及修订案			
3	最近3年全部股东会决议、会议纪要			
4	最近3年全部董事会/执行董事决议、会议纪要			
5	最近3年全部监事会/监事决议、会议纪要			
6	现时有效的股东会议事规则(如有)			
7	现时有效的董事会/执行董事议事规则(如有)			
8	现时有效的监事会/监事议事规则(如有)			
9	现任董事、监事及高级管理人员名单及简历			
10	现时有效的各项内部规章制度目录清单及重要制度全文			

续表

序号	文件明细	有	无	备注
特别提示:请重点说明以上法律文件是否有对本次并购/融资的限制性安排				
十一、劳动和社会保障人事(员工、福利及社保)				
1	公司现时用工模式说明(合同工、派遣工、劳务工等各类人员数量及构成比例)			
2	现时有效的职工花名册、最近一年的工资台账和核心技术人员及高管人员名单			
3	公司使用的标准劳动合同及劳务合同(返聘员工及外籍员工)文本,并说明是否与所有员工签署劳动合同(签订率),所签署合同是否均使用标准合同文本			
4	公司使用的劳务派遣协议及劳务派遣岗位说明,并说明劳务派遣公司是否满足资质许可要求,是否与所有派遣员工签署劳动合同,所签署合同是否均使用标准合同文本			
5	与公司的员工激励机制(包括股权激励等)、"五险一金"、企业年金、退休福利计划或退休安排和其他雇员福利计划或相关的政策、说明、规则、合同或计划,并且提供公司任一高级管理人员、任一中层管理人员及任一基层员工近一年社会保险及住房公积金缴纳清单(加盖行政主管部门印章)			
6	请详细描述公司当前发生的一切劳动纠纷(包括但不限于劳动合同、劳动报酬、工作环境、工伤、职业病等方面的仲裁、诉讼或行政程序)			
7	保密协议/竞业限制协议范本			
十二、重大诉讼、仲裁及行政处罚、行政复议及其他法律程序				
1	任何涉及公司(含其控股股东及实际控制人)、董事、监事及高级管理人员的已经发生的、正在进行的或已有明显迹象表明可能要发生的重大诉讼、仲裁或者行政处罚、行政复议情况和文件,包括但不限于:			
(1)	起诉状、答辩状、申请书、通知书等			
(2)	判决书、裁定书、调解书、和解协议、处罚书、调查函、决定书等			
(3)	现时最新进展说明			
2	任何涉及公司财产或其股东财产(包括但不限于其在公司及其主要子公司之股权上)的行政机关、司法机关的查封、冻结及其他强制执行的措施或程序			

从财务报告看 PRE – IPO 股权投资法律尽调关注要点(上篇)

任懿扬

作为一名非财务专业的人员,笔者在对公司有意向的投资项目开展法律尽调前,也习惯于花一些时间去阅读目标企业过往年度的审计报告或未经审计的财务报表,财务报表作为一种最简练的商业语言,背后往往蕴含着丰富的内容和故事,在开展法律尽调前或在法律尽调过程中,尽调人员通过阅读、思考财务报表,不仅可快速有效获取目标企业与法律尽调相关的重要信息线索,还可将所获取的相关信息与现场访谈、尽调核查中所掌握的情况相互印证,从而得到更真实可靠的信息。

财务报表是对目标企业财务状况、经营成果和现金流量的结构性表述。一份完整的财务报表主要包括资产负债表、利润表、现金流量表、所有者权益变动表及附注,笔者拟根据财务报表披露的先后顺序列举一些常见的项目,分析如何从中挖掘法律尽调的信息。

一、资产负债表

(一)应收账款

应收账款科目属于在进行财务和法律尽调中均应充分关注和专门查验的事项。若发现目标企业资产负债表上的应收账款科目金额很大或与前一年度同比增幅较大,法律尽调人员首先需要留意财务报表附注中是否披露前五/十大应收账款(以下简称"重大应收账款")的具体明细(如欠款单位名称、欠款金额、账龄等),并在后续法律尽调中有意识地关注、核查以下事项:

1. 重大应收账款对应的交易合同中约定的主要商业条款,目标企业是否已履行完毕该等交易合同项下主要义务,并判断重大应收账款形成与存续之真实性与合法性。

2. 重大应收账款之欠款单位的主体资格（工商信息、是否为目标企业关联方）、经营情况、舆情情况，结合对目标企业管理层以及该等欠款单位的访谈，判断该等欠款单位的履约能力与资信情况，关注重大应收账款回收风险。

3. 重大应收账款上是否已设置质权或其他权利负担、限制。

4. 目标企业与重大应收账款欠款单位之间过往涉及的或目前正在进行的相关诉讼、仲裁情况（对于坏账准备计提比例比较大的应收账款更应警惕并关注相关诉讼情况）。

（二）其他应收款

其他应收款是一个非常神奇的会计科目——传说中的财报“1 号垃圾篓”。所有与公司主营业务无关的应收款项，都可能被丢进这个垃圾篓。通常而言，一个优秀企业的其他应收款金额比较小，因此在开展尽调工作之前，若发现目标企业其他应收款金额巨大，基本上可以抱着目标企业经营不甚规范的初步印象去审视目标企业。

其他应收款的产生原因比较多，最常见的是关联方资金占用，也可能是为隐藏利润以达到偷逃税款之目的，也有可能是为了隐藏短期投资、截留投资收益等。总体而言，大多数其他应收款背后都隐藏着合规问题和税务风险，对于法律尽调人员来说，即使目标企业财务报表上所列的其他应收款金额不大，也要留心，不可轻易放过。

对于其他应收款，笔者认为：

1. 法律尽调人员需要与参与尽调的财务人员或外部会计师进行深入的沟通，了解其他应收款的具体内容、性质及产生原因。

2. 在 1 的基础上专业判断大额其他应收款背后存在的具体合规及/或税务风险，对目标企业未来 IPO 之路是否构成重大不利障碍。

3. 若经核查后发现导致目标企业出现其他应收款的原因是“其他方资金占用”，需要在后续法律尽调中核查并判断：该等资金拆借的法律效力；资金占用的必要性及合理性；是否构成关联交易；资金占用方是否就其占用目标企业资金支付合理公允的利息；资金占用是否在目标企业履行必要的内部决策程序；资金占用事宜的清理难度及预计清理时间；目标企业内控制度是否完善并得到有效执行。

（三）长期股权投资

资产负债表中所列之长期股权投资，是指目标企业对外进行的对于被投资企业可实施控制、共同控制或具有重大影响的投资，长期股权投资的被投资企业可以分为三种类型：子公司（全资/控股子公司）、合营企业及联营企业。

从会计处理来看，子公司会被纳入母公司合并报表，合营企业、联营企业则不会，对于目标企业合并范围内的子公司名单，我们可以在财务报表附注中查找到。由于将一个亏损的公司从财务报表中剥离或将一个业绩良好的公司纳入合并报表，均会大大提升目标企业的业绩，因此，尽调人员需要关注目标企业对子公司的持股比例，若发现目标企业将持股比例低于50%的被投资企业纳入合并报表的，需要从股东会、董事会表决机制、董事与高管提名等角度去分析、判断此种作法是否具有合理依据。

就纳入目标企业合并报表范围的子公司，笔者建议：

1. 原则上要以与目标企业同等严格的标准对全部的子公司进行调查，调查的范围包括但不限于：子公司的主营业务及持有资质情况、历史沿革、关联交易情况、合规经营情况等。

2. 在满足1的基础上，基于各家子公司对母公司的利润贡献程度的不同，需要根据子公司对目标企业经营活动和盈利能力的影响大小去确定哪些子公司为重点调查对象。

3. 就控股子公司而言，不仅需要重点了解持有该等子公司的其他股东身份背景[1]；还需要关注目标企业能否真正控制那些对目标企业业绩贡献较大的控股子公司的生产经营、目标企业未独家投资设立该等子公司或未全资收购该等公司的原因以及目标企业对于少数股东权益的收购计划。

由于联营企业、合营企业不纳入目标企业合并报表范围，除非该笔长期股权投资所带来的投资收益占目标企业利润的比例较大，否则一般不会对其做详细的调查，但同样需要关注的是联营企业、合营企业中除目标企业外的其他股东之身份背景（如是否为目标企业控股股东、实际控制人或董事、监事、高管或其近亲属）。

（四）固定资产

资产负债表所列之固定资产按照其类别，分为房屋及建筑物、机器设备、电子设备、运输设备等。法律尽调人员通过审阅财务报表附注中所披露的固定资产信息（通常包含固定资产类型、折旧期限及具体明细，笔者看过的部分财务报告在附注中还会披露公司未获得产权证明的固定资产明细），可以在开展法律尽调前快速

---

〔1〕 按照现行IPO审核实践，对于其他股东为目标企业控股股东、实际控制人或目标董监高或其近亲属的，通常需要进行清理方可申报IPO。

地对目标企业拥有的固定资产规模、类别有一个大概的认知。

如在审阅财务报表附注时发现目标企业拥有自有房产，在后续法律尽调中需要关注：该等房产的实际用途与规划用途是否一致；该等房产所附的土地使用权的性质；该等房产是否已获得房产权属证书（尚未获得权属证书的，是否存在办理障碍）；该等房产上是否设置了抵押或存在其他权利负担或限制。

如在审阅财务报表附注时发现目标企业不拥有自有房产，在后续法律尽调中需要关注：目标企业之生产经营场所及/或办公场所及/或员工宿舍等物业是否从外部租赁；出租方与目标企业是否存在关联关系（如是，进一步核查关联交易的必要性、程序合规性及价格公允性）；以及租赁事宜是否办理备案登记手续。[1]

（五）在建工程

在建工程是指公司进行基建工程、安装工程、基础改造工程、大修理工程等发生的实际支出。在建工程中的生产性/项目性工程（如建设生产线、车间、厂房），一定程度上代表了公司未来产能的提升空间。法律尽调人员通过审阅财务报表附注中所披露的在建工程信息（通常包含在建工程类型、金额及具体明细），从法律尽调角度，就在建工程科目，笔者建议法律尽调人员深入了解并关注以下事项：

1. 了解在建工程的性质与内容。

2. 了解在建工程所附的土地使用权性质，是否持有产权权属证书。

3. 在建工程建设是否办理包括发改委立项、环评手续等在内的各项政府审批或备案手续。

4. 在建工程是否取得建设用地规划许可证、建设工程规划许可证、建设工程施工许可证。

5. 目标企业是否存在拖欠工程款并导致在建工程上设置抵押权或存在被法院查封等权利限制情况。

6. 在建工程之最近建设进度，是否办理竣工验收备案、环评验收、消防验收等以及是否在未提出试生产运行申请的情况下违规投入使用。

（六）无形资产

资产负债表所列之无形资产按照其类别，分为专利权、商标权、著作权、土地使用权、特许权、非专利技术等。法律尽调人员在开展法律尽调前，通过审阅财务报表附注中所披露的无形资产信息（通常会披露无形资产的类别、摊销期限及具体明

---

〔1〕 目标企业核心生产经营场所从关联方租赁，目标企业资产独立性与完整性存在重大瑕疵。

细),可以在短时间内对于目标企业拥有的无形资产类别有一个大概的认知。

在审阅财务报表附注时,如发现目标企业拥有专利权、商标权、著作权等知识产权,在后续法律尽调中需要了解:目标企业核心商标、专利等知识产权有哪些;该等核心知识产权来源是否合规,权属是否清晰无瑕疵;该等核心知识产权上是否已设置质押或其他权利负担、限制。

在审阅财务报表附注时,如发现目标企业拥有土地使用权,在后续法律尽调中需要了解:该等土地使用权的权属是否清晰,用途、性质及流转是否合法合规;该等土地使用权上是否已设置抵押或存在其他权利负担、限制。

在审阅财务报表附注时,如发现目标企业拥有特许权,需要了解该等特许权的性质,如为该等特许权属于商业特许经营,那么,一个老练的法律尽调人员会敏感地意识到目标企业采取了加盟连锁的商业模式〔1〕,对于商业加盟模式,需要在后续法律尽调中关注并核查目标企业是否按照商业特许经营的相关规定开展经营活动,查验目标企业商业特许经营权的备案信息及特许经营协议、特许经营管理制度等文本,并进一步判断目标企业开展商业特许经营是否符合《商业特许经营管理条例》、《商业特许经营备案管理办法(2011 年修订)》及《商业特许经营信息披露管理办法(2012 年修订)》等相关法律法规规定。另外,还需核查加盟商是否满足相关法律法规和行业规范要求的具体资质,加盟商是否在目标企业持有股权及是否为目标企业的关联方。

(七)商誉

商誉为公司合并财务报表上的特有科目,在非同一控制下的企业合并中,并购方于购买日支付的合并成本大于被并购方可辨认净资产公允价值的,差额部分即为商誉。需要特别留意目标企业合并资产负债表上的商誉金额,如果你看到合并财务报表中的商誉不为零,就说明目标企业进行过至少一次的非同一控制下的收购事宜,这就提醒法律尽调人员有意识地去深入了解并关注以下事项:

1. 目标企业进行非同一控制下收购的背景、具体情况(关注是否为了上市而拼凑业绩,收购价格是否公允合理)。

2. 前述收购的业务与目标企业重组前的业务是否具有高度相关性(如同一行业、类似技术产品、上下游产业链等)。

---

〔1〕 在加盟模式中,加盟商往往需向作为品牌授权方的公司支付固定的加盟费,品牌授权方在收到加盟费后通常先放入“预收账款”中,待确认加盟费收入时计入“其他业务收入”,在审阅财务报表时,可在财务报表附注中查找前述两个会计科目的明细,辅助判断目标企业是否采取加盟模式。

3. 在2的基础上，进一步了解被合并方的资产总额、资产净额、营业收入或利润总额等占目标企业重组收购前的相关项目的比例有多大，并判断前述收购是否会导致目标企业主营业务发生过重大变更。[1]

4. 前述非同一控制下的合并是否导致目标企业实际控制人/董事/高管发生过重大变更。

5. 非同一控制下收购的运行时间与目标企业申报IPO的时间计划是否构成冲突，导致目标企业IPO申报计划推迟。[2]

6. 前述非同一控制下合并完成后，目标企业对于被并购方的控制力与被并购方的实际生产运营情况如何，是否存在计提商誉减值导致目标企业的业绩出现大幅下滑的风险。

7. 很重要的一点，若发现目标企业商誉与无形资产金额较大，需要简要测算目标企业最近一期末无形资产（扣除土地使用权、水面养殖权和采矿权等）与商誉合计的总额占净资产的比例是否超过20%，若高于20%，且未能在目标企业申请上市前予以有效调整，导致目标企业上市报告期最近一期末的前述比例依旧高于20%，则很可能对目标企业在主板或中小板申请IPO构成实质性障碍。[3]

（八）短期借款/长期借款

资产负债表所列的短期借款、长期借款与利润表中的财务费用以及现金流量表中的筹资活动产生的现金流量净额密切相关。法律尽调人员可根据资产负债表上短期借款、长期借款的年初数与年末数、现金流量表中的筹资活动现金流流入与流出情况以及目标企业发生的财务费用大致测算出报告期内目标企业归还的借款

---

〔1〕 按照现行IPO审核标准，如下两种情况会被视为主营业务发生重大变更：（1）对于重组新增业务与发行人重组前业务具有高度相关性的，被重组方重组前一个会计年度末的资产总额、资产净额或前一个会计年度的营业收入或利润总额，达到或超过重组前发行人相应项目的100%；（2）对于重组新增业务与发行人重组前业务不具有高度相关性的，被重组方重组前一个会计年度末的资产总额、资产净额或前一个会计年度的营业收入或利润总额，达到或超过重组前发行人相应项目的50%。

〔2〕 按照现行IPO审核标准，即使重组新增业务与发行人重组前业务具有高度相关性的，被重组方重组前一个会计年度末的资产总额、资产净额或前一个会计年度的营业收入或利润总额达到或超过重组前发行人相应项目50%但不超过100%的，目标企业需要在重组后运行满12个月后方可申请IPO。

〔3〕《首次公开发行股票并上市管理办法》（以下简称《办法》）规定的发行人上市之必要条件之一为："最近一期末无形资产（扣除土地使用权、水面养殖权和采矿权等后）占净资产的比例不高于20%。"办法并未明确此处所述之无形资产是否包含商誉在内，从今年证监会的窗口指导及发审委在部分IPO申请案例的反馈意见及审核实践来看（如悉地工程设计反馈、迈瑞生物终止审查等），证监会发审委目前倾向于将商誉计入无形资产的口径。此外，提醒注意的是，"商誉+无形资产"占净资产的比例只可能对目标企业申请于主板或中小板IPO构成不利影响，对于在创业板的IPO申请不会有影响。

金额及新借入的借款金额,并与目标企业提供的公司借款信息相互印证。

对目标企业的借款进行核查,建议主要了解和关注:

1. 报告期内目标企业归还的借款金额以及新借入的借款金额,并与筹资活动现金流相互印证。

2. 对于新借的借款,需要了解该等借款对应的担保方式及担保主体,担保主体与目标企业不存在关联关系的,需要进一步了解发生此种担保的原因、目标企业是否支付合理对价、目标企业或其实际控制人是否参与“互保”模式。

从财务报告看 PRE－IPO 股权投资法律尽调之关注要点（中篇）

任懿扬

在《从财务报告看 PRE－IPO 股权投资法律尽调关注要点（上篇）》一文中，笔者从财务报告资产负债表的应收账款、其他应收款、长期股权投资、固定资产、在建工程、无形资产、商誉、短期/长期借款科目中挖掘法律尽调的信息，本文将继续从资产负债表与利润表所列的会计科目对这个问题进行探讨，以供各位读者参考。

一、资产负债表

（九）应付账款

应付账款亦属于财务和法律尽调中需重点关注并专项查验的会计科目。应付账款金额大，往往体现目标企业在相关产业链中具有比较强的话语权和竞争力，上游供应商在向它供货时愿意给予它一定的账期（可理解为供应商向目标企业提供无息借款，用通俗的话说，目标企业在对其供应商“打白条”）。因此，理论上应付账款越多，证明目标企业对其上游的议价能力越强。

但在对目标企业进行初判后，如发现目标企业在产业链中的地位与话语权不高，应付账款金额却明显大于同行业上市公司或与过去年度相比增幅较大（与主营业务成本的增幅不相匹配），说明目标企业的资金流动性可能处于紧张状态，以致无法按期足额地偿付所欠的供应商货款。

对于应付账款，尽调人员可在财务报表附注中查看前五或前十大应付账款（以下简称“重大应付账款”）的具体明细及相关信息（通常会披露重大应付账款对应的供应商名称、信用期、账龄、余额、该等供应商与目标企业之间是否存在关联关系等），并在后续法律尽调中关注并核查以下事项：

1. 重大应付账款对应的交易合同之主要商业条款，供应商是否已履行完毕上述交易合同项下主要义务；目标企业的付款义务的履行期是否已届满或即将届满；目标企业是否有能力承担付款义务以避免构成重大违约。

2. 目标企业与应付账款（尤其是长期挂账的应付账款）之债权人之间正在进行的相关诉讼、仲裁情况。

3. 与财务尽调人员沟通，了解目标企业的短期偿债能力及未来经营过程中是否存在资金链断裂的风险。

4. 目标企业的银行征信记录是否良好，是否被列入“失信被执行人”名单。

（十）应付票据

“应付票据”科目存在余额，意味着目标企业可能开具过银行承兑汇票、商业承兑汇票等商业汇票或其他类型的票据（拟上市企业常见的是开具银行承兑汇票），且尚未发生目标企业无法承兑商业承兑汇票或银行对银行承兑汇票进行承兑或贴现后发现目标企业保证金或存款不足以支付票据款项之情形。

因票据之签发、取得和转让依法须具有真实的交易关系和债权债务关系。因此，从法律尽调角度，我们需要关注目标企业是否合法合规开具票据。拟上市企业比较常见的票据违规行为主要有两种：第一，开具无真实贸易背景的票据；第二，票据诈骗、欺诈行为（不仅票据之开具缺乏真实贸易背景，票据本身也是伪造的，且存在非法占有的意图）。

对于第一种票据违规，需要关注的是：

1. 目标企业违规开具票据融资的目的及所融资金的用途。[1]

2. 目标企业违规开具银行承兑汇票的，因票据开具所产生的目标企业与相关银行之间的债权债务关系未清偿完毕的，是否存在因到期无法支付而导致银行经济利益受损的风险。

3. 目标企业涉及的票据违规的次数、累计金额多大。

4. 目标企业是否因票据违规受到有关政府部门的行政处罚，如是，目标企业是否被认定为从事重大违法违规行为。

5. 目标企业针对目标企业发生的不规范使用票据的行为是否进行整改并建立规范的内控机制以确保该等情况不再发生。

第二种票据违规，如被认定属于《票据法》第102条、《刑法》第194条规定的需要承担刑事责任的犯罪，必然会对目标企业上市计划构成实质性障碍。

---

〔1〕 从过往案例看，违规票据融资系为了缓解公司现金流紧张状况或降低财务费用，不以非法占有为目的，更容易为监管层所谅解；票据融资资金提供给关联方使用的，可能被认定为关联方资金占用。

(十一)其他应付款

与其他应收款一样,其他应付款也是一个神奇的会计科目——传说中的财报"2号垃圾篓"。所有与目标企业主营业务无关的应付款项,都可能被丢进这个垃圾篓。

对于其他应付款,法律尽调人员需要了解并关注以下事项:

1. 与财务尽调人员进行沟通,了解其他应付款的性质、具体内容以及产生原因(比较常见的有关联方往来款、保证金/质保金/押金、应付非关联方借款),同时咨询财务尽调人员是否存在目标企业隐匿收入或隐藏利润以偷逃税款的财务舞弊情形。

2. 在1的基础上判断其他应付款背后存在的具体税务风险及其他法律风险,上述风险是否对目标企业未来的上市计划构成重大障碍。

3. 若产生其他应付款的原因为"目标企业占用其他方资金",需要在后续法律尽调中核查并判断:该等资金拆借之法律效力;资金拆借与占用的必要性及合理性;是否构成关联交易;目标企业是否就其占用其他方资金支付公允合理的利息;资金占用是否在目标企业履行必要的内部决策程序;资金占用事宜的清理难度及预计清理时间;目标企业内控制度是否完善并得到有效执行。

(十二)应付债券

"应付债券"科目上有余额,说明了目标企业曾通过发行债券(实践中拟上市公司发行的多为中小企业私募债或公司债)的方式进行融资,且目标企业尚未偿付完毕该等债券项下本金及/或利息。

发行债券筹集到的资金一般是相对长期的资金,目标企业在上市前发行债券,既反映了目标企业对资金的渴求,也说明目标企业具备较强的实力及一定的经营规范性。对于应付债券,我们需要了解并关注以下事项:

1. 目标企业所发行的债券之品种、发行条件、发行期限。

2. 是否存在因该等债券本息未能按期足额进行兑付,导致目标企业出现不良征信记录的情况。

3. 债券募集资金之约定用途与实际用途是否一致,目标企业在使用该等资金时是否出现重大违约行为。

4. 债券的担保物是什么;债券担保主体的身份背景(是否为目标企业关联方/

担保行为是否构成关联交易)；担保方是否就其提供的担保行为收取合理公允的费用。[1]

此外，需提醒注意的是，目标企业发行债券，通常可以在网络公开渠道上查找到债券的发行或募集说明书、法律意见书以及债券定期报告(如季度或年度报告)中，我们可从上述文件了解到法律尽调需仔细关注和核查的重要信息，这无疑可大大提高法律尽调的效率。

(十三)预计负债

预计负债是指目标企业因提供对外担保、涉及未决诉讼或仲裁等事项而需承担的现时义务。在浏览财务报表时，如法律尽调人员发现预计负债科目有余额，可在财务报表附注中查找预计负债的具体内容，并视预计负债内容的不同分别关注、核查以下事项：

1. 预计负债之计提系因目标企业对外提供担保而发生，意味着被担保方很可能未来无法偿付所欠的债务或已存在债务违约行为，致使目标企业需要与被担保方共同承担偿付债务之连带责任。此时，法律尽调人员应深入了解目标企业对外提供担保的背景；被担保的主债权的金额；被担保方是否为目标企业关联方，担保事宜是否构成关联交易，且目标企业是否收取公允合理的费用；对外担保为目标企业带来的风险敞口多大，目标企业是否有能力承担偿付债务的连带责任；目标企业未来承担连带责任是否将对目标企业的持续盈利能力、现金流动性及上市计划带来重大不利影响。

2. 预计负债之计提系因目标企业涉及未决之诉讼、仲裁而发生，意味着目标企业在该等诉讼、仲裁中处于不利地位，且很可能败诉并承担相关的法律责任。此时，法律尽调人员应深入了解目标企业在该等诉讼、仲裁中的地位(目标企业通常为被告或被告人)；目标企业涉及该等诉讼、仲裁的原因、诉讼案件的性质(民事诉讼或者刑事诉讼，后者的话，必须十分小心)；该等相关诉讼、仲裁的具体情况(如涉及诉讼、仲裁的金额、对方当事人的诉求；涉及诉讼、仲裁标的是否为目标企业核心知识产权或其他关键资产等)；目标企业在该等诉讼、仲裁中败诉后是否有能力去承担败诉带来的不利后果，目标企业的败诉是否会给目标企业的持续盈利能力、现金流动性及上市计划造成重大不利障碍。

---

〔1〕 债券之担保主体并非目标企业关联方，且未收取担保费用或收取的担保费用明显不公允，建议了解此种安排的原因，关注是否存在关联方遗漏、隐瞒或目标企业参与“民间融资互保”等情形。

（十四）实收资本

对于实收资本，只要留意目标企业财务报表所列的实收资本是否低于注册资本即可（可在天眼查或全国企业信用信息公示系统上查询）；如低于，意味着目标企业的注册资本未得到足额缴纳，亦即目标企业存在出资不实的瑕疵情形（该情形通常发生于目标企业完成股份改制前）。此时，法律尽调人员需要关注与核查以下事项：

1. 目标企业未足额缴纳的实收资本金额及其占注册资本的比例多大。

2. 出现出资不实情形的原因是什么，出资不实的同时是否伴随着包括但不限于抽逃出资、虚假出资在内的其他出资瑕疵情形。

3. 出资不实情形是否构成重大违法违规行为。

4. 出资不实的股东是否愿意及有能力采取补救措施补足出资。

二、利润表

（一）主营业务收入

用“会计大牛”马靖昊老师的说法，主营业务收入、其他业务收入以及营业外收入之间的区别是：“主营业务收入是干正事的收入，其他业务收入是搞副业的收入，营业外收入是‘天上掉馅饼’的收入。拿琼瑶剧中的人物打个比喻吧，主营业务收入是皇后娘娘，其他业务收入是令妃娘娘，营业外收入是当年大明湖畔的夏雨荷。”

一般而言，财务报表中只会列出主营业务收入、其他业务收入（如有）的金额，而目标企业具体从事的主营业务、其他业务，需要在财务报表附注中查找，财务报表附注中会反映出目标企业从事的主营业务、其他业务；按照区域、产品、行业等进行分类的主营业务收入及成本；目标企业本年度以及上一年度的前五或前十大客户等重要信息。

从上述信息中，我们可以对以下重要问题建立起初步的概念与判断：

1. 目标企业拟于创业板上市的，是否“主要经营一种业务”。

按照IPO最新的审核精神，经营一种业务是指：（1）指同一类别或相关联、相近的业务，源于同一技术、原材料、客户/供应商，自然形成，不是人为拼凑；（2）一种业务之外有其他不相关业务的，近两年其他业务收入、利润占收入总额、利润总额不超过30%。

2. 上一年度及本年度目标企业主营业务是否发生过重大变更，如是，主营业务发生重大变更的时点预计是否会在IPO报告期内，并构成IPO重大障碍。

3. 目标企业对其第一大客户的营业收入/毛利润占目标企业营业收入/毛利润的比例多大，目标企业是否对单一客户存在重大依赖。[1]

4. 目标企业境外业务经营是否合法合规。

若发现目标企业有来自境外的收入，首先，需了解目标企业是否属于依法直接进口或者出口货物的境内法人，如是，目标企业或其子公司是否已办理出口业务必需的资质（包括不限于：填写《对外贸易经营者备案登记表》，办理《进出口货物收发货人登记证书》、进出口货物检验检疫备案登记及完成外管出口收汇之登记备案等各项手续）；其次，需要关注目标企业或其子公司境外经营业务的合法合规性，如境外业务经营是否涉及违反海关、外汇、税务等相关法律法规的行为，目标企业在境外设立子公司的，设立境外子公司时是否履行必要的审批程序及外汇登记手续，境外子公司的经营是否符合所在国当地的法律法规，是否存在因违规经营而被处罚或者被立案调查的情形。

（二）营业外收入

接下来，我们谈谈"夏雨荷"——营业外收入。营业外收入是指与目标企业生产经营无直接关系的偶发性收入。营业外收入的具体明细会在财务报告附注中披露，通常包括非流动资产处置利得、债务重组利得、与目标企业日常活动无关的政府补助[2]、盘盈利得、捐赠利得、收到的其他方支付的违约金、赔偿款等。从法律尽调角度，笔者认为，需要特别关注的是政府补助带来的营业外收入。在我国，地方政府部门为当地大企业提供政府补助的现象比比皆是，诸多上市公司在业绩下滑严重的情况下，正是依赖于政府提供的财政补助方可实现保壳目标——传说中的"业绩不够，政府补助来凑"。

法律尽调人员在浏览财务报表时，如发现营业外收入中的政府补助金额较大，需要关注与核查以下重要事项：

1. 政府补助的主要内容及政策依据。政府补助是否符合财政管理部门的有关规定，调查财政补贴的来源、归属、用途及会计处理等情况，分析目标企业对财政补贴之依赖程度和对未来经营业绩、财务状况的影响。

2. 政府补助的可持续性与稳定性。财政补贴的金额占目标企业利润总额的比

---

〔1〕 按照现行审核精神，拟上市公司来自单一大客户的主营业务收入或毛利贡献占比超50%以上的，原则上应认定为对该单一大客户存在重大依赖。

〔2〕 按照目前的企业会计准则的规定，与日常活动相关的政府补助，可能是计入其他收益，也可能是冲减成本费用，只有与日常活动无关的政府补助，才计入营业外收入。

例,是否具有可持续性与稳定性,持续盈利能力。

（三）营业外支出

营业外支出通常反映的是目标企业发生的营业利润以外的各项支出,包括但不限于:债务重组损失、公益性捐赠支出、非常损失、盘亏损失、非流动资产毁损报废损失、违约金、赔偿款、滞纳金/罚款等项目。营业外支出的具体内容在财务报告附注中可以查找到,营业外支出是一个值得法律尽调人员十分留神的会计科目,因为,这里头容易隐藏着一些比较重大的法律或合规风险。

从法律尽调的角度,笔者建议需重点关注的是营业外支出为违约金、赔偿款、滞纳金或罚款的情况。

1. 若营业外支出因对外支付违约金或赔偿款而发生,说明目标企业在商业活动中出现违约行为或对外进行赔偿的行为,我们需要进一步了解:

(1)赔偿款的性质(可能是对员工的劳动赔偿,也可能是对上游供应商或下游客户的商业赔偿,也可能是因目标企业发生重大安全生产事故所发生的赔偿,最后一种最值得留意)、赔偿对象。

(2)支付违约金或赔偿款的金额及原因。

(3)是否存在未决的或潜在的法律纠纷。

2. 若营业外支出因支付罚款而发生,需要关注:

(1)目标企业被政府部门予以罚款的原因、罚款金额、次数以及是否已缴纳罚款。

(2)目标企业是否存在被政府部门予以其他行政处罚的情形,如是,需要进一步了解该等行政处罚的类别、处罚原因、次数、做出处罚的单位、目标企业是否已经履行完毕处罚内容。

(3)目标企业的违规违法行为是否会被认定属于重大违法违规行为。

从财务报告看 PRE－IPO 股权投资法律尽调之关注要点（下篇）

任懿扬

在《从财务报告看 PRE－IPO 股权投资法律尽调关注要点（上篇）》和《从财务报告看 PRE－IPO 股权投资法律尽调关注要点（中篇）》两篇文章中，笔者从资产负债表、利润表一些常见会计科目着手分析如何从中挖掘法律尽调需要了解的重要信息，本文将继续从利润表、现金流量表、财务报表附注等内容对题述问题进行探讨，以供各位读者拍砖。

（四）销售费用

法律尽调时，对于销售费用的关注点主要是目标企业销售费用是否存在异常增加的情况。对于目标企业属于通过招投标方式获得订单的工程类企业或销售费用较大的行业，尤其是医药类行业的拟上市企业来说，如果销售费用增长较快或占营业收入的比例增长较大或账上发生的学术推广费、业务招待费、业务推广费金额较大，那么，拟上市企业销售费用的真实性与合理性及其是否涉及商业贿赂会成为 IPO 审核时的关注重点。

法律尽调人员在对属于医药类行业的目标企业进行尽调时，对于财务费用，应了解并关注：

1. 目标企业的销售费用率与同行业上市公司相比是否明显较高，目标企业销售费用的增长与营业收入的增长是否相互配比。

2. 目标企业获取客户的相关招投标等程序是否合法合规（是否存在应履行招投标程序而未履行的情形）。

3. 目标企业是否在促销和学术推广活动中给予过相关医生、医务人员、医药代表或客户回扣、账外返利、礼品或承担上述人员或其亲属境内吃喝玩乐等支出。

4. 目标企业或其董事、监事及高管是否曾因商业贿赂行为而被政府部门进行行政处罚或涉及相关刑事诉讼的情况。

5. 目标企业是否制定关于避免商业贿赂的内部控制制度。

6. 目标企业在市场推广活动中是否存在大量现金交易行为。

（五）公允价值变动损益

对于非金融类的拟上市企业而言，若其持有的交易性金融资产较大，拟上市企业有不务正业之嫌，其上市融资的必要性也会大大降低（都有钱去炒股或从事与主业无关的短期投资，说明该企业不差钱）。若拟上市企业的净利润对公允价值变动损益存在明显的依赖，一方面说明了该企业之主营业务不够突出（需提醒的是，创业板企业只能专注于一种主营业务），另一方面让人质疑目标企业的业绩依赖于市场行情，难以为管理层所控制。

（六）投资收益

根据《首次公开发行股票并上市管理办法》（以下简称《首发办法》）第 30 条之规定，“发行人最近 1 个会计年度的净利润不能主要来自合并财务报表范围以外的投资收益”。在 IPO 审核实践中，发行人最近 1 个会计年度合并报表范围外的投资收益超过当期合并报表净利润（指扣非后净利润）50% 的，通常会被认为“发行人最近 1 个会计年度的净利润主要来自合并财务报表范围以外的投资收益”。

由于目标企业合并报表范围内的投资收益与长期股权投资已相互抵销，因此，“合并报表范围以外的投资收益”指的就是目标企业合并财务报表所列的投资收益，主要指的是权益法核算的长期股权投资之投资收益。

法律尽调人员在浏览目标企业合并财务报表时，如发现该表上所列的投资收益科目金额较大，建议对投资收益占当年度合并报表净利润的比例进行测算，并基于测算的结果作如下分析判断：

1. 投资收益占当年度合并报表净利润的比例未超过 50% 或虽然超过 50%，但根据 IPO 的计划预计当年度并非 IPO 报告期内最后一个完整会计年度，则不会对上市构成实质性障碍。

2. 对投资收益占当年合并报表净利润的比例进行测算后发现已超过 50% 的（根据 IPO 计划，当年度即为 IPO 报告期内最后一个完整会计年度），此时，法律尽调人员需要重点关注：（1）目标企业减除合并财务报表所列的投资收益及其对应的对外投资，是否仍符合 IPO 发行条件要求（包括是否具有完整的产供销体系、资产完整并独立运营、是否具有持续盈利能力；目标企业扣除合并报表投资收益科目的金额后的利润是否仍满足 IPO 财务指标要求）。（2）被投资企业主营业务与目标企业是否具有高度相关性(如同一行业、类似技术产品、上下游关联产业等)。

三、现金流量表

现金流是一个企业生命体中的血液,一个正常经营的企业,在创造利润的同时,应具备创造现金收益的能力,从财务上说,经营活动现金流量表比资产负债表更能真实反映一个企业的盈利能力、资产的流动性和财务状况。

相比资产负债表、利润表而言,现金流量表似乎与法律尽调的关系没那么密切,但笔者建议法律尽调人员还是需要简要浏览现金流量表,并适当关注以下事项:

1. 关注目标企业的经营活动现金流净值为正或为负。如目标企业以往年度经营活动现金流净值持续为负数,与其实现的净利润严重背离,需要关注此种情形产生的具体原因(是目标企业所处行业的特性所致,还是目标企业为增长收入而放开信用期或目标企业对上下游的话语权减弱或其他原因造成的,都需要有一个合理解释)。不管由于何种原因,目标企业经营活动现金流净值持续为负,很可能导致目标企业被认为不具备持续盈利能力,从而大大降低其成功 IPO 的概率。

2. 拟上市企业为了在上市前让其收入、利润等财务数据更加靓丽,往往会加大投资力度,增产扩业,冲业绩规模,如该企业经营活动现金流匮乏,自身造血能力不强,那么只能去高度依赖外部的融资(股权或债权融资),由此,在财务上实现的效果是,该企业的经营活动与投资活动现金流净值均为负,而筹资活动现金流净值为正,在国家去杠杆的大背景下,这是一种不健康且高风险的经营模式(一旦外部融资渠道受阻或不畅,目标企业资金链将面临断裂的风险)。在法律尽调时,如发现目标企业属于此类企业,法律尽调人员应谨慎判断并关注下述事项:

(1)目标企业的存量债务规模(尤其是短期债务规模)。

(2)目标企业控股股东所持的目标企业股份之质押情况。如已质押,目标企业是否存在实际控制人变更进而导致 IPO 进度推迟的风险;申报 IPO 前,目标企业控股股东所持的股份质押是否有具体的解除计划。

(3)目标企业是否发生过逾期债务无法偿付的情形,目标企业及其控股股东、实际控制人的银行征信记录是否良好,目标企业或其子公司是否发生被银行抽贷的情况。

(4)目标企业持有的资产(尤其是与其生产经营相关的重要资产,如厂房、重要机器设备或核心知识产权)对外担保情况。

（5）目标企业是否参与企业互保，是否存在高利息的民间借贷等表外负债。

3. 关注筹资活动现金流中“吸收投资收到的现金”的金额。存在余额的，说明目标企业在当年度发生过增资行为，此时，需要适当关注该次增资中新进股东的身份背景（譬如新进股东与目标企业或其董监高之间是否存在关联关系、是否属于“突击入股”、是否存在股权代持或其他利益输送安排等）、投资价格及定价依据、出资的资金来源等。

4. 关注筹资活动现金流中“分配股利、利润或偿付利息所支付现金”的金额。存在余额的，说明目标企业该年度有向股东分红或对外支付利息，结合资产负债表中的年初、年末未分配利润以及本年度净利润数据（本年度已分配利润＝年初未分配利润＋本年度实现利润－年末未分配利润），我们大致可以估算出目标企业本年度分红的数据。如目标企业存在分红行为，需要关注自然人股东是否缴纳个人所得税、目标企业是否已履行代扣个人所得税之法定义务[1]、目标企业未履行前述代扣义务存在的法律风险。

四、财务报表附注

财务报表附注是财务报表的重要组成部分，是对在会计报表中列示的项目所作的进一步说明和详细解释，以及对未能在会计报表中列示项目的补充披露。财务报表附注对于法律尽调的意义，除了本文前述内容提及的会计科目注释外，法律尽调人员还可关注以下内容：

（一）目标企业基本情况

目标企业合法设立及有效存续情况、历史沿革健康状况是法律尽调的一项重要内容。法律尽调人员在取得目标企业提供的详细尽调资料前，对于目标企业的发展脉络通常不甚了解，而通过查阅财务报表附注披露的信息（财务报表附注第一部分通常会用几段话简要描述目标企业开展的业务、设立及历次变更、股改以及最新法律状态），可在较短时间内对于目标企业的历史变更情况有一个大概的了解。

（二）税种税率及税收优惠

财务报表附注中通常会披露目标企业及其子公司所适用的税种税率、享受的税收优惠，对此需要关注：

1. 税收优惠是否具备法律法规上的依据，如税收优惠来自地方性政策，此种依

---

〔1〕 根据《个人所得税法》第12条的规定，“纳税人取得利息、股息、红利所得……有扣缴义务人的，由扣缴义务人按月或者按次代扣代缴税款”。

据是否与国家层面的上位法律法规构成冲突及目标企业所享受的税收优惠是否存在被主管部门予以追缴的风险。

2. 如目标企业享受的税收优惠合法有效，需进一步关注该等税收优惠之剩余期限，上述期限届满后，目标企业可否继续享受相关税收优惠。

3. 税收优惠金额占目标企业净利润的比例，如目标企业未来无法继续享受税收优惠政策，是否仍旧符合IPO的基本财务指标或是否存在业绩大幅下滑的可能。[1]

4. 对于目标企业属于高新技术企业并享受高新技术企业优惠税率的，需要关注：

(1)目标企业是否满足高新技术企业认定的条件。具体而言，目标企业高新技术企业资格之取得时点是否符合法定条件以及目标企业在持有高新技术企业资质期间是否持续符合法定条件。

(2)目标企业高新技术企业资质是否已到期或即将到期，申请高新资质重新认定的计划及是否存在障碍。

(3) 如目标企业未来无法继续享受高新技术企业税收优惠，是否面临着业绩大幅下滑或补缴所得税的风险(高新技术企业证书到期之后复审结果之前仍按照优惠税率计提所得税存在补缴所得税的风险)。

(三)合并报表的范围

该部分内容披露了纳入目标企业合并报表范围内的子公司有哪些，该等子公司对目标企业贡献的收入和利润多大。通过阅读该部分内容，法律尽调人员可以快速了解目标企业的整体架构以及目标企业子公司在集团中的地位和作用，同时可以确定应纳入法律尽调重点的子公司名单。

(四)关联方或关联交易

了解目标企业的关联方及关联交易，评价目标企业业务、资产的独立性、业绩的真实性及可靠性，进而判断目标企业对其关联方的依赖程度是法律尽调的一项重要工作。做好该工作之前提是对目标企业的关联方与关联交易进行完整的调查，由于信息的不对称性及尽调时间的有限性，对关联方与关联交易的调查往往会耗费不少时间。

财务报表附注中通常会详细地列示目标企业的关联方及认定依据、目标企业

[1] 按照《首次公开发行股票并上市管理办法》的规定，“发行人的经营成果对税收优惠不存在严重依赖”。在IPO审核实践中，通常而言，税收优惠占报告期净利润达到20%以上，有可能被认为发行人存在重大税收依赖，进而成为发行人上市之重大障碍。

与其关联方所发生的关联交易事项、关联交易具体内容及占比，法律尽调人员在开展尽调前可以通过阅读上述内容对于目标企业的关联方、关联交易概况有所了解，做到心中有数，同时还可以将在法律尽调中已搜集、整理的关联交易信息与财务报表附注中披露的关联交易事项相互验证、校对，均能大大提高尽调的工作效率。

需提醒注意的是，第一，IPO 上市规则、证券交易所规则与企业会计准则关于关联方的界定存在一定的差异；第二，对于目标企业控股股东、实际控制人与发行人存在关联交易，且关联交易对应的收入、成本费用或利润总额占目标企业相应指标的比例较高（如达到 30%）的，应关注目标企业对关联交易是否有重大依赖、目标企业的经营独立性以及目标企业是否有减少与控股股东、实际控制人发生关联交易的措施。

（五）其他

财务报表附注中还会披露一些目标企业发生的其他重大事项，譬如目标企业进行的资产或债务重组、合并、分立或一些重大投融资事项，这些均是法律尽调需要去深入了解的信息。

以上是对法律尽调人员如何阅读财务报告寻找法律尽调信息所作的简要分析，也借此提醒大家——在法律尽调中需要重视财务会计知识的作用。根据笔者在过往项目上的诸多教训与些许经验，一些比较隐蔽的法律问题的发现，首先，从财务会计报告、会计凭证中找到疑点的痕迹（也许是会计师无意向你透露的，让你意识到这背后隐藏的法律问题），进而顺藤摸瓜深入研究确认的；其次，有些财务问题本身也是法律问题，二者在某些情况下存在竞合关系（在 PRE - IPO 投资中表现得尤为明显）；最后，虽然法律尽调与财务尽调对同一事实的调查角度可能存在一定的差异，但对基本事实的需求是相似的。基于此，法律尽调人员需要掌握必要的财务、会计、税务知识，在法律尽调过程中也要与会计师或财务尽调人员保持顺畅的沟通，适当借助其专业知识、经验，以达到事半功倍的法律尽调效果（法律尽调人员一般很少去看企业的明细账、会计凭证、财务底稿，但从该等资料中可能挖掘出一些法律尽调关注的信息。因此，顺畅有效的沟通显得非常重要）。

致 谢

在 2019 年 3 月 29 日召开的“第三届私募基金实务精要论坛”上，我曾谈到，“PE 实务”公众号在创办之初就是为了“系统梳理、分享 PE 操作实务”。截至目前，“PE 实务”已累计发表各类实务文章 800 余篇，受众机构超过 2 万家，受众个体超过 20 万人，阅读量达 800 万人次；同时，也逐渐收到越来越多私募实务第一线的朋友们的投稿。正是这些有能力、有热情的作者们勤于研究、乐于分享，才使得许多私募实务问题得以研究、讨论、梳理、澄清，使得《私募基金实务精要》系列能够集结成册，集册以成系列，出版发行。新问题被不断发掘、探讨，老问题不断被反复论证、更新，阶段性成果在后续证实中更加稳固，在后续证伪中去伪存真。一线作者们积极热情，又开放包容；既乐于分享成果，又能够欣然接受批评；大家的目标高度一致，在探讨中求真、进步。

作者们的共同努力，使得从 2017 年开始，能够出版第一本私募实务文章汇编的工具书《私募基金实务精要》，此后每年一本，今年是第三本，如果能够做到第五本、第六本，那么许多实务问题就应该都能找到答案了。从《私募基金实务精要》到《私募基金实务精要 3》，我最明显的感受是：大家讨论的主题内容从监管逐渐向内部治理、投资及投后管理过渡。这恰恰是行业发展阶段和水平的一个直接反应。希望已有作者们，以及更多有热情、有能力的作者们能够继续支持“PE 实务”，使《私募基金实务精要》系列能有机会继续与行业发展一同成长。

现在，《私募基金实务精要 3》即将交付印刷，回首本书从选题到定稿，先后经历了将近 5 个月的时间。《私募基金实务精要 3》从 2018 年“PE 实务”发表的近 200 篇文章中，精选了 50 篇文章。在确定入选文章后，和各位作者联系对文章进行再次修订，以最大可能地使文章内容具有更强的时效性、实务性。作者修订过后的文章交付法律出版社，由法律出版社的编辑进行了校稿，根据法律出版社编辑的意见，再次联系本书的部分作者，对本书的部分文章再次进行修订，最后才真正定稿，得以出版。不论是交付法律出版社之前统一的全面修订，还是交付法律出版社之后的再次修正，本书的各位作者们、编辑们以及本书的关注者们都给予了非常大的支持，在此表示诚挚的感谢。

最后，向历年来《私募基金实务精要》系列的所有作者、编辑、支持者、关注者们致谢，谢谢你们的一路支持与陪伴。愿《私募基金实务精要》系列能真正成为20万私募从业人员好用的工具书。

刘乃进

图书在版编目(CIP)数据

私募基金实务精要. 3 / 刘乃进主编. -- 北京 : 法律出版社, 2019

ISBN 978-7-5197-3335-3

Ⅰ. ①私… Ⅱ. ①刘… Ⅲ. ①投资基金－研究－中国 Ⅳ. ①F832.51

中国版本图书馆 CIP 数据核字(2019)第 056449 号

私募基金实务精要 3
SIMU JIJIN SHIWU JINGYAO 3

刘乃进 主编

责任编辑 慕雪丹
装帧设计 马 帅

出版 法律出版社
总发行 中国法律图书有限公司
经销 新华书店
印刷 永清县金鑫印刷有限公司
责任印制 胡晓雅

编辑统筹 法商出版分社
开本 710 毫米×1000 毫米 1/16
印张 33.25
字数 566 千
版本 2019 年 5 月第 1 版
印次 2019 年 5 月第 1 次印刷

法律出版社/北京市丰台区莲花池西里 7 号(100073)
网址/www.lawpress.com.cn
投稿邮箱/info@lawpress.com.cn
举报维权邮箱/jbwq@lawpress.com.cn
销售热线/010-83938336
咨询电话/010-63939796

中国法律图书有限公司/北京市丰台区莲花池西里 7 号(100073)
全国各地中法图分、子公司销售电话:
统一销售客服/400-660-6393
第一法律书店/010-83938334/8335
西安分公司/029-85330678
重庆分公司/023-67453036
上海分公司/021-62071010/1636
深圳分公司/0755-83072995

书号:ISBN 978-7-5197-3335-3
定价:108.00 元